윤성우의

열혈 Java 프로그래밍

저자소개

윤성우(ripeness21@gmail.com)

프로그래밍을 공부한다면 모르는 사람이 없을 것 같은 베스트셀러 저자이다. 여전히 쉽게 설명하는 방법에 대해 고민하고 있으며 그 고민 결과를 바탕으로 책을 집필하고 있다. 프로그래머라는 직업에 충실하기 위해 적지 않은 기간 동안 집필 활동이 없었지만 그간 축적된 에너지를 바탕으로 다수의 책을 쓸 계획을 가지고 집필에 임하고 있다.

윤성우의 열혈 Java 프로그래밍

2017년 7월 5일 1쇄
2019년 4월 15일 3쇄

지은이 | 윤성우
북디자인 | 조수진
발행처 | 오렌지미디어 / 서울시 성동구 홍익동 298 우림빌딩 134

전 화 | 050-5522-2024
팩 스 | 02-6442-2021
등 록 | 2011년 3월 11일 제2011-000015호
I S B N | ISBN 978-89-960940-7-4

정가 30,000원

ORANGE MEDIA

윤성우의

열혈 Java 프로그래밍

윤성우 저

꼭 필요한 내용만 담은 머리말

자바 8이 발표되기 이전만 해도 자바는 간단하고 쉬운 언어라는 수식어를 붙일 수 있는 언어였다. 그러나 자바 8이 발표되면서 이러한 수식어가 조금은 어울리지 않는 언어가 되었다. 그래서 필자는 이제 자바를 말할 때 '쉽다.'는 표현을 쓰지 않고 '매력적이다.'라는 표현을 쓴다. 그래서 이 매력적인 자바를 쉽고 명확하게 설명할 수 있는 방법을 찾아 제법 적지 않은 시간을 고민하고 연구하였다. 그리고 그 결론을 이 한 권의 책에 담아내게 되었다.

본 도서는 출간 흐름상 '난 정말 자바를 공부한 적이 없다구요.'의 개정판으로 볼 수도 있다. 그러나 구판의 많은 부분을 버리고 새로운 내용을 상당히 추가했기에 '윤성우의 열혈' 시리즈로 편입시키게 되었다. 실제로 집필의 방향과 성격이 달라서 전혀 다른 책으로 보아도 된다. 한가지 예를 들면 구판과 신판 모두에 '쓰레드 그리고 동기화'라는 Chapter가 있지만 내용은 완전히 다르다. 최신의 프로그래밍 방법 및 스타일에 맞게 다시 집필을 했기 때문이다.

지금도 자바 8에서 추가된 문법 내용을 가지고 의견이 분분하다. 자바의 매력이 반감되었다고 혹평을 하는 이들도 있고 코딩을 즐기는 프로그래머들의 기대를 반영하여 진화한 결과라고 호평하는 이들도 있다. 필자 개인적으로는 양쪽 다 일리 있는 주장이라 생각한다. 다만 여전히 기업에서 많이 사용되고 또 앞으로도 그럴 확률이 매우 높은 언어이기에 그런 평가에 상관없이 공부할 가치가 여전히 높은 언어가 자바라고 필자는 생각한다.

저자 **윤성우**

인터넷 강의에 대한 소개와 수강하는 방법

본 도서의 인터넷 강의는 필자가 개설한 네이버 카페를 통해서 출판사가 아닌 필자 개인의 책임으로 제공하고자 합니다. 따라서 네이버에서 '윤성우 카페'로 검색하셔서 찾아오시면 됩니다. 그리고 출판사 홈페이지를 통해서도 안내가 될 예정이니 이를 참고하셔도 됩니다. 카페에 가입만 하시면 이곳에서 언제든지 본 도서의 강의를 무료로 수강하실 수 있습니다.
제가 강의 자료를 만들어서 별도로 제공을 할 수도 있고 개인 과외를 하듯이 책의 내용을 화면에 펼친 상태에서 강의를 진행할 수도 있습니다. 내용에 따라서 효율적인 강의 방법을 선택하여 강의를 할 예정입니다. 비록 제 얼굴이 나오는 강의는 아니지만 집중도 높고 책 전체의 완벽한 이해를 추구하는 초보자를 위한 강의를 하도록 노력하겠습니다.

소스코드와 연습문제 답안 그리고 IDE 사용법

예제의 소스코드와 본서 중간에 등장하는 연습문제의 답안 그리고 통합개발환경의 설치 및 사용 방법을 담은 문서는 제가 개설한 카페와 출판사 홈페이지를 통해서 동시에 제공할 예정이니 원하는 곳에서 다운 받아서 활용하시기 바랍니다.

Contents

Contents

Chapter 01

Let's Start Java!

영어를 처음 배울 때는 누구나 영어를 신기하고 재미있게 바라본다. A, B, C를 공부하면서 이것이 왜 A인지, 그리고 이것을 어디에 활용할지 고민하지 않는다. 그러나 시간이 지나면 누구나 알파벳을 이해하고 활용하게 된다. 필자는 여러분이 자바를 그러한 관점에서 바라보았으면 좋겠다.

01-1 자바의 세계로 오신 여러분을 환영합니다.

자바는 필자가 좋아하는 언어 중에 하나이다. 자바의 매력을 알게 되면 여러분도 필자와 마찬가지로 자바를 즐기게 될 것이다. 자바는 완벽한 객체지향 언어로써 코드의 화려함보다 소프트웨어의 구조를 중요시한다. 그리고 '작은 것'과 '간단한 것'이 아름답고 강력할 수 있음을 처음으로 필자에게 보여주었던 언어이다.

■ 자바 프로그래밍의 시작을 위한 최소한의 준비1: JDK의 다운로드

자바로 프로그램을 만들기 위해서는 그에 따른 기본 도구가 필요한데, 이 도구를 가리켜 JDK라 한다. (JDK는 Java Developement Kit의 약자이다.) 이 도구는 www.oracle.com에서 무료로 받을 수 있다. 다운로드 위치는 조금씩 바뀌지만 큰 틀의 변화는 없으므로 2017년 현재의 웹 페이지 구성을 가지고 설명을 하고자 한다.

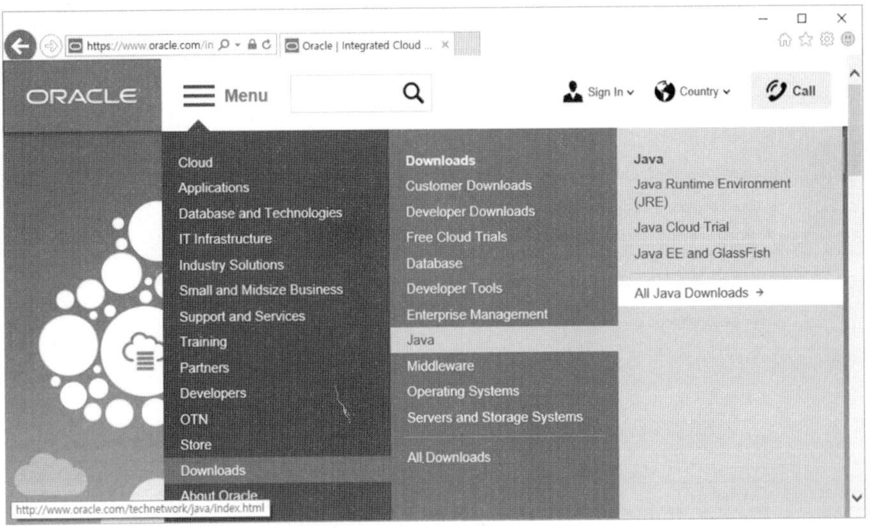

[그림 01-1: www.oracle.com의 메인 페이지]

위 그림은 www.oracle.com의 메인 페이지이다. 자바 개발자라면 누구나 이곳에서 정보를 얻는다. 개발 과정 내내 이곳에 들린다고 봐도 무리가 없다. 지금은 JDK를 내려받는 것이 목적이니 위 그림에서 보이듯이 페이지 상단의 'Menu'에 마우스 커서를 가져다 놓는 것을 시작으로 'All Java Downloads'까지 선택해 나가자. 그러면 다음 페이지를 볼 수 있다.

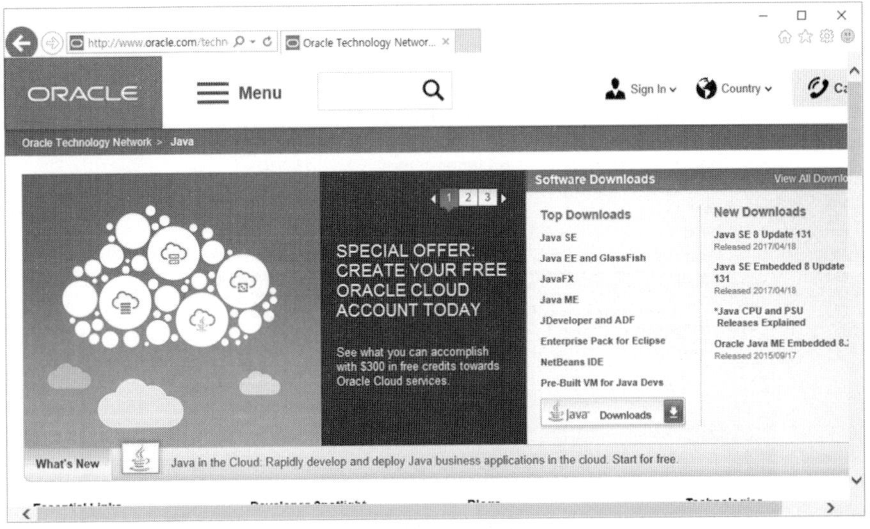

[그림 01-2: 다운로드를 위한 메뉴의 선택]

위의 그림에서 'Top Downloads' 아래에 있는 'Java SE'를 선택하자. 그러면 다음 페이지를 볼 수 있다.

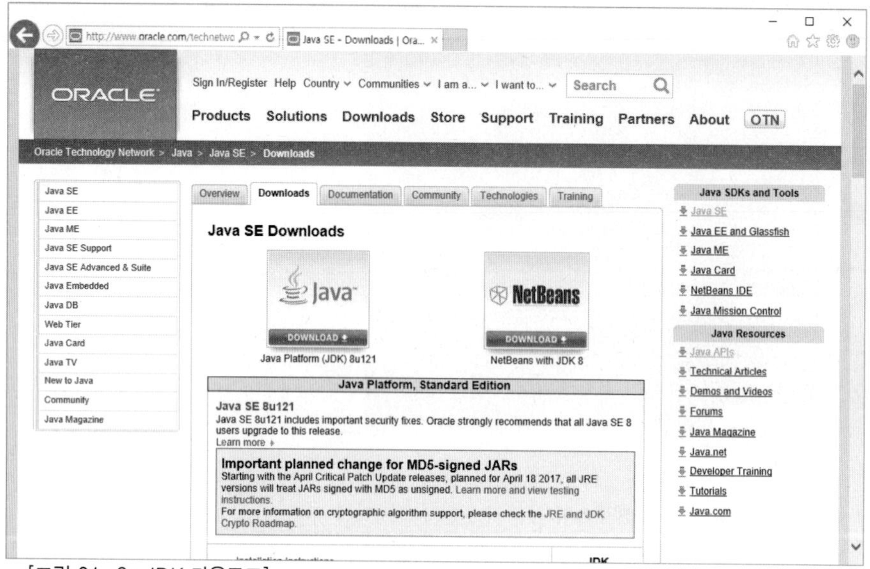

[그림 01-3: JDK 다운로드]

자바 개발에 필요한 도구를 JDK라 하였으니, 위의 그림에서 커피 한 잔이 보이는 네모 박스를 클릭한다. 그러면 JDK 다운로드의 마지막 단계로 다음 페이지를 볼 수 있다. (페이지를 조금 아래로 내린 상태이다.)

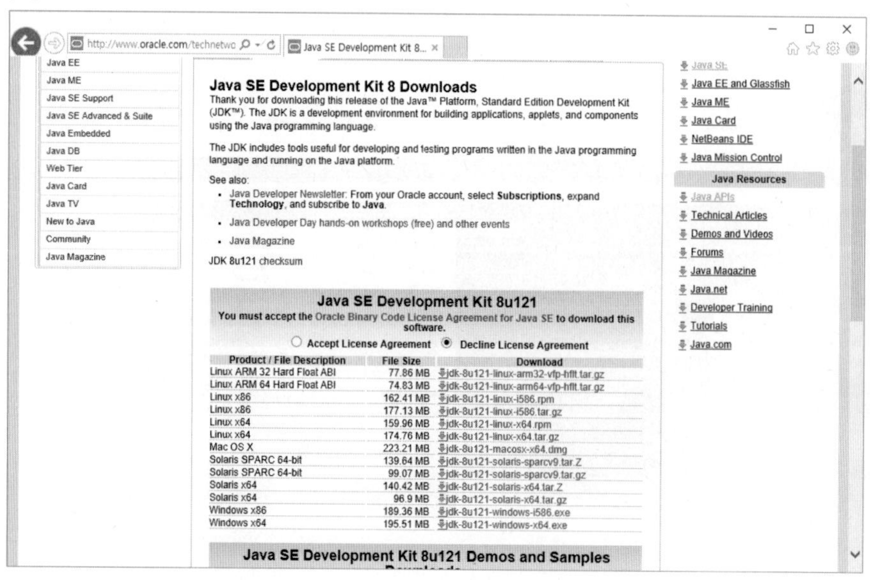

[그림 01-4: JDK의 종류 선택 및 다운로드]

위의 페이지에서 라이센스에 동의하고 자신의 컴퓨터 환경에 맞춰서 선택 및 다운로드하면 된다. 대부분의 독자들이 64비트 윈도우 운영체제 기반의 컴퓨터를 가지고 있으리라 생각한다. 그렇다면 'Windows x64'를 선택하고 다운로드하면 된다.

■ 자바 프로그래밍의 시작을 위한 최소한의 준비2: JDK의 설치

JDK를 다운로드하였으면 설치 파일을 실행한다. 다음은 설치 파일이 실행되었을 때 보게 되는 첫 번째 페이지이다.

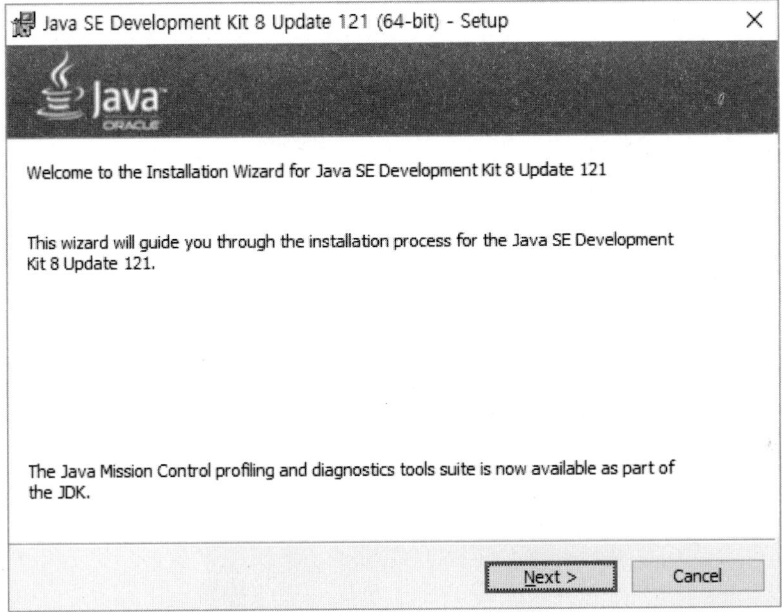

[그림 01-5: JDK의 설치 1/3]

위의 페이지에서 'Next'를 선택하면 다음과 같이 설치될 내용과 경로를 알려주는 페이지가 등장한다. 이때 설치할 경로를 변경할 수 있다. 변경을 원하면 'Change'를 눌러서 경로를 변경하고 그렇지 않으면 'Next'를 선택하자. 그러면 실질적인 설치가 진행된다.

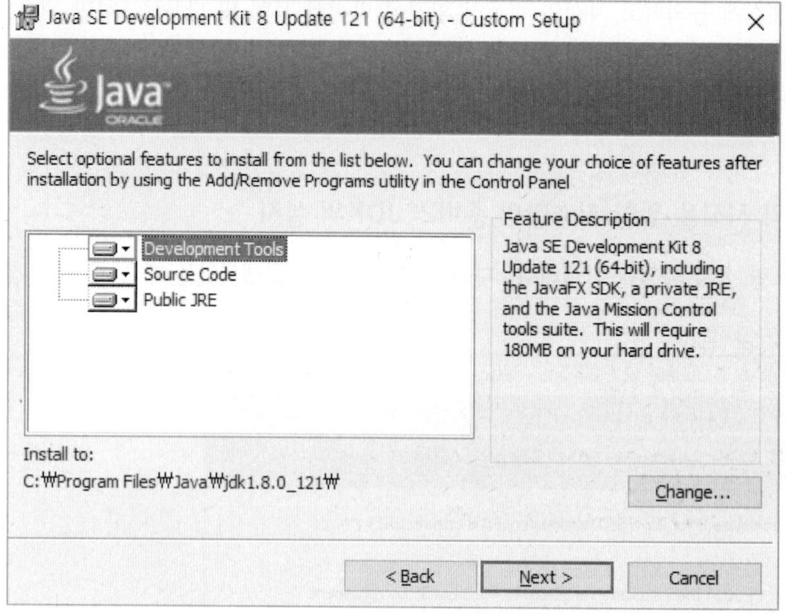

[그림 01-6: JDK의 설치 2/3]

중간에 설정의 변경 등 몇몇 질문이 나올 수 있는데 'Next' 또는 '다음'을 선택해서 설치를 마무리하자. 그러면 설치 과정의 끝에서 다음 페이지를 볼 수 있다.

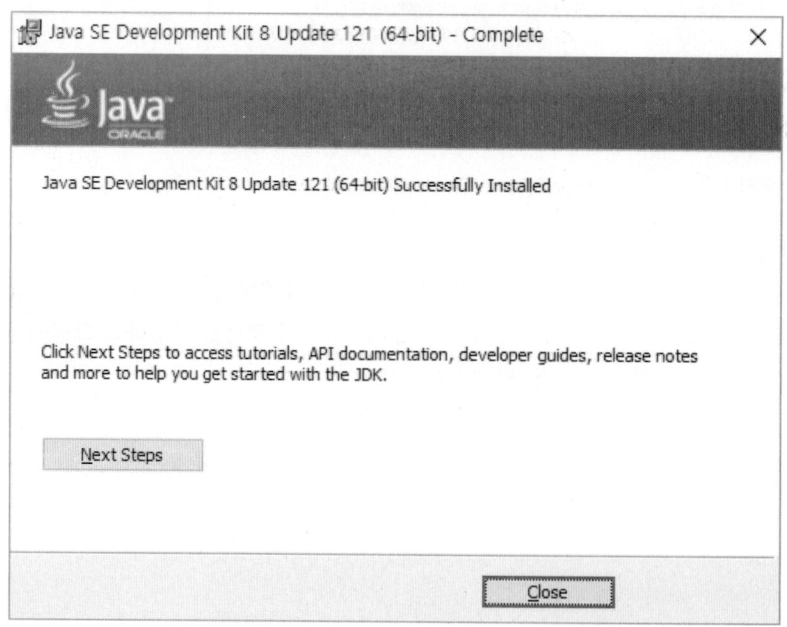

[그림 01-7: JDK의 설치 3/3]

위의 상태에서 'Close'를 선택하면 설치는 끝이 난다. 하지만 그전에 'Next Steps'를 선택하거나 주소 http://docs.oracle.com/javase/8/docs에 접속하자. 그러면 다음 페이지를 볼 수 있다.

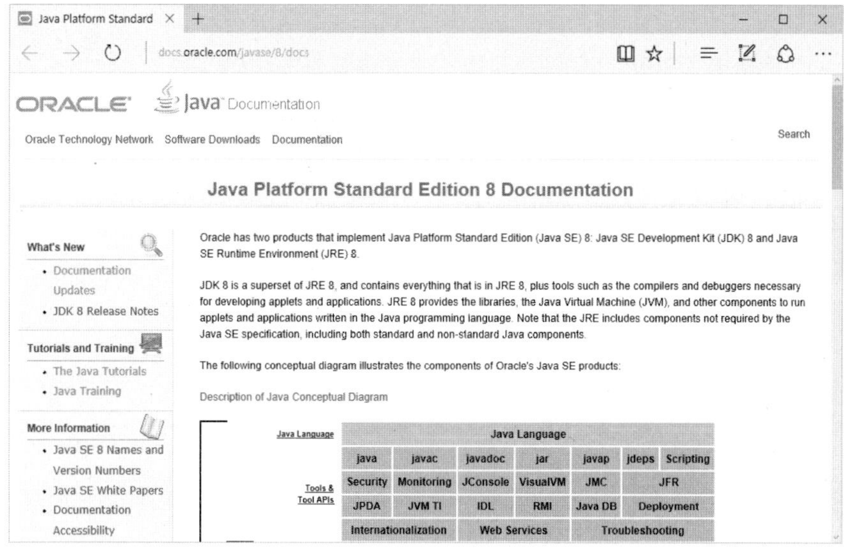

[그림 01-8: Java 8 문서 페이지]

이 페이지에는 자바 프로그래머가 되는데 필요한 많은 내용들이 담겨 있다. 그리고 앞으로 공부하면서 자주 참조해야 할 'Java SE API 문서'라는 것이 있는데, 이의 확인을 위해서 위의 페이지를 조금 아래로 내려 보자. 그러면 다음 내용을 볼 수 있다.

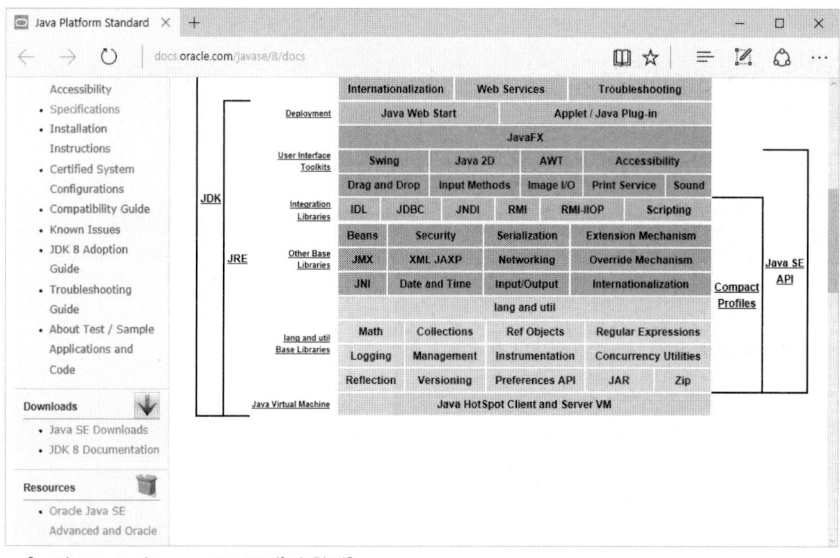

[그림 01-9: 'Java API 문서'의 확인]

위 페이지의 오른편에 보면 두 줄에 걸쳐서 Java SE API라고 쓰인 부분이 있는데, 이를 선택하면 아래의 페이지가 등장한다. 그리고 이것이 'Java SE API 문서'이다. 참고로 이 문서는 '자바 문서' 또는 'JDK 문서' 등으로 다양하게 불린다.

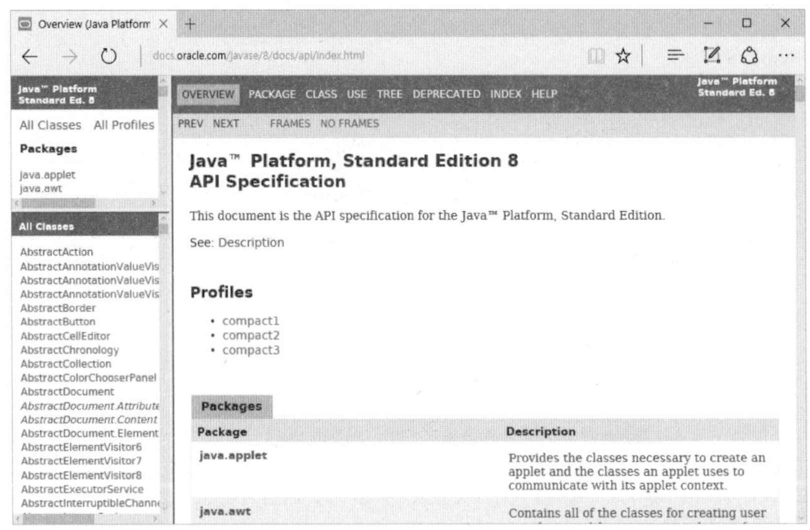

[그림 01-10: Java SE API 문서]

위의 문서는 자주 참고하는 내용인 만큼 컴퓨터에 저장해 두는 것이 편할 수 있다. 그렇다면 문서 전체를 다운로드하자. 앞서 보인 [그림 01-9]의 페이지 왼편 하단에 'Downloads'가 보인다. 그 아래에 위치한 'JDK 8 Documentation'을 선택하면 다음과 같이 문서 전체를 다운로드할 수 있는 페이지로 이어진다.

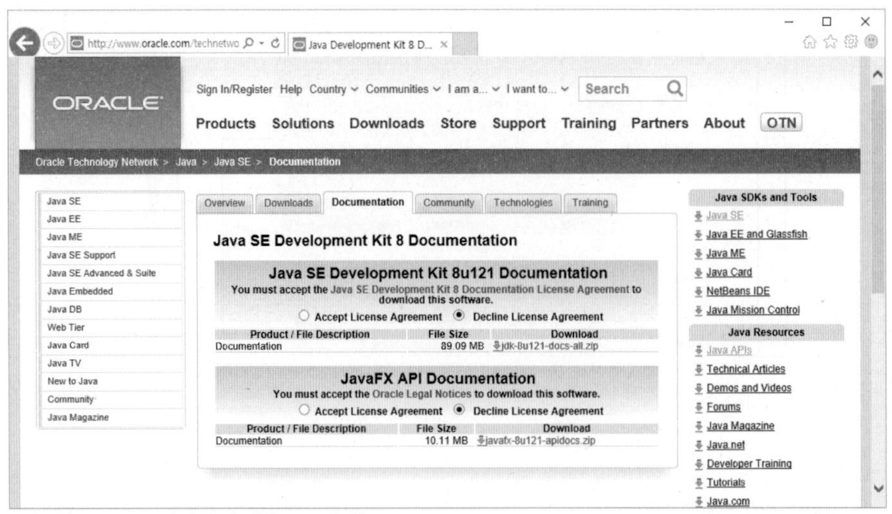

[그림 01-11: 자바 문서 다운로드 하기]

위의 페이지에서 라이센스에 동의하고 첫 번째 내용물을 다운로드하면 하나의 압축 파일을 받을 수 있는데, 이는 압축을 해제해서 그 안에 있는 디렉토리를 원하는 경로에 가져다 놓고 쓰면 된다. 다음은 압축 파일을 열었을 때 보게 되는 docs 디렉토리 안에 담겨 있는 내용물이다.

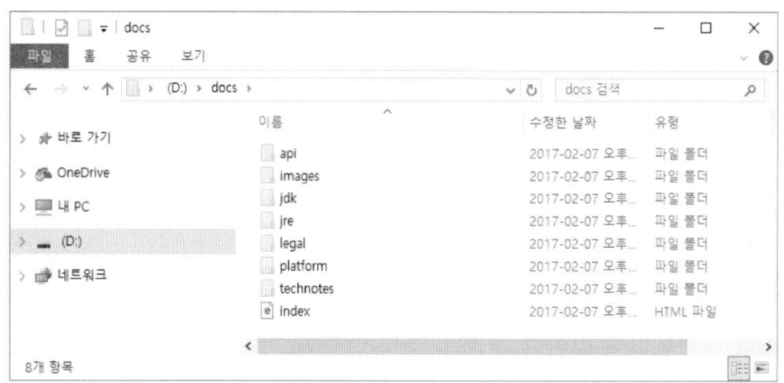

[그림 01-12: 자바 문서의 내용물]

위에서 index.html을 선택하면 다음 그림과 같이 앞서 설명한 페이지가 다시 등장한다. 그러나 이 페이지는 내 컴퓨터에 저장된 페이지이다. 그리고 여기서 JDK 문서로 가는 방법은 앞서 설명한 그대로이다.

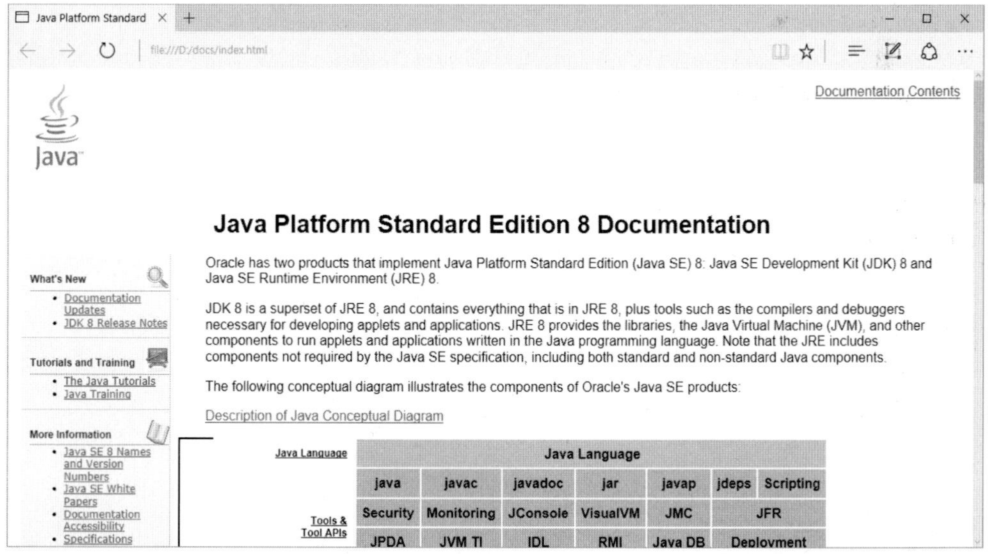

[그림 01-13: index.html의 선택 결과]

위의 페이지를 거치지 않고 JDK 문서로 바로 가는 방법도 있다. [그림 01-12]를 보면 api라는 폴더가 존재한다. 그 안에 위치한 index.html을 선택하면 바로 [그림 01-10]의 페이지를 볼 수 있다. 따라서 필요하다면 이 index.html의 '바로 가기'를 원하는 위치에 만들어 놓자.

■ 설치 이후에 해야 할 추가적인 설정: 환경 변수의 설정

JDK를 설치하였으니 자바로 작성된 프로그램을 컴파일하고 실행할 수 있는 상황이 되었다. (컴파일이 무엇인지는 차차 설명한다.) 그러나 추가로 할 일이 조금 남았으니 일단 JDK가 설치된 경로로 이동을 하자. 특별히 설치 경로를 변경하지 않았다면 파일 탐색기를 열어 다음의 경로로 이동을 하자.

```
C:\Program Files\Java
```

그러면 다음 그림과 같이 두 개의 디렉토리를 확인할 수 있다.

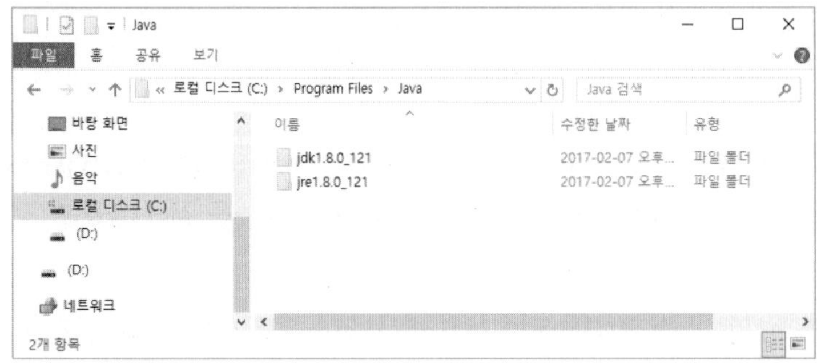

[그림 01-14: 자바 설치 경로]

위의 경로에서 jdk로 시작하는 이름의 디렉토리 안에는 bin이라는 디렉토리가 존재하는데 이곳에는 자바의 개발 및 실행에 필요한 여러 가지 도구가(프로그램이) 다음과 같이 존재한다.

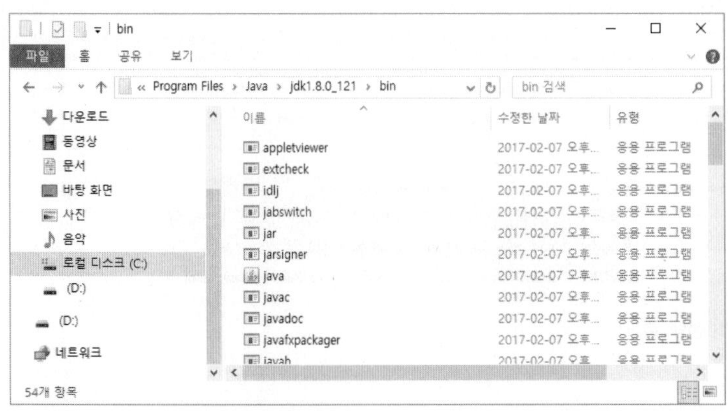

[그림 01-15: 자바 개발에 필요한 여러가지 도구들]

위의 도구들 중에서 지금 당장 관심을 둬야 할 도구 둘은 다음과 같다.

```
Javac.exe          자바 컴파일러 (Java Compiler)
Java.exe           자바 런처 (Java Launcher)
```

이 두 프로그램은 '명령 프롬프트'의 어느 경로에서든 실행 가능해야 한다. 따라서 이 두 파일이 저장된 경로를 환경 변수 Path에 추가시켜야 한다.

참 고 **환경 변수의 Path란?**

환경 변수 Path는 윈도우 운영체제가 명령 프롬프트에서 입력된 실행파일을 찾는 경로의 정보가 된다. 따라서 명령 프롬프트에서 디렉토리 경로에 상관없이 실행되기를 원하는 실행파일이 있다면 이 실행파일이 저장되어 있는 경로 정보를 환경 변수 Path에 등록해야 한다. 참고로 이는 자바와 관련 있는 문법이 아닌 지극히 윈도우라는 운영체제의 활용에 대한 이야기이다.

환경 변수 Path의 등록을 위해서 윈도우 운영체제의 '시스템 속성' 창을 열어서 하단에 있는 '환경 변수(N)'를 선택하자.

[그림 01-16: 시스템 속성 창]

참고로 위의 시스템 속성 창을 여는 방법 중 하나를 Windows 10을 기준으로 설명하면, 먼저 '파일 탐색기'를 열어서 왼편에 위치한 '내 PC' 위에서 '마우스 오른쪽 버튼'을 누르고 그때 등장하는 메뉴에서 '속성'을 선택한다.

파일 탐색기 ···› 내 PC ···› 마우스 오른쪽 버튼 ···› 속성

그러면 다음과 같이 '시스템' 창이 등장한다.

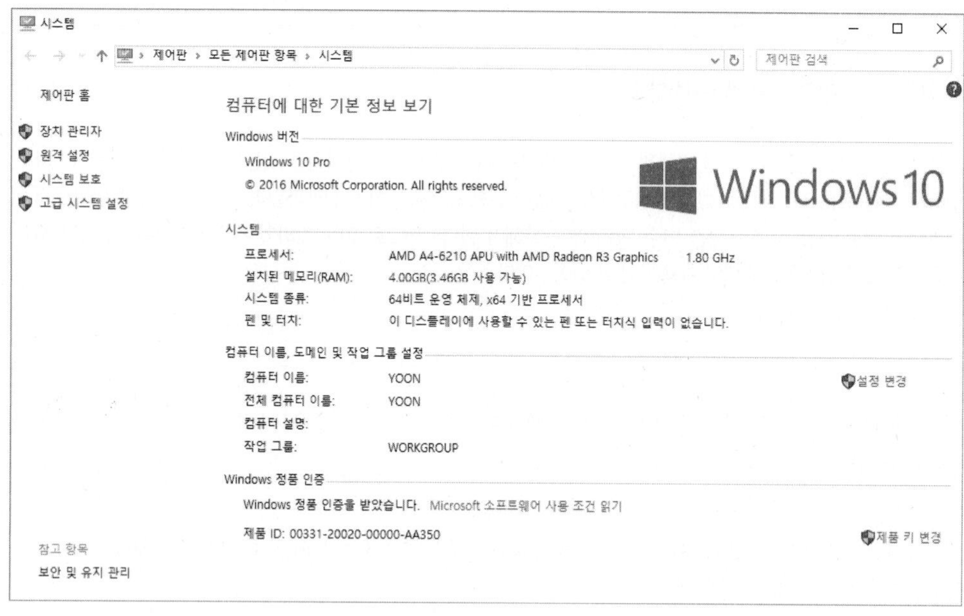

[그림 01-17: 시스템 창]

이제 위의 상태에서 왼편에 있는 '고급 시스템 설정'을 선택한다. 그러면 앞서 [그림 01-16]에서 보인 '시스템 속성' 창이 뜬다. 이렇게 해서 '시스템 속성' 창이 뜨면 하단에 있는 '환경 변수'를 선택한다. 그러면 다음과 같이 환경 변수를 설정할 수 있는 창이 뜬다.

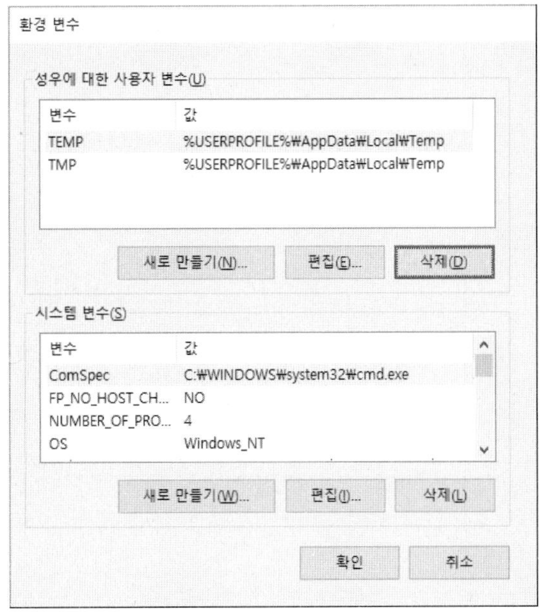

[그림 01-18: 환경 변수 설정 창]

위의 창을 보면 상단에는 '사용자 변수'를, 하단에는 '시스템 변수'를 설정할 수 있는 영역이 각각 존재한다. 이 둘 중 하나에만 등록을 하면 되는데, 본서에서는 '사용자 변수'에 등록을 하겠다. 그런데 위 그림에서 보면 사용자 변수에 등록된 변수는 TEMP와 TMP 두 가지만 있다. 즉 변수에 Path는 존재하지 않는다. 이러한 경우에는 '새로 만들기'를 선택하고 다음과 같이 변수의 이름과 값을 입력한다.

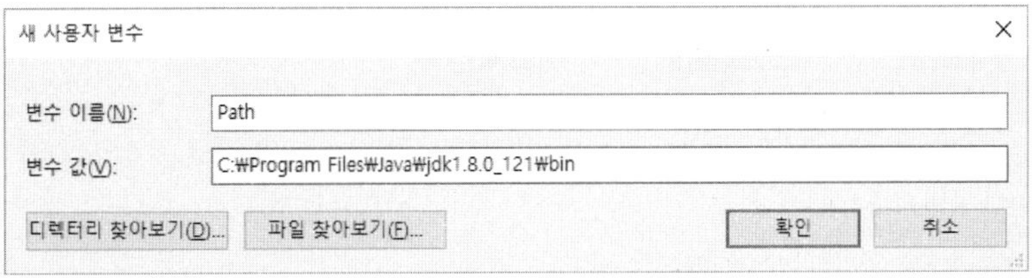

[그림 01-19: 환경 변수의 등록]

이때 변수의 값으로 입력할 경로 정보는 '디렉터리 찾아보기(D)'를 통해서 지정할 수 있다. 즉 변수 이름 Path는 직접 써넣어주되, 변숫값으로 지정할 bin 디렉토리의 위치는 찾아보기를 통해 선택하는 것이 좋다. 이제 확인 버튼을 누르면 다음과 같이 '변수'와 '값'이 추가되었음을 확인할 수 있다.

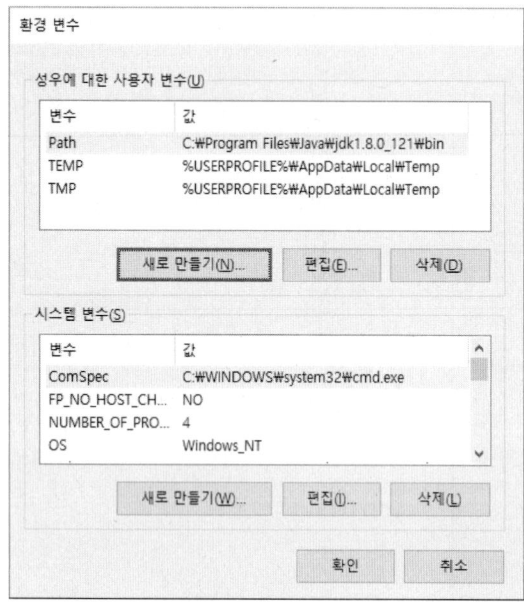

[그림 01-20: 등록이 완료된 상황]

이로써 자바의 bin 디렉토리에 존재하는 프로그램은 명령 프롬프트의 경로에 상관없이 실행할 수 있게 되었다. 그럼 명령 프롬프트를 하나 띄워서 환경 변수의 설정이 제대로 되었는지 확인해 보자. 참고로 명령 프롬프트는 윈도우 하단의『Windows 검색』에서 'cmd'를 입력하면 띄울 수 있다.

다음은 '자바 런처'라 불리는 Java.exe의 실행 결과이다. 이렇듯 경로에 상관없이 Java.exe의 실행 결과가 다음과 같거나 유사해야 한다.

```
명령 프롬프트

C:₩Users₩성우>java
사용법: java [-options] class [args...]
           (클래스 실행)
   또는  java [-options] -jar jarfile [args...]
           (jar 파일 실행)
여기서 options는 다음과 같습니다.
    -d32          사용 가능한 경우 32비트 데이터 모델을 사용합니다.
    -d64          사용 가능한 경우 64비트 데이터 모델을 사용합니다.
    -server       "server" VM을 선택합니다.
                  기본 VM은 server입니다..
```

[그림 01-21: Java.exe의 실행 결과]

그리고 다음은 '자바 컴파일러'라 불리는 Javac.exe의 실행 결과이다. 마찬가지로 경로에 상관없이 실행 결과가 아래에 같거나 유사해야 한다.

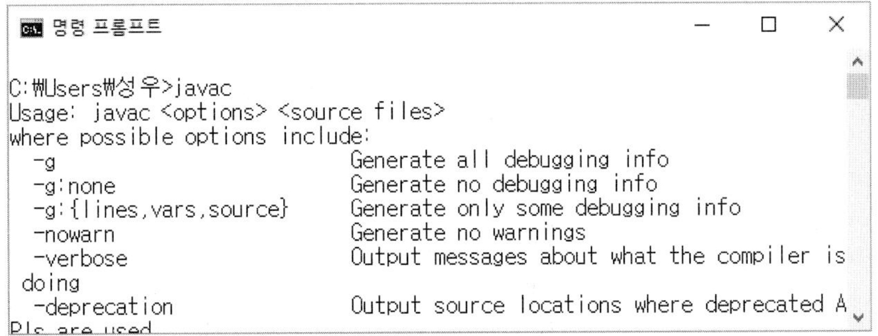

[그림 01-22: Javac.exe의 실행 결과]

만약에 실행 결과가 위와 다르다면, 예를 들어서 입력한 명령어를 인식하지 못하는 듯한 메시지가 출력된다면 먼저 Path가 제대로 설정되어 있는지 확인해야 한다. JDK를 설치했고 Path에 경로를 잘 지정했다면 문제없이 위의 결과를 확인할 수 있다.

■ 첫 번째 자바 프로그램의 작성과 실행

설치가 끝났으니 프로그램을 작성하고 실행을 해볼 차례이다. 그런데 JDK는 자바 프로그램이 작성된 이후에 필요한 것이다. 즉 자바 프로그램의 작성을 위한 도구는 별도로 마련해야 한다. 개발자들에게 잘 알려진 도구가 몇 있는데, 이에 대한 사용은 잠시 미뤄두고 메모장에 다음 프로그램 코드를 입력하고 FirstJavaProgram.java라는 이름으로 저장하자. 여기서 중요한 것은 파일의 확장자가 Java라는 점이다. 이렇듯 자바 프로그램의 확장자는 Java이어야 한다.(코드 왼편의 숫자는 입력하지 않는다.)

◈ FirstJavaProgram.java

```
class FirstJavaProgram
{
    public static void main(String[] args)
    {
        System.out.println("Welcome to Java");
        System.out.println("First Java program");
    }
}
```

필자는 위의 프로그램을 C:\JavaStudy에 저장했다는 가정하에 내용을 이어가겠다. 그럼 명령 프롬프트를 하나 띄워서 파일이 저장된 위치로 경로를 이동하자. 그리고 다음과 같이 파일의 존재를 확인하자.

```
명령 프롬프트

C:₩JavaStudy>dir
 C 드라이브의 볼륨에는 이름이 없습니다.
 볼륨 일련 번호: F253-17CA

 C:₩JavaStudy 디렉터리

2017-02-08  오후 03:20    <DIR>          .
2017-02-08  오후 03:20    <DIR>          ..
2016-04-22  오후 02:17               187 FirstJavaProgram.java
               1개 파일                 187 바이트
               2개 디렉터리  97,497,792,512 바이트 남음

C:₩JavaStudy>_
```

[그림 01-23: FirstJavaProgram.java의 확인]

이어서 Javac.exe를 이용한 컴파일을 진행하자. 컴파일이라는 것은 간단히 말해서 '실행을 위한 상태로의 변경'을 의미한다. 컴파일 방법은 다음과 같다.

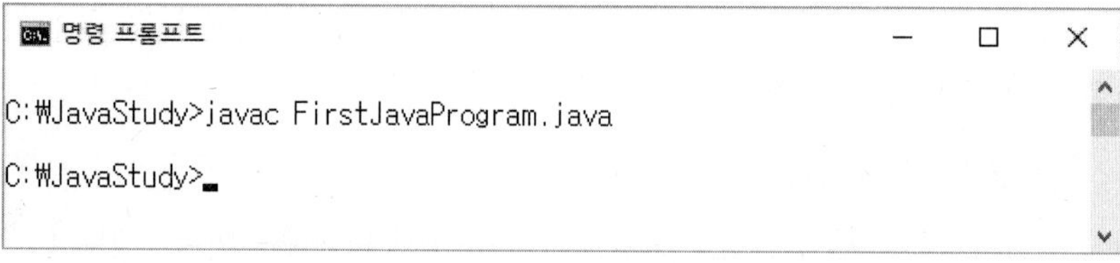
명령 프롬프트
C:₩JavaStudy>javac FirstJavaProgram.java
C:₩JavaStudy>_

[그림 01-24: 소스파일의 컴파일]

컴파일이 완료되면 위에서 보이듯이 아무런 메시지도 출력되지 않는다. 그리고 다음과 같이 확장자가 class인 이름의 파일이 생성되었음을 확인할 수 있다.

```
명령 프롬프트
C:₩JavaStudy>dir
 C 드라이브의 볼륨에는 이름이 없습니다.
 볼륨 일련 번호: F253-17CA

 C:₩JavaStudy 디렉터리

2017-02-08  오후 03:24    <DIR>          .
2017-02-08  오후 03:24    <DIR>          ..
2017-02-08  오후 03:25               477 FirstJavaProgram.class
2016-04-22  오후 02:17               187 FirstJavaProgram.java
               2개 파일                 664 바이트
               2개 디렉터리  97,497,423,872 바이트 남음

C:₩JavaStudy>_
```

[그림 01-25: 클래스 파일의 생성]

컴파일을 완료했으니 Java.exe를 이용해서 프로그램을 실행할 차례이다. 실행은 컴파일의 결과물인, 확장자가 class인 클래스 파일을 대상으로 한다. 실행 방법은 다음과 같다. 참고로 컴파일 할 때와 달리 실행할 때에는 파일의 확장자를 생략한다.

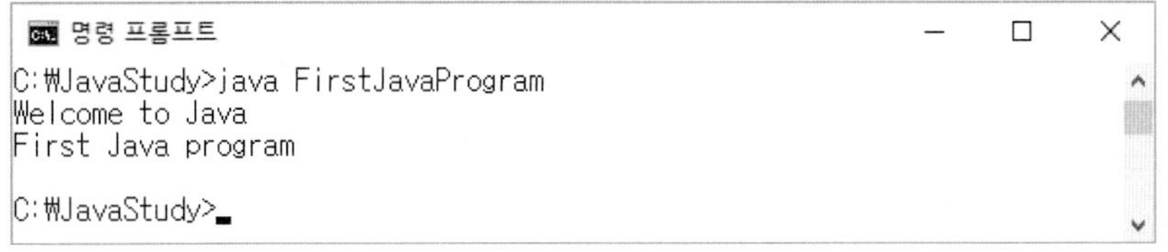

명령 프롬프트
C:₩JavaStudy>java FirstJavaProgram
Welcome to Java
First Java program
C:₩JavaStudy>

[그림 01-26: 자바 프로그램의 실행]

위에서 보이는 바와 출력 내용이 같다면 잘 실행된 것이다. 이후로는 통합 개발 환경이라는 것을 이용해서 프로그램의 실행 결과를 확인하게 되겠지만 지금 설명한 방식으로도 컴파일 및 실행을 할 수 있어야 한다.

참고 **통합 개발 환경과 이클립스(Eclipse)**

『통합 개발 환경(Integrated Development Environment)』이라는 소프트웨어 개발 도구를 사용하면 보다 쉽게 프로그램을 작성하고 컴파일 및 실행을 할 수 있다. 자바의 대표적인 통합 개발 환경으로는 '이클립스'가 있는데, 이에 대한 설치 및 사용 방법은 별도의 문서에 담아서 출판사 홈페이지를 통해 제공하겠다. 그러나 당분간은 지금 설명한 방법으로 컴파일 및 실행을 하는 것도 좋은 선택이다.

01-2 자바 프로그램과 실행의 원리에 대한 이해

첫 번째 자바 프로그램의 작성 및 실행을 완료하였다. 따라서 우리가 작성한 자바 프로그램이 어떠한 과정을 거쳐서 실행이 되었는지 그 구조적인 부분을 설명하고자 한다.

■ 자바 프로그램의 실행 구조와 자바 가상머신

일반적인 프로그램은 윈도우 또는 리눅스와 같은 운영체제 위에서 실행이 된다. 즉 다음의 구조로 실행이 된다.

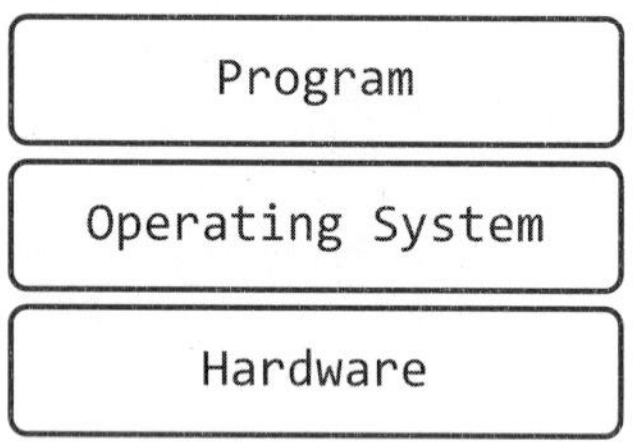

[그림 01-27: 일반적인 프로그램의 실행 구조]

위 그림이 보이듯이 하드웨어를 기반으로 운영체제가 동작하고, 그 위에서 프로그램이 실행되는 구조이다. 다시 말하면 하드웨어 위에서 실행되는 운영체제가 프로그램을 실행시키는 구조이다. 그러나 자바 프로그램은 다음의 구조로 실행이 된다.

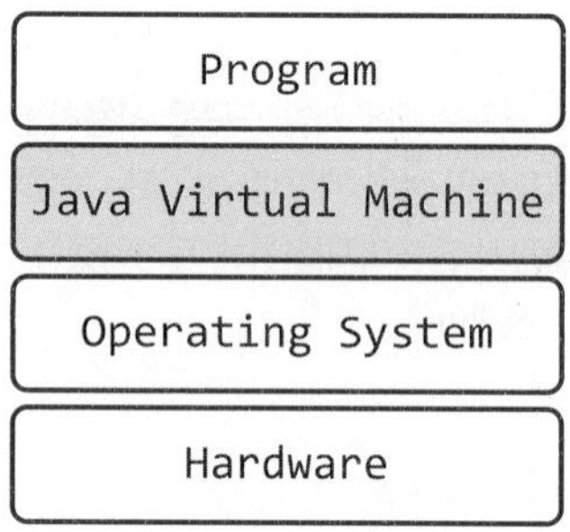

[그림 01-28: 자바 프로그램의 실행 구조]

이렇듯 운영체제는 자바 가상머신을 실행시키고, 자바 가상머신이 자바 프로그램을 실행시키는 구조로 자바는 동작한다. 그렇다면 자바 가상머신은 무엇일까? 자바 가상머신도 운영체제 위에서 동작하는 일종의 소프트웨어이다. 따라서 운영체제 입장에서는 흔히 사용하는 문서 작성 프로그램이나 자바 가상머신이나 둘 다 소프트웨어일 뿐이다.

그렇다면 왜 자바 프로그램은 운영체제가 직접 실행시키는 구조가 아닌 자바 가상머신에 의해 실행되는 구조로 설계한 것일까? 이는 자바 프로그램을 운영체제에 상관없이 실행시키기 위함이다. 프로그램은 본래 운영체제에 따라 구현 방법이 달라진다. 따라서 동일한 기능의 프로그램이라 할지라도 윈도우에서 그리고 리눅스에서 동작을 시키려면 두 개의 프로그램을 작성해야만 한다. 하지만 자바 프로그램은 다음 그림에서 보이듯이 코드 수정 없이 다양한 운영체제에서 실행시킬 수 있다.

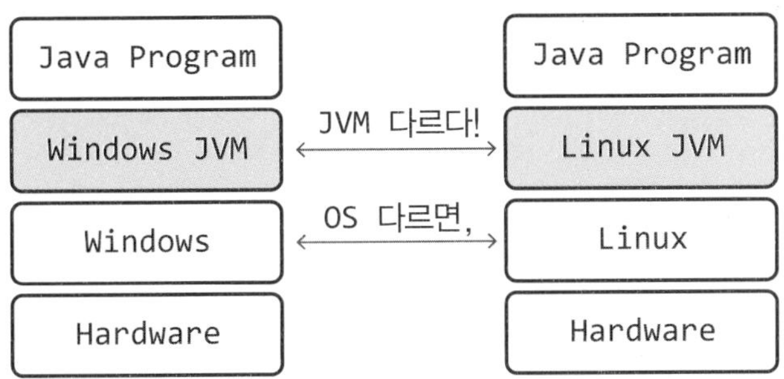

[그림 01-29: 운영체제를 신경 쓸 필요가 없는 이유]

위 그림에서 보이듯이 운영체제 별로 존재하는 차이점을 가상머신이 중간에서 해결하기 때문에 자바 프로그램은 운영체제에 상관없이 실행이 된다. 다음은 가상머신이 우리에게 하는 말이다.

"운영체제의 차이에서 오는 문제점은 신경 쓰지 마, 내가 다 알아서 처리하니까."

그런데 차이점을 처리해 주는 대상이 다르다. 다시 말해서 윈도우에서 자바 프로그램을 실행시키는 가상머신과 리눅스에서 자바 프로그램을 실행시키는 가상머신이 다르다. 때문에 운영체제에 따른 적절한 가상머신의 설치는 신경을 써야 한다. 뭐 그리 어려운 일도 아니지만 말이다.

■ 자바 컴파일러와 자바 바이트코드

자바 프로그램의 실행 구조를 이해했으니, 컴파일러의 역할도 다음과 같이 정리할 수 있다.

"자바 컴파일러는 자바 가상머신이 이해할 수 있는 코드를 생성해 냅니다."

앞서 작성한 FirstJavaProgram.java 파일을 가리켜 '소스파일'이라 하며, 소스파일에 저장된 프로그램 코드를 가리켜 '소스코드'라 한다. 따라서 자바 컴파일러는 소스파일에 저장된 소스코드를 자바 가상머신이 이해할 수 있는 '자바 바이트코드'로 변환하는 프로그램으로 정리할 수 있다. 물론 바이트코드는 확장자가 class인 클래스 파일에 담긴다.

앞서 소개했듯이 javac.exe는 자바 컴파일러다. 그렇다면 java.exe는 무엇일까? 이를 가리켜 '자바 런처(Java Launcher)'라 하는데, 이는 자바 가상머신을 구동하고 그 위에 자바 프로그램이 실행되도록 돕는 프로그램이다.

참 고 자바 바이트코드(Java Bytecode)

자바 컴파일러에 의해서 생성되는 코드를 가리켜 '자바 바이트코드(Java bytecode)'라 하는데, 이는 컴파일러에 의해서 생성되는 명령어의 크기가 기본적으로 1바이트이기 때문에 붙여진 이름이다.

01-3 첫 번째 자바 프로그램의 관찰과 응용

Chapter 02로 넘어가기 전에 예제 FirstJavaProgram.java의 관찰을 통해서 알 수 있는 내용을 정리하고자 한다.

■ 프로그램의 골격과 구성

예제 FirstJavaProgram.java는 하나의 클래스로 이뤄져 있는 프로그램이다. 그리고 그 클래스 안에는 하나의 메소드가 존재한다. 아직 클래스도 메소드도 모르지만, 다음 그림을 통해서 무엇이 클래스이고 무엇이 메소드인지 관찰하기 바란다.

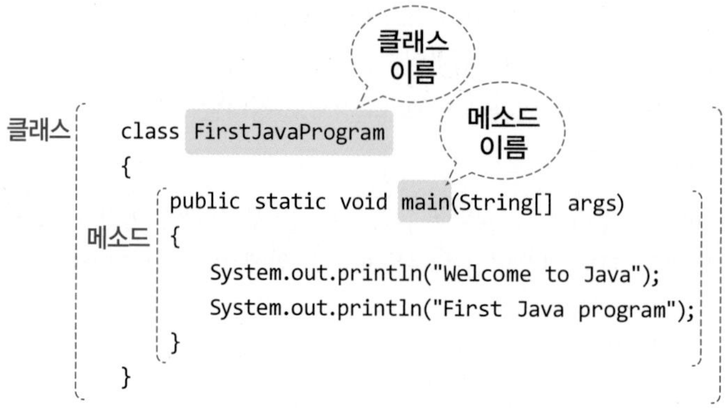

```
class FirstJavaProgram
{
    public static void main(String[] args)
    {
        System.out.println("Welcome to Java");
        System.out.println("First Java program");
    }
}
```

[그림 01-30: 클래스와 메소드]

위 그림에서 보이듯이 자바는 중괄호를 이용해서 영역 또는 경계를 형성한다. 즉 클래스의 이름에 이어서 다음 행에 등장하는 중괄호와 이에 쌍을 이루어 마지막에 등장하는 중괄호는 클래스의 영역을 구분하는 용도로 사용되었다. 그리고 그 안에 존재하는 메소드의 이름에 이어서 다음 행에 등장하는 중괄호와 이에 쌍을 이루는 중괄호는 메소드의 영역을 구분하는 용도로 사용되었다.

"자바는 중괄호를 이용해서 클래스와 메소드의 영역을 구분한다."

그럼 앞서 보인 FirstJavaProgram.java의 실행 결과를 다시 보자. 그리고 이번에는 소스코드와 출력 결과를 비교하여 관찰하자.

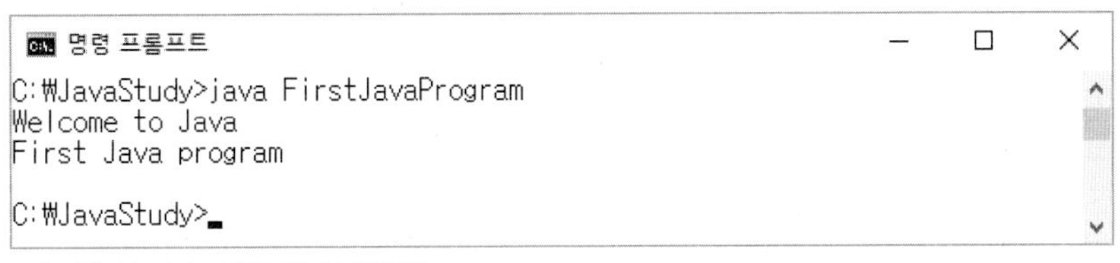
명령 프롬프트
C:₩JavaStudy>java FirstJavaProgram
Welcome to Java
First Java program
C:₩JavaStudy>

[그림 01-31: 실행 결과 재확인]

소스코드와 실행 결과의 비교 관찰을 통해서 알 수 있는 내용들을 정리하면 다음과 같다.

- 프로그램을 실행하면 main 메소드 안에 있는 문장들이 순차적으로 실행된다.
- System.out.println의 괄호 안에 출력하고 싶은 것을 큰따옴표로 감싸서 넣으면 출력된다.
- System.out.println은 출력 이후에 행(Line)을 바꾼다.

그리고 System.out.println으로 시작하는 문장과 같이 자바 가상머신에게 일을 시킬 목적으로 작성된 문장의 끝에는 반드시 세미콜론 ; 을 붙여서 문장의 끝을 표시해야 한다.

"문장의 끝에는 반드시 세미콜론을 붙여서 문장의 끝을 표시한다."

이제 우리가 작성한 자바 프로그램의 코드가 조금은 읽히지 않는가? 아마도 무엇이 클래스이고 무엇이 메소드인지, 그리고 메소드 안에 있는 문장들이 어떠한 결과로 이어지는지 정도는 파악할 수 있을 것이다.

■ System.out.println에 대한 다양한 활용

예제를 하나 더 제시하고자 한다. 이 예제는 System.out.println에 대한 추가적인 관찰을 유도하기 위한 것이다.

◈ SystemOutPrintln.java

```
class SystemOutPrintln
{
    public static void main(String[] args)
    {
        System.out.println(7);
        System.out.println(3.15);
        System.out.println("3 + 5 = " + 8);
        System.out.println(3.15 + "는 실수입니다.");
        System.out.println("3 + 5" + " 의 연산 결과는 8입니다.");
        System.out.println(3 + 5);
    }
}
```

▶ 실행 결과: SystemOutPrintln.java

```
명령 프롬프트
C:\JavaStudy>java SystemOutPrintln
7
3.15
3 + 5 = 8
3.15는 실수입니다.
3 + 5 의 연산 결과는 8 입니다.
8

C:\JavaStudy>_
```

위 예제의 다음 두 문장은 숫자도 출력할 수 있음을 보인다. 그리고 이렇듯 숫자만 출력할 때는 큰따옴표로 묶지 않아도 됨을 알 수 있다.

```
System.out.println(7);
System.out.println(3.15)
```

이어서 다음 세 문장은, 함께 이어서 출력할 대상을 + 기호로 묶을 수 있음을 보인다. 단 큰따옴표 안에 있는 +는 그 자체가 출력의 대상일 뿐이다.

```
System.out.println("3 + 5 = " + 8);
System.out.println(3.15 + "는 실수입니다.");
System.out.println("3 + 5" + " 의 연산 결과는 8입니다.");
```

마지막으로 다음 문장은, 수를 대상으로 하는 +는 덧셈으로 이어져 그 결과가 출력됨을 보인다.

```
System.out.println(3 + 5);
```

앞으로 자바 문법의 이해를 위해서 다양한 예제를 작성할 텐데, 그때마다 위 예제에서 보인 내용을 토대로 출력을 진행할 예정이니 충분히 관찰하기 바란다.

문제 01-1 [클래스의 이름과 문자열의 출력]

• 문제 1

앞서 보인 예제 FirstJavaProgram.java를 컴파일하면 FirstJavaProgram.class가 생성된다. 그런데 컴파일 시 생성되는 클래스 파일의 이름을 변경하고 싶다. 예를 들어 SimpleJavaProgram.class가 생성되게 하려면 무엇을 수정해야 되겠는가? 나름대로 예측해보자.

• 문제 2

다음 두 문장의 출력 결과를 확인하는 프로그램을 작성해 보자.

```
System.out.println("2 + 5 = " + 2 + 5);
System.out.println("2 + 5 = " + (2 + 5));
```

그리고 자바 프로그램에서 소괄호가 지니는 의미가 무엇인지, 수학에서 의미하는 소괄호와 유사한 의미를 갖는지 생각해 보자. 참고로 이 문제는 코드의 관찰 습관을 유도하기 위한 것이다.

• 문제 3

숫자 12를 총 5회 출력하는 프로그램을 작성하되 매 출력마다 그 방법이 달리해보자. 즉 다음과 같은 문장을 5회 구성하여 숫자 12를 5회 출력하되 소괄호 안의 내용은 모두 달라야 한다.

```
System.out.println( . . . );
```

답안은 출판사 홈페이지를 통해서 제공합니다.

01-4 들여쓰기와 컴파일의 대상에서 제외되는 주석!

주석은 컴파일의 대상에서 제외되는 문장을 의미한다. 따라서 주석 처리를 통해서 코드에 대한 설명 및 기록을 메모의 형태로 남겨 둘 수 있다.

■ 블록(block) 단위 주석: /* ~ */

다음 내용을 소스파일의 앞 부분에 기록해 둔다고 가정해보자.

파일이름: SystemOutPrintln.java
작 성 자: 홍길동
작 성 일: 2022년 7월 25일
목 적: System.out.println 메소드의 기능 테스트

이렇듯 주석으로 처리해야 할 내용이 여러 줄에 걸쳐서 존재하는 경우에 생각해 볼 수 있는 것이 '블록 단위 주석'이다. 이는 주석의 시작을 /* 으로, 그리고 끝을 */ 으로 표시한다. 그러면 그 사이의 모든 내용은 주석으로 인식된다. 그럼 위의 내용을 주석으로 넣어 보겠다.

◈ BlockComment.java

```
/*
 파일이름: BlockComment.java
 작 성 자: 홍길동
 작 성 일: 2019년 7월 25일
 목 적: System.out.println 메소드의 기능 테스트
*/

class BlockComment
{
    public static void main(String[] args)
    {
        /* 다음은 단순한 정수의 출력 */
        System.out.println(7);

        System.out.println(3.15);
        System.out.println("3 + 5 = " + 8);
```

```
            System.out.println(3.15 + "는 실수입니다.");
            System.out.println("3 + 5" + " 의 연산 결과는 8입니다.");

            /* 다음은 덧셈 결과의 출력 */
            System.out.println(3 + 5);
        }
}
```

위의 소스파일을 컴파일 및 실행해 보면 주석은 프로그램에 아무런 영향도 미치지 않음을 확인할 수 있다. 그리고 파일의 앞부분에 등장하는 소스파일에 대한 기록 및 전체적인 개요에 해당하는 주석은 다음과 같이 처리하는 경우도 있다. 즉 주석 사이에 *을 넣을 수도 있다.

◈ BlockComment2.java

```
/*
 * 파일이름: BlockComment2.java
 * 작 성 자: 홍길동
 * 작 성 일: 2019년 7월 25일
 * 목    적: System.out.println 메소드의 기능 테스트
 */

class BlockComment2
{
    public static void main(String[] args)
    {
        /* 다음은 단순한 정수의 출력 */
        System.out.println(7);

        System.out.println(3.15);
        System.out.println("3 + 5 = " + 8);
        System.out.println(3.15 + "는 실수입니다.");
        System.out.println("3 + 5 " + "의 연산 결과는 8입니다.");

        /* 다음은 덧셈 결과의 출력 */
        System.out.println(3 + 5);
    }
}
```

그러나 블록 단위 주석 사이에 /* 또는 */ 이 등장하면 안 된다. 등장할 경우 주석의 경계 구분에 문제가 생기기 때문이다. 하지만 그 이외의 것은 무엇이든 넣을 수 있다.

■ 행(line) 단위 주석: //

주석 처리해야 할 문장이 하나나 둘이라면 다음 예제에서 보이듯이 '행 단위 주석 처리'를 하는 것도 좋은 선택이다.

◈ LineComment.java

```
// 파일이름: LineComment.java
// 작 성 자: 홍길동
// 작 성 일: 2019년 7월 25일
// 목   적: System.out.println 메소드의 기능 테스트

class SystemOutPrintln
{
    public static void main(String[] args)
    {
        System.out.println(7);    // 다음은 단순한 정수의 출력

        System.out.println(3.15);
        System.out.println("3 + 5 = " + 8);
        System.out.println(3.15 + "는 실수입니다.");
        System.out.println("3 + 5" + " 의 연산 결과는 8입니다.");

        System.out.println(3+5);   // 덧셈 결과의 출력
    }
}
```

결과적으로 앞서 보인 SystemOutPrintln.java, BlockComment.java, LineComment.java는 완전히 동일한 프로그램이다. 주석의 유무와 주석의 처리 방식에만 차이가 있을 뿐이다.

■ 들여쓰기(Indent)

영역 또는 의미의 구분을 위해서 일정 간격 왼쪽에서 띄운 후에 문장을 입력하는 것을 가리켜 들여쓰기라 한다.

```
class SystemOutPrintln
{
    // 4칸 정도 오른쪽으로 들여쓰기 되었다.
    public static void main(String[] args)
    {
        // main 메소드 내에서 4칸 정도 오른쪽으로 들여쓰기 되었다.
```

```
            System.out.println(7);
            .... .
        }
}
```

이클립스와 같은 통합 개발 환경은 들여쓰기를 자동으로 진행해준다. 하지만 메모장과 같은 단순한 편집기를 이용하면 직접 들여쓰기를 해야 한다. 들여쓰기는 쉽게 익힐 수 있으니 코드를 작성하면서 반드시 해야 하는 일이라는 정도만 기억해두자.

■ 중괄호를 열고 닫는 방식에 대하여

지금까지는 다음과 같은 방식으로 중괄호를 열고 닫았다. 사실 처음 자바를 공부하는 경우에는 코드가 눈에 잘 들어오지 않기 때문에 이렇듯 중괄호의 시작과 끝의 위치를 맞춰주는 것을 선호한다.

```
class SystemOutPrintln
{
    public static void main(String[] args)
    {
        System.out.println(7);
        .... .
    }
}
```

그러나 자바 프로그래머들의 일반적인 중괄호 처리 방식은 다음과 같다. 클래스의 이름 오른편에, 그리고 메소드의 이름 오른편에 여는 중괄호를 위치시킨다.

```
class SystemOutPrintln {
    public static void main(String[] args) {
        System.out.println(7);
        .... .
    }
}
```

이는 코드에 대한 더 좋은 시야를 제공하기 때문에 각종 자바 관련 문서에서 권고하는 방식이다. 물론 지금은 더 좋은 시야를 제공한다는 부분에 동의하기 어려울 수 있지만 익숙해지면 동의하게 될 것이다. 따라서 본서에서도 다음 Chapter부터는 이러한 방식으로 중괄호를 처리하고자 한다.

Chapter 02

변수와 자료형

02-1. 변수의 이해와 활용
- 메모리 공간의 활용을 위해 필요한 변수
- 변수(Variable)는 메모리 공간에 붙여진 이름
- 자료형의 종류와 구분
- 변수의 이름을 짓는 방법

02-2. 정수의 표현 방식 이해하기
- 컴퓨터가 정수를 표현하는 방식
- 음의 정수를 표현하는 방식이 이게 맞아?
- 2의 보수를 구하는 방법

02-3. 실수의 표현 방식 이해하기
- 실수의 표현 방식은 고민거리였습니다.
- 그래서 정밀도를 낮추고 근사치의 값을 찾아서 표현하기로 결정하였습니다.

02-4. 자바의 기본 자료형
- 정수 자료형: byte, short, int, long
- short형 변수를 선언할까요? int형 변수를 선언할까요?
- 실수 자료형: float, double
- 문자 자료형: char
- 논리 자료형: boolean

프로그램이 하는 일을 단순화해서 이야기하면 '데이터의 저장과 저장한 데이터의 가공 및 표현'이라고 할 수 있다. 따라서 이번 Chapter에서는 자바를 이용한 데이터의 저장 방법에 대해서 설명한다.

02-1 변수의 이해와 활용

먼저 변수가 무엇인지 설명하고자 한다. 변수에 대한 이해를 갖추면 변수의 필요성은 설명하지 않아도 알 수 있다.

■ 메모리 공간의 활용을 위해 필요한 변수

변수를 한 문장으로 정리하면 다음과 같다.

"데이터의 저장과 참조를 위해 '할당된 메모리 공간'에 붙인 이름을 '변수'라 한다."

다음 그림은 메모리 공간의 일부를 표현한 것이다. 그리고 이 메모리 공간에는 두 개의 메모리 블록이 프로그래머가 사용할 수 있도록 할당되었다.

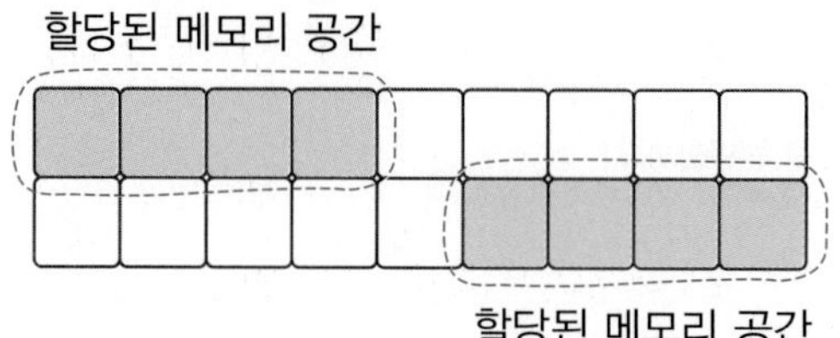

[그림 02-1 : 메모리 공간의 할당]

위 그림의 상황에서 먼저 다음의 내용이 궁금하다.

"메모리 공간을 어떻게 할당받아야 하지?"

그리고 다음 내용도 더불어 궁금하다.

"할당받은 메모리 공간은 어떻게 사용하지? 그러니까 어떻게 접근해야 하지?"

사실 메모리 공간의 할당과 접근은 뗄 수 없는 관계이다. 접근하기 위해서 할당하는 것이니 말이다. 그래서 위의 두 질문에 대한 답은 '변수' 하나로 정리가 된다.

■ 변수(Variable)는 메모리 공간에 붙여진 이름

메모리 공간의 할당과 접근이라는 두 가지 문제의 해결을 위해서 '변수'라는 개념이 존재한다. 코드상에서 변수라는 것을 선언하면 [그림 02-1]과 같이 메모리 공간이 할당된다. 그리고 그 할당된 메모리 공간에 이름이 붙는다. 그러면 이 이름을 통해서 해당 메모리 공간에 접근할 수 있게 된다. 그럼 변수의 선언이 어떻게 이뤄지는지 살펴보겠다. 예를 들어서 다음과 같이 생각했다고 가정하자.

"난 정수의 저장을 위한 메모리 공간을 할당하겠다."

"그리고 그 메모리 공간의 이름을 num이라 하겠다."

이 두 가지를 이루기 위해서 우리가 할 일은 다음 문장을 삽입하는 것이다.

```
int num;
```

여기서 int가 의미하는 바는 다음과 같다.

"정수를 저장할 메모리 공간을 할당하겠습니다."

이어서 등장하는 num은 그 메모리 공간에 붙일 이름이다.

"이 메모리 공간에 접근할 때에는 num이라는 이름을 사용하겠습니다."

따라서 [그림 02-1]과 같이 정수의 저장을 위한 두 개의 메모리 공간을 할당하고 각각을 num1과 num2라 이름 붙이기를 원하면, 다음과 같이 두 개의 문장을 삽입하면 된다.

```
int num1;    // 변수 num1의 선언
int num2;    // 변수 num2의 선언
```

위와 같은 문장을 가리켜 '변수 선언'이라 한다. 즉 두 문장을 통해서 num1과 num2라는 이름의 변수가 선언되었는데, 다음 그림은 이 두 변수의 선언 결과를 보여준다. 메모리 공간에 이름이 붙었음을 그림에서 보여주고 있다.

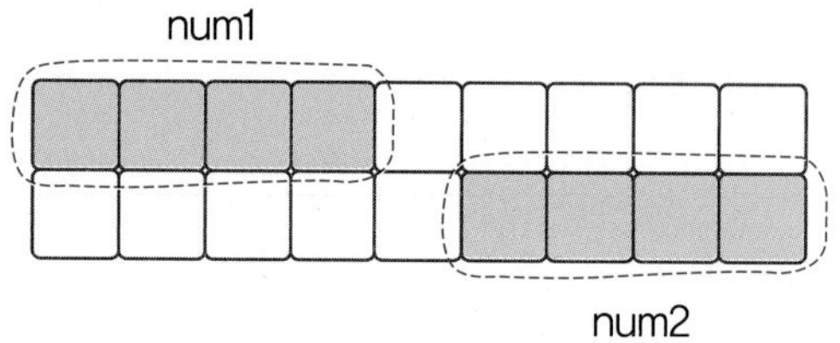

[그림 02-2: 변수 num1, num2의 선언 결과]

이렇듯 변수가 선언되면, 메모리 공간이 할당되고 할당된 메모리 공간의 접근을 위한 이름이 부여된다. 그럼 다음 예제를 통해서 변수를 선언하고 값의 저장과 참조를 진행해보겠다.

◈ UseVariable.java

```
class UseVariable {
    public static void main(String[] args) {
        int num1;    // 변수 num1의 선언
        num1 = 10;   // 변수 num1에 10을 저장

        int num2 = 20;    // 변수 num2 선언과 동시에 20으로 초기화
        int num3 = num1 + num2;     // 두 변수 값을 대상으로 덧셈
        System.out.println(num1 + " + " + num2 + " = " + num3);
    }
}
```

▶ 실행 결과: UseVariable.java

```
명령 프롬프트
C:₩JavaStudy>java UseVariable
10 + 20 = 30

C:₩JavaStudy>
```

위 예제에서 주목할 부분은 다음 내용이다.

"자바에서는 값의 대입의 의미로 = 기호가 사용된다."

기호 = 을 가리켜 '대입 연산자'라 한다. 그리고 이 연산자를 사용하면 오른편에 있는 값이 왼편에 있는 변수에 대입이 된다. 그럼 다음 문장을 보자.

```
int num2 = 20;
```

이렇듯 변수를 선언하면서 동시에 값을 저장할 수도 있다. 즉 변수 num2는 선언과 동시에 20이라는 값으로 '초기화' 되었다. (처음 값을 지정하는 일을 가리켜 초기화라 한다.) 그리고 다음 문장에서 보이듯이 숫자가 아닌 덧셈의 결과로 변수를 초기화 할 수도 있다.

```
int num3 = num1 + num2;    // num1 + num2의 결과로 num3 초기화
```

그리고 위 예제와 같이 정수를 저장하는 용도로 변수를 선언하면 정수만 저장할 수 있다. 만약에 0.15와 같은 실수를 저장하는 경우에는 컴파일러가 오류를 발생시킨다.

■ 자료형의 종류와 구분

변수에 저장할 데이터의 유형을 알리기 위해 앞서 int라는 키워드(자바의 문법을 구성하는 식별자)를 사용했는데 이러한 키워드를 가리켜 '자료형(Data Type)'이라 한다. 그리고 자바는 다양한 종류의 값을 저장하고 참조할 수 있도록 다음과 같이 다양한 자료형을 제공한다.

자료형	데이터	크 기	표현 가능 범위
boolean	참과 거짓	1 바이트	true, false
char	문자	2 바이트	유니코드 문자
byte	정수	1 바이트	-128 ~ 127
short		2 바이트	-32,768 ~ 32,767
int		4 바이트	-2,147,483,648 ~ 2,147,483,647
long		8 바이트	-9,223,372,036,854,775,808 ~ 9,223,372,036,854,775,807
float	실수	4 바이트	$\pm(1.40\times10^{-45} \sim 3.40\times10^{38})$
double		8 바이트	$\pm(4.94\times10^{-324} \sim 1.79\times10^{308})$

[표 02-1 : 자바의 기본 자료형]

위의 표에서 정리한 자료형을 가리켜 '기본 자료형(Primitive Data Type)'이라 한다. 그리고 이들 기본 자료형은 데이터의 종류에 따라서 다음과 같이 크게 네 가지로 구분이 된다.

- 정수 표현　　byte, short, int, long
- 실수 표현　　float, double
- 문자 표현　　char
- 참과 거짓의 표현　　boolean

이 중에서 정수 표현에 사용되는 자료형과 실수 표현에 사용되는 자료형은 바이트의 크기에 따라서 그 종류가 둘 이상씩 되는데, 이는 표현 및 저장하고자 하는 값의 범위에 따라서 적절한 자료형을 선택할 수 있도록 하기 위함이다. 물론 바이트 크기가 크면 그만큼 표현할 수 있는 값의 범위는 넓어진다. 그럼 이와 관련하여 다음 예제를 보자.

◈ VariableDecl.java

```
class VariableDecl {
    public static void main(String[] args) {
        double num1, num2;    // 두 개의 변수 동시 선언
        double result;
        num1 = 1.0000001;
        num2 = 2.0000001;
        result = num1 + num2;
        System.out.println(result);
    }
}
```

▶ 실행 결과: VariableDecl.java

```
명령 프롬프트
C:₩JavaStudy>java VariableDecl
3.0000001999999997

C:₩JavaStudy>
```

위 예제의 다음 문장에서 보이듯이 동일한 자료형의 변수 둘을 한 번에 선언할 수 있다. 물론 이 둘을 선언과 동시에 초기화하는 것도 가능하다.

```
double num1, num2;
```

그럼 이제 실행 결과를 보자. 기대하는 출력 결과는 3.0000002이다. 그런데 결과가 다르다. 이유는

무엇일까? 그 원인은 다음 두 문장에서 찾을 수 있다.

```
num1 = 1.0000001;
num2 = 2.0000001;
```

기본적으로 컴퓨터의 실수 표현에는 오차가 존재하다. 따라서 위와 같이 실수 1.0000001을 저장할 경우 변수에 저장되는 값은 이에 가까운 값일 뿐 정확히 1.0000001은 아니다. 이는 2.0000001도 마찬가지이다. 때문에 덧셈 결과에도 당연히 오차가 존재한다. (이렇듯 실수의 표현에 오차가 존재하는 이유는 잠시 후 설명한다.)

■ 변수의 이름을 짓는 방법

자바는 대소문자를 구분한다. 따라서 Num1과 num1는 서로 다른 이름으로 인식된다. 때문에 자료형 int를 대신하여 INT를 사용할 수 없다. 그리고 변수의 이름을 짓는데 있어서 다음과 같은 제약 사항이 존재한다.

"변수의 이름은 숫자로 시작할 수 없다."

그래서 1num은 변수의 이름이 될 수 없지만, num1은 변수의 이름이 될 수 있다. 그리고 특수 문자와 관련해서 다음의 제약 사항이 존재한다.

"$과 _ 이외의 다른 특수문자는 변수의 이름에 사용할 수 없다."

마지막으로 다음의 제약 사항도 존재한다.

"키워드는 변수의 이름으로 사용할 수 없다."

자바의 문법을 구성하는 int, double과 같은 단어들을 가리켜 '키워드(Keyword)'라 하는데, 이러한 키워드는 변수의 이름으로 사용할 수 없다. 이렇듯 변수의 이름을 짓는데 있어서 몇몇 제약사항이 존재하지만 잘못된 변수의 이름은 컴파일 오류로 이어져 바로 발견이 되니 부담을 가질 필요는 없다.

02-2 정수의 표현 방식 이해하기

앞서 double형 변수 둘을 대상으로 한 덧셈의 결과에 오차가 있는 것을 확인하였다. 이러한 오차의 발생 이유를 알기 위해서는 컴퓨터의 정수, 실수 표현법을 이해해야 한다. 따라서 이에 대하여 간단히 설명하고자 한다. 참고로 본문에서는 2진수와 8진수 그리고 16진수에 대한 기본적인 이해를 갖추었다고 가정한다.

■ 컴퓨터가 정수를 표현하는 방식

정수의 표현에 있어 제일 먼저 결정할 사항은 '몇 바이트로 정수를 표현할 것인가.'이다. 정수는 1바이트, 2바이트 그리고 8바이트로도 표현할 수 있다. 물론 표현하는 바이트 크기가 클수록 표현할 수 있는 정수의 범위는 넓어진다. 그러나 값을 표현하는 기본 원리는 동일하므로 설명의 편의를 위해서 1바이트를 기준으로 정수의 표현 방식을 설명하겠다. 다음 그림은 정수 표현의 기본 원리를 보여준다.

[그림 02-3: 양의 정수 표현 방식]

위 그림에서 보여주듯이 가장 왼쪽에 위치한 비트는 부호를 나타낸다. 이 비트가 0이면 양수를, 1이면 음수를 의미한다. 그리고 이 비트가 0인 경우, 나머지 일곱 비트는 데이터의 양적인 크기를 의미한다. 즉 위 그림의 경우 나머지 일곱 비트가 0011001이므로 값은 25이다. (25는 16+8+1의 결과이다.) 간단하지 않은가? 실제로 컴퓨터의 데이터 표현 방식 중에서는 양의 정수 표현 방식이 제일 간단하다.

참 고 MSB(Most Significant Bit)

부호를 결정짓는 가장 왼쪽에 위치한 비트를 가리켜 MSB라 한다. 그런데 이 비트에 따라서 값의 부호만 달라지는 것이 아니라 나머지 비트의 해석 방법도 함께 달라진다. 즉 이 비트가 0일 때 나머지 비트를 해석하는 방법과 이 비트가 1일 때 나머지 비트를 해석하는 방법이 다르다. 위에서 설명한 내용은 이 비트가 0일 때의 해석 방법이다.

■ 음의 정수를 표현하는 방식이 이게 맞아?

양의 정수를 표현하는 방식을 생각하면서 음의 정수를 표현하는 방식도 유사할 거라고 생각할 수 있다. 즉 다음과 같이 생각하기 쉽다.

"부호 비트가 1이면 이것은 음의 정수이다."

"이때에도 나머지 비트는 데이터의 양적인 크기를 의미하지 않을까?"

즉 다음과 같이 이해하고 판단하는 것이다.

"음의 정수 -1의 가장 왼쪽 비트는 1이다."

"음의 정수 -1의 부호를 제외한 데이터 크기는 1이므로 나머지 비트는 0000001이다."

"따라서 -1을 1바이트로 표현하면 10000001이 되지 않을까?"

매우 괜찮은 추측이고 결론이다. 정수에 '연산'의 개념이 없다면 이 방법이 오히려 적절할 수도 있다. 그러나 이러한 방식의 음수 표현은 다음 연산의 결과를 만족시키는데 어려움이 있다.

```
1 + (-1) = 0
```

어떠한 어려움이 있는지 위의 식을 이진수로 표현해보겠다. 이는 추측대로 -1을 10000001로 표현한다고 간주하고 작성한 식이다.

```
00000001 + 10000001 = ?
```

위의 두 이진수의 단순한 덧셈 결과는 다음과 같다. 그리고 이 결과는 어떠한 방식으로 해석을 하건 0이 아니다.

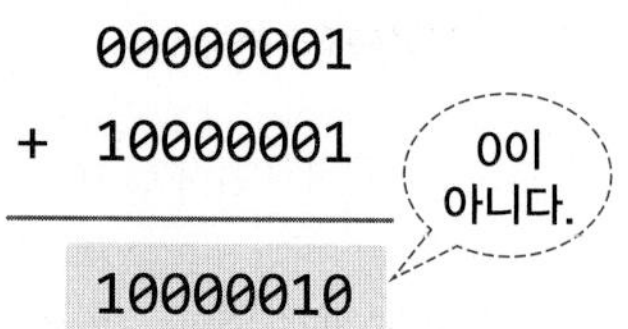

[그림 02-4: 연산 결과가 0인가?]

위의 연산을 통해서 앞서 우리가 생각한 음의 정수를 표현하는 방식이 적절치 않음을 알 수 있다. 그렇다면 음의 정수는 어떻게 표현해야 할까? 결론을 이야기하면 다음과 같다.

> "양의 정수의 이진수 표현에 2의 보수를 취한 결과를 음의 정수로 표현한다."

예를 들어서 정수 5의 이진수 표현은 00000101이다. 따라서 이에 대한 2의 보수 11111011은 정수 -5의 이진수 표현이 된다. 그럼 이 둘의 합이 0이 되는지 확인하기에 앞서 2의 보수를 구하는 방법부터 설명하겠다.

■ 2의 보수를 구하는 방법

본서는 프로그래밍 책인 만큼 2의 보수에 대한 수학적 개념은 뒤로하고 계산법만 정리해 보이겠다. 다음 그림은 1바이트로 표현된 양의 정수 +5에 대한 2의 보수를 구하는 과정을 보인다.

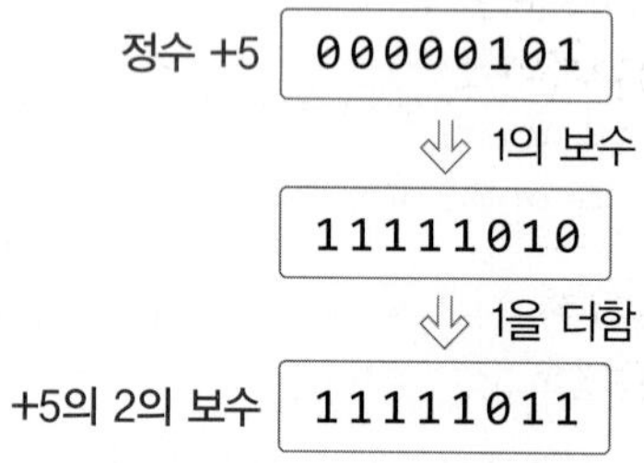

정수 +5 `00000101`
↓ 1의 보수
`11111010`
↓ 1을 더함
+5의 2의 보수 `11111011`

[그림 02-5: 2의 보수를 구하는 과정]

위 그림에서 보이듯이 2의 보수를 계산하는 과정은 1의 보수를 구하는 데서 시작한다. 물론 1의 보수는 각 비트 별로 1은 0으로, 0은 1로 변경하여 얻어진다. 이렇게 해서 1의 보수가 구해지면 이어서 1을 더한다. 말 그대로 1을 더하면 된다. 그리고 그 결과가 바로 2의 보수이다.
생각보다 2의 보수를 구하는 것은 쉽다. 숙달되면 연습장이 필요 없을 정도이다. 이제 2의 보수를 구하는 방법도 알았으니 다음 두 정수의 합을 계산하여 그 결과가 0이 되는지 확인해보자.

```
5 + (-5) = 0
```

⇨ 00000101 + 11111011 = ?

위의 이진수 덧셈의 결과가 0이라면 분명 '2의 보수'는 양의 정수에 대한 '음의 정수 표현 방법'으로 적절하다고 결론 내릴 수 있다.

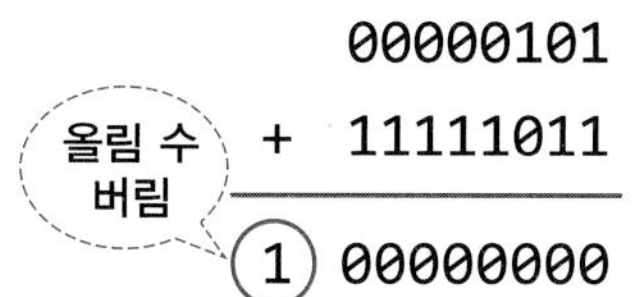

[그림 02-6: 2의 보수는 음의 정수 표현으로 적절한가]

컴퓨터는 n바이트 덧셈 연산을 할 경우 그 결과도 n바이트로 만들어 낸다. 따라서 올림 수(Carry) 보정을 하지 않으면 덧셈 과정에서 발생하는 올림 수는 그냥 버려진다. 때문에 위의 덧셈 결과는 0이다. 결국 2의 보수는 양의 정수에 대한 음수 표현 방법으로 적절함을 알 수 있다. 그리고 실제로 컴퓨터는 이러한 방식으로 음의 정수를 표현한다.

02-3 실수의 표현 방식 이해하기

실수의 표현 방식을 이해하면 실수를 보다 효율적으로 그리고 적절히 사용할 수 있다. 더불어 앞서 제시한 실수의 덧셈에서 오차가 발생한 이유도 알 수 있다.

■ 실수의 표현 방식은 고민거리였습니다.

다음 질문에는 어렵지 않게 답을 할 수 있다.

"1과 5 사이에 존재하는 정수의 개수는 몇 개인가?"

그러나 다음 질문에는 답을 하기가 쉽지 않다.

"1과 2 사이에 존재하는 실수의 개수는 몇 개인가?"

1과 2 사이에는 무한개의 실수가 존재한다. 따라서 소수점 이하 자릿수까지 표현해야 하는 실수를 컴퓨터로 표현하는 데는 한계가 있다. 사람도 1과 2 사이의 모든 실수를 표현하지 못하는데 어떻게 컴퓨터가 모든 실수를 표현할 수 있겠는가? 즉 컴퓨터는 실수를 표현하는데 한계가 있다. 그것도 아주 큰 한계가 있다.

■ 그래서 정밀도를 낮추고 근사치의 값을 찾아서 표현하기로 결정하였습니다.

정수는 오차 없이 표현이 가능하다. 오차 없이 완벽히 양의 정수와 음의 정수를 표현할 수 있다. 그러나 오차를 허용하지 않으면서 그 광대한 실수를 표현하는 것은 불가능하다. 때문에 다음과 같은 결론에 도달하게 된다.

"정밀도를 낮추고 대신에 표현할 수 있는 값의 범위를 넓히자."

그렇다면 정밀도만 낮추면(값을 정확히 표현할 수 있는 정도만 낮추면) 실수를 폭넓게 표현할 수 있을까? 다음 식을 활용하면 충분히 가능하다. 참고로 아래의 식은 지수로 표현되어 있음에 주목하자.

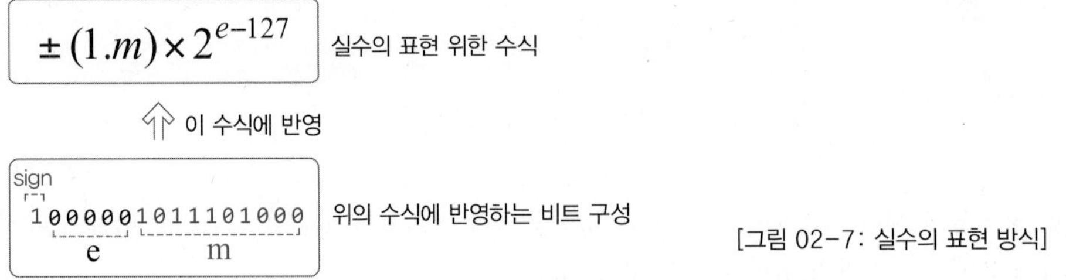

[그림 02-7: 실수의 표현 방식]

위의 식은 컴퓨터의 실수 표현을 위해 약속해 놓은 『IEEE 754』 표준의 이해를 돕기 위한 것이다. (물론 자바도 이 표준을 따른다.) 위 식의 e와 m에 적당한 값을 넣어보자. 예를 들어서 부호 비트에는 양수를 의미하는 0을, e에는 00000을, 그리고 m에는 0000000001을 넣어보자. 이때 위의 식을 통해서 표현되는 값은 다음과 같다.

```
sign
0000000000000001
 e        m
```

수식 반영 결과

$$+(1.1)\times 2^{-127}$$

[그림 02-8: 실수의 표현 사례]

위의 그림을 보면서 이 값이 어느 정도 되는지 감이 좀 오는가? 대략 써보면 다음과 같다.

```
6.46521893 x (10의 -39승)
```

표현할 수 있는 값의 범위가 어마어마하게 넓어졌음을 알 수 있다. 하지만 단점도 있다. 이러한 표현 방식으로는 위의 숫자 6.4652… 보다 아주 조금 작거나 큰 수를 표현하지 못한다. 이는 m이 1 증가할 때 전체 값이 얼마나 크게 변경되는지, 그리고 e가 1 증가할 때 전체 값이 얼마나 크게 변경되는지를 확인하면 쉽게 이해할 수 있다. 즉 표현할 수 있는 값의 범위는 넓어졌지만 상대적으로, 표현하는 대부분의 값에는 오차가 존재하게 되었다. 따라서 다음과 같은 문장을 구성하면,

```
double num1 = 1.0000001;
double num2 = 2.0000001;
```

[그림 02-7]의 식을 이용하여 1.0000001과 2.0000001에 최대한 가까운 수가 만들어지도록 비트의 열이 구성되어 num1과 num2에 저장이 된다. 때문에 실수에는 항상 오차가 있다고 보아야 한다.

참고 IEEE(Institute of Electrical and Electronics Engineers)

IEEE는 전기 전자공학의 최대 기술 조직으로 주요 표준을 결정하고 발전시키는 역할을 담당한다. 이곳에서 실수 표현 방식에 대한 표준을 정의하였으며 이를 가리켜 『IEEE 754』라 한다. 따라서 실수 표현의 정확한 표준을 알고 싶다면 『IEEE 754』에서 정의하고 있는 32비트 표현인 단정도(single precision)와 64비트 표현인 배정도(double precision)를 살펴보면 된다. 그런데 실제 표준과 [그림 02-7]의 차이점은 m에 할당된 비트 수와 e에 할당된 비트 수 정도이다.

02-4 자바의 기본 자료형

변수를 선언할 때 '자료형'을 결정해주어야 한다. 변수의 자료형을 결정한다는 것은 해당 변수에 값을 저장하고 참조하는 방식을 결정한다는 의미이다. 즉 변수의 자료형을 정수형으로 결정하면 앞서 설명한 정수의 표현 방식으로 값을 저장 및 참조하게 된다. 그리고 실수형으로 결정하면 앞서 설명한 실수의 표현 방식으로 값을 저장 및 참조하게 된다.

■ 정수 자료형: byte, short, int, long

자바는 총 4개의 정수 자료형을 제공한다. 따라서 이들 자료형을 기반으로 변수를 선언하면, 이로 인해 할당된 메모리 공간에는 정수의 표현 방식을 기준으로 값을 저장 및 참조하게 된다. 따라서 정수 자료형으로 선언된 변수에는 소수점 이하의 값을 포함하는 실수를 저장할 수 없다. 그리고 자바에서 제공하는 네 개의 정수 자료형이 갖는 차이점은 정수의 표현에 사용하는 메모리 공간의 크기에 있다. short는 2바이트를 기준으로 정수를 표현하고 int는 4바이트를 기준으로 정수를 표현한다. 따라서 변수를 short로 선언하면 2바이트 크기의 변수가 만들어지고 int로 선언하면 4바이트 크기의 변수가 만들어진다.

■ short형 변수를 선언할까요? int형 변수를 선언할까요?

이어서 두 개의 코드 블록을 보일 테니, 어떠한 코드가 더 합리적인지 판단해 보자. 첫 번째 코드 블록은 다음과 같다.

```
int main(String[] args) {
    short num1 = 11;
    short num2 = 22;
    short result;
    result = num1 + num2;
    ....
}
```

두 번째 코드 블록은 다음과 같다. 다음 코드와 위의 코드와의 유일한 차이점은 선언된 변수의 자료형에 있다.

```
int main(String[] args) {
    int num1 = 11;
    int num2 = 22;
    int result;
    result = num1 + num2;
    ....
}
```

어떤 코드가 보다 일반적이고 합리적으로 생각되는가? 우선 다음과 같은 의견이 있을 수 있다.

"등장한 숫자는 2바이트 정수로 표현할 수 있으므로 short형 변수를 선언하는 것이 옳다."

그렇다면 다음 예제를 컴파일 및 실행한 다음에 이야기를 이어가자.

◈ OperatePromotion.java

```
class OperatePromotion {
    public static void main(String[] args) {
        short num1 = 11;
        short num2 = 22;
        short result = num1 + num2;
        System.out.println(result);
    }
}
```

▶ 실행 결과: OperatePromotion.java

```
명령 프롬프트
C:\JavaStudy>javac OperatePromotion.java
OperatePromotion.java:5: error: incompatible types: possible lossy conv
ersion from int to short
        short result = num1 + num2;
                            ^
1 error

C:\JavaStudy>_
```

안타깝게도 컴파일 오류가 발생한다. 논리적으로 보면 문제가 없지만 자바의 관점에서 보면 문제가 있는 코드이다. 이유는 다음과 같다.

"자바는 정수형 연산을 int형으로 진행합니다."

자바 가상머신은 정수형 연산을 4바이트 int형으로만 진행한다. 따라서 byte형 변수나 short형 변수에 저장된 값을 대상으로 덧셈과 같은 연산을 진행하면 이를 먼저 int형 값으로 변경해 버린다. 즉 위 예제에서는 덧셈 연산 이전에 다음 과정을 거치게 된다.

"변수 num1과 num2에 저장된 값을 int형으로 변환한다."

이렇듯 변환을 하고 이어서 덧셈을 진행하는 것까지는 문제가 없다. 하지만 덧셈의 결과를 변수 result에 저장하는 과정에서 문제가 발생한다. 이유는 다음과 같다.

"변수 result는 2바이트 short형이고 연산 결과는 4바이트 int형이다."

변환된 두 개의 int형 데이터를 대상으로 한 덧셈 연산의 결과도 4바이트 int형으로 만들어진다. 따라서 이 값을 2바이트 크기의 변수 result에 저장하는 것은 불가능하다. 정리하면, 연산을 동반하는 상황에서는 변수를 byte, short로 선언해도 생각만큼 메모리가 절약되지 않고 오히려 데이터의 변환 과정만 추가될 뿐이니, 이때는 int로 선언하자.

참 고 **long형에서의 int형으로의 변환은 일어나지 않습니다.**

long은 8바이트고 int는 4바이트다. 따라서 long형 데이터를 int형으로 변환해버리면 데이터의 손실이 발생한다. 때문에 long형 데이터를 피연산자로 하는 연산 시에는 int형으로의 변환이 발생하지 않는다.

지금 설명한 내용만 보면 byte형과 short형은 불필요하다고 생각할 수 있다. 그러나 이 둘도 유용하게 사용된다. 우리가 프로그램상에서 표현하는 데이터 중에는 잦은 연산이 필요한 데이터도 있지만 그렇지 않은 경우도 있기 때문이다. 예를 들어서 게임의 지형, 캐릭터 등을 그리기 위한 3D 그래픽 정보나 음원 정보는 매우 많은 수의 숫자 정보로 이뤄져 있다. 때문에 이러한 경우에는 int형보다 작은 byte형 또는 short형으로 데이터를 저장하는 것이 의미가 있다. 혹 그 데이터들을 대상으로 약간의 연산을 해야 하더라도 말이다.

■ 실수 자료형: float, double

소수점 이하의 값을 지니는 실수의 저장 및 표현을 위한 자료형은 그 크기에 따라서 float와 double로 나뉜다. 이들은 모두 정밀도를 포기하고 표현의 범위를 넓힌 자료형 들이기 때문에 float와 double의 선택 기준은 값의 표현 범위에 있지 않다. 물론 8바이트로 표현되는 double이 4바이트로 표현되는 float보다 넓은 표현 범위를 갖는다. 그러나 float도 충분한 값의 표현 범위를 갖는다. 잠시 [표

02-1]을 보자. 이 표에서는 float의 표현 가능 범위를 다음과 같이 정리하고 있다.

$\pm(1.40\times10^{-45} \sim 3.40\times10^{38})$

그리고 이는 표현할 수 있는 값의 범위가 음수와 양수를 기준으로 각각 다음과 같음을 의미한다.

$-1.40\times10^{-45} \sim -3.40\times10^{38}$
$+1.40\times10^{-45} \sim +3.40\times10^{38}$

double과 비교하면 작지만 -45승과 +38승은 우리가 쉽게 상상할 수 있는 범위의 값이 아니다. 그렇다면 float와 double 사이에서 자료형을 선택하는 기준은 어디에 있을까? 이는 정밀도에 있다. 실수의 표현에 사용되는 바이트 수가 크면 오차의 크기는 작아진다. 실제로 float는 6자리의 정밀도를 갖고 double은 15자리의 정밀도를 갖는다. 다시 말해서 float는 소수점 이하 6자리까지는 오차가 발생하지 않고 double은 소수점 이하 15자리까지 오차가 발생하지 않는다.

참고 **소수점 이하 15자리까지 오차가 발생하지 않는다고 해도**

double형 데이터 하나만 놓고 보면 소수점 이하 15자리까지는 오차가 발생하지 않는다. 하지만 그 이하부터 오차가 발생하기 때문에, 오차가 존재하는 double형 데이터 둘 이상을 더하다 보면, 소수점 이하 셋째 자리에서 오차가 발견될 수도 있다. 따라서 실수의 계산은 기본적으로 오차가 존재한다고 가정해야 한다.

■ 문자 자료형: char

컴퓨터 프로그램은 대부분 인간과의 상호작용을 필요로 하기 때문에 문자의 표현은 매우 중요하다. 그러나 하드웨어는 수를 인식하고 표현하는 장치이다. 따라서 문자의 표현은 하드웨어 위에서 동작하는 소프트웨어의 몫일 수밖에 없다. 그렇다면 소프트웨어상에서 어떻게 문자를 표현하는 것일까? 하드웨어가 수밖에 인식을 못하니 문자 하나하나에 숫자를 부여하는 수밖에 없다. 예를 들면 다음과 같이 문자 표현에 대한 약속을 하고 이를 운영체제에 적용하는 것이다.

"문자 A는 숫자 65로 표시하기로 약속한다."

이러한 '문자의 표현에 대한 약속'을 가리켜 '문자 셋(Character Set)'이라 하는데, 이러한 문자 셋의 설계는 지역 및 국가별로 각각 이루어져 그 수가 다양하다. 때문에 데이터를 주고받거나 여러 국가의 언어를 동시에 표현하는 상황에서는 문제가 된다. 그래서 모든 나라의 문자를 수용하여 전 세계적으로 사용할 수 있는 문자 셋을 설계하게 되었는데, 이를 가리켜 '유니코드(Unicode)'라 한다.

유니코드는 문자 하나를 2바이트로 표현하는 문자 체계이다. 2바이트로 표현할 수 있는 데이터의 수는 2의 16승 개이므로 총 6만 개 이상의 문자 표현이 가능하다. 즉 유니코드는 대다수 언어의 기본 문자를 표현할 수 있는 문자 체계이다. 다음은 유니코드 문자와 이의 표현을 위해 약속된 값의 정보 일부를 보여준다.

	D5D	D5E	D5F	D60	D61	D62	D63	D64	D65
0	헐 D5D0	헠 D5E0	헰 D5F0	혀 D600	혐 D610	혠 D620	혰 D630	홀 D640	홐 D650
1	헑 D5D1	헡 D5E1	헱 D5F1	혁 D601	협 D611	혡 D621	혱 D631	홁 D641	홑 D651
2	헒 D5D2	헢 D5E2	헲 D5F2	혂 D602	혒 D612	혢 D622	혲 D632	홂 D642	홒 D652
3	헓 D5D3	헣 D5E3	헳 D5F3	혃 D603	혓 D613	혣 D623	혳 D633	홃 D643	홓 D653
4	헔 D5D4	헤 D5E4	헴 D5F4	현 D604	혔 D614	혤 D624	혴 D634	홄 D644	화 D654
5	헕 D5D5	헥 D5E5	헵 D5F5	혅 D605	형 D615	혥 D625	혵 D635	홅 D645	확 D655

[그림 02-9: 한글의 유니코드 일부]

이러한 유니코드 정보는 www.unicode.org에서 확인할 수 있다. 그리고 각 문자는 상단에 있는 16진수 숫자와 왼편에 있는 16진수 숫자의 조합으로 구성된다. 예를 들면 다음과 같다.

- 문자 '헐' 의 유니코드 값 D5D 와 0 의 조합 결과 D5D0
- 문자 '확' 의 유니코드 값 D65 와 5 의 조합 결과 D655

자바의 char는 문자의 저장을 위한 자료형이다. 그리고 자바는 유니코드를 기반으로 문자를 처리한다. 따라서 다음과 같이 char형 변수 하나에 한글 문자 하나를 저장하는 것이 가능하다. 그리고 아래에서 보이듯이 문자는 이렇듯 작은따옴표로 감싸서 표현해야 한다.

```
char ch1 = '헐';
char ch2 = '확';
```

그러면 char형 변수 ch1과 ch2에는 각 문자의 유니코드 값이 저장된다. 그럼 이와 관련하여 다음 예제를 보자.

◈ CharTypeUnicode.java

```
class CharTypeUnicode {
```

```
    public static void main(String[] args) {
        char ch1 = '헐';
        char ch2 = '확';
        char ch3 = 54736;    // 문자 '헐'의 유니코드 값
        char ch4 = 54869;    // 문자 '확'의 유니코드 값
        char ch5 = 0xD5D0;
        char ch6 = 0xD655;
        System.out.println(ch1 + " " + ch2);
        System.out.println(ch3 + " " + ch4);
        System.out.println(ch5 + " " + ch6);
    }
}
```

▶ 실행 결과: CharTypeUnicode.java

위 예제의 다음 두 문장이 변수에 문자를 저장하는 자바의 기본 방식이다.

```
char ch1 = '헐';    // 문자 '헐'의 유니코드 값은 54736
char ch2 = '확';    // 문자 '확'의 유니코드 값은 54869
```

컴파일 과정에서 위의 문자들은 유니코드 값으로 치환된다. 즉 변수에 실제 저장되는 값은 유니코드 값이다. 때문에 다음과 같은 방식으로 문자를 저장할 수도 있다. 이는 결과적으로 컴파일러가 할 일을 대신한 것과 같다.

```
char ch3 = 54736;
char ch4 = 54869;
```

다음 문장은 유니코드 값을 16진수로 표현한 결과이다. 자바에서는 16진수를 표현할 때 해당 16진수 숫자 앞에 0x를 붙인다.

```
char ch5 = 0xD5D0;
```

```
char ch6 = 0xD655;
```

그리고 위 예제를 통해 이해하고 알게 된 내용을 정리하면 다음과 같다.

- 자바 프로그램 내에서 문자는 작은따옴표로 묶어서 표현한다.
- 문자를 char형 변수에 저장할 때 실제 저장되는 것은 해당 문자의 유니코드 값이다.

유니코드를 지원하는 자바가 다양한 언어를 표현할 수 있음을 보이기 위해서 예제를 하나 더 제시하겠다. 다음은 일본어의 유니코드 일부이다.

	304	305	306	307	308	309
0		ぐ 3050	だ 3060	ば 3070	む 3080	ゐ 3090
1	ぁ 3041	け 3051	ち 3061	ぱ 3071	め 3081	ゑ 3091
2	あ 3042	げ 3052	ぢ 3062	ひ 3072	も 3082	を 3092
3	ぃ 3043	こ 3053	っ 3063	び 3073	ゃ 3083	ん 3093
4	い 3044	ご 3054	つ 3064	ぴ 3074	や 3084	ゔ 3094

[그림 02-10: 히라가나의 유니코드 일부]

위 그림에 담겨 있는 문자들 중에서 유니코드의 값이 1과 3으로 끝나는 문자를 각각 4개씩 출력하는 예제를 작성해 보이겠다.

◈ UnicodeJapan.java

```
class UnicodeJapan {
    public static void main(String[] args) {
        char ch1 = 0x3041;
        char ch2 = 0x3051;
        char ch3 = 0x3061;
        char ch4 = 0x3071;
        System.out.println(ch1 + " " + ch2 + " " + ch3 + " " + ch4);

        ch1 = 0x3043;
        ch2 = 0x3053;
```

```
            ch3 = 0x3063;
            ch4 = 0x3073;
            System.out.println(ch1 + " " + ch2 + " " + ch3 + " " + ch4);
        }
}
```

▶ 실행 결과: UnicodeJapan.java

```
명령 프롬프트
C:₩JavaStudy>java UnicodeJapan
あ け ち ぱ
い こ っ び

C:₩JavaStudy>
```

위 예제에서 보이듯이 일본어를 직접 입력하지 않아도 이렇듯 유니코드 값을 통해서 일본어를 표현할 수 있다. 그리고 아무리 자바가 유니코드를 지원하더라도 문자의 출력은 운영체제에 의존적이다. 따라서 자신이 출력하고자 하는 언어의 폰트가 운영체제에 설치되어 있어야 한다. 만약에 해당 국가의 폰트가 설치되어 있지 않다면 정상적인 출력을 확인하지 못하다.

■ 논리 자료형: boolean

앞서 설명한 정수 자료형, 실수 자료형, 문자 자료형은 우리에게 이미 익숙한 것들이다. 그러나 자바에는 이것 이외에 '참'과 '거짓'의 표현을 목적으로 하는 '논리 자료형'이라는 것이 존재한다. 프로그램에서는 '참'과 '거짓'의 상황 또는 상태를 표현할 일이 자주 등장한다. 그래서 자바는 이 두 상태의 표현을 위해 다음 두 개의 키워드를 정의하고 있다.

```
true      '참'을 의미하는 값
false     '거짓'을 의미하는 값
```

그리고 이 두 상태의 표현을 위해 논리 자료형 boolean을 정의하였다. 따라서 int형 변수를 선언하고 그 변수에 값을 저장하듯이 boolean형 변수를 선언하고 그 변수에 true 또는 false를 저장할 수 있다.

```
boolean isBlue = true;     // 변수 isBlue 선언과 동시에 true로 초기화
```

그럼 다음 예제를 통해서 boolean형 변수의 선언을 보이겠다. 즉 이 예제를 통해서 논리 자료형의 존재를 확인하겠다.

◈ Boolean.java

```
class Boolean {
    public static void main(String[] args) {
        boolean b1 = true;
        boolean b2 = false;
        System.out.println(b1);    // b1이 지닌 값 출력
        System.out.println(b2);

        int num1 = 10;
        int num2 = 20;
        System.out.println(num1 < num2);
        System.out.println(num1 > num2);
    }
}
```

◈ 실행결과: Boolean.java

```
명령 프롬프트
C:₩JavaStudy>java Boolean
true
false
true
false

C:₩JavaStudy>_
```

다음과 같이 문장을 구성하면 그 결과로 12가 출력된다.

```
System.out.println(7 + 5);
```

출력의 과정은 이렇다. 먼저 7과 5의 덧셈이 진행되고, 그 결과로 얻어진 12가 덧셈 연산을 대신하게 된다. 즉 연산 이후의 문장 구성은 다음과 같다.

```
System.out.println(7 + 5);
     → System.out.println(12);
```

마찬가지로 위 예제의 다음 두 문장 역시 〈 와 〉 연산이 먼저 진행된다. 이때 〈 와 〉 은 수학에서의 부등호 의미를 그대로 갖는다.

```
System.out.println(num1 < num2);    // num2가 더 큰가?
System.out.println(num1 > num2);    // num1이 더 큰가?
```

그래서 그 결과인 true 또는 false가 다음과 같이 〈 연산과 〉 연산을 대신하게 된다.

```
System.out.println(true);
System.out.println(false);
```

그리하여 마지막으로 System.out.println에 의해 true와 false가 각각 출력되었다.

Chapter 03

상수와 형 변환

03-1. 상수(Constants)

- 자바의 일반적인 상수
- 리터럴(Literals)에 대한 이해
- 정수형 상수의 표현 방법
- 정수형 상수 관련 추가로 가능한 것들
- 실수형 상수
- 부울형 상수와 문자형 상수

03-2. 형 변환

- 자료형의 변환이 의미하는 것은?
- 자동 형 변환(Implicit Conversion)
- 명시적 형 변환(Explicit Conversion)

앞서 Chapter 02에서 변수를 소개하였다. 따라서 이번에는 이의 상대적 개념인 '상수'에서부터 이야기를 시작하고자 한다.

03-1 상수(Constants)

상수는 '값이 변하지 않는 수'를 의미한다. 하지만 자바에서는 한번 그 값이 정해지면 이후로는 변경이 불가능한 변수도 상수라 한다.

■ 자바의 일반적인 상수

변수를 선언할 때 그 앞에 final이라는 선언을 추가하면 그 변수는 '상수'가 된다. 그리고 다음 두 가지 특징을 지니게 된다.

- 값을 딱 한 번만 할당할 수 있다.
- 한 번 할당된 값은 변경이 불가능하다.

그럼 다음 예제를 통해서 상수가 갖는 위의 두 가지 특징을 확인하겠다.

◈ Constants.java

```
class Constants {
    public static void main(String[] args) {
        final int MAX_SIZE = 100;
        final char CONST_CHAR = '상';
        final int CONST_ASSIGNED;

```

```
        CONST_ASSIGNED = 12;    // 할당하지 않았던 상수의 값 할당
        System.out.println("상수1 : " + MAX_SIZE);
        System.out.println("상수2 : " + CONST_CHAR);
        System.out.println("상수3 : " + CONST_ASSIGNED);
    }
}
```

▶ 실행 결과: Constants.java

```
명령 프롬프트
C:\JavaStudy>java Constants
상수1 : 100
상수2 : 상
상수3 : 12

C:\JavaStudy>
```

위 예제에서는 다음과 같이 변수의 선언에 final을 추가하였다. 따라서 이 변수는 값의 변경이 불가능한 상수가 된다.

```
final int MAX_SIZE = 100;     // 상수 MAX_SIZE의 선언
```

다음과 같이 상수를 선언만 하고 값을 할당하지 않으면 한 번은 값을 할당할 수 있다. 그러나 그 이후로는 역시 값의 변경이 불가능하다.

```
final int CONST_ASSIGNED;
```

그리고 예제에서 보이듯이, 관례상 상수의 이름은 다음 두 가지 사항을 지켜서 짓는다.

- 상수의 이름은 모두 대문자로 짓는다.
- 이름이 둘 이상의 단어로 이뤄질 경우 단어 사이에 언더바를 넣는다.

■ 리터럴(Literals)에 대한 이해

다음 문장에서는 변수를 선언과 동시에 157이라는 값으로 초기화하였다. 이때 대입 연산자의 오른편에 위치한 숫자 157을 가리켜 '리터럴' 또는 '리터럴 상수'라 한다. (그냥 '상수'라고도 한다.)

```
int num = 157;     // 숫자 157은 리터럴 상수
```

컴파일러는 위 문장에서 숫자 157를 무엇으로 인식하겠는가? int형 정수로? 아니면 long형 정수로? 결론부터 말하면 숫자 157은 int형 정수로 인식한다.

"컴파일러는 숫자 157을 int형 정수로 인식한다. 그렇게 약속되어 있다."

자바의 정수 표현 방법에는 int와 long을 포함하여 네 가지가 있고, 실수의 표현 방법에도 float와 double 두 가지가 있다. 따라서 이렇듯 숫자를 접했을 때 이를 '무엇으로 인식할지에 대한 일종의 약속'이 필요하고, 이 약속에 근거하여 표현된 숫자를 가리켜 '리터럴' 또는 '리터럴 상수'라 한다. 그런데 이와 관련하여 다음과 같은 궁금증이 생길 수 있다.

"int num = 157에서 157이 int형인 이유는 num이 int형이기 때문 아닌가요?"

그렇다면 다음 문장을 컴파일해 보자. 참고로 int의 표현 범위는 -2,147,483,648 ~ 2,147,483,647이다.

```
long num = 3147483647;     // 컴파일 오류 발생
```

위의 문장을 컴파일하면 다음과 같은 오류 메시지를 볼 수 있다. 숫자 3147483647은 long형 변수에 충분히 담을 수 있는데도 말이다.

```
error: integer number too large: 3147483647
```

이 메시지의 내용과 그 속에 담긴 의미를 풀어서 정리하면 다음과 같다.

"숫자 3147483647는 int형 정수이어야 하는데 값이 너무 크다!"

즉 왼편에 있는 변수의 자료형에 상관없이 정수는 int형으로 표현하기로 약속되어 있다. 그래서 위와 같은 오류 메시지가 발생하는 것이다. 그렇다면 long형 변수에 3147483647과 같이 큰 값을 어떻게 저장할 수 있을까? 잠시 후 그 방법을 소개한다. 그리고 이후로는 혼란을 줄이기 위해서 리터럴이라는 표현을 사용하지 않겠다. 대신 리터럴도 상수이니 '상수'라는 표현을 쓰겠다.

■ 정수형 상수의 표현 방법

앞서 설명했듯이 그냥 정수를 쓰면 이는 int형으로 인식된다. 그리고 이러한 정수는 다음과 같이 8진수, 10진수 그리고 16진수로 표현할 수 있다.

- 10진수로 int형 정수 표현

```
int num = 11 + 22 + 33;
```

- 8진수로 int형 정수 표현: 숫자 앞에 0 삽입

```
int num = 011 + 022 + 033;
```

- 16진수로 int형 정수 표현: 숫자 앞에 0x 또는 0X 삽입

```
int num = 0x11 + 0x22 + 0x33;
```

위의 정수 표현 방식과 관련하여 다음 예제를 보자.

◈ IntegerLiterals.java

```
class IntegerLiterals {
    public static void main(String[] args) {
        int num1 = 123;      // 10진수 표현
        int num2 = 0123;     // 8진수 표현
        int num3 = 0x123;    // 16진수 표현

        System.out.println("num1: " + num1);
        System.out.println("num2: " + num2);
        System.out.println("num3: " + num3);

        System.out.println("11 + 22 + 33 = " + (11 + 22 + 33));
        System.out.println("011 + 022 + 033 = " + (011 + 022 + 033));
        System.out.println("0x11 + 0x22 + 0x33 = " + (0x11 + 0x22 + 0x33));
    }
}
```

▶ 실행 결과: IntegerLiterals.java

```
명령 프롬프트
C:₩JavaStudy>java IntegerLiterals
num1: 123
num2: 83
num3: 291
11 + 22 + 33 = 66
011 + 022 + 033 = 54
0x11 + 0x22 + 0x33 = 102

C:₩JavaStudy>_
```

자바는 byte형으로 그리고 short형으로 정수를 표현하는 방법을 제공하지 않는다. 따라서 다음과 같은 덧셈을 byte형이나 short형으로 진행하는 방법은 없다.

```
System.out.println(3 + 4 + 5);
        → 숫자 3, 4, 5는 int형으로 인식되고 int형으로 덧셈이 이뤄진다.
```

그렇다면 byte형, short형 변수의 초기화는 어떻게 해야 할까? 다음과 같이 초기화할 수 있겠는가?

```
byte num1 = 5;
short num2 = 25;
```

자바는 byte형과 short형 정수의 표현 방법을 제공하지 않기 때문에 위와 같은 초기화를 허용한다. 물론 각 자료형의 표현 범위를 넘어서는 정수로 초기화를 진행하는 경우에는 컴파일 오류가 발생한다. 반면에 long형 정수의 표현 방법은 별도로 제공한다. 따라서 long형 정수를 써야 하는 다음과 같은 경우에는 컴파일러가 알아서 이를 long형으로 인식해주지 않는다.

```
System.out.println(3147483647 + 3147483648);
        → 숫자 3147483647와 3147483648은 long형으로 표현 가능한 크기의 정수
```

숫자의 끝에 문자 L 또는 l을 붙이는 것이 long형 정수의 표현 방법이니, 다음과 같이 문장을 작성해야 한다. 그래야 정상적으로 컴파일이 된다.

```
System.out.println(3147483647L + 3147483648L);
```

■ 정수형 상수 관련 추가로 가능한 것들

자바는 2진수로 표현하는 방법도 제공한다. 다음과 같이 2진수 표현 앞에 0B 또는 0b를 붙여서 표현하면 된다.

```
byte seven = 0B111;
int num205 = 0B11001101;
```

그리고 단위가 큰 수의 표현 및 인식에 도움을 주기 위해서 다음과 같이 중간에 언더바를 넣는 것도 허용하고 있다.

```
int num = 100_000_000;
```

이 언더바는 넣고 싶은 곳에 얼마든지 넣을 수 있다. 숫자를 둘씩 구분해야 하는 상황이라면 다음과 같이 넣어도 된다.

```
int num = 12_34_56_78_90;
```

■ 실수형 상수

실수를 표현하는 방법은 다음과 같다. 그리고 이러한 실수형 상수는 double형으로 인식된다.

```
double pi = 3.1415;        // 3.1415는 실수형 상수
```

따라서 다음과 같이 문장을 구성하면 두 double형 실수의 덧셈 결과를 확인할 수 있다.

```
System.out.println(3.0004999 + 2.0004999);
```

만약에 위의 두 실수가 double형으로 표현된 상수임을 명시하고 싶다면, 이를 목적으로 다음과 같이 D 또는 d를 붙일 수 있다.

```
System.out.println(3.0004999D + 2.0004999D);
```

그리고 float형 실수를 표현하고 싶다면 다음과 같이 f 또는 F를 붙이면 된다. 참고로 다음 문장을 실행해보면 계산 결과의 오차를 확인할 수 있다. 즉 이 두 실수의 덧셈은 float형의 정밀도로 계산하기에는 적절하지 않다.

```
System.out.println(3.0004999f + 2.0004999f);
```

다음과 같이 실수를 표현하는 것도 가능하다. 물론 이들도 double형 실수이다. 그리고 e를 대신해서 E를 넣어도 된다.

3.4e3 ⇨ $3.4 \times 10^{3} = 3400.0$

3.4e-3 ⇨ $3.4 \times 10^{-3} = 0.0034$

위의 표현 방법으로 float형 실수를 표현하고 싶다면 다음과 같이 f 또는 F를 붙이면 된다.

```
3.4e3f
3.4e-3f
```

그리고 다음의 상황에서는 앞 또는 뒤에 붙은 숫자 0을 생략할 수 있다.

0.5 ⇨ .5

```
5.0   ⇨   5.
0.7f  ⇨   .7f
7.0f  ⇨   7.f
```

■ 부울형 상수와 문자형 상수

boolean형이 가질 수 있는 값은 다음 두 가지이다. 따라서 이 둘이 boolean형 상수의 전부이다.

```
true    false
```

그리고 Chapter 02에서 char형 변수를 설명하면서 문자를 다음과 같이 표현함을 보였는데, 이것이 문자형 상수의 표현 방법이다.

'한'　'글'　'A'　'Z'

이외에도 '이스케이프 시퀀스(escape sequences)' 문자라는 것이 존재한다. 이는 유니코드 문자들 중 키보드로 입력하기 어려운 문자의 표현을 위한 것이다. (백슬래시는 한글 폰트에서 ₩로 표시된다.)

```
'\b'     백스페이스 문자
'\t'     탭 문자
'\\'     백슬래시 문자
'\''     작은따옴표 문자
'\"'     큰따옴표 문자
'\n'     개 행 문자
'\r'     캐리지 리턴(carriage return) 문자
```

이들 대부분은 문자가 아닌 화면상의 어떠한 현상을 나타내는 문자들이다. 예를 들어서 문자 \n은 행을 바꾸는 개 행의 의미로 사용된다. 그리고 큰따옴표와 작은따옴표는 문자열과 문자의 표현에 사용하도록 약속되어 있기 때문에, 그 자체의 출력이 필요한 상황을 위해서 이스케이프 시퀀스 문자 \'와 \"가 정의되었다. 그럼 이와 관련하여 다음 예제를 보자.

◈ EscapeSequences.java

```
class EscapeSequences {
    public static void main(String[] args) {
```

```
        System.out.println("AB" + '\b' + 'C');
        System.out.println("AB" + '\t' + 'C');
        System.out.println("AB" + '\n' + 'C');
        System.out.println("AB" + '\r' + 'C');
    }
}
```

▶ 실행 결과: EscapeSequences.java

```
명령 프롬프트
C:₩JavaStudy>java EscapeSequences
AC
AB      C
AB
C
CB

C:₩JavaStudy>
```

위 예제의 다음 문장에 대해서 설명을 하면 '\r'은 커서를 왼쪽 끝으로 이동시킨다. 따라서 문자 A의 위치로 커서가 이동한 다음에 문자 C가 출력되어 문자 A는 지워진다.

```
System.out.println("AB" + '\r' + 'C');
```

자바는 유니코드를 지원한다고 하였다. 따라서 다음 수준의 문장을 출력할 수 있다. 다만 문제는 키보드에 유로화 기호 €가 존재하지 않는다는 것이다.

"오늘의 환율은 1$에 0.88€입니다."

이러한 경우에는 \u로 이스케이프 시퀀스를 구성하여 원하는 문자를 출력할 수 있다. 다음과 같이 \u에 이어서 유니코드 값을 16진수로 덧붙이면 해당 문자가 출력된다.

문자 € 유니코드 값 20AC ⇨ '\u20AC'

그럼 예제를 통해서 "오늘의 환율은 1$에 0.88€입니다."를 출력해보겠다.

◈ UnicodeEscapes.java

```
class UnicodeEscapes {
    public static void main(String[] args) {
        System.out.println("오늘의 환율은 1$에 0.88" + '\u20AC' + "입니다.");
    }
}
```

▶ 실행 결과: UnicodeEscapes.java

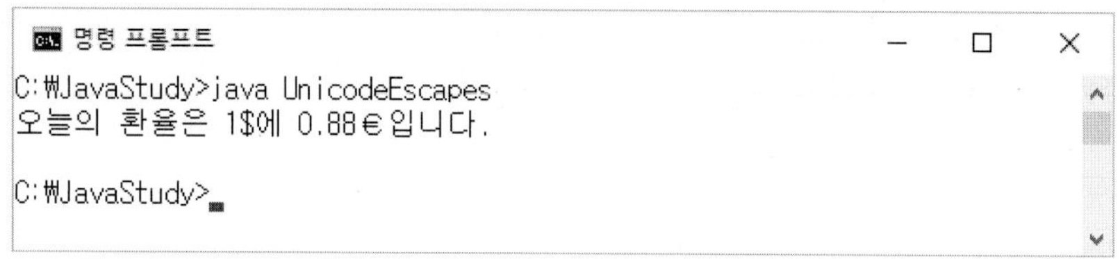
명령 프롬프트
C:\JavaStudy>java UnicodeEscapes
오늘의 환율은 1$에 0.88€입니다.
C:\JavaStudy>

03-2 형 변환

우리의 관점에서 1.0과 1은 동일한 값이다. 그러나 자바의 관점에서 1.0과 1은 전혀 다른 값이다. 이 두 값을 표현하고 저장하는 방식이 전혀 다르기 때문이다.

■ 자료형의 변환이 의미하는 것은?

int형 정수의 덧셈 방법과 double형 실수의 덧셈 방법은 다르다. 데이터의 표현 방법에 따라서 덧셈 방법도 달라지기 때문이다. 때문에 다음과 같은 문장이 있다면, 컴파일러는 두 변수 num1과 num2의 자료형이 동일할 것을 기대한다. (자료형이 다른 두 값을 대상으로는 덧셈을 진행하지 못한다.)

```
System.out.println(num1 + num2);
```

그런데 예상과 달리 다음과 같이 선언되어 있다면, 이대로는 덧셈을 할 수 없어서 두 변수의 자료형을 하나로 일치시키는 과정을 거쳐야 한다.

```
int num1 = 50;
long num2 = 3147483647L;
System.out.println(num1 + num2);     // num1과 num2의 자료형이 다르다.
```

이 상황에서는 int형 변수에 담긴 값을 long형으로 변환해야 데이터의 손실 없이 연산이 가능하다. 따라서 다음의 과정을 거쳐서 연산을 마무리한다.

- 변수 num1에 저장된 값을 long형으로 변환하여 메모리에 임시 저장한다.
- 이어서 이 변환된 값과 num2에 저장된 값을 대상으로 덧셈을 진행한다."

이러한 일련의 과정을 가리켜 '자료형 변환' 또는 줄여서 '형 변환'이라 한다.

■ 자동 형 변환(Implicit Conversion)

앞서 보인 형 변환의 예를 가리켜 '자동 형 변환'이라 한다. 프로그래머가 명시한 형 변환이 아니고 필요한 상황에서 자동으로 형 변환이 일어났기 때문이다. 이렇듯 형 변환이 필요한 상황에서는 다음 두 규칙에 근거하여 자동으로 형 변환이 일어난다.

- 규칙 1. 자료형의 크기가 큰 방향으로 형 변환이 일어난다.
- 규칙 2. 자료형의 크기에 상관없이 정수 자료형보다 실수 자료형이 우선한다.

이 두 규칙을 토대로 자동 형 변환이 일어나는 방향을 화살표로 표시하면 다음과 같다.

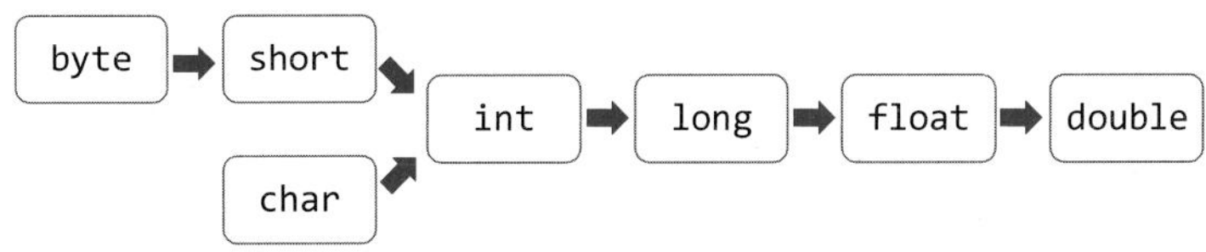

[그림 03-1 : 자동 형 변환이 이뤄지는 방향]

위의 그림에서 보이듯이 int형 데이터는 필요시 long, float, double형 데이터로 자동 형 변환된다. 그리고 모든 데이터는 필요시 double형 데이터로 자동 형 변환된다. 예를 들면 다음과 같다.

- 자동 형 변환의 예 1

```
double num1 = 30;     // int형 정수 30은 double형으로 자동 형 변환
```

• 자동 형 변환의 예 2

```
System.out.println(59L + 34.5);    // long형 정수 59L은 double형으로 자동 형 변환
```

참고로 형 변환의 규칙에서 크기에 상관없이 실수형이 정수형에 우선하는 이유는 정수형에 비해 실수형이 값의 표현 범위가 넓기 때문이다. 즉 정수형 데이터를 실수형으로 변환하면 데이터의 손실은 발생하지 않는다. 비록 오차는 존재하겠지만 말이다.

■ 명시적 형 변환(Explicit Conversion)

자동 형 변환이 진행되지 않는 상황에서도 필요하다면 '명시적 형 변환'을 통해서 형 변환이 이뤄지도록 문장을 구성할 수 있다. 방법은 다음과 같다.

```
double pi = 3.1415;
int wholeNumber = (int)pi;    // pi의 값을 int형으로 명시적 형 변환
```

위의 예에서 변수 pi의 값을 int형으로 형 변환하였다. 형 변환 규칙에는 어긋나지만 컴파일 오류 없이 변환이 이뤄진다. 하지만 이렇듯 실수형 데이터를 정수형으로 변환 시 소수점 이하의 값이 잘려 나간다. 즉 변수 wholeNumber에 저장되는 값은 정수 3이다. 한가지 예를 더 보이겠다.

```
long num1 = 3000000007L;
int num2 = (int)num1;     // num1의 값을 int로 명시적 형 변환
```

위의 문장에서는 long형에서 int형으로의 명시적 형 변환을 요구하고 있다. 이렇듯 크기가 큰 정수 자료형에서 작은 크기의 정수 자료형으로 형 변환을 진행하는 경우에는 상위 바이트가 잘려 나간다. 즉 num1의 상위 4바이트를 제외한 나머지 4바이트만 num2에 저장된다. 따라서 잘려 나가는 상위 4바이트에 유효한 데이터가 존재하는 경우에는, 알 수 없는 값으로 변환이 되므로 주의가 필요하다.
그렇다면 언제 명시적 형 변환을 해야 할까? 여러 상황이 존재하지만 다음 코드를 통해서 한가지 사례를 보이겠다. 이는 정상적으로 컴파일이 될 것 같은 코드이다. 그러나 컴파일 오류가 발생한다.

```
short num1 = 1;
short num2 = 2;
short num3 = num1 + num2;    // 컴파일 오류 발생
```

오류의 원인은 이렇다. 덧셈 연산을 위해서 num1과 num2에 저장된 값이 int형으로 변환되어 메모리 공간에 임시 저장된다. 그리고 덧셈이 이뤄져 그 결과가 만들어진다. 그런데 그 결과는 int형이므로 대입의 과정에서 문제가 발생한다. 따라서 위의 코드가 컴파일이 되기 위해서는 다음과 같이 명시적 형

변환을 해야 한다.

```
short num3 = (short)(num1 + num2);
```

위의 문장에서 소괄호가 두 번 등장하였다. 하나는 num1과 num2의 덧셈 연산을 묶을 목적으로(수학 계산의 소괄호와 의미가 같다), 또 하나는 형 변환을 목적으로 등장하였다. 이 중에서 형 변환에 사용된 소괄호는 다음 Chapter에서 설명하는 '연산자'로 분류한다. 반면에 묶거나 구분하는 목적으로 사용이 되는 소괄호는 '구분자'라 하여 그 성격이 연산자와 다르다.

Chapter 04

연산자(Operators)

04-1. 자바에서 제공하는 이항 연산자들

- 자바의 연산자들
- 대입 연산자와 산술 연산자: =, +, -, *, /, %
- 나눗셈 연산자에 대해서 보충합니다.
- 복합(Compound) 대입 연산자
- 관계 연산자: 〈, 〉, 〈=, 〉=, ==, !=
- 논리 연산자: &&, ||, !
- 논리 연산자 사용 시 주의할 점: Short-Circuit Evaluation(Lazy Evaluation)

04-2. 자바에서 제공하는 단항 연산자들

- 부호 연산자
- 증가 및 감소 연산자: Prefix ++, Prefix --
- 증가 및 감소 연산자: Postfix ++, Postfix --

04-3. 비트를 대상으로 하는 연산자들

- 비트 연산자의 이해
- 비트 연산자: &, |, ^, ~
- 비트 쉬프트(Shift) 연산자: 〈〈, 〉〉, 〉〉〉

연산을 목적으로 정의된 기호를 가리켜 '연산자(Operator)'라 한다. 지금부터 자바의 다양한 연산자를 소개하고자 한다. 가급적 간결한 예제를 통해서 연산자의 기능을 쉽게 파악하도록 돕겠다.

04-1 자바에서 제공하는 이항 연산자들

피연산자가 둘인 연산자를 가리켜 '이항 연산자(binary operator)'라 한다. 따라서 +와 =도 이항 연산자에 속한다.

■ 자바의 연산자들

자바에서 제공하는 모든 연산자를 하나의 표로 정리하면 다음과 같다.

연산기호	결합 방향	우선순위
[ ], .	➡	1(높음)
expr++, expr--	⬅	2
++expr, -- expr, +expr, -expr, ~, !, (type)	⬅	3
*, /, %	➡	4
+, -	➡	5
〈〈, 〉〉, 〉〉〉	➡	6
〈, 〉, 〈=, 〉=, instanceof	➡	7
==, !=	➡	8
&	➡	9

<table>
<tr><td>^</td><td>➡</td><td>10</td></tr>
<tr><td>|</td><td>➡</td><td>11</td></tr>
<tr><td>&&</td><td>➡</td><td>12</td></tr>
<tr><td>||</td><td>➡</td><td>13</td></tr>
<tr><td>? expr : expr</td><td>⬅</td><td>14</td></tr>
<tr><td>=, +=, −=, *=, /=, %=, &=, ^=, |=, <<=, >>=, >>>=</td><td>⬅</td><td>15(낮음)</td></tr>
</table>

[표 04-1: 자바의 연산자들]

위의 표에서 연산자별 '결합 방향'과 '우선순위'를 볼 수 있는데, 이들은 하나의 식 안에 둘 이상의 연산자가 존재하는 경우의 연산 진행 순서를 결정하는 요소들이다. 이와 관련하여 다음 수식을 계산해 보자.

2 - 1 - 3 × 2

필자의 계산 과정은 다음과 같다. 여러분의 계산 과정도 차이가 없으리라 믿는다.

우선순위 적용

2 − 1 − 3 × 2

결합 방향 적용

= 2 − 1 −6

= 1 − 6

[그림 04-1: 연산의 과정]

이렇듯 곱셈을 먼저 한 이유는 다음 수학적 배경을 기초로 한다.

"덧셈과 뺄셈보다 곱셈과 나눗셈을 먼저 계산해야 한다."

그리고 이러한 내용을 반영한 것이 연산자의 '우선순위'이다. 그럼 곱셈 이후에 남은 연산을 보자.

2 - 1 - 3 × 2

→ 2 - 1 - 6

뺄셈 연산만 둘이 있는 위의 경우에는 다음 수학적 배경을 근거로 왼편에 있는 뺄셈을 먼저 진행해야 한다.

"덧셈, 뺄셈은 왼쪽에서부터 순서대로 계산한다."

그리고 이러한 내용을 반영한 것이 연산자의 '결합 방향'이다. 위의 표를 보면 결합 방향이 두 가지로 표시되어 있다. 하나는 ➡인데 이는 왼쪽에서 오른쪽으로 연산을 진행해야 함을 의미하고 다른 하나는 그 반대의 의미를 갖는다. 예를 들어서 다음 식을 계산한다고 가정해보자.

```
3 + 2 - 1
```

+와 -는 우선순위가 같다. 따라서 결합 방향을 따져야 한다. 그런데 결합 방향이 ➡이므로 위의 식에서는 왼편에 있는 덧셈을 먼저 진행한다. 이렇듯 연산 순서를 결정짓는 첫 번째 요소는 '우선순위'이고 두 번째 요소는 '결합 방향'이다. (우선순위가 같을 때 결합 방향을 따진다.)

■ 대입 연산자와 산술 연산자: =, +, −, *, /, %

이어서 소개하는 대입 연산자와 산술 연산자는 대표적인 이항 연산자들이다.

연산자	연산자의 기능	결합 방향
=	연산자 오른쪽에 있는 값을 연산자 왼쪽에 있는 변수에 대입한다. 예) val = 20;	⬅
+	두 피연산자의 값을 더한다. 예) val = 4 + 3;	➡
−	왼쪽의 피연산자 값에서 오른쪽의 피연산자 값을 뺀다. 예) val = 4 − 3;	➡
*	두 피연산자의 값을 곱한다. 예) val = 4 * 3;	➡
/	왼쪽의 피연산자 값을 오른쪽의 피연산자 값으로 나눈다. 예) val = 7 / 3;	➡
%	왼쪽의 피연산자 값을 오른쪽의 피연산자 값으로 나눴을 때 얻게 되는 나머지를 반환한다. 예) val = 7 % 3;	➡

[표 04-2: 대입 연산자와 산술 연산자]

다음은 위 표에서 정리한 연산자들을 활용한 예제이다.

◈ ArithOp.java

```
class ArithOp {
    public static void main(String[] args) {
```

```
        int num1 = 7;
        int num2 = 3;

        System.out.println("num1 + num2 = " + (num1 + num2));
        System.out.println("num1 - num2 = " + (num1 - num2));
        System.out.println("num1 * num2 = " + (num1 * num2));
        System.out.println("num1 / num2 = " + (num1 / num2));
        System.out.println("num1 % num2 = " + (num1 % num2));
    }
}
```

▶ 실행 결과: ArithOp.java

```
명령 프롬프트
C:₩JavaStudy>java ArithOp
num1 + num2 = 10
num1 - num2 = 4
num1 * num2 = 21
num1 / num2 = 2
num1 % num2 = 1

C:₩JavaStudy>
```

위의 예제에서 보이듯이 특정 연산을 소괄호로 묶어주면 이 부분이 별도로 구분이 되어 연산자의 우선순위에 상관없이 해당 부분의 연산이 먼저 진행된다. 연산자의 우선순위를 정확히 기억하고 있더라도 이렇듯 소괄호로 연산의 순서 및 과정을 구분 지어 주자. 코드가 한결 이해하기 쉬워지니 말이다.

■ 나눗셈 연산자에 대해서 보충합니다.

위의 예제에서 다음 문장을 실행하여 나눗셈의 결과를 출력하였다.

```
System.out.println("num1 / num2 = " + (num1 / num2));
```

출력 결과는 다음과 같았다. 그리고 이때 num1은 7, num2는 3이었다.

```
num1 / num2 = 2
```

이렇듯 나눗셈의 몫이 출력된 이유는 두 피연산자가 정수여서 정수형 나눗셈이 진행되었기 때문이다. 만약에 위의 문장이 다음과 같았다면,

```
System.out.println("num1 / num2 = " + (7.0 / 3.0));
```

정수형 나눗셈이 아닌 실수형 나눗셈이 진행되어 다음의 출력 결과를 보게 된다. (수학적으로 실수의 나눗셈에는 나머지가 존재하지 않는다.)

```
num1 / num2 = 2.3333333333333335
```

■ 복합(Compound) 대입 연산자

복합 대입 연산자는 대입 연산자가 다른 연산자와 묶여서 정의된 형태의 연산자이다. 이 중 대입 연산자와 산술 연산자가 묶여서 만들어진 연산자는 다음과 같이 총 다섯 개이다.

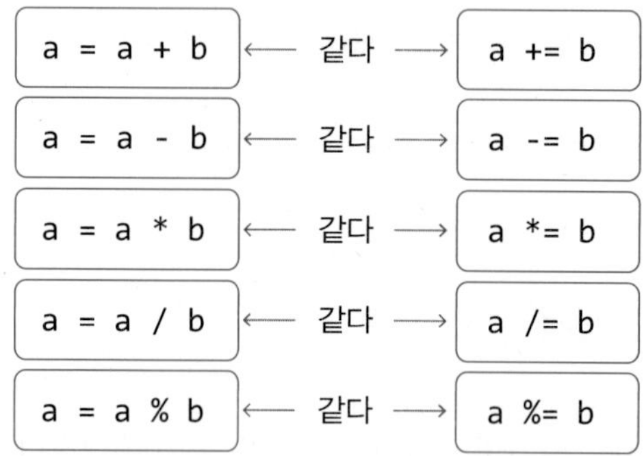

[그림 04-2: 복합 대입 연산자]

이와 관련하여 다음 문장을 보자. 이 문장에서는 덧셈의 우선순위가 제일 높으니 덧셈의 결과가 변수 num에 저장된다. (한 문장 안에 변수 num이 두 번 이상 등장할 수 있음에 주목하자.)

```
num = num + 5;        // 변수 num에 저장된 값이 5 증가한다.
```

즉 위의 문장은 변수 num에 저장된 값을 증가시킨다. 그런데 이 문장을 다음과 같이 하나의 연산자로 대체할 수 있다.

```
num += 5;
```

유사하게 다음 문장은 변수 num에 저장된 값을 세배 증가시킨다.

```
num = num * 3;        // 변수 num에 저장된 값이 3배 증가한다.
```

그리고 이 문장은 다음과 같이 하나의 복합 대입 연산자로 대체할 수 있다.

```
num *= 3;
```

지금 설명한 복합 대입 연산자의 구성 원리를 이해하면 [표 04-1]에 존재하는 다음 복합 대입 연산자들도 어떻게 구성된 결과인지 알 수 있다.

```
A &= B     ↔    A = A & B
A ^= B     ↔    A = A ^ B
A <<= B    ↔    A = A << B
A >>>= B   ↔    A = A >>> B
```

따라서 이후에 &, ^, 〈〈, 〉〉〉 연산자의 기능만 알면 위의 복합 대입 연산자의 연산 결과가 어떻게 나타나는지 알 수 있다. 그럼 이어서 다음 예제를 통해 복합 대입 연산자의 특징을 조금 더 관찰하자.

◈ CompAssignOp.java

```
class CompAssignOp {
    public static void main(String[] args) {
        short num = 10;
        num = (short)(num + 77L);     // 형 변환 안하면 컴파일 오류 발생
        int rate = 3;
        rate = (int)(rate * 3.5);     // 형 변환 안하면 컴파일 오류 발생
        System.out.println(num);
        System.out.println(rate);

        num = 10;
        num += 77L;     // 형 변환 필요하지 않다.
        rate = 3;
        rate *= 3.5;    // 형 변환 필요하지 않다.
        System.out.println(num);
        System.out.println(rate);
    }
}
```

▶ 실행 결과: CompAssignOp.java

```
명령 프롬프트
C:\JavaStudy>java CompAssignOp
87
10
87
10

C:\JavaStudy>_
```

위 예제의 다음 문장을 보자. 다음 연산에서는 변수 num의 값이 long형으로 변환되어 덧셈 연산이 진행된다. 따라서 그 결과에 대한 short형으로의 명시적 형 변환은 반드시 필요하다.

```
num = (short)(num + 77L);
```

그러나 위 예제의 다음 문장에서는 형 변환이 필요 없다. 연산의 내용과 결과는 위의 문장과 동일한데도 말이다.

```
num += 77L
```

일반적으로 위의 문장은 다음 문장의 간략한 표현으로 생각한다. 복합 대입 연산자에 기본에 근거하면 이는 분명히 맞다.

```
num = num + 77L;
```

그러나 이렇게 해석이 되면 컴파일이 될 수 없다. 따라서 컴파일러는 다음과 같이 해석해준다.

```
num += 77L  →  num = (short)(num + 77L);
```

즉 복합 대입 연산자를 사용하면 형 변환을 알아서 해주는 것으로 이해할 수 있다. 따라서 복합 대입 연산자를 사용하면 명시적인 형 변환을 줄이는 장점도 얻을 수 있다. 그리고 지금 설명한 내용은 위 예제의 다음 두 문장에도 그대로 적용된다.

```
rate = (int)(rate * 3.5);

rate *= 3.5;
```

■ 관계 연산자: 〈, 〉, 〈=, 〉=, ==, !=

관계 연산자는 두 개의 피연산자 사이에서 크기 및 동등 관계를 따져주는 이항 연산자이다. 따라서 '비교 연산자'라고도 한다. 두 피연산자의 값을 비교하기 때문이다.

연산자	연산자의 기능	결합 방향
〈	예) n1 〈 n2 n1이 n2보다 작은가?	➡
〉	예) n1 〉 n2 n1이 n2보다 큰가?	➡

<=	예) n1 <= n2 n1이 n2보다 같거나 작은가?	➡
>=	예) n1 >= n2 n1이 n2보다 같거나 큰가?	➡
==	예) n1 == n2 n1과 n2가 같은가?	➡
!=	예) n1 != n2 n1과 n2가 다른가?	➡

[표 04-3: 관계 연산자]

위의 연산자들은 연산의 결과에 따라서 true 또는 false를 반환한다. 즉 다음 경우에는 A와 Z의 값이 동일하면 true, 동일하지 않으면 false가 반환된다.

```
A == Z
```

따라서 다음 문장에서는 A와 Z의 비교 결과인 true 또는 false가 result에 저장된다.

```
boolean result = (A == Z);
```

그럼 다음 예제를 통해서 몇몇 관계 연산자의 사용의 예를 보이겠다.

◈ RelationalOp.java

```
class RelationalOp {
    public static void main(String[] args) {
        System.out.println("3 >= 2 : " + (3 >= 2));
        System.out.println("3 <= 2 : " + (3 <= 2));
        System.out.println("7.0 == 7 : " + (7.0 == 7));
        System.out.println("7.0 != 7 : " + (7.0 != 7));
    }
}
```

▶ 실행 결과: RelationalOp.java

```
명령 프롬프트
C:\JavaStudy>java RelationalOp
3 >= 2 : true
3 <= 2 : false
7.0 == 7 : true
7.0 != 7 : false

C:\JavaStudy>
```

위 예제의 다음 문장을 보자.

```
System.out.println("7.0 == 7 : " + (7.0 == 7));
```

위의 문장에 등장하는 7.0과 7은 다르다. 그러나 == 연산을 위해 자동 형 변환이 일어난다. 즉 다음과 같이 정수 7이 실수 7.0으로 변환되어 비교 연산이 진행된다.

```
7.0 == 7    →    7.0 == 7.0
```

그래서 그 결과로 true가 반환되어 출력된다.

■ 논리 연산자: &&, ||, !

논리 연산자도 true 또는 false를 반환하는 연산자로써 그 종류는 다음과 같다. 참고로 아래의 표에서는 단항 연산자 !을 함께 소개하였다.

연산자	연산자의 기능	결합 방향
&&	예) A && B A와 B 모두 true이면 연산 결과는 true (논리 AND)	➡
||	예) A || B A와 B 둘 중 하나라도 true이면 연산 결과는 true (논리 OR)	➡
!	예) !A 연산 결과는 A가 true이면 false, A가 false이면 true (논리 NOT)	⬅

[표 04-4: 논리 연산자]

논리 연산자의 연산 결과를 나타낸 표를 가리켜 '진리표(Truth Table)'라 하는데, 이 진리표를 보면 연산의 결과를 한눈에 확인할 수 있다. 아마도 전자 및 컴퓨터 관련 학과의 학생이라면 이 표에 익숙할 것이다.

피연산자 1(OP1)	피연산자 2(OP2)	연산 결과(OP1 && OP2)
true	true	true
true	false	false
false	true	false
false	false	false

[표 04-5: 논리 곱 && (AND) 연산]

피연산자 1(OP1)	피연산자 2(OP2)	연산 결과(OP1 || OP2)
true	true	true
true	false	true
false	true	true
false	false	false

[표 04-6: 논리 합 || (OR) 연산]

피연산자(OP)	연산 결과(!OP)
true	false
false	true

[표 04-7: 논리 부정 ! (NOT) 연산]

진리표도 제시하였으니 다음 예제를 통해서 연산의 결과를 확인해보자.

◈ LogicalOp.java

```
class LogicalOp {
    public static void main(String[] args) {
        int num1 = 11;
        int num2 = 22;
        boolean result;

        // 변수 num1에 저장된 값이 1과 100 사이의 수인가?
        result = (1 < num1) && (num1 < 100);
        System.out.println("1 초과 100 미만인가? " + result);

        // 변수 num2에 저장된 값이 2 또는 3의 배수인가?
        result = ((num2 % 2) == 0) || ((num2 % 3) == 0);
        System.out.println("2 또는 3의 배수인가? " + result);

        // 변수 num1이 0 인가?
        result = !(num1 != 0);
        System.out.println("0 인가? " + result);
    }
}
```

▶ 실행 결과: LogicalOp.java

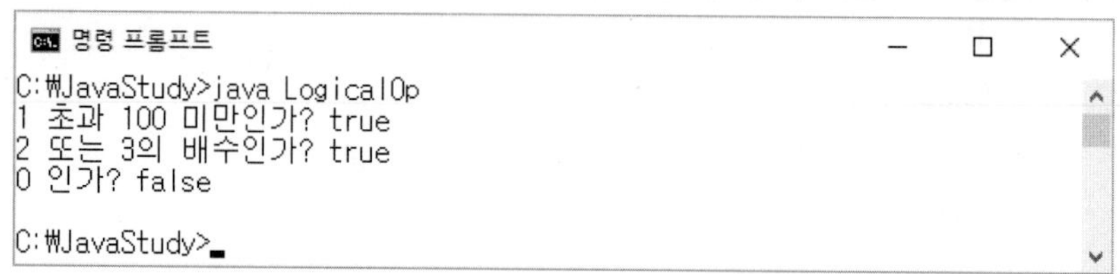
명령 프롬프트
C:₩JavaStudy>java LogicalOp
1 초과 100 미만인가? true
2 또는 3의 배수인가? true
0 인가? false
C:₩JavaStudy>

진리표에서도 보였지만 논리 연산자의 피연산자는 true 또는 false이어야 한다. 물론 피연산자의 위치에 true 또는 false를 직접 가져다 놓는 경우는 없다. 대신 다음과 같이 true 또는 false를 반환하는 연산을 위치시킨다.

```
result = (1 < num1) && (num1 < 100);
```

그러면 관계 연산 이후에 위의 문장은 다음과 같이 정리된다. (이는 num1에 11이 저장된 상태를 가정한 결과이다.) 따라서 변수 result에는 true가 저장된다.

```
result = true && true;
```

그리고 다음과 같이 문장을 구성하면, num1이 0이면 false가 result에 저장된다.

```
result = (num1 != 0);      // num1이 0이 아닌가?
```

따라서 다음과 같이 ! 연산을 추가하면, num1이 0이면 true가 result에 저장된다.

```
result = !(num1 != 0);     // num1이 0인가?
```

물론 num1이 0인지를 묻는 위의 문장은 다음과 같이 구성하는 것이 좋다. 그러나 예제에서는 연산자의 기능을 설명하기 위해서 위의 문장을 구성하였다.

```
result = (num1 == 0);
```

■ 논리 연산자 사용 시 주의할 점: Short-Circuit Evaluation(Lazy Evaluation)

연산의 특성 중에 Short-Circuit Evaluation이라는 것이 있다. (이하 줄여서 SCE라 하겠다.) 이것에 대한 간단한 소개는 다음과 같다.

"연산의 효율 및 속도를 높이기 위해서 불필요한 연산을 생략하는 행위"

다음 예제를 통해서 구체적인 설명을 진행하겠다. 참고로 실행에 앞서 출력 결과를 예측해 보면 보다 쉽게 그리고 정확히 SCE를 이해할 수 있다.

◈ SCE.java

```
class SCE {
    public static void main(String[] args) {
        int num1 = 0;
        int num2 = 0;
        boolean result;

        result = ((num1 += 10) < 0) && ((num2 += 10) > 0);
        System.out.println("result = " + result);
        System.out.println("num1 = " + num1);
        System.out.println("num2 = " + num2 + '\n');    // '\n'은 개 행

        result = ((num1 += 10) > 0) || ((num2 += 10) > 0);
        System.out.println("result = " + result);
        System.out.println("num1 = " + num1);
        System.out.println("num2 = " + num2);
    }
}
```

▶ 실행 결과: SCE.java

```
명령 프롬프트
C:₩JavaStudy>java SCE
result = false
num1 = 10
num2 = 0

result = true
num1 = 20
num2 = 0

C:₩JavaStudy>
```

위 예제의 다음 두 문장에는 num1, num2의 값을 10씩 증가시키는 연산이 각각 포함되어 있다.

```
result = ((num1 += 10) < 0) && ((num2 += 10) > 0);
result = ((num1 += 10) > 0) || ((num2 += 10) > 0);
```

따라서 결과가 어찌 되었든 num1, num2 모두 값이 20이 되어야 한다. 그런데 실행 결과는 그렇지 않다. 이유는 SCE에서 찾을 수 있다.

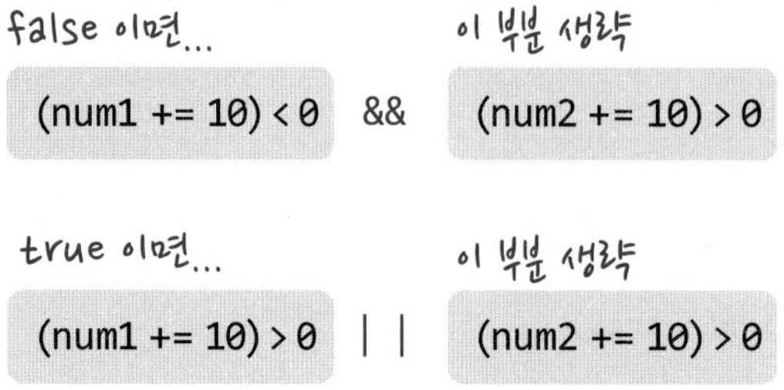

false 이면... 이 부분 생략

(num1 += 10) < 0 && (num2 += 10) > 0

true 이면... 이 부분 생략

(num1 += 10) > 0 || (num2 += 10) > 0

[그림 04-3: Short-Circuit Evaluation의 이해]

위 그림에서 설명하듯이 다음 연산을 진행할 때 &&의 왼편에 있는 연산이 먼저 진행된다.

```
((num1 += 10) < 0) && ((num2 += 10) > 0);
```

따라서 num1의 값은 증가한다. 그리고 〈 연산의 결과는 false이니 위 문장은 다음 상태가 된다.

```
false && ((num2 += 10) > 0);
```

이제 &&의 오른편에 있는 연산을 진행할 차례인데 &&의 왼편에 false가 왔으니 오른편에 무엇이 오든 &&의 연산 결과는 false이다. 따라서 오른편 연산을 진행하지 않고 &&의 연산 결과로 false를 반환해버린다. 결국 num2의 값은 증가하지 않는다.

다음 문장의 경우도 마찬가지이다. ||의 왼편에 있는 연산이 먼저 진행된다. 그리고 그 결과로 num1의 값은 증가하고 true가 반환된다.

```
((num1 += 10) > 0) || ((num2 += 10) > 0);
                → true || ((num2 += 10) > 0);
```

즉 ||의 왼편이 true이니 오른편에 무엇이 오든 ||의 연산 결과는 true이다. 따라서 오른편 연산은 진행하지 않고 ||의 연산 결과로 true가 반환된다. 결국 이 경우에도 num2의 값은 증가하지 않는다. 지금 설명한 연산의 특성을 가리켜 SCE(Short-Circuit Evaluation)라 하며, 이를 정리하면 다음과 같다.

- &&의 왼쪽 피연산자가 false이면, 오른쪽 피연산자는 확인하지 않는다.
- ||의 왼쪽 피연산자가 true이면, 오른쪽 피연산자는 확인하지 않는다.

SCE는 불필요한 연산을 줄여주니 분명 유용하다. 그러나 예제에서 보였듯이 부작용이 발생할 수 있다. 따라서 문장을 구성할 때 하나의 문장에 너무 많은 연산을 포함하지 않는 것이 좋다. 즉 다음과 같이 코드를 나누어 작성하는 것이 좋다. SCE와 관련 없는 상황이라도 말이다.

```
num1 += 10;
num2 += 10;
result = (num1 < 0) && (num2 > 0);
```

문제 04-1 [연산자의 활용과 연산의 특성 파악]

• 문제 1

int형 변수 num1, num2, num3에 각각 10, 20, 30이 저장된 상태에서 다음 문장을 실행하면 변수에는 각각 얼마가 저장되겠는가?

```
num1 = num2 = num3;
```

이의 확인을 위한 코드를 작성하고 그러한 결과를 보이는 이유를 설명해보자.

• 문제 2

예제 SCE.java의 실행 결과를 보면 변수 num2의 값이 증가하지 않았음을 알 수 있다. 그렇다면 예제를 어떻게 수정해야 num2의 값이 증가하겠는가?

• 문제 3

식 {(25 × 5) + (36 − 4) − 72} / 5 의 계산 결과를 출력하는 프로그램을 작성해 보자.

• 문제 4

다음 계산 결과를 출력하는 프로그램을 작성하되, 덧셈 연산의 횟수를 최소화하여 작성해보자

```
3 + 6     3 + 6 + 9     3 + 6 + 9 + 12
```

• 문제 5

변수 n1, n2, n3가 다음과 같을 때 n1 〉 n2 〉 n3 이면 true, 아니면 false를 출력하는 프로그램을 작성해보자.

```
n1 = {(25 + 5) + (36 / 4) - 72} * 5
n2 = {(25 × 5) + (36 - 4) + 71} / 4
n3 = (128 / 4) × 2
```

답안은 출판사 홈페이지를 통해서 제공합니다.

04-2 자바에서 제공하는 단항 연산자들

단항 연산자는 피연산자가 하나인 연산자로 이항 연산자에 비해 그 수가 적다. 그러나 이항 연산자와 마찬가지로 유용하게 사용되는 연산자들이다.

■ 부호 연산자

+와 -는 이항 연산자로 덧셈과 뺄셈에 사용된다. 그런데 이 둘은 단항 연산자로도 의미를 갖는다. 물론 그 의미는 수학에서의 의미와 동일하며 - 연산자의 경우 다음과 같이 사용할 수 있다.

```
double e1 = 3.5;
double e2 = -e1;    // e2에 저장되는 값은 -3.5
```

이와 유사한 방법으로 + 연산자도 사용할 수 있다. 그러나 이는 큰 의미를 두지 않는 연산자이다. 그럼 두 연산자와 관련하여 다음 예제를 보자.

◈ UnaryAddMin.java

```
class UnaryAddMin {
    public static void main(String[] args) {
        short num1 = 5;
        System.out.println(+num1);    // 결과적으로 불필요한 + 연산
        System.out.println(-num1);    // 부호를 바꿔서 얻은 결과를 출력

        short num2 = 7;
        short num3 = (short)(+num2);    // 형 변환 하지 않으면 오류 발생
        short num4 = (short)(-num2);    // 형 변환 하지 않으면 오류 발생
        System.out.println(num3);
        System.out.println(num4);
    }
}
```

▶ 실행 결과: UnaryAddMin.java

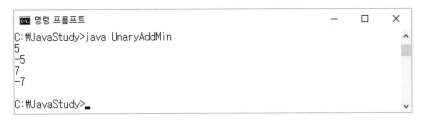

```
명령 프롬프트
C:₩JavaStudy>java UnaryAddMin
5
-5
7
-7

C:₩JavaStudy>_
```

자바는 기본적으로 정수형 연산을 int형으로 진행하고 그 결과도 int형으로 반환한다. 이는 지금 설명하고 있는 + 연산자와 - 연산자도 마찬가지이다.

```
short num4 = (short)(-num2);
```

때문에 위 문장에서 - 연산의 결과로 int형 정수가 반환된다. 따라서 위와 같이 short형으로의 형 변환을 진행하지 않으면 int형 값을 short형 변수에 저장하는 결과로 이어져 컴파일 오류가 발생한다. 그리고 이는 다음 문장의 + 연산도 마찬가지이다.

```
short num3 = (short)(+num2);
```

위의 + 연산도 결과만 보았을 때는 의미가 없는 연산이지만 컴파일러에 의해 무시되는 것이 아니라 실제 연산의 과정을 거쳐 int형 값이 반환된다. 따라서 형 변환을 하지 않으면 이 문장에서도 컴파일 오류가 발생한다.

■ 증가 및 감소 연산자: Prefix ++, Prefix --

변수에 저장된 값을 하나 증가 및 감소시키는 기능의 연산자를 소개하고자 한다. 이들은 증가 및 감소된 값을 단순히 반환하는 것이 아니라 실제 변수에 저장된 값을 변화시키는 연산자들이다.

연산자	연산자의 기능	결합 방향
++ (prefix)	피연산자에 저장된 값을 1 증가 예) val = ++n;	←
-- (prefix)	피연산자에 저장된 값을 1 감소 예) val = --n;	←

[표 04-8: Prefix 증가 및 감소 연산자]

이 두 연산자는 Prefix 연산자이다. 이는 피연산자의 앞부분에(왼편에) 붙는 연산자라는 뜻이다. 그럼 다음 예제를 통해서 두 연산자의 기능을 확인해보자.

◈ PrefixOp.java

```
class PrefixOp {
    public static void main(String[] args) {
        int num = 7;
        System.out.println(++num);    // num의 값 하나 증가 후 출력
        System.out.println(++num);    // num의 값 하나 증가 후 출력
        System.out.println(num);
    }
}
```

▶ 실행 결과: PrefixOp.java

```
C:\JavaStudy>java PrefixOp
8
9
9

C:\JavaStudy>
```

■ 증가 및 감소 연산자: Postfix ++, Postfix --

++ 연산자와 -- 연산자는 Postfix 연산자로도 사용된다. 즉 피연산자의 뒷부분에도(오른편에도) 붙일 수 있다. 물론 앞서 설명한 Prefix 연산자의 형태로 사용될 때와는 의미가 조금 다르다.

연산자	연산자의 기능	결합 방향
++ (postfix)	피연산자에 저장된 값을 1 증가 예) val = n++;	←
-- (postfix)	피연산자에 저장된 값을 1 감소 예) val = n--;	←

[표 04-9: Postfix 증가 및 감소 연산자]

기본적으로 값이 하나 증가 및 감소하는 것은 동일하다. 그러나 반영되는 시점에 차이가 있으니 다음 예제를 통해서 이를 확인해보자. 참고로 다음 예제에서는 지금까지 문장의 출력에 사용해온 다음 방식을 대신하여,

```
System.out.println( .... );    // 개 행 한다.
```

다음 방식을 사용한다.

```
System.out.print( .... );    // 개 행 하지 않는다.
```

그리고 이 둘의 차이점은 개 행의 여부에 있다.

◈ PostfixOp.java

```
class PostfixOp {
    public static void main(String[] args) {
        int num = 5;
        System.out.print((num++) + " ");   // 출력 후에 값이 증가
        System.out.print((num++) + " ");   // 출력 후에 값이 증가
        System.out.print(num + "\n");

        System.out.print((num--) + " ");   // 출력 후에 값이 감소
        System.out.print((num--) + " ");   // 출력 후에 값이 감소
        System.out.print(num);
    }
}
```

▶ 실행 결과: PostfixOp.java

```
명령 프롬프트
C:\JavaStudy>java PostfixOp
5 6 7
7 6 5
C:\JavaStudy>
```

위의 실행 결과에서 보이듯이, Postfix ++ 연산과 Postfix -- 연산으로 인한 값의 증가 및 감소는 연산이 진행된 문장이 아닌, 그 다음 문장으로 넘어가야 반영이 된다.

04-3 비트를 대상으로 하는 연산자들

비트를 대상으로 하는 연산이라고 하면 언뜻 하드웨어 컨트롤을 떠올리기 쉽다. 그러나 일반 응용 프로그램의 개발에서도 비트를 대상으로 하는 연산이 많이 쓰인다.

■ 비트 연산자의 이해

비트 연산자는 각각의 비트를 대상으로 연산을 진행하는 연산자이며 피연산자는 반드시 정수이어야 한다. 실수를 대상으로 하는 비트 연산은 의미가 없기에 자바는 이를 지원하지 않는다.

연산자	연산자의 기능	결합 방향
&	비트 단위로 AND 연산을 한다. 예) n1 & n2;	→
|	비트 단위로 OR 연산을 한다. 예) n1 | n2;	→
^	비트 단위로 XOR 연산을 한다. 예) n1 ^ n2;	→
~	피연산자의 모든 비트를 반전시켜서 얻은 결과를 반환 예) ~n;	←

[표 04-10: 비트 연산자]

위의 표에 있는 연산자들을 이해하기에 앞서 비트 단위 연산이 의미하는 바를 이해할 필요가 있다. 이에 다음 예제를 통해서 비트 단위 연산의 의미를 설명하고자 한다.

◈ BitOpMeans.java

```
class BitOpMeans {
    public static void main(String[] args) {
        byte n1 = 13;
        byte n2 = 7;
        byte n3 = (byte)(n1 & n2);    // 비트 연산 &의 결과는 int형
        System.out.println(n3);
    }
}
```

▶ 실행 결과: BitOpMeans.java

위 예제에서는 다음 문장을 통해서 비트 단위 & 연산을 진행하고 있다. & 연산은 비교의 대상이 되는 두 비트가 모두 1인 경우에만 1을 반환하여 연산 결과를 구성하는 연산자이다.

```
byte n3 = (byte)(n1 & n2);
```

위의 문장에서 형 변환을 하는 이유는 & 연산도 int형 연산을 하기 때문이다. (부족한 부분을 0으로 채워서 int형 연산을 진행한다.) 즉 위의 문장에서 피연산자는 byte형이지만 연산 결과는 int형이다. 그럼 연산의 결과가 만들어지는 과정을 다음 그림을 통해서 관찰하자.

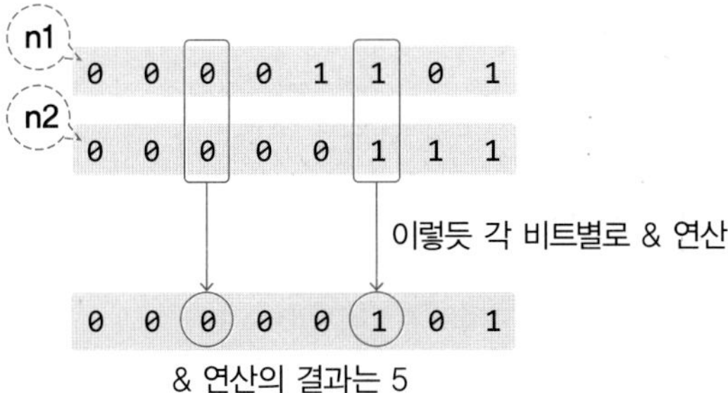

[그림 04-4: 비트 단위 연산의 의미]

위 그림을 통해서 알 수 있는 비트 연산자의 특성 두 가지는 다음과 같다.

- 비트 연산자는 각각의 비트를 대상으로 연산을 진행한다.
- 그리고 각 비트를 대상으로 진행된 연산 결과를 묶어서 하나의 연산 결과를 반환한다.

참고로 위 그림에서는 byte형 변수 n1과 n2를 대상으로 연산의 과정을 설명하였다. 즉 int형 연산을 위해 0을 채우는 부분에 대한 것은 그림에서 생략하였다.

■ 비트 연산자: &, |, ^, ~

비트 연산자의 연산 특성에 대해 이해하였으니, 이어서 비트 연산자를 하나씩 소개하겠다. 먼저 소개할 연산자는 다음과 같다.

& 연산자　　비트 단위로 AND 연산을 한다.

& 연산자는 && 연산자와 성격이 유사하다. & 연산자는 두 비트가 모두 1일 때 1을 반환하여 하나의 연산 결과를 구성한다. 다음은 & 연산에 대한 진리표(Truth Table)이다.

비트 A	비트 B	비트 A & 비트 B
1	1	1
1	0	0
0	1	0
0	0	0

[표 04-11: & 연산자의 진리표]

이어서 소개할 연산자는 다음과 같다. 그리고 이는 || 연산자와 그 성격이 유사하다.

| 연산자　　비트 단위로 OR 연산을 한다.

즉 | 연산자는 두 비트 중 하나라도 1이면 1을 반환하여 하나의 연산 결과를 반환한다. 진리표는 다음과 같다.

비트 A	비트 B	비트 A	비트 B
1	1	1
1	0	1
0	1	1
0	0	0

[표 04-12: | 연산자의 진리표]

마지막으로 다음 두 연산자를 소개하겠다. 이 중에서 ~ 연산자는 ! 연산자와 성격이 유사하다.

^ 연산자　　비트 단위로 XOR 연산을 한다.

~ 연산자　　1이면 0을, 0이면 1을 반환하는 연산을 한다.

XOR 연산이란 두 비트의 값이 서로 다른 경우에 1을 반환하는 연산을 의미한다. 이 둘에 대한 진리표는 다음과 같다.

비트 A	비트 B	비트 A ^ 비트 B
1	1	0
1	0	1
0	1	1
0	0	0

[표 04-13: ^ 연산자의 진리표]

비트	~비트
1	0
0	1

[표 04-14: ~ 연산자의 진리표]

그럼 다음 예제를 통해서 지금 설명한 네 개의 비트 연산자들의 비트 연산의 결과를 보이도록 하겠다.

◈ BitOperator.java

```
class BitOperator {
    public static void main(String[] args) {
        byte n1 = 5;     // 00000101
        byte n2 = 3;     // 00000011
        byte n3 = -1;    // 11111111

        byte r1 = (byte)(n1 & n2);     // 00000001
        byte r2 = (byte)(n1 | n2);     // 00000111
        byte r3 = (byte)(n1 ^ n2);     // 00000110
        byte r4 = (byte)(~n3);         // 00000000

        System.out.println(r1);    // 00000001은 1
        System.out.println(r2);    // 00000111은 7
        System.out.println(r3);    // 00000110은 6
        System.out.println(r4);    // 00000000은 0
    }
}
```

▶ 실행 결과: BitOperator.java

```
C:\JavaStudy>java BitOperator
1
7
6
0

C:\JavaStudy>_
```

■ 비트 쉬프트(Shift) 연산자: <<, >>, >>>

비트 쉬프트 연산자는 피연산자의 비트 열을 왼쪽 또는 오른쪽으로 이동시킨 결과를 반환하는 연산자이다. 이 연산자도 두 개의 피연산자가 필요한 이항 연산자이며 피연산자는 모두 정수이어야 한다.

연산자	연산자의 기능	결합 방향
<<	• 피연산자의 비트 열을 왼쪽으로 이동 • 이동에 따른 빈 공간은 0으로 채움 • 예) n << 2; → n의 비트 열을 두 칸 왼쪽으로 이동 시킨 결과 반환	➡
>>	• 피연산자의 비트 열을 오른쪽으로 이동 • 이동에 따른 빈 공간은 음수의 경우 1, 양수의 경우 0으로 채움 • 예) n >> 2; → n의 비트 열을 두 칸 오른쪽으로 이동 시킨 결과 반환	➡
>>>	• 피연산자의 비트 열을 오른쪽으로 이동 • 이동에 따른 빈 공간은 0으로 채움 • 예) n >>> 2; → n의 비트 열을 두 칸 오른쪽으로 이동 시킨 결과 반환	➡

[표 04-15: 비트 쉬프트 연산자]

비트 쉬프트 연산자의 연산 방식은 다음과 같다. 변수 A와 Z가 존재할 때 다음의 형식으로 문장을 구성할 수 있다. 이때 A와 Z는 상수도 될 수 있다.

```
int num = A << Z;
```

그리고 위의 문장이 갖는 의미는 다음과 같다.

"A의 비트 열을 Z 만큼 왼쪽으로 이동시켰을 때의 값을 변수 num에 저장하라."

일단 이 정도의 이해를 가지고 다음 예제를 관찰하자. 이 예제를 통해서 비트 쉬프트 연산이 지니는 특별한 의미도 함께 설명하겠다.

◈ BitShiftOp.java

```
class BitShiftOp {
    public static void main(String[] args) {
        byte num;

        num = 2;     // 00000010
        System.out.print((byte)(num << 1) + " ");           // 00000100
        System.out.print((byte)(num << 2) + " ");           // 00001000
        System.out.print((byte)(num << 3) + " " + '\n');    // 00010000

        num = 8;     // 00001000
        System.out.print((byte)(num >> 1) + " ");           // 00000100
        System.out.print((byte)(num >> 2) + " ");           // 00000010
        System.out.print((byte)(num >> 3) + " " + '\n');    // 00000001

        num = -8;   // 11111000
        System.out.print((byte)(num >> 1) + " ");           // 11111100
        System.out.print((byte)(num >> 2) + " ");           // 11111110
        System.out.print((byte)(num >> 3) + " " + '\n');    // 11111111
    }
}
```

▶ 실행 결과: BitShiftOp.java

```
명령 프롬프트
C:\JavaStudy>java BitShiftOp
4  8  16
4  2  1
-4  -2  -1

C:\JavaStudy>
```

위 예제에서는 다음과 같이 변수 num의 비트 열을 왼쪽으로 밀어서 얻은 결과를 출력하고 있다. 이때 오른쪽의 빈 공간은 0으로 채워진다.

```
System.out.print((byte)(num << 1) + " ");        // 값이 두 배 늘어난다.
```

위의 실행 결과에서 보이듯이 비트 열을 왼쪽으로 한 칸 밀고 빈 공간을 0으로 채울 때마다 그 값은 두 배씩 증가한다.

이어서 다음 문장을 보자. 다음과 같이 >> 연산을 통해서 변수 num의 비트 열을 오른쪽으로 밀면 이로 인해 만들어지는 빈 공간은 가장 왼쪽에 위치한 비트와 동일한 값으로 채워진다. 즉 부호 비트가 0이면 0을, 1이면 1을 채운다.

```
System.out.print((byte)(num >> 1) + " ");        // 값이 반으로 줄어든다.
```

그리고 이때 반환되는 값은 num에 저장된 값을 2로 나눈 결과이다. 즉 >> 연산을 통해서 비트 열을 한 칸씩 오른쪽으로 밀 때마다 2로 나눈 결과가 반환된다.

문제 04-2 [비트 연산자 그리고 비트 쉬프트 연산자]

• 문제 1

본문에서 정수 7의 비트 열을 기반으로 2의 보수를 취하면 -7이 됨을 설명하였다. 실제로 그런지 정수 7에 대한 2의 보수를 계산하여 출력하는 프로그램을 작성해 보자. 참고로 ~ 연산자를 사용하면 쉽게 7의 보수를 구할 수 있다.

• 문제 2

int형 정수 15678의 오른쪽 끝에서 세 번째 비트와 다섯 번째 비트가 각각 어떻게 되는지 확인하여 출력하는 프로그램을 작성해 보자. 참고로 이 문제는 조금 부담되는 문제이니 해결하지 못했다고 하여 실망할 필요는 없다.

답안은 출판사 홈페이지를 통해서 제공합니다.

Chapter 05

실행 흐름의 컨트롤

본 Chapter에서는 프로그램의 실행 흐름을 조절하는 방법을 소개한다. 그리고 이 내용만 숙지해도 구현할 수 있는 프로그램의 범위는 전과 비교할 수 없을 정도로 넓어진다. 이제 조금씩 프로그램 작성에 재미를 붙일 때가 되었다.

05-1 if 그리고 else

특정 조건이 만족될 때에만 실행하고픈 문장이 있다면 키워드 if를 사용하면 된다. 그리고 두 개의 문장 중 조건에 따라 하나만 실행하고 싶다면 거기에 else를 더 추가하면 된다.

■ if문과 if ~ else문

영어는 문장을 통으로 공부하는 것이 효율적이라 했던가? 자바의 각종 문법들도 예제를 통해서 통으로 공부하는 것이 효율적이다. 따라서 if문과 더불어 if ~ else문이 제공하는 기능을 스스로 파악할 수 있도록 예제를 하나 제시하겠다.

◈ IEBasic.java

```
class IEBasic {
    public static void main(String[] args) {
        int n1 = 5;
        int n2 = 7;

        // if문
        if(n1 < n2) {
            System.out.println("n1 < n2 is true");
        }

```

```
            // if ~ else 문
            if(n1 == n2) {
                System.out.println("n1 == n2 is true");
            }
            else {
                System.out.println("n1 == n2 is false");
            }
        }
}
```

▶ 실행 결과: IEBasic.java

```
명령 프롬프트
C:\JavaStudy>java IEBasic
n1 < n2 is true
n1 == n2 is false

C:\JavaStudy>
```

위 예제에서 보인 if문의 기본 골격은 다음과 같다.

```
if(true or false) {
    조건 true 시 실행되는 영역
}
```

[그림 05-1: if문의 기본 구조]

먼저 키워드 if의 오른편에 위치한 소괄호를 보자. 이 부분에 true 또는 false가 오게 되어 있다. (물론 true 또는 false를 반환하는 연산이 오게 된다.) 이 위치에 true가 오면 이어서 등장하는 중괄호의 내부가 실행되고, false가 등장하면 이 부분을 건너뛰게 된다. 그리고 if ~ else문의 기본 골격은 다음과 같다. 이는 if문의 뒤에 else를 붙인 구조이다.

```
if(true or false) {
    조건 true 시 실행되는 영역
} else {
    조건 false 시 실행되는 영역
}
```

[그림 05-2: if ~ else문의 기본 구조]

위의 if ~ else문은 if절과 else절로 나뉜다. 그리고 if의 오른편에 위치한 소괄호에 true가 오면 if절이, false가 오면 else절이 실행되는 구조이다. 그럼 다시 예제를 보자. 예제에서 등장한 if문은 다음과 같다. 조건이 true이면, 즉 n1이 n2보다 작으면 이어서 등장하는 중괄호에 감싸인 내용이 실행된다. 하지만 조건이 false이면 중괄호 내부는 실행되지 않는다.

```
if(n1 < n2) {
    System.out.println("n1 < n2 is true");     // n1 < n2 이면 실행되는 문장
}
```

다음은 예제에서 등장한 if ~ else문이다. 이 경우 n1과 n2가 같다면 이어서 등장하는 중괄호가 실행된다. 반면 n1과 n2가 같지 않다면, 즉 조건이 false라면 키워드 else에 이어서 등장하는 중괄호가 실행된다.

```
if(n1 == n2) {
    System.out.println("n1 == n2 is true");     // n1 == n2 이면 실행되는 문장
}
else {
    System.out.println("n1 == n2 is false");    // n1 != n2 이면 실행되는 문장
}
```

이번에는 예제에서 등장한 if문을 다음과 같이 수정해보자. 이전과 달리 경계를 구분하는 중괄호를 생략하였다.

```
if(n1 < n2)
    System.out.println("n1 < n2 is true");
```

마찬가지로 중괄호를 생략하여 예제의 if ~ else문을 다음과 같이 수정해보자.

```
if(n1 == n2)
    System.out.println("n1 == n2 is true");
else
    System.out.println("n1 == n2 is false");
```

이렇듯 경계를 구분하는 중괄호를 생략할 수 있는 이유는 if문, 그리고 if절과 else절에 속한 문장이 하나이기 때문이다.

"if문, 그리고 if절과 else절에 속한 문장이 하나인 경우에는 중괄호의 생략이 가능하다."

끝으로 if문도 if ~ else문도 라인(Line) 수에 상관없이 하나의 문장으로 인식됨을 기억하자. 이렇듯 코드에서 문장의 수를 결정짓는 요소는 코드의 라인 수가 아니다.

■ if ~ else if ~ else문

여러 문장 중에서 조건에 따라 하나의 문장만 실행하고 싶다면 다음과 같은 구조의 문장을 구성하면 된다. (문장의 중간에 얼마든지 else if 를 추가할 수 있다.)

```
if(...)
   System.out.println("...");

else if(...)
   System.out.println("...");

else if(...)
   System.out.println("...");

else
   System.out.println("...");
```

[그림 05-3: if ~ else if ~ else문의 기본 구조]

맨 위의 if문에서부터 조건을 검사하며 내려온다. 그러다가 조건이 true인 부분을 만나면 해당 부분에 속한 문장을 실행하고 나머지는 건너뛰게 된다. 물론 마지막까지 조건이 true인 부분을 만나지 못하면 마지막에 위치한 else에 속한 문장을 실행하게 된다. 관련해서 다음 예제를 보자.

◈ IEIE.java

```
class IEIE {
    public static void main(String[] args) {
        int num = 120;
```

```
        if(num < 0)     // 먼저 검사
            System.out.println("0 미만");
        else if(num < 100)     // 위 조건이 만족되지 않으면 여기서 다시 검사
            System.out.println("0 이상 100 미만");
        else    // 아무것도 만족되지 않으면 else에 속한 문장 실행
            System.out.println("100 이상");
    }
}
```

▶ 실행 결과: IEIE.java

```
C:₩JavaStudy>java IEIE
100 이상

C:₩JavaStudy>
```

조건 검사는 위에서 아래로 진행이 된다. 그리고 영역별로 실행할 문장이 둘 이상인 경우 다음과 같이 중괄호로 해당 영역을 묶어주면 된다.

```
if(num < 0) {
    System.out.println("0 미만");
}
else if(num < 100) {
    System.out.println("0 이상 100 미만");
}
else {
    System.out.println("100 이상");
}
```

다만 위 예제에서는 조건에 따라 실행할 문장이 하나이기에 중괄호를 생략하였다.

■ if ~ else if ~ else문은 if ~ else문을 중첩 시킨 결과이다.

앞서 보인 예제의 if ~ else if ~ else문은 다음과 같이 if ~ else문으로 구현할 수 있다. (이 코드는 if ~ else문의 else절에 다른 if ~ else문이 존재하는 구조이다.) 물론 이 둘은 같은 결과를 보인다.

```
if(num < 0) {
    System.out.println("0 미만");
}
else {
    if(num < 100)
        System.out.println("0 이상 100 미만");
    else
        System.out.println("100 이상");
}
```

그런데 if절과 else절에 속한 문장이 하나인 경우에는 중괄호를 생략할 수 있으므로 위의 문장은 다음과 같이 쓸 수 있다. (다시 언급하지만 if ~ else문은 여러 줄에 걸쳐 있어도 하나의 문장이다.)

```
if(num < 0)
    System.out.println("0 미만");
else
    if(num < 100)
        System.out.println("0 이상 100 미만");
    else
        System.out.println("100 이상");
```

그리고 위 문장의 간격 및 행을 조절하여 보기 좋게 꾸민 결과는 다음과 같다. 물론 간격과 행의 조절은 코드의 내용에 아무런 영향을 미치지 않는다.

```
if(num < 0)
    System.out.println("0 미만");
else if(num < 100)
    System.out.println("0 이상 100 미만");
else
    System.out.println("100 이상");
```

이를 통해 알 수 있는 사실 하나는 다음과 같다.

"if ~ else if ~ else문은 사실 if ~ else문을 중첩 시킨 결과이다."

그러나 편의상 if ~ else if ~ else문을 별도의 문장으로 인식하고 코드를 작성해도 문제가 되지 않는다. 실제로 그렇게 인식하고 있는 경우도 많다.

문제 05-1 [if문과 if ~ else문]

아래 코드에서는 두 개의 if문을 사용하고 있다. 이를 하나의 if문만 사용하도록 변경해보자.

```
class IfReit {
    public static void main(String[] args) {
        int num = 120;
        if(num > 0) {
            if((num % 2) == 0)
                System.out.println("양수이면서 짝수");
        }
    }
}
```

답안은 출판사 홈페이지를 통해서 제공합니다.

■ if ~ else문과 유사한 성격의 조건 연산자

조건 연산자는 피연산자가 세 개인 연산자이다. 이러한 조건 연산자는 간단한 if ~ else문을 대체하는 용도로 주로 사용된다. 일단 예제를 통해서 조건 연산자의 구성과 동작의 결과를 확인하자.

◈ CondOp.java

```
class CondOp {
    public static void main(String[] args) {
        int num1 = 50;
        int num2 = 100;
        int big;
        int diff;

        big = (num1 > num2) ? num1 : num2;
        System.out.println("큰 수: " + big);

        diff = (num1 > num2) ? (num1 - num2) : (num2 - num1);
        System.out.println("절댓값: " + diff);
    }
}
```

▶ 실행 결과: CondOp.java

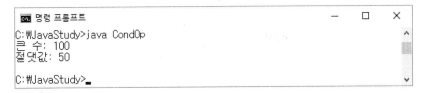

위 예제 8행에 등장한 조건 연산자는 다음의 구조를 지닌다.

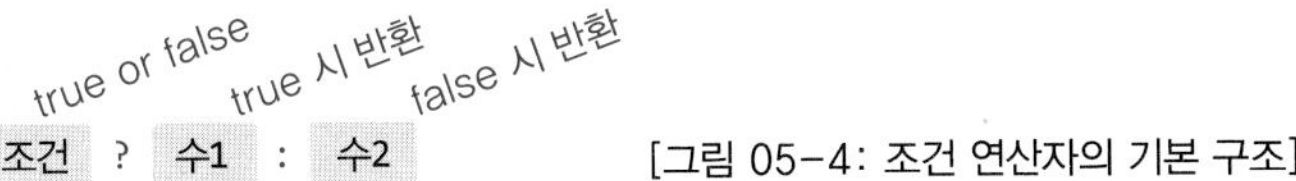

[그림 05-4: 조건 연산자의 기본 구조]

두 개의 기호 ? 와 : 가 하나의 연산자를 이루는 구조다 보니 조금 어색할 수 있다. 그러나 복잡한 구조는 아니며, 다음 두 가지로 연산의 방식을 정리할 수 있다.

기호 ? 의 왼편이 true이면 기호 : 의 왼편에 있는 수가 반환된다.

기호 ? 의 왼편이 false이면 기호 : 의 오른편에 있는 수가 반환된다.

물론 기호 ? 의 왼편에 true나 false를 직접 입력하지는 않는다. true 또는 false를 반환하는 연산이 등장하는 것이 일반적이다. 그럼 다시 예제 8행을 보자.

```
big = (num1 > num2) ? num1 : num2;
```

이 상황에서 num1의 값이 num2보다 크면, 즉 조건이 true이면 num1이 반환된다. 그리고 num1이 반환된다는 것은 위의 문장이 다음과 같이 정리됨을 의미한다. (조건 연산자와 그 피연산자들은 모두 사라지고 num1만 남는다.)

```
big = num1;
```

이어서 예제의 다음 문장을 보자.

```
diff = (num1 > num2) ? (num1 - num2) : (num2 - num1);
```

이렇듯 값이 와야 할 위치에 뺄셈이나 덧셈과 같은 연산이 올 수 있다. 그리고 비교 연산자는 연산자의 우선순위가 낮은 편이다. (끝에서 두 번째 부류에 위치한다.) 때문에 예제에서 위의 문장은 다음과 같이 연산이 완료된 상태에서 조건 연산을 진행하게 된다.

```
diff = (num1 > num2) ? -50 : 50 ;
```

문제 05-2 [조건 연산자]

예제 CondOp.java를 조건 연산자를 사용하고 않고 대신에 if ~ else문을 사용하는 형태로 수정해보자.

답안은 출판사 홈페이지를 통해서 제공합니다.

05-2 switch와 break

이어서 소개하는 switch문도 조건에 따라 실행할 문장을 구분한다는 측면에서 if ~ else if ~ else문과 유사하다. 실제로 이 문장을 대체하는 용도로도 사용이 된다. 특히 중간에 else if 가 많이 들어가는 상황에서는 switch문이 더 좋은 선택이 될 수 있다.

■ switch문의 기본 구성

다음 그림은 switch문의 기본 구성을 보여준다. 이렇듯 switch문은 switch, case 그리고 default로 이루어진다.

```
switch(n) {
case 1:     n이 1이면 여기서부터 실행
    . . .
case 2:     n이 2이면 여기서부터 실행
    . . .
case 3:     n이 3이면 여기서부터 실행
    . . .
default:    해당하는 case 없으면 여기서부터 실행
    . . .
}
```

[그림 05-5: switch문의 구성]

위 그림에 존재하는 키워드 case와 default를 가리켜 '레이블(Label)'이라 한다. 레이블이라고 하면 생소하게 느낄 수 있다. 그러나 다음과 같이 말하면 친근하게 느껴진다.

"라벨!!!"

다음 그림은 문구점에서 구입이 가능한 라벨(레이블)이다.

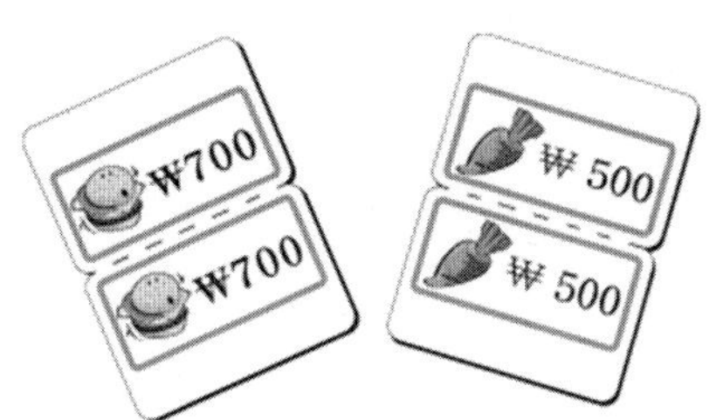

[그림 05-6: 문구점에서 구입 가능한 레이블]

문구점에서 살 수 있는 레이블은 책이나 공책에 특정 위치를 표시해 두기 위해 사용된다. 마찬가지로 레이블 case와 default도 코드상에서 위치를 표시하기 위해 사용된다. switch문은 처음 보면 복잡해 보인다. 그러나 case와 default가 위치를 표시하는 목적의 레이블이라는 사실을 알면 그 구성이 단순해 보인다. 그럼 switch문의 외부 골격을 보자.

```
switch(n) {
    ....
}
```

여기서 n의 값이 1이면 1이라고 표시된 다음 레이블로 이동하여 실행을 이어간다.

```
case 1:
```

물론 switch문 안에서만 해당 레이블을 찾는다. 그리고 레이블을 찾았다면 이후로는 다른 레이블은 모두 무시된다. 그럼 다음 예제를 통해서 이러한 사실을 확인해보자.

◈ SwitchBasic.java

```
class SwitchBasic {
    public static void main(String[] args) {
        int n = 3;

        switch(n) {
        case 1:
            System.out.println("Simple Java");
        case 2:
            System.out.println("Funny Java");
        case 3:
            System.out.println("Fantastic Java");
        default:
            System.out.println("The best programming language");
        }

        System.out.println("Do you like Java?");
    }
}
```

▶ 실행 결과: SwitchBasic.java

```
명령 프롬프트
C:₩JavaStudy>java SwitchBasic
Fantastic Java
The best programming language
Do you like Java?

C:₩JavaStudy>
```

위 예제의 switch문은 다음과 같다. 그리고 변수 n에는 3이 저장된 상태다. 따라서 case 3으로 이동을 해서 실행을 이어간다.

```
switch(n) {
case 1:
    System.out.println("Simple Java");
```

```
    case 2:
        System.out.println("Funny Java");
    case 3:       ⇦ 이 위치에서 실행을 이어 나간다.
        System.out.println("Fantastic Java");
    default:
        System.out.println("The best programming language");
    }
```

그리고 이렇듯 이어서 실행할 위치가 결정되면 레이블은 의미가 없어진다. 즉 default를 포함하여 모든 레이블이 사라진 상태에서 실행을 이어간다. 따라서 다음 두 문장이 출력이 된다.

```
"Fantastic Java"
"The best programming language"
```

■ switch문의 들여쓰기

앞서 보인 switch문을 관찰해보면 case와 default는 들여쓰기를 하지 않았음을 알 수 있다.

```
    switch(n) {
    case 1:
        System.out.println("Simple Java");
    case 2:
        System.out.println("Funny Java");
        ....
    }
```

단순히 생각하면 다음과 같이 들여쓰기를 하는 것이 옳아 보인다. 중괄호 내부에 레이블이 위치해 있기 때문이다.

```
    switch(n) {
        case 1:
            System.out.println("Simple Java");
        case 2:
            System.out.println("Funny Java");
            ....
    }
```

처음에는 위의 들여쓰기가 옳아 보인다. 그러나 case와 default는 레이블이다. 이는 책에 위치를 표시하는 레이블과 그 성격이 같다. 그리고 레이블은 책을 펼치기 전에 보여야 한다. 이와 마찬가지로 case와 default도 조금이라도 잘 보이도록 들여쓰기 대상에서 제외하는 것이 일반적이다.

■ switch문 + break문: switch문의 일반적인 사용 모델

자바의 키워드 중에 break가 있다. 그리고 이는 switch문 안에 사용되면 다음의 의미를 갖는다.

"switch문 밖으로 빠져나가겠습니다."

따라서 switch문 안에서 break문을 적절히 사용하면 다음 그림과 같은 구조의 실행을 기대할 수 있다. 그리고 이는 if ~ else if ~ else문을 일부 대체할 수 있는 형태이기도 하다.

```
switch(n) {
case 1:        case 1 영역
    . . . .
    break;
case 2:        case 2 영역
    . . . .
    break;
case 3:        case 3 영역
    . . . .
    break;
default:       default 영역
    . . . .
}
```

[그림 05-7: 영역별 실행을 위한 구성]

앞서 보였던 switch문과의 유일한 차이점은 break문이 존재한다는 것이다. 하지만 이 덕분에 레이블 별로 영역을 형성하여 해당 영역만 실행할 수 있게 되었다. 예를 들어서 switch문에 2가 전달되면 case 2로 이동해서 실행을 이어간다. 그러다 break문을 만나면 switch문을 벗어나게 된다. 결과적으로는 case 2가 구성한 영역만 실행하는 셈이다. 그럼 다음 예제를 통해서 이러한 사실을 확인해보자.

◈ SwitchBreak.java

```
class SwitchBreak {
    public static void main(String[] args) {
        int n = 3;
```

```

        switch(n) {
        case 1:
            System.out.println("Simple Java");
            break;
        case 2:
            System.out.println("Funny Java");
            break;
        case 3:
            System.out.println("Fantastic Java");
            break;
        default:
            System.out.println("The best programming language");
        }

        System.out.println("Do you like Java?");
    }
}
```

▶ 실행 결과: SwitchBreak.java

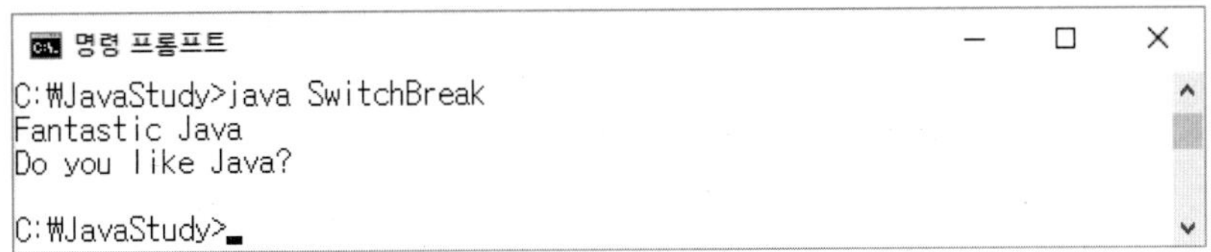
명령 프롬프트
C:₩JavaStudy>java SwitchBreak
Fantastic Java
Do you like Java?
C:₩JavaStudy>

switch문의 특징을 한가지 더 언급하자면, 둘 이상의 레이블을 이어서 둘 수도 있다. 때문에 다음과 같은 형태의 switch문 구성도 가능하다.

```
switch(n) {
case 1:
case 2:
case 3:
    System.out.println("case 1, 2, 3");
    break;
default:
    System.out.println("default");
}
```

위와 같이 코드를 구성하면 switch문에 전달되는 정수가 1, 2, 3인 경우에 실행되는 영역이 같아지는데, 이러한 형태의 switch문 구성이 유용한 경우도 있다.

문제 05-3 [switch문의 활용]

- **문제 1**

예제 SwitchBreak.java를 switch문이 아닌 if ~ else문을 이용하는 형태로 변경해보자.

- **문제 2**

아래의 코드를 if ~ else문이 아닌 switch문을 이용해는 형태로 변경해보자.

```
class NumberRange {
    public static void main(String[] args) {
        int n = 24;
        if(n >= 0 && n < 10)
            System.out.println("0이상 10미만의 수");
        else if(n >= 10 && n < 20)
            System.out.println("10이상 20미만의 수");
        else if(n >= 20 && n < 30)
            System.out.println("20이상 30미만의 수");
        else
            System.out.println("음수 혹은 30 이상의 수");
    }
}
```

답안은 출판사 홈페이지를 통해서 제공합니다.

05-3 for, while 그리고 do~while

앞서 소개한 컨트롤 문장들은 조건에 따른 코드의 '선택적 실행'을 위한 것들이다. 그러나 지금부터 소개하는 컨트롤 문장들은 조건에 따른 코드의 '반복적 실행'을 위한 것들이다.

■ 반복문 1: while문

while문의 동작 방식을 이해하는 것은 if문을 이해하는 것만큼이나 쉽다. 따라서 간단한 예제와 그 실행 결과를 통해서 관찰할 수 있는 기회를 먼저 제공하겠다.

◈ WhileBasic.java

```
class WhileBasic {
    public static void main(String[] args) {
        int num = 0;

        while(num < 5) {    // num < 5 을 만족하면 반복 실행
            System.out.println("I like Java " + num);
            num++;
        }
    }
}
```

▶ 실행 결과: WhileBasic.java

```
C:\JavaStudy>java WhileBasic
I like Java 0
I like Java 1
I like Java 2
I like Java 3
I like Java 4

C:\JavaStudy>
```

실행 결과를 관찰해보면 while문 안에 위치한 두 문장이 총 5회 실행되었음을 알 수 있다.

반복 조건 반복 영역

```
while(num < 5) {
    System.out.println("I like Java"+ num);
    num++;
}
```

[그림 05-8: while문의 구조]

위 그림에서 보이듯이 while문의 소괄호에는 반복의 조건을 명시한다. true 또는 false가 와야 하므로 이를 반환하는 연산이 오게 된다. 그리고 그 조건이 true를 반환하는 동안에는 횟수에 상관없이 while문의 중괄호가 반복 실행되는데, 다음의 패턴으로 반복이 된다.

- 먼저! 조건 검사
- 그리고 결과가 true이면 중괄호 영역 실행

이렇듯 조건 검사가 먼저 진행되기 때문에 처음부터 false가 반환되면 while문의 중괄호는 한 번도 실행되지 않을 수 있다. 반면에 조건 검사가 계속해서 true만 반환하도록 구성된다면, 예를 들어서 앞서 보인 예제에서 7행이 생략된 경우라면 while문을 벗어나지 못하는 문제가 발생할 수 있으니 이러한 부분에 주의해야 한다. 그리고 while문의 중괄호도 반복 실행할 문장이 하나라면 생략 가능하다. 이는 이어서 소개하는 do ~ while문과 for문에서도 마찬가지이다.

■ 반복문 2: do ~ while문

while문은 다음의 패턴으로 반복을 진행함을 설명하였다.

- 먼저! 조건 검사
- 그리고 결과가 true이면 중괄호 영역 실행

반면에 이번에 소개하는 do ~ while문은 다음의 패턴으로 반복을 진행한다.

- 먼저! 중괄호 영역 실행
- 그리고 조건 검사 후 결과가 true이면 반복 결정

즉 이 둘의 유일한 차이점은 반복 조건을 검사하는 시점에 있다. while문은 '선 검사' 방식이고 do ~ while문은 '후 검사' 방식이다.

◈ DoWhileBasic.java

```
class DoWhileBasic {
    public static void main(String[] args) {
        int num = 0;

        do {
            System.out.println("I like Java " + num);
            num++;
        } while(num < 5);
    }
}
```

▶ 실행 결과: DoWhileBasic.java

```
명령 프롬프트
C:₩JavaStudy>java DoWhileBasic
I like Java 0
I like Java 1
I like Java 2
I like Java 3
I like Java 4

C:₩JavaStudy>
```

위 예제는 WhileBasic.java를 단순히 do ~ while문의 형태로 바꾼것이다. 따라서 실행 결과는 동일하다.

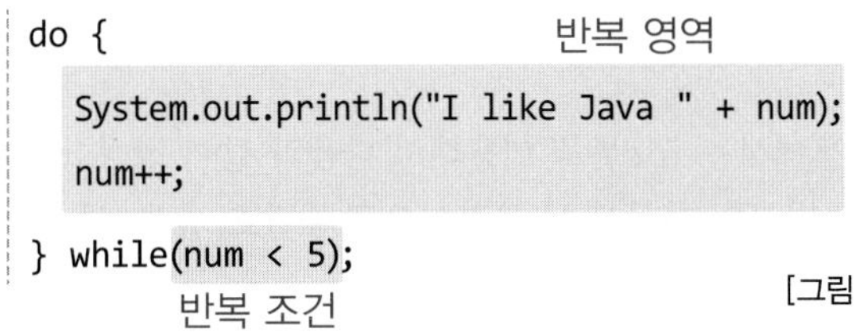

반복 영역

```
do {
    System.out.println("I like Java " + num);
    num++;
} while(num < 5);
```

반복 조건

[그림 05-9: do ~ while문의 구조]

예제에서 보였듯이 while문으로 작성된 문장은 do ~ while문으로도 작성 가능하고 또 그 반대도 가능한 경우가 대부분이다. 따라서 다음의 경우에 한해 do ~ while문을 사용하고,

"조건에 따른 반복이 필요하다. 그런데 반드시 한 번은 실행을 해야 한다."

이외의 경우에는 while문 또는 이어서 소개하는 for문을 사용하는 것이 바람직하다. 그래야 선택하는 반복문에 더 많은 의미를 부여할 수 있다.

문제 05-4 [while문과 do ~ while문의 활용]

• **문제 1**

1부터 99까지의 합을 구하는 프로그램을 작성하되 while문을 이용해서 작성해보자.

• **문제 2**

1부터 100까지 출력하고 이어서 거꾸로 100에서 1까지 출력하는 프로그램을 작성해보자. 단 가급적 while문과 do ~ while문을 한 번씩 사용해서 구현하자.

• **문제 3**

1000 이하 자연수 중에서 2의 배수이자 7의 배수인 수를 출력하고, 그 수들의 합을 구해서 출력하는 프로그램을 while문을 이용해서 작성해보자.

답안은 출판사 홈페이지를 통해서 제공합니다.

■ 반복문 3: for문

while문을 이용해서 "I love Java"를 총 5회 출력하기 위해서는 다음 형태로 문장을 작성해야 한다.

```
int num=0;
while(num < 5) {
    System.out.println("I love Java");
    num++;
}
```

그런데 이처럼 '반복의 횟수가 정해져 있는 상황'에서는 for문을 이용해서 다음과 같이 작성하는 것이 더 간결하고 뜻도 더 잘 통한다. (아래 코드에서 반복의 대상이 한 문장이므로 중괄호 생략 가능하다.)

```
for(int num = 0; num < 5; num++) {
    System.out.println("I love Java");
}
```

이렇듯 '정해진 횟수의 반복'을 위해 사용하는 것이 for문이다. 이 for문을 while문과 비교하면 다음과 같다. 이 비교를 통해서 for문을 쉽게 이해할 수 있다.

```
      ①
int num = 0;
            ②
while( num < 5 ) {
  System.out.println("...");
      ③
  num++;
}
```

```
      ①           ②         ③
for( int num = 0 ; num < 5 ; num++ ) {
  System.out.println("...");
}
```

[그림 05-10: for문과 while문의 비교]

위 그림에서 while문과 for문의 ①, ②, ③이 갖는 의미는 둘 다 다음과 같다.

① → 반복의 횟수를 세기 위한 변수

② → 반복의 조건

③ → 반복의 조건을 무너뜨리기 위한 연산

위 그림을 보면 for문은 while문과 달리 반복에 필요한 모든 것을 한 줄에 나열할 수 있음을 알 수 있다. 그리고 이것이 for문의 장점이다. 그럼 예제를 통해서 for문의 실행을 확인해보자.

◈ ForBasic.java

```
class ForBasic {
    public static void main(String[] args) {
        for(int i = 0; i < 5; i++)
            System.out.println("I love Java " + i);
    }
}
```

▶ 실행 결과: ForBasic.java

```
명령 프롬프트
C:\JavaStudy>java ForBasic
I love Java 0
I love Java 1
I love Java 2
I love Java 3
I love Java 4

C:\JavaStudy>
```

[그림 05-10]의 내용을 바탕으로 위의 예제를 관찰하면 for문의 실행 흐름을 어느 정도 파악할 수 있다. 더불어 실행 흐름의 파악을 돕기 위해 다음 그림을 추가로 제시한다.

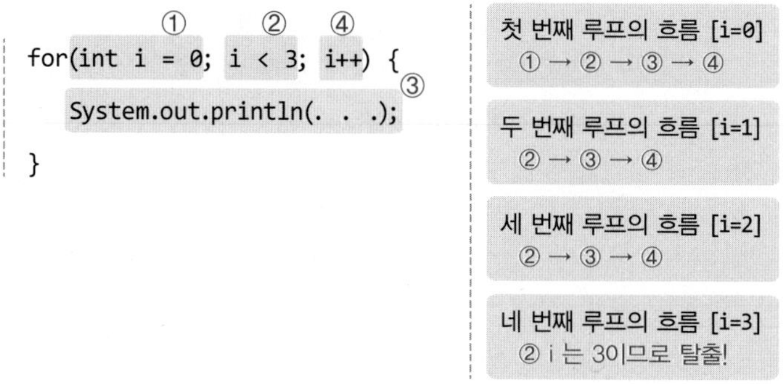

```
            ①          ②     ④
for(int i = 0; i < 3; i++) {
                              ③
    System.out.println(. . .);
}
```

첫 번째 루프의 흐름 [i=0]
① → ② → ③ → ④

두 번째 루프의 흐름 [i=1]
② → ③ → ④

세 번째 루프의 흐름 [i=2]
② → ③ → ④

네 번째 루프의 흐름 [i=3]
② i 는 3이므로 탈출!

[그림 05-11: for문의 실행 흐름]

위 그림에서 보인 for문에 처음 진입해서 첫 번째 실행이(첫 번째 루프가) 완료되기까지의 과정을 정리하면 다음과 같다.

1. 변수의 선언 및 초기화
2. 반복 조건이 true인지 확인
3. 반복 영역을 실행 (반복 조건이 true이면)
4. 변수의 값 증가

위의 순서에서 3과 4를 바꿔서 생각하지 않도록 주의해야 한다. 그리고 두 번째 이후의 실행 과정은 '변수의 선언 및 초기화'만 생략하면 동일하다. 즉 이후로는 다음 과정을 반복할 뿐이다.

1. 반복 조건이 true인지 확인
2. 반복 영역을 실행 (반복 조건이 true이면)
3. 변수의 값 증가

그러다 반복 조건이 false가 되면, for문을 빠져나오면서 반복은 종료가 된다.

문제 05-5 [for문의 활용]

• **문제 1**

1부터 10까지의 곱의 결과를 출력하는 프로그램을 for문을 이용해서 작성해보자.

• **문제 2**

구구단 중 5단을 출력하는 프로그램을 for문을 이용해서 작성해보자.

답안은 출판사 홈페이지를 통해서 제공합니다.

05-4 break & continue

break와 continue는 실행 흐름의 조절을 목적으로 반복문 내에 삽입되는 키워드이다. 따라서 이 둘을 적절히 활용하면 다양한 흐름을 보이는 반복문을 구성할 수 있다.

■ break문

break문은 앞서 switch문을 빠져나가는 용도로 소개한 바 있는데, 마찬가지로 반복문을 빠져나가는 용도로도 사용된다. 보통은 if문과 함께 사용되어 특정 조건이 만족될 때, 이를 감싸는 반복문을 빠져나가도록 구성이 된다. 이와 관련하여 다음 예제를 보자.

◈ BreakBasic.java

```
class BreakBasic {
    public static void main(String[] args) {
        int num = 1;
        boolean search = false;

        // 처음 만나는 5의 배수이자 7의 배수인 수를 찾는 반복문
        while(num < 100) {
            if(((num % 5) == 0) && ((num % 7) == 0)) {
                search = true;
                break;    // while문을 탈출
            }
            num++;
        }

        if(search)
            System.out.println("찾는 정수 : " + num);
        else
            System.out.println("5의 배수이자 7의 배수인 수를 찾지 못했습니다.");
    }
}
```

▶ 실행 결과: BreakBasic.java

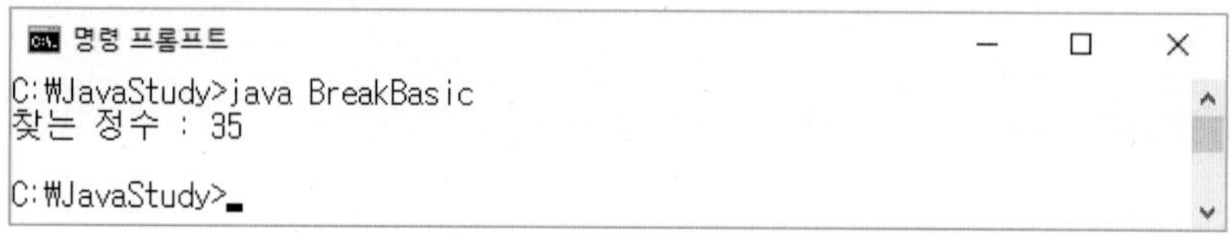
명령 프롬프트
C:₩JavaStudy>java BreakBasic
찾는 정수 : 35
C:₩JavaStudy>

위 예제에서 보이듯이 break문이 실행되면, 이를 감싸고 있는 반복문 하나를 빠져나가게 된다.

"break문을 감싸고 있는 것은 if문인데요?"

물론 break문을 가장 가까이서 감싸고 있는 것은 if문이다. 그러나 break문이 실행되면 가장 근접한 거리에서 자신을 감싸고 있는 반복문을 찾아서 해당 반복문을 빠져나간다. 그리고 이어서 그다음 문장을 실행하게 된다.

■ continue문

이번에 소개할 continue문은 break문과 혼동하기 쉬워서 주의가 필요하다. 우선 continue문은 반복문의 탈출과 거리가 멀다. continue문은 실행하던 반복문의 나머지 부분을 생략하고 프로그램의 흐름을 조건 검사 부분으로 이동시킨다. 즉 이 둘의 차이점은 다음과 같다.

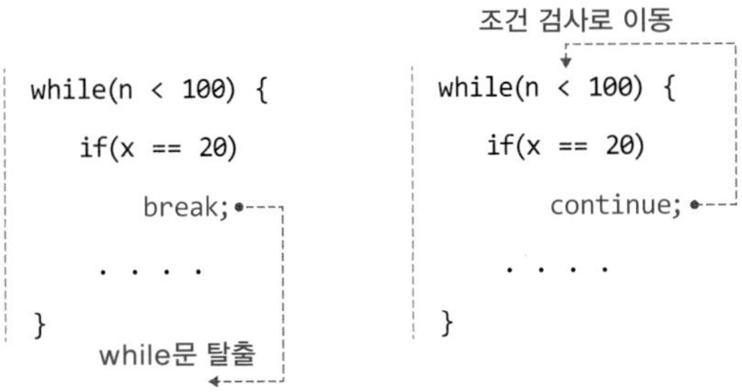

```
while(n < 100) {
    if(x == 20)
        break;
    . . . .
}
```

while문 탈출

조건 검사로 이동

```
while(n < 100) {
    if(x == 20)
        continue;
    . . . .
}
```

[그림 05-12: break문과 continue문의 비교]

위 그림에서 보여주듯이 continue문을 만나면, 반복문의 나머지 부분을 실행하지 않고 반복문의 맨 위로 이동을 하여 조건 검사부터 실행을 이어 나간다. (단 do ~ while문의 경우 조건 검사가 위치한 맨 아래로 이동한다.)

예제를 하나 제시할 테니, 위 그림과 더불어 참조하여 continue문을 완벽히 이해하자. 이 예제는 100 이하의 자연수 중에서 5의 배수이자 7의 배수인 정수를 전부 출력하고, 그 수를 세어서 출력하는 프로그램이다. (이 예제는 continue문이 활용되는 전형적인 모델을 보여준다.)

◈ ContinueBasic.java

```
class ContinueBasic {
    public static void main(String[] args) {
        int num = 0;
        int count = 0;

        while((num++) < 100) {
            if(((num % 5) != 0) || ((num % 7) != 0))
                continue;    // 5와 7의 배수 아니라면 나머지 건너뛰고 위로 이동
            count++;    // 5와 7의 배수인 경우만 실행
            System.out.println(num);    // 5와 7의 배수인 경우만 실행
        }
        System.out.println("count: " + count);
    }
}
```

▶ 실행 결과: ContinueBasic.java

```
명령 프롬프트
C:₩JavaStudy>java ContinueBasic
35
70
count: 2

C:₩JavaStudy>_
```

■ 무한 루프와 break

반복의 조건이 true로 명시되어서 해당 반복문을 빠져나가지 못하도록 구성된 반복문을 가리켜 '무한 루프'라 한다. 즉 다음 while문은 무한 루프이다.

```
while(true) {
        ....
}
```

다음과 같이 do ~ while문을 이용해서 무한 루프를 구성할 수도 있다.

```
do {
    ....
} while(true)
```

유사하게 for문도 반복의 조건을 명시하는 중간 부분에 true를 삽입하면 무한 루프가 형성된다. 그러나 다음과 같이 이 부분을 그냥 비워도 무한 루프가 형성된다.

```
for( ; ; ) {
    ....
}
```

그렇다면 이러한 무한 루프는 언제 사용할 수 있을까? 물론 그 자체만 가지고는 특별히 의미를 부여하기 힘들다. 그러나 다음 예제에서 보이는 바와 같이 break문과 결합하면 유용하게 사용할 수 있는 모델이 된다.

◈ InfinityLoop.java

```
class InfinityLoop {
    public static void main(String[] args) {
```

```
        int num = 1;

        while(true) {
            if(((num % 6) == 0) && ((num % 14) == 0))
                break;
            num++;
        }
        System.out.println(num);
    }
}
```

▶ 실행 결과: InfinityLoop.java

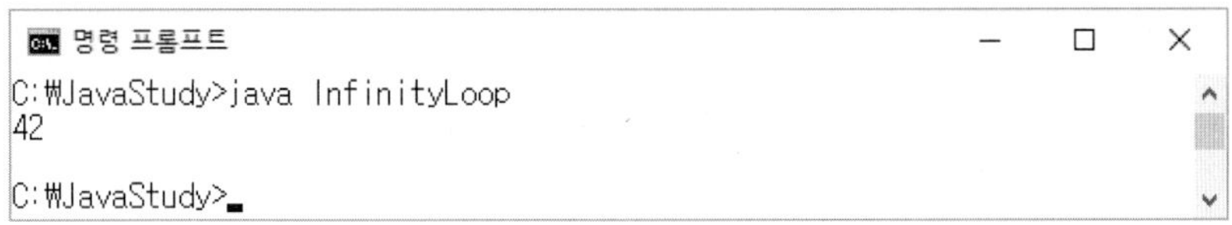

```
C:\JavaStudy>java InfinityLoop
42

C:\JavaStudy>
```

위 예제는 '6의 배수이면서 14의 배수인 가장 작은 자연수'를 찾는 예제이다. 그리고 이 자연수를 찾기 위한 '값의 범위'를 제한하지 않기 위해서 무한 루프를 형성하였다. 다시 말해서 위 예제의 무한 루프에는 다음의 의미가 담겨 있다.

"6의 배수이면서 14의 배수인 자연수를 찾을 때까지 이 반복을 계속하겠다."

문제 05-6 [continue문과 break문의 활용]

• **문제 1**

예제 ContinueBasic.java에 존재하는 while문을 for문으로 변경해보자.

• **문제 2**

자연수 1부터 시작해서 모든 홀수를 더해 나간다. 그리고 그 합이 언제(몇을 더했을 때) 1000을 넘어서는지, 그리고 1000을 넘어선 값은 얼마가 되는지 계산하여 출력하는 프로그램을 작성해 보자.

답안은 출판사 홈페이지를 통해서 제공합니다.

05-5 반복문의 중첩

이번에는 반복문 관련하여 응용을 해보려고 한다. 우리는 이미 '하나의 문장 안에 다른 문장을 삽입할 수 있음'을 알고 있다. 예를 들면 for문 안에 if문을 삽입하는 경우이다. 마찬가지로 for문 안에 while 문도, do ~ while문도 그리고 for문도 삽입할 수 있다. 이처럼 하나의 반복문 안에 다른 반복문이 삽입된 경우를 가리켜 '반복문의 중첩'이라 한다.

■ 생각해 볼 수 있는 중첩의 종류는?

반복문의 종류가 세 가지이니, 다음과 같이 총 아홉 가지 형태로 반복문의 중첩이 가능하다.

```
for(…;…;…) {
    for(…;…;…) {
        . . .
    }
}
```

```
while(…) {
    for(…;…;…) {
        . . .
    }
}
```

```
do {
    for(…;…;…) {
        . . .
    }
} while(…);
```

```
for(…;…;…) {
    while(…) {
        . . .
    }
}
```

```
while(…) {
    while(…) {
        . . .
    }
}
```

```
do {
    while(…) {
        . . .
    }
} while(…);
```

```
for(…;…;…) {
    do {
        . . .
    } while(…);
}
```

```
while(…) {
    do {
        . . .
    } while(…);
}
```

```
do {
    do {
        . . .
    } while(…);
} while(…);
```

[그림 05-13: 아홉 가지 형태의 반복문 중첩]

이 아홉 가지 중에서 한가지 구조로만 중첩을 시킬 수 있어도 나머지 구조로 얼마든지 중첩을 시킬 수 있다. 따라서 가장 흔히 사용하는 for문의 중첩, 그리고 while문의 중첩을 대상으로 '반복문의 중첩'을 진행해보겠다.

■ 많이 등장하는 for문의 중첩

활용도가 높고 또 이해하기 좋은 것이 for문의 중첩이다. 일단 다음 예제와 그 실행 결과를 분석해보자. 이 예제는 중첩된 for문의 실행 흐름을 파악할 수 있도록 작성되었다.

◈ ForInFor.java

```
class ForInFor {
    public static void main(String[] args) {
        for(int i = 0; i < 3; i++) {     // 바깥쪽 for문
            System.out.println("--------------------");
            for(int j = 0; j < 3; j++) {     // 안쪽 for문
                System.out.print("[" + i + ", " + j + "] ");
            }
            System.out.print('\n');
        }
    }
}
```

▶ 실행 결과: ForInFor.java

```
명령 프롬프트
C:\JavaStudy>java ForInFor
--------------------
[0, 0] [0, 1] [0, 2]
--------------------
[1, 0] [1, 1] [1, 2]
--------------------
[2, 0] [2, 1] [2, 2]

C:\JavaStudy>
```

중첩된 for문은 많은 설명이 필요치 않다. 적절한 예제 하나를 통해서 그 흐름을 이해하면 충분하다. 그렇다면 이러한 for문의 중첩은 어떠한 경우에 사용하면 좋을까? 가장 쉬운 예로 구구단의 출력을 들 수 있다. 구구단 전체를 출력하는 프로그램을 작성하려면 for문을 중첩해야 한다. 다음 그림을 통해서 for문을 중첩했을 때 바깥쪽 for문과 안쪽 for문이 담당하는 영역이 어떻게 되는지 관찰하자.

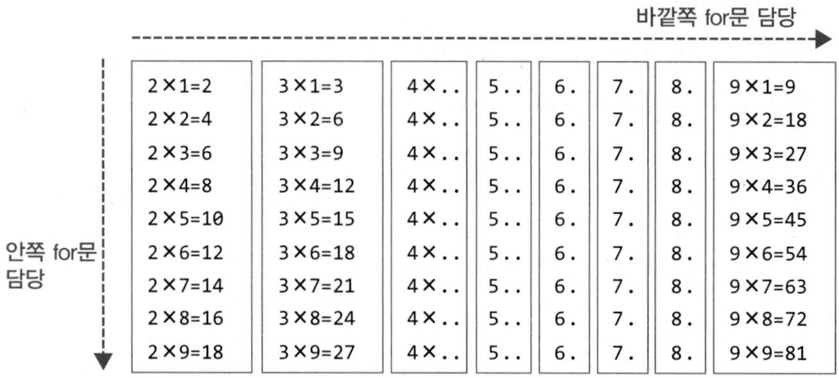

바깥쪽 for문 담당

안쪽 for문 담당

2×1=2	3×1=3	4×..	5..	6.	7.	8.	9×1=9
2×2=4	3×2=6	4×..	5..	6.	7.	8.	9×2=18
2×3=6	3×3=9	4×..	5..	6.	7.	8.	9×3=27
2×4=8	3×4=12	4×..	5..	6.	7.	8.	9×4=36
2×5=10	3×5=15	4×..	5..	6.	7.	8.	9×5=45
2×6=12	3×6=18	4×..	5..	6.	7.	8.	9×6=54
2×7=14	3×7=21	4×..	5..	6.	7.	8.	9×7=63
2×8=16	3×8=24	4×..	5..	6.	7.	8.	9×8=72
2×9=18	3×9=27	4×..	5..	6.	7.	8.	9×9=81

[그림 05-14: 구구단 출력을 위한 for문의 중첩 모델]

위 그림에서 보이듯이 각 단마다 1부터 9까지의 곱을 진행하니 이를 위한 for문이 하나 필요하다. 그리고 2단부터 9단까지 진행을 해야 하니 이를 위한 for문이 또 하나 필요하다. 결과적으로 for문을 다음 예제에서 보이는 바와 같이 중첩해야 한다.

◈ ByTimes.java

```java
class ByTimes {
    public static void main(String[] args) {
        for(int i = 2; i < 10; i++) {    // 2단부터 9단까지 진행 위한 바깥쪽 for문
            for(int j = 1; j < 10; j++)    // 1부터 9까지의 곱을 위한 안쪽 for문
                System.out.println(i + " x " + j + " = " + (i * j));
        }
    }
}
```

▶ 실행 결과: ByTimes.java

```
명령 프롬프트
9 x 3 = 27
9 x 4 = 36
9 x 5 = 45
9 x 6 = 54
9 x 7 = 63
9 x 8 = 72
9 x 9 = 81

C:\JavaStudy>
```

위 예제의 코드는 몇 줄 되지 않는다. 그럼에도 불구하고 구구단의 전체 출력이라는 일을 해내고 있다. 이것이 반복문의 중첩이 갖는 장점이다.

■ while문의 중첩

다양한 상황에서의 유연한 코드 작성을 위해 while문의 중첩도 보고자 한다. 앞서 제시한 구구단 출력 예제를 while문의 중첩으로 재 구현한 결과는 다음과 같다. 실행 결과도 동일하다.

◈ ByTimesWhile.java

```
class ByTimesWhile {
    public static void main(String[] args) {
        int i = 2;
        int j;

        while(i < 10) {
            j = 1;
            while(j < 10) {
                System.out.println(i + " x " + j + " = " + (i * j));
                j++;
            }
            i++;
        }
    }
}
```

동일한 결과를 보이는 예제임에도 불구하고 for문을 중첩해서 구현했을 때보다 코드의 구성이 복잡하다. 때문에 반복문을 중첩할 때에는 for문을 우선으로 고려하기 바란다.

■ 중첩된 반복문을 한 번에 빠져나오는 방법: 레이블을 설정하는 break문

break문이 실행되면 자신을 감싸고 있는 하나의 반복문을 빠져나갈 뿐 중첩된 반복문 전부를 빠져나가지는 못한다. 따라서 다음과 같은 목적의 예제 작성에 문제가 될 수 있다.

"구구단에서 곱의 결과가 72인 결과를 딱 하나만 보여라."

◈ BreakPoint.java

```
class BreakPoint {
    public static void main(String[] args) {
        for(int i = 1; i < 10; i++) {
            for(int j = 1; j < 10; j++) {
                if((i * j) == 72) {
                    System.out.println(i + " x " + j + " = " + i*j);
                    break;
                }
            }
        }
    }
}
```

▶ 실행 결과: BreakPoint.java

```
명령 프롬프트
C:₩JavaStudy>java BreakPoint
8 x 9 = 72
9 x 8 = 72

C:₩JavaStudy>
```

위의 예제에서는 곱의 결과가 72일 때 break문을 실행한다. 그러나 탈출하는 것은 안쪽 for문이다. 즉 바깥쪽 for문은 계속 실행이 된다. 그래서 실행 결과에서 보이듯이 8과 9의 곱에서 끝나지 않고 9와 8의 곱까지 출력되었다. 그렇다면 바깥쪽 for문까지 탈출하려면 어떻게 해야 할까? 다음 예제에서 보이듯이 레이블을 이용해서 빠져나갈 위치를 명시해 주면 된다.

◈ LabeledBreakPoint.java

```
class LabeledBreakPoint {
    public static void main(String[] args) {
outer: for(int i = 1; i < 10; i++) {    // 바깥쪽 for문에 레이블 outer 명시!
            for(int j = 1; j < 10; j++) {
                if((i * j) == 72) {
                    System.out.println(i + " x " + j + " = " + i*j);
                    break outer;    // outer로 명시된 반복문까지 빠져나간다.
                }
            }
        }
```

```
    }
}
```

▶ 실행 결과: LabeledBreakPoint.java

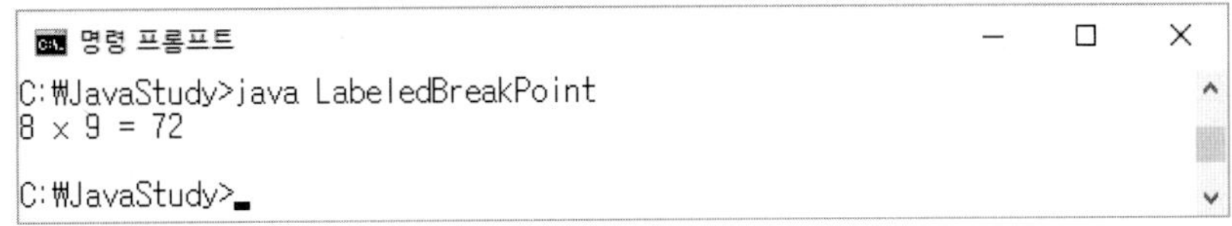
명령 프롬프트
C:₩JavaStudy>java LabeledBreakPoint
8 x 9 = 72
C:₩JavaStudy>

처음 레이블을 접한 것이 switch문에서였다. 당시의 레이블과 마찬가지로 break문에서 사용되는 레이블도 위치의 지정이 목적이다. 따라서 들여쓰기에 상관없이 잘 보이는 위치에 놓아두면 된다.

문제 05-7 [반복문 중첩의 활용]

• 문제 1

구구단의 짝수 단인 2, 4, 6, 8단만 출력하는 프로그램을 작성하되 2단은 2×2까지, 4단은 4×4까지, 6단은 6×6까지, 8단은 8×8까지 출력하도록 작성하자.

• 문제 2

다음 식을 만족하는 모든 A와 B의 조합을 구하는 프로그램을 작성하자.

```
  A B
+ B A
-----
  9 9
```

답안은 출판사 홈페이지를 통해서 제공합니다.

Chapter 06

메소드와 변수의 스코프

처음에는 메소드(Method)라는 단어가 난해하게 느껴질 수 있다. 그러나 메소드가 갖는 특성을 이해하면 친숙하게 느낄 수 있다. 본 Chapter에서는 메소드를 이해하고 메소드를 만들어 보고자 한다.

06-1 메소드에 대한 이해와 메소드의 정의

지금까지 예제를 작성할 때마다 main이라는 이름의 메소드 내에 실행할 내용을 담아 두었다. 이러한 main 메소드의 실행 원리만 이해하더라도 메소드의 기본 성질을 파악할 수 있다. 따라서 main에 대한 관찰에서부터 이야기를 시작하고자 한다.

■ main 메소드에 대해서 우리가 아는 것과 모르는 것

앞서 [그림 01-30]를 통해서 main이 메소드이고 이 메소드는 클래스의 내부에 존재해야 함을 간단히 보였다. 따라서 다음 메소드를 보면서 우리가 아는 것과 모르는 것들을 정리해 보겠다.

```
public static void main(String[] args) {
    int num1 = 5;
    int num2 = 7;
    System.out.println("5 + 7 = " + (num1 + num2));
}
```

아는 것은 다음 두 가지 정도로 정리가 된다.

- 메소드의 이름은 main이다.
- 메소드의 중괄호 내에 존재하는 문장들이 위에서 아래로 순차적으로 실행된다.

모르는 것들은 다음과 같다.

- public, static 그리고 void가 왜 붙어있고 의미하는 바가 무엇인가?
- 이름은 왜 항상 main이어야 하는가?
- 메소드의 이름 오른편에 있는 소괄호와 그 안에 위치한 String[] args는 무엇인가?

이번 Chapter에서도 public과 static에 대해서는 설명하지 않는다. 이들에 대해서는 적절한 시기에 설명을 할 테니 당분간은 '그냥 붙여줘야 하는 키워드' 정도로 기억하자. 아쉽지만 말이다.

■ 다른 이름의 메소드를 만들어 보자.

지금까지 만들어온 메소드의 이름이 항상 main인 이유는 다음 약속에 근거한다. 즉 main이라고 이름을 붙이는 이유는 일종의 약속이다.

> "자바 프로그램은 main이라는 이름의 메소드에서부터 시작을 한다."

따라서 추가로 만들게 될(정의하게 될) 메소드의 이름은 다음과 같이 직접 결정하면 된다.

```
public static void hiEveryone(int age) {
    System.out.println("좋은 아침입니다.");
    System.out.println("제 나이는 " + age + "세 입니다.");
}
```

위의 코드 내용을 가리켜 '메소드 정의'라 한다. 즉 위의 코드는 '메소드 hiEveryone의 정의'이다. 그럼 메소드 hiEveryone의 오른편에 위치한 소괄호를 보자. 이곳에 변수 age의 선언이 위치해 있다. 이 변수가 언제 어떻게 활용되는지 다음 예제를 통해서 확인해보자. 더불어 위에 정의된 메소드를 어떻게 실행하는지(호출하는지) 더불어 확인하자.

◈ MethodDef.java

```
class MethodDef {
    public static void main(String[] args) {
        System.out.println("프로그램의 시작");
        hiEveryone(12);     // 12를 전달하며 hiEveryone 호출
        hiEveryone(13);     // 13을 전달하며 hiEveryone 호출
        System.out.println("프로그램의 끝");
    }

    public static void hiEveryone(int age) {
```

```
            System.out.println("좋은 아침입니다.");
            System.out.println("제 나이는 " + age + "세 입니다.");
        }
}
```

▶ 실행 결과: MethodDef.java

```
명령 프롬프트
C:\JavaStudy>java MethodDef
프로그램의 시작
좋은 아침입니다.
제 나이는 12세 입니다.
좋은 아침입니다.
제 나이는 13세 입니다.
프로그램의 끝

C:\JavaStudy>
```

위 예제에 다음 문장이 존재한다. 이것이 메소드 hiEveryone의 실행을 명령하는 문장이다. 이렇듯 메소드의 실행을 명령하는 문장을 가리켜 '메소드 호출문'이라 한다.

```
hiEveryone(12);    // 메소드 hiEveryone를 호출하는 문장
```

위 문장에서 보면 소괄호 안에 정수 12를 넣었는데, 이는 메소드 hiEveryone에 전달할 값을 표시한 것이다. 즉 숫자 12를 전달하면서 메소드의 호출을 명령하는 것이다.

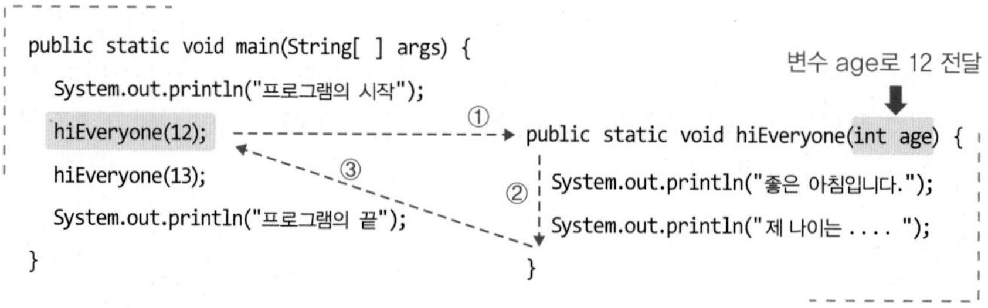

```
public static void main(String[ ] args) {
    System.out.println("프로그램의 시작");
    hiEveryone(12);   ① ---->   public static void hiEveryone(int age) {
    hiEveryone(13);   ③              ② System.out.println("좋은 아침입니다.");
    System.out.println("프로그램의 끝");    System.out.println("제 나이는 . . . . ");
}                                  }
```

변수 age로 12 전달

[그림 06-1 : 메소드의 호출과 값의 전달]

위 그림에서 보이듯이 메소드를 호출할 때 전달한 숫자 12는 hiEveryone의 오른편 소괄호에 선언된 변수 age에 전달된다. 이렇듯 메소드 호출 시 전달되는 값을 받기 위해 선언된 변수를 가리켜 '매개변수'라 하며, 이러한 변수는 다음의 특징을 지닌다.

- 메소드 호출 시 선언되어, 전달되는 값을 저장한다.
- 매개변수가 선언된 메소드 내에서만 유효한 변수이다.

그리고 예제에서 보이듯이, 정의된 메소드는 여러 번 호출 가능하며 메소드의 정의 위치는 프로그램에 영향을 미치지 않는다. 즉 main 메소드가 hiEveryone 메소드보다 먼저 등장하건 나중에 등장하건 아무런 차이가 없다. 그럼 예제를 하나 더 제시하겠다. 이번에는 매개변수가 두 개인 메소드를, 그리고 매개변수가 존재하지 않는 메소드를 정의해 보겠다.

◈ Method2Param.java

```
class Method2Param {
    public static void main(String[] args) {
        double myHeight = 175.9;
        hiEveryone(12, 12.5);    // 인자 12와 12.5의 전달
        hiEveryone(13, myHeight);     // 인자 13과 변수 myHeight에 저장된 값 전달
        byEveryone();    // 전달하는 인자 없음
    }

    public static void hiEveryone(int age, double height) {
        System.out.println("제 나이는 " + age + "세 입니다.");
        System.out.println("저의 키는 " + height + "cm 입니다.");
    }

    public static void byEveryone() {
        System.out.println("다음에 뵙겠습니다.");
    }
}
```

▶ 실행 결과: Method2Param.java

```
명령 프롬프트
C:\JavaStudy>java Method2Param
제 나이는 12세 입니다.
저의 키는 12.5cm 입니다.
제 나이는 13세 입니다.
저의 키는 175.9cm 입니다.
다음에 뵙겠습니다.

C:\JavaStudy>_
```

위 예제에 정의된 다음 메소드를 보자. 이 메소드 정의는 매개변수의 선언이 둘 이상이 될 수 있음을 보인다.

```
public static void hiEveryone(int age, double height) { .... }
```

물론 위 메소드를 호출할 때에는 다음과 같이 매개변수의 수와 자료형이 일치하는 값을 전달해야 한다.

```
hiEveryone(12, 12.5);
hiEveryone(13, myHeight);     // 13과 myHeight에 저장된 값 전달
```

그리고 다음과 같이 값의 전달이 불필요한 경우에는 메소드의 매개변수 선언을 생략할 수 있다.

```
public static void byEveryone() { .... }
```

물론 위 메소드를 호출할 때에는 다음과 같이 전달하는 값이 없어야 한다.

```
byEveryone();
```

문제 06-1 [메소드의 정의]

• 문제 1

정수 둘을 인자로 전달받아서 두 수의 사칙연산 결과를 출력하는 메소드와 이 메소드를 호출하는 main 메소드를 정의해 보자. 단 나눗셈은 몫과 나머지를 각각 출력해야 한다.

• 문제 2

정수 둘을 인자로 전달받아서, 두 수의 '차의 절대값'을 계산하여 출력하는 메소드와 이 메소드를 호출하는 main 메소드를 정의해 보자. 단 메소드 호출 시 전달되는 값의 순서에 상관없이 절대값이 계산되고 출력되어야 한다.

답안은 출판사 홈페이지를 통해서 제공합니다.

■ 값을 반환하는 메소드

지금까지 메소드 호출 시 값을 전달할 수 있음을 보였다. 그러나 반대로, 메소드 내에서 메소드를 호출한 영역으로 값을 전달할 수도 있다. 그리고 이러한 상황을 가리켜 '값의 반환'이라 하는데, 다음 예제를 통해서 이 상황을 보이겠다.

◈ MethodReturns.java

```
class MethodReturns {
    public static void main(String[] args) {
        int result;
        result = adder(4, 5);    // adder가 반환하는 값을 result에 저장
        System.out.println("4 + 5 = " + result);
        System.out.println("3.5 x 3.5 = " + square(3.5));
    }

    public static int adder(int num1, int num2) {
        int addResult = num1 + num2;
        return addResult;    // addResult의 값을 반환
    }

    public static double square(double num) {
        return num * num;    // num * num의 결과를 반환
    }
}
```

▶ 실행 결과: MethodReturns.java

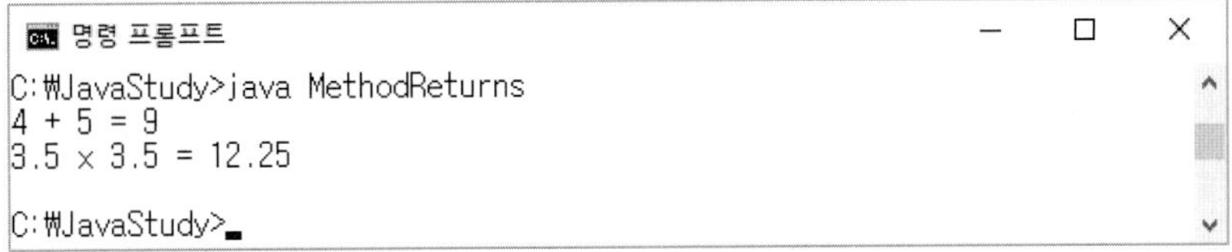
명령 프롬프트
C:\JavaStudy>java MethodReturns
4 + 5 = 9
3.5 x 3.5 = 12.25
C:\JavaStudy>

먼저 main 메소드를 보자. main이라는 이름 왼편에 void라는 키워드가 존재하는데 이는 다음의 의미를 지닌다.

"이 메소드는 값을 반환하지 않는다."

이렇듯 메소드의 이름 왼편에는 '메소드가 반환하는 값의 자료형 정보'를 삽입하게 되어 있다. 그리고 우리가 지금까지 정의한 모든 메소드들은 값을 반환하지 않았기 때문에 이곳에 항상 void가 위치하였다. 이번에는 예제의 adder와 square를 보자. 메소드의 이름 왼편에 각각 int와 double이 위치하고 있는데, 이들 각각이 의미하는 바는 다음과 같다.

"adder 메소드는 int형 값을 반환합니다."

"square 메소드는 double형 값을 반환합니다."

그렇다면 값의 반환을 명령하는 문장은 어떻게 구성하는 것일까? 이에 대한 이해를 위해서 adder 메소드를 조금 더 자세히 관찰해 보겠다.

```
             반환형
public static int adder(int num1, int num2) {
    int addResult = num1 + num2;
    return addResult;
    값의 반환을 명령
}
```

[그림 06-2: 값의 반환과 return문]

위 그림에서는 adder 메소드의 두 군데를 강조하고 있다. 하나는 메소드의 이름 왼편에 존재하는 반환형(반환하는 값의 자료형)이고, 다른 하나는 메소드 내에 존재하는 return이라는 키워드이다. 그런데 이 return은 값의 반환을 명령하는 키워드이다. 즉 그림의 return문이 갖는 의미는 다음과 같다.

"값을 반환해라. addResult에 저장된 값을 반환해라."

이렇듯 return은 그 오른 편에 등장하는 값을 반환하는데, 이곳에는 값뿐만 아니라 예제에서 보이듯이 연산이 올 수 있으며, 이러한 경우에는 연산이 진행되어 그 결과를 반환하게 된다. 따라서 위 예제 4행은 메소드 호출 이후에 값이 반환되어 다음과 같은 문장 구성을 이루게 된다.

```
result = adder(4, 5);
    → result = 9;      // 값이 반환된 이후의 상태
```

마찬가지로 예제의 6행도 메소드 호출 이후 값이 반환되어 다음과 같은 문장 구성을 이루게 된다.

```
System.out.println("3.5 x 3.5 = " + square(3.5));
    → System.out.println("3.5 x 3.5 = " + 12.25);      // 값이 반환된 이후의 상태
```

■ 키워드 return이 지니는 두 가지 의미

return문이 실행되면 메소드가 종료되면서 값이 반환된다. 즉 키워드 return이 갖는 의미 두 가지는 다음과 같다.

- 메소드를 호출한 영역으로 값을 반환
- 메소드의 종료

따라서 메소드 중간에서 return문이 실행되면 값이 반환되면서 메소드의 실행은 종료가 된다. 그리고 다음 예제에서 보이듯이 반환형이 void로 선언된 메소드 내에서도 값의 반환이 아닌 메소드의 종료를 목적으로 return문을 쓸 수 있다.

◈ OnlyExitReturn.java

```
class OnlyExitReturn {
    public static void main(String[] args) {
        divide(4, 2);
        divide(6, 2);
        divide(9, 0);
    }

    public static void divide(int num1, int num2) {
        if(num2 == 0) {
            System.out.println("0으로 나눌 수 없습니다.");
            return;     // 값의 반환 없이 메소드만 종료
        }
        System.out.println("나눗셈 결과: " + (num1 / num2));
    }
}
```

▶ 실행 결과: OnlyExitReturn.java

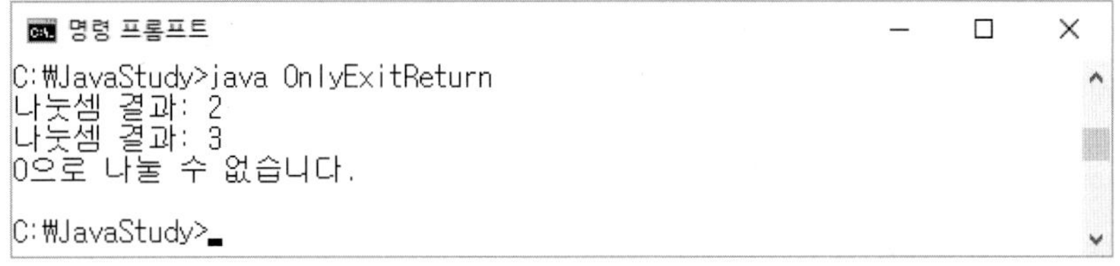

명령 프롬프트
C:₩JavaStudy>java OnlyExitReturn
나눗셈 결과: 2
나눗셈 결과: 3
0으로 나눌 수 없습니다.
C:₩JavaStudy>

문제 06-2 [값을 반환하는 메소드의 정의]

• 문제 1

인자로 원의 반지름 정보를 전달하면, 원의 넓이를 계산해서 반환하는 메소드와 원의 둘레를 계산해서 반환하는 메소드를 각각 정의하고, 이 둘을 호출하는 main 메소드를 정의하자.

• **문제 2**

전달된 값이 소수(Prime Number)인지 아닌지를 판단하여 소수인 경우 true를, 소수가 아닌 경우 false를 반환하는 메소드를 정의하고, 이 메소드의 호출 결과를 기반으로 1 이상 100 이하의 소수를 전부 출력하는 main 메소드를 정의하자.

답안은 출판사 홈페이지를 통해서 제공합니다.

06-2 변수의 스코프

변수의 스코프(Scope)란 임의의 변수에 대한 '변수의 접근 가능 영역' 또는 '변수가 소멸되지 않고 존재할 수 있는 영역'을 의미한다.

■ 가시성(Visibility): 여기서는 저 변수가 보여요.

지금까지 중괄호 {...} 가 사용되었던 때를 정리해 보면 다음과 같다.

- if문 또는 if ~ else문에서 사용되었다.
- 다양한 반복문과 switch문에서 사용되었다.
- 메소드의 몸체 부분을 감싸는 용도로 사용되었다.

이처럼 중괄호는 다양한 경우에 사용된다. 그런데 이렇듯 중괄호로 특정 영역을 감싸면, 해당 영역은 변수에 관한 별도의 스코프를 형성하게 된다. 예를 들어서 다음과 같이 중괄호 내에 변수 num이 선언되면,

```
if(...) {
    int num = 5;    // 지금부터 닫는 중괄호 내에서만 변수 num 접근 가능
    ....
}
```

이 변수 num은 중괄호 내에서만 접근이 가능하며, 중괄호를 벗어나는 순간 소멸되어 접근이 불가능한 변수가 된다. 그럼 이에 대한 내용을 예제를 통해서 살펴보겠다.

◈ LocalVariable.java

```
1.  class LocalVariable {
2.      public static void main(String[] args) {
3.          boolean ste = true;
4.          int num1 = 11;
5.  
6.          if(ste) {
7.          // int num1 = 22;   // 주석 해제하면 컴파일 오류 발생
8.              num1++;
9.              System.out.println(num1);
10.         }
11. 
12.         {
13.             int num2 = 33;
14.             num2++;
15.             System.out.println(num2);
16.         }
17. 
18.     // System.out.println(num2);   // 주석 해제하면 컴파일 오류 발생
19.     }
20. }
```

▶ 실행 결과: LocalVariable.java

```
명령 프롬프트
C:\JavaStudy>java LocalVariable
12
34

C:\JavaStudy>
```

예제의 4행에 변수 num1이 선언되었다.

```
int num1 = 11;     // 예제 4행의 변수 선언
```

이 변수를 감싸는 것은 main 메소드의 중괄호이다. 따라서 이 변수는 선언된 이후로 main 메소드 내에서만 접근 가능하다. 혹 main 메소드 내에서 중괄호를 이용해 별도의 영역을 형성해도 마찬가지이다. 즉 8행과 9행에서 접근하는 변수 num1은 4행에서 선언한 변수이다.
반면 main 메소드 내에서는 이후로 num1이라는 이름의 변수를 추가로 선언하지 못한다. 때문에 위 예제 7행의 주석을 해제하면 컴파일 오류가 발생한다. 중괄호를 이용해서 별도의 영역을 형성하더라도 그 영역이 main 메소드 내라면 num1이라는 이름의 변수는 선언할 수 없다. 이제 12 ~ 16행을 관찰하자.

```
{
    int num2 = 33;
    num2++;
    System.out.println(num2);
}
```

이처럼 원하면 언제든지 중괄호를 이용해서 별도의 영역을 형성할 수 있다. 물론 위의 영역에 선언된 변수 num2는 위의 영역에서만 접근 가능하다. 따라서 예제 18행의 주석을 해제하면 컴파일 오류가 발생한다. 그리고 중괄호 내부에 선언된 변수는 아니지만 for문의 초기화 부분에 선언된 변수와 메소드의 매개변수도 해당 영역에서만 유효한 변수이다. 즉 다음 for문에 선언된 변수 num은 for문 내에서만 유효하고 접근 가능한 변수이다.

```
for(int num = 1; num < 5; num++) {
    // 변수 num의 접근 가능 영역, 추가로 변수 num 선언 불가
}
```

마찬가지로 다음 매개변수 num 역시 해당 메소드 내에서만 유효하고 접근 가능한 변수이다.

```
public static void myFunc(int num) {
    // 변수 num의 접근 가능 영역, 추가로 변수 num 선언 불가
}
```

지금까지 설명한 중괄호 내에 선언된 변수들을 가리켜 '지역변수(Local Variable)'라 한다. 그리고 for문의 초기화 부분에 선언되는 변수와 매개변수까지도 지역변수의 범주에 포함된다. 그런데 이러한 지역변수들이 갖는 중요한 특징이 하나 있다.

"지역변수는 선언된 지역을 벗어나면 메모리 공간에서 소멸됩니다."

즉 선언된 지역을 벗어나면 단순히 접근만 불가능해지는 것이 아니라 메모리상에서 삭제가 되는 것이다.

06-3 메소드의 재귀 호출

자바는 메소드의 '재귀적 호출'을 지원한다. 따라서 이에 대해 설명할 텐데, 이 내용이 부담된다면 본서를 조금 더 공부하다가 접근을 해도 괜찮다. 메소드의 재귀적 호출은 자료구조와 알고리즘의 구현에 유용한 문법이므로 조금 천천히 이해해도 괜찮다.

■ 수학적 측면에서의 재귀적인 사고

컴퓨터 공학 분야에서는 해결하기 어려운 문제들이 자주 등장한다. 그러나 자료구조와 알고리즘이라는 학문을 통해서 이러한 문제들의 접근 및 해결 방법을 공부할 수 있다. 그리고 이 두 학문에서 빠질 수 없는 개념 중 하나가 바로 '재귀(Recursion)'이다. 재귀 또는 재귀적 사고는 어려운 문제의 해결에 쉽게 접근하는 열쇠가 된다. 따라서 이번에는 재귀와 관련된 재귀 메소드의 정의 방법에 대해서 설명하고자 한다.
고등학교 수학에서 접하는 팩토리얼(Factorial)은 기호 !으로 표현하며 계산 방식은 다음과 같다.

$5! = 5 \times 4 \times 3 \times 2 \times 1$

$4! = 4 \times 3 \times 2 \times 1$

$3! = 3 \times 2 \times 1$

$2! = 2 \times 1$

$1! = 1$

때문에 위의 팩토리얼의 계산식은 다음과 같이 쓸 수 있다.

$5! = 5 \times 4!$

$4! = 4 \times 3!$

$3! = 3 \times 2!$

$2! = 2 \times 1!$

$1! = 1$

위의 식에서 재귀(순환)를 발견할 수 있다. 팩토리얼의 계산식에 다시 팩토리얼이 등장한 이 상황이 바로 '재귀'이기 때문이다. 그럼 이를 수학의 함수식으로 정의해 보겠다.

함수 f의 실행

$$f(n) = \begin{cases} n \times f(n-1) & n \geq 2 \\ 1 & n = 1 \end{cases}$$

함수 f의 정의

[그림 06-3: 팩토리얼의 수학 함수식]

위의 식은 팩토리얼에 대한 수학 함수식이다. (이해의 편의를 위해서 0 이상이 아닌 1 이상에 대해서 식을 정의하였다). 그런데 여기서도 보이듯이 함수 f의 정의에 함수 f의 실행문이 삽입되어 있다. 즉 함수 f가 재귀적으로 정의되었으며 이는 수학적으로 문제가 되지 않는다. 마찬가지로 자바는 메소드의 재귀를 지원한다. 즉 메소드 f의 몸체 부분에(중괄호 내부에) 메소드 f의 호출문을 삽입할 수 있다.

■ 재귀적 메소드의 정의

[그림 06-3]의 수학식을 메소드로 정의해 보겠다. 참고로 아직 재귀 메소드를 정의해본 경험은 없지만 [그림 06-3]을 힌트로 하여 직접 정의해보는 것은 좋은 시도가 될 수 있다.

◈ ReculFactorial.java

```
class ReculFactorial {
    public static void main(String[] args) {
        System.out.println("3 factorial: " + factorial(3));
        System.out.println("12 factorial: " + factorial(12));
    }

    public static int factorial(int n) {
        if(n == 1)
            return 1;
        else
            return n * factorial(n-1);
    }
}
```

▶ 실행 결과: RecuIFactorial.java

```
명령 프롬프트
C:\JavaStudy>java RecuIFactorial
3 factorial: 6
12 factorial: 479001600

C:\JavaStudy>_
```

[그림 06-3]의 수학식과 이를 근거로 예제에서 정의한 factorial 메소드의 관계를 정리하면 다음과 같다.

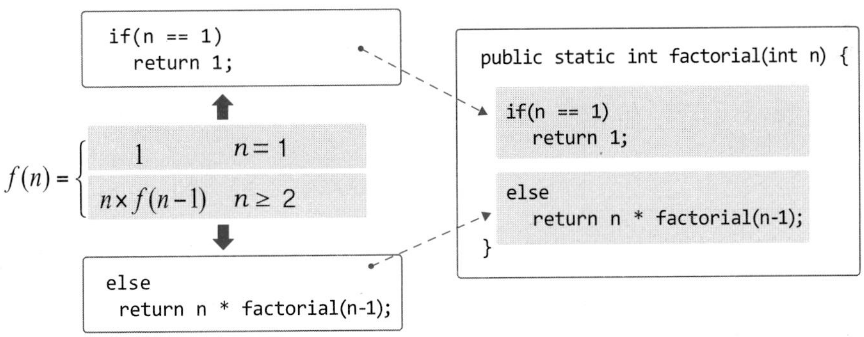

[그림 06-4: 팩토리얼에 대한 재귀 메소드의 정의]

그리고 factorial 메소드가 다음과 같이 호출되었을 때,

```
factorial(3);      // 예제 3행에서 있었던 메소드의 호출
```

호출된 메소드의 동작 과정을 정리한 결과는 다음과 같다. 이 그림에서 보여주는 실행의 순서와 전달 및 반환되는 값을 관찰하여 재귀 메소드의 동작 방식을 완전히 이해하기 바란다.

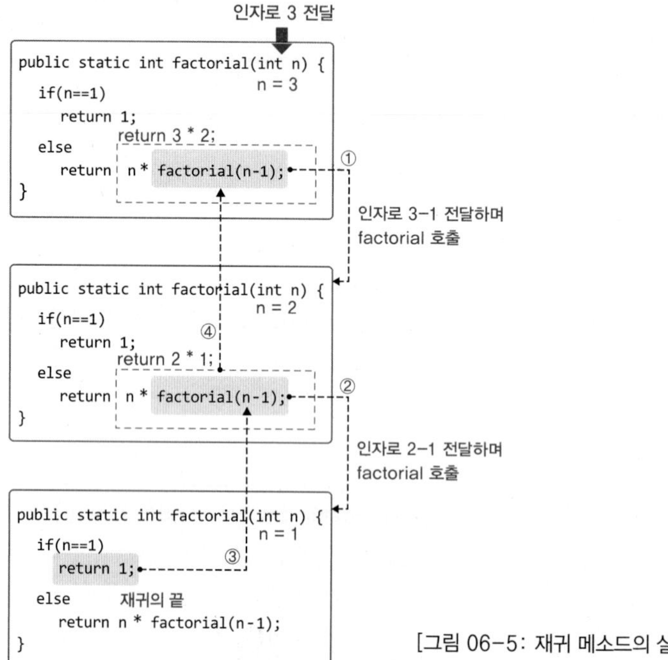

[그림 06-5: 재귀 메소드의 실행 과정]

위 그림을 보면서 다음과 같은 궁금함을 가질 수 있다.

"아직 실행이 완료되지 않은 메소드를 어떻게 다시 호출할 수 있을까?"

메소드가 호출되면 해당 메소드의 복사본이 생성되어 실행된다고 생각하자. 즉 factorial이 호출되면 이 메소드의 바이트 코드 복사본이 만들어져서 실행이 되고, 그 안에서 factorial이 다시 호출되면 또 하나의 복사본이 만들어져 실행되는 것이다. 즉 위 그림에서는 총 세 개의 factorial 메소드 복사본이 생성되어 재귀적으로 메소드 호출이 이루어졌다.

참고 **바이트 코드 복사본**

위에서 설명한 것처럼 메소드 호출 시 해당 메소드의 바이트 코드 전체에 대한 복사본이 만들어지는 것은 아니다. 그러나 메모리 공간에 저장된 메소드의 바이트 코드가 부분적으로 복사가 되어(이동을 하여) 실행이 되는 것은 사실이므로, 재귀 메소드의 호출을 이해하는 과정에서는 메소드의 복사본이 생성되는 것으로 이해를 해도 괜찮다.

■ 잘못된 재귀 메소드의 정의: 종료 조건이 없어요!

이번에는 잘못 정의된 재귀 메소드를 통해서 주의할 점을 살펴보겠다. 다음 예제를 관찰하고 실행해 보자. 그리고 이 예제의 문제점을 찾아보자.

◈ InfRecul.java

```
class InfRecul {
    public static void main(String[] args) {
        showHi(3);
    }

    public static void showHi(int cnt) {
        System.out.println("Hi~ ");
        if(cnt == 1)
            return;
        showHi(cnt--);
    }
}
```

위 예제는 실행하면 스스로 종료되지 않는다. (Ctrl + C를 입력하면 종료할 수 있다.) 그리고 이러한 문제가 발생한 이유는 메소드의 재귀 고리가 끊어지지 않는데 있다. 재귀의 고리가 끊어지려면 다음 if문의 조건이 true가 되어야 한다.

```
if(cnt == 1)
    return;
```

그런데 showHi 메소드를 다음과 같이 호출하기 때문에 위의 조건은 true가 될 수 없다.

```
showHi(cnt--);     // cnt의 값이 전달된 다음에 cnt의 값이 감소한다.
```

값을 하나 감소시키는 -- 연산자가 cnt의 오른편에 붙은 관계로, showHi 메소드에 3이 전달되었다면 이 값은 재귀 호출이 이뤄지는 동안 줄지 않고 유지된다. 그렇다면 이 문제를 어떻게 해결해야 하겠는가? 해당 문장을 다음 두 문장 중 하나로 수정하면 된다.

```
showHi(--cnt);     or     showHi(cnt - 1);
```

문제 06-3 [재귀 메소드의 정의]

• **문제 1**

인자로 정수 n을 전달받아서 2의 n승을 계산하여 반환하는 메소드를 재귀의 형태로 정의하고, 이를 호출하는 main 메소드를 정의해보자.

• **문제 2**

인자로 십진수 정수를 전달받아서 이에 해당하는 이진수 표현을 출력하는 메소드를 재귀의 형태로 정의하고, 이를 호출하는 main 메소드를 정의해보자.

답안은 출판사 홈페이지를 통해서 제공합니다.

Chapter 07

클래스와 인스턴스

07-1. 클래스의 정의와 인스턴스의 생성
- 클래스(Class) = 데이터(Data) + 메소드(Method)
- 클래스의 구성과 인스턴스화
- 참조변수(Reference Variable)의 특성
- 참조변수(Reference Variable)의 매개변수 선언
- 참조변수에 null 대입

07-2. 생성자(Constructor)와 String 클래스의 소개
- String 클래스에 대한 첫 소개
- 인스턴스를 구분할 수 있는 유일한 정보를 갖게 하자.
- 생성자(Constructor)
- 디폴트 생성자(Default Constructor)

07-3. 자바의 이름 규칙(Naming Rule)
- 클래스의 이름 규칙
- 메소드와 변수의 이름 규칙
- 상수의 이름 규칙

지금까지는 메소드 중심으로 코드를 작성하였다. 그러나 자바는 객체지향 언어로써 클래스라는 것을 중심으로 코드를 작성해야 한다. 따라서 본 Chapter에서는 클래스를 소개하고 클래스를 정의하는 방법에 대해서 설명하고자 한다.

07-1 클래스의 정의와 인스턴스의 생성

클래스에 대한 지나치게 학문적인 접근은 오히려 처음 객체지향 언어를 공부하는 학습자에게 부담이 될 수 있다. 따라서 쉬운 접근을 통해서 클래스에 대한 첫 이해를 돕고자 한다.

■ 클래스(Class) = 데이터(Data) + 메소드(Method)

작성된 프로그램의 코드를 관찰해보면 종류에 상관없이 모든 프로그램은 다음 두 가지로 이뤄진다는 사실을 알 수 있다.

- 데이터　　프로그램상에서 유지하고 관리해야 할 데이터
- 기 능　　데이터를 처리하고 조작하는 기능

이 중에서 데이터는 '변수의 선언'을 통해 유지 및 관리가 되고, 또 변수에 저장된 데이터는 '메소드의 호출'을 통해 처리가 된다. 이와 관련해서 다음 예제를 보자. 참고로 이 예제는 은행 계좌를 간단히 표현한 것이다.

◈ BankAccountPO.java

```
class BankAccountPO {
    static int balance = 0;    // 예금 잔액

```

```
4.      public static void main(String[] args) {
5.          deposit(10000);     // 입금 진행
6.          checkMyBalance();     // 잔액 확인
7.          withdraw(3000);     // 출금 진행
8.          checkMyBalance();     // 잔액 확인
9.      }
10.
11.     public static int deposit(int amount) {    // 입금을 담당하는 메소드
12.         balance += amount;
13.         return balance;
14.     }
15.     public static int withdraw(int amount) {    // 출금을 담당하는 메소드
16.         balance -= amount;
17.         return balance;
18.     }
19.     public static int checkMyBalance() {    // 예금 조회를 담당하는 메소드
20.         System.out.println("잔액 : " + balance);
21.         return balance;
22.     }
23. }
```

▶ 실행 결과: BankAccountPO.java

```
명령 프롬프트
C:₩JavaStudy>java BankAccountPO
잔액 : 10000
잔액 : 7000

C:₩JavaStudy>
```

위 예제는 다음 위치에 변수를 선언하였다. 이 변수에 붙어있는 static 선언의 의미는 이후에 별도로 설명을 하니 지금은 신경 쓰지 말자.

```
class BankAccountPO {
    static int balance = 0;     // 예금 잔액
    ....
```

그리고 메소드 deposit, withdraw, checkMyBalance 내에서 접근하는 변수 balance는 2행에 선언된 바로 이 변수이다. 이러한 선언 및 접근 관계에 대해서도 이후에 설명하니 지금은 이러한 접근 관계를 단순히 받아들여서 실행 결과와 코드를 연결 짓는 정도만 하자. 위 예제를 제시한 목적은 다음

두 가지 내용으로 프로그램이 이뤄진다는 것을 보이는데 있으니 말이다.

- 데이터 변수 balance는 프로그램상에서의 '데이터'이다.
- 기 능 메소드 deposit, withdraw, checkMyBalance는 프로그램상에서의 '기능'이다.

더불어 다음 내용의 관찰도 위 예제를 제시한 목적에 포함된다.

"변수 balance는 메소드 deposit, withdraw, checkMyBalance와 긴밀히 연관되어 있다."

긴밀히 연관되어(연결되어) 있다는 것은 다음 내용을 뜻한다.

"메소드 deposit, withdraw, checkMyBalance는 변수 balance를 위한 메소드이다."

쉽게 말해서 메소드 deposit은 변수 balance와 뗄 수 없는 관계이다. (나머지 두 메소드도 마찬가지이다.) 그래서 이렇듯 연관 있는 변수와 메소드를 묶기 위해 '클래스'라는 것이 존재한다. 클래스를 이용하면 다음과 같이 변수 balance 그리고 이와 연관 있는 모든 메소드를 하나로 묶을 수 있다.

```
class BankAccount {
    int balance = 0;     // 예금 잔액
    public int deposit(int amount) {     // balance와 연관 있는 메소드
        balance += amount;
        return balance;
    }
    public int withdraw(int amount) {     // balance와 연관 있는 메소드
        balance -= amount;
        return balance;
    }
    public int checkMyBalance() {     // balance와 연관 있는 메소드
        System.out.println("잔액 : " + balance);
        return balance;
    }
}
```

위의 코드를 가리켜 '클래스 정의'라 한다. 즉 이는 BankAccount 클래스의 정의이다. 그럼 이어서 이러한 클래스의 정의가 어떻게 사용이 되는지 설명하겠다.

■ 클래스의 구성과 인스턴스화

위에서 정의한 클래스 BankAccount의 정의를 큰 틀에서 보면 다음과 같다. (인스턴스 변수와 인스턴스 메소드의 묶음이다.)

```
class BankAccount {
    // 인스턴스 변수
    int balance = 0;

    // 인스턴스 메소드
    public int deposit(int amount) {...}
    public int withdraw(int amount) {...}
    public int checkMyBalance() {...}
}
```

위와 같이 클래스 내에 위치한 변수와 메소드를 가리켜 각각 다음과 같이 부른다.

- 인스턴스 변수 클래스 내에 선언된 변수
- 인스턴스 메소드 클래스 내에 정의된 메소드

인스턴스 변수는 앞서 Chapter 06에서 설명한 '지역변수'가 아니다. 인스턴스 변수가 선언된 위치는 메소드 내부가 아니므로 이 둘은 성격이 다르다. 이러한 인스턴스 변수의 중요한 특징 중 하나는 다음과 같다.

"인스턴스 변수는 같은 클래스 내에 위치한 메소드 내에서 접근이 가능하다."

때문에 앞서 정의한 클래스에 다음과 같은 메소드를 정의할 수 있었다.

```
class BankAccount {
    int balance = 0;
    public int deposit(int amount) {
        balance += amount;     // 인스턴스 변수 balance의 값 증가
        return balance;     // 인스턴스 변수 balance의 값 반환
    }
    ....
}
```

참 고 필드(Fields)

'인스턴스 변수'는 다음과 같이 불리기도 한다.

- 멤버 변수
- 필드(Fields)

이 중에서 '필드'라는 표현은 생소할 수 있다. 하지만 이것도 '인스턴스 변수'의 다른 표현임을 기억하자.

클래스를 정의하였으니 이를 활용하는 예제를 제시할 차례인데, 그에 앞서 클래스 정의의 본질을 설명하고자 한다.

"클래스의 정의는 틀(Mold)을 구성하는 것과 같다."

클래스의 정의는 붕어빵과 같이 무언가를 찍어내는 '틀(Mold)'에 비유할 수 있다. 붕어빵 틀은 먹을 수 있는 대상은 아니다. 하지만 이 틀이 있으므로 빵을 찍어 낼 수 있다. 마찬가지로 클래스가 정의되었다고 해서 그 안에 위치한 변수나 메소드를 사용할 수 있는 것은 아니다. 틀을 이용해서 다음과 같이 '인스턴스'라는 것을 찍어 내야 사용이 가능하다.

```
new BankAccount();     // 클래스 BankAccount의 인스턴스화(Instantiation)
```

위의 문장을 실행하면 BankAccount에 정의된 변수와 메소드를 담고 있는 '인스턴스'라는 것이 만들어진다. 만들어져서 실제 메모리 공간에 존재하게 된다. 물론 다음과 같이 둘, 혹은 그 이상도 만들 수 있다.

```
new BankAccount();     // BankAccount 인스턴스 1
new BankAccount();     // BankAccount 인스턴스 2
```

그런데 이렇게 메모리상에 인스턴스를 만들기만 해서는 사용할 수가 없다. 만들어진 인스턴스를 참조할 수 있는(가리키고 있을 수 있는) 무엇인가가 필요하다. 그리고 이 무엇인가를 가리켜 '참조변수(Reference Variable)'라 한다.

참고 **'인스턴스의 다른 표현은 '객체'**

클래스를 정의하고 이를 기반으로 만들어진 '인스턴스'를 가리켜 '객체'라고도 한다. 예를 들어서 '인스턴스의 생성'과 '객체의 생성'은 그 의미가 완전히 동일하다. 본서에서는 인스턴스라는 표현을 선택해서 사용하고 있다.

클래스 BankAccount의 참조변수를 선언하는 방법은 다음과 같다. 선언 방식이 기본 자료형 변수의 선언 방식과 동일하다.

```
BankAccount myAcnt;      // 참조변수 myAcnt의 선언
```

즉 다음과 같이 참조변수를 선언하고 이를 통해서 새로 생성되는 인스턴스를(객체를) 가리키게 할 수 있다.

```
BankAccount myAcnt1;    // 참조변수 myAcnt1 선언
BankAccount myAcnt2;    // 참조변수 myAcnt2 선언

// 참조변수 myAcnt1이 새로 생성되는 인스턴스를 가리킴
myAcnt1 = new BankAccount();

// 참조변수 myAcnt2가 새로 생성되는 인스턴스를 가리킴
myAcnt2 = new BankAccount();
```

키워드 new를 통해서 인스턴스를 생성하면 생성된 인스턴스의 주솟값이 반환된다. 즉 참조변수에는 생성된 인스턴스의 주솟값이 저장되는 셈이다. 하지만 다음과 같이 표현하고 인식하자. 이것이 보다 일반적인 표현이다. (주솟값은 참조변수에 저장된 값이기에 본서에서는 이 값을 '참조 값'이라 한다.)

"참조변수는 인스턴스를 참조한다."

"참조변수는 인스턴스를 가리킨다."

그리고 다음과 같이 참조변수의 선언과 인스턴스의 생성을 한 문장으로 묶을 수도 있다.

```
BankAccount myAcnt1 = new BankAccount();
BankAccount myAcnt2 = new BankAccount();
```

그리고 참조변수를 통해서 해당 인스턴스의 메소드를 호출하는 방법은 다음과 같다. (인스턴스 변수에

접근하는 방법도 이와 동일하다. 하지만 지금은 접근을 시도하지 말자.)

```
myAcnt1.deposit(1000);    // myAcnt1이 참조하는 인스턴스의 deposit 호출
myAcnt2.deposit(2000);    // myAcnt2가 참조하는 인스턴스의 deposit 호출
```

이어서 예제를 하나 제시하겠다. 이 예제는 지금까지 설명한 내용을 바탕으로 작성되었으니, 이를 통해서 지금까지 설명한 내용을 확인하고 정리하기 바란다.

◈ BankAccountOO.java

```
class BankAccount {
    int balance = 0;    // 예금 잔액

    public int deposit(int amount) {
        balance += amount;
        return balance;
    }
    public int withdraw(int amount) {
        balance -= amount;
        return balance;
    }
    public int checkMyBalance() {
        System.out.println("잔액 : " + balance);
        return balance;
    }
}

class BankAccountOO {
    public static void main(String[] args) {
        // 두 개의 인스턴스 생성
        BankAccount yoon = new BankAccount();
        BankAccount park = new BankAccount();

        // 각 인스턴스를 대상으로 예금을 진행
        yoon.deposit(5000);
        park.deposit(3000);

        // 각 인스턴스를 대상으로 출금을 진행
        yoon.withdraw(2000);
        park.withdraw(2000);

        // 각 인스턴스를 대상으로 잔액을 조회
        yoon.checkMyBalance();
```

```
        park.checkMyBalance();
    }
}
```

▶ 실행 결과: BankAccountOO.java

```
명령 프롬프트
C:\JavaStudy>java BankAccount00
잔액 : 3000
잔액 : 1000

C:\JavaStudy>_
```

코드와 실행 결과를 비교해 보면, 참조변수 yoon과 park이 가리키는 인스턴스가 서로 다른 인스턴스임을 알 수 있다.

■ 참조변수(Reference Variable)의 특성

변수는 저장된 값을 바꿀 수 있다. 그래서 이름이 변수이다. 마찬가지로 참조변수도 변수이다. 따라서 참조변수도 다음과 같이 참조하는 인스턴스를 바꿀 수 있다.

```
BankAccount yoon = new BankAccount();
....
yoon = new BankAccount();     // yoon이 새 인스턴스를 참조한다.
....
```

다음과 같이 참조변수가 지니고 있는 값을 다른 참조변수에 대입하여 하나의 인스턴스를 둘 이상의 참조변수가 동시에 참조하는 것도 가능하다.

```
BankAccount ref1 = new BankAccount();
BankAccount ref2 = ref1;
....
```

이 두 가지 상황 중에서 하나의 인스턴스를 두 개의 참조변수가 함께 참조하는 상황을 다음 예제를 통해서 확인해보자.

◈ DupRef.java

```
class BankAccount {
    int balance = 0;

    public int deposit(int amount) {
        balance += amount;
        return balance;
    }
    public int withdraw(int amount) {
        balance -= amount;
        return balance;
    }
    public int checkMyBalance() {
        System.out.println("잔액 : " + balance);
        return balance;
    }
}

class DupRef {
    public static void main(String[] args) {
        BankAccount ref1 = new BankAccount();
        BankAccount ref2 = ref1;    // ref1이 참조하는 대상을 ref2도 참조

        ref1.deposit(3000);
        ref2.deposit(2000);
        ref1.withdraw(400);
        ref2.withdraw(300);
        ref1.checkMyBalance();
        ref2.checkMyBalance();
    }
}
```

▶ 실행 결과: DupRef.java

```
C:\JavaStudy>java DupRef
잔액 : 4300
잔액 : 4300

C:\JavaStudy>
```

위의 코드와 그 실행 결과는 두 개의 참조변수 ref1과 ref2가 하나의 인스턴스를 참조하고 있음을 확인시켜준다.

■ 참조변수(Reference Variable)의 매개변수 선언

메소드를 호출할 때 값을 전달할 수 있고, 이 값은 매개변수에 저장된다는 사실을 전에 설명하였다. 이와 유사하게 메소드를 호출하면서 인스턴스의 참조 값을 전달하는 것도 가능하다. 관련해서 다음 예제를 보자.

◈ PassingRef.java

```
class BankAccount {
    int balance = 0;    // 예금 잔액

    public int deposit(int amount) {
        balance += amount;
        return balance;
    }
    public int withdraw(int amount) {
        balance -= amount;
        return balance;
    }
    public int checkMyBalance() {
        System.out.println("잔액 : " + balance);
        return balance;
    }
}

class PassingRef {
    public static void main(String[] args) {
        BankAccount ref = new BankAccount();
        ref.deposit(3000);
        ref.withdraw(300);
        check(ref);    // '참조 값'의 전달
    }

    public static void check(BankAccount acc) {
        acc.checkMyBalance();
    }
}
```

▶ 실행 결과: PassingRef.java

```
명령 프롬프트
C:\JavaStudy>java PassingRef
잔액 : 2700

C:\JavaStudy>_
```

위 예제의 다음 메소드를 보자.

```
public static void check(BankAccount acc) {
    acc.checkMyBalance();    // acc가 참조하는 인스턴스의 메소드 호출
}
```

위 메소드의 매개변수로 BankAccount의 참조변수가 선언되었다. 즉 이 메소드는 인자로 인스턴스의 참조 값을 전달받는다. 따라서 메소드 내에서는 전달된 참조 값의 인스턴스를 대상으로 메소드를 호출할 수 있다.

■ 참조변수에 null 대입

때로는 참조변수가 참조하는(가리키는) 인스턴스와의 관계를 끊고 아무런 인스턴스도 참조하지 않도록 할 필요가 있다. 그리고 이때에는 다음과 같이 참조변수에 null을 대입하면 된다.

```
1.  BankAccount ref = new BankAccount();
2.  ....
3.  ref = null;     // ref가 참조하는 인스턴스와의 관계를 끊음
```

그리고 참조변수의 null 저장 유무를 다음과 같이 확인할 수 있어서 유용하다.

```
1.  BankAccount ref = null;
2.  ....
3.  if(ref == null)     // ref가 참조하는 인스턴스가 없다면
4.      ....
```

참 고 **생성되는 클래스 파일의 수**

확장자가 class인 클래스 파일은 정의되는 클래스의 수만큼 생성된다. 즉 '정의된 클래스의 수'와 '생성되는 클래스 파일의 수'는 동일하다. 예를 들어서 앞서 소개한 예제 PassingRef.java를 컴파일 하면 두 개의 클래스 파일 BankAccount.class와 PassingRef.class가 생성된다.

07-2 생성자(Constructor)와 String 클래스의 소개

지금까지 BankAccount 클래스의 정의를 통해서 클래스에 대한 여러 가지를 이해하고 관찰하였다. 그러나 이 클래스에는 몇 가지 문제가 있다. 그중 하나는 인스턴스를 생성하는 과정에서 적절한 초기화를 진행하지 못했다는 점이다.

■ String 클래스에 대한 첫 소개

다음 이야기의 전개를 위해 문자열 처리에 대한 기술 몇 가지를 소개하고자 한다. 문자열은 큰따옴표로 묶어서 표현함을 이미 알고 있다. 그런데 이러한 문자열은 다음과 같이 참조변수를 선언해서 참조할 수도 있다.

```
String myName = "Yoon Sung Woo";     // String형 참조변수의 문자열 참조
```

위의 상황은 참조변수 myName이 문자열 "Yoon Sung Woo"를 가리키는 상황이다. 지금은 이 정도의 이해면 충분하다. 사실 String은 자바에서 제공하는 클래스의 이름인데 이러한 내용은 이후에 별도로 설명을 한다. 따라서 문자열의 활용 측면에서만 위의 문장을 이해하기 바란다. 그럼 이와 관련하여 다음 예제를 소개하겠다.

◈ FirstStringIntro.java

```
class FirstStringIntro {
    public static void main(String[] args) {
        // 문자열 선언과 동시에 참조변수로 참조한다.
        String str1 = "Happy";
        String str2 = "Birthday";
        System.out.println(str1 + " " + str2);

        // 메소드에 문자열을 전달하는 다양한 방법을 보여준다.
        printString(str1);
        printString(" ");
        printString(str2);
        printString("\n");
        printString("End of program! \n");
    }

    // String 참조변수를 매개변수로 선언하여 문자열을 전달 받을 수 있다.
    public static void printString(String str) {
        System.out.print(str);
    }
}
```

▶ 실행 결과: FirstStringIntro.java

명령 프롬프트
C:₩JavaStudy>java FirstStringIntro
Happy Birthday
Happy Birthday
End of program!
C:₩JavaStudy>

위 예제를 통해 알 수 있는 그리고 알아야 할 사실 두 가지는 다음과 같다.

- 문자열을 메소드의 인자로 전달할 수 있다.
- 매개변수로 String형 참조변수를 선언하여 문자열을 인자로 전달받을 수 있다.

앞으로 이 정도의 이해 수준에서 문자열을 활용하자. 그러면 문자열의 활용 능력이 배로 증가할 것이다.

■ 인스턴스를 구분할 수 있는 유일한 정보를 갖게 하자.

앞서 정의한 BankAccount 클래스를 다시 관찰하자. 은행에서는 고객이 계좌를 개설할 때마다 이 클래스의 인스턴스를 생성해야 한다.

```
class BankAccount {
    int balance = 0;     // 예금 잔액
    public int deposit(int amount) {
        balance += amount;
        return balance;
    }
    public int withdraw(int amount) {
        ....
    }
    public int checkMyBalance() {
        ....
    }
}
```

그런데 문제는 인스턴스를 구분할 수 있는 정보가 빠졌다는 것이다. 즉 위의 클래스에 최소한 다음 두 가지 정도는 추가가 되어야 한다. 그래야 누구의 계좌인지 구분할 수 있다.

- 계좌번호 String accNumber
- 주민번호 String ssNumber

그리고 이를 반영하여 BankAccount 클래스를 수정한 결과는 다음과 같다.

◈ BankAccountUniID.java

```
class BankAccount {
    String accNumber;     // 계좌번호
    String ssNumber;      // 주민번호
    int balance = 0;      // 예금 잔액

    // 초기화를 위한 메소드
    public void initAccount(String acc, String ss, int bal) {
        accNumber = acc;
        ssNumber = ss;
        balance = bal;     // 계좌 개설 시 예금액으로 초기화
    }
```

```
    public int deposit(int amount) {
        balance += amount;
        return balance;
    }
    public int withdraw(int amount) {
        balance -= amount;
        return balance;
    }
    public int checkMyBalance() {
        System.out.println("계좌번호: " + accNumber);
        System.out.println("주민번호: " + ssNumber);
        System.out.println("잔  액: " + balance + '\n');
        return balance;
    }
}

class BankAccountUniID {
    public static void main(String[] args) {
        BankAccount yoon = new BankAccount();   // 계좌 생성
        yoon.initAccount("12-34-89", "990990-9090990", 10000);   // 초기화

        BankAccount park = new BankAccount();   // 계좌 생성
        park.initAccount("33-55-09", "770088-5959007", 10000);   // 초기화

        yoon.deposit(5000);
        park.deposit(3000);
        yoon.withdraw(2000);
        park.withdraw(2000);
        yoon.checkMyBalance();
        park.checkMyBalance();
    }
}
```

▶ 실행 결과: BankAccountUniID.java

```
명령 프롬프트
C:\JavaStudy>java BankAccountUniID
계좌번호: 12-34-89
주민번호: 990990-9090990
잔    액: 13000

계좌번호: 33-55-09
주민번호: 770088-5959007
잔    액: 11000


C:\JavaStudy>_
```

위 예제의 클래스에는 다음 메소드가 추가되었다.

```
public void initAccount(String acc, String ss, int bal) {
    accNumber = acc;
    ssNumber = ss;
    balance = bal;     // 계좌 개설 시 예금액으로 초기화
}
```

이 메소드는 다음과 같은 부분에서 다른 메소드들과 성격상 구분이 된다.

- 인스턴스의 초기화를 위한 메소드이다.
- 때문에 인스턴스 생성 시 반드시 한번 호출해서 초기화를 진행해야 한다.

그러나 위와 같이 메소드를 정의하지 않고 '생성자(Constructor)'라는 것을 정의해서 인스턴스의 초기화를 진행할 수도 있다. 생성자는 인스턴스 생성 과정에서 초기화를 위해 자동으로 호출되는 일종의 메소드이다.

■ 생성자(Constructor)

생성자는 메소드와 모습이 같다. 따라서 생성자를 '생성자 메소드(Constructor Method)'로 표현하는 경우도 있다. 그러나 생성자는 다음과 같은 부분에서 메소드와 차이가 있다. 달리 말하면 이는 생성자가 되기 위한 조건이기도 하다.

- 생성자의 이름은 클래스의 이름과 동일해야 한다.
- 생성자는 값을 반환하지 않고 반환형도 표시하지 않는다.

위의 조건을 모두 만족하면 이는 자바 컴파일러에 의해서 생성자로 인식된다. 따라서 인스턴스 생성 시 자동으로 호출되어 인스턴스를 초기화하게 된다. 그럼 앞서 예제에서 인스턴스 초기화를 위해 정의한 메소드를 보자.

```
public void initAccount(String acc, String ss, int bal) {
    accNumber = acc;
    ssNumber = ss;
    balance = bal;
}
```

예제에서 위 메소드가 속한 클래스의 이름은 BankAccount이었다. 따라서 위의 메소드를 생성자가

되게 하려면 다음과 같이 수정하면 된다.

```
public BankAccount(String acc, String ss, int bal) {
    accNumber = acc;
    ssNumber = ss;
    balance = bal;
}
```

위 메소드의 이름은 클래스 이름과 동일하다. 그리고 반환하지 않으며 반환형도 선언하지 않았다. 따라서 생성자의 조건을 모두 갖췄다. 그럼 이 생성자를 활용하는 형태로 예제를 수정해보겠다.

◈ BankAccountConstructor.java

```
class BankAccount {
    String accNumber;     // 계좌번호
    String ssNumber;      // 주민번호
    int balance;     // 예금 잔액

    public BankAccount(String acc, String ss, int bal) {    // 생성자
        accNumber = acc;
        ssNumber = ss;
        balance = bal;
    }
    public int deposit(int amount) {
        balance += amount;
        return balance;
    }
    public int withdraw(int amount) {
        balance -= amount;
        return balance;
    }
    public int checkMyBalance() {
        System.out.println("계좌번호: " + accNumber);
        System.out.println("주민번호: " + ssNumber);
        System.out.println("잔  액: " + balance + '\n');
        return balance;
    }
}

class BankAccountConstructor {
    public static void main(String[] args) {
        BankAccount yoon = new BankAccount("12-34-89", "990990-9090990", 10000);
        BankAccount park = new BankAccount("33-55-09", "770088-5959007", 10000);
```

```

            yoon.deposit(5000);
            park.deposit(3000);
            yoon.withdraw(2000);
            park.withdraw(2000);
            yoon.checkMyBalance();
            park.checkMyBalance();
        }
}
```

▶ 실행 결과: BankAccountConstructor.java

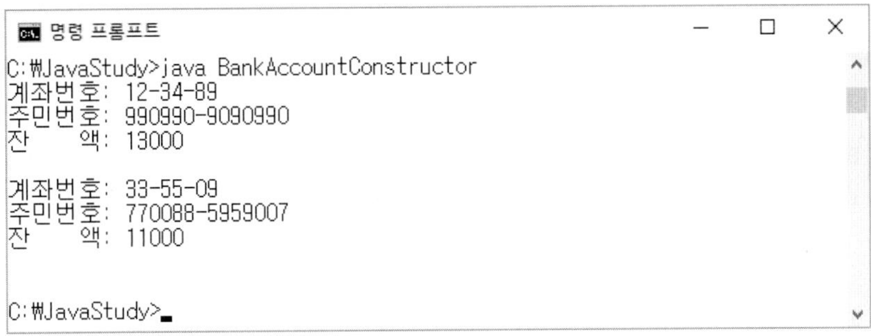

위 예제에서는 인스턴스의 생성 문장이 다음과 같이 바뀌었다.

```
BankAccount yoon = new BankAccount("12-34-89", "990990-9090990", 10000);
```

소괄호 안에 값을 전달하고 있는데, 이 값들은 생성자가 호출될 때 생성자의 매개변수로 전달이 된다. 즉 위와 같이 문장을 구성하면 '인스턴스 생성 마지막 단계'에서 다음의 생성자가 호출되면서 값들이 전달된다. 그리고 이 값들로 인스턴스 변수가 초기화 된다.

```
public BankAccount(String acc, String ss, int bal) {    // 생성자
    accNumber = acc;      // 변수 accNumber 초기화
    ssNumber = ss;        // 변수 ssNumber 초기화
    balance = bal;        // 변수 balance 초기화
}
```

예제의 코드와 그 실행 결과를 통해서 '생성자가 호출되었음'을 그리고 이를 통해서 '원하는 값으로 인스턴스가 초기화되었음'을 확인할 수 있다. 이러한 생성자와 관련하여 다음 사실을 반드시 기억해야 한다.

"인스턴스 생성의 마지막 단계는 생성자 호출이다."

"어떠한 이유로든 생성자 호출이 생략된 인스턴스는 인스턴스가 아니다."

■ 디폴트 생성자(Default Constructor)

인스턴스 생성의 마지막 단계는 생성자 호출이라 하였다. 그리고 생성자 호출이 생략된 인스턴스는 인스턴스가 아니라고 하였다. 하지만 앞서 생성자가 없는 클래스를 수차례 정의하였고 이들을 대상으로 인스턴스를 생성한 바 있다. 그렇다면 이렇게 생성된 인스턴스는 인스턴스가 아니란 뜻인가? 사실 다음과 같이 생성자를 생략한 상태의 클래스를 정의하면 자바 컴파일러가 '디폴트 생성자'라는 것을 클래스의 정의에 넣어준다.

```
class BankAccount {
    int balance;

    public BankAccount() {   // 컴파일러에 의해 자동 삽입되는 '디폴트 생성자'
        // empty
    }
    public int deposit(int amount) {...}
    public int withdraw(int amount) {...}
    public int checkMyBalance() {...}
}
```

위에서 보이듯이, 디폴트 생성자는 인자를 전달받지 않는 형태로 정의되어 삽입된다. 물론 내부적으로 하는 일도 없다. 하지만 이로 인해서 인스턴스의 생성 규칙인 '생성자의 호출'은 유지가 된다. 생성자를 정의하지 않더라도 말이다. 그런데 컴파일러에 의해서 디폴트 생성자가 삽입이 되더라도 생성자는 직접 정의해 주는 것이 좋다. 아주 예외적인 상황이 아니라면, 생성자가 필요 없는 클래스는 잘 정의된 클래스가 아닐 확률이 높기 때문이다.

07-3 자바의 이름 규칙(Naming Rule)

이번에는 자바 프로그램을 작성하면서 일반적으로 적용하는 '이름 짓는 규칙'을 소개하고자 한다. 지금 소개하는 보편적인 규칙을 따르면 내가 만든 코드를 다른 이들에게 보여줄 때에도, 반대로 다른 이들의 코드를 볼 때에도 도움이 된다.

■ 클래스의 이름 규칙

클래스의 이름을 지을 때 가장 보편적으로 선택하는 이름 규칙을 가리켜 'Camel Case 모델'이라 한다. 그리고 이 모델의 기본 규칙은 다음과 같다.

- 클래스 이름의 첫 문자는 대문자로 시작한다.
- 둘 이상의 단어가 묶여서 하나의 이름을 이룰 때, 새로 시작하는 단어는 대문자로 한다.

예를 들어서 Circle이라는 단어와 Point라는 단어를 묶어서 Camel Case 모델로 클래스의 이름을 정의하면 CirclePoint가 된다.

```
Circle + Point = CirclePoint
```

이렇듯 시작되는 단어의 첫 문자를 대문자로 하여 둘 이상의 단어를 연결하면 그 모습이 낙타 등과 같이 울룩불룩하다고 하여 Camel Case 모델이라 부른다.

■ 메소드와 변수의 이름 규칙

메소드와 변수의 이름은 클래스의 이름과 구분이 되어야 코드의 가독성을 높일 수 있다. 그래서 '변형된 Camel Case'를 적용하는 것이 일반적이다. 변형된 Camel Case는 첫 문자를 소문자로 시작한다. 즉 아래의 이름들이 변형된 Camel Case에 해당하며 메소드나 변수의 이름을 짓는데 사용된다.

```
Add + Your + Money = addYourMoney
Your + Age = yourAge
```

■ 상수의 이름 규칙

상수의 이름은 변수의 이름과 구분이 되도록 모든 문자를 대문자로 구성하는 것이 관례이다. 즉 final 선언을 기반으로 하는 상수의 선언은 다음과 같이 하는 것이 좋다.

```
final int COLOR = 7;
```

단, 둘 이상의 단어를 연결해야 하는 경우에는 다음과 같이 언더바로 단어와 단어 사이를 연결한다.

```
final int COLOR_RAINBOW = 7;
```

문제 07-1 [생성자를 포함하는 클래스의 정의]

밑변과 높이 정보를 저장할 수 있는 Triangle 클래스를 정의하자. (그 안에 적절한 생성자도 정의하자.) 그리고 밑변과 높이 정보를 변경할 수 있는 메소드와 삼각형의 넓이를 계산해서 반환하는 메소드도 함께 정의하자. 물론 이 클래스의 활용의 예를 보이는 main 메소드도 함께 작성해야 한다.

답안은 출판사 홈페이지를 통해서 제공합니다.

Chapter 08

패키지와 클래스 패스

08-1. 클래스 패스(Class Path)

- 현재 디렉토리(Current Directory)를 기준으로 한 실행
- 클래스 패스의 지정
- '절대 경로' 지정 방식과 '상대 경로' 지정 방식
- 클래스 패스를 고정시키는 방법

08-2. 패키지(Package)의 이해

- 패키지 선언의 의미와 목적
- 이름 충돌이 발생하는 두 클래스의 등장: 상황을 가상으로 구성
- 이름 충돌의 해결을 위한 패키지의 효과
- 패키지의 선언 및 컴파일 방법
- 패키지로 묶은 클래스의 접근
- import 선언

자바를 공부하면서 패키지에 대한 이해를 소홀히 하는 경우를 간혹 본다. 그러나 패키지는 중요하다. 따라서 이후의 내용을 공부하는데 불편함이 없도록 본 Chapter를 통해서 패키지에 대한 이해를 충분히 갖추기 바란다.

08-1 클래스 패스(Class Path)

'패스(Path)'라는 단어는 경로를 의미한다. 그리고 자바에서 '클래스 패스'가 의미하는 바는 다음과 같다.

"자바 가상머신이 클래스 파일을 찾는 경로"

즉 자바 가상머신은 프로그램의 실행 과정에서 클래스 파일을 찾을 때, 이 '클래스 패스'라는 것을 기준으로 찾는다. 물론 클래스 패스를 지정하는 것은 프로그래머의 몫이다.

■ 현재 디렉토리(Current Directory)를 기준으로 한 실행

다음 예제를 컴파일하고 실행하자. 단 실행 환경을 일치시키기 위해서 소스파일을 다음 위치에 가져다 놓고 컴파일 및 실행을 하자.

```
C:\PackageStudy>
```

◈ WhatYourName.java

```
class AAA {
    public void showName() {
        System.out.println("My name is AAA");
    }
```

```
}

class ZZZ {
    public void showName() {
        System.out.println("My name is ZZZ");
    }
}

class WhatYourName {
    public static void main(String args[]) {
        AAA aaa = new AAA();
        aaa.showName();

        ZZZ zzz = new ZZZ();
        zzz.showName();
    }
}
```

▶ 실행 결과: WhatYourName.java

```
명령 프롬프트
C:₩PackageStudy>javac WhatYourName.java

C:₩PackageStudy>java WhatYourName
My name is AAA
My name is ZZZ

C:₩PackageStudy>
```

위 명령 프롬프트 상황에서의 '현재 디렉토리'는 다음과 같다.

```
C:\PackageStudy
```

자바를 공부하는 지금 상황에서는 '현재 디렉토리'를 다음과 같이 이해하면 된다. 물론 이는 명령 프롬프트를 기준으로 한 설명이다.

"명령 프롬프트 상에서 작업이 진행 중인 디렉토리의 위치"

그리고 '클래스 패스'라는 것을 지정하지 않으면 자바 가상머신은 필요한 클래스를 '현재 디렉토리'에서 찾는다. 따라서 위와 같은 예제의 실행은 문제가 없다. 즉 자바 가상머신은 문제없이 필요한 클래스를 모두 찾는다.

이번에는 실행 방법을 달리하자. 위의 파일을 컴파일 하면 다음 세 개의 클래스 파일이 생성된다. 이 중에서 AAA.class와 ZZZ.class를 C:\PackageStudy의 하위 디렉토리로 MyClass라는 디렉토리를 만들어서 이곳으로 옮기자.

```
WhatYourName.class        C:\PackageStudy에 위치시킨다.
AAA.class                 C:\PackageStudy\MyClass에 위치시킨다.
ZZZ.class                 C:\PackageStudy\MyClass에 위치시킨다.
```

디렉토리를 만들고 클래스 파일을 옮길 때는 '파일 탐색기'를 활용하면 된다. 그리고 옮기는 작업이 끝났다면 다음과 같이 실행을 시도해보자.

```
C:\PackageStudy>Java WhatYourName
```

위 문장에 의해서, 가상머신은 현재 디렉토리인 C:\PackageStudy에서 WhatYourName.class를 찾아 그 안에 위치한 main 메소드를 실행하게 된다. 여기까지는 문제가 없다. 그러나 main 메소드 내에서 다음 문장을 만났을 때 문제가 발생한다.

```
AAA aaa = new AAA();
```

이 문장을 접했을 때 자바 가상머신은 AAA.class를 찾는다. 물론 현재 디렉토리에서 찾는다. 그런데 현재 디렉토리에는 이 파일이 없다. 따라서 이와 관련된 오류 메시지가 출력되면서 프로그램은 종료가 된다. 그렇다면 지금 상황에서 정상적인 실행 결과를 확인하려면 어떻게 해야 할까? '클래스 패스'를 지정하여 '자바 가상머신의 클래스 탐색 경로'를 추가하면 된다.

■ 클래스 패스의 지정

클래스 패스는 '자바 가상머신의 클래스 탐색 경로'를 의미하며, 이는 프로그래머가 직접 지정할 수 있다. 먼저 다음과 같이 입력하여 현재 설정된 '클래스 패스'를 확인해보자.

```
C:\PackageStudy>set classpath              클래스 패스의 확인
```

위와 같이 명령을 하면 현재 설정된 클래스 패스를 확인할 수 있다. 그러나 현재 설정된 클래스 패스가 없다면 다음과 같은 실행 결과를 보게 된다.

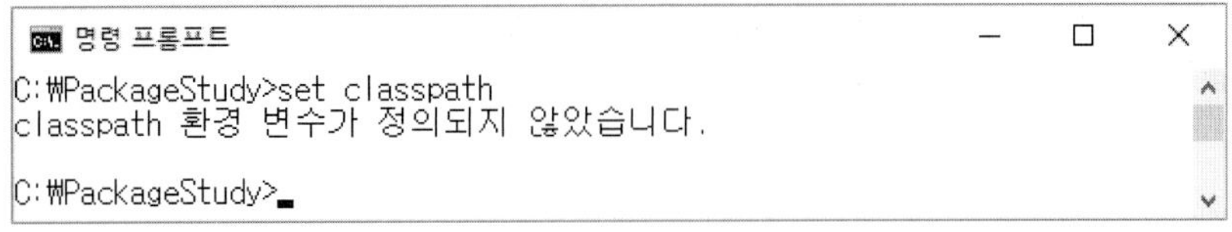

[그림 08-1: 클래스 패스 확인하기]

앞서 보인 예제의 실행을 완성하기 위해서는 AAA.class와 ZZZ.class가 위치한 다음 경로를 클래스 패스에 추가해야 한다.

```
C:\PackageStudy\MyClass            클래스 패스에 추가할 경로
```

추가 방법은 다음과 같다. 아래의 입력에서 등호의 왼 편에 공백이 삽입되지 않도록 주의하자.

```
C:\PackageStudy>set classpath=C:\PackageStudy\MyClass
```

위와 같이 명령을 내리면 클래스 패스가 설정된다. 하지만 이렇게 프로그래머에 의해 클래스 패스가 설정이 되면, '현재 디렉토리'는 클래스 탐색 경로에서 제외된다. 따라서 예제의 실행을 위해서 다음 두 경로를 모두 클래스 패스에 추가해야 한다.

```
경로1: 현재 디렉토리 → 현재 디렉토리는 . 으로 표시한다.
경로2: C:\PackageStudy\MyClass
```

클래스 패스에는 둘 이상의 경로를 지정할 수 있다. 그리고 둘 이상의 경로를 지정할 때에는 세미콜론으로 이를 구분해주면 된다. 따라서 위의 두 경로를 모두 클래스 패스에 추가하기 위해서 다음과 같이 명령을 내리면 된다.

```
C:\PackageStudy>set classpath=.;C:\PackageStudy\MyClass
```

위와 같이 명령을 내린 후에는 다음과 같이 예제의 실행 결과를 확인할 수 있다.

```
명령 프롬프트
C:₩PackageStudy>set classpath=.;C:₩PackageStudy₩MyClass

C:₩PackageStudy>java WhatYourName
My name is AAA
My name is ZZZ

C:₩PackageStudy>
```

[그림 08-2: 클래스 패스의 지정 및 실행]

클래스 패스는 얼마든지 다시 지정할 수 있다. 그리고 위의 방식으로 지정한 클래스 패스는 이를 지정한 명령 프롬프트 창에서만 유효하다. 즉 새로운 명령 프롬프트 창을 띄우면 다시 클래스 패스를 지정해야 한다.

■ '절대 경로' 지정 방식과 '상대 경로' 지정 방식

앞서 지정한 클래스 패스를 다시 한번 관찰하자.

```
C:\PackageStudy>set classpath=.;C:\PackageStudy\MyClass
```

위의 명령을 통해서 지정된 클래스 패스 둘은 다음과 같다. 아래 문장에서 앞에 있는 . 은 현재 디렉토리를 의미한다.

. 그리고 C:\PackageStudy\MyClass

이 중에서 C:\PackageStudy\MyClass와 같이 C:\ 또는 D:\를 기준으로 지정한 경로를 가리켜 '절대 경로'라 한다. 이렇게 지정된 경로는 상황에 따라 그 경로가 바뀌지 않기 때문에 '절대 경로'라 한다. 이를 대신해서 다음 두 경로를 클래스 패스로 지정해도 동일한 실행 결과를 확인할 수 있다.

. 그리고 .\MyClass

즉 다음과 같이 클래스 패스를 지정해도 동일한 실행 결과를 확인할 수 있다.

```
C:\PackageStudy>set classpath=.;.\MyClass
```

실제 위와 같이 클래스 패스를 지정하고 예제를 실행한 결과는 다음과 같다.

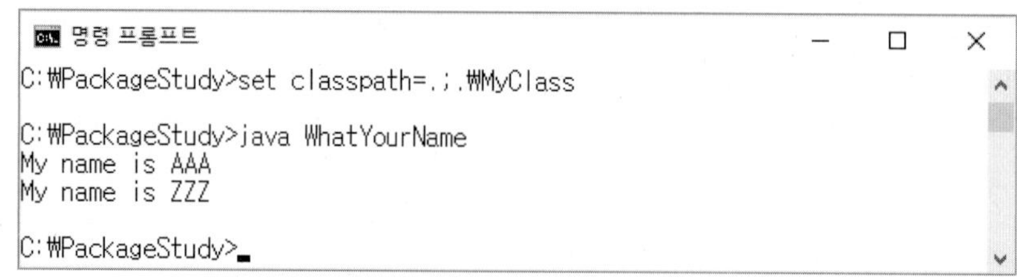

[그림 08-3: 상대 경로를 이용한 클래스 패스의 지정]

클래스 패스 지정에서 . 은 현재 디렉토리를 의미하므로 .\MyClass가 의미하는 바는 다음과 같다.

"현재 디렉토리의 서브(하위) 디렉토리인 MyClass 디렉토리"

이렇듯 '현재 디렉토리'를 기준으로 표현된 '파일이나 디렉토리의 위치'를 가리켜 '상대 경로'라 한다. 그리고 이러한 상대 경로의 장점은 다음과 같다.

"현재 디렉토리가 바뀌면 상대 경로가 지정하는 모든 경로가 그에 맞게 수정된다."

그리고 이러한 장점 때문에 실제 개발을 할 때에는 상대 경로를 주로 사용한다는 사실도 참고로 알고 있기 바란다.

■ 클래스 패스를 고정시키는 방법

앞서 Chapter 01에서 다음과 같이 '새 사용자 변수' 창을 띄워서 환경 변수 path를 등록한 바 있다. 다음 그림은 당시에 환경 변수 Path를 등록할 때의 상황이다.

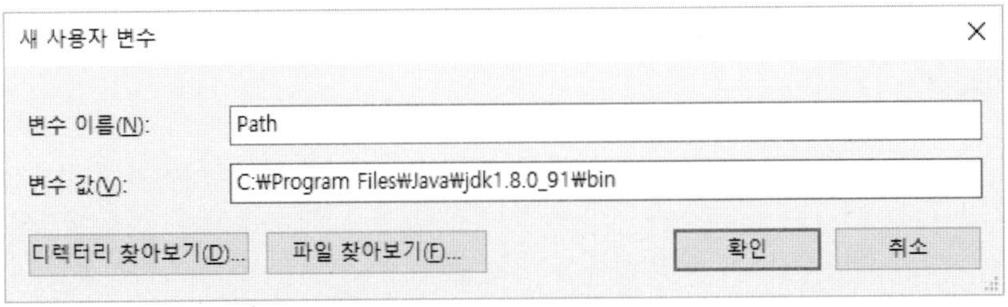

새 사용자 변수

변수 이름(N): Path

변수 값(V): C:₩Program Files₩Java₩jdk1.8.0_91₩bin

디렉터리 찾아보기(D)... 파일 찾아보기(F)... 확인 취소

[그림 08-4: 환경 변수의 등록]

마찬가지 방법으로 환경 변수에 classpath를 등록할 수 있다. '변수 이름(N)'에 classpath를, 그리고 '변수 값(V)'에 경로 정보를 넣어주면 된다. 물론 경로는 '상대 경로'와 '절대 경로' 모두 가능하며 둘 이상의 경로는 세미콜론으로 구분하는 것도 동일하다.
이렇게 클래스 패스를 등록하면 그 값은 계속해서 유지가 된다. 즉 명령 프롬프트를 새로 띄워도 클래스 패스가 그대로 유지된다. 그러나 이는 좋은 방법이 아니다. 특별한 경우가 아니라면 이 방법을 통해서 클래스 패스를 지정하는 일은 없어야 한다.

08-2 패키지(Package)의 이해

간단하게 설명하면 패키지는 클래스를 묶는 수단이다. 묶어서 '다른 클래스' 또는 '다른 클래스들의 묶음'과 구분하기 위한 수단이다.

■ 패키지 선언의 의미와 목적

자바 8을 기준으로 Java SE(Standard Edition)에서 제공하는 클래스의 수만 해도 300개가 넘는다. 단, 이름이 A로 시작하는 클래스의 수만 세었을 때 그 정도이다. 따라서 이름이 Z로 시작하는 클래스까지 그 수가 수천을 넘는다는 것을 쉽게 짐작할 수 있다. 그런데 이들이 단순히 이름만 갖는다면 어떠한 용도로 사용되는 클래스인지 구분이 어려워진다. 예를 들어서 다음 이름의 클래스가 무엇과 관련이 있는지 알 수 있겠는가?

```
Class CookieManager
```

클래스의 이름만 놓고 보면 짐작이 가지 않는다. 그런데 위의 클래스가 속한 다음 패키지의 이름을 보면 짐작이 가능하다.

```
java.net      클래스 CookieManager가 속한 패키지의 이름
```

일단 패키지 이름이 java로 시작한다. 이는 자바에서 제공하는 클래스임을 뜻한다. 그리고 net은 network를 줄인 표현으로 네트워크 관련 기능의 클래스임을 짐작하게 한다. 이렇듯 '패키지'라는 것은 클래스를 구분하고 파악하는데도 도움이 된다.
그리고 클래스를 패키지라는 것을 이용해서 구분을 지으면 클래스의 이름이 겹치는 문제도 해결할 수 있다. 프로그램을 작성하다 보면 직접 만드는 클래스의 수보다 다른 집단 또는 다른 기업에서 만든 클래스들을 직간접적으로 더 많이 사용하기 마련이다. 이때 둘 이상의 집단 또는 기업이 제공하는 클래스를 사용하다 보면 클래스의 이름이 충돌하는 문제가 발생할 수 있다. 그러나 기업 고유의 정보, 예를 들어서 URL과 같은 주소 정보를 이용해서 패키지의 이름을 지어 놓으면 이러한 이름 충돌의 문제를 해결할 수 있다.

■ 이름 충돌이 발생하는 두 클래스의 등장: 상황을 가상으로 구성

프로그램 개발에 있어서 다음 클래스를 사용하기로 결정하였다. 이 클래스는 인터넷 도메인 주소가

wxfx.com인 회사에서 개발한 클래스이다.

◈ Circle.java

```
public class Circle {       // 원의 넓이 관련 클래스의 정의
    double rad;
    final double PI;

    public Circle(double r) {
        rad = r;
        PI = 3.14;
    }
    public double getArea() {
        return (rad * rad) * PI;     // 원의 넓이 반환
    }
}
```

다음 클래스도 이번 프로그램 개발에 있어서 필요한 클래스이다. 이 클래스는 인터넷 도메인 주소가 fxmx.com인 회사에서 개발한 클래스이다.

◈ Circle.java

```
public class Circle {       // 원의 둘레 관련 클래스 정의
    double rad;
    final double PI;

    public Circle(double r) {
        rad = r;
        PI = 3.14;
    }
    public double getPerimeter() {
        return (rad * 2) * PI;     // 원의 둘레를 반환
    }
}
```

위의 두 클래스 정의는 개별적으로 보았을 때 문제가 없다. 그러나 이를 동시에 사용해야 하는 상황에서는 클래스 이름 Circle의 중복이 문제가 된다. 위의 클래스를 제공한 두 회사는 위치적으로나 업무적으로나 관련이 없는 회사이기에 이러한 문제는 충분히 발생할 수 있다. 그러나 위의 클래스 정의에 패키지 선언이 되어 있다면(패키지로 묶였다면), 이러한 이름 충돌 문제에서 벗어날 수 있다. 그리고

위의 두 Circle 클래스 정의를 보면 다음과 같이 public 선언이 존재함을 알 수 있다. 그런데 이 선언이 의미하는 바는 다음 Chapter에서 설명을 하니 지금은 그냥 넘어가기로 하자.

```
public class Circle { .... }
```

다만 다음 사실 정도만 알고 있자.

- 하나의 소스파일에는 public으로 선언된 클래스의 정의를 하나만 둘 수 있다.
- 소스파일의 이름은 public으로 선언된 클래스의 이름과 동일해야 한다.

즉, 두 Circle 클래스 모두 public으로 선언되어 있기 때문에 소스파일의 이름도 둘 다 Circle.java로 동일할 수밖에 없다. 따라서 이 둘을 저장할 때에는 각각 다른 위치에 저장해야 한다.

■ 이름 충돌의 해결을 위한 패키지의 효과

패키지 선언은 클래스의 접근 방법을 구분할 뿐만 아니라 클래스 파일이 공간적으로도 구분되게 한다. 즉 패키지의 선언은 다음과 같은 두 가지 특성을 만들어낸다.

- 클래스 접근 방법의 구분
  - 서로 다른 패키지의 두 클래스는 인스턴스 생성 시 사용하는 이름이 다르다.
- 클래스의 공간적인 구분
  - 서로 다른 패키지의 두 클래스 파일은 저장되는 위치가 다르다.

위의 두 가지 특성을 확인하기 위해서 앞서 제공된 두 Circle 클래스를 대상으로 패키지 선언을 할 텐데, 이를 위해 먼저 패키지의 이름을 결정해야 한다. 그런데 패키지의 이름을 지을 때에는 다음의 관례를 따른다.

- 클래스의 이름과 구분이 되도록 패키지의 이름은 모두 소문자로 구성한다.
- 인터넷 도메인 이름의 역순으로 패키지 이름을 구성한다.
- 패키지 이름의 끝에 클래스를 정의한 주체 또는 팀을 구분하는 이름을 추가한다.

예를 들어서 인터넷 도메인이 wxfx.com인 회사의 smart팀에서 개발한 클래스를 묶을 패키지 이름을 위의 관례에 따라서 만들면 다음과 같다.

```
com.wxfx.smart
```

마찬가지로 인터넷 도메인이 fxmx.com인 회사의 simple팀에서 개발한 클래스를 묶을 패키지 이름은 다음과 같이 만든다.

```
com.fxmx.simple
```

이렇게 패키지의 이름이 결정되고 각 클래스를 패키지로 묶으면 클래스의 인스턴스 생성 방법은 다음과 같이 달라진다.

- 패키지 com.wxfx.smart의 Circle 인스턴스 생성 문장
  → `com.wxfx.smart.Circle c1 = new com.wxfx.smart.Circle(3.5)`

- 패키지 com.fxmx.simple의 Circle 인스턴스 생성 문장
  → `com.fxmx.simple.Circle c2 = new com.fxmx.simple.Circle(5.5)`

이렇듯 인스턴스 생성 및 참조변수 선언 시 클래스의 이름 앞에 패키지 이름이 따라붙는 구조가 된다. 그리고 클래스 파일이 저장되는 위치도 다음과 같이 달라지는데, 이와 관련된 내용은 잠시 후 실습을 겸하여 설명하겠다.

- 패키지 com.wxfx.smart의 Circle.class 저장 위치
  → `…\com\wxfx\smart`

- 패키지 com.fxmx.simple의 Circle.class 저장 위치
  → `…\com\fxmx\simple`

■ 패키지의 선언 및 컴파일 방법

클래스를 패키지로 묶을 때에는 해당 클래스를 담고 있는 소스파일의 상단에 패키지 선언을 해야 한다. 예를 들어서 소스파일에 정의된 클래스를 패키지 com.wxfx.smart으로 묶고 싶다면 다음 선언을 소스파일 상단에 삽입하면 된다.

```
package com.wxfx.smart;
```

따라서 앞서 제공한 Circle 클래스를 담고 있는 두 소스파일에 다음과 같이 패키지 선언을 추가해야 한다.

◈ Circle.java

```
package com.wxfx.smart;     // 패키지 선언

public class Circle {
```

```
    double rad;
    final double PI;

    public Circle(double r) {
        rad = r;
        PI = 3.14;
    }
    public double getArea() {
        return (rad * rad) * PI;
    }
}
```

◈ Circle.java

```
package com.fxmx.simple;     // 패키지 선언

public class Circle {
    double rad;
    final double PI;

    public Circle(double r) {
        rad = r;
        PI = 3.14;
    }
    public double getPerimeter() {
        return (rad * 2) * PI;
    }
}
```

이로써 패키지 선언은 끝이 났으니 컴파일을 할 차례이다. 그런데 위의 두 파일의 이름이 동일하다. 따라서 소스파일의 저장 위치를 달리할 수밖에 없다. 그래서 이 두 파일을 각각 다음 위치에 저장하기로 하겠다. (실행 환경을 아래와 같이 일치시켜야 이후 언급하는 내용이 통한다.)

- 패키지 com.wxfx.smart의 Circle.java 저장 위치

  → C:\PackageStudy\src\circle1

- 패키지 com.fxmx.simple의 Circle.java 저장 위치

  → C:\PackageStudy\src\circle2

그리고 컴파일 및 실행을 목적으로 명령 프롬프트를 하나 띄워서 프롬프트 상의 경로가 다음의 상태가 되게 하자.

```
C:\PackageStudy>
```

이제 컴파일을 할 차례인데, 패키지로 묶인 파일을 컴파일 할 때에는 다음과 같이 -d 옵션을 추가하면 편리하다.

```
C:\PackageStudy>javac -d <directory> <filename>
            → <directory> 패키지를 생성할 위치 정보
            → <filename> 컴파일할 파일의 이름
```

즉 〈directory〉에 현재 디렉토리를 의미하는 . 을, 그리고 〈filename〉에 src\circle1\Circle.java를 입력하여 다음과 같이 컴파일 하면 '현재 디렉토리'에 컴파일 된 패키지 결과물이 만들어진다.

```
C:\PackageStudy>javac -d . src\circle1\Circle.java
```

컴파일을 완료하였으면 파일 탐색기를 열어서 만들어진 결과물을 확인하자. 그러면 '현재 디렉토리'를 기준으로 '패키지 이름과 동일한 디렉토리 경로가 생성'되고, 그 안에 클래스 파일이 위치하는 것을 확인할 수 있다.

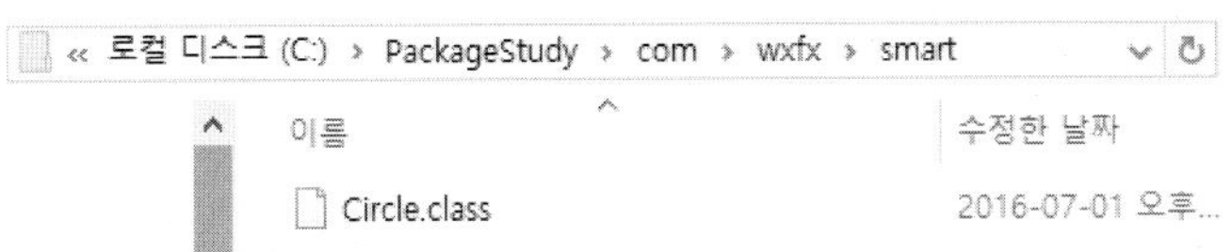

[그림 08-5: com.wxfx.smart 패키지

이어서 다른 파일 하나도 동일한 방법으로 컴파일 하자.

```
C:\PackageStudy>javac -d . src\circle2\Circle.java
```

그러면 마찬가지로 다음과 같이 '패키지의 이름과 동일한 경로의 디렉토리가 생성'되고, 그 안에 클래스 파일이 위치하는 것을 확인할 수 있다.

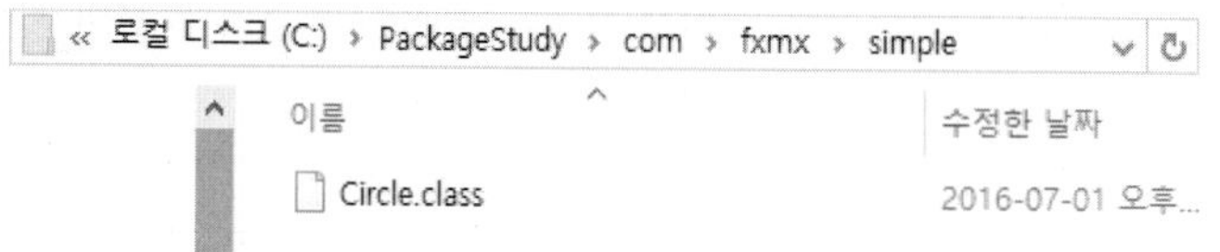

[그림 08-6: com.fxmx.simple 패키지]

정리해보면, 앞서 언급하였듯이 동일한 이름의 두 클래스 파일이 패키지 선언으로 인해 물리적으로도 분리가 되었다. 그리고 각 인스턴스의 생성 방법도 다음과 같이 구분이 되었다.

- 패키지 com.wxfx.smart의 Circle 인스턴스 생성 문장
  → `com.wxfx.smart.Circle c1 = new com.wxfx.smart.Circle(3.5)`

- 패키지 com.fxmx.simple의 Circle 인스턴스 생성 문장
  → `com.fxmx.simple.Circle c2 = new com.fxmx.simple.Circle(5.5)`

그럼 만약에 com.fxmx.simple 패키지로 묶인 클래스 파일의 디렉토리 이름을 인위적으로 바꾸면 어떻게 될까? 그러면 해당 클래스 파일은 찾을 수 없게 된다. 즉 반드시 패키지 이름과 동일한 경로 및 이름의 디렉토리가 구성이 되어야 한다.

참 고 직접 디렉토리를 생성해서 클래스 파일을 가져다 놓아도 됩니다.

패키지 com.wxfx.smart로 묶인 Circle 클래스를 컴파일하니 패키지 이름과 동일한 이름 및 경로의 디렉토리들이 생성되었다. 컴파일 과정에서 옵션 -d를 삽입한 결과이다. 그러나 프로그래머가 직접 패키지 이름과 동일한 경로의 디렉토리를 만들고 -d 옵션 없이 컴파일 하여 얻은 클래스 파일을 해당 디렉토리에 가져다 놓아도 된다. 그렇게 패키지를 묶어도 된다.

■ 패키지로 묶은 클래스의 접근

패키지로 묶인 두 클래스 파일을 대상으로 예제를 작성해보겠다. 이어서 제시하는 예제의 저장, 컴파일 및 실행의 경로도 여전히 C:\PackageStudy로 유지되어야 한다. 즉 명령 프롬프트 상의 경로가 다음과 같아야 한다.

```
C:\PackageStudy>
```

◈ CircleUsing.java

```
class CircleUsing {
    public static void main(String args[]) {
        com.wxfx.smart.Circle c1 = new com.wxfx.smart.Circle(3.5);
        System.out.println("반지름 3.5 원 넓이: " + c1.getArea());

        com.fxmx.simple.Circle c2 = new com.fxmx.simple.Circle(3.5);
        System.out.println("반지름 3.5 원 둘레: " + c2.getPerimeter());
    }
}
```

▶ 실행 결과: CircleUsing.java

```
명령 프롬프트
C:₩PackageStudy>javac CircleUsing.java

C:₩PackageStudy>java CircleUsing
반지름 3.5 원 넓이: 38.465
반지름 3.5 원 둘레: 21.98

C:₩PackageStudy>
```

우선 제대로 컴파일 되었다는 점에 주목하자. 그렇다면 자바 컴파일러는 다음 문장을 어떻게 해석하고 해당 클래스 파일을 찾은 것일까?

```
com.wxfx.smart.Circle c1 = new com.wxfx.smart.Circle(3.5);
```

자바 컴파일러는 패키지를 먼저 찾는다. 즉 위의 문장을 접했을 때 com.wxfx.smart 패키지를 찾는다. 이때 클래스 파일을 찾을 때와 마찬가지로 '클래스 패스'를 참조하여 패키지를 찾는다. 물론 클래스 패스가 별도로 지정되어 있지 않으면 다음과 같이 현재 디렉토리를 기준으로 패키지를 찾는다.

현재 디렉토리를 기준으로 com\wxfx\smart 디렉토리를 찾는다.

패키지의 이름과 디렉토리 경로가 일치하기 때문에 위와 같은 방식으로 패키지를 찾게 된다. 그리고 패키지를 찾았으면 이제 그 안에서 Circle.class를 찾아서 인스턴스를 생성한다. 마찬가지로 다음 문장을 접하면 클래스 패스를 참조하여 com\fxmx\simple 디렉토리를 찾는다. 그리고 그 안에서 Circle.class를 찾아서 인스턴스를 생성한다.

```
com.fxmx.simple.Circle c2 = new com.fxmx.simple.Circle(3.5);
```

이로써 한 예제에서 '동일한 이름의 서로 다른 두 클래스'의 인스턴스를 생성해 보았다. 물론 이는 해당 클래스가 묶여 있는 패키지가 다르기에 가능한 일이다.

■ import 선언

앞서 보인 상황 즉 동일한 이름의 두 클래스를 대상으로 인스턴스를 생성해야 하는 상황이라면 패키지의 이름은 생략이 불가능하다. 하지만 필요로 하는 클래스가 다음 하나라면,

```
com.wxfx.smart.Circle
```

패키지의 이름을 늘 붙이고 다니는 것은 번거로운 일이다. 뿐만 아니라 코드를 읽는데 있어서 불편을 주는 것도 사실이다. 따라서 이러한 상황에서, 즉 동일한 이름의 클래스가 사용되지 않는 상황에서의 패키지 이름 생략법을 자바는 제공하고 있다. 이와 관련하여 다음 예제를 보자. (이 예제는 앞서 만들었던 com.wxfx.smart.Circle를 필요로 한다.)

◈ ImportCircle.java

```
import com.wxfx.smart.Circle;

class ImportCircle {
    public static void main(String args[]) {
        Circle c1 = new Circle(3.5);
        System.out.println("반지름 3.5 원 넓이: " + c1.getArea());
        Circle c2 = new Circle(5.5);
        System.out.println("반지름 5.5 원 넓이: " + c2.getArea());
    }
}
```

▶ 실행 결과: ImportCircle.java

```
명령 프롬프트
C:\PackageStudy>javac ImportCircle.java

C:\PackageStudy>java ImportCircle
반지름 3.5 원 넓이: 38.465
반지름 5.5 원 넓이: 94.985

C:\PackageStudy>
```

위 예제의 다음 문장을 보자. 어렵지 않게 이 문장이 의미하는 바를 짐작할 수 있을 것이다.

```
import com.wxfx.smart.Circle;
```

위의 문장을 통해서 컴파일러에게 전달하는 내용은 다음과 같다.

"지금부터 Circle이라 하면 com.wxfx.smart.Circle을 의미하는 것으로 간주해라."

따라서 위의 import 선언 이후로는 다음과 같이 인스턴스를 생성할 수 있다.

```
Circle c1 = new Circle(3.5);
```

물론 다음과 같이 동일한 이름의 클래스를 대상으로 동시에 import 선언을 하는 것은 불가능하다. 이러한 상황에서는 Circle이라는 이름에 대해서 '이름 충돌'이 발생한다.

```
import com.wxfx.smart.Circle;
import com.fxmx.simple.Circle;
```

그리고 클래스가 아닌 패키지를 대상으로 다음과 같이 import 선언을 하는 것도 가능하다.

```
import com.wxfx.smart.*;
```

위의 문장을 통해서 컴파일러에게 전달하는 내용은 다음과 같다.

"지금부터 com.wxfx.smart 패키지로 묶인 클래스는 패키지 선언을 생략하겠다."

예를 들어 com.wxfx.smart 패키지로 묶인 클래스로 Circle과 Triangle이 있다면, 위의 import 선언 이후로는 이 둘 모두 다음과 같이 클래스의 이름만으로 인스턴스를 생성할 수 있다.

```
Circle c = new Circle(1.0);
Triangle t= new Triangle(2.0);
```

끝으로 패키지 대상의 import 선언은 이름 충돌이 발생할 수 있고, 또 의도하지 않은 클래스의 인스턴스를 생성하는 상황으로 이어질 수 있어서 가급적 사용을 자제하라고 권고하고 있음도 알고 있기 바란다.

Chapter 09

정보 은닉 그리고 캡슐화

본 Chapter의 주제는 '정보 은닉'과 '캡슐화'이다. 이 둘은 객체지향 기반 클래스 설계의 기본이 되는 내용으로 앞으로 정의하는 모든 클래스들은 이를 만족하도록 노력해야 한다.

09-1 정보 은닉 (Information Hiding)

자바에서 말하는 '정보'는 클래스의 '인스턴스 변수'를 의미한다. 따라서 정보를 은닉한다는 것은 인스턴스 변수를 숨긴다는 뜻이다.

■ 정보를 은닉해야 하는 이유

다음 예제를 시작으로 이야기를 전개하고자 한다. 다음 예제는 컴파일도 실행도 잘 된다. 다만 내용상 그리고 의미상 문제가 되는 부분이 있다.

◈ UnsafeCircle.java

```
class Circle {
    double rad = 0;     // 원의 반지름
    final double PI = 3.14;

    public Circle(double r) {
        setRad(r);      // 아래에 정의된 setRad 메소드 호출을 통한 초기화
    }
    public void setRad(double r) {
        if(r < 0) {     // 반지름은 0보다 작을 수 없으므로
            rad = 0;
            return;     // 이 위치에서 메소드 빠져 나감
        }
```

```
        rad = r;
    }
    public double getArea() {
        return (rad * rad) * PI;   // 원의 넓이 반환
    }
}

class UnsafeCircle {
    public static void main(String args[]) {
        Circle c = new Circle(1.5);
        System.out.println(c.getArea());

        c.setRad(2.5);
        System.out.println(c.getArea());
        c.setRad(-3.3);
        System.out.println(c.getArea());
        c.rad = -4.5;    // 옳지 않은 접근 방법, 그리고 문제가 되는 부분
        System.out.println(c.getArea());
    }
}
```

▶ 실행 결과: UnsafeCircle.java

```
명령 프롬프트
C:₩JavaStudy>java UnsafeCircle
7.065
19.625
0.0
63.585

C:₩JavaStudy>
```

위 예제의 다음 부분에서 보이듯이 인스턴스 변수는 선언과 동시에 초기화를 할 수 있다. 특히 PI의 경우 그 값이 상수이므로 생성자를 통한 초기화보다 이러한 방식의 초기화가 더 어울린다.

```
class Circle {
    double rad = 0;
    final double PI = 3.14;
    ....
}
```

이어서 다음 메소드의 정의를 관찰하자.

```
public void setRad(double r) {
    if(r < 0) {       // 반지름은 0보다 작을 수 없으므로
        rad = 0;
        return;       // 이 위치에서 메소드 빠져 나감
    }
    rad = r;
}
```

위 메소드 정의를 통해서 Circle 클래스를 정의한 이의 다음 의도를 읽을 수 있다.

"반지름의 길이 rad에 0보다 작은 값이 저장되는 일이 발생하지 않도록 하겠다."

때문에 이러한 의도를 따르기 위해서라도 반지름의 길이를 변경할 때에는 반드시 위의 메소드 호출을 통해서만 변경을 진행해야 한다. 이렇듯 인스턴스 변수에 저장되는 값의 종류와 범위는 해당 클래스를 정의한 사람이 가장 정확히 안다. 따라서 클래스 사용자가 잘못된 값을 인스턴스 변수에 저장하지 않도록 위와 같은 유형의 메소드를 제공해야 한다. 그런데 위의 예제에서는 프로그램 사용자의 실수로 다음과 같은 잘못된 접근이 발생하였다.

```
c.rad = -4.5;      // 옳지 않은 접근 방법
```

이렇듯 인스턴스 변수의 직접적인 접근을 허용하면, 컴파일 과정에서 드러나지 않는 중대한 실수가 발생할 수 있다. 이러한 오류는 실행 결과에서도 드러나지 않아 더 큰 문제가 된다. 때문에 위와 같은 접근을 허용하지 않도록 클래스를 설계할 필요가 있다. 그리고 이러한 클래스의 설계를 가리켜 '정보 은닉'이라 한다.

■ 정보의 은닉을 위한 private 선언

'정보 은닉'이 의미하는 바는 매우 중요하지만 실제로 클래스를 대상으로 정보를 은닉하는 방법은 어렵지 않다. 먼저 인스턴스 변수의 앞에 private 선언을 추가한다. 그리고 앞서 예제에서 보였듯이 해당 인스턴스 변수에 접근할 수 있는 메소드를 별도로 제공하면 '정보 은닉'이 완료된다. 그럼 이와 관련하여 다음 예제를 관찰하자.

◈ InfoHideCircle.java

```
class Circle {
    private double rad = 0;
```

```
    final double PI = 3.14;

    public Circle(double r) {
        setRad(r);
    }
    public void setRad(double r) {
        if(r < 0) {
            rad = 0;
            return;
        }
        rad = r;
    }
    public double getRad() {
        return rad;
    }
    public double getArea() {
        return (rad * rad) * PI;   // 원의 넓이 반환
    }
}

class InfoHideCircle{
    public static void main(String args[]) {
        Circle c = new Circle(1.5);
        System.out.println("반지름: " + c.getRad());
        System.out.println("넓 이: " + c.getArea() + "\n");

        c.setRad(3.4);
        System.out.println("반지름: " + c.getRad());
        System.out.println("넓 이: " + c.getArea());
    }
}
```

▶ 실행 결과: InfoHideCircle.java

```
명령 프롬프트
C:\JavaStudy>java InfoHideCircle
반지름: 1.5
넓  이: 7.065

반지름: 3.4
넓  이: 36.2984

C:\JavaStudy>
```

클래스 Circle의 다음 인스턴스 변수가 private으로 선언이 되었다.

```
private double rad = 0;      // 클래스 내부 접근만 허용
```

그리고 이것이 의미하는 바는 다음과 같다.

"변수 rad는 클래스 내부에서만 접근을 허용하겠다."

즉 Circle 클래스 내에 정의된 메소드 내에서의 접근만 허용하겠다는 뜻이다. 따라서 다음과 같이 클래스 외부에서 private으로 선언된 멤버에 접근할 경우 컴파일 오류가 발생한다.

```
public static void main(String args[]) {
    Circle c = new Circle(1.5);
    ....
    c.rad = -4.5;    // 컴파일 오류 발생
    ....
}
```

물론 인스턴스 변수 rad를 private으로 선언했으니, 다음과 같은 유형의 두 메소드를 제공할 필요는 있다.

```
public void setRad(double r) {     // rad에 값을 저장(수정)
    if(r < 0) {
        rad = 0;
        return;
    }
    rad = r;
}

public double getRad() {      // rad에 저장된 값을 반환
    return rad;
}
```

메소드 setRad는 '값의 설정'을 위한 메소드이고, 메소드 getRad는 '값의 참조'를 위한 메소드이다. 이렇듯 값의 설정과 참조를 위한 메소드를 가리켜 각각 다음과 같이 부른다.

- 게터(Getter)
  → 인스턴스 변수의 값을 참조하는 용도로 정의된 메소드
  → 변수의 이름이 name일 때, 메소드의 이름은 getName으로 짓는 것이 관례

- 세터(Setter)
  - → 인스턴스 변수의 값을 설정하는 용도로 정의된 메소드
  - → 변수의 이름이 name일 때, 메소드의 이름은 setName으로 짓는 것이 관례

private으로 선언된 모든 인스턴스 변수를 대상으로 게터와 세터를 반드시 정의해야 하는 것은 아니다. 필요에 따라 정의하면 된다. 그러나 당장 필요하지 않더라도 나중을 고려하여 게터와 세터를 정의하기도 한다.

09-2 접근 수준 지시자 (Access-level Modifiers)

앞서 인스턴스 변수를 대상으로 private 선언을 하였는데 이러한 유형의 키워드를 가리켜 '접근 수준 지시자(Access-level Modifiers)'라 한다. 이름 그대로 접근의 허용 수준을 결정할 때 선언하는 키워드이다.

■ 네 가지 종류의 '접근 수준 지시자'

'접근 수준 지시자'의 종류는 다음과 같이 네 가지이다. 참고로 '접근 수준 지시자'는 다양한 한글 표현이 존재하므로 영어 표현 'Access-level Modifiers'를 기억해 두는 것이 좋다.

```
public, protected, private, default
```

이 중에서 default는 키워드가 아닌, '아무런 선언도 하지 않은 상황'을 의미한다. 비록 이는 키워드가 아닌 일종의 '상황'이지만 이 역시 '접근 수준 지시자'의 한 종류로 구분을 한다. 그리고 이러한 선언을 할 수 있는 대상은 다음 두 가지이다.

- 클래스의 정의
- 클래스의 인스턴스 변수와 메소드

클래스의 정의를 대상으로는 다음 두 가지 선언이 가능하다.

```
클래스 정의 대상: public, default
```

그리고 인스턴스 변수와 메소드를 대상으로는 다음 네 가지 선언이 모두 가능하다.

```
인스턴스 변수와 메소드 대상: public, protected, private, default
```

그럼 먼저 클래스 정의 대상의 public과 default 선언이 갖는 의미를 살펴보겠다.

■ 클래스 정의 대상의 public과 default 선언이 갖는 의미

다음과 같이 클래스가 public으로 선언되면 위치에 상관없이 어디서든 해당 클래스의 인스턴스를 생성할 수 있다.

```
public class AAA {      // 클래스의 public 선언
    ....
}
```

반면 다음과 같이 default로 선언되면 동일 패키지로 묶인 클래스 내에서만 인스턴스 생성이 가능하다.

```
class ZZZ {      // 클래스의 default 선언
    ....
}
```

정리하면, 클래스 정의에 대한 public과 default 선언이 갖는 의미는 다음과 같다.

- public   어디서든 인스턴스 생성이 가능하다.
- default   동일 패키지로 묶인 클래스 내에서만 인스턴스 생성을 허용한다.

이와 관련하여 다음 두 파일을 관찰하자. 이를 통해서 public과 default 선언에 따른 인스턴스의 생성 가능 여부를 코드상에서 확인하자.

◈ Cat.java

```
package zoo;

// Duck은 default로 선언되었으므로 동일 패키지 내에서만 인스턴스 생성 가능
class Duck {
    // 빈 클래스
}

// Cat은 public으로 선언되었으므로 어디서든 인스턴스 생성 가능
public class Cat {
    public void makeCat() {
        // Duck과 같은 패키지로 묶여 있으니 Duck 인스턴스 생성 가능
        Duck quack = new Duck();
    }
}
```

◈ Dog.java

```
package animal;

public class Dog {
    public void makeCat() {
        // Cat은 public으로 선언되었으므로 어디서든 인스턴스 생성 가능
        zoo.Cat yaong = new zoo.Cat();
    }

    public void makeDuck() {
        // Duck은 default로 선언되었으므로 이 위치에서 인스턴스 생성 불가
        zoo.Duck quack = new zoo.Duck();   // 컴파일 오류 발생 문장
    }
}
```

위의 두 파일은 실제 컴파일이 가능하다. 먼저 Cat.java를 다음과 같이 컴파일 한다. 그러면 정상적으로 컴파일이 되어 패키지 이름대로 디렉토리가 생성되고 그 안에 클래스 파일이 담긴다.

```
C:\JavaStudy>javac -d . Cat.java
```

이어서 다음과 같이 Dog.java를 컴파일 한다. 이때 컴파일 오류가 발생한다. 발생의 원인은 Duck 인스턴스의 생성 문장에 있다. 따라서 이 문장을 주석 처리하고 컴파일을 하면 오류 없이 컴파일을 완

료할 수 있다.

```
C:\JavaStudy>javac -d . Dog.java
```

그리고 클래스의 public 선언과 관련하여 다음 두 가지 사항을 지켜야 한다. 지키지 않을 경우 컴파일 오류가 발생한다. 그래서 위의 두 파일에서도 이 두 가지 사항을 지키고 있다.

- 하나의 소스파일에 하나의 클래스만 public으로 선언한다.
- 소스파일의 이름과 public으로 선언된 클래스의 이름을 일치시킨다.

이는 프로그램의 큰 틀을 분석하는 과정에서 먼저 관찰하게 되는 public 클래스를 중심으로 소스파일을 형성하기 위함이다. 그러나 이러한 제약사항이 없는 다른 객체지향 언어에서도 오래전부터 이러한 형태로 클래스와 소스파일을 관리해오고 있었다. 다만 자바에서는 이를 반드시 지키도록 문법으로 규정지었을 뿐이다.

■ 인스턴스 멤버 대상의 public, protected, private, default 선언

인스턴스 멤버는(인스턴스 변수와 메소드는) 다음과 같이 public, protected, private, default 중 하나로 선언이 된다. 그리고 앞서 설명했듯이 default는 아무런 선언도 되지 않았음을 의미한다.

```
class AAA {
    public int num1;           // 인스턴스 변수의 public 선언
    protected int num2;        // 인스턴스 변수의 protected 선언
    private int num3;          // 인스턴스 변수의 private 선언
    int num4;                  // 인스턴스 변수의 default 선언

    public void md1() {..}         // 인스턴스 메소드의 public 선언
    protected void md2() {..}      // 인스턴스 메소드의 protected 선언
    private void md3() {..}        // 인스턴스 메소드의 private 선언
    void md4() {..}                // 인스턴스 메소드의 default 선언
}
```

이 중에서 public과 default 선언은 앞서 클래스의 선언에도 사용되었는데, 그 의미가 사실상 동일하게 인스턴스 멤버에 적용이 된다. 그럼 인스턴스 멤버를 대상으로 하는 이 두 선언의 의미부터 설명을 하겠다.

■ 인스턴스 멤버의 public과 default 선언이 갖는 의미

인스턴스 멤버 대상의 public과 default 선언이 갖는 의미는 다음과 같다.

- public　어디서든 접근이 가능하다.
- default　동일 패키지로 묶인 클래스 내에서만 접근이 가능하다.

위에서 말하는 '접근'이 변수의 경우 말 그대로 접근이 되지만, 메소드의 경우 '호출'을 의미한다. 그럼 이와 관련하여 다음 코드를 보자.

◈ Cat.java

```
package zoo;

public class Cat {
    // public으로 선언된 메소드, 따라서 어디서든 호출 가능
    public void makeSound() { System.out.println("야옹"); }

    // default로 선언된 메소드, 따라서 동일 패키지로 묶인 클래스 내에서 호출 가능
    void makeHappy() { System.out.println("스마일"); }
}
```

◈ Dog.java

```
package animal;

public class Dog {
    public void welcom(zoo.Cat c) {
        c.makeSound();     // 호출 가능! 컴파일 성공!
        c.makeHappy();     // 호출 불가! 컴파일 오류!
    }
}
```

위의 두 파일도 실제 컴파일이 가능하다. 먼저 Cat.java를 다음과 같이 컴파일 한다.

```
C:\JavaStudy>javac -d . Cat.java
```

이어서 다음과 같이 Dog.java를 컴파일 한다.

```
C:\JavaStudy>javac -d . Dog.java
```

이때 makeHappy 메소드의 호출 문장에서 컴파일 오류가 발생한다. 따라서 오류 없이 컴파일을 완료하기 위해서는 다음 세 가지 중 하나를 선택해서 코드를 수정해야 하다.

Dog.java의 패키지를 zoo로 수정하여 컴파일 한다.

makeHappy 메소드를 public으로 선언한다.

makeHappy 메소드 호출문을 주석 처리한다.

이 중에서 Dog.java의 패키지를 zoo로 수정하여 컴파일하면 기존에 생성된 zoo 패키지에 Dog 클래스가 추가되어 Cat 클래스와 동일한 패키지로 묶이게 된다. 따라서 default로 선언된 메소드의 호출이 가능하게 된다.

■ 인스턴스 멤버의 private 선언이 갖는 의미

'정보 은닉'을 설명하면서 private 선언의 기능과 그 의미를 이미 설명하였다. 따라서 다음 클래스의 정의를 통해 내용을 정리하는 수준에서 private에 대한 설명을 마무리하겠다.

```
class Duck {
    private int numLeg = 2;    // 클래스 내부에서만 접근 가능

    public void md1() {
        System.out.println(numLeg);    // 접근 가능
        md2();    // 호출 가능
    }
    private void md2() {
        System.out.println(numLeg);    // 접근 가능
    }
    void md3() {
        System.out.println(numLeg);    // 접근 가능
        md2();    // 호출 가능
    }
}
```

위의 클래스 정의에서 보이듯이 private으로 선언된 변수 numLeg는 동일 클래스에 정의된 메소드에서만 접근이 가능하다. 마찬가지로 private으로 선언된 메소드 md2도 Duck 클래스에 정의된 메소드 내에서만 호출이 가능하다.

■ 인스턴스 멤버의 protected 선언이 갖는 의미: '상속'을 학습한 후에 공부하면 더 효과적이다.

인스턴스 멤버의 protected 선언이 갖는 의미는 다음과 같이 default 선언과 비교해서 생각하면 이해가 빠르다.

> "protected 선언은 default 선언이 허용하는 접근을 모두 허용한다."
>
> "더불어 protected는 default가 허용하지 않는 '한 영역'에서의 접근도 허용한다."

따라서 인스턴스 멤버 중에, default로 선언되면 접근을 허용하지 않지만 protected로 선언되면 접근을 허용하는 그 '한 영역'이 어디인지만 알면 protected에 대한 이해도 끝이 난다. 그런데 그 한 영역은 '클래스의 상속 관계'에서 만들어진다. 따라서 protected 선언의 의미는 '클래스의 상속'을 학습한 이후에 공부할 것을 권하고 싶다. 하지만 지금 이해를 원하는 경우를 감안하여 최대한 쉽게 설명을 이어가겠다.
다음은 상속 관계에 있는 두 클래스를 보여준다. AAA 클래스를 ZZZ 클래스가 상속하고 있는 상태이다. 이때 AAA 클래스의 모든 인스턴스 변수와 메소드들은 상속으로 인하여 ZZZ 클래스의 멤버가 된다.

◈ AAA.java

```
public class AAA {
    int num;
}
```

◈ ZZZ.java

```
// extends AAA는 AAA 클래스의 상속을 의미함
public class ZZZ extends AAA {
    public void init(int n) {
        num = n;    // 상속된 변수 num의 접근!
    }
}
```

ZZZ 클래스의 메소드 init을 보면 자신의 멤버로 선언되지 않은 변수 num에 접근하고 있다. 이것이 가능한 이유는 변수 num이 멤버로 상속되었기 때문이다. 즉 AAA를 상속한 ZZZ의 인스턴스를 생성하게 되면 해당 인스턴스 내에는 ZZZ에 선언된 변수와 메소드만 존재하는 것이 아니라 AAA에 선언된 변수와 메소드도 함께 존재하게 된다.
그럼 이제 접근 관계에 대해 이야기하겠다. 위와 같이 아무런 패키지 선언이 되지 않은 AAA 클래스와

ZZZ 클래스는 '디폴트 패키지(Default Package)'로 묶인 상태가 된다. 즉 AAA와 ZZZ는 디폴트라는 이름의 동일 패키지로 묶인 관계이니 AAA 클래스의 변수 num의 접근에는 문제가 없다. 하지만 다음과 같이 두 클래스를 서로 다른 패키지로 선언하면 상황은 달라진다.

◈ AAA.java

```
package alpha;

public class AAA {
    int num;
}
```

◈ ZZZ.java

```
// 클래스 AAA가 alpha 패키지로 묶였으므로 alpha.AAA가 되었다.
public class ZZZ extends alpha.AAA {
    public void init(int n) {
        num = n;    // 상속된 변수 num의 접근!
    }
}
```

AAA 클래스가 패키지 alpha로 묶였다. 반면에 ZZZ 클래스는 여전히 디폴트 패키지에 묶인 상태다. 결론적으로 이 두 클래스는 서로 다른 패키지로 묶여 있는 상태이다. 이 상태에서 먼저 다음과 같이 AAA.java를 컴파일한다.

```
C:\JavaStudy>javac -d . AAA.java
```

그리고 이어서 다음과 같이 ZZZ.java를 컴파일한다. 그런데 이때 컴파일 오류가 발생한다.

```
C:\JavaStudy>javac ZZZ.java
```

오류의 원인은 다음과 같다. AAA와 ZZZ가 묶인 패키지가 다르기 때문에 이러한 접근이 허용이 안된다.

"default로 선언된 클래스 AAA의 멤버 num을 클래스 ZZZ에서 접근하였다."

그런데 AAA 클래스의 인스턴스 변수 num을 다음과 같이 protected로 선언하면 정상적으로 컴파일이 된다.

```
protected int num;      // 상속 관계에 있는 클래스에서 접근 가능
```

이제 default는 허용하지 않지만 protected는 허용하는 그 '한 영역'이 어디인지 확인이 되었다. 그 '한 영역'에 대해서 정리하면 다음과 같다.

"protected로 선언된 멤버는 상속 관계에 있는 다른 클래스에서 접근 가능하다."

그리고 이러한 접근은 상속 관계에 있는 두 클래스가 서로 다른 패키지로 묶여 있어도 가능하다.

■ 인스턴스 멤버를 대상으로 하는 public, protected, private, default 선언에 대한 정리

지금까지 인스턴스 멤버를 대상으로 하는 네 가지 '접근 수준 지시자'에 대해서 설명했는데, 이들 각각이 허용하는 접근의 수준을 정리하면 다음과 같다.

지시자	클래스 내부	동일 패키지	상속 받은 클래스	이외의 영역
private	○	×	×	×
default	○	○	×	×
protected	○	○	○	×
public	○	○	○	○

[표 09-1: 접근 수준 지시자의 접근 허용 범위]

위의 표에서 말하는 '이외의 영역'은 '다른 패키지에 속한 클래스'를 뜻한다. 즉 서로 다른 패키지에 속한 두 클래스 사이의 접근을 의미한다. 그리고 위 표의 내용을 기준으로 접근 허용 범위에 대하여 다음과 같이 이해하고 있는 것도 도움이 된다.

```
public > protected > default > private
```

09-3 캡슐화 (Encapsulation)

캡슐화는 정보 은닉과 더불어 객체지향 기반의 클래스 설계에 있어 가장 기본이면서 중요한 원칙 중 하나이다. 캡슐화는 문법적인 내용은 아니다. 클래스 안에 '무엇을 넣을까'에 대한 이론을 제시하는 내용이다.

■ 콘택600과 캡슐화

코감기 약 중에 '걸렸구나! 하면 콘택600'이라는 광고 문구로 유명세를 탔던 약이 있다. 아주 오래전에 나온 약인데 지금도 그 이름이 '콘택600'에서 '콘택골드'로 변경되어 판매되고 있다. 물론 약효도 좋다. 그리고 무엇보다 그 생김새가 다른 약들과는 확연히 구분이 된다.
모든 약들이 그러하지만 이 약은 캡슐화가 잘 이뤄진 예로 볼 수 있다. 이 약이 갖는 기능은 다음과 같다.

- 흐르는 '콧물'을 멋게 하는 기능
- 멈추지 않는 '재채기'를 가라앉혀 주는 기능
- 답답한 '코막힘' 상태를 완화시켜 주는 기능

그런데 만약에 이 약이 콧물용, 재채기용, 코막힘용 캡슐로 나눠져 있다면, 그래서 코감기에 걸렸을 때 총 세 알의 캡슐을 복용해야 한다면, 이는 캡슐화가 잘 이뤄지지 않은 예가 된다. 그러나 이 약은 다음 하나의 목적을 달성하기 위해서 하나의 캡슐 안에 모든 것을 적절히 담아 놓았다.

"코감기에 동반되는 모든 증상을 완화시키는 강력한 처방!"

따라서 이 약은 캡슐화가 잘 된 예로 볼 수 있다. 정리하면 캡슐화는 다음과 같이 정의할 수 있다.

"하나의 목적을 이루기 위해 관련 있는 모든 것을 하나의 캡슐에 담아 두는 것"

물론 객체지향 관점에서 위의 캡슐은 클래스에 해당한다. 즉 위의 문장은 다음과 같이 다시 쓸 수 있다.

"하나의 목적을 이루기 위해 관련 있는 모든 것을 하나의 클래스에 담아 두는 것"

무조건 많이 담는다고 해서 캡슐화가 아니다. 부족해도 안되고 넘쳐도 문제가 된다. 그리고 상황 및 목적에 따라서 동일한 이름의 클래스에도 담기는 내용이 달라진다. (그래서 캡슐화를 잘하려면 다양한 상황에서의 연습과 경험이 필요하다.) 그렇다면 캡슐화가 중요한 이유는 무엇일까? 클래스들을 적절히 캡슐화시키면 프로그램이 간결해진다. 반면 캡슐화를 적절히 시키지 못하면 프로그램이 복잡해질 뿐만 아니라 구현 과정에서 문제가 생겨 더 이상 진행이 어려워지는 경우도 있다.

■ 캡슐화가 이뤄지지 않은 예제

다음은 콘택600의 복용 과정을 시뮬레이션 한 예제이다. 단 캡슐화가 적절히 이뤄지지 않은 약의 상태를 보여준다. 이로 인해 어떠한 불편함이 코드상에서 발생할 수 있는지 확인해보자.

◈ BadEncapsulation.java

```
class SinivelCap {    // 콧물 처치용 캡슐
    void take() {
        System.out.println("콧물이 싹~ 납니다.");
    }
}

class SneezeCap {    // 재채기 처치용 캡슐
    void take() {
        System.out.println("재채기가 멎습니다.");
    }
}

class SnuffleCap {    // 코막힘 처치용 캡슐
    void take() {
        System.out.println("코가 뻥 뚫립니다.");
    }
}

class ColdPatient {
    void takeSinivelCap(SinivelCap cap) {
        cap.take();
    }
    void takeSneezeCap(SneezeCap cap) {
        cap.take();
    }
    void takeSnuffleCap(SnuffleCap cap) {
        cap.take();
    }
}

```

```
class BadEncapsulation {
    public static void main(String[] args) {
        ColdPatient suf = new ColdPatient();

        // 콧물 캡슐 구매 후 복용
        suf.takeSinivelCap(new SinivelCap());

        // 재채기 캡슐 구매 후 복용
        suf.takeSneezeCap(new SneezeCap());

        // 코막힘 캡슐 구매 후 복용
        suf.takeSnuffleCap(new SnuffleCap());
    }
}
```

▶ 실행 결과: BadEncapsulation.java

```
명령 프롬프트
C:₩JavaStudy>java BadEncapsulation
콧물이 싹~ 납니다.
재채기가 멎습니다.
코가 뻥 뚫립니다.

C:₩JavaStudy>_
```

위와 같은 클래스 구성에서는 프로그래머가 다음 사실을 인지하고 있어야 한다.

"코감기 증상 완화를 위해 SinivelCap, SneezeCap, SnuffleCap 인스턴스 생성해야 한다."

더불어 어디까지나 가정이지만, 약 복용에 있어서 다음 사항도 지켜야 한다고 가정해보자. (실제 프로그래밍에서 이러한 성격의 제약사항이 자주 등장한다.)

"약은 SinivelCap, SneezeCap, SnuffleCap의 순으로 복용해야 한다."

지금 언급한 것이 캡슐화가 정상적으로 이뤄지지 않았을 때의 문제점이다. 코감기 약 복용이라는 한 가지 목적의 달성을 위해 프로그래머가 알아야 할 것도 많고 코드상에서의 약 복용 과정 또한 복잡하다. 그렇다면 캡슐화가 잘 이뤄졌다면 상황은 어떻게 달라질 수 있을까?

■ 캡슐화가 잘 이뤄진 예제: 하나의 클래스로 캡슐화 완성하기

다음은 캡슐화가 잘 이뤄진 사례를 보여주는 예제이다. 앞서 보인 예제와 내용은 같지만 코드의 구성에서 차이가 난다.

◈ OneClassEncapsulation.java

```
class SinusCap {
    void sniTake() {
        System.out.println("콧물이 싹~ 납니다.");
    }
    void sneTake() {
        System.out.println("재채기가 멋습니다.");
    }
    void snuTake() {
        System.out.println("코가 뻥 뚫립니다.");
    }

    void take() {    // 약의 복용 방법 및 순서가 담긴 메소드
        sniTake();
        sneTake();
        snuTake();
    }
}

class ColdPatient {
    void takeSinus(SinusCap cap) {
        cap.take();
    }
}

class OneClassEncapsulation {
    public static void main(String[] args) {
        ColdPatient suf = new ColdPatient();
        suf.takeSinus(new SinusCap());
    }
}
```

위 예제는 앞서 보인 예제와 결과면에서는 동일하다. 그러나 SinusCap 클래스 안에 코감기에 관련된 모든 내용이 캡슐화되었다. 그래서 이의 복용과 관련된 코드를 담고 있는 ColdPatient 클래스와 main 메소드가 이전 예제와 비교하여 매우 간단해졌다. 즉 감기약 복용을 위해 알아야 할 내용은 다음이 전부이다.

"SinusCap 인스턴스를 생성하고 take 메소드를 호출한다."

다시 한번 언급하지만, 캡슐화는 절대로 클래스를 크게 만들라는 뜻이 아니다. 캡슐화에서 말하고자 하는 것은 크기가 아닌 내용이다. 해당 클래스와 관련 있는 내용을 하나의 클래스에 모두 담되 부족하게 담아서도 넘치게 담아서도 안된다는 뜻이다.

■ 캡슐화가 잘 이뤄진 또 다른 예제: 포함 관계로 캡슐화 완성하기

한 클래스가 다른 클래스의 인스턴스를 멤버로 가질 수 있는데, 이러한 관계를 가리켜 '포함 관계'라 한다. 그리고 이러한 포함 관계는 캡슐화를 완성하는 과정에서도 사용이 된다. 예를 들어서 앞서 캡슐화가 완성되지 않은 예에서 다음 클래스들을 정의한 바 있다.

```
SinivelCap, SneezeCap, SnuffleCap
```

따라서 이들을 인스턴스 멤버로 갖는 다음과 같은 클래스를 정의할 수 있으며 이러한 방식으로도 캡슐화를 완성시킬 수 있다.

```
class SinusCap {
    SinivelCap siCap = new SinivelCap();
    SneezeCap szCap = new SneezeCap();
    SnuffleCap sfCap = new SnuffleCap();

    void take() {
        siCap.take(); szCap.take(); sfCap.take();
    }
}
```

그리고 위와 같은 방식의 캡슐화 결과를 예제에 적용한 결과는 다음과 같다.

◈ CompEncapsulation.java

```
class SinivelCap {    // 콧물 처치용 캡슐
    void take() {
        System.out.println("콧물이 싹~ 납니다.");
    }
}

class SneezeCap {    // 재채기 처치용 캡슐
    void take() {
```

```
            System.out.println("재채기가 멎습니다.");
        }
}

class SnuffleCap {    // 코막힘 처치용 캡슐
    void take() {
        System.out.println("코가 뻥 뚫립니다.");
    }
}

class SinusCap {
    SinivelCap siCap = new SinivelCap();
    SneezeCap szCap = new SneezeCap();
    SnuffleCap sfCap = new SnuffleCap();

    void take() {
        siCap.take(); szCap.take(); sfCap.take();
    }
}

class ColdPatient {
    void takeSinus(SinusCap cap) {
        cap.take();
    }
}

class CompEncapsulation {
    public static void main(String[] args) {
        ColdPatient suf = new ColdPatient();
        suf.takeSinus(new SinusCap());
    }
}
```

▶ 실행 결과: CompEncapsulation.java

```
명령 프롬프트
C:₩JavaStudy>java CompEncapsulation
콧물이 싹~ 납니다.
재채기가 멎습니다.
코가 뻥 뚫립니다.

C:₩JavaStudy>
```

문제 09-1 [다양한 클래스의 정의]

먼저 클래스 하나를 다음과 같이 제시하겠다.

```
class Point {
    int xPos, yPos;
    public Point(int x, int y) {
        xPos = x;
        yPos = y;
    }
    public void showPointInfo() {
        System.out.println("[" + xPos + ", " + yPos + "]");
    }
}
```

이 클래스를 기반으로(활용하여) 원을 의미하는 Circle 클래스를 정의하자. Circle 클래스는 좌표 상의 위치 정보(원의 중심 좌표)와 반지름의 길이 정보를 저장할 수 있어야 한다. 그리고 다음 수준의 main 메소드를 기반으로 Circle 클래스를 테스트하자.

```
public static void main(String[] args) {
    Circle c = new Circle(2, 2, 4);    // 좌표 [2, 2] 반지름 4인 원의 생성
    c.showCircleInfo();    // 원의 정보 출력
}
```

위의 main 메소드에서 showCircleInfo 메소드 호출을 통해서 원의 정보를 출력했을 때, 원의 좌표 정보와 반지름 정보는 반드시 출력이 되도록 구현해야 한다.

답안은 출판사 홈페이지를 통해서 제공합니다.

Chapter 10

클래스 변수와 클래스 메소드

10-1. static 선언을 붙여서 선언하는 클래스 변수
- 선언된 클래스의 모든 인스턴스가 공유하는 '클래스 변수(static 변수)'
- 클래스 변수의 접근 방법
- 클래스 변수의 초기화 시점과 초기화 방법
- 클래스 변수를 언제 유용하게 활용할 것인가?

10-2. static 선언을 붙여서 선언하는 클래스 메소드
- 클래스 메소드의(static 메소드의) 정의와 호출
- 클래스 메소드로 정의하는 것이 더 나은 경우
- 클래스 메소드에서 인스턴스 변수에 접근이 가능할까?

10-3. System.out.println() 그리고 public static void main()
- System.out.println()에서 out과 println의 정체는?
- main 메소드가 public이고 static인 이유는?
- main 메소드를 어디에 위치시킬 것인가?

10-4. 또 다른 용도의 static 선언
- static 초기화 블록 (Static Initialization Block)
- static import 선언

본 Chapter에서는 static 선언이 붙은 변수와 메소드에 대해서 설명한다. 때문에 본 Chapter를 공부하고 나면 main 메소드에 static 선언이 붙어 있는 이유를 알 수 있다.

10-1 static 선언을 붙여서 선언하는 클래스 변수

'인스턴스 변수'는 인스턴스가 생성되었을 때, 생성된 인스턴스 안에 존재하는 변수이다. 그러나 '클래스 변수'는 인스턴스의 생성과 상관없이 존재하는 변수이다.

■ 선언된 클래스의 모든 인스턴스가 공유하는 '클래스 변수(static 변수)'

클래스 내에 선언된 변수 앞에 static 선언을 붙이면 이는 인스턴스 변수가 아닌 '클래스 변수'가 된다. 이러한 클래스 변수의 특성을 파악하기 위해서 다음 예제를 관찰하자. 이 예제는 클래스 변수의 이해에 초점이 맞춰져 있어서 이 예제만으로도 클래스 변수의 기본 특성을 파악할 수 있을 것이다.

◈ ClassVar.java

```
class InstCnt {
    static int instNum = 0;     // 클래스 변수 (static 변수)

    InstCnt() {     // 생성자
        instNum++;     // static으로 선언된 변수의 값 증가
        System.out.println("인스턴스 생성: " + instNum);
    }
}

class ClassVar {
    public static void main(String[] args) {
```

```
        InstCnt cnt1 = new InstCnt();
        InstCnt cnt2 = new InstCnt();
        InstCnt cnt3 = new InstCnt();
    }
}
```

▶ 실행 결과: ClassVar.java

```
명령 프롬프트
C:₩JavaStudy>java ClassVar
인스턴스 생성: 1
인스턴스 생성: 2
인스턴스 생성: 3

C:₩JavaStudy>_
```

클래스 InstCount의 생성자에서 static으로 선언된 변수 instNum의 값을 하나 증가시킨 다음에 그 결과를 출력하고 있다. 그런데 출력 결과를 보면 그 값이 인스턴스 생성 시마다 1씩 증가함을 알 수 있다. 그리고 이를 통해 다음 사실을 알 수 있다.

"static으로 선언된 변수는 변수가 선언된 클래스의 모든 인스턴스가 공유하는 변수이다."

클래스 변수는 인스턴스 내에 존재하는 변수가 아니라 '어떠한 인스턴스에도 속하지 않는 상태로 메모리 공간에 딱 하나만 존재하는 변수'이다. 다만 이 변수가 선언된 클래스의 인스턴스들은 이 변수에 바로 접근할 수 있는 권한이 있을 뿐이다.

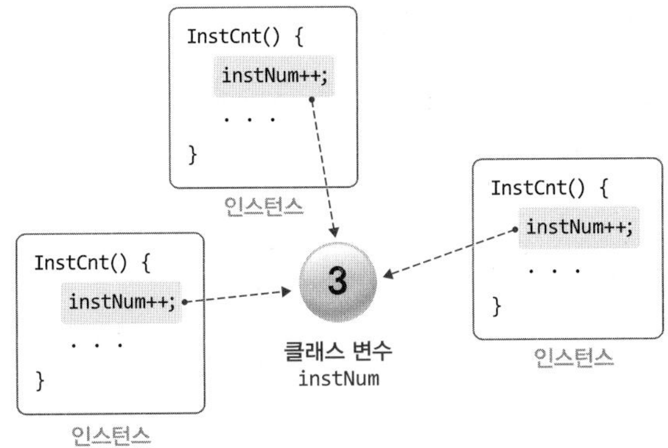

[그림 10-1: 공유하는 클래스 변수]

그리고 클래스 변수도 '접근 수준 지시자'의 규칙을 그대로 적용받기 때문에 public으로 선언되면 어디서든 접근이 가능하다. 물론 접근 방법에 있어서는 차이를 보이는데 이와 관련된 내용은 이어서 설명하겠다.

■ 클래스 변수의 접근 방법

클래스 변수에 접근하는 방법은 접근 영역을 기준으로 다음과 같이 크게 두 가지로 나뉜다.

- 클래스 내부 접근 변수의 이름을 통해 직접 접근
- 클래스 외부 접근 클래스 또는 인스턴스의 이름을 통해 접근

그럼 다음 예제를 통해서 클래스 변수의 접근 방법을 모두 보이겠다.

◈ ClassVarAccess.java

```
class AccessWay {
    static int num = 0;

    AccessWay() {
        incrCnt();
    }
    void incrCnt() {
        num++;     // 클래스 내부에서 이름을 통한 접근
    }
}

class ClassVarAccess {
    public static void main(String[] args) {
        AccessWay way = new AccessWay();
        way.num++;     // 외부에서 인스턴스의 이름을 통한 접근
        AccessWay.num++;     // 외부에서 클래스의 이름을 통한 접근
        System.out.println("num = " + AccessWay.num);
    }
}
```

▶ 실행 결과: ClassVarAccess.java

```
명령 프롬프트
C:\JavaStudy>java ClassVarAccess
num = 3

C:\JavaStudy>
```

위의 예제에서 보이듯이, 앞서 보였던 클래스 내부에서의 접근 방법 이외에 다음과 같이 클래스의 이름 또는 인스턴스의 이름을 통한 접근도 가능하다.

```
way.num++;      // 인스턴스의 이름을 통한 접근
AccessWay.num++;      // 클래스의 이름을 통한 접근
```

인스턴스의 이름을 통한 접근 방법을 보면서, 클래스 변수를 인스턴스 내부에 위치한 것으로 오해하면 안 된다. 그리고 클래스 변수 num은 default로 선언되었다. 따라서 클래스 내부는 물론 클래스 외부이더라도 동일 패키지로 묶여 있으면 접근이 가능하다.

■ 클래스 변수의 초기화 시점과 초기화 방법

클래스 변수는 인스턴스의 생성과 상관이 없다고 하였다. 그렇다면 클래스 변수는 언제 메모리 공간에 할당되고 초기화될까? 이와 관련하여 다음 예제를 보자.

◈ OnlyClassNoInstance.java

```
class InstCnt {
    static int instNum = 100;

    InstCnt() {
        instNum++;
        System.out.println("인스턴스 생성: " + instNum);
    }
}

class OnlyClassNoInstance {
    public static void main(String[] args) {
        InstCnt.instNum -= 15;     // 인스턴스 생성 없이 instNum에 접근
        System.out.println(InstCnt.instNum);
    }
}
```

▶ 실행 결과: OnlyClassNoInstance.java

```
명령 프롬프트
C:\JavaStudy>java OnlyClassNoInstance
85

C:\JavaStudy>
```

위의 예제를 통해서 언급하고 싶은 내용은 다음과 같다.

"클래스 변수는 인스턴스 생성 이전에 메모리 공간에 존재한다."

결론을 말하면, 클래스 변수는 해당 클래스 정보가 가상머신에 의해 읽히는 순간 메모리 공간에 할당되고 초기화된다. 그리고 한 가지 확실한 것은 이러한 할당과 초기화는 위의 예제에서 보이듯이 인스턴스의 생성과 무관하게 이뤄진다는 점이다. 따라서 다음과 같이 생성자를 통한 클래스 변수의 초기화를 진행하지 않도록 주의해야 한다.

```
class InstCnt {
    static int instNum = 100;    // 클래스 변수의 정상적인 초기화 방법
    InstCnt() {
        instNum = 0;    // 클래스 변수의 초기화가 아니다!
    }
}
```

위의 클래스 변수 instNum은 100으로 초기화된다. 클래스 정보가 가상머신에 의해 읽히는 순간 100으로 초기화된다. 그런데 생성자에서 변수 instNum을 0으로 다시 초기화한다. 따라서 인스턴스가 생성될 때마다 instNum은 매번 그 값이 0으로 바뀌게 된다.

참 고 **클래스 로딩(Class Loading)**

앞서 설명에서 '클래스 정보를 가상머신이 읽는다.'는 표현을 썼는데, 이렇듯 가상머신이 특정 클래스 정보를 읽는 행위를 가리켜 '클래스 로딩(Class Loading)'이라 한다. 그리고 특정 클래스의 인스턴스 생성을 위해서는 해당 클래스가 반드시 가상머신에 의해 로딩되어야 한다. 즉 인스턴스 생성보다 클래스 로딩이 먼저이다.

■ 클래스 변수를 언제 유용하게 활용할 것인가?

앞서 제시했던 예제를 통해서도 클래스 변수가 유용하게 활용되는 상황 한 가지를 짐작할 수 있다.

"인스턴스 간에 데이터 공유가 필요한 상황에서 클래스 변수를 선언한다."

앞서 예제에서는 '생성된 인스턴스의 수를 관리하는 상황'을 보였는데, 이 역시 인스턴스 간 데이터 공유의 한 사례에 해당한다. 그럼 이어서 클래스 변수가 유용하게 사용되는 사례를 하나 더 보이겠다. 이

는 '클래스 내부와 외부에서 참조해야 할 정보'를 클래스 변수에 담은 예이다.

◈ CircleConstPI.java

```
class Circle {
    static final double PI = 3.1415;    // 변하지 않는, 참조가 목적인 값
    private double radius;

    Circle(double rad) {
        radius = rad;
    }
    void showPerimeter() {
        double peri = (radius * 2) * PI;
        System.out.println("둘레: " + peri);
    }
    void showArea() {
        double area = (radius * radius) * PI;
        System.out.println("넓이: " + area);
    }
}

class CircleConstPI {
    public static void main(String[] args) {
        Circle c = new Circle(1.2);
        c.showPerimeter();
        c.showArea();
    }
}
```

▶ 실행 결과: CircleConstPI.java

```
명령 프롬프트
C:\JavaStudy>java CircleConstPI
둘레: 7.5396
넓이: 4.52376

C:\JavaStudy>
```

위 예제에서 PI가 상수로 선언이 되었다. PI가 지닌 값은 '원주율'로 결코 변하지 않는 값이기 때문이다. 그런데 인스턴스 변수가 아닌 '클래스 변수'로 선언되었다. 이는 모든 Circle 인스턴스가 참조해야 하는 값이지만, 인스턴스가 각각 지녀야 하는 값은 아니기 때문이다.

"참조를 목적으로만 존재하는 값은 final 선언이 된 클래스 변수에 담는다."

게다가 이 값은 외부에서 참조한다고 해서 문제가 되는 값이 아니다. 그래서 private으로 선언하지 않았다. 필요하다면 public으로 선언해도 괜찮은 값이다.

10-2 static 선언을 붙여서 선언하는 클래스 메소드

클래스 내에 정의된 메소드에 static 선언을 하면 '클래스 메소드'가 된다. 그리고 클래스 메소드는 그 성격이 클래스 변수와 유사하다. 접근 방법도 동일하며 인스턴스 생성 이전부터 호출이 가능한, 그리고 어느 인스턴스에도 속하지 않는 메소드라는 점도 클래스 변수와 동일하다.

■ 클래스 메소드의(static 메소드의) 정의와 호출

앞서 공부한 클래스 변수의 특성 두 가지는 다음과 같다.

- 인스턴스 생성 이전부터 접근이 가능하다.
- 어느 인스턴스에도 속하지 않는다.

이 두 가지는 클래스 메소드도 동일하게 갖는 특성이다. 따라서 이 사실을 다음 예제를 통해서 확인해 보겠다. 더불어 클래스 변수의 접근 방법과 동일한 '클래스 메소드의 호출 방법'도 확인해보자.

◈ ClassMethod.java

```
class NumberPrinter {
    private int myNum = 0;

```

```
    static void showInt(int n) {    // 클래스 메소드 (static 메소드)
        System.out.println(n);
    }
    static void showDouble(double n) {    // 클래스 메소드
        System.out.println(n);
    }

    void setMyNumber(int n) {    // 인스턴스 메소드
        myNum = n;
    }
    void showMyNumber() {    // 인스턴스 메소드
        showInt(myNum);    // 클래스 내부에서 클래스 메소드 호출
    }
}

class ClassMethod {
    public static void main(String[] args) {
        NumberPrinter.showInt(20);    // 클래스 이름을 통한 클래스 메소드 호출

        NumberPrinter np = new NumberPrinter();
        np.showDouble(3.15);    // 인스턴스 이름을 통한 클래스 메소드 호출
        np.setMyNumber(75);
        np.showMyNumber();
    }
}
```

▶ 실행 결과: ClassMethod.java

명령 프롬프트

```
C:\JavaStudy>java ClassMethod
20
3.15
75

C:\JavaStudy>
```

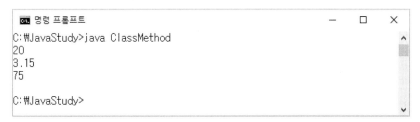

위 예제에서 다음과 같이 클래스의 이름을 통해서 클래스 메소드를 호출하였다.

```
NumberPrinter.showInt(20);
```

사실 위의 메소드 호출만 가지고도 클래스 메소드가 어느 인스턴스에도 속하지 않는다는 사실을 알 수

있다. 인스턴스 생성 이전에 호출이 되었기 때문이다. 그리고 예제의 주석에서 설명하고 있듯이 클래스의 내부와 외부에서 클래스 메소드를 호출하는 방법은 클래스 변수에 접근하는 방법과 차이가 없다.

■ 클래스 메소드로 정의하는 것이 더 나은 경우

다음 예제를 분석하는 시간을 가져보자. 특히 SimpleCalculator 클래스에 정의된 메소드들을 관찰하자.

◈ UseCalculator.java

```
class SimpleCalculator {
    static final double PI = 3.1415;

    double add(double n1, double n2) {
        return n1 + n2;
    }
    double min(double n1, double n2) {
        return n1 - n2;
    }
    double calCircleArea(double r) {
        return PI * r * r;
    }
    double calCirclePeri(double r) {
        return PI * (r * 2);
    }
}

class UseCalculator {
    public static void main(String[] args) {
        SimpleCalculator sc = new SimpleCalculator();
        System.out.println("3 + 4 = " + sc.add(3, 4));
        System.out.println("반지름 2.2, 원의 넓이: " + sc.calCircleArea(2.2) + "\n");

        System.out.println("15 - 7 = " + sc.min(15, 7));
        System.out.println("반지름 5.0, 원의 둘레: " + sc.calCirclePeri(5.0));
    }
}
```

▶ 실행 결과: UseCalculator.java

```
명령 프롬프트
C:₩JavaStudy>java UseCalculator
3 + 4 = 7.0
반지름 2.2, 원의 넓이: 15.204860000000002

15 - 7 = 8.0
반지름 5.0, 원의 둘레: 31.415000000000003

C:₩JavaStudy>_
```

위 예제에서 클래스 SimpleCalculator에 정의된 메소드가 갖는 특징 두 가지는 다음과 같다.

- 모두 외부에 기능을 제공하기 위한 메소드들이다.
- 모두 인스턴스 변수의 값을 참조하거나 수정하지 않는다.

즉 SimpleCalculator에 정의된 메소드들은 인스턴스에 속할 이유가 없다. 따라서 위 예제는 다음과 같이 수정하는 편이 낫다. (다음 예제에서는 클래스의 이름을 SC로 단순하게 바꾸었다.)

◈ UseCalculatorCMVer.java

```
class SC {
    static final double PI = 3.1415;

    static double add(double n1, double n2) {
        return n1 + n2;
    }
    static double min(double n1, double n2) {
        return n1 - n2;
    }
    static double calCircleArea(double r) {
        return PI * r * r;
    }
    static double calCirclePeri(double r) {
        return PI * (r * 2);
    }
}

class UseCalculatorCMVer {
    public static void main(String[] args) {
        System.out.println("3 + 4 = " + SC.add(3, 4));
        System.out.println("반지름 2.2, 원의 넓이: " + SC.calCircleArea(2.2) + "\n");
```

```

        System.out.println("15 - 7 = " + SC.min(15, 7));
        System.out.println("반지름 5.0, 원의 둘레: " + SC.calCirclePeri(5.0));
    }
}
```

위 예제에서 보이듯이, 메소드에 static 선언을 추가함으로 인해 불필요한 인스턴스의 생성 과정을 생략할 수 있게 되었다. 실제로 '클래스 메소드'로 구성된, 인스턴스의 생성을 목적으로 설계되지 않은 클래스들도 존재하고, 프로그래머가 이러한 유형의 클래스를 직접 설계하는 경우도 종종 있다.

■ 클래스 메소드에서 인스턴스 변수에 접근이 가능할까?

다음 질문에 답을 해보자. 클래스 메소드의 특성을 잘 이해했다면 답을 할 수 있는 질문이다.

"클래스 메소드에서 같은 클래스에 선언된 인스턴스 변수에 접근이 가능한가?"

이는 다음과 같은 코드의 작성이 가능한지를 묻는 질문이다.

```
class AAA {
    int num = 0;
    static void addNum(int n) {
        num += n;    // 이 문장이 유효한가?
    }
}
```

논리적으로 생각을 하면 위와 같은 문장 구성이 불가능하다는 것을 알 수 있다. 인스턴스 변수는 인스턴스에 속한다. 더불어 인스턴스가 생성이 되어야 메모리 공간에 존재하게 된다. 반면 클래스 메소드는 인스턴스 생성 이전부터 호출이 가능하다. 그런데 어떻게 위와 같은 문장을 구성할 수 있겠는가? 따라서 위 질문에 대해서 다음과 같이 답을 할 수 있어야 한다.

"클래스 메소드는 인스턴스에 속하지 않으므로 인스턴스 변수에 접근이 불가능하다."

"같은 이유로 클래스 메소드는 인스턴스 메소드의 호출도 불가능하다."

그러나 다음과 같이 클래스 메소드는 같은 클래스에 정의되어 있는 다른 클래스 메소드나 성격이 동일한 클래스 변수에는 접근이 가능하다.

```
class AAA {
    static int num = 0;
    static void showNum() {
        System.out.println(num);     // 클래스 변수 접근 가능
    }
    static void addNum(int n) {
        num += n;     // 클래스 변수 접근 가능
        showNum();    // 클래스 메소드 호출 가능
    }
}
```

10-3 System.out.println() 그리고 public static void main()

지금까지 main 메소드를 정의할 때 그 앞에 static 선언을 붙여왔다. 그리고 인스턴스의 생성 없이 println 메소드를 호출해 왔다.

■ System.out.println()에서 out과 println의 정체는?

static 선언의 의미를 알았으니 System.out.println의 구성을 이해할 수 있다. 일단 System은 자바에서 제공하는 클래스로 java.lang 패키지에 묶여 있다. 따라서 원칙적으로는 다음과 같이 호출해야 한다.

```
java.lang.System.out.println( . . . );
```

그러나 컴파일러가 다음 문장을 삽입해주기 때문에 패키지의 이름 부분을 생략할 수 있다.

```
import java.lang.*;       // 컴파일러가 삽입하는 import 선언
```

그리고 out은 System.out으로 접근을 하니, 이는 분명 static으로 선언된 클래스 변수가 분명하다. 클래스의 이름을 통해 접근하니 말이다. 실제로 out은 System 클래스 내에 다음과 같이 선언된 클래스 변수이다. (아래에서 System 클래스에 final 선언이 붙어 있는데 이것이 갖는 의미는 '상속'에서 설명한다.)

```
public final class System extends Object {
    public static final PrintStream out;     // 참조변수 out
    ....
}
```

마지막으로 println은 PrintStream 클래스의 인스턴스 메소드이다. 따라서 다음 문장을 보면서,

```
System.out.println( . . . );
```

다음과 같이 이해할 수 있어야 한다.

"System에 위치한 클래스 변수 out이 참조하는 인스턴스의 println 메소드를 호출하는 문장"

■ main 메소드가 public이고 static인 이유는?

main 메소드는 반드시 다음의 모양새를 갖춰야 한다.

```
public static void main(String[] args) {
    ....
}
```

이렇듯 main 메소드는 public으로 그리고 static으로 선언해야 한다. 이는 일종의 약속이며, 이러한 약속에 근거하여 다음과 같이 실행을 하면,

```
C:\JavaStudy>java MyMainClass
```

MyMainClass에 public으로 그리고 static으로 선언된 main 메소드를 찾아 실행을 하게 된다.

```
public static void main(String[] args)
```

main 메소드의 호출이 이뤄지는 영역은 클래스 외부이다. 따라서 public으로 선언하는 것이 타당함

을 알 수 있다. 그리고 main 메소드는 인스턴스가 생성되기 이전에 호출된다. 따라서 static 선언하는 것이 옳음을 알 수 있다.

■ main 메소드를 어디에 위치시킬 것인가?

다음의 main 메소드가 호출이 되어 실제 실행이 되게 하려고 한다.

```
public static void main(String[] args) {
    Car c = new Car();
    c.myCar();
    Boat t = new Boat();
    t.myBoat();
}
```

그래서 이를 위해 다음과 같이 Car 클래스와 Boat 클래스도 정의하였다. 여기서 클래스의 내용은 중요하지 않다. Car 클래스와 Boat 클래스가 존재한다는 사실만 중요하다.

◈ CarNBoat.java

```
class Car {
    void myCar() {
        System.out.println("This is my car");
    }
}

class Boat {
    void myBoat() {
        System.out.println("This is my boat");
    }
}
```

이로써 main 메소드의 호출 준비는 끝이 났다. 그렇다면 main 메소드는 어디에 두어야 할까? 가장 먼저 생각할 수 있는 것은 main 메소드를 담을 목적으로 별도의 클래스를 정의하는 것이다. 그러나 main 메소드는 static 메소드이기 때문에, 즉 특정 인스턴스의 멤버로 존재하는 메소드가 아니기 때문에 다음과 같이 Car 클래스에 두어도 된다.

◈ CarNBoat.java

```
class Car {
    void myCar() {
```

```
        System.out.println("This is my car");
    }

    public static void main(String[] args) {
        Car c = new Car();     // Car 인스턴스의 생성이 가능하다.
        c.myCar();
        Boat t = new Boat();
        t.myBoat();
    }
}

class Boat {
    void myBoat() {
        System.out.println("This is my boat");
    }
}
```

main 메소드를 Car 클래스 내에 위치시켰는데 그 안에서 Car 인스턴스를 생성하고 있다. 혹시 이 부분이 조금 난해하게 느껴지는가? 그렇다면 다음과 같이 생각하자.

> "Car 클래스와 static으로 선언된 main 메소드는 사실상 별개이다."
> "다만 Car 클래스가 main 메소드에게 공간을 제공했을 뿐이다."

실제로 Car 인스턴스와 그 안에 정의된 클래스 메소드인 main과는 관계가 없기 때문에 위와 같은 이해하는 것도 괜찮다. 이제 실행을 해야 하는데 main 메소드가 Car 클래스 안에 있기 때문에 다음과 같이 실행해야 한다.

```
C:\JavaStudy>java Car
```

물론 Car 클래스를 대신해서 다음과 같이 Boat 클래스에 main 메소드를 두어도 된다.

◈ CarNBoat.java

```
class Car {
    void myCar() {
        System.out.println("This is my car");
    }
}

class Boat {
```

```
    void myBoat() {
        System.out.println("This is my boat");
    }

    public static void main(String[] args) {
        Car c = new Car();
        c.myCar();
        Boat t = new Boat();
        t.myBoat();
    }
}
```

위와 같이 main 메소드를 Boat 클래스에 두면 다음과 같이 실행 방식에서 차이가 발생하는 것은 당연하다.

```
C:\JavaStudy>java Boat
```

그리고 추천하는 방법은 아니지만 두 클래스 모두에 main 메소드를 두어도 된다. 그러면 다음과 같이 두 가지 방법으로 main 메소드의 호출이 가능하다.

```
C:\JavaStudy>java Car
C:\JavaStudy>java Boat
```

사실 위의 상황에서 main 메소드를 담기 위한 별도의 클래스를 정의하는 것이 일반적이다. 그러나 상황과 프로그래머의 성향에 따라서 다양한 형태의 코드가 존재할 수 있다.

10-4 또 다른 용도의 static 선언

static 선언은 클래스 변수와 클래스 메소드의 선언 이외에 다른 용도로도 사용이 된다. 사용 빈도가 높지는 않으나 상황에 따라 유용하게 사용할 수 있으니 알아 두는 것이 좋겠다.

■ static 초기화 블록 (Static Initialization Block)

다음 클래스 정의를 보자. 이 클래스에는 프로그램의 실행 날짜를 저장할 목적으로 변수가 하나 선언되었다. 그리고 이 변수는 변경의 대상이 아니고 참조만을 목적으로 하므로 '클래스 변수'로 선언을 하였다.

```
class DateOfExecution {
    static String date;     // 프로그램의 실행 날짜를 저장하기 위한 변수

    public static void main(String[] args) {
        System.out.println(date);
    }
}
```

위에서 클래스 변수 date를 선언과 동시에 오늘 날짜 정보를 담고 있는 문자열로 초기화하고 싶다. 그런데 오늘 날짜를 얻어오는 코드는 다음과 같다. 다음 두 문장이 실행되어야 변수 date에는 오늘 날짜 정보가 담긴다. (클래스 LocalDate는 도서 후반부에 소개한다.)

```
LocalDate nDate = LocalDate.now();
date = nDate.toString();
```

변수 date가 인스턴스 변수라면 위의 두 문장을 생성자에 넣으면 된다. 그러나 이는 클래스 변수이므로 생성자는 적절치 않다. 이러한 상황을 고려하여 자바는 'static 초기화 블록'이라는 것을 제공한다. 그리고 위의 두 문장을 static 초기화 블록으로 감싼 결과는 다음과 같다.

```
static {
    LocalDate nDate = LocalDate.now();
    date = nDate.toString();
}
```

'static 초기화 블록'은 클래스 변수와 마찬가지로 가상머신이 클래스의 정보를 읽어 들일 때(가상머신이 클래스를 로딩 할 때) 실행이 된다. 따라서 다음과 같이 static 초기화 블록을 사용하면 클래스 변수를 선언과 동시에 초기화할 수 있다.

◈ DateOfExecution.java

```
import java.time.LocalDate;

class DateOfExecution {
    static String date;

    static {    // 클래스 로딩 시 단 한 번 실행이 되는 영역
        LocalDate nDate = LocalDate.now();
        date = nDate.toString();
    }

    public static void main(String[] args) {
        System.out.println(date);
    }
}
```

▶ 실행 결과: DateOfExecution.java

```
명령 프롬프트
C:₩JavaStudy>java DateOfExecution
2017-02-18

C:₩JavaStudy>
```

■ static import 선언

앞서 클래스 변수를 설명하면서 다음과 같이 원주율을 클래스 변수로 선언한 바 있다.

```
static final double PI = 3.1415;
```

그런데 이 값은 클래스 java.lang.Math에 실제로 클래스 변수로 선언되어 있다. 따라서 다음과 같이 이 값을 출력할 수 있다.

```
System.out.println(Math.PI);
```

앞서 언급하였듯이 다음 문장이 자동으로 삽입이 되니, 패키지 이름 java.lang을 생략하고 Math.PI로 접근이 가능하다.

```
import java.lang.*;        // 컴파일러가 삽입하는 import 선언
```

그런데 다음과 같이 그냥 클래스 변수의 이름만으로 Math.PI에 접근할 수 있는 방법이 있다.

```
System.out.println(PI);     // Math가 생략된 형태로 Math.PI 접근
```

다음 import 선언을 추가하는 것이 그 방법이다.

```
import static java.lang.Math.PI;     // PI에 대한 static import 선언
```

이렇듯 클래스 변수와 클래스 메소드에 대한 import 선언을 할 수 있다. 더불어 Math 클래스에 정의된 클래스 메소드 전부를 대상으로 다음과 같이 import 선언을 할 수도 있다.

```
import static java.lang.Math.*;     // 모든 클래스 변수와 메소드에 대한 import 선언
```

이와 관련하여 다음 예제를 보자.

◈ StaticImport.java

```
import static java.lang.Math.*;

class StaticImport {
    public static void main(String[] args) {
        System.out.println(E);
        System.out.println(PI);

        System.out.println(abs(-55));    // 절댓값 반환
        System.out.println(max(77, 88));    // 큰 값 반환
        System.out.println(min(33, 55));    // 작은 값 반환
    }
}
```

▶ 실행 결과: StaticImport.java

```
명령 프롬프트
C:\JavaStudy>java StaticImport
2.718281828459045
3.141592653589793
55
88
33

C:\JavaStudy>
```

적절히 그리고 최소한으로 사용한다면 static import 선언 역시 도움이 될 수 있다. 그러나 빈번히 사용할 경우 해당 메소드 또는 변수가 어디에 정의되고 선언된 것인지 구분이 힘들어져 오히려 방해가 될 수도 있다.

문제 10-1 [클래스 변수와 클래스 메소드]

다음 main 메소드와 함께 동작하는 Accumulator 클래스를 정의하자. 그리고 Accumulator 클래스에 main 메소드도 넣어서 컴파일 및 실행을 하자.

```
public static void main(String[] args) {
    for(int i = 0; i < 10; i++)
        Accumulator.add(i);         // 인자로 전달되는 값을 모두 누적
    Accumulator.showResult();       // 최종 누적 결과를 출력
}
```

실행 결과로, 즉 showResult 메소드의 호출 결과로 다음과 같은 수준의 출력을 보이면 된다.

```
sum = 45
```

답안은 출판사 홈페이지를 통해서 제공합니다.

Chapter 11

메소드 오버로딩과 String 클래스

11-1. 메소드 오버로딩 (Method Overloading)
- 메소드 오버로딩의 조건
- 요런! 아주 기막히게 애매한 상황!
- 생성자도 오버로딩의 대상이 됩니다.
- 키워드 this를 이용한 다른 생성자의 호출
- 키워드 this를 이용한 인스턴스 변수의 접근

11-2. String 클래스
- String 클래스의 인스턴스 생성
- 문자열 생성을 위한 두 가지 방법의 차이점은?
- String 인스턴스를 이용한 switch문의 구성

11-3. String 클래스의 메소드
- 자바 문자를 참고해야 합니다.
- 문자열 연결시키기: Concatenating
- 문자열의 일부를 추출하기: Substring
- 문자열의 내용 비교: Comparing
- 기본 자료형의 값을 문자열로 바꾸기
- 문자열을 대상으로 하는 + 연산과 += 연산
- concat 메소드는 이어서 호출이 가능하다.
- 문자열 결합의 최적화: Optimization of String Concatenation
- StringBuilder 클래스
- StringBuilder 클래스 이전에 사용이 되던 StringBuffer 클래스

메소드 오버로딩은 상식적인 수준에서 이해할 수 있는 문법 요소이다. 그리고 String 클래스는 문자열의 표현을 위해 정의된 클래스이다. 다른 클래스들과 달리 키워드 new를 이용해서 인스턴스를 생성하는 경우가 드문 클래스이다.

11-1 메소드 오버로딩 (Method Overloading)

한 클래스 내에 동일한 이름의 메소드를 둘 이상 정의하는 것은 허용되지 않는다. 그러나 매개변수의 선언이 다르면 가능하다. 그리고 이것을 메소드 오버로딩이라 한다.

■ 메소드 오버로딩의 조건

호출할 메소드를 찾을 때 다음 두 가지 정보를 참조하여 메소드를 찾게 된다.

- 메소드의 이름
- 메소드의 매개변수 정보

예를 들어서 다음 메소드의 호출문을 보자.

```
MyHome home = new MyHome();
home.mySimpleRoom(3, 5);
```

위의 문장에서 호출하는 메소드를 찾을 때 다음 두 가지 정보가 사용된다.

- 메소드의 이름이 mySimpleRoom이다.

- 3과 5를 인자로 전달받을 수 있는 메소드이다.

즉 위의 메소드 호출문이 찾는 메소드의 모양새는 다음과 같다. (반환형은 임의로 void로 선언하였다. 즉 반환형은 다를 수 있다.)

```
void mySimpleRoom(int n1, int n2) {...}
```

따라서 MyHome 클래스 내에 다음과 같이 mySimpleRoom 메소드가 둘 이상 존재해도 문제가 되지 않는다. 매개변수의 선언이 다르면 호출된 메소드의 구분이 가능하기 때문이다.

```
class MyHome {
    void mySimpleRoom(int n) {...}
    void mySimpleRoom(int n1, int n2) {...}
    void mySimpleRoom(double d1, double d2) {...}
}
```

정리하면, 메소드의 이름이 같아도 매개변수 선언이 다르면 메소드 호출문의 전달인자를 통해서 호출된 메소드를 구분할 수 있다. 때문에 매개변수의 선언이 다르면 동일한 이름의 메소드 정의를 허용하는데, 이를 가리켜 '메소드 오버로딩'이라 한다.
메소드 오버로딩이 성립하려면 매개변수 선언이 달라야 한다고 했는데, 구체적으로 매개변수의 수 또는 형(type)이 달라야 한다. 즉 다음의 경우 메소드 오버로딩이 성립한다. 매개변수의 수가 다르기 때문이다.

```
void simpleMethod(int n) {...}
void simpleMethod(int n1, int n2) {...}
```

다음의 경우도 메소드 오버로딩이 성립한다. 매개변수의 형이 다르기 때문이다.

```
void simpleMethod(int n) {...}
void simpleMethod(double d) {...}
```

그러나 다음과 같이 반환형이 다른 경우에는 메소드 오버로딩이 성립하지 않는다.

```
int simpleMethod() {...}
double simpleMethod() {...}
```

반환형은 호출할 메소드를 선택하는데 있어서의 판단 기준이 아니기 때문이다.

■ 요런! 아주 기막히게 애매한 상황!

다음과 같이 오버로딩 된 메소드가 존재한다고 가정해보자. 이 경우 매개변수의 수는 같지만 매개변수의 형이 다르기 때문에 메소드 오버로딩이 성립한다.

```
class AAA {
    void simple(int p1, int p2) {...}
    void simple(int p1, double p2) {...}
}
```

그렇다면 이 상황에서 다음과 같이 인스턴스를 생성하고 메소드를 호출하면 어떤 메소드가 호출되겠는가?

```
AAA inst = new AAA();
inst. simple(7, 'K');     // 어떤 메소드가 호출될 것인가?
```

위의 메소드 호출은 애매하다. 이유는 메소드의 인자 전달 과정에서 발생하는 형 변환 때문이다. 사실 AAA 클래스에는 정수 10과 문자 'K'를 인자로 전달받는 simple 메소드가 정의되어 있지 않다. 때문에 자동 형 변환 규칙을 적용하여 호출할 메소드를 찾게 된다. 그런데 문제는 클래스에 정의된 두 simple 메소드 모두 형 변환 규칙을 적용했을 때 호출이 가능하다는데 있다. 그래서 위의 메소드 호출문은 애매하다고 하는 것이다.
결론을 말하자면 이러한 상황에서는 [그림 03-1]에서 소개한 자동 형 변환 규칙을 적용하되 가장 가까운 위치에 놓여있는 자료형으로의 형 변환을 우선 시도한다. 때문에 위의 메소드 호출문에 의해 호출되는 메소드는 다음과 같다.

```
void simple(int p1, int p2) {...}
```

오버로딩 된 메소드를 호출할 때에는 전달인자의 자료형과 매개변수의 자료형을 일치시키는 것이 좋다. 그래서 애매한 상황을 만들지 않는 것이 좋다.

■ 생성자도 오버로딩의 대상이 됩니다.

생성자도 매개변수의 선언이 다르면 둘 이상 정의가 가능하다. 즉 생성자도 오버로딩 할 수 있다. 이와 관련하여 다음 예제를 보자.

◈ ConOverloading.java

```
class Person {
```

```
    private int regiNum;   // 주민등록 번호
    private int passNum;   // 여권 번호

    Person(int rnum, int pnum) {
        regiNum = rnum;
        passNum = pnum;
    }
    Person(int rnum) {
        regiNum = rnum;
        passNum = 0;
    }
    void showPersonalInfo() {
        System.out.println("주민등록 번호: " + regiNum);

        if(passNum != 0)
            System.out.println("여권 번호: " + passNum + '\n');
        else
            System.out.println("여권을 가지고 있지 않습니다. \n");
    }
}

class ConOverloading {
    public static void main(String[] args) {
        // 여권 있는 사람의 정보를 담은 인스턴스 생성
        Person jung = new Person(335577, 112233);

        // 여권 없는 사람의 정보를 담은 인스턴스 생성
        Person hong = new Person(775544);

        jung.showPersonalInfo();
        hong.showPersonalInfo();
    }
}
```

▶ 실행 결과: ConOverloading.java

```
명령 프롬프트
C:\JavaStudy>java ConOverloading
주민등록 번호: 335577
여권 번호: 112233

주민등록 번호: 775544
여권을 가지고 있지 않습니다.


C:\JavaStudy>
```

위의 Person 클래스에 정의된 두 생성자는 다음과 같다. 생성자의 매개변수 선언이 다르므로 이 둘은 오버로딩 관계에 있다.

```
Person(int rnum, int pnum) {     // 여권이 있는 이를 위한 생성자
    regiNum = rnum;
    passNum = pnum;
}
Person(int rnum) {    // 여권이 없는 이를 위한 생성자
    regiNum = rnum;
    passNum = 0;
}
```

이로 인해 다음과 같이 두 가지 방법으로 인스턴스의 생성이 가능하다.

```
Person jung = new Person(335577, 112233);
    → 생성자 Person(int rnum, int pnum) {...} 호출

Person hong = new Person(775544);
    → 생성자 Person(int rnum) {...} 호출
```

이러한 생성자의 오버로딩은 다양한 상황을 고려한 인스턴스의 생성을 가능하게 한다. 예제에서 보였듯이 여권이 있는 사람의 정보를 담은 인스턴스뿐 아니라 여권이 없는 사람의 정보를 담은 인스턴스 생성도 가능하게 한다.

■ 키워드 this를 이용한 다른 생성자의 호출

앞서 예제에서 정의한 다음 Person 클래스를 다시 관찰하자. 특히 생성자를 관찰하자.

```
class Person {
    private int regiNum;      // 주민등록 번호
    private int passNum;      // 여권 번호

    Person(int rnum, int pnum) {
        regiNum = rnum;
        passNum = pnum;
    }
    Person(int rnum) {
```

```
            regiNum = rnum;
            passNum = 0;
        }
        void showPersonalInfo() {...}
    }
```

이 중에서 두 번째로 위치한 생성자를 대신해서 다음과 같이 생성자를 정의할 수도 있다. (앞서 제시한 예제에서 두 번째 생성자를 다음 생성자로 대체한 후 컴파일 및 실행해보자.)

```
    Person(int rnum) {
        this(rnum, 0);    // rnum과 0을 인자로 받는 다른 생성자를 호출
    }
```

위에서 사용된 this는 '오버로딩 된 다른 생성자'를 의미한다. 즉 위의 문장은 rnum과 0을 인자로 받는 다른 생성자의 호출을 의미한다. 결국 위와 같이 생성자를 정의하면 이 생성자는 초기화할 값을 전달받는 역할만 하고, 실제 초기화는 첫 번째로 정의된 생성자를 통해서 진행하는 형태가 된다. 이와 같이 this를 이용한 생성자의 정의를 통해 중복된 코드의 수를 줄이는 효과를 얻을 수 있다.

■ 키워드 this를 이용한 인스턴스 변수의 접근

앞서 키워드 this를 이용한 생성자의 호출에 대해 설명을 했는데, this는 다른 의미로도 사용이 된다. 이와 관련하여 다음 예제를 보자. 그리고 이 예제에서 보이는 this는 어떠한 의미를 갖는지 판단해보자.

◈ ThisInst.java

```
class SimpleBox {
    private int data;

    SimpleBox(int data) {
        this.data = data;
    }
    void setData(int data) {
        this.data = data;
    }
    int getData() {
        return this.data;
    }
}

class ThisInst {
```

```
    public static void main(String[] args) {
        SimpleBox box = new SimpleBox(99);
        System.out.println(box.getData());

        box.setData(77);
        System.out.println(box.getData());
    }
}
```

▶ 실행 결과: ThisInst.java

```
명령 프롬프트
C:\JavaStudy>java ThisInst
99
77

C:\JavaStudy>_
```

클래스 SimpleBox 내에는 인스턴스 변수로 data가 선언되었다. 따라서 인스턴스 메소드 내에서, 그리고 생성자 내에서 data라는 이름의 변수에 접근하면, 이는 인스턴스 변수 data의 접근으로 이어진다. (여기까지는 이미 알고 있는 내용이다.) 그러나 매개변수로 data라는 이름의 변수가 선언되면 상황은 달라진다.

```
class SimpleBox {
    private int data;
    SimpleBox(int data) {
        여기서의 data는 매개변수 data를 의미함
    }
}
```

위와 같이 매개변수의 이름이 인스턴스 변수의 이름과 동일하게 선언된 경우, 선언된 지역 내에서의 해당 이름은 매개변수를 의미하게 된다. 하지만 키워드 this를 이용하면 이 영역 안에서도 인스턴스 변수에 접근을 할 수 있다.

```
class SimpleBox {
    private int data;
    SimpleBox(int data) {
        여기서의 this.data는 인스턴스 변수 data를 의미함
    }
}
```

즉 this.data에서 this가 의미하는 것은 '이 문장이 속한 인스턴스'이다. 따라서 this.data는 인스턴스 변수 data를 의미하는 것이 된다. 따라서 앞서 예제에서 보였듯이 다음과 같은 생성자의 정의가 가능하다.

```
class SimpleBox {
    private int data;
    SimpleBox(int data) {
        this.data = data;    // 매개변수 data의 값을 인스턴스 변수 data에 저장
    }
}
```

11-2 String 클래스

자바에서는 String이라는 이름의 클래스를 정의하여 제공하고 있다. 그리고 이 클래스의 목적은 문자열 표현에 있다. 지금까지 인식하지 못했지만 앞서 보아온 모든 예제에서 String 클래스의 인스턴스를 생성해왔다.

■ String 클래스의 인스턴스 생성

문자열 표현을 위한 String 인스턴스의 생성 방법은 다음과 같다. 일반적인 인스턴스의 생성 방법과 차이가 없다.

```
String str = new String("Simple String");
```

이렇게 인스턴스가 생성되면 str이 참조하는 String 인스턴스의 내부에는 문자열 "Simple String"이 담기게 되고, 이는 다음과 같이 출력하여 그 내용을 확인할 수 있다.

```
System.out.println(str);
```

지금까지 많이 호출해왔던 System.out.println 메소드는 다음과 같이 정의되어 있기 때문에 String 인스턴스의 참조 값이 인자로 전달 가능하다.

```
public void println(String s) {...}
```

그리고 다음과 같은 방법으로도 String 인스턴스를 생성할 수 있으며, 이것이 new를 이용한 방법보다 보편적인 String 인스턴스의 생성 방법이다.

```
String str = "Simple String";
```

이렇듯 큰따옴표를 이용하여 문자열을 표현하면, 이는 String 인스턴스의 생성으로 이어진다. 그럼 이와 관련하여 다음 예제를 보자.

◈ StringInst.java

```
class StringInst {
    public static void showString(String str) {
        System.out.println(str);
        System.out.println(str.length());
    }

    public static void main(String[] args) {
        String str1 = new String("Simple String");
        String str2 = "The Best String";

        System.out.println(str1);
        System.out.println(str1.length());    // length의 반환 값을 인자로 전달
        System.out.println();    // 단순히 '개 행'이 이뤄진다.

        System.out.println(str2);
        System.out.println(str2.length());
        System.out.println();

        showString("Funny String");    // String 인스턴스 생성 후에 메소드 호출
    }
}
```

▶ 실행 결과: StringInst.java

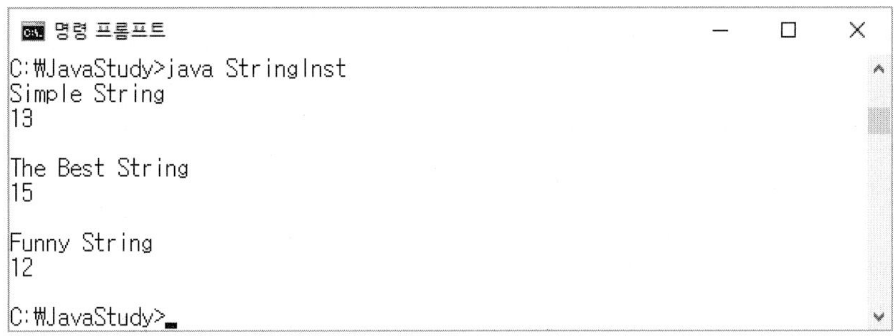
```
C:\JavaStudy>java StringInst
Simple String
13

The Best String
15

Funny String
12

C:\JavaStudy>
```

예제에서는 다음 두 가지의 String 인스턴스 생성 방법을 보였다.

```
String str1 = new String("Simple String");
String str2 = "The Best String";
```

그리고 String 클래스에 다음과 같이 정의된 length 메소드를 호출하여 문자열의 길이를 반환하고 이를 출력하였다.

```
public int length() {...}        // 문자열 길이를 반환한다.
```

그런데 이 상황에서 다음과 같은 의문이 든다. 위 예제에서 length의 반환 값을 println의 인자로 전달했기 때문이다.

"메소드 length의 반환 값이 어떻게 println 메소드의 인자가 될 수 있을까?"

메소드 println은 다음과 같이 오버로딩이 되어 있기 때문에 가능하다. 특히 인자를 전달하지 않고도 호출이 가능한데 이럴 경우 단순히 '개 행'을 하게 된다.

```
void println() {...}
void println(int x) {...}
void println(String x) {...}
```

사실 println 메소드는 보다 다양한 인자를 전달받을 수 있도록 오버로딩 되어 있는데, 여기서는 예제에서 호출한 메소드를 대상으로만 오버로딩 관계를 소개하였다. 그리고 이어서 예제의 다음 문장을 관찰할 필요가 있다. 이는 마치 문자열을 통째로 전달하는 듯한 모습을 보인다. 그러나 메소드에는 문자열이 아닌 "Funny String"을 대상으로 만들어진 String 인스턴스의 참조 값이 전달이 된다.

```
showString("Funny String");
```

위의 문장이 실행되면 일단 "Funny String"을 대상으로 String 인스턴스가 만들어진다. 그리고 이어서 이 인스턴스의 참조 값이 문자열 선언을 대신하게 된다. 예를 들어서 위의 문자열 선언을 통해 생성된 인스턴스의 참조 값이 0x1234라고 하면, 위의 문장은 메소드 호출 전(String 인스턴스 생성 후) 다음과 같은 상황에 놓이게 된다.

```
showString("Funny String");
            → showString(0x1234);        // 0x1234는 인스턴스의 참조 값이라 가정
```

그래서 다음과 같이 매개변수 선언이 String형 참조변수로 선언된 메소드는 문자열을 인자로 전달받을 수 있다.

```
public static void showString(String str) {...}
```

큰따옴표로 묶인 문자열 선언만으로도 String 인스턴스가 생성된다고 하였는데, 이 부분이 의심스럽다면 다음 두 문장의 실행을 통해서 인스턴스의 생성을 직접 확인할 수도 있다.

```
public static void main(String[] args) {
    int len = "123".length();
    System.out.println(len);
}
```

문자열 "123"을 대상으로 메소드 length를 호출하고 있다. 문자열 "123"이 인스턴스의 생성으로 이어지지 않으면 이러한 메소드의 호출은 불가능한 일이다.

■ 문자열 생성을 위한 두 가지 방법의 차이점은?

문자열 정보를 담고 있는 String 인스턴스의 생성 방법에는 다음과 같이 두 가지가 있음을 설명하였다.

```
String str1 = new String("My String");
String str2 = "Your String";
```

그렇다면 이 두 방법으로 생성된 인스턴스 사이에는 어떠한 차이가 있을까? 약간의 차이가 있는데 다음 예제를 통해서 이를 보이겠다.

◈ ImmutableString.java

```
class ImmutableString {
    public static void main(String[] args) {
        String str1 = "Simple String";
        String str2 = "Simple String";

        String str3 = new String("Simple String");
        String str4 = new String("Simple String");

        if(str1 == str2)
            System.out.println("str1과 str2는 동일 인스턴스 참조");
        else
            System.out.println("str1과 str2는 다른 인스턴스 참조");

        if(str3 == str4)
            System.out.println("str3과 str4는 동일 인스턴스 참조");
        else
            System.out.println("str3과 str4는 다른 인스턴스 참조");
    }
}
```

▶ 실행 결과: ImmutableString.java

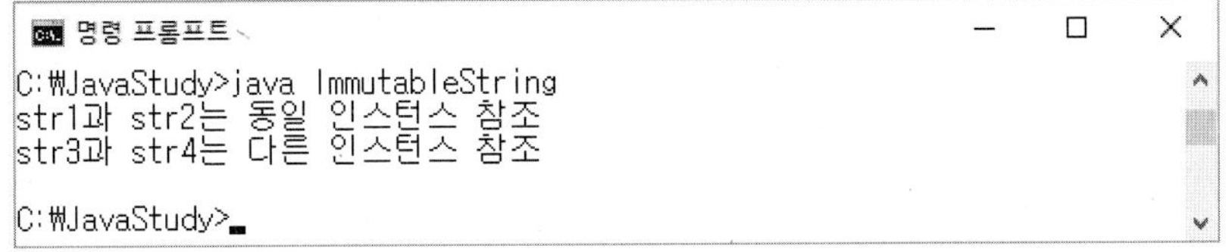
명령 프롬프트
C:₩JavaStudy>java ImmutableString
str1과 str2는 동일 인스턴스 참조
str3과 str4는 다른 인스턴스 참조
C:₩JavaStudy>

참조변수를 대상으로 한 == 연산은 '참조변수의 참조 값'에 대한 비교 연산을 진행한다. 예를 들어서 아래 코드를 실행할 경우 == 연산의 결과로 true가 출력된다.

```
public static void main(String[] args) {
    AAA inst1 = new AAA();
    AAA inst2 = inst1;    // 두 참조변수는 동일 인스턴스 참조
    System.out.println(inst1 == inst2);    // 같은 인스턴스 참조하므로 true 출력
}
```

반면 다음의 코드를 실행할 경우 == 연산의 결과로 false가 출력된다.

```
public static void main(String[] args) {
    AAA inst1 = new AAA();
    AAA inst2 = new AAA();
    System.out.println(inst1 == inst2);  // 다른 인스턴스를 참조하므로 false 출력
}
```

따라서 예제의 실행 결과는, 다음 코드에서 str1과 str2가 참조하는 인스턴스는 같은 인스턴스이고,

```
String str1 = "Simple String";
String str2 = "Simple String";
```

다음과 같이 생성한 두 인스턴스는 서로 다른 인스턴스임을 알게 해준다.

```
String str3 = new String("Simple String");
String str4 = new String("Simple String");
```

그렇다면 이러한 차이를 보이는 이유는 무엇일까? 가장 핵심이 되는 이유는 다음과 같다.

"String 인스턴스는 Immutable 인스턴스입니다."

사전적으로 Immutable은 '변경할 수 없는'의 뜻을 지닌다. 그리고 String 인스턴스에서 변경할 수 없는 것은 인스턴스가 갖는 문자열 내용이다. 예를 들어서 다음과 같이 String 인스턴스를 생성하면,

```
String str = "AtoZ";
```

이때 생성된 인스턴스는 내부에 문자열 "AtoZ"을 지니게 되고, 이 내용은 인스턴스가 소멸될 때까지 바꿀 수 없다. 때문에 다음과 같이 인스턴스를 생성하면,

```
String str1 = "AtoZ";
String str2 = "AtoZ";
```

'문자열 내용이 같기 때문에' 다음과 같이 하나의 인스턴스를 생성해서 이를 공유하는 방식으로 코드를 처리한다. (이로 인해 생성되는 인스턴스의 수는 줄고 성능은 향상된다.)

```
String str1 = "Simple String";
String str2 = str1;
```

그렇다면 이렇게 하나의 인스턴스를 공유해도 문제가 되지 않을까? 대부분의 경우 문제 되지 않는다. (문제 되는 상황이라면 new를 이용하여 String 인스턴스를 생성하면 된다.) 이유는 String 인스턴스는 그 안에 저장된 데이터를 수정할 수 없는, 참조만 가능한 인스턴스이기 때문이다.
만약에 이 부분이 이해가 되지 않는다면 TV 시청을 비유로 이해를 도울 수 있다. 세 사람이 있고 모두 동일한 채널을 시청하면서 채널을 결코 변경하지 않는다면(인스턴스를 참조만 하는 상황이라면) 한대의 TV로 모두가 시청을 할 수 있다. 그러나 동일한 채널을 시청하다가 각 사람이 원할 때 TV 채널을 변경해야 한다면(인스턴스 안에 저장된 데이터를 변경해야 한다면) 각 사람에게 한대씩 TV가 있어야 한다.

참고 **문자열의 내용 비교**

String 인스턴스가 지니는 문자열의 내용을 비교하기 위해서는 equals라는 메소드를 사용해야 하는데 이 방법에 대해서는 이후에 별도로 설명을 진행한다. 그러니 여기서는 간단히 코드만 보이겠다.

```
public static void main(String[] args) {
    String str1 = new String("AtoZ");
    String str2 = new String("AtoZ");
    if(str1.equals(str2))    // 문자열 내용이 같으면 equals 메소드는 true 반환
        System.out.println("두 문자열의 내용이 같습니다.");
    else
        System.out.println("두 문자열의 내용이 다릅니다.");
}
```

■ String 인스턴스를 이용한 switch문의 구성

자바 7부터 String 인스턴스를 이용한 switch문의 구성이 가능해졌다. 즉 다음과 같이 switch문을 구성할 수 있다.

```
public static void main(String[] args) {
    String str = "two";

    switch(str) {
    case "one":
        System.out.println("one");
        break;
```

```
        case "two":
            System.out.println("two");
            break;
        default:
            System.out.println("default");
        }
    }
```

위와 같은 switch문의 구성이 일반적이지는 않으나, 각 case 영역을 설명하는 문장을 구성할 수 있다는 측면에서 긍정적인 부분도 존재한다.

11-3 String 클래스의 메소드

String 클래스에는 문자열 처리에 부족함이 없을 정도로 많은 메소드가 정의되어 있다. 그리고 대부분의 메소드들이 사용하는데 어려움이 없다.

■ 자바 문자를 참고해야 합니다.

이어서 String 클래스에서 주로 사용하는 기본적인 메소드들을 소개할 예정이다. 그러나 어떠한 책에서도 String 클래스의 모든 메소드를 소개하지는 않는다. 그리고 자바의 모든 클래스를 설명한다는 것은 더더욱 불가능한 일이다. 때문에 Chapter 01에서 소개한 JDK 문서를 참고하는 습관을 들여야 한다. 지금까지 한 번도 JDK 문서를 참고하지 않았다면 지금을 기회로 삼자. 본서에서 설명하는 String 클래스의 메소드들을 문서를 통해서 다시 한번 확인하자.

조금 더 조언하자면, 필자도 90년대 후반에 자바의 기본 문법은 책을 통해서 익혔다. 그러나 이를 제외한 나머지는 JDK 문서를 통해 학습하였다. 자바를 잘 다루는 개발자와 그렇지 못한 개발자의 차이점은 문법의 이해 수준에 있지 않다. 문법의 이해도는 대부분 높은 편이다. 그러나 문서를 참고하는 수준에서는 차이를 보인다. 따라서 자바 개발자가 되고 싶다면 문서를 자주 참고해야 한다. JDK 문서를 보는 방법은 별도의 설명이 필요하지 않다. 이 문서는 화려하지 않지만 잘 구성되어 있어서 원하는 내용을 쉽게 찾을 수 있다. 그럼 간단히 String 클래스에 대한 정보를 찾아보자. 이를 위해 먼저 JDK 문서를 열자.

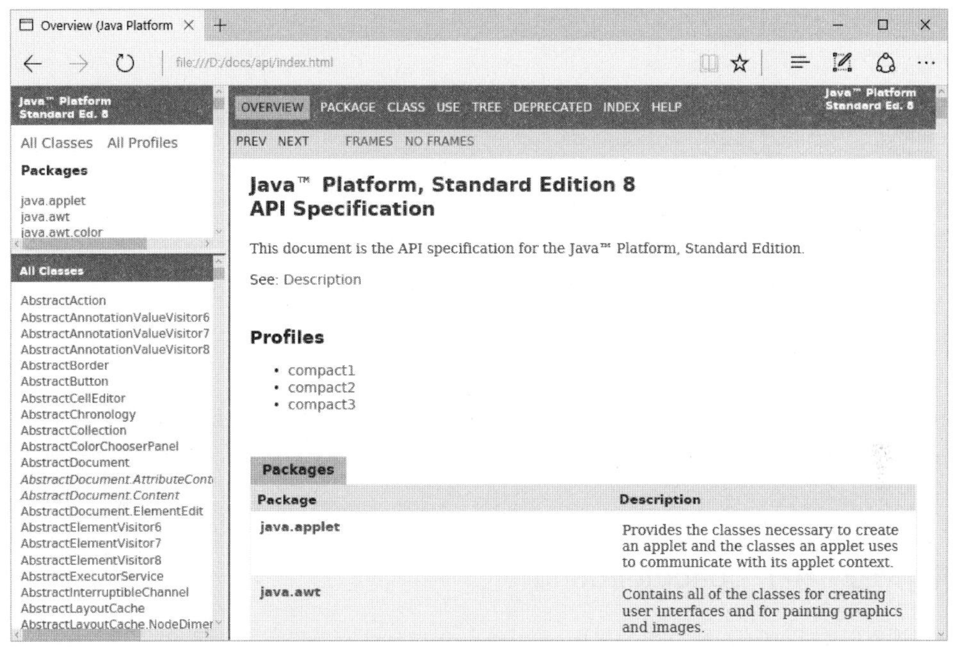

[그림 11-1: 자바 JDK 문서]

위 페이지의 좌측을 보면 'All Classes'라고 이름 붙은 영역이 있다. 이곳에서 찾고 싶은 클래스를 선택하면 된다. 다음은 String 클래스를 선택했을 때의 내용이다.

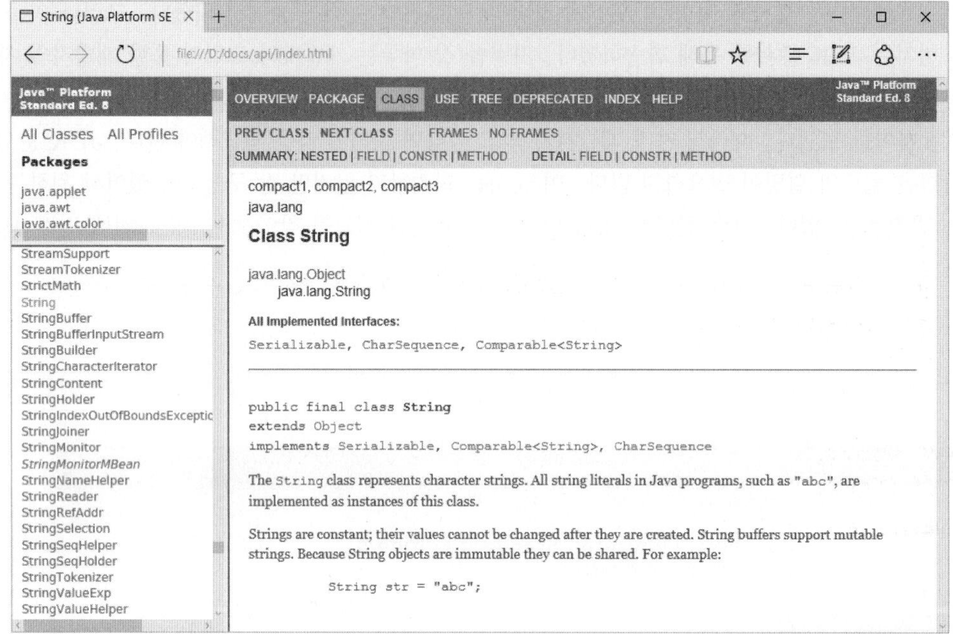

[그림 11-2: API 문서에서의 Sting 클래스]

위의 상태에서 페이지를 아래로 내리면 String 클래스의 생성자, 클래스 메소드, 인스턴스 메소드를 구분하여 볼 수 있다.

■ 문자열 연결시키기: Concatenating

String 클래스의 다음 메소드를 이용하면 두 문자열을 연결시킨 문자열을 결과로 얻을 수 있다.

```
public String concat(String str)
```

이 메소드의 사용 방법은 다음과 같다.

```
String1.concat(String2);     // String1과 String2을 연결한 결과를 반환
```

위와 같이 메소드가 호출되면 String1과 String2가 갖는 문자열을 연결한 새로운 문자열이 만들어진다. 물론 새로운 문자열은 String 인스턴스의 형태로 만들어지고 이렇게 만들어진 인스턴스의 참조 값이 반환된다.

◈ StringConcat.java

```
class StringConcat {
    public static void main(String[] args) {
        String st1 = "Coffee";
        String st2 = "Bread";

        String st3 = st1.concat(st2);
        System.out.println(st3);

        String st4 = "Fresh".concat(st3);
        System.out.println(st4);
    }
}
```

▶ 실행 결과: StringConcat.java

```
명령 프롬프트

C:₩JavaStudy>java StringConcat
CoffeeBread
FreshCoffeeBread

C:₩JavaStudy>_
```

위의 예제에서 다음과 같이 메소드 호출이 가능한 이유는 전에 한번 설명하였다.

```
String st4 = "Fresh".concat(st3);
```

큰따옴표를 이용한 문자열의 표현은 String 인스턴스의 생성으로 이어지고, 이 문자열의 위치에, 생성된 인스턴스의 참조 값이 반환된다. 따라서 위와 같은 형태의 문장 구성이 가능하다.

■ 문자열의 일부를 추출하기: Substring

String 클래스의 다음 메소드를 이용하면 문자열의 뒷부분을 별도의 문자열로 추출할 수 있다.

```
public String substring(int beginIndex)    // beginIndex ~ 끝까지 추출
```

이 메소드의 사용 방법은 다음과 같다.

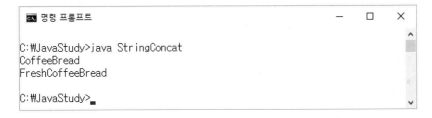

```
String str = "abcdefg";
str.substring(2);      // 인덱스 2 이후의 내용으로 이뤄진 문자열 "cdefg" 반환
```

메소드 substring의 인자로 전달되는 숫자는 문자열의 '인덱스 값'이다. 그리고 참조변수 str이 참조하는 문자열의 문자별 인덱스 값은 다음과 같다. (인덱스 값은 맨 앞에서 얼마나 떨어졌는지를 나타내는 값이다. 그래서 맨 앞 문자의 인덱스 값은 0이다.)

a	b	c	d	e	f	G
0	1	2	3	4	5	6

따라서 위의 메소드 호출을 통해 문자열 "cdefg"가 담긴 인스턴스가 생성되고, 이 인스턴스의 참조 값이 반환된다. 그리고 substring 메소드는 오버로딩 되어있다. 즉 다음과 같이 두 개의 인자를 전달받는 메소드가 정의되어 있으며, 이 메소드를 호출하여 문자열의 중간 부분을 추출할 수 있다.

```
public String substring(int beginIndex, int endIndex)    // beginIndex ~ endIndex 사이 추출
```

이 메소드의 사용 방법은 다음과 같다.

```
String str = "abcdefg";
str.substring(2, 4);      // 인덱스 2 ~ 3에 위치한 내용의 문자열 반환
```

위의 메소드 호출을 통해서 얻게 되는 문자열은 "cd"이다. 여기서 주의할 점은 두 번째 인자로 전달된 인덱스 4에 위치한 문자는 반환되는 문자열에 포함이 안된다는 점이다.

◈ SubString.java

```
class SubString {
    public static void main(String[] args) {
        String st1 = "abcdefg";
        String st2 = st1.substring(2);
        System.out.println(st2);

        String st3 = st1.substring(2, 4);
        System.out.println(st3);
    }
}
```

▶ 실행 결과: SubString.java

```
명령 프롬프트
C:₩JavaStudy>java SubString
cdefg
cd

C:₩JavaStudy>_
```

■ 문자열의 내용 비교: comparing

String 클래스의 다음 메소드를 이용하면 두 개의 String 인스턴스가 지니는 문자열의 내용을 비교할 수 있다.

```
public boolean equals(Object anObject)
```

이 메소드의 사용 방법은 다음과 같다. 그리고 메소드 equals의 호출 결과 두 인스턴스가 지니는 문자열이 같으면 true, 다르면 false를 반환한다. (메소드의 매개변수 선언이 Object형으로 되어 있지만 String 인스턴스의 참조 값을 전달할 수 있다. 이유는 상속을 공부하면서 알게 된다.)

```
String str = "my house";
boolean isSame = str.equals("my house");
```

두 문자열의 내용 비교를 '사전 편찬 순서'를 기준으로 조금 더 구체적으로 진행하고 싶다면 다음 메소드의 호출을 고려할 수 있다.

```
public int compareTo(String anotherString)
```

이 메소드는 두 문자열의 '사전 편찬 상(Lexicographically)' 순서를 비교한다. 즉 비교 결과에 따른 반환 값은 다음과 같다. (여기서 말하는 '앞서다'와 '뒤서다'는 사전 편찬 상 순서를 의미한다. 사전의 뒤편에 위치하면 '뒤서다'라고 표현한다.)

- 두 문자열의 내용이 일치하면 0을 반환
  → str1.compareTo(str2) 에서 str1과 str2의 문자열 내용이 일치하는 상황
- 호출된 인스턴스의 문자열이 인자로 전달된 문자열보다 앞서면 0보다 작은 값 반환
  → str1.compareTo(str2) 에서 str1의 문자열이 앞서는 경우
- 호출된 인스턴스의 문자열이 인자로 전달된 문자열보다 뒤서면 0보다 큰 값 반환
  → str1.compareTo(str2) 에서 str1의 문자열이 뒤서는 경우

위의 내용에서 0보다 큰 값은 1이 될 수도 있고 99가 될 수도 있다. JDK 문서에서 이 값이 정확히 얼마가 되어야 한다고는 언급하지 않고 있다. 따라서 코드를 작성할 때에도, 인자로 전달된 문자열이 사전 편찬 순서상 뒤에 위치하면 '0보다 큰 값'이 반환된다는 사실에 근거하여 코드를 작성해야 한다. 그리고 compareTo 메소드와 유사한 다음 메소드도 존재한다.

```
public int compareToIgnoreCase(String str)
```

메소드의 이름이 의미하듯이 문자열 비교에 있어서 대소문자 구분을 하지 않는다. 사전 편찬 순서상 대문자는 소문자보다 앞에 위치한다. 그러나 이 메소드는 이러한 부분을 고려하지 않는다. 이러한 부분을 제외하면 메소드의 기능 및 반환 값은 compareTo와 동일하다.

◈ CompString.java

```
class CompString {
    public static void main(String[] args) {
        String st1 = "Lexicographically";
        String st2 = "lexicographically";
        int cmp;

        if(st1.equals(st2))
            System.out.println("두 문자열은 같습니다.");
        else
            System.out.println("두 문자열은 다릅니다.");

        cmp = st1.compareTo(st2);

        if(cmp == 0)
            System.out.println("두 문자열은 일치합니다.");
        else if (cmp < 0)
            System.out.println("사전의 앞에 위치하는 문자: " + st1);
        else
            System.out.println("사전의 앞에 위치하는 문자: " + st2);

        if(st1.compareToIgnoreCase(st2) == 0)
            System.out.println("두 문자열은 같습니다.");
        else
            System.out.println("두 문자열은 다릅니다.");
    }
}
```

▶ 실행 결과: CompString.java

```
C:\JavaStudy>java CompString
두 문자열은 다릅니다.
사전의 앞에 위치하는 문자: Lexicographically
두 문자열은 같습니다.

C:\JavaStudy>
```

■ 기본 자료형의 값을 문자열로 바꾸기

String 클래스에 정의되어 있는 다음 메소드들을 호출하면 기본 자료형의 값을 문자열로 바꿀 수 있다.

```
static String valueOf(boolean b)
static String valueOf(char c)
static String valueOf(double d)
static String valueOf(float f)
static String valueOf(int i)
static String valueOf(long l)
```

이 메소드의 사용 방법은 다음과 같다. 클래스 메소드이므로 사용 방법도 간단하다.

```
double e = 2.718281;
String se = String.valueOf(e);
```

문자열은 사람에게 정보를 전달하는 가장 기본적인 수단이므로 기본 자료형의 값을 문자열의 형태로 나타내야 하는 경우가 종종 등장한다.

■ 문자열을 대상으로 하는 + 연산과 += 연산

지금까지 예제를 작성하면서 다음과 같은 형태로 빈번히 문자열을 연결하여 출력하였다.

```
System.out.println("funny" + "camp");    // 문자열 + 문자열
```

이렇듯 문자열 대상의 + 연산이 가능한 이유는 컴파일러에 의해서 + 연산이 다음과 같이 concat 메소드의 호출로 바뀌기 때문이다.

```
System.out.println("funny".concat("camp"));
```

때문에 + 연산은 어디서든 쓸 수 있다. 다음과 같이 쓸 수도 있다.

```
String str = "funny" + "camp";
```

뿐만 아니라 다음과 같이 += 연산도 가능하다.

```
String str = "funny";
str += "camp";      // str = str + "camp"
```

그런데 우리는 다음과 같이 문자열과 기본 자료형의 값을 대상으로도 + 연산을 한 바 있다.

```
System.out.println("age: " + 17);
```

이것이 가능하다는 것은 다음과 같은 문장 구성도 가능하다는 의미이다. 물론 실제로 가능하다.

```
String str = "age: " + 17;
```

그렇다면 위의 문장도 다음과 같이 처리가 될까?

```
String str = "age: ".concat(17);        // 컴파일 오류 발생
```

아니다. 위의 문장을 컴파일 하면 오류가 발생한다. concat 메소드는 String 인스턴스의 참조 값을 인자로 요구하기 때문이다. 따라서 위의 문장을 대신해 다음과 같이 처리가 된다.

```
String str = "age: ".concat(String.valueOf(17));
```

이로써 String.valueOf 메소드가 유용하게 사용되는 상황 하나를 접하였다. 비록 우리가 직접 호출하는 상황은 아니지만 이것이 valueOf 메소드 사용의 힌트가 될 수 있다.

■ concat 메소드는 이어서 호출이 가능하다.

concat 메소드는 다음의 형태로 호출이 가능하다. 그리고 이 문장을 통해서 참조변수 str은 세 개의 문자열을 연결해서 만든 "ABCDEF"를 참조하게 되다.

```
String str = "AB".concat("CD").concat("EF");
    → String str = "ABCDEF";
```

위의 문장에서 concat 메소드의 호출이 이어져 있다는 점이 특이하다. 이러한 형태로 concat 메소드

의 호출이 가능한 이유는 무엇일까? 이에 대한 이해를 돕기 위해 위 문장에 소괄호를 추가하면 다음과 같다.

```
String str = ("AB".concat("CD")).concat("EF");
```

즉 위의 문장에서 왼편에 위치한 concat 메소드가 먼저 호출되고, 그 결과로 문자열 "ABCD"가 만들어져 다음의 상태가 된다. (아래 문장에서 실제로는 "ABCD"를 담은 String 인스턴스의 참조 값이 "ABCD"의 위치에 오게 된다.)

```
String str = "ABCD".concat("EF");
```

그리고 한번 더 concat 메소드가 호출이 되어 다음의 상태가 된다.

```
String str = "ABCDEF";
```

그런데 세 개의 문자열을 연결하는 과정에서, 중간에 문자열 "ABCD"를 담은 String 인스턴스가 만들어진 점에 대해서는 생각을 해볼 필요가 있다. 인스턴스의 빈번한 생성은 자바의 성능에 좋지 않은 영향을 주기 때문이다.

문제 11-1 [String 클래스의 활용]

다음 주민등록 번호의 중간에 삽입된 - 를 지우고 공백으로 채워서 출력하는 프로그램을 작성해보자.

```
990925-1012999
```

답안은 출판사 홈페이지를 통해서 제공합니다.

■ 문자열 결합의 최적화: Optimization of String Concatenation

다음 문장이 자바 컴파일러에 의해서 어떻게 처리될지 생각해보자. 어떠한 과정을 거쳐서 하나의 문자열로 구성이 될지 생각해보자.

```
String birth = "<양>" + 7 + '.' + 16;
        → String birth = "<양>7.16";
```

먼저 다음과 같은 형태의 변환을 예상해 볼 수 있다. 이 문장은 복잡해 보이지만 앞서 설명한 내용을 바탕으로 충분히 이해할 수 있는 문장이다.

```
String birth =
      "<양>".concat(String.valueOf(7)).concat(String.valueOf('.')).concat(String.valueOf(16));
```

위의 문장을 실행해도 연결된 하나의 문자열을 얻을 수 있다. 그러나 이 문장에는 다음과 같은 문제점이 존재한다.

"기본 자료형의 값을 문자열로 변환하는 과정을 여러 번 거쳐야 한다."

valueOf 메소드의 호출을 통해 기본 자료형의 값을 문자열로 변환하는 일은 'String 인스턴스의 생성'을 의미하고 이는 성능에 양향을 미친다. 따라서 이러한 문제점의 해결을 위해 StringBuilder라는 클래스가 제공된다. 그리고 앞서 보인 문장도 컴파일러에 의해 다음과 같이 처리가 된다. (이 문장을 이해하기 위해서는 이어서 설명하는 내용을 알아야 한다.)

```
String birth = "<양>" + 7 + '.' + 16;
      → String birth = (new StringBuilder("<양>").append(7).append('.').append(16)).toString();
```

위의 방법으로 문자열을 구성하면 기본 자료형의 값을 문자열로 변환할 필요가 없다. 그리고 concat 메소드는 호출될 때마다 새로운 String 인스턴스를 생성하는데, 위의 경우에는 그러한 인스턴스의 생성도 일어나지 않는다. 그럼 위 문장의 이해를 위해 StringBuilder 클래스를 살펴보자.

■ StringBuilder 클래스

StringBuilder 클래스는 내부적으로 문자열을 저장하기 위한 메모리 공간을 지닌다. 그리고 이 메모리 공간은 String 클래스의 메모리 공간과 달리 문자를 추가하거나 삭제하는 것이 가능하다. 따라서 수정하면서 유지해야 할 문자열이 있다면 이 클래스에 그 내용을 담아서 관리하는 것이 효율적이다. StringBuilder의 대표적인 메소드는 다음과 같다. 문자열에 내용을 더하는 메소드 뿐만 아니라 내용의 일부를 수정 및 삭제하는 메소드도 존재한다.

```
public StringBuilder append(int i)
```

→ 기본 자료형 데이터를 문자열 내용에 추가

```
public StringBuilder delete(int start, int end)
```

→ 인덱스 start에서부터 end 이전까지의 내용을 삭제

```
public StringBuilder insert(int offset, String str)
```
→ 인덱스 offset의 위치에 str에 전달된 문자열 추가

```
public StringBuilder replace(int start, int end, String str)
```
→ 인덱스 start에서부터 end 이전까지의 내용을 str의 문자열로 대체

```
public StringBuilder reverse()
```
→ 저장된 문자열의 내용을 뒤집는다.

```
public String substring(int start, int end)
```
→ 인덱스 start에서부터 end 이전까지의 내용만 담은 String 인스턴스의 생성 및 반환

```
public String toString()
```
→ 저장된 문자열의 내용을 담은 String 인스턴스의 생성 및 반환

이 중에서 몇몇 메소드는 다양한 인자를 전달받도록 오버로딩 되어 있다. 특히 append 메소드는 다음과 같이 매우 다양하게 오버로딩 되어 있다. (실제로는 보다 다양하게 오버로딩 되어 있다.)

```
StringBuilder append(boolean b)
StringBuilder append(char c)
StringBuilder append(double d)
StringBuilder append(float f)
StringBuilder append(int i)
StringBuilder append(long lng)
StringBuilder append(Object obj)
StringBuilder append(String str)
```

그럼 다음 예제를 통해서 앞서 소개한 메소드의 사용 방법을 보이겠다. 코드와 실행 결과만 확인해도 메소드의 기능을 이해할 수 있도록 예제를 작성하였다.

◈ BuildString.java

```
class BuildString {
    public static void main(String[] args) {
        // 문자열 "123"이 저장된 인스턴스의 생성
        StringBuilder stbuf = new StringBuilder("123");

        stbuf.append(45678);    // 문자열 덧붙이기
```

```
        System.out.println(stbuf.toString());

        stbuf.delete(0, 2);     // 문자열 일부 삭제
        System.out.println(stbuf.toString());

        stbuf.replace(0, 3, "AB");     // 문자열 일부 교체
        System.out.println(stbuf.toString());

        stbuf.reverse();    // 문자열 내용 뒤집기
        System.out.println(stbuf.toString());

        String sub = stbuf.substring(2, 4);    // 일부만 문자열로 반환
        System.out.println(sub);
    }
}
```

▶ 실행 결과: BuildString.java

```
명령 프롬프트
C:₩JavaStudy>java BuildString
12345678
345678
AB678
876BA
6B

C:₩JavaStudy>
```

그리고 StringBuilder 인스턴스 내부에는 문자열 관리를 위한 메모리 공간이 존재하는데, 이 공간의 크기를 인스턴스 생성 과정에서 다음과 같이 지정해 줄 수 있다.

```
StringBuilder stbuf = new StringBuilder(64);
```

→ 생성자의 인자로 전달된 숫자의 크기만큼 문자를 저장할 공간 마련

물론 StringBuilder 인스턴스는 메모리 공간을 스스로 관리한다. 즉 부족하면 그 공간을 늘린다. 그러나 이는 소모가 많은 작업이다. 따라서 사용 계획에 따라 적절한 크기를 초기에 만들면 그만큼의 성능 향상을 기대할 수 있다. 참고로 StringBuilder의 생성자는 다음과 같이 정의되어 있다.

```
public StringBuilder()
```

→ 16개의 문자를 저장할 수 있는 메모리 공간 확보

```
public StringBuilder(int capacity)
```

→ capacity개의 문자를 저장할 수 있는 메모리 공간 확보

```
public StringBuilder(String str)
```

→ 전달되는 문자열과 16개의 문자를 저장할 수 있는 메모리 공간 확보

지금까지 설명한 정도의 내용이면 StringBuilder 클래스에 대한 이해는 충분하다. 그러나 이 클래스에 정의된 대다수 메소드의 반환형이 다음과 같이 StringBuilder임에 대해서는 생각해 볼 필요가 있다.

```
public StringBuilder append(int i)
public StringBuilder delete(int start, int end)
public StringBuilder insert(int offset, String str)
```

위의 메소드들은 과연 무엇을 반환하는 것일까? 다음 예제를 통해서 반환의 대상이 무엇인지 확인해보자.

◈ ReturnStringBuilder.java

```
class ReturnStringBuilder {
    public static void main(String[] args) {
        StringBuilder stb1 = new StringBuilder("123");
        StringBuilder stb2 = stb1.append(45678);

        System.out.println(stb1.toString());
        System.out.println(stb2.toString());

        // 인덱스 0~4까지의 문자 삭제
        stb2.delete(0, 5);

        System.out.println(stb1.toString());
        System.out.println(stb2.toString());

        // 참조 값의 비교
        if(stb1 == stb2)
            System.out.println("같은 인스턴스 참조");
        else
            System.out.println("다른 인스턴스 참조");
    }
}
```

▶ 실행 결과: ReturnStringBuilder.java

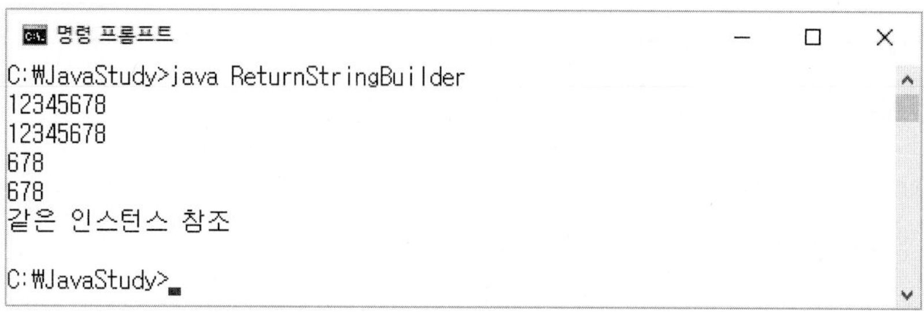
```
C:\JavaStudy>java ReturnStringBuilder
12345678
12345678
678
678
같은 인스턴스 참조

C:\JavaStudy>
```

실행 결과는 다음 문장에서 append 메소드가 반환하는 것은 append 메소드가 호출된 인스턴스의 참조 값 임을 알려준다.

```
StringBuilder stb2 = stb1.append(45678);     // 이 경우 stb1의 참조 값이 반환된다.
```

즉 위의 문장이 실행된 이후에는 stb1과 stb2는 같은 인스턴스를 참조하게 된다. 그리고 이러한 특성은 다음과 같이 메소드를 이어서 호출을 했을 때, 새로운 인스턴스를 생성하는 것이 아니라 한 인스턴스의 메소드를 이어서 호출하는 결과를 갖게 한다.

```
stb1.append(45).append(67).append(89);
```

위의 문장은 다음과 같은 순서로 호출이 이뤄져 stb1이 참조하는 인스턴스의 append 메소드가 세 번 호출된다. (호출 순서를 기준으로 소괄호를 묶었다.)

```
((stb1.append(45)).append(67)).append(89);
```

이 내용까지 이해하였으면 자바 컴파일러가 변환해 놓은 다음 문장이 어떻게 처리되는지 이해할 수 있을 것이다.

```
String birth = "<양>" + 7 + '.' + 16;
    → String birth = (new StringBuilder("<양>").append(7).append('.').append(16)).toString();
```

■ StringBuilder 클래스 이전에 사용이 되던 StringBuffer 클래스

StringBuilder는 자바 5에서 등장한 클래스이다. 따라서 그 이전에는 StringBuffer라는 클래스가 사용이 되었다. 그렇다면 이 둘의 차이점은 무엇일까? 생성자를 포함하여 메소드의 수와 그 기능들만 놓고 보면 전혀 차이를 보이지 않는다. 즉 이 두 클래스는 다음 세 가지가 일치한다.

- 생성자를 포함한 메소드의 수
- 메소드의 기능
- 메소드의 이름과 매개변수의 선언

그리고 이 세 가지가 일치한다는 것은 사실상 같은 클래스임을 의미한다. 그러나 차이점이 하나 있는데 이는 다음과 같다.

"StringBuffer는 쓰레드에 안전하지만, StringBuilder는 쓰레드에 안전하지 않습니다."

이 문장을 정확히 이해하려면 쓰레드를 알아야 한다. 그러나 지금의 궁금증을 해소할 목적으로 간단히 설명하면 이렇다. StringBuffer 클래스라는 것은 멀티 쓰레드 환경에서 안전하게 동작하도록 만들어졌다. 그런데 이렇게 만들어지면 속도가 느려지는 단점을 갖는다.

"멀티 쓰레드에 안전하게 설계된 StringBuffer 클래스는 속도가 느리다."

즉 멀티 쓰레드와 상관없는 상황에서의 StringBuffer 클래스의 사용은 아쉬움을 남긴다. 그래서 멀티 쓰레드에 상관없는 상황에서 사용할 목적으로 StringBuilder 클래스를 정의하기에 이른다. 물론 이 클래스는 멀티 쓰레드에 안전하지 않다. 대신에 속도가 빠르다는 장점이 있다.

문제 11-2 [StringBuilder 클래스의 활용]

다음 주민등록 번호의 중간에 삽입된 - 를 지우고 공백으로 채워서 출력하는 프로그램을 작성해보자. 단 StringBuilder 클래스를 활용하여 빈번한 문자열의 생성이 발생하지 않도록 해야 한다.

```
990925-1012999
```

답안은 출판사 홈페이지를 통해서 제공합니다.

Chapter 12

콘솔 입력과 출력

12-1. 콘솔 출력 (Console Output)
- System.out.println & System.out.print
- 문자열을 조합해서 출력하는 System.out.printf 메소드

12-2. 콘솔 입력 (Console Input)
- Scanner 클래스
- Scanner 클래스의 키보드 적용
- Scanner 클래스의 주요 메소드들

본 Chapter에서는 프로그램 사용자가 키보드로 입력하는 내용을 프로그램 실행 중에 읽어 들이는 방법을 소개한다. 그리고 앞서 구체적인 설명 없이 호출해온 다양한 출력 메소드에 대해서도 정리하고 설명하는 시간을 갖는다.

12-1 콘솔 출력 (Console Output)

콘솔은 컴퓨터를 대상으로 데이터를 입력 및 출력하는 장치를 총칭하는 말이다. 따라서 키보드와 모니터도 콘솔 입출력 장치에 해당한다.

■ System.out.println & System.out.print

자바의 대표적인 콘솔 출력 메소드는 System.out.println이다. 이 메소드는 문자열을 출력하고 나서 행을 바꾸는 특징이 있다. 반면 문자열 출력 후에 행을 바꾸지 않는 System.out.print 메소드도 존재한다. 이 두 메소드는 사용하기도 쉽고 예제를 통해서 호출해 본 경험도 있다. 따라서 출력 방법에 대한 설명은 생략하고 대신에 지금까지 소개하지 않은 이 두 메소드의 특징을 소개하고자 한다. 이와 관련하여 다음 예제를 보자.

◈ AutoCallToString.java

```
class Box {
    private String conts;

    Box(String cont) {
        this.conts = cont;
    }
```

```
    public String toString() {
        return conts;      // 문자열 반환
    }
}

class AutoCallToString {
    public static void main(String[] args) {
        StringBuilder stb = new StringBuilder("12");
        stb.append(34);
        System.out.println(stb.toString());
        System.out.println(stb);

        Box box = new Box("Camera");
        System.out.println(box.toString());
        System.out.println(box);
    }
}
```

▶ 실행 결과: AutoCallToString.java

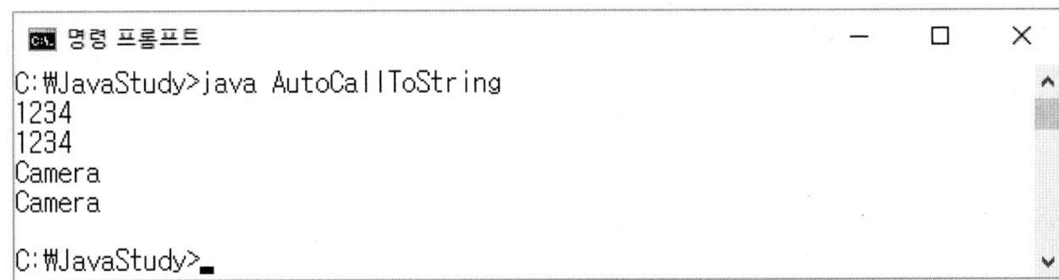

위의 예제에서 정의한 Box 클래스, 그리고 앞서 소개한 StringBuilder 클래스에는 다음의 공통점이 있다.

"문자열을 반환하는 public String toString() 메소드가 정의되어 있다."

따라서 예제에서는 인스턴스가 지니는 문자열의 출력을 위해 다음과 같이 문장을 구성하였다.

```
System.out.println(stb.toString());      // toString이 반환하는 문자열 출력
System.out.println(box.toString());      // toString이 반환하는 문자열 출력
```

그러나 예제에서 보였듯이 다음과 같이 인스턴스의 참조 값을 넘겨도 동일한 출력 결과를 확인할 수 있다.

```
System.out.println(stb);
```

```
System.out.println(box);
```

그리고 이를 통해 짐작할 수 있는 내용은 다음과 같다.

> "System.out.println은 참조 값이 전달되면, 이 값의 인스턴스를 대상으로 toString 메소드를 호출한다. 그리고 이때 반환되는 문자열을 출력한다."

물론 이는 단순한 추측이 아닌 사실이다. 그리고 예제에서 보이지는 않았지만 System.out.print 메소드도 동일하게 동작한다. 다만 문자열 출력 후에 개 행 하지 않는다는 차이점만 있을 뿐이다.

■ 문자열을 조합해서 출력하는 System.out.printf 메소드

println과 print는 문자열을 있는 그대로 출력하는 메소드이다. 반면에 이번에 소개하는 메소드는 문자열의 내용을 조합하여 출력하는 기능을 제공한다. 이 메소드의 사용 방법은 다음과 같다.

```
System.out.printf("정수는 %d, 실수는 %f, 문자는 %c", 12, 24.5, 'A');
```

위의 호출문에서 printf 메소드로 전달되는 인자는 다음과 같이 두 부류로 나뉜다.

- 출력의 기본 구성을 담은 문자열 → "정수는 %d, 실수는 %f, 문자는 %c"
- 문자열을 채우기 위한 값 → 12, 24.5, 'A'

'출력의 기본 구성을 담은 문자열'은 출력할 문자열의 기본 형태를 담고 있다. 그런데 이 문자열의 중간에 보면 %로 시작하는 것이 세 번 등장한다. 그중 하나는 %d인데 이는 다음의 의미를 갖는다.

> "저 값을 10진수 정수 형태로 이 위치에 출력하기를 원합니다."

그리고 이어서 등장하는 %f와 %c도 각각 다음의 의미를 갖는다.

> "저 값을 10진수 실수 형태로 이 위치에 출력하기를 원합니다."
> "저 값을 문자의 문자 형태로 이 위치에 출력하기를 원합니다."

그렇다면 이들 문장에서 말하는 '저 값'은 어디에 있는 값을 의미하는 것일까? 이는 문자열에 이어서 등장하는 '문자열을 채우기 위한 값'을 의미한다. 따라서 이들의 관계는 다음과 같이 정리할 수 있다.

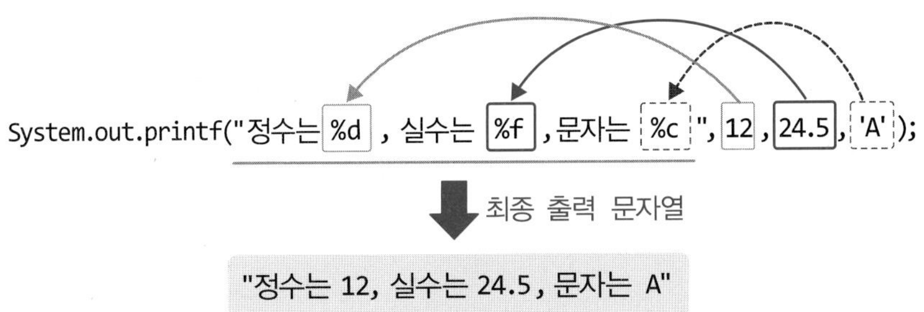

[그림 12-1: System.out.printf 메소드 호출의 구성과 의미]

이로써 System.out.printf 메소드의 구별된 기능을 이해했을 것이다. 그리고 %d와 같은 것을 가리켜 '서식 지정자(Format Specifier)'라 하는데 대표적인 서식 지정자들을 정리하면 다음과 같다.

서식 지정자	출력의 형태
%d	10진수 정수 형태의 출력
%o	8진수 정수 형태의 출력
%x	16진수 정수 형태의 출력
%f	실수의 출력
%e	e 표기법 기반의 실수 출력
%g	출력의 대상에 따라서 %e 또는 %f 형태의 출력
%s	문자열 출력
%c	문자 출력

[표 12-1: 서식 지정자]

그럼 다음 예제를 통해서 다양한 서식 지정자의 사용의 예를 보이고 이와 관련해서 필요한 내용을 보충 설명하겠다.

◈ FormatString.java

```
class FormatString {
    public static void main(String[] args) {
        int age = 20;
        double height = 178.2;
        String name = "YOON SUNG WOO";

        System.out.printf(" name: %s \n", name);
        System.out.printf(" age: %d \n height: %e \n\n", age, height);
```

```

        System.out.printf(" %d - %o - %x \n\n", 77, 77, 77);
        System.out.printf(" %g \n", 0.00014);
        System.out.printf(" %g \n", 0.000014);
    }
}
```

▶ 실행 결과: FormatString.java

```
명령 프롬프트
C:\JavaStudy>java FormatString
 name: YOON SUNG WOO
 age: 20
 height: 1.782000e+02

 77 - 115 - 4d

 0.000140000
 1.40000e-05

C:\JavaStudy>
```

printf 메소드는 줄 바꿈을 자동으로 하지 않는다. 따라서 위 예제에서 구성한 문자열에 \n이 많이 사용되었다. 그리고 %e의 출력을 이해하기 위해서는 e 표기법을 알아야 한다. 이와 관련하여 다음 실수를 관찰하자.

0.00000000000000000001

이는 다음과 같이 지수의 형태로 간단히 표현할 수 있다.

1.0×10^{-20}

그런데 코드상에서는 지수를 표현할 수 없기 때문에, 이를 다음과 같이 표현하기로 약속하였다.

1.0×10^{-20} → 1.0e-20

이 둘의 관계가 이해되는가? 10^{-20}을 e-20으로 표현한 것이다. 마찬가지로 10^{+20}은 e+20으로 표현한다. 그리고 이것이 바로 'e 표기법'이다. e 표기법의 예를 몇 들면 다음과 같다.

$1.2 \times 10^{+12}$ → 1.2e+12

1.7×10^{-15} → 1.7e-15

예제에서도 실수 178.2를 %e를 이용해서 출력했더니 다음과 같이 출력이 되었다.

```
1.782000e+02
```

물론 코드상에서도 다음과 같이 e 표기법을 이용해서 실수를 표현할 수 있다.

```
double height = 1.782e+2
```

이렇듯 실수를 출력하는 방법에는 %f를 이용하는 방법과 %e를 이용하는 방법이 있다. 3.14와 같이 간단한 수라면 %f로 출력하는 것이 수의 파악에 용이하다. 반면 0.00000002와 같은 수는 %e로 출력하는 것이 (중간에 0이 몇 개인지 셀 필요가 없으니) 수의 파악에 용이하다.
값을 %f로 출력할 것인지 %e로 출력할 것인지에 대한 결정을 위임하는 방법도 있다. 서식 지정자 %g를 이용하는 것이다. 위의 예제에서는 %g에 의한 두 실수의 출력 결과를 보여주고 있으니 이를 참고하기 바란다.

참고 System.out.format

System.out.printf 메소드는 자바 5에서 제공되었다. 그리고 이때 System.out.format 메소드도 함께 제공되었는데, 사실 이 두 메소드는 동일한 메소드이다. 때문에 이 두 메소드의 호출문은 전달인자의 수정 없이 완전히 교체가 가능하고 그로 인한 출력 결과도 동일하다.

12-2 콘솔 입력 (Console Input)

Scanner 클래스는 자바 5에서 소개되었다. 그리고 이 클래스로 인해 키보드의 입력을 읽어 들이는 코드를 쉽게 구성할 수 있게 되었다. 그 이전에는 이러한 일을 하는 코드의 구성이 간단하지 않았다.

■ Scanner 클래스

키보드의 입력을 처리하는 코드에 상관없이, Scanner 클래스 자체를 이해할 필요가 있다. 이 클래스가 속한 패키지는 java.util이다. 그리고 이 클래스에 정의된 생성자 중 일부는 다음과 같다. 실제로는 더 많은 생성자가 정의되어 있으나 필요할 때마다 하나씩 알아가면 된다.

```
Scanner(File source)
Scanner(String source)
Scanner(InputStream source)
```

Scanner 클래스는 생성자로 전달되는 대상으로부터 데이터를 추출하는 기능을 제공한다. 그리고 위의 생성자에서 보이는 바와 같이 Scanner 인스턴스는 파일이나 String 인스턴스 등 다양한 대상으로부터의 데이터 추출이 가능하다. 그런데 우리에게 익숙한 것은 String이니, String 인스턴스로부터 데이터를 추출하는 예를 보이겠다.

◈ ScanningString.java

```
import java.util.Scanner;

class ScanningString {
    public static void main(String[] args) {
        String source = "1 3 5";
        Scanner sc = new Scanner(source);    // Scanner 인스턴스 생성
        int num1 = sc.nextInt();    // int형 데이터 추출
        int num2 = sc.nextInt();    // int형 데이터 추출
        int num3 = sc.nextInt();    // int형 데이터 추출

        int sum = num1 + num2 + num3;
        System.out.printf("%d + %d + %d = %d \n", num1, num2, num3, sum);
```

```
    }
}
```

▶ 실행 결과: ScanningString.java

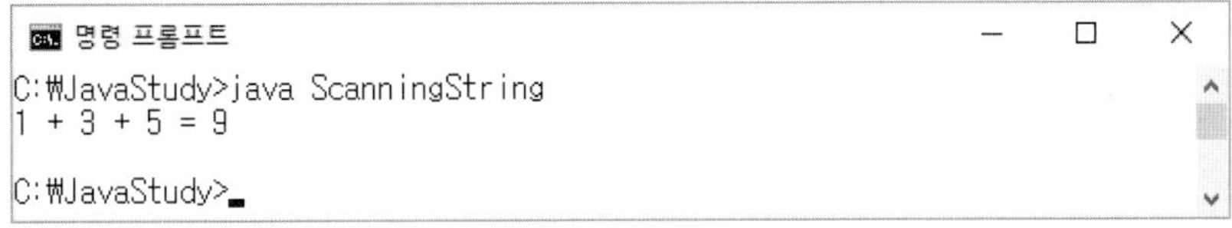

위 예제의 다음 문장은 Scanner 인스턴스와 인자로 전달된 source와의 연결로 이어진다.

```
Scanner sc = new Scanner(source);
```

그래서 참조변수 sc를 통해 데이터를 추출하면 source가 참조하는 대상으로부터 데이터가 추출이 된다. 그런데 위 예제에서 source는 문자열이었다. 그러나 그 대상이 문자열이 아니더라도 데이터를 추출하는 방법은 달라지지 않는다.

■ Scanner 클래스의 키보드 적용

앞서 보인 예제를 수정하여 Scanner 인스턴스를 키보드와 연결하고자 한다. 이를 위해 달라지는 부분은 다음 문장이 유일하다.

```
Scanner sc = new Scanner(source);
            → Scanner sc = new Scanner(System.in);
```

Scanner의 생성자로 전달된 System.in은 키보드를 의미한다. 정확히는 키보드를 의미하는 인스턴스의 참조변수이다.

◈ ScanningKeyboard.java

```
import java.util.Scanner;

class ScanningKeyboard {
    public static void main(String[] args) {
        Scanner sc = new Scanner(System.in);
```

```
            int num1 = sc.nextInt();
            int num2 = sc.nextInt();
            int num3 = sc.nextInt();

            int sum = num1 + num2 + num3;
            System.out.printf("%d + %d + %d = %d \n", num1, num2, num3, sum);
        }
}
```

▶ 실행 결과: ScanningKeyboard.java

```
명령 프롬프트
C:\JavaStudy>java ScanningKeyboard
12
24
36
12 + 24 + 36 = 72

C:\JavaStudy>
```

실행 과정에서 nextInt 메소드가 호출되면 키보드로부터 데이터가 입력될 때까지 프로그램의 실행이 대기 상태에 놓인다. 그리고 정수를 입력한 다음에 Enter를 눌러서 키보드의 입력이 끝이 났음을 알리면 입력된 정수를 읽어 들이고 또 실행을 이어 나간다.

■ Scanner 클래스의 주요 메소드들

예제에서는 int형 데이터의 추출 방법만 보였지만 Scanner 클래스에는 다양한 종류의 데이터를 추출할 수 있도록 메소드가 정의되어 있다. 그리고 그 일부는 다음과 같다.

```
int nextInt()
byte nextByte()
String nextLine()
double nextDouble()
boolean nextBoolean()
```

이름만 보아도 어떠한 데이터의 추출을 위한 메소드인지 파악할 수 있다. 따라서 다음 예제를 통해 문자열의 추출을 위한 nextLine 메소드의 호출 관련 코드만 보이고자 한다.

◈ ReadString.java

```
import java.util.Scanner;

class ReadString {
    public static void main(String[] args) {
        Scanner sc = new Scanner(System.in);

        System.out.print("문자열 입력: ");
        String str1 = sc.nextLine();

        System.out.print("문자열 입력: ");
        String str2 = sc.nextLine();

        System.out.printf("입력된 문자열 1: %s \n", str1);
        System.out.printf("입력된 문자열 2: %s \n", str2);
    }
}
```

▶ 실행 결과: ReadString.java

```
명령 프롬프트
C:\JavaStudy>java ReadString
문자열 입력: Today is Friday
문자열 입력: I love Java
입력된 문자열 1: Today is Friday
입력된 문자열 2: I love Java

C:\JavaStudy>
```

끝으로 nextByte, nextInt는 둘 다 정수의 입력을 위한 메소드들이다. 그러나 입력된 정수의 반환형에 차이가 있다. 예를 들어서 키보드로부터 8이 입력되고 이를 nextByte로 읽으면 8이 byte형으로 반환되고 nextInt로 읽으면 8이 int형으로 반환된다.

Chapter 13

배열 (Array)

본 Chapter에서는 배열을 생성하는 방법, 그리고 생성된 배열에 데이터를 저장 및 참조하는 방법을 소개한다. 더불어 자바 5에서 추가된 enhanced for문을 소개한다.

13-1 1차원 배열의 이해와 활용

배열은 '자료형이 같은 둘 이상의 값'을 저장할 수 있는 메모리 공간을 의미한다. 그리고 배열은 그 구조에 따라서 '1차원 배열'과 2차원 이상의 '다차원 배열'로 나뉜다.

■ 1차원 배열의 생성 방법

1차원 배열은 다음과 같이 정의할 수 있다.

"타입이 같은 둘 이상의 데이터를 저장할 수 있는 1차원 구조의 메모리 공간"

그런데 자바는 배열도 인스턴스로 처리한다. 즉 '자바에서는 배열도 인스턴스'이다. 그럼 다음 문장을 보자. 이는 5개의 int형 값을 저장할 수 있는 1차원 배열의 생성문이다.

```
int[] ref = new int[5];    // 길이가 5인 int형 1차원 배열의 생성문
```

위의 문장에서 등호를 기준으로 왼편, 오른편에 위치한 것은 각각 '참조변수의 선언'과 '배열의 생성'이다.

```
int[] ref
```

→ int형 1차원 배열 인스턴스를 참조할 수 있는 '참조변수의 선언'

```
new int[5]
```

→ int형 값 5개를 저장할 수 있는 '배열 인스턴스의 생성'

물론 다음과 같이 참조변수의 선언과 배열 인스턴스의 생성을 구분할 수도 있다.

```
public static void main(String[] args) {
    int[] ref;    // 참조변수의 선언
    ref = new int[5];    // 배열 인스턴스의 생성
    ....
}
```

참조변수의 선언에서 int[]은 참조할 대상에 대한 자료형 정보를 나타낸다. 그런데 여기에 참조할 배열의 길이 정보는 보이지 않는다. 즉 int[]형으로 선언된 참조변수는 int형 1차원 배열을 길이에 상관없이 참조할 수 있다.

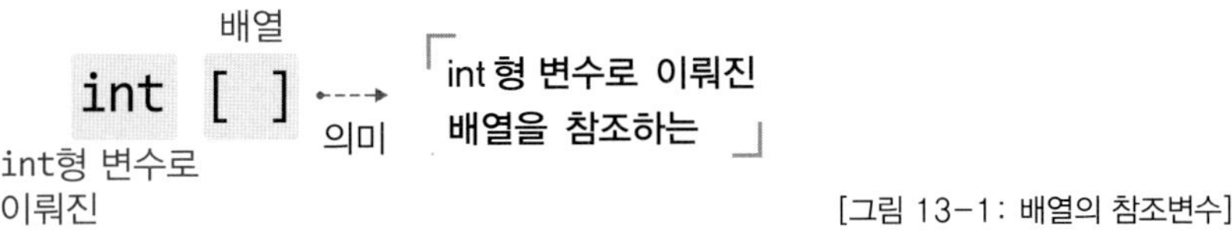

[그림 13-1: 배열의 참조변수]

다시 배열의 생성 문장으로 돌아와서, 다음 문장을 실행하면,

```
int[] ref = new int[5];
```

다음의 형태로 메모리 공간에 배열이 생성된다. (이 그림의 목적은 배열이 인스턴스임을 강조하는데 있다. 그림에서 length는 인스턴스 변수이다.)

int[] ref = new int[5] ;

참조변수 생성

인스턴스 생성

ref

참조

참조변수

다섯 개의 int형 변수

length=5

인스턴스 변수 length

배열 인스턴스

[그림 13-2: 배열의 생성]

그럼 다음 예제를 통해서 '다양한 배열의 생성의 예'와 더불어 '배열이 인스턴스임'을 보이겠다. 그리고 이후로는 '배열 인스턴스'라 하지 않고 그냥 '배열'이라 하겠다.

◈ ArrayIsInstance.java

```
class ArrayIsInstance {
    public static void main(String[] args) {
        // 길이가 5인 int형 1차원 배열의 생성
        int[] ar1 = new int[5];

        // 길이가 7인 double형 1차원 배열의 생성
        double[] ar2 = new double[7];

        // 배열의 참조변수와 인스턴스 생성 분리
        float[] ar3;
        ar3 = new float[9];

        // 배열의 인스턴스 변수 접근
        System.out.println("배열 ar1 길이: " + ar1.length);
        System.out.println("배열 ar2 길이: " + ar2.length);
        System.out.println("배열 ar3 길이: " + ar3.length);
    }
}
```

▶ 실행 결과: ArrayIsInstance.java

```
명령 프롬프트
C:\JavaStudy>java ArrayIsInstance
배열 ar1 길이: 5
배열 ar2 길이: 7
배열 ar3 길이: 9

C:\JavaStudy>
```

위 예제에서는 배열의 인스턴스 변수 length에 접근하여 배열의 길이 정보를 출력하였다. 이렇듯 인스턴스 변수에 접근이 가능하다는 것은 배열이 인스턴스임을 보이는 결과이기도 하다. 그리고 위의 예제에서 보이지는 않았지만, 다음과 같이 1차원 배열의 참조변수는 배열의 길이에 상관없이 참조가 가능하다.

```
public static void main(String[] args) {
    int[] ar = new int[50];
```

```
        System.out.println("length: " + ar.length);   // length: 50
        ar = new int[100];    // 길이가 다른 배열 참조
        System.out.println("length: " + ar.length);   // length: 100
    }
```

그리고 배열은 int, double과 같은 기본 자료형을 대상으로만 생성할 수 있는 것이 아니다. 다음 예제에서 보이듯이 인스턴스를 저장할 수 있는 배열의 생성도 가능하다.

◈ ArrayIsInstance2.java

```
class Box {
    private String conts;

    Box(String cont) {
        this.conts = cont;
    }
    public String toString() {
        return conts;
    }
}

class ArrayIsInstance2 {
    public static void main(String[] args) {
        Box[] ar = new Box[5];    // 길이가 5인 Box형 1차원 배열의 생성
        System.out.println("length : " + ar.length);    // length: 5
    }
}
```

▶ 실행 결과: ArrayIsInstance2.java

```
명령 프롬프트
C:₩JavaStudy>java ArrayIsInstance2
length : 5

C:₩JavaStudy>
```

위 예제에서는 Box 클래스를 정의하고 이 클래스의 인스턴스 5개를 저장할 수 있는 배열을 다음과 같이 생성하였다.

```
Box[] ar = new Box[5];
```

여기서 주의할 사실은 다음과 같다.

"이는 Box 인스턴스 5개를 저장할 수 있는 참조변수의 배열이다."

즉 이는 Box 인스턴스의 생성과는 관계가 없다. 위의 문장을 통해 5개의 Box 인스턴스를 저장할 수 있는 배열이 생성될 뿐이다.

■ 배열을 대상으로 한 값의 저장과 참조

다음의 배열이 생성된 상태에서 배열에 값을 저장하는 방법과 저장된 값을 참조하는 방법을 설명하고자 한다.

```
int[] ar = new int[3];
```

이 배열의 첫 번째 공간에(첫 번째 요소에) 값을 저장하는 방법은 다음과 같다.

```
ar[0] = 7;    // 배열 ar의 첫 번째 요소에 정수 7 저장
```

이렇듯 배열 요소의 위치를 지정하는 인덱스 값은 0에서부터 시작한다. 따라서 배열 ar의 두 번째, 세 번째 요소에 값을 저장하는 방법은 다음과 같다.

```
ar[1] = 8;    // 배열 ar의 두 번째 요소에 정수 8 저장
ar[2] = 9;    // 배열 ar의 세 번째 요소에 정수 9 저장
```

배열에 저장된 값을 참조하는 방법도 이와 유사하다. 다음은 배열 ar의 모든 요소에 저장된 값을 더하는 방법을 보여준다.

```
int num = ar[0] + ar[1] + ar[2];
```

앞서 보인 Box형 배열의 인스턴스 저장 및 참조 방법도 이와 동일하다. 다만 저장 대상에서 차이가 있을 뿐이다. 그럼 이와 관련하여 다음 예제를 보자.

◈ BoxArray.java

```
class Box {
    private String conts;

    Box(String cont) {
        this.conts = cont;
```

```
    }
    public String toString() {
        return conts;
    }
}

class BoxArray {
    public static void main(String[] args) {
        Box[] ar = new Box[3];

        // 배열에 인스턴스 저장
        ar[0] = new Box("First");
        ar[1] = new Box("Second");
        ar[2] = new Box("Third");

        // 저장된 인스턴스의 참조
        System.out.println(ar[0]);
        System.out.println(ar[1]);
        System.out.println(ar[2]);
    }
}
```

▶ 실행 결과: BoxArray.java

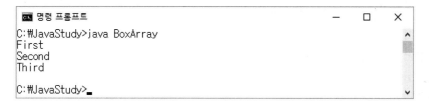

위의 예제에서 배열 생성 이후에 다음과 같이 인스턴스를 생성하여 저장하였다.

```
ar[0] = new Box("First");
ar[1] = new Box("Second");
ar[2] = new Box("Third");
```

이와 같이 인스턴스를 생성하고 저장했을 때의 배열과 인스턴스의 관계는 다음과 같다.

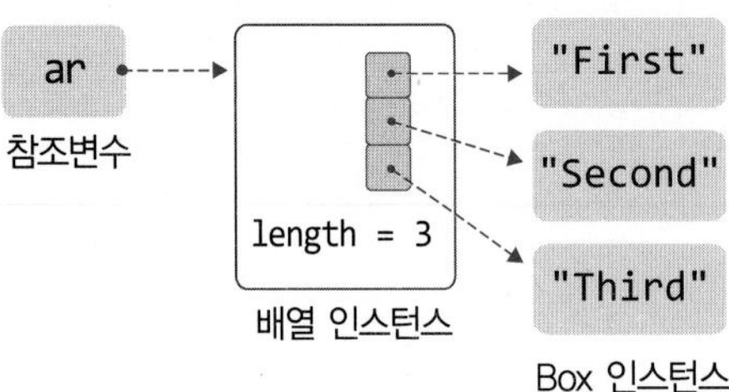

[그림 13-3: 배열의 인스턴스 저장 모델]

그리고 이렇게 배열에 저장된 인스턴스는 다음과 같이 참조한다.

```
System.out.println(ar[0]);
```

한가지 예를 더 보이겠다. 다음 예제에서는 String형 배열에 문자열을 저장하고 참조하는 코드를 보인다.

◈ StringArray.java

```
class StringArray {
    public static void main(String[] args) {
        String[] sr = new String[7];
        sr[0] = new String("Java");
        sr[1] = new String("System");
        sr[2] = new String("Compiler");
        sr[3] = new String("Park");
        sr[4] = new String("Tree");
        sr[5] = new String("Dinner");
        sr[6] = new String("Brunch Cafe");

        int cnum = 0;

        for(int i = 0; i < sr.length; i++)
            cnum += sr[i].length();

        System.out.println("총 문자의 수: " + cnum);
    }
}
```

▶ 실행 결과: StringArray.java

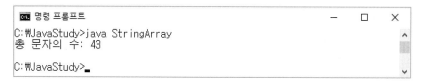

위 예제에서 관심 있게 볼 부분은 다음 반복문이다. 이 반복문에서는 변수 i를 이용하여 모든 배열 요소에 접근하였다.

```
for(int i = 0; i < sr.length; i++)
    cnum += sr[i].length();     // String 인스턴스의 length 메소드 순차적 호출!
```

이렇듯 반복문을 이용하면 '배열의 순차적 접근'을 진행하는 문장을 구성할 수 있다. 그리고 이것이 배열이 갖는 대표적인 장점 중 하나이다. 참조변수 일곱 개를 선언하여 일곱 개의 문자열을 저장할 수는 있다. 그러나 단 두 줄의 코드만을 이용해서 모든 문자열에 접근하는 것은 배열이 아니면 불가능하다.

■ 배열을 생성과 동시에 초기화하기

배열도 변수와 마찬가지로 생성과 동시에 초기화가 가능하다. 기본적인 배열의 생성 방식은 다음과 같다.

```
int[] arr = new int[3];
```

이 배열을 생성과 동시에 초기화하려면, 초기화할 값들을 다음과 같이 중괄호를 이용해서 나열하면 된다.

```
int[] arr = new int[3] {1, 2, 3};        // 컴파일 오류 발생
```

그런데 위의 문장에서는 초기화할 값들의 수를 통해 배열의 길이 정보를 계산할 수 있으므로, 이 경우 배열의 길이 정보를 생략하도록 약속하였다. 즉 위의 문장은 다음과 같이 수정해야 한다.

```
int[] arr = new int[] {1, 2, 3};
```

위의 문장을 통해 생성되는 배열의 길이는 3이다. 그리고 위의 문장은 다음과 같이 줄여서 표현할 수도 있다.

```
int[] arr = {1, 2, 3};
```

물론 위의 문장에 의해 생성되는 배열의 길이도 3이다.

■ 참조변수 선언의 두 가지 방법

다음의 참조변수 선언을 보자. 이는 앞서 소개하고 설명한 방식의 참조변수 선언이다.

```
int[] arr;
```

동일한 참조변수 arr을 다음과 같이 선언할 수도 있다.

```
int arr[];
```

다음과 같이 배열을 생성하는 문장에서도 이 둘은 동일한 의미로 사용이 된다.

```
int[] ar = new int[3];     // 조금 더 선호하는 방법
int ar[] = new int[3];
```

■ 배열의 참조 값과 메소드

배열도 인스턴스이므로 메소드 호출 시 참조 값의 전달이 가능하다. 예를 들어서 다음과 같이 배열의 참조 값을 인자로 전달할 수 있다.

```
public static void main(String[] args) {
    int[] ar = {1, 2, 3, 4, 5, 6, 7};
    int sum = sumOfAry(ar);     // 배열의 참조 값 전달
    ....
}
```

그리고 위에서 호출하는 메소드는 다음과 같이 정의해야 한다. 즉 다음과 같이 배열의 참조변수를 매개변수로 선언해야 한다.

```
static int sumOfAry(int[] ar) {
    int sum = 0;
    for(int i = 0; i < ar.length; i++)
        sum += ar[i];
    return sum;
}
```

이 과정에서 배열이 새로 생성되는 것은 아니다. 그저 배열 인스턴스를 참조할 수 있는 참조 값만 인자로 전달이 되고, 이 값을 매개변수로 받을 뿐이다. 그리고 다음과 같이 배열의 참조 값을 반환하는 메

소드를 정의하는 것도 가능하다.

```
static int[] makeNewIntAry(int len) {
    int[] ar = new int[len];
    return ar;
}
```

결론적으로 배열도 인스턴스이다. 따라서 인스턴스의 참조 값을 전달 및 반환하듯이 배열의 참조 값도 전달 및 반환할 수 있으며 그 방법에서도 차이가 없다.

■ 배열의 초기화와 배열의 복사

배열이 생성되면 모든 요소는 0 또는 null로 초기화된다. 예를 들어서 다음과 같이 생성된 배열은 0으로 초기화된다.

```
int[] ar = new int[10];    // 배열의 모든 요소 0으로 초기화
```

그리고 다음과 같이 인스턴스 배열을 생성하면 모든 요소는 null로 초기화된다.

```
String[] ar = new String[10];     // 배열의 모든 요소 null로 초기화
```

그런데 int형 배열과 같은 기본 자료형 배열을 0 이외의 값으로 초기화해야 할 때가 있다. 이러한 경우에는 반복문을 이용해서 원하는 값을 배열에 저장할 수도 있지만 다음 메소드 호출을 통해서 원하는 값을 배열에 저장할 수도 있다.

```
public static void fill(int[] a, int val)
```

→ 두 번째 인자로 전달된 값으로 배열 초기화

```
public static void fill(int[] a, int fromIndex, int toIndex, int val)
```

→ 인덱스 fromIndex ~ (toIndex-1)의 범위까지 val의 값으로 배열 초기화

위의 두 메소드는 java.util.Arrays 클래스에 정의되어 있으며 각 기본 자료형 별로 메소드가 오버로딩 되어 있다. 그리고 배열을 복사해야 하는 상황도 종종 발생하는데, 이 경우에도 반복문을 구성해서 복사를 진행할 수 있지만 java.lang.System 클래스의 다음 메소드를 통해서 복사를 할 수도 있다.

```
public static void arraycopy(Object src, int srcPos, Object dest, int destPos, int length)
```

→ 복사 원본의 위치: 배열 src의 인덱스 srcPos

→ 복사 대상의 위치: 배열 dest의 인덱스 destPos

→ 복사할 요소의 수: length

그럼 지금 소개한 두 메소드의 호출의 예를 다음 예제를 통해서 보이겠다.

◈ ArrayUtils.java

```
import java.util.Arrays;

class ArrayUtils {
    public static void main(String[] args) {
        int[] ar1 = new int[10];
        int[] ar2 = new int[10];

        Arrays.fill(ar1, 7);    // 배열 ar1을 7로 초기화
        System.arraycopy(ar1, 0, ar2, 3, 4);   // 배열 ar1을 ar2로 부분 복사

        for(int i = 0; i < ar1.length; i++)
            System.out.print(ar1[i] + " ");
        System.out.println();     // 단순 줄 바꿈

        for(int i = 0; i < ar2.length; i++)
            System.out.print(ar2[i] + " ");
    }
}
```

▶ 실행 결과: ArrayUtils.java

```
명령 프롬프트
C:\JavaStudy>java ArrayUtils
7 7 7 7 7 7 7 7 7 7
0 0 0 7 7 7 7 0 0 0
C:\JavaStudy>_
```

■ main 메소드의 매개변수 선언

이제는 다음 main 메소드의 매개변수 선언이 무엇을 의미하는지 이해할 수 있을 것이다.

```
public static void main(String[] args) {....}
```

매개변수로 String 배열의 참조변수가 선언되었다. 따라서 다음과 같이 main 메소드를 호출해야 한다. (main 메소드를 직접 호출한다는 가정하에 작성된 코드이다.)

```
String[] arr = new String[] {"Coffee", "Milk", "Orange"};
main(arr);
```

물론 코드상에서 main 메소드를 위와 같이 직접 호출하지는 않는다. 게다가 우리가 main 메소드에 전달할 String 배열을 만들지도 않는다. 그렇다면 어떻게 String 배열이 만들어지고 또 main 메소드의 인자로 전달되는 것일까? String 배열을 구성하는 것도 main 메소드를 호출하는 것도 가상머신에 의해 이뤄지는 일이다. 다만 String 배열을 구성할 문자열은 프로그램 사용자가 전달해야 한다. 예를 들어서 Simple.class에 위치한 main 메소드를 다음과 같이 호출한다고 가정해보자.

```
C:\JavaStudy>java Simple
```

그러면 String 배열이 다음과 같이 구성이 되어 main 메소드에 전달이 된다.

```
String[] arr = new String[] { };
```

즉 빈 String 배열이 생성되어 main 메소드의 호출이 이뤄진다. 반면 다음과 같이 실행을 하면,

```
C:\JavaStudy>java Simple Coffee Milk Orange
```

String 배열이 다음과 같이 구성이 되어 main 메소드에 전달이 된다.

```
String[] arr = new String[] {"Coffee", "Milk", "Orange"};
```

즉 실행 명령문에 이어서 공백을 구분 기준으로 문자열을 입력하면, 이 내용을 대상으로 String 배열이 구성되고, 이 배열의 참조 값이 전달되면서 main 메소드가 호출이 된다. 그럼 이러한 내용의 확인을 위해 다음 예제를 실행해보자.

◈ Simple.java

```
class Simple {
    public static void main(String[] args) {
        for(int i = 0; i < args.length; i++ )
            System.out.println(args[i]);
    }
}
```

▶ 실행 결과: Simple.java

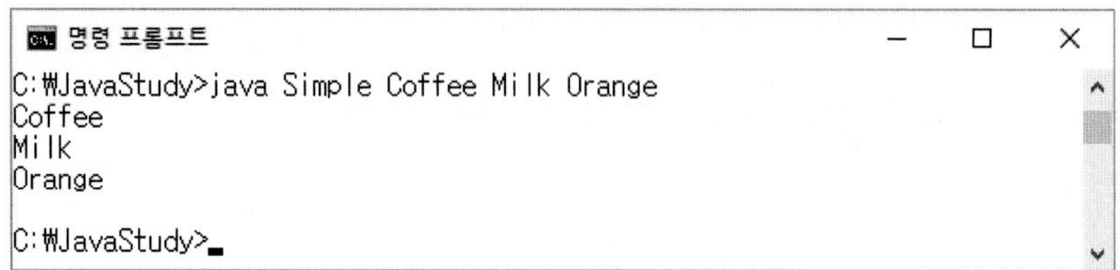

13-2 enhanced for문

이번에 소개하는 enhanced for문은 자바 5에서 추가되었다. 그리고 지금은 많이 사용되는 반복문 중 하나가 되었다.

■ enhanced for문의 이해와 활용

프로그램을 작성하다 보면 다음과 같이 배열에 저장된 모든 요소를 대상으로 연산, 참조 또는 탐색을 진행하는 경우를 흔히 접할 수 있다.

"배열에 저장된 값 중에서 특정 조건에 해당하는 값을 찾아라."

"배열에 저장된 모든 값에 대해 12%씩 그 값을 증가시켜라."

그리고 이러한 상황에서의 문장 구성을 돕기 위해 등장한 것이 enhanced for문이다. (for-each문으로도 불린다.) 예를 들어서 '배열에 저장된 모든 값을 출력하라.'는 요구 사항을 만족하는 for문은 다음과 같이 작성할 수 있다.

```
int[] ar = {1, 2, 3, 4, 5};
for(int i =0; i < ar.length; i++) {
    System.out.println(ar[i]);
}
```

그리고 위의 for문을 enhanced for문으로 구성하면 다음과 같다.

```
for(int e : ar) {
    System.out.println(e);
}
```

객관적으로 비교해 보았을 때 새로운 for문에는 다음 두 가지 장점이 있다. (enhanced for문을 '새로운 for문'이라고 표현하였다.)

- 코드의 양이 절대적으로 줄어든다.
- 반복문 구성 과정에서 배열의 길이 정보를 직접 확인하고 입력할 필요가 없다.

이러한 장점이 있는 enhanced for문의 기본 구성을 배열을 기준으로 보면 다음과 같다. (배열 이외의 대상으로도 enhanced for문의 구성이 가능하다. 이에 대해서는 이후에 소개한다.)

```
for(요소 : 배열) {
    반복할 문장들
}
```

위의 구성에서 '배열'에는 반복의 대상인 배열의 참조변수가 온다. 그리고 '요소'에는 배열의 요소 하나하나가 담긴다. 예를 들어서 앞서 소개한 다음 문장을 보자.

```
int[] ar = {1, 2, 3, 4, 5};
for(int e : ar) {
    System.out.println(e);
}
```

위의 반복문은 배열 ar을 대상으로 반복을 진행한다. 따라서 첫 번째 실행의 상황에서 변수 e에는 배열 ar의 첫 번째 요소의 값이 담겨 '반복할 문장들'이 실행된다. 즉 다음과 같이 이해할 수 있다.

```
// 첫 번째 반복의 상황
for(int e : ar) {
```

```
        e = ar[0];  // 첫 번째 요소가 변수 e에 담겨 아래 문장을 실행
        System.out.println(e);
    }
```

마찬가지로 두 번째 실행의 상황은 다음과 같다. 배열의 두 번째 요소가 변수 e에 담겨 '반복할 문장들'을 실행한다.

```
    // 두 번째 반복의 상황
    for(int e : ar) {
        e = ar[1];  // 두 번째 요소가 변수 e에 담겨 아래 문장을 실행
        System.out.println(e);
    }
```

그리고 마지막엔 배열의 마지막 요소가 변수 e에 담겨 반복할 문장들이 실행되고 반복문은 종료된다. 그럼 이와 관련해서 예제를 하나 보이겠으니 지금 설명한 내용을 기준으로 예제의 흐름을 분석해보자.

◈ EnhancedFor.java

```
class EnhancedFor {
    public static void main(String[] args) {
        int[] ar = {1, 2, 3, 4, 5};

        // 배열 요소 전체 출력
        for(int e: ar) {
            System.out.print(e + " ");
        }
        System.out.println();    // 단순 줄 바꿈을 목적으로

        int sum = 0;

        // 배열 요소의 전체 합 출력
        for(int e: ar) {
            sum += e;
        }
        System.out.println("sum: " + sum);
    }
}
```

▶ 실행 결과: EnhancedFor.java

```
명령 프롬프트
C:₩JavaStudy>java EnhancedFor
1 2 3 4 5
sum: 15

C:₩JavaStudy>_
```

■ 인스턴스 배열을 대상으로 하는 enhanced for문

배열에 저장된 내용이 '기본 자료형의 값'이 아닌 '인스턴스의 참조 값'인 경우에도 enhanced for문의 활용에 있어서 달라지는 것은 없다. 다음은 Box형 배열을 생성하고 이를 대상으로 새로운 for문을 구성한 예이다. (Box 클래스를 정의했다고 가정한다.)

```
Box[] ar = new Box[10];
for(Box e : ar) {
    ....
}
```

위의 반복문에서 변수 e가 Box형 참조변수로 선언되었음에 주목하자. 첫 번째 반복의 과정이 다음과 같으므로 이러한 선언은 당연한 것이다.

```
// 첫 번째 반복의 상황
for(Box e : ar) {
    e = ar[0];     // 첫 번째 요소에 저장된 참조 값을 e에 대입
    ....
}
```

그럼 다음 예제를 통해서 구체적인 활용의 예를 보이겠다. 이 예제에서는 상자에 부여된 번호를 확인하고 특정 번호의 내용물 정보를 출력하고 있다.

◈ EnhancedForInst.java

```
class Box {
    private String contents;
    private int boxNum;

    Box(int num, String cont) {
        boxNum = num;
        contents = cont;
```

```
    }
    public int getBoxNum() {
        return boxNum;
    }
    public String toString() {
        return contents;
    }
}

class EnhancedForInst {
    public static void main(String[] args) {
        Box[] ar = new Box[5];
        ar[0] = new Box(101, "Coffee");
        ar[1] = new Box(202, "Computer");
        ar[2] = new Box(303, "Apple");
        ar[3] = new Box(404, "Dress");
        ar[4] = new Box(505, "Fairy-tale book");

        // 배열에서 번호가 505인 Box를 찾아 그 내용물을 출력하는 반복문
        for(Box e: ar) {
            if(e.getBoxNum() == 505)
                System.out.println(e);
        }
    }
}
```

▶ 실행 결과: EnhancedForInst.java

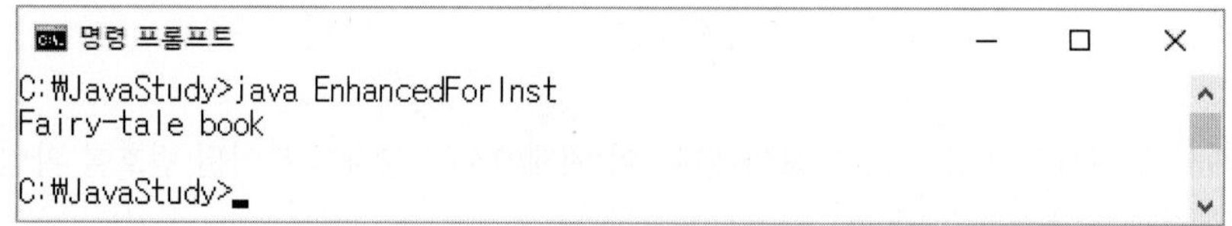
명령 프롬프트
C:₩JavaStudy>java EnhancedForInst
Fairy-tale book
C:₩JavaStudy>_

결론적으로, 다음 문장에서 변수 e에 저장되는 대상에 대한 정확한 이해만 있으면 enhanced for문도 자유롭게 활용할 수 있다.

```
for(Box e: ar) {
    ....
}
```

문제 13-1 **[배열과 메소드]**

int형 1차원 배열을 매개변수로 전달받아서 배열에 저장된 최댓값, 최솟값을 찾아서 반환하는 메소드를 각각 다음의 형태로 정의하자.

```
public static int minValue(int[] arr)      // 최솟값 반환
public static int maxValue(int[] arr)      // 최댓값 반환
```

단 반복문을 사용할 때 minValue의 정의에서는 일반적인 for문을 사용하고 maxValue의 정의에서는 새로운 for문(enhanced for문)을 사용하기로 하자.

답안은 출판사 홈페이지를 통해서 제공합니다.

13-3 다차원 배열의 이해와 활용

배열의 논리적 메모리 구조가 2차원 이상의 형태를 보이는 배열을 가리켜 '다차원 배열'이라 한다. 즉 2차원 배열도 다차원 배열이고 3차원 배열도 다차원 배열이다. 그러나 일반적인 프로그램에서는 2차원을 초과하는 구조의 배열을 잘 사용하지 않는다. 따라서 설명의 초점을 2차원 배열에 두고자 한다. (그러나 2차원 배열을 잘 알면 3차원 배열도 다룰 수 있다.)

■ 2차원 배열의 생성과 접근

1차원 배열은 그 이름이 의미하듯이 둘 이상의 변수가 '선의 형태'로 존재하는 배열이다. 반면 2차원 배열은 다수의 변수가 '면의 형태'로 존재하는 배열이다.

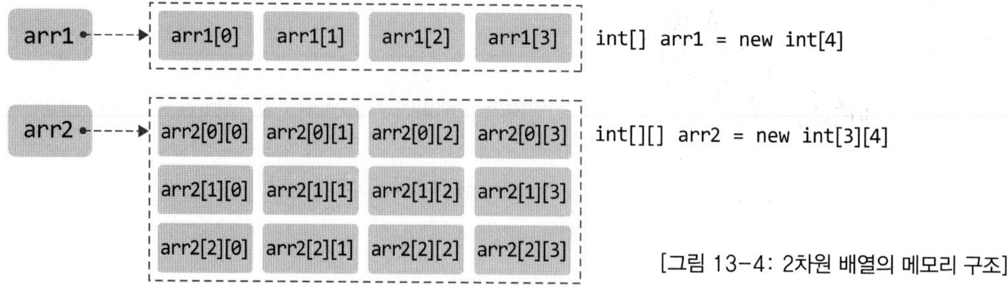

[그림 13-4: 2차원 배열의 메모리 구조]

위 그림에서 보이듯이 세로 길이와 가로 길이가 각각 3과 4인 int형 2차원 배열은 다음과 같이 생성한다.

```
int[][] arr = new int[3][4];
```

→ 세로 길이가 3, 가로 길이가 4인 int형 2차원 배열의 생성

즉 int[][]은 int형 2차원 배열의 참조변수 형을 의미하고, new int[3][4]에서 3은 배열의 세로 길이를, 4는 가로 길이를 의미한다. 이와 관련하여 몇 가지 예를 들면 다음과 같다.

```
int[][] arr1 = new int[7][2];
```

→ 세로 길이가 7, 가로 길이가 2인 int형 2차원 배열의 생성

```
double[][] arr2 = new double[3][5];
```

→ 세로 길이가 3, 가로 길이가 5인 double형 2차원 배열의 생성

```
String[][] arr3 = new String[3][7];
```

→ 세로 길이가 3, 가로 길이가 7인 String형 2차원 배열의 생성

그리고 2차원 배열의 요소에 접근할 때에는 세로와 가로의 위치를 각각 지정해야 하는데, 1차원 배열과 마찬가지로 위치 지정의 인덱스 값은 0에서부터 시작한다. ([그림 13-4]에서 요소별 접근 인덱스 값을 보이고 있다.)

```
arr[1][0] = 5;
```

→ 세로, 가로의 인덱스 위치가 각각 1, 0 인 요소에 5를 저장

```
arr[0][1] = 7;
```

→ 세로, 가로의 인덱스 위치가 각각 0, 1 인 요소에 7을 저장

따라서 가로세로의 길이가 모두 3인 int형 2차원 배열 arr이 다음과 같이 생성되었을 때,

이 배열의 좌측 상단에 위치한 다음 요소는 arr[0][0]으로 접근한다.

그리고 우측 하단에 위치한 다음 요소는 arr[2][2]으로 접근한다.

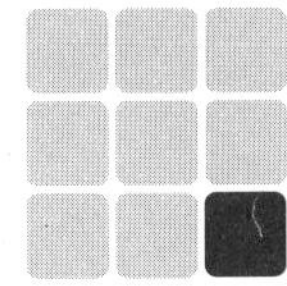

그럼 지금까지 설명한 내용을 예제를 통해서 확인해보겠다. 이 예제에서는 세로와 가로의 길이가 각각 3과 4인 배열을 생성하고, 좌측 상단에서부터 우측 하단까지 순서대로 정수를 저장하는데 그 값이 1에서부터 1씩 증가하는 형태이다.

◈ TwoDimenArray.java

```
class TwoDimenArray {
    public static void main(String[] args) {
        int[][] arr = new int[3][4];
        int num = 1;

        // 배열에 값을 저장
        for(int i = 0; i < 3; i++) {
            for(int j = 0; j < 4; j++) {
                arr[i][j] = num;
                num++;
            }
        }

        // 배열에 저장된 값을 출력
```

```
        for(int i = 0; i < 3; i++) {
            for(int j = 0; j < 4; j++) {
                System.out.print(arr[i][j] + "\t");
            }
            System.out.println();
        }
    }
}
```

▶ 실행 결과: TwoDimenArray.java

```
명령 프롬프트
C:\JavaStudy>java TwoDimenArray
1       2       3       4
5       6       7       8
9       10      11      12

C:\JavaStudy>
```

■ 2차원 배열의 구조

앞서 보인 예제 정도만 이해를 해도 2차원 배열을 활용할 수 있다. 그러나 다음 예제에서 보이는 '자바의 2차원 배열 특성'을 이해하면 배열을 더 잘 활용할 수 있다. 이 예제는 이전 예제와 사실상 동일하다. 다만 배열의 가로와 세로의 길이를 인스턴스 변수 length를 통해 확인하는 부분에서만 차이가 난다.

◈ TwoDimenArray2.java

```
class TwoDimenArray2 {
    public static void main(String[] args) {
        int[][] arr = new int[3][4];
        int num = 1;

        for(int i = 0; i < arr.length; i++) {
            for(int j = 0; j < arr[i].length; j++) {
                arr[i][j] = num;
                num++;
            }
        }

        for(int i = 0; i < arr.length; i++) {
            for(int j = 0; j < arr[i].length; j++) {
```

```
                System.out.print(arr[i][j] + "\t");
            }
            System.out.println();
        }
    }
}
```

▶ 실행 결과: TwoDimenArray2.java

```
명령 프롬프트
C:\JavaStudy>java TwoDimenArray2
1       2       3       4
5       6       7       8
9       10      11      12

C:\JavaStudy>
```

위 예제에서 다음 2차원 배열을 생성하였다.

```
int[][] arr = new int[3][4];
```

이때 참조변수 arr이 참조하는 배열은 다음의 형태를 띤다. (세로로 나열하였지만 이는 1차원 배열이다.) 그리고 이 배열의 길이는 arr.length를 참조하여 확인할 수 있다.

arr[0]
arr[1]
arr[2]

위 배열의 요소는 위에서 아래로 arr[0], arr[1], arr[2]이고 이 셋 역시 참조변수이다. 그런데 그냥 참조변수가 아닌 '1차원 배열을 참조하는 참조변수'이다. 그래서 이들 참조변수는 각각 길이가 4인 1차원 배열을 다음과 같이 참조한다.

참조
arr[0]
arr[1]
arr[2]

따라서 arr[0].length, arr[1].length, arr[2].length로 각 참조변수가 참조하는 배열의 길이를 확인할 수 있다. 정리하면 2차원 배열은 다수의 1차원 배열이 묶여서 만들어진다. 즉 위의 배열 생성 문장을 통해서 생성되는 2차원 배열의 실제 모습은 다음과 같다.

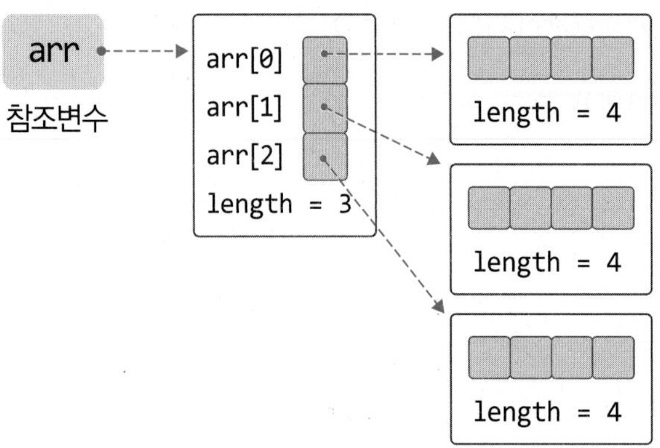

[그림 13-5: 2차원 배열의 실제 구조]

물론 코드를 작성할 때에는 2차원 배열을 [그림 13-4]의 구조로 생각하는 것이 옳다. 그러나 위의 구조를 알고 있음으로써 보다 다양한 코드를 이해할 수 있다. 예를 들면 다음과 같은 코드이다.

```
public static void main(String[] args) {
    int[][] arr = new int[3][4];
    ....
    arr[1] = new int[7];      // 두 번째 줄의 배열을 교체하는 문장
    ....
}
```

위의 코드에서는 2차원 배열의 두 번째 줄을 교체하였다. 그것도 길이가 7인 배열로 교체하였다. 따라서 2차원 배열이 다음의 모습으로 바뀌게 된다.

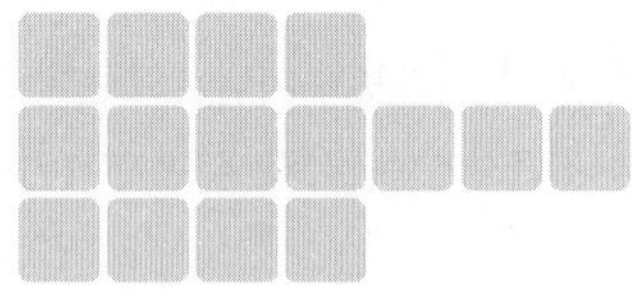

이러한 내용의 코드 작성이 권장할 일은 아니지만, 이렇게 작성된 코드의 내용을 분석하고 이해할 수는 있어야 한다.

■ 2차원 배열의 초기화

1차원 배열과 마찬가지로 2차원 배열도 다음과 같이 생성과 동시에 초기화가 가능하다.

```
int[][] arr = new int[][]{
    {11, 22, 33},    // 1행 초기화
    {44, 55, 66},    // 2행 초기화
    {77, 88, 99}     // 3행 초기화
};
```

위의 문장으로 인해 가로세로의 길이가 모두 3인 2차원 배열이 생성되고, 동시에 모든 요소가 지정된 값으로 초기화된다. 그리고 위의 문장을 대신해서 다음과 같이 쓸 수도 있다.

```
int[][] arr = {
    {11, 22, 33},    // 1행 초기화
    {44, 55, 66},    // 2행 초기화
    {77, 88, 99}     // 3행 초기화
};
```

그렇다면 다음과 같이 초기화를 하면 어떠한 배열이 만들어질까? 답을 확인하기 전에 나름대로 예상을 해보면 좋겠다.

```
int[][] arr = {
    {11},
    {22, 33},
    {44, 55, 66}
};
```

위의 문장에 의해 만들어지는 배열의 구조는 다음과 같은 간단한 예제를 통해서 확인할 수 있다. 실행 결과를 통해서 위의 배열이 어떠한 구조를 갖는지 확인할 수 있다.

◈ PartiallyFilledArray.java

```
class PartiallyFilledArray {
    public static void main(String[] args) {
        int[][] arr = {
            {11},
            {22, 33},
            {44, 55, 66}
```

```
        };

        // 배열의 구조대로 내용 출력
        for(int i = 0; i < arr.length; i++) {
            for(int j = 0; j < arr[i].length; j++) {
                System.out.print(arr[i][j] + "\t");
            }
            System.out.println();
        }
    }
}
```

▶ 실행 결과: PartiallyFilledArray.java

```
명령 프롬프트
C:\JavaStudy>java PartiallyFilledArray
11
22      33
44      55      66

C:\JavaStudy>
```

실행 결과를 통해서 '초기화 값의 수'에 해당하는 길이의 배열이 생성됨을 확인할 수 있다. 즉 배열의 가로 길이가 행 별로 다른 2차원 배열이 생성된다. 그리고 위의 예제를 제시한 이유는 이러한 배열을 만들어서 활용하라는 의미가 아니다. (물론 필요하다면 의도적으로 만들어서 활용할 수도 있다.) 초기화를 잘못하여 원치 않는 길이의 배열이 만들어지지 않도록 주의하라는 의미로 예제를 제시하였다.

문제 13-2 [2차원 배열의 구조 활용]

• **문제 1**

다음 메소드는 int형 1차원 배열에 저장된 값을 두 번째 매개변수로 전달된 값의 크기만큼 전부 증가시킨다.

```
public static void addOneDArr(int[] arr, int add) {
    for(int i =0; i < arr.length; i++)
        arr[i] += add;
}
```

위 메소드를 호출하는 형태로, int형 2차원 배열에 저장된 값 전부를 두 번째 매개변수로 전달된 값의 크기만큼 증가시키는 메소드를 다음의 형태로 정의하자.

```
public static void addTwoDArr(int[][] arr, int add) {
    // 이 안에서 addOneDArr 메소드를 호출한다.
}
```

• **문제 2**

다음 형태로 표현된 2차원 배열이 존재한다고 가정해보자.

```
1   2   3     1행
4   5   6     2행
7   8   9     3행
```

이러한 형태를 갖는 int형 2차원 배열이 인자로 전달되면, 다음의 형태로 배열의 구조를 변경시키는 메소드를 정의하자.

```
7   8   9     3행이 1행으로
1   2   3     1행이 2행으로
4   5   6     2행이 3행으로
```

물론 배열의 가로와 세로 길이에 상관없이 위와 같이 동작하도록 메소드를 정의해야 한다.

답안은 출판사 홈페이지를 통해서 제공합니다.

Chapter 14

클래스의 상속 1: 상속의 기본

14-1. 상속의 기본 문법 이해

- 상속에 대한 매우 치명적인 오해
- 상속의 가장 기본적인 특성
- 상속과 생성자
- 상속 관계에 있는 두 클래스의 적절한 생성자 정의
- 단일 상속만을 지원하는 자바

14-2. 클래스 변수, 클래스 메소드와 상속

- static 선언이 붙는 '클래스 변수'와 '클래스 메소드'의 상속

상속에 대한 이해는 매우 중요하다. 문법적인 이해도 중요하지만 적절한 적용도 중요하다. 따라서 본서에서는 세 개의 Chapter에 걸쳐서 '상속'을 설명한다. 그리고 지금은 그 첫 번째 Chapter로 상속의 문법적 측면을 설명한다.

14-1 상속의 기본 문법 이해

상속의 적절한 활용 방법은 한두 문장으로 가볍게 설명할 수 있는 내용이 아니다. 그리고 이에 대한 설명을 듣기에 앞서 상속에 대한 문법적인 이해가 선행되어야 한다.

■ 상속에 대한 매우 치명적인 오해

상속의 이유와 목적을 물어보면 다음과 같이 답을 하는 경우를 매우 흔하게 본다.

> "상속은 코드의 재활용을 위한 문법입니다."

그러나 객체지향 기반의 개발 경험이 풍부한 개발자나 대학원에서 컴퓨터공학을 전공한 이들에게 질문을 하면 다음의 내용으로 답을 한다.

> "연관된 일련의 클래스들에 대해 공통적인 규약을 정의할 수 있습니다."

위의 답변은 매우 모범적인 답변이긴 하지만 지금 이해할 수 있는 내용은 아니다. 그러나 이 문장의 이해를 목표로 상속을 공부해야 하며, Chapter 16까지 공부하는 과정에서 이해할 수 있을 것으로 필자는 기대를 한다. 그러나 상속에 들어가기에 앞서 머릿속에 각인시키고 싶은 내용이 있다.

> "상속은 코드의 재활용을 목적으로 사용하는 문법이 아니다."

만약에 재활용을 목적으로 상속을 사용할 경우 무의미하게 코드가 복잡해지고, 기대와 달리 코드를 재활용하지 못하는 상황을 쉽게 경험하게 될 것이다. 코드의 재활용은 프로그래머라면 누구나 바라는 일이다. 그리고 이를 목적으로 20년 넘게 학문적으로 연구가 진행 중이다. 그러나 전자부품이나 기계부품처럼 일부를 뜯어서 다른 장치에 사용하는 것은 아직은 요원한 일이며, 소프트웨어의 특성상 이러한 형태의 재활용이 아닌 다른 형태의 재활용이 시도되고 연구되고 있다.

■ 상속의 가장 기본적인 특성

상속을 단순하게 설명하면, 기존에 정의된 클래스에 메소드와 변수를 추가하여 새로운 클래스를 정의하는 것이 상속이다. 예를 들어서 다음의 클래스가 정의되어 있다고 가정해보자.

```
class Man {
    String name;
    public void tellYourName() {
        System.out.println("My name is " + name);
    }
}
```

이때 위의 클래스를 상속하여(물려받아서) 다음과 같이 새로운 클래스를 정의할 수 있다. 참고로 키워드 extends는 상속을 의미하는 키워드이다. 즉 extends Man은 Man 클래스를 상속한다는 의미이다.

```
class BusinessMan extends Man {   // Man을 상속하는 BusinessMan
    String company;
    String position;
    public void tellYourInfo() {
        System.out.println("My company is " + company);
        System.out.println("My position is " + position);
        tellYourName();   // Man 클래스를 상속했기 때문에 호출 가능!
    }
}
```

그리고 이렇게 Man 클래스를 상속하는 BusinessMan 클래스의 인스턴스를 생성하면, 다음 형태의 인스턴스가 생성된다.

```
BusinessMan man = new BusinessMan( );
```

man
참조변수

```
String name : Man의 멤버
String company;
String position;
void tellYourName( ) {..} : Man의 멤버
void tellYourInfo( ) {..}
```

BusinessMan 인스턴스

[그림 14-1: 상속한 클래스의 인스턴스]

BusinessMan 인스턴스에는 Man 클래스의 변수와 메소드가 존재한다. 이는 BusinessMan 클래스가 Man 클래스를 상속했기 때문이다. 그래서 BusinessMan 클래스 내에서는 tellYourName 메소드를 호출할 수 있다.

지금 설명한 내용이 '상속의 가장 기본적인 특성'이다. 그리고 상속을 하는 클래스와 상속의 대상이 되는 클래스를 가리켜 각각 다음과 같이 부른다.

- 상속의 대상이 되는 클래스　　상위 클래스, 기초 클래스, 부모 클래스
  ex) Man 클래스

- 상속을 하는 클래스　　하위 클래스, 유도 클래스, 자식 클래스
  Ex) BusinessMan 클래스

이러한 상속의 관계는 UML 기호라는 것으로 다음과 같이 표현을 하는데, 이 표현은 본서를 포함하여 매우 널리 사용되므로 기억해 두어야 한다.

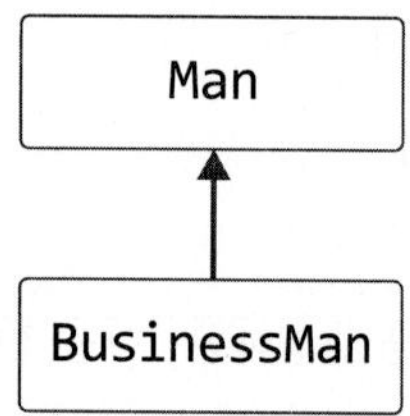

[그림 14-2: 클래스의 상속 관계 표현]

위 그림에서 중요한 것인 상위 클래스와 하위 클래스의 위치가 아니라 화살표의 촉이 향하는 방향이다. 이 촉은 하위 클래스에서 상위 클래스로 향하게 되어 있다.

■ 상속과 생성자

이번에는 앞서 정의한 클래스에 생성자를 정의하고자 한다. 먼저 Man 클래스이다. 기본적으로 인스턴스 변수의 초기화를 위한 생성자를 정의하였다.

```
class Man {
    String name;
    public Man(String name) {
        this.name = name;
    }
    public void tellYourName() {
        System.out.println("My name is " + name);
    }
}
```

이어서 위의 클래스를 상속하는 BusinessMan 클래스를 소개한다. 마찬가지로 인스턴스 변수의 초기화를 위한 기본적인 생성자를 정의하였다.

```
class BusinessMan extends Man {
    String company;
    String position;
    public BusinessMan(String company, String position) {
        this.company = company;
        this.position = position;
    }
    public void tellYourInfo() {
        System.out.println("My company is " + company);
        System.out.println("My position is " + position);
        tellYourName();
    }
}
```

상위 클래스인 Man, 그리고 이를 상속하는 하위 클래스인 BusinessMan에도 적절한 생성자가 정의되어 있다. 그런데 문제가 하나 있다. BusinessMan의 인스턴스가 생성되면, 그 안에는 Man 클래스의 상속으로 인해 다음 변수도 존재하게 되는데 이를 초기화하지 않는 문제가 발생한다.

```
String name;
```

→ 상속으로 인해 BusinessMan 클래스의 멤버가 된 변수

따라서 다음 예제에서 보이는 바와 같이 BusinessMan의 생성자에서 위의 변수도 초기화를 해줘야 한다.

◈ MyBusinessMan.java

```
class Man {
    String name;
    public void tellYourName() {
        System.out.println("My name is " + name);
    }
}

class BusinessMan extends Man {
    String company;
    String position;

    public BusinessMan(String name, String company, String position) {
        // 상위 클래스 Man의 멤버 초기화
        this.name = name;

        // 클래스 BusinessMan의 멤버 초기화
        this.company = company;
        this.position = position;
    }
    public void tellYourInfo() {
        System.out.println("My company is " + company);
        System.out.println("My position is " + position);
        tellYourName();
    }
}

class MyBusinessMan {
    public static void main(String[] args) {
        BusinessMan man = new BusinessMan("YOON", "Hybrid ELD", "Staff Eng.");
        man.tellYourInfo();
    }
}
```

▶ 실행 결과: MyBusinessMan.java

```
명령 프롬프트
C:₩JavaStudy>java MyBusinessMan
My company is Hybrid ELD
My position is Staff Eng.
My name is YOON

C:₩JavaStudy>_
```

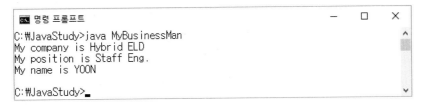

위 예제의 Man 클래스에는 생성자가 정의되어 있지 않다. 대신에 BusinessMan에서 Man의 멤버까지 초기화를 해주고 있다. 따라서 코드의 흐름상 문제는 없다. 그러나 적절한 생성자의 정의 형태는 아니다. 그렇다면 어떠한 것이 상속 관계에 있는 클래스의 적절한 생성자 정의일까? 이와 관련하여 다음 예제를 관찰하자. 그리고 상속 관계에 있는 생성자의 호출 관계를 파악하자.

◈ SuperSubCon.java

```
class SuperCLS {
    public SuperCLS() {    // 생성자
        System.out.println("I'm Super Class");
    }
}

class SubCLS extends SuperCLS {
    public SubCLS() {    // 생성자
        System.out.println("I'm Sub Class");
    }
}

class SuperSubCon {
    public static void main(String[] args) {
        new SubCLS();
    }
}
```

▶ 실행 결과: SuperSubCon.java

```
명령 프롬프트
C:₩JavaStudy>java SuperSubCon
I'm Super Class
I'm Sub Class

C:₩JavaStudy>_
```

위의 실행 결과는 다음 사실을 알려준다.

"하위 클래스의 인스턴스 생성 시 상위 클래스, 하위 클래스의 생성자 모두 호출된다."

"하위 클래스의 인스턴스 생성 시 상위 클래스의 생성자가 먼저 호출된다."

즉 다음과 같이 하위 클래스의 생성자를 이해하면 된다. (아래 코드에서 SuperCLS()는 SuperCLS의 생성자가 이 순간에 호출됨을 의미한다.)

```
class SubCLS extends SuperCLS {
    public SubCLS() {
        SuperCLS();    // 상위 클래스의 생성자가 이 순간에 호출됨을 의미함.
        System.out.println("I'm Sub Class");
    }
}
```

위의 코드에서 보이듯이 하위 클래스의 생성자에서 상위 클래스의 생성자를 명시적으로 호출하지 않으면, 인자를 받지 않는 생성자가 자동으로 호출된다. 그렇다면 상위 클래스의 생성자는 어떻게 명시적으로 호출을 할까? 키워드 super를 사용하면 되는데 이와 관련하여 다음 예제를 보자.

◈ SuperSubCon2.java

```
class SuperCLS {
    public SuperCLS() {
        System.out.println("Con: SuperCLS()");
    }
    public SuperCLS(int i) {
        System.out.println("Con: SuperCLS(int i)");
    }
    public SuperCLS(int i, int j) {
        System.out.println("Con: SuperCLS(int i, int j)");
    }
}

class SubCLS extends SuperCLS {
    public SubCLS() {
        System.out.println("Con: SubCLS()");
    }
    public SubCLS(int i) {
        super(i);     // 상위 클래스의 생성자를 지정 및 호출
        System.out.println("Con: SubCLS(int i)");
    }
```

```
    public SubCLS(int i, int j) {
        super(i, j);    // 상위 클래스의 생성자 지정 및 호출
        System.out.println("Con: SubCLS(int i, int j)");
    }
}

class SuperSubCon2 {
    public static void main(String[] args) {
        System.out.println("1. ");
        new SubCLS();
        System.out.println();

        System.out.println("2. ");
        new SubCLS(1);
        System.out.println();

        System.out.println("3. ");
        new SubCLS(1, 2);
        System.out.println();
    }
}
```

▶ 실행 결과: SuperSubCon2.java

```
명령 프롬프트
C:₩JavaStudy>java SuperSubCon2
1.
Con: SuperCLS()
Con: SubCLS()
2.
Con: SuperCLS(int i)
Con: SubCLS(int i)
3.
Con: SuperCLS(int i, int j)
Con: SubCLS(int i, int j)

C:₩JavaStudy>
```

위 예제의 SubCLS 클래스에 정의된 다음 생성자를 보자.

```
public SubCLS(int i) {
    super(i);    // 상위 클래스의 생성자 호출을 의미함
    System.out.println("Con: SubCLS(int i)");
}
```

이렇듯 생성자 내에서 사용된 키워드 super는 '상위 클래스의 생성자 호출'을 의미한다. 그리고 다음과 같은 방식으로 호출할 상위 클래스의 생성자를 지정한다.

```
super(1);            // 1을 인자로 전달받을 수 있는 생성자 호출
super(1, 2);         // 1과 2를 인자로 전달받을 수 있는 생성자 호출
```

상위 클래스의 생성자는 하위 클래스 생성자의 몸체 부분에 앞서 실행되어야 한다. 그래서 super를 이용한 상위 클래스의 생성자 호출문은 생성자의 첫 문장으로 등장해야 한다. 만약에 다음과 같이 생성자를 정의하면 컴파일 오류가 발생한다.

```
public SubCLS(int i) {
    System.out.println(...);
    super(i);    // 이 위치에 있으면 컴파일 오류 발생함
}
```

또한 하위 클래스의 생성자에서 다음과 같이 상위 클래스의 생성자 호출을 생략하면,

```
public SubCLS() {
    System.out.println("Con: SubCLS()");
}
```

다음과 같이 인자를 받지 않는 상위 클래스의 생성자 호출문이 자동으로 삽입된다.

```
public SubCLS() {
    super();     // 자동으로 삽입이 된 문장
    System.out.println("Con: SubCLS()");
}
```

■ 상속 관계에 있는 두 클래스의 적절한 생성자 정의

자바는 상속 관계에 있을지라도, 상위 클래스의 멤버는 상위 클래스의 생성자를 통해서 초기화하도록 유도하고 있다. (하위 클래스의 인스턴스 생성 과정에서 상위 클래스의 생성자가 호출되는 이유가 여기에 있다.) 그럼 앞서 제시한 예제 MyBusinessMan.java에서 생정자를 적절히 정의한 다음 결과를 보자.

◈ MyBusinessMan2.java

```
class Man {
    String name;

    public Man(String name) {
        this.name = name;
    }
    public void tellYourName() {
        System.out.println("My name is " + name);
    }
}

class BusinessMan extends Man {
    String company;
    String position;

    public BusinessMan(String name, String company, String position) {
        super(name);    // 상위 클래스의 생성자 호출
        this.company = company;
        this.position = position;
    }
    public void tellYourInfo() {
        System.out.println("My company is " + company);
        System.out.println("My position is " + position);
        tellYourName();
    }
}

class MyBusinessMan2 {
    public static void main(String[] args) {
        BusinessMan man = new BusinessMan("YOON", "Hybrid ELD", "Staff Eng.");
        man.tellYourInfo();
    }
}
```

▶ 실행 결과: MyBusinessMan2.java

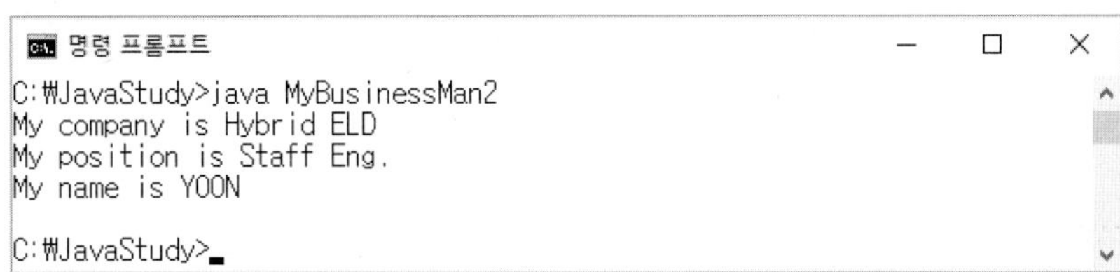

명령 프롬프트
C:₩JavaStudy>java MyBusinessMan2
My company is Hybrid ELD
My position is Staff Eng.
My name is YOON
C:₩JavaStudy>

위의 예제에서는 상속 관계에 있는 두 클래스의 적절한 생성자 정의 모델을 보이고 있다. 결론은 간단하다. 상속 관계에 있을지라도 인스턴스 변수는 각 클래스의 생성자를 통해서 초기화해야 한다는 것이 그 결론이다.

참 고 **접근 수준 지시자 protected**

Chapter 09의 09-2에서 네 가지의 '접근 수준 지시자'를 소개하였다. 당시에 상속에 대한 간략한 소개와 더불어 protected 선언에 대한 설명을 진행하였다. 만약에 필자의 권유대로 그 부분을 건너뛰었다면 이제 그 부분을 공부할 차례이다.

■ 단일 상속만을 지원하는 자바

자바는 프로그램이 과도하게 복잡해지는 것을 막기 위해 단일 상속만을 지원한다. 이는 다음과 같이 하나의 클래스가 상속할 수 있는 클래스의 수가 최대 하나라는 것을 의미한다.

```
class AAA {...}
class ZZZ extends AAA {...}
```

그러나 다음과 같이 상속의 깊이는 더하는 것은 얼마든지 가능하다.

```
class AAA {...}
class MMM extends AAA {...}
class ZZZ extends MMM {...}
```

둘 이상의 클래스 상속이 가능한, 다중 상속을 지원하는 프로그래밍 언어도 있다. 그러나 해당 언어로 프로그래밍을 하는 경우에도 다중 상속을 하는 클래스를 설계하는 일은 극히 드물다. 대부분의 경우 다중 상속은 득보다 실이 많기 때문이다.

문제 14-1 [상속과 생성자의 호출]

다음 클래스 각각에 적절한 생성자를 삽입해보자. 물론 상속 관계를 고려하여 각 클래스 별로 필요한 생성자를 삽입해야 한다.

```
class Car {     // 기본 연료 자동차
    int gasolineGauge;      // 가솔린 잔여량
}
class HybridCar extends Car {       // 하이브리드 자동차
    int electricGauge;      // 전기 배터리 잔여량
}
class HybridWaterCar extends HybridCar {    // 하이브리드 워터카
    int waterGauge;    // 에너지 전환용 물의 잔여량
    public void showCurrentGauge() {
         System.out.println("잔여 가솔린: " + gasolineGauge);
         System.out.println("잔여 전기량: " + electricGauge);
         System.out.println("잔여 워터량: " + waterGauge);
    }
}
```

Car는 가솔린으로 동작하는 자동차를 표현한 것이고, HybridCar는 가솔린과 전기로 동작하는 자동차를 표현한 것이다. 그리고 HybridWaterCar는 가솔린과 전기뿐 아니라, 물도 동시에 연료로 사용할 수 있는 꿈의 자동차를 표현한 것이다. 그러나 이 문제는 위의 클래스들이 의미하는 바를 몰라도 해결이 가능하다.

답안은 출판사 홈페이지를 통해서 제공합니다.

14-2 클래스 변수, 클래스 메소드와 상속

static 선언이 붙는 클래스 변수와 클래스 메소드도 상속의 대상에 포함이 되겠는가? static 선언이 갖는 의미를 떠올리고 논리적으로 접근을 하면 이 질문에 스스로 답을 할 수 있다.

■ static 선언이 붙는 '클래스 변수'와 '클래스 메소드'의 상속

앞서 공부한 클래스 변수와 클래스 메소드의 특징을 정리하면 다음과 같다.

- 인스턴스의 생성과 상관이 없이 접근이 가능하다.
- 클래스 내부와 외부에서(접근 수준 지시자가 허용하면) 접근이 가능하다.
- 클래스 변수와 클래스 메소드가 위치한 클래스 내에서는 직접 접근이 가능하다.

즉 클래스 변수와 클래스 메소드는 인스턴스에 속하지 않는, 딱 하나만 존재하는 변수와 메소드이다. 따라서 상속의 대상이 아니다. 예를 들어서 다음 클래스를 보자.

```
class SuperCLS {
    static int count = 0;    // 클래스 변수
    public SuperCLS() {
        count++;     // 클래스 내에서는 직접 접근이 가능
    }
}
```

위의 클래스 내에 선언된 변수 count는 SuperCLS의 인스턴스 내에 존재하지 않는다. 이렇듯 인스턴스의 멤버로 존재하지 않는데 이를 상속하는 하위 클래스의 멤버로 존재할 수 있겠는가? 그러나 다음 내용에 대해서는 생각을 해볼 필요가 있다.

"상위 클래스에 위치한 클래스 변수와 메소드에 하위 클래스에서 어떻게 접근하는가?"

즉 위의 클래스를 상속하는 다음 클래스 내에서 클래스 변수 count에 이렇듯 이름으로만 접근이 가능한지를 생각해봐야 한다.

```
class SubCLS extends SuperCLS {
    public void showCount() {
        System.out.println(count);   // 상위 클래스에 위치하는 클래스 변수에 접근
    }
}
```

결론을 말하자면 이렇듯 변수의 이름만으로 접근이 가능하다. 즉 상위 클래스와 마찬가지로 이를 상속하는 하위 클래스에서도 이름만으로 클래스 변수와 클래스 메소드에 접근이 가능하다. 단 선언된 접근 수준 지시자가 접근을 허용해야 접근이 가능하다. 즉 private으로 선언이 되면 접근 불가이다. 그럼 다음 예제를 통해서 이에 대한 내용을 확인하자.

◈ SuperSubStatic.java

```
class SuperCLS {
    protected static int count = 0;    // protected는 하위 클래스 접근을 허용

    public SuperCLS() {
        count++;
    }
}

class SubCLS extends SuperCLS {
    public void showCount() {
        // 상위 클래스에 위치한 클래스 변수 count에 접근
        System.out.println(count);
    }
}

class SuperSubStatic {
    public static void main(String[] args) {
        SuperCLS obj1 = new SuperCLS();    // count 값 1 증가
        SuperCLS obj2 = new SuperCLS();    // count 값 1 증가

        // 아래 인스턴스 생성 과정에서 SuperCLS 생성자 호출되므로,
        SubCLS obj3 = new SubCLS();    // count 값 1 증가
        obj3.showCount();
    }
}
```

▶ 실행 결과: SuperSubStatic.java

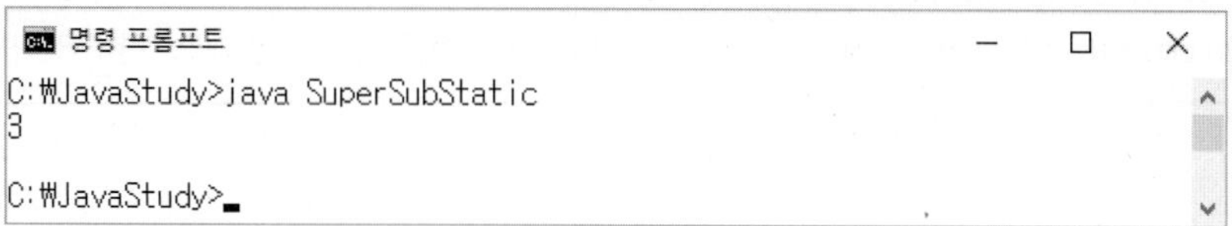

위 예제에서 변수 count의 접근 수준 지시자를 private으로 선언하면 이로 인해 컴파일 오류가 발생하는 것도 확인하기 바란다.

Chapter 15

클래스의 상속 2: 오버라이딩

15-1. 상속을 위한 두 클래스의 관계

- 상속의 기본 조건인 'IS-A 관계'

15-2. 메소드 오버라이딩

- 상위 클래스의 참조변수가 참조할 수 있는 대상의 범위
- 클래스의 상속과 참조변수의 참조 가능성에 대한 정리
- 참조변수 간 대입과 형 변환
- 클래스의 상속과 참조변수의 참조 가능성: 배열 관점에서의 정리
- 메소드 오버라이딩 (Method Overriding)
- 메소드 오버라이딩의 일반화
- 오버라이딩 된 메소드를 호출하는 방법
- 인스턴스 변수와 클래스 변수도 오버라이딩의 대상이 되는가?

15-3. instanceof 연산자

- instanceof 연산자의 기본
- instanceof 연산자의 활용

상속을 설명하는 두 번째 시간이다. 본 Chapter에서는 상속 관계에 있는 두 클래스가 맺고 있어야 할 '관계'와 상속과 관련하여 가장 중요한 문법인 '메소드 오버라이딩'을 소개한다.

15-1 상속을 위한 두 클래스의 관계

두 클래스를 상속의 관계로 맺는 것이 도움이 되는 상황이 있고 도움이 되지 않는 상황이 있다. 그렇다면 언제 두 클래스를 상속의 관계로 맺어야 할까? 기본적으로 'IS-A 관계'라는 것이 성립해야 상속의 후보로 고려할 수 있다.

■ 상속의 기본 조건인 'IS-A 관계'

상속이 갖는 문법적 특성을 통해서 상위 클래스와 하위 클래스를 다음과 같이 이야기할 수 있다.

"하위 클래스는 상위 클래스의 모든 특성을 지닌다."

"거기에 더하여 하위 클래스는 자신만의 추가적인 특성을 더하게 된다."

이러한 '상속'의 특성을 현실 세계에서도 찾아볼 수 있다. 대표적인 예가 다음과 같다. (아래에서 모바일폰은 통화의 기능만 담겨 있는 feature phone을 의미한다.)

모바일폰 vs. 스마트폰

'모바일폰'이 상위 클래스라면 '스마트폰'은 하위 클래스이다. 즉 이 둘을 객체지향의 관점에서 보면 다음과 같이 이야기할 수 있다.

"모바일폰을 스마트폰이 상속한다."

스마트폰은 모바일폰이 갖는 특성을 모두 갖는다. 게다가 스마트폰은 앱의 설치 및 실행 등 컴퓨터의 특성을 추가적으로 갖고 있다. 따라서 클래스를 설계한다면 다음과 같은 설계가 논리적으로 타당하다.

```
class 스마트폰 extends 모바일폰 {...}
```

그런데 우리는 '스마트폰도 모바일폰의 한 종류'라 말한다. 즉 컴퓨터의 기능이 추가된 모바일폰이 스마트폰인 것이다. 따라서 다음과 같이 이야기할 수 있다.

"스마트폰도 모바일폰이다."

"스마트폰은 일종의 모바일폰이다."

그리고 위의 문장들이 나타나는 관계를 가리켜 'IS-A 관계'라 하고, 이것이 상속의 관계를 맺기 위한 두 클래스의 기본 조건이 된다. 참고로 'is a'는 '~은 ~이다.'로 해석이 된다. 예를 들면 다음과 같다.

```
Life is a journey.          인생은 여행이다.
```

지금까지 설명한 내용을 정리하면 다음과 같다.

- IS-A 관계는 '~은 ~이다.'로 표현되는 관계이다.
  ex) 노트북은 컴퓨터이다. 전기자동차는 자동차이다.
- 상속이 갖는 문법적 특성은 IS-A 관계의 표현에 적합하다.
- 따라서 상속 관계를 형성하기 위한 두 클래스는 IS-A 관계에 있어야 한다.

그럼 지금까지 언급한 모바일폰과 스마트폰의 관계를 코드로 표현해 보겠다.

◈ MobileSmartPhone.java

```
class MobilePhone {
    protected String number;    // 전화번호

    public MobilePhone(String num) {
        number = num;
    }
    public void answer() {
        System.out.println("Hi~ from " + number);
    }
}

class SmartPhone extends MobilePhone {
```

```
    private String androidVer;     // 안드로이드 운영체제 네임(버전)

    public SmartPhone(String num, String ver) {
        super(num);
        androidVer = ver;
    }
    public void playApp() {
        System.out.println("App is running in " + androidVer);
    }
}

class MobileSmartPhone {
    public static void main(String[] args) {
        SmartPhone phone = new SmartPhone("010-555-777", "Nougat");
        phone.answer();    // 전화를 받는다.
        phone.playApp();   // 앱을 선택하고 실행한다.
    }
}
```

▶ 실행 결과: MobileSmartPhone.java

명령 프롬프트
C:₩JavaStudy>java MobileSmartPhone
Hi~ from 010-555-777
App is running in Nougat
C:₩JavaStudy>

스마트폰은 모바일폰이 갖는 기능을 모두 갖는다. 그리고 실제로 스마트폰은 모바일폰의 일종이다. 따라서 모바일폰은 상위 클래스로, 스마트폰은 이를 상속하는 하위 클래스로 설계하는 것은 이치에 맞는 일이다.

참고 상속과 HAS-A 관계

소유의 관계를 의미하는 HAS-A 관계라는 것도 상속으로 표현할 수 있는 관계로 언급이 된다. (순수하게 학문적으로 접근할 때 그렇게 언급되는 경향이 있다.) 그러나 실무 개발에 있어서 HAS-A 관계를 상속으로 표현하는 경우는 보기 어렵다. 상속이 갖는 커다란 장점이 HAS-A 관계에서는 부각이 되지 않기 때문에 이를 상속으로 표현하는 경우는 드물다.

15-2 메소드 오버라이딩

메소드 오버라이딩은 상위 클래스에 정의된 메소드를 하위 클래스에서 다시 정의하는 것을 뜻한다. 이렇듯 메소드 오버라이딩이 문법적으로는 단순하지만 이것이 가져다주는 이점은 결코 가볍지 않다.

■ 상위 클래스의 참조변수가 참조할 수 있는 대상의 범위

앞서 다음과 같이 SmartPhone 클래스가 MobilePhone 클래스를 상속하는 형태로 클래스를 디자인한 바 있다.

```
class SmartPhone extends MobilePhone {....}
```

따라서 다음과 같이 문장을 구성할 수 있다.

```
SmartPhone phone = new SmartPhone("010-555-777", "Nougat");
```

그런데 다음과 같이 MobilePhone형 참조변수가 SmartPhone 인스턴스를 참조하게 할 수도 있다.

```
MobilePhone phone = new SmartPhone("010-555-777", "Nougat");
```

이렇듯 상위 클래스의 참조변수는 하위 클래스의 인스턴스를 참조할 수 있는데, 이 부분을 다음과 같이 이해하자.

- 모바일폰을 상속하는 스마트폰도 일종의 모바일폰이다.
  → MobilePhone을 상속하는 SmartPhone 인스턴스는 MobilePhone 인스턴스이기도 하다.
- 따라서 MobilePhone형 참조변수는 SmartPhone 인스턴스를 참조할 수 있다.

부연하면, 다음과 같이 상속 관계가 형성이 되면,

```
class SmartPhone extends MobilePhone {....}
```

다음 인스턴스는 SmartPhone 인스턴스인 동시에 MobilePhone 인스턴스가 된다. (이는 스마트폰을 가리키며 '모바일폰이다.'라고 말할 수 있는 것과 이치가 같다.)

```
new SmartPhone("010-555-777", "Nougat");
```

→ SmartPhone 인스턴스이면서 동시에 MobilePhone 인스턴스

따라서 다음과 같이 인스턴스를 참조할 수 있을 뿐 아니라,

```
SmartPhone phone = new SmartPhone("010-555-777", "Nougat");
```

다음과 같이 인스턴스를 참조하는 것도 가능하다.

```
MobilePhone phone = new SmartPhone("010-555-777", "Nougat");
```

그럼 지금까지 설명한 문법적 특성을 다음 예제를 통해서 정리해 보이겠다.

◈ MobileSmartPhoneRef.java

```
class MobilePhone {
    protected String number;

    public MobilePhone(String num) {
        number = num;
    }
    public void answer() {
        System.out.println("Hi~ from " + number);
    }
}

class SmartPhone extends MobilePhone {
    private String androidVer;

    public SmartPhone(String num, String ver) {
        super(num);
        androidVer = ver;
    }
    public void playApp() {
        System.out.println("App is running in " + androidVer);
    }
}

class MobileSmartPhoneRef {
    public static void main(String[] args) {
        SmartPhone ph1 = new SmartPhone("010-555-777", "Nougat");
        MobilePhone ph2 = new SmartPhone("010-999-333", "Nougat");
```

```

        ph1.answer();
        ph1.playApp();
        System.out.println();

        ph2.answer();
        // ph2.playApp();
    }
}
```

▶ 실행 결과: MobileSmartPhoneRef.java

```
명령 프롬프트
C:\JavaStudy>java MobileSmartPhoneRef
Hi~ from 010-555-777
App is running in Nougat

Hi~ from 010-999-333

C:\JavaStudy>_
```

위 예제에서는 다음과 같이 인스턴스 생성하였다.

```
MobilePhone ph2 = new SmartPhone("010-999-333", "Nougat");
```

그리고 다음과 같이 MobilePhone 클래스에 정의된 메소드를 호출하는데 이는 당연히 가능한 일이다.

```
ph2.answer();
```

그러나 다음과 같이 SmartPhone 클래스에 정의된 메소드의 호출은 불가능하다. 참조변수 ph2가 실제 참조하는 인스턴스가 SmartPhone 인스턴스이지만 불가능하다.

```
ph2.playApp();
```

참조변수 ph2는 MobilePhone형 참조변수이다. 이러한 경우 ph2를 통해서 접근이 가능한 멤버는 MobilePhone 클래스에 정의되었거나 이 클래스가 상속하는 클래스의 멤버로 제한된다. (ph2가 참조하는 인스턴스가 무엇인지는 상관이 없다.)
지금 설명한 이 내용이 비합리적이라고 생각할 수 있다. 참조변수의 형(Type)에 상관없이, 참조하는 인스턴스에 따라서 접근가능한 멤버가 결정되어야 한다고 생각할 수 있다. 그러나 그렇게 설계하지 않은 이유가 두 가지 있는데 그중 하나는 다음과 같다.

"실행 시간을 늦추는 결과로 이어질 수 있습니다."

자바는 메소드 호출 시 '참조변수의 형(Type)을 참조'하여 그 메소드 호출이 옳은 것인지 판단한다. 예를 들면 다음과 같다. (다음과 같이 컴파일러가 판단하고 컴파일을 한다.)

```
ph2.answer();
```

→ ph2가 MobilePhone형이므로 MobilePhone 클래스의 메소드 answer은 호출 가능!

이러한 형태의 판단은 그 속도가 빠르다. (컴파일 단계에서 쉽게 판단 가능하다) 그러나 실제 참조하는 인스턴스를 대상으로 메소드의 호출 가능성을 판단하는 일은 간단하지 않다. 참조하는 인스턴스의 종류는 코드의 흐름에 따라 얼마든지 달라질 수 있기 때문이다.
그런데 이러한 단점도 감수할 만한 가치가 있다면 감수했을 것이다. 그러나 이어서 언급하는 두 번째 이유는 이러한 단점을 감수할 필요가 없다는 결론을 내리게 한다. (다음 Chapter의 내용까지 공부해야 이 내용이 완전히 이해할 수 있다.)

"참조변수의 형을 기준으로 접근 가능한 멤버를 제한하는 것은 코드를 단순하게 합니다."

단점이 많은 일부 기능을 제한함으로써 단순하고 명료한 코드의 작성을 유도하는 언어가 좋은 언어이다. 그런 측면에서 참조변수의 형을 기준으로 접근 가능한 멤버를 제한한 것은 의미가 있는 일이다.

■ 클래스의 상속과 참조변수의 참조 가능성에 대한 정리

지금까지 설명한 내용을 정리해보겠다. 이는 지금까지 설명한 내용의 문법적 결론에 해당한다. 다음과 같이 상속 관계를 맺은 세 클래스가 존재한다고 가정하자.

```
class Cake {
    public void sweet() {...}
}
class CheeseCake extends Cake {
    public void milky() {...}
}
class StrawberryCheeseCake extends CheeseCake {
    public void sour() {....}
}
```

이때 StrawberryCheeseCake 인스턴스는 다음과 같이 말할 수 있다.

"StrawberryCheeseCake 인스턴스는 CheeseCake 인스턴스이면서 Cake 인스턴스이다."

따라서 다음과 같이 인스턴스를 참조할 수 있다.

```
Cake cake1 = new StrawberryCheeseCake();
CheeseCake cake2 = new StrawberryCheeseCake();
```

그러나 Cake형 참조변수 cake1을 통해서 호출할 있는 메소드는 다음 한 가지이다.

```
cake1.sweet();
```

→ Cake에 정의된 메소드 호출

그리고 CheeseCake형 참조변수 cake2를 통해서 호출할 수 있는 메소드는 다음 두 가지이다.

```
cake2.sweet();
```

→ Cake에 정의된 메소드 호출

```
cake2.milky();
```

→ CheeseCake에 정의된 메소드 호출

이렇듯 참조변수가 참조하는 인스턴스의 종류에 상관없이, 참조변수의 형에 해당하는 클래스와 그 클래스가 상속하는 상위 클래스에 정의된 메소드들만 호출이 가능하다.

■ 참조변수 간 대입과 형 변환

다음과 같이 상속 관계를 맺은 두 클래스가 존재한다고 가정하자.

```
class Cake {
    public void sweet() {...}
}
class CheeseCake extends Cake {
    public void milky() {...}
}
```

이 상황에서 다음과 같은 형태의 참조변수 사이의 대입은 가능하다. CheeseCake 인스턴스는 Cake 인스턴스이기도 하니 당연히 가능하다.

```
CheeseCake ca1 = new CheeseCake();
Cake ca2 = ca1;    // 가능!
```

그러나 다음과 같은 형태의 대입은 허용이 안된다.

```
Cake ca3 = new CheeseCake();
CheeseCake ca4 = ca3;     // 불가능!
```

물론 우리는 위의 대입을 허용해도 된다는 사실을 안다. 그러나 컴파일러는 '참조변수의 형'만을 가지고 대입의 가능성을 판단한다.

"자바는 참조변수의 형(Type) 정보를 기준으로 대입의 가능성을 판단한다."

즉 위의 문장을 컴파일러는 다음과 같은 수준에서 바라보고 대입의 가능성을 판단한다.

```
Cake ca3 =...
CheeseCake ca4 = ca3;     // 불가능!
```

이 경우 ca3가 참조하는 인스턴스가 CheeseCake 인스턴스임은 확신할 수 없다. (Cake를 상속하는 다른 클래스의 인스턴스일 수도 있다.) 따라서 이를 허용하지 않는다. 그러나 다음과 같이 명시적으로 형 변환을 하면 대입이 가능하다.

```
Cake ca3 =...
CheeseCake ca4 = (CheeseCake)ca3;        // 가능!
```

이는 ca3가 참조하는 인스턴스가 CheeseCake 인스턴스임을 프로그래머가 보장한다는 의미이다. 따라서 컴파일러는 이를 그냥 허용해버린다. 그러니 프로그래머는 이러한 형 변환을 진행하는 경우 대입의 가능성을 정확히 판단하여 치명적인 실수가 발생하지 않도록 주의해야 한다.

■ 클래스의 상속과 참조변수의 참조 가능성: 배열 관점에서의 정리

다음과 같이 상속 관계를 맺은 클래스가 존재한다고 가정하자.

```
class Cake {
    public void sweet() {...}
}
class CheeseCake extends Cake {
```

```
        public void milky() {...}
    }
```

이때 다음과 같이 인스턴스를 참조할 수 있음에 대해서 이미 설명하였다.

```
Cake cake = new CheeseCake();
```

이러한 참조 관계는 배열까지도 이어진다. 즉 다음과 같이 CheeseCake 배열을 생성하고 참조하는 것이 가능하지만,

```
CheeseCake[] cakes = new CheeseCake[10];
```

다음과 같이 CheeseCake 배열을 생성하고 참조하는 것도 가능하다. (CheeseCake 배열은 일종의 Cake 배열이다.)

```
Cake[] cakes = new CheeseCake[10];
```

이렇듯 상속 관계에 있는 두 클래스의 참조 관계가 배열까지 이어진다는 사실을 기억하자. 지금 이 내용을 활용하지는 않지만 본서를 공부하는 과정에서 이러한 유형의 코드를 볼 일이 있으니 말이다.

■ 메소드 오버라이딩 (Method Overriding)

상위 클래스에 정의된 메소드를 하위 클래스에서 다시 정의하는 행위를 가리켜 '메소드 오버라이딩'이라 하는데, 여기서 말하는 오버라이딩은 '무효화 시키다.'의 뜻으로 해석이 된다. 그럼 다음 예제를 통해서 메소드 오버라이딩의 결과를 확인하자.

◈ YummyCakeOverriding.java

```
class Cake {
    public void yummy() {
        System.out.println("Yummy Cake");
    }
}

class CheeseCake extends Cake {
    public void yummy() {     // Cake의 yummy 메소드를 오버라이딩 함
        System.out.println("Yummy Cheese Cake");
    }
}

```

```
class YummyCakeOverriding {
    public static void main(String[] args) {
        Cake c1 = new CheeseCake();
        CheeseCake c2 = new CheeseCake();

        c1.yummy();     // 오버라이딩 한 CheeseCake의 yummy 메소드 호출됨
        c2.yummy();     // 오버라이딩 한 CheeseCake의 yummy 메소드 호출됨
    }
}
```

▶ 실행 결과: YummyCakeOverriding.java

```
명령 프롬프트
C:\JavaStudy>java YummyCakeOverriding
Yummy Cheese Cake
Yummy Cheese Cake

C:\JavaStudy>_
```

다음은 위 예제에서 보인 CheeseCake 클래스이다.

```
class CheeseCake extends Cake {
    public void yummy() {
        System.out.println("Yummy Cheese Cake");
    }
}
```

이 클래스는 Cake를 상속하면서, Cake에 정의된 yummy 메소드와 다음 세 가지가 같은 메소드를 정의하였다.

- 메소드의 이름, 메소드의 반환형, 메소드의 매개변수 선언
  → 이 세 가지가 같아야 '메소드 오버라이딩'이 성립한다.

즉 Cake의 yummy 메소드를 CheeseCake의 yummy 메소드가 오버라이딩 하였다. 그리고 오버라이딩을 하면, 참조변수의 형에 상관없이 오버라이딩 한 메소드가(CheeseCake의 yummy 메소드가) 오버라이딩 된 메소드를(Cake의 yummy 메소드를) 대신하게 된다. 예제의 main 메소드에서 다음과 같이 Cake형 참조변수로 CheeseCake 인스턴스를 참조하였다.

```
Cake c1 = new CheeseCake();
```

그리고 다음과 같이 yummy 메소드를 호출하였다.

```
c1.yummy();
```

앞서 배운 바에 의하면 c1은 Cake형 참조변수이니, 위 문장의 경우 Cake의 yummy 메소드가 호출되어야 한다. CheeseCake 인스턴스를 참조하고 있는 상황이라도 말이다. 그러나 Cake의 yummy 메소드는 오버라이딩 되었다(무효화 되었다). 따라서 이 경우에는 CheeseCake의 yummy 메소드가 대신 호출이 된다.

■ 메소드 오버라이딩의 일반화

메소드 오버라이딩을 유용하게 사용한 사례는 다음 Chapter에서 소개하고, 본 Chapter에서는 메소드 오버라이딩을 문법적으로 이해하는데 초점을 맞추고자 한다. 앞서 설명한 메소드 오버라이딩을 문법적으로 정리하기 위해서 클래스를 다음과 같이 정의하였다.

```
class Cake {
    public void yummy() {...}
}
class CheeseCake extends Cake {
    public void yummy() {...}     // Cake의 yummy 메소드를 오버라이딩 함
}
class StrawberryCheeseCake extends CheeseCake {
    public void yummy() {...}     // CheeseCake의 yummy 메소드를 오버라이딩 함
}
```

위와 같이 클래스를 정의한 경우 CheeseCake의 참조변수와 인스턴스의 생성문을 다음과 같이 구성할 수 있다.

```
Cake c1 = new StrawberryCheeseCake();
CheeseCake c2 = new StrawberryCheeseCake();
StrawberryCheeseCake c3 = new StrawberryCheeseCake();
```

그리고 다음 세 문장이 실행되었을 때 호출되는 메소드는 StrawberryCheeseCake의 yummy 메소드이다.

```
c1.yummy();        // StrawberryCheeseCake의 yummy 메소드 호출
c2.yummy();        // StrawberryCheeseCake의 yummy 메소드 호출
```

```
c3.yummy();        // StrawberryCheeseCake의 yummy 메소드 호출
```

이렇듯 StrawberryCheeseCake 인스턴스를 대상으로 오버라이딩 된 yummy 메소드를 호출하면, 가장 마지막으로 오버라이딩 한 yummy 메소드가 호출된다.

■ 오버라이딩 된 메소드를 호출하는 방법

다음 Cake 클래스의 yummy 메소드는 하위 클래스 CheeseCake에 의해서 오버라이딩 되었다.

```
class Cake {
    public void yummy() {...}
}
class CheeseCake extends Cake {
    public void yummy() {...}    // Cake의 yummy 메소드를 오버라이딩 함
}
```

따라서 다음과 같이 CheeseCake 인스턴스를 생성하여 Cake 클래스에 정의된 yummy 메소드를 호출하는 것은 불가능하다.

```
Cake c1 = new CheeseCake();
```

→ 이 인스턴스를 대상으로는 Cake의 yummy 호출 불가능

```
CheeseCake c2 = new CheeseCake();
```

→ 이 인스턴스를 대상으로는 Cake의 yummy 호출 불가능

하지만 클래스 외부가 아닌 내부에서 Cake의 yummy 메소드를 호출하는 방법은 있다. 이와 관련하여 다음 예제를 보자.

◈ YummyCakeSuper.java

```
class Cake {
    public void yummy() {
        System.out.println("Yummy Cake");
    }
}

class CheeseCake extends Cake {
    public void yummy() {
        super.yummy();    // Cake의 yummy 메소드 호출
        System.out.println("Yummy Cheese Cake");
```

```
    }
    public void tasty() {
        super.yummy();    // Cake의 yummy 메소드 호출
        System.out.println("Yummy Tasty Cake");
    }
}

class YummyCakeSuper {
    public static void main(String[] args) {
        CheeseCake cake = new CheeseCake();
        cake.yummy();
        cake.tasty();
    }
}
```

▶ 실행 결과: YummyCakeSuper.java

```
명령 프롬프트
C:₩JavaStudy>java YummyCakeSuper
Yummy Cake
Yummy Cheese Cake
Yummy Cake
Yummy Tasty Cake

C:₩JavaStudy>_
```

지금까지는 상위 클래스의 생성자를 호출할 목적으로 키워드 super를 사용하였다. 그런데 위의 예제에서 보이듯이 상위 클래스에 정의된, 오버라이딩 된 메소드의 호출을 목적으로도 super가 사용된다.

■ 인스턴스 변수와 클래스 변수도 오버라이딩의 대상이 되는가?

상위 클래스에 선언된 변수와 동일한 이름의 변수를 하위 클래스에서 선언하는 일은 가급적 피해야 한다. 이는 코드에 혼란을 가져올 수 있기 때문이다. 그러나 문법적 측면에서 이렇게 변수를 선언했을 때 어떻게 동작하는지 정도는 확인할 필요가 있다. 그럼 이와 관련하여 다음 예제를 보자.

◈ YummyCakeSize.java

```
class Cake {
    public int size;    // cake size

```

```
    public Cake(int sz) {
        size = sz;
    }
    public void showCakeSize() {
        System.out.println("Bread Ounces: " + size);
    }
}

class CheeseCake extends Cake {
    public int size;    // cheese size

    public CheeseCake(int sz1, int sz2) {
        super(sz1);
        size = sz2;
    }
    public void showCakeSize() {
        // super.size는 상위 클래스의 멤버 size를 의미함
        System.out.println("Bread Ounces: " + super.size);

        // size는 이 클래스 CheeseCake의 멤버 size를 의미함
        System.out.println("Cheese Ounces: " + size);
    }
}

class YummyCakeSize {
    public static void main(String[] args) {
        CheeseCake ca1 = new CheeseCake(5, 7);
        Cake ca2 = ca1;

        // ca2는 Cake형이므로 ca2.size는 Cake의 멤버 size를 의미함
        System.out.println("Bread Ounces: " + ca2.size);

        // ca1은 CheeseCake형이므로 ca1.size는 CheeseCake의 멤버 size를 의미함
        System.out.println("Cheese Ounces: " + ca1.size);
        System.out.println();

        ca1.showCakeSize();
        System.out.println();
        ca2.showCakeSize();
    }
}
```

▶ 실행 결과: YummyCakeSize.java

```
명령 프롬프트
C:₩JavaStudy>java YummyCakeSize
Bread Ounces: 5
Cheese Ounces: 7

Bread Ounces: 5
Cheese Ounces: 7

Bread Ounces: 5
Cheese Ounces: 7

C:₩JavaStudy>_
```

위 예제에서 정의한 클래스의 핵심은 다음과 같다. 이렇듯 변수 size가 상위 클래스와 하위 클래스에 모두 선언된 것이 핵심이다.

```
class Cake {
    public int size;
    ....
}
class CheeseCake extends Cake {
    public int size;
        ....
}
```

그런데 변수는 오버라이딩이 되지 않는다. 따라서 '참조변수의 형'에 따라서 접근하는 변수가 결정된다. 예를 들어서 다음과 같이 접근하면 CheeseCake의 size에 접근하게 된다.

```
CheeseCake c1 = new CheeseCake();
c1.size =...       // CheeseCake의 size에 접근
```

반면 다음과 같이 접근하면 Cake의 size에 접근하게 된다.

```
Cake c2 = new CheeseCake();
c2.size =...       // Cake의 size에 접근
```

이러한 특성은 클래스 변수와 클래스 메소드의 경우에도 마찬가지이다. 이 두 가지도 참조변수의 형에 따라서 접근하는 클래스 변수와 메소드가 결정된다. 다시 말해서 클래스 변수와 클래스 메소드도 오버라이딩 대상이 아니다.

15-3 instanceof 연산자

끝으로 유용하게 사용할 수 있는 상속과 관련된 연산자를 하나 소개하고자 한다. 이 연산자의 피연산자는 참조변수와 클래스의 이름이다.

■ instanceof 연산자의 기본

연산자 instanceof는 참조변수가 참조하는 인스턴스의 '클래스'나 참조하는 인스턴스가 '상속하는 클래스'를 묻는 연산자이다. 예를 들면 다음과 같이 문장을 구성할 수 있다.

```
if (ca instanceof Cake)
    ....
```

위에서 ca는 참조변수이고 Cake는 클래스의 이름이다. 그리고 ca가 참조하는 인스턴스가 Cake의 인스턴스이거나 Cake를 상속하는 클래스의 인스턴스이면 true를, 그렇지 않으면 false를 반환한다. 관련하여 다음 예제를 보자.

◈ YummyCakeOf.java

```
class Cake {
}
class CheeseCake extends Cake {
}
class StrawberryCheeseCake extends CheeseCake{
}

class YummyCakeOf {
    public static void main(String[] args) {
        Cake cake = new StrawberryCheeseCake();

        if (cake instanceof Cake) {
            System.out.println("케익 인스턴스 or");
            System.out.println("케익 상속하는 인스턴스 \n");
        }
        if (cake instanceof CheeseCake) {
```

```
                System.out.println("치즈케익 인스턴스 or");
                System.out.println("치즈케익 상속하는 인스턴스 \n");
            }
            if (cake instanceof StrawberryCheeseCake) {
                System.out.println("딸기치즈케익 인스턴스 or");
                System.out.println("딸기치즈케익 상속하는 인스턴스");
            }
        }
}
```

▶ 실행 결과: YummyCakeOf.java

```
명령 프롬프트
C:₩JavaStudy>java YummyCakeOf
케익 인스턴스 or
케익 상속하는 인스턴스

치즈케익 인스턴스 or
치즈케익 상속하는 인스턴스

딸기치즈케익 인스턴스 or
딸기치즈케익 상속하는 인스턴스

C:₩JavaStudy>_
```

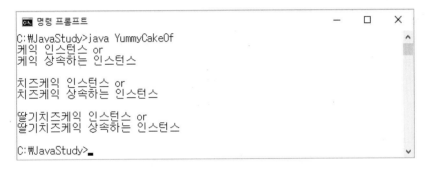

예제에서 선언된 참조변수 cake가 참조하는 인스턴스는 StrawberryCheeseCake 인스턴스이다. 그런데 이 인스턴스의 클래스는 Cake를 상속하는 CheeseCake를 상속한다. 따라서 위 예제에서 등장하는 세 개의 if문의 조건은 모두 true이다.

■ instanceof 연산자의 활용

다음과 같이 클래스가 정의되어 있는 상황을 고려해보자.

```
class Box {
    public void simpleWrap() {...}
}
class PaperBox extends Box {
    public void paperWrap() {...}
}
class GoldPaperBox extends PaperBox {
```

```
    public void goldWrap() {...}
}
```

그리고 위 클래스들의 인스턴스를 대상으로 하는 다음 메소드를 정의한다고 가정하자.

```
public static void wrapBox(Box box) {
    ....
}
```

위에서 정의한 세 클래스의 인스턴스 모두 위 메소드의 인자로 전달될 수 있다. 따라서 위의 메소드를 다음과 같이 정의하고자 한다.

```
public static void wrapBox(Box box) {
   [box가 Box 인스턴스를 참조하면, simpleWrap 메소드 호출          ]
   [box가 PaperBox 인스턴스를 참조하면, paperWrap 메소드 호출      ]
   [box가 GoldPaperBox 인스턴스를 참조하면, goldWrap 메소드 호출]
}
```

이와 같이 참조변수가 참조하는 인스턴스에 따라서 호출하는 메소드를 달리하는 코드를 작성하는 일은 간단하지 않다. 그러나 instanceof 연산자를 활용하면 비교적 쉽게 이러한 코드를 작성할 수 있다. 다음 예제에서 보여주듯이 말이다.

◈ Wrapping.java

```
class Box {
    public void simpleWrap() {
        System.out.println("Simple Wrapping");
    }
}

class PaperBox extends Box {
    public void paperWrap() {
        System.out.println("Paper Wrapping");
    }
}

class GoldPaperBox extends PaperBox {
    public void goldWrap() {
        System.out.println("Gold Wrapping");
    }
```

```
}

class Wrapping {
    public static void main(String[] args) {
        Box box1 = new Box();
        PaperBox box2 = new PaperBox();
        GoldPaperBox box3 = new GoldPaperBox();

        wrapBox(box1);
        wrapBox(box2);
        wrapBox(box3);
    }

    public static void wrapBox(Box box) {
        if (box instanceof GoldPaperBox) {
            ((GoldPaperBox)box).goldWrap();    // 형 변환 후 메소드 호출
        }
        else if (box instanceof PaperBox) {
            ((PaperBox)box).paperWrap();   // 형 변환 후 메소드 호출
        }
        else {
            box.simpleWrap();
        }
    }
}
```

▶ 실행 결과: Wrapping.java

```
명령 프롬프트
C:\JavaStudy>java Wrapping
Simple Wrapping
Paper Wrapping
Gold Wrapping

C:\JavaStudy>
```

연산자 instanceof는 참조변수가 참조하는 인스턴스의 '클래스'나 참조하는 인스턴스가 '상속하는 클래스'를 묻는 연산자이므로 다음과 같이 이 연산자를 이해해도 된다.

"연산자 instatnceof는 명시적 형 변환의 가능성을 판단해주는 연산자이다."

예를 들어서 다음 if문의 연산 결과가 true이면,

```
if (box instanceof GoldPaperBox) {....}
```

이는 box가 참조하는 인스턴스가 GoldPaperBox 인스턴스이거나 GoldPaperBox를 상속하는 클래스의 인스턴스라는 뜻이므로, 다음과 같이 명시적으로 형 변환을 할 수 있다.

```
if (box instanceof GoldPaperBox) {
    ((GoldPaperBox)box).goldWrap();
}
```

문제 15-1 [메소드 오버라이딩]

예제 Wrapping.java를 instanceof 연산자를 사용하지 않는 형태로 변경해보자. 이를 위해서는 클래스의 상속 관계를 그대로 유지하면서 메소드 오버라이딩 기반으로 예제가 동작하도록 코드를 수정해야 한다. 즉 필요하다면 메소드의 이름을 수정해야 한다.

답안은 출판사 홈페이지를 통해서 제공합니다.

Chapter 16

클래스의 상속 3: 상속의 목적

16-1. 상속이 도움이 되는 상황의 소개

- 단순한 인맥 관리 프로그램
- 인맥 관리 프로그램의 문제를 상속으로 해결하자.

16-2. Object 클래스와 final 선언 그리고 @Override

- 모든 클래스는 Object 클래스를 상속합니다.
- 클래스와 메소드의 final 선언
- @Override

이번이 상속을 소개하는 마지막 Chapter이다. 따라서 본 Chapter를 공부한 이후부터는 상속의 문법적 측면뿐만 아니라 상속을 하는 이유에 대해서도 다른 이에서 설명할 수 있을 정도가 되어야 한다.

16-1 상속이 도움이 되는 상황의 소개

앞서 상속을 하는 이유를 다음 한 문장으로 소개한 바 있다.

"연관된 일련의 클래스들에 대해 공통적인 규약을 정의할 수 있습니다."

이번에 설명하는 내용은 이 문장이 의미하는 바를 이해하는데 목적이 있다.

■ 단순한 인맥 관리 프로그램

인맥 관리 프로그램을 작성하고자 한다. (인맥이란 표현이 딱 어울리는 상황은 아니지만 편의상 사용한다.) 이 프로그램을 통해서 주변 사람들의 정보를 관리하는 것이 목적이다. 프로그램을 통해 저장 및 관리할 대상은 다음과 같이 두 부류로 나누었다.

- 대학 동창　　이름, 전공, 전화번호 정보 저장 및 관리
- 직장 동료　　이름, 부서, 전화번호 정보 저장 및 관리

대상이 다르니 저장할 내용에도 차이가 있다. 따라서 다음과 같이 각각에 대하여 클래스를 정의하는 형태로 프로그램을 작성하였다.

◈ MyFriends.java

```
class UnivFriend {    // 대학 동창
    private String name;
    private String major;    // 전공
    private String phone;

    public UnivFriend(String na, String ma, String ph) {
        name = na;
        major = ma;
        phone = ph;
    }
    public void showInfo() {
        System.out.println("이름: " + name);
        System.out.println("전공: " + major);
        System.out.println("전화: " + phone);
    }
}

class CompFriend {    // 직장 동료
    private String name;
    private String department;    // 부서
    private String phone;

    public CompFriend(String na, String de, String ph) {
        name = na;
        department = de;
        phone = ph;
    }
    public void showInfo() {
        System.out.println("이름: " + name);
        System.out.println("부서: " + department);
        System.out.println("전화: " + phone);
    }
}

class MyFriends {
    public static void main(String[] args) {
        // 대학 동창의 관리를 위한 배열과 변수
        UnivFriend[] ufrns = new UnivFriend[5];
        int ucnt = 0;

        // 직장 동료의 관리를 위한 배열과 변수
        CompFriend[] cfrns = new CompFriend[5];
```

```
        int ccnt = 0;

        // 대학 동창의 정보 저장
        ufrns[ucnt++] = new UnivFriend("LEE", "Computer", "010-333-555");
        ufrns[ucnt++] = new UnivFriend("SEO", "Electronics", "010-222-444");

        // 직장 동료의 정보 저장
        cfrns[ccnt++] = new CompFriend("YOON", "R&D 1", "02-123-999");
        cfrns[ccnt++] = new CompFriend("PARK", "R&D 2", "02-321-777");

        // 모든 동창 및 동료의 정보 전체 출력
        for(int i = 0; i < ucnt; i++) {
            ufrns[i].showInfo();
            System.out.println();
        }
        for(int i = 0; i < ccnt; i++) {
            cfrns[i].showInfo();
            System.out.println();
        }
    }
}
```

▶ 실행 결과: MyFriends.java

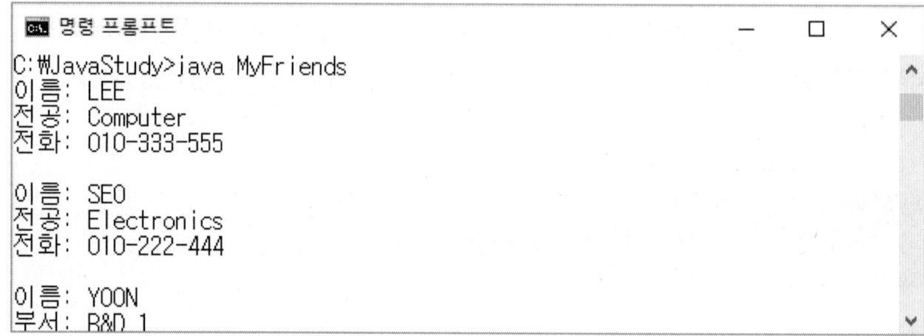

위 예제의 main 메소드를 잘 관찰하자. 그러면 다음 사실들을 알 수 있다.

- 인스턴스를 저장하는 배열이 두 개이다.
- 대학 동창의 정보를 저장하는 과정과 직장 동료의 정보를 저장하는 과정이 나뉜다.
  → 저장에 필요한 배열과 변수가 다르기 때문이다.
- 저장된 정보를 모두 출력할 때 두 개의 for문을 작성해야 한다.
  → 출력에 사용되는 배열과 변수가 다르기 때문이다.

즉 위 예제에서 제공하는 main 메소드의 핵심은 다음과 같다.

"배열이 두 개이므로 무엇을 하건 그 과정이 둘로 나뉜다."

만약에 특정 이름의 정보를 검색하는 기능을 추가한다면, 이 경우에도 두 배열을 모두 검색해야 하는 번거로움이 따른다. 때문에 이러한 형태의 구현은 문제가 될 수밖에 없다. 예제에서는 데이터의 저장 및 출력의 상황을 간단히 연출했지만 실제 사용이 가능한 수준의 프로그램에서는 그 과정이 더 복잡하기 때문이다. 그리고 위 예제에서는 저장 대상을 대학 동창과 직장 동료로 나누었지만 실제로는 더 자세히 나뉠 수 있다. 그리고 그 나뉘는 수만큼 배열을 추가로 생성해야만 한다.

"위의 예제와 같이 프로그램을 작성한다면 배열의 수가 얼마나 더 늘어날지 모른다."

"그리고 늘어나는 배열의 수만큼 프로그램은 더 복잡해진다."

■ 인맥 관리 프로그램의 문제를 상속으로 해결하자.

앞서 언급한 예제의 문제점을 상속으로 풀어갈 수 있다. 상속의 장점을 다음의 문장으로 정리한 바 있다.

"연관된 일련의 클래스들에 대해 공통적인 규약을 정의할 수 있습니다."

상속은 유사한 특성이 있는 UnivFriend 클래스와 CompFriend 클래스에 대해 공통적인 규약을 정의하도록 돕는다. 쉽게 말해서 이는 하나의 배열에 데이터를 저장하고 하나의 메소드 또는 하나의 반복문으로 데이터의 삭제 및 검색이 가능하게 한다는 의미이다. 그럼 다음 예제를 보자. 이는 앞서 보인 예제에 상속을 적용하여 개선한 결과이다. 그리고 지금까지 공부한 상속의 최종 결과물에 해당하는 예제이기도 하다. (메소드 오버라이딩이 적절히 사용된 예도 정확히 보여주고 있다.)

◈ MyFriends2.java

```java
class Friend {
    protected String name;
    protected String phone;

    public Friend(String na, String ph) {
        name = na;
        phone = ph;
    }
    public void showInfo() {
        System.out.println("이름: " + name);
        System.out.println("전화: " + phone);
    }
}
```

```

class UnivFriend extends Friend {
    private String major;

    public UnivFriend(String na, String ma, String ph) {
        super(na, ph);
        major = ma;
    }
    public void showInfo() {
        super.showInfo();
        System.out.println("전공: " + major);
    }
}

class CompFriend extends Friend {
    private String department;

    public CompFriend(String na, String de, String ph) {
        super(na, ph);
        department = de;
    }
    public void showInfo() {
        super.showInfo();
        System.out.println("부서: " + department);
    }
}

class MyFriends2 {
    public static void main(String[] args) {
        Friend[] frns = new Friend[10];
        int cnt = 0;

        frns[cnt++] = new UnivFriend("LEE", "Computer", "010-333-555");
        frns[cnt++] = new UnivFriend("SEO", "Electronics", "010-222-444");
        frns[cnt++] = new CompFriend("YOON", "R&D 1", "02-123-999");
        frns[cnt++] = new CompFriend("PARK", "R&D 2", "02-321-777");

        // 모든 동창 및 동료의 정보 전체 출력
        for(int i = 0; i < cnt; i++) {
            frns[i].showInfo();// 오버라이딩 한 메소드가 호출된다.
            System.out.println();
        }
    }
}
```

▶ 실행 결과: MyFriends2.java

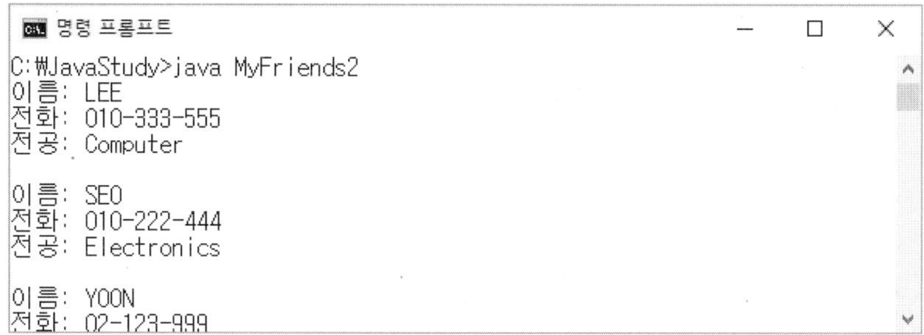
```
C:₩JavaStudy>java MyFriends2
이름: LEE
전화: 010-333-555
전공: Computer

이름: SEO
전화: 010-222-444
전공: Electronics

이름: YOON
전화: 02-123-999
```

위의 예제에서는 UnivFriend 클래스와 CompFriend 클래스가 Friend 클래스를 상속하게 함으로써 다음과 같은 효과를 얻게 되었다.

- 인스턴스를 저장하는 배열이 하나이다.
  → Friend 클래스를 상속하는 클래스가 더 추가되어도 이 사실은 변함이 없다.
- 정보를 저장하는 과정이 나뉘지 않는다.
  → 하나의 배열에 모든 인스턴스를 저장할 수 있다.
- 저장된 정보를 모두 출력할 때 하나의 for문으로 충분하다.
  → 하나의 배열이 사용되었고 또 메소드 오버라이딩이 도움이 되었다.

참고로 Friend 클래스를 재활용된 클래스로 보면 안 된다. UnivFriend 클래스와 CompFriend 클래스 이전에 등장하여 그 자체로 유용하게 사용이 되었다면 그렇게 보아도 된다. 그러나 Friend 클래스의 등장 목적은 다음과 같다. 따라서 재활용의 관점에 부합하지 않는다.

"UnivFriend 클래스와 CompFriend 클래스에 공통 규약을 적용하기 위해 정의된 클래스"

16-2 Object 클래스와 final 선언 그리고 @Override

모든 인스턴스는 System.out.println의 인자로 전달될 수 있음을 이전에 공부하였다. 그리고 이렇듯 인스턴스가 인자로 전달되면, toString 메소드가 호출되면서 이때 반환되는 문자열이 출력되는 것도 예제를 통해 확인하였다. 이렇게 동작하는 이유를 이제 설명하고자 한다.

■ 모든 클래스는 Object 클래스를 상속합니다.

클래스를 정의할 때 어떤 클래스도 상속하지 않으면 해당 클래스는 java.lang 패키지에 묶여 있는 Object 클래스를 상속하게 된다. 즉 다음의 클래스 정의는,

```
class MyClass {...}
```

다음 클래스 정의와 동일하다.

```
class MyClass extends Object {...}
```

물론 다음과 같이 상속하는 클래스가 있는 경우에는 Object 클래스를 상속하지 않는다.

```
class MyClass extends OtherClass {...}
```

그리나 이 경우에도 OtherClass 또는 OtherClass가 상속하는 클래스가 Object 클래스를 상속한다. 결국 자바의 모든 클래스는 Object 클래스를 직접 혹은 간접적으로 상속하게 되어있다. 그렇다면 자바의 모드 클래스가 Object 클래스를 직접 혹은 간접적으로 상속하도록 한 이유는 무엇일까? 이는 자바의 모든 인스턴스에 공통된 기준 및 규약을 적용하기 위함이다. 한 예로 자바의 모든 인스턴스는 다음 메소드의 인자로 전달될 수 있다.

```
public void println(Object x)
    → System.out.println 메소드
```

위 메소드의 매개변수 형이 Object이다. 따라서 자바의 모든 인스턴스는 위 메소드의 인자가 될 수 있다. 그리고 위의 메소드는 인자로 전달된 인스턴스의 다음 메소드를 호출한다. 이 메소드는 Object 클래스에 정의되어 있는 메소드이므로 모든 인스턴스를 대상으로 호출이 가능하다.

```
public String toString()
```

앞서 우리는 클래스를 정의하면서 toString 메소드를 정의한 바 있다. (기억이 나지는 않겠지만, 그래도 상관 없다.) 그런데 사실 이것은 Object 클래스의 toString 메소드를 오버라이딩 한 것이었다. 그럼 이와 관련하여 다음 예제를 보자.

◈ OverridingToString.java

```java
class Cake {
    // Object 클래스의 toString 메소드를 오버라이딩
    public String toString() {
        // Object 클래스의 toString 메소드 호출하여 반환 결과 출력
        System.out.println(super.toString());
        return "My birthday cake";
    }
}

class CheeseCake extends Cake {
    // Cake 클래스의 toString 메소드를 오버라이딩
    public String toString() {
        return "My birthday cheese cake";
    }
}

class OverridingToString {
    public static void main(String[] args) {
        Cake c1 = new Cake();
        Cake c2 = new CheeseCake();

        // c1이 참조하는 인스턴스의 toString 메소드 호출로 이어짐
        System.out.println(c1);
        System.out.println();

        // c2가 참조하는 인스턴스의 toString 메소드 호출로 이어짐
        System.out.println(c2);
    }
}
```

▶ 실행 결과: OverridingToString.java

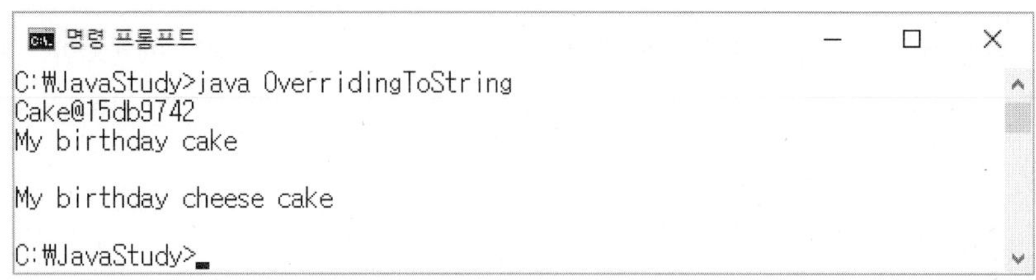

예제에서는 다음 문장을 통해서 Object 클래스의 toString 메소드를 호출하여 이때 반환되는 문자열을 출력하였다.

```
System.out.println(super.toString());
```

출력 결과를 보면 클래스의 이름과 @의 뒤를 이어 이해할 수 없는 숫자가 출력됨을 알 수 있다. 자바 문서의 toString을 설명한 부분에서 이것이 어떻게 구성된 문자열인지 설명하고 있지만, 이렇게 구성된 문자열은 프로그램 개발에 있어서 의미를 갖지 않는다. 오히려 다음과 같이 언급하는 부분에 주목할 필요가 있다.

"It is recommended that all subclasses override this method"

클래스를 정의할 때 toString 메소드를 가급적 오버라이딩 하라고 조언하고 있다. 그렇다면 어떻게 오버라이딩을 해야 할까? 이와 관련해서도 다음과 같이 조언하고 있다.

"The result should be a concise but informative representation that is easy for a person to read."

위 문장의 앞뒤 문맥을 반영하여 정리하면, 간결하고 읽기 쉬우면서도 인스턴스 구분에 도움이 되는 문자열을 구성하여 반환하도록 오버라이딩 하라는 의미이다.

■ 클래스와 메소드의 final 선언

클래스를 정의하는데 있어서 해당 클래스를 다른 클래스가 상속하는 것을 원치 않는다면, 다음과 같이 final 선언을 추가하면 된다.

```
public final class MyLastCLS {...}
    → MyLastCLS 클래스는 다른 클래스가 상속할 수 없음
```

대표적인 final 클래스로 String 클래스가 있다. 따라서 우리는 String 클래스를 상속할 수 없다. 또한 다음과 같이 메소드의 정의에 final 선언을 추가하여 해당 메소드의 오버라이딩을 허용하지 않을 수도 있다.

```
class Simple {
    // 아래의 메소드는 다른 클래스에서 오버라이딩 할 수 없음
    public final void func(int n) {...}
}
```

■ @Override

자바 5에서 '어노테이션(Annotations)'이라는 것이 소개되었다. 그리고 이와 관련하여 이후에 별도로 설명을 한다. 그러나 상속, 정확히는 메소드 오버라이딩과 관련 있는 내용이 있어 이에 대한 부분만 먼저 소개하고자 한다. 다음 예제를 보자. 이 예제는 컴파일도 되고 실행도 잘 된다. 그러나 프로그래머의 실수가 일부 포함되어 있다. 그 실수가 무엇인지 찾아보자.

◈ OverrideMistake.java

```
class ParentAdder {
    public int add(int a, int b) {
        return a + b;
    }
}

class ChildAdder extends ParentAdder {
    // 상위 클래스의 add를 오버라이딩 하려 합니다.
    public double add(double a, double b) {
        System.out.println("덧셈을 진행합니다.");
        return a + b;
    }
}

class OverrideMistake {
    public static void main(String[] args) {
        ParentAdder adder = new ChildAdder();
        System.out.println(adder.add(3, 4));
    }
}
```

▶ 실행 결과: OverrideMistake.java

```
명령 프롬프트
C:\JavaStudy>java OverrideMistake
7

C:\JavaStudy>
```

클래스 ChildAdder는 ParentAdder를 상속한다. 그리고 ParentAdder의 add를 오버라이딩 할 의도였음을 주석을 통해 알 수 있다. 그러나 실행 결과에서 보이듯이 오버라이딩이 되지 않았다. 이유는 메소드의 매개변수 형과 반환형이 달랐기 때문이다. 이러한 유형의 실수는 매우 흔하다. 그럼에도 불구하고 발견이 쉽지 않기 때문에 치명적인 실수가 될 수 있다. 제일 좋은 것은 컴파일 과정에서 실수가 확인되는 것이다. 그러나 이 경우 문법적으로는 오류가 없기 때문에 컴파일도 되고 실행도 된다.

이러한 상황을 방지하기 위해서 '어노테이션'이라는 것을 사용할 수 있다. 어노테이션은 일종의 메모이다. 그것도 '자바 컴파일러에게 메시지를 전달하는 목적의 메모'이다. ChildAdder 클래스를 설계하는 과정에서 add 메소드가 ParentAdder의 add 메소드를 오버라이딩 할 의도였다면 다음과 같이 메모를 달아준다.

```
class ChildAdder extends ParentAdder {
    @Override
    public double add(double a, double b) {
        System.out.println("덧셈을 진행합니다.");
        return a + b;
    }
}
```

그러면 이는 다음의 메시지를 컴파일에게 전달하는 셈이 된다.

"이 메소드는 상위 클래스의 메소드를 오버라이딩 할 목적으로 정의하였습니다."

그러면 컴파일러는 오버라이딩이 제대로 되었는지 확인을 하고, 프로그래머의 의도대로 오버라이딩이 되지 않았다면 다음과 같은 메시지를 컴파일 단계에서 전달해준다.

```
C:\JavaStudy>javac OverrideMistake.java
   error: method does not override or implement a method from a supertype
```

메소드를 오버라이딩 해야 한다면, 이렇듯 어노테이션 @Override을 사용하여 컴파일 과정에서 확인되지 않는 오류의 발생을 차단하는 것이 좋다.

Chapter 17

인터페이스와 추상 클래스

인터페이스의 문법 구성은 간단하다. 그러나 문법의 이해를 넘어서 인터페이스가 갖는 본질을 이해할 수 있어야 한다.

17-1 인터페이스의 기본과 그 의미

먼저 인터페이스가 무엇인지 코드를 통해 보이고자 한다. 그리고 인터페이스의 세세한 문법 설명에 앞서 인터페이스가 갖는 의미를 설명하고자 한다.

■ 추상 메소드만 담고 있는 인터페이스

인터페이스는 다음과 같이 생겼다. 기본 골격은 클래스와 동일하다. 그러나 class 대신 interface라는 선언이 붙어 있고, 메소드는 몸체 없이 세미콜론으로 마무리 된다.

```
interface Printable {
    public void print(String doc);    // 추상 메소드
}
```

위에서 보이듯이 메소드의 몸체가 비어 있는 메소드를 가리켜 '추상 메소드(Abstract Methods)'라 한다. 그리고 이 인터페이스를 대상으로는 인스턴스 생성이 불가능하다. 다만 다른 클래스에 의해 다음과 같이 상속이 될 뿐이다. (키워드 implements가 사용되었음에 주목하자.)

```
class Printer implements Printable {
    public void print(String doc) {    // Printable 인터페이스의 print 메소드 구현
        System.out.println(doc);
    }
}
```

클래스가 인터페이스를 상속하는 행위는 '상속'이 아닌 '구현(Implementation)'이라 한다. 문법 관계는 상속과 동일하지만 본질은 '구현'이기 때문이다. 위의 경우에도 Printer 클래스가 Printable 인터페이스가 갖고 있는 메소드 print의 몸체를 구현하였다. 그리고 클래스의 인터페이스 구현에는 다음과 같은 특징이 있다.

- 구현할 인터페이스를 명시할 때 키워드 implements를 사용한다.
- 한 클래스는 둘 이상의 인터페이스를 동시에 구현할 수 있다.
- 상속과 구현은 동시에 가능하다.

따라서 Robot이라는 클래스가 Machine 클래스를 상속하면서 인터페이스 Movable, Runnable을 구현한다면 다음과 같이 정의할 수 있다.

```
class Robot extends Machine implements Movable, Runnable {...}
```

그리고 인터페이스 관련하여 다음 두 가지 특징도 기억하고 있어야 한다.

- 인터페이스의 형을 대상으로 참조변수의 선언이 가능하다.
- 인터페이스의 추상 메소드와 이를 구현하는 메소드 사이에 오버라이딩 관계가 성립한다.
  → 따라서 어노테이션 @Override의 선언이 가능하다.

그럼 지금까지 설명한 내용을 하나의 예제에 담아서 확인해보겠다. 이는 인터페이스의 의미가 아닌 인터페이스와 관련된 문법을 확인하는 예제이다.

◈ PrintableInterface.java

```
interface Printable {
    public void print(String doc);
}

class Printer implements Printable {     // Printable을 구현하는 Printer 클래스
    @Override
    public void print(String doc) {     // 오버라이딩 관계 성립
        System.out.println(doc);
    }
}

class PrintableInterface {
    public static void main(String[] args) {
        Printable prn = new Printer();     // Printable형 참조변수 선언 가능
        prn.print("Hello Java");
```

```
    }
}
```

▶ 실행 결과: PrintableInterface.java

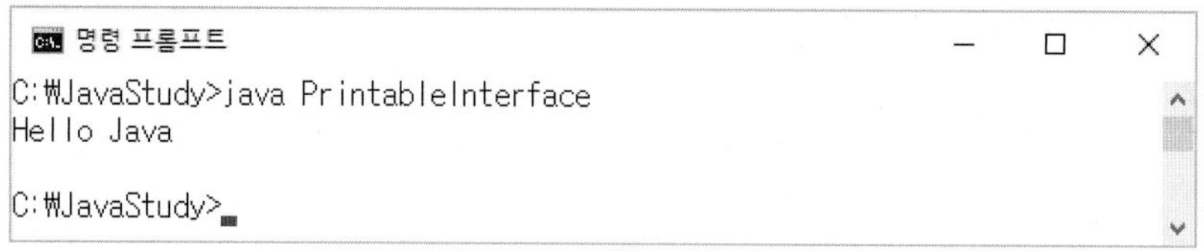

위 예제의 다음 문장에서 보이듯이 Printable형 참조변수를 선언할 수 있다. 그리고 이 Printable 인터페이스를 직접 혹은 간접적으로 구현하는 모든 클래스의 인스턴스를 참조할 수 있다.

```
Printable prn = new Printer();
```

그리고 다음과 같이 이 참조변수를 대상으로 Printable 인터페이스에 정의된 추상 메소드를 호출할 수 있다. (이 모든 특성이 클래스의 상속의 경우와 사실상 동일하다.)

```
prn.print("Hello Java");
```

이 경우에도 메소드 오버라이딩이 적용된다. 따라서 Printable 인터페이스의 print 메소드가 호출되는 것이 아니라, 이를 구현한(이를 오버라이딩 한) Printer 클래스의 print 메소드가 호출된다. 그리고 이렇듯 오버라이딩 관계가 성립하기 때문에 다음과 같이 @Override를 두어 실수의 확률을 줄일 수 있다.

```
@Override
public void print(String doc) {
    System.out.println(doc);
}
```

■ 인터페이스의 본질적 의미

'인터페이스'의 사전적 의미는 '연결점' 또는 '접점'으로 둘 사이를 연결하는 매개체를 뜻한다. 실제로 자바의 인터페이스는 그런 역할을 한다. 그럼 이와 관련하여 간단한 예를 하나 들겠다.

"마이크로소프트의 윈도우는 삼성과 LG의 프린터를 대상으로 출력을 진행할 수 있다."

이렇듯 모든 업체의 프린터가 윈도우와 연결될 수 있는 이유를 자바를 기준으로 간단히 설명하겠다. 일단 이 일을 주도하는 것은 마이크로소프트이다. 이유는 프린터를 제작하는 업체가 한 둘이 아니기 때문이다. 따라서 마이크로소프트는 다음과 같은 결정을 내린다.

"인터페이스를 하나 만들어서 모든 프린터 업체에게 제공해야 하겠다."

그리하여 다음 인터페이스를 만들어서 모든 프린터 회사에 제공하였다. (물론 가정이다.)

```
interface Printable {
    public void print(String doc);
}
```

여기에는 다음의 의미가 담겨있다.

"이 인터페이스를 회사별로 각자 구현해서 가져오기 바랍니다."
"그러면 저희는 print 메소드를 호출하면서 출력할 문서의 정보를 인자로 전달하겠습니다."

위의 print 메소드는 프린터 회사가 완성하는 것이 옳다. 프린터를 제작한 회사가 해당 프린터를 조작하는 메소드를 구현할 수 있기 때문이다. 결국 Printable 인터페이스를 전달받은 삼성과 LG는 자사의 프린터 사용에 필요한 클래스를 다음과 같이 각각 정의하여 제공하였다. 참고로 우리는 이것을 가리켜 프린터의 '드라이버(Driver)'라 한다.

```
class SPrinterDriver implements Printable {
    @Override
    public void print(String doc) {...}
}

class LPrinterDriver implements Printable {
    @Override
    public void print(String doc) {...}
}
```

여기서 중요한 것 하나는, 마이크로소프트는 위의 클래스 이름만 알면 될 뿐 내부적으로 구현이 어떻게 이뤄지는지는 알 필요가 없다는 것이다. 그리고 이것이 인터페이스를 두는 이유이다. 그럼 지금 설명한 내용을 바탕으로 작성한 예제를 보이겠다.

◈ PrinterDriver.java

```
interface Printable {   // MS가 정의하고 제공한 인터페이스
    public void print(String doc);
}

class SPrinterDriver implements Printable {   // S사가 정의한 클래스
    @Override
    public void print(String doc) {
        System.out.println("From Samsung printer");
        System.out.println(doc);
    }
}

class LPrinterDriver implements Printable {   // L사가 정의한 클래스
    @Override
    public void print(String doc) {
        System.out.println("From LG printer");
        System.out.println(doc);
    }
}

class PrinterDriver {
    public static void main(String[] args) {
        String myDoc = "This is a report about...";

        // 삼성 프린터로 출력
        Printable prn = new SPrinterDriver();
        prn.print(myDoc);
        System.out.println();

        // LG 프린터로 출력
        prn = new LPrinterDriver();
        prn.print(myDoc);
    }
}
```

▶ 실행 결과: PrinterDriver.java

```
명령 프롬프트
C:\JavaStudy>java PrinterDriver
From Samsung printer
This is a report about...

From LG printer
This is a report about...

C:\JavaStudy>_
```

비록 예제를 통해 보이지는 않았지만, 삼성과 LG가 구현한 print 메소드에는 자사의 프린터 조작에 필요한 하드웨어 관련 코드가 들어가게 된다.

17-2 인터페이스의 문법 구성과 추상 클래스

인터페이스에 존재할 수 있는 메소드에는 추상 메소드, 디폴트 메소드, static 메소드가 있다. 그리고 인터페이스 간 상속도 가능하며 인터페이스의 형(Type) 이름을 대상으로 instanceof 연산을 할 수도 있다. 즉 많은 특성이 클래스와 유사하다.

■ 인터페이스에 선언되는 메소드와 변수

앞서 다음 인터페이스를 정의하였다.

```
interface Printable {
    public void print(String doc);    // 추상 메소드
}
```

그리고 위 인터페이스에 정의된 추상 메소드에는 다음의 특징이 있다.

> "인터페이스의 모든 메소드는 public이 선언된 것으로 간주합니다."

즉 인터페이스 내에 위치하는 메소드는 별도의 선언이 없어도 public이 된다. 때문에 위의 인터페이스 정의에서 메소드 앞에 public을 붙일 필요가 없다. 그리고 인터페이스에도 다음과 같이 변수를 선언할 수 있다.

```
interface Printable {
    int PAPER_WIDTH = 70;
    int PAPER_HEIGHT = 120;
    void print(String doc);
}
```

그리고 이렇게 인터페이스 내에 선언되는 변수에는 다음의 특징이 있다.

- 반드시 선언과 동시에 값으로 초기화를 해야 한다.
- 모든 변수는 public, static, final이 선언된 것으로 간주한다.

결론적으로 인터페이스 내에 선언된 변수는 상수이다. final로 그리고 static으로 자동 선언이 되니, 다음과 같이 접근이 가능한 상수이다.

```
System.out.println(Printable.PAPER_WIDT);    // 인터페이스 내에 위치한 상수의 접근
```

그래서 상수는 대문자로 이름을 짓는 관례를 따라 인터페이스 내에 위치한 변수의(상수의) 이름은 대문자로 작성한다. 끝으로 인터페이스를 구현하는 클래스는 인터페이스에 존재하는 모든 '추상 메소드'를 구현해야 한다. 하나라도 구현하지 않으면, 해당 클래스를 대상으로는 인스턴스 생성이 불가능하다. 이와 관련해서는 쉽게 생각하자. 다 채워지지 않은 상태이니 인스턴스 생성이 불가능한 것이다.

■ 인터페이스 간 상속

앞서 삼성과 LG의 프린터 드라이버를 가지고 인터페이스의 의미를 설명했는데, 그 이야기를 다시 꺼내고자 한다. 다음 예제를 보고 나서 이야기를 이어가겠다. 참고로 이 예제에서 회사의 이름은 등장하지 않는다. 대신에 프린터의 제품번호가 등장한다.

◈ PrinterDriver2.java

```
interface Printable {    // MS사가 제공한 인터페이스
    void print(String doc);    // 흑백 출력을 위한 추상 메소드
```

```
}

class Prn204Drv implements Printable {     // S사의 흑백 프린터 드라이버
    @Override
    public void print(String doc) {
        System.out.println("From MD-204 printer");
        System.out.println(doc);
    }
}

class Prn731Drv implements Printable {     // L사의 흑백 프린터 드라이버
    @Override
    public void print(String doc) {
        System.out.println("From MD-731 printer");
        System.out.println(doc);
    }
}

class PrinterDriver2 {
    public static void main(String[] args) {
        String myDoc = "This is a report about...";

        Printable prn = new Prn204Drv();
        prn.print(myDoc);
        System.out.println();

        prn = new Prn731Drv();
        prn.print(myDoc);
    }
}
```

▶ 실행 결과: PrinterDriver2.java

```
명령 프롬프트
C:₩JavaStudy>java PrinterDriver2
From MD-204 printer
This is a report about...

From MD-731 printer
This is a report about...

C:₩JavaStudy>
```

위 예제 상황의 핵심은 이렇다.

"MS사에서 Printable 인터페이스를 디자인할 당시에는 모든 프린터가 흑백이었다."

즉 Printable 인터페이스의 print 추상 메소드는 흑백 출력을 위한 메소드이다. 그런데 위 예제에서 보인 인터페이스와 클래스가 정의된 이후로 몇 년이 지나 컬러 프린터라는 것이 등장하였다.

"세계 최초의 컬러 프린터, S사에서 모델번호 909 달고 세상에 등장!"

이 프린터는 컬러 출력과 흑백 출력을 동시에 지원한다. 따라서 MS사는 Printable 인터페이스를 수정해야 한다. 그런데 다음과 같이 수정해도 괜찮겠는가?

```
interface Printable {
    void print(String doc);  // 흑백 출력
    void printCMYK(String doc);  // 컬러 출력
}
```

위와 같이 수정한다면 기존에 이 인터페이스를 기반으로 개발된 드라이버를 모두 수정해야 한다. 인터페이스의 모든 추상 메소드는 이를 구현하는 클래스에서 모두 완성해야 하므로 printCMYK 메소드가 불필요한 프린터의 드라이버라도 이 메소드를 구현해야 한다. 메소드의 몸체를 비운 상태로라도 말이다. 이러한 상황을 고려하여 자바에서는 인터페이스의 상속을 지원한다. 즉 Printable 인터페이스를 수정하지 않고 다음 예제에서 보이는 바와 같이 상속으로 이 문제를 해결하는 것이다.

◈ PrinterDriver3.java

```
interface Printable {
    void print(String doc);
}

interface ColorPrintable extends Printable {   // Printable을 상속하는 인터페이스
    void printCMYK(String doc);
}

// S사의 컬러 프린터 드라이버
class Prn909Drv implements ColorPrintable {
    @Override
    public void print(String doc) {    // 흑백 출력
        System.out.println("From MD-909 black & white ver");
        System.out.println(doc);
    }
```

```

    @Override
    public void printCMYK(String doc) {    // 컬러 출력
        System.out.println("From MD-909 CMYK ver");
        System.out.println(doc);
    }
}

class PrinterDriver3 {
    public static void main(String[] args) {
        String myDoc = "This is a report about...";
        ColorPrintable prn = new Prn909Drv();
        prn.print(myDoc);
        System.out.println();
        prn.printCMYK(myDoc);
    }
}
```

▶ 실행 결과: PrinterDriver3.java

```
명령 프롬프트
C:₩JavaStudy>java PrinterDriver3
From MD-909 black & white ver
This is a report about...

From MD-909 CMYK ver
This is a report about...

C:₩JavaStudy>
```

이로써 기존에 제작 및 배포가 되어 사용 중인 드라이버를 수정할 필요가 없게 되었다. 그리고 예제에서 보였듯이 인터페이스 사이에도 상속이 가능하고, 이를 명시할 때 extends를 사용하는데 이에 대한 내용을 정리하면 다음과 같다.

- 두 클래스 사이의 상속은 extends로 명시한다.
- 두 인터페이스 사이의 상속도 extends로 명시한다.
- 인터페이스와 클래스 사이의 구현만 implements로 명시한다.

■ 인터페이스의 디폴트 메소드

이런 상황이 발생할 수 있다. 이미 정의되어 다양한 프로젝트에 사용 중인 수십 개의 인터페이스가 있는데, 대대적인 기능 보강을 위해 모든 인터페이스에 최소 한 개 이상의 추상 메소드를 추가해야 하는 상황 말이다. 이 상황의 문제를 '인터페이스의 상속'으로 해결하게 되면, 인터페이스의 수는 두 배로 늘어나게 된다. 그리고 이렇듯 인터페이스의 수가 늘어나는 것은 그 자체로 프로그램 개발에 불편을 초래하는 일이다. 그래서 이러한 상황의 해결을 위해 인터페이스의 '디폴트 메소드(Default Method)'라는 것이 자바 8에서 소개되었다.

지금 소개한 이 상황은 자바 8의 디자인 과정에서 설계자들이 실제로 겪은 문제이다. 자바 8에서 '람다'라는 것을 포함시켰는데, 일부 패키지에 속한 인터페이스들이 이 '람다'를 지원하기 위해서 추상 메소드를 추가해야 하는 상황이 발생하였다. 그리고 이 문제를 이어서 설명하는 '디폴트 메소드'를 통해서 해결하였다.

다시 이야기의 흐름을 프린터 드라이버로 옮겨오자. 앞서 마이크로소프트는 프린터 드라이버의 개발을 위해 다음 인터페이스를 프린터 제작사에 배포하였다.

```
interface Printable {
    void print(String doc);
}
```

그리고 컬러 프린터의 등장으로 다음 추상 메소드를 추가해야 하는 상황에 이르렀다. (여기까지는 앞서 언급했던 상황의 반복이다.)

```
void printCMYK(String doc);
```

앞에서는 이 문제를 인터페이스의 상속으로 해결했는데, 이를 디폴트 메소드로 해결하면 그 결과는 다음과 같다.

◈ PrinterDriver4.java

```
interface Printable {
    void print(String doc);
    default void printCMYK(String doc) { }     // 인터페이스의 디폴트 메소드
}

class Prn731Drv implements Printable {
    @Override
    public void print(String doc) {
        System.out.println("From MD-731 printer");
        System.out.println(doc);
```

```java
        }
}

class Prn909Drv implements Printable {
    @Override
    public void print(String doc) {
        System.out.println("From MD-909 black & white ver");
        System.out.println(doc);
    }

    @Override
    public void printCMYK(String doc) {
        System.out.println("From MD-909 CMYK ver");
        System.out.println(doc);
    }
}

class PrinterDriver4 {
    public static void main(String[] args) {
        String myDoc = "This is a report about...";
        Printable prn1 = new Prn731Drv();
        prn1.print(myDoc);
        System.out.println();

        Printable prn2 = new Prn909Drv();
        prn2.print(myDoc);
    }
}
```

▶ 실행 결과: PrinterDriver4.java

```
명령 프롬프트
C:\JavaStudy>java PrinterDriver4
From MD-731 printer
This is a report about...

From MD-909 black & white ver
This is a report about...

C:\JavaStudy>
```

위 예제에서 디폴트 메소드가 추가된 인터페이스는 다음과 같다. default 선언이 붙은 메소드가 디폴트 메소드이다.

```
interface Printable {
    void print(String doc);
    default void printCMYK(String doc) { }    // 디폴트 메소드
}
```

이러한 디폴트 메소드의 특징은 다음과 같다.

- 자체로 완전한 메소드이다. (비록 인터페이스 내에 정의되어 있지만)
- 따라서 이를 구현하는 클래스가 오버라이딩 하지 않아도 된다.

그리고 위의 Printable 인터페이스를 보았을 때 다음과 같이 이해할 수 있어야 한다.

"처음에는 Printable 인터페이스에 print 추상 메소드만 있었구나."

"이후에 필요에 따라 printCMYK 메소드를 추가하였구나."

"그래도 디폴트 메소드로 추가하였으니, 이전에 구현된 드라이버에는 영향을 주지 않는구나."

위 예제의 다음 드라이버는 Printable 인터페이스에 print 메소드만 있을 때 개발된 드라이버다.

```
class Prn731Drv implements Printable {
    @Override
    public void print(String doc) {
        System.out.println("From MD-731 printer");
        System.out.println(doc);
    }
}
```

그리고 이후에 필요에 의해서 Printable 인터페이스에 printCMYK 메소드가 추가되었다. 그러나 디폴트 메소드로 추가되었으니 위의 드라이버는 조금도 수정할 필요가 없다. 이렇듯 디폴트 메소드는 인터페이스에 추상 메소드를 추가해야 하는 상황에서, 이전에 개발해 놓은 코드에 영향을 미치지 않기 위해 등장한 문법이다. 처음 인터페이스를 설계하는 과정에서 디폴트 메소드를 정의해 넣는다면? 디폴트 메소드를 잘못 이해하고 잘못 사용하고 있는 것이다.

■ 인터페이스의 static 메소드(클래스 메소드)

자바 8부터 인터페이스에도 static 메소드를 둘 수 있게 되었다. 그리고 이는 클래스에 정의하는 static 메소드와 유사하다. 따라서 간단한 예제를 통해서 static 메소드의 접근 방법을 보이겠다.

◈ SimplePrinter.java

```
interface Printable {
    static void printLine(String str) {
        System.out.println(str);
    }
    default void print(String doc) {
        printLine(doc);     // 인터페이스의 static 메소드 호출
    }
}

// 인터페이스 Printable에는 구현해야 할 메소드가 존재하지 않는다.
class Printer implements Printable { }

class SimplePrinter {
    public static void main(String[] args) {
        String myDoc = "This is a report about...";
        Printable prn = new Printer();
        prn.print(myDoc);

        // 인터페이스의 static 메소드 직접 호출
        Printable.printLine("end of line");
    }
}
```

▶ 실행 결과: SimplePrinter.java

```
명령 프롬프트
C:₩JavaStudy>java SimplePrinter
This is a report about...
end of line

C:₩JavaStudy>
```

예제에 정의된 Printable 인터페이스에는 구현해야 할 메소드가 존재하지 않는다. 그러나 이를 대상으로는 인스턴스 생성이 불가능하므로 다음과 같이 이를 구현하는 클래스를 정의하였다.

```
class Printer implements Printable { }
```

이 상황에서 보통은 인터페이스의 default 메소드를 오버라이딩 한다. 그러나 static 메소드를 확인하는 것이 목적이니 오버라이딩 하지 않았다. 그리고 인터페이스의 static 메소드는 인터페이스의 다른 메소드들과 마찬가지로 public이 선언된 것으로 간주가 된다.
사실 프로그래머가 직접 인터페이스에 static 메소드를 정의하는 일은 드물다. 그러나 자바에서 제공하는 인터페이스에 static 메소드가 정의된 경우가 있어서 다음 사실을 알리기 위해 위의 예제를 제시하였다. 인터페이스의 static 메소드에 대해서는 이 정도만 알면 충분한다.

"인터페이스에도 static 메소드를 정의할 수 있다."

"그리고 인터페이스의 static 메소드 호출 방법은 클래스의 static 메소드 호출 방법과 같다."

■ 인터페이스 대상의 instanceof 연산

앞서 참조변수와 클래스의 이름을 피연산자로 하는 instanceof 연산에 대해 공부하였다. 예를 들어 다음과 같이 문장을 작성하면,

```
if(ca instanceof Cake) ....
```

참조변수 ca가 참조하는 인스턴스가 'Cake의 인스턴스'이거나 'Cake를 상속하는 클래스의 인스턴스'인 경우 true가 반환된다. 이와 유사하게 위의 문장에서 Cake는 인터페이스의 이름이 될 수 있다. 그리고 이 경우 ca가 참조하는 인스턴스가 다음의 경우에 true를 반환한다.

"Cake를 직접 혹은 간접적으로 구현한 클래스의 인스턴스인 경우"

그럼 이와 관련하여 다음 예제를 보자.

◈ InstanceofInterface.java

```
interface Printable {
    void printLine(String str);
}

class SimplePrinter implements Printable {     // Printable을 직접 구현함
    public void printLine(String str) {
        System.out.println(str);
    }
```

```
}

class MultiPrinter extends SimplePrinter {     // Printable을 간접 구현함
    public void printLine(String str) {
        super.printLine("start of multi...");
        super.printLine(str);
        super.printLine("end of multi");
    }
}

class InstanceofInterface {
    public static void main(String[] args) {
        Printable prn1 = new SimplePrinter();
        Printable prn2 = new MultiPrinter();

        if(prn1 instanceof Printable)
            prn1.printLine("This is a simple printer.");
        System.out.println();

        if(prn2 instanceof Printable)
            prn2.printLine("This is a multiful printer.");
    }
}
```

▶ 실행 결과: InstanceofInterface.java

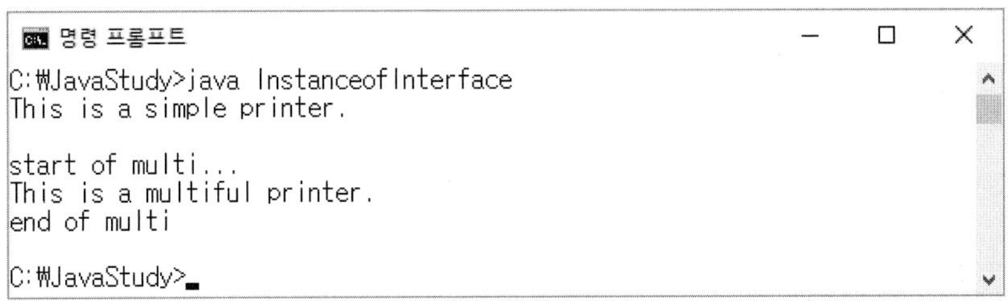

예제에서 SimplePrinter는 Printable 인터페이스를 직접, MultiPrinter는 Printable 인터페이스를 간접 구현하였다. 따라서 다음 두 연산은 그 결과로 true가 반환된다.

```
if(prn1 instanceof Printable)...
if(prn2 instanceof Printable)...
```

■ 인터페이스의 또 다른 사용 용도: Marker Interface

인터페이스는 클래스에 특별한 표식을 다는 용도로도 사용이 된다. 그리고 이렇게 사용되는 인터페이스를 가리켜 '마커 인터페이스(Marker Interface)'라 하는데, 마커 인터페이스에는 아무런 메소드도 존재하지 않는 경우가 많다. 그럼 이와 관련하여 다음 예제를 보자.

◈ MarkerInterface.java

```
interface Upper { }     // 마커 인터페이스
interface Lower { }     // 마커 인터페이스

interface Printable {
    String getContents();
}

class Report implements Printable, Upper {
    String cons;

    Report(String cons) {
        this.cons = cons;
    }
    public String getContents() {
        return cons;
    }
}

class Printer {
    public void printContents(Printable doc) {
        if(doc instanceof Upper) {     // doc 참조 인스턴스가 Upper 구현한다면
            System.out.println((doc.getContents()).toUpperCase());
        }
        else if(doc instanceof Lower) {     // doc 참조 인스턴스가 Lower 구현한다면
            System.out.println((doc.getContents()).toLowerCase());
        }
        else
            System.out.println(doc.getContents());
    }
}

class MarkerInterface {
    public static void main(String[] args) {
        Printer prn = new Printer();
        Report doc = new Report("Simple Funny News~");
```

```
        prn.printContents(doc);
    }
}
```

▶ 실행 결과: MarkerInterface.java

```
명령 프롬프트
C:₩JavaStudy>java MarkerInterface
SIMPLE FUNNY NEWS~

C:₩JavaStudy>
```

위 예제에서 호출하는 메소드 toUpperCase와 toLowerCase는 String 클래스에 다음과 같이 정의되어 있다.

```
public String toUpperCase()      문자열의 모든 문자를 대문자로 바꾼다.
public String toLowerCase()      문자열의 모든 문자를 소문자로 바꾼다.
```

물론 위의 두 메소드 호출에 의해서 문자열이 대문자 또는 소문자로 바뀌면서 새로운 String 인스턴스가 생성되어 반환된다. 그리고 위 예제에서 핵심이 되는 내용은 다음과 같다.

```
class Printer {
    public void printContents(Printable doc) {
        if(doc instanceof Upper) {    // doc 참조 인스턴스가 Upper 구현한다면
            System.out.println((doc.getContents()).toUpperCase());
        }
        else if(doc instanceof Lower) {  // doc 참조 인스턴스가 Lower 구현한다면
            System.out.println((doc.getContents()).toLowerCase());
        }
        else
            System.out.println(doc.getContents());
    }
}
```

이 클래스 정의를 보면서 다음과 같은 판단을 내릴 수 있다.

"Printable을 구현한 클래스의 인스턴스만 printContents 메소드의 인자가 될 수 있다."

→ `public void printContents(Printable doc) {...}`

"printContents에 전달된 인스턴스가 Upper 인터페이스를 구현하면 대문자로 출력된다."

→ `if (doc instanceof Upper) {...}`

"printContents에 전달된 인스턴스가 Lower 인터페이스를 구현하면 소문자로 출력된다."

→ `else if(doc instanceof Lower) {...}`

그리고 Printable 인터페이스를 구현하면서, 동시에 Upper 인터페이스를 구현하는 클래스를 예제에서 다음과 같이 정의하고 있다.

```
class Report implements Printable, Upper {...}
```

이렇게 정의된 클래스의 인스턴스가 printContents의 인자로 전달되면, 이는 Upper 인터페이스를 구현하므로 내용물이 대문자로 출력된다. 그리고 다음과 같이 Upper를 Lower로 바꾸기만 하면 내용물은 소문자로 출력된다.

```
class Report implements Printable, Lower {...}
```

정리하면, 예제에서 인터페이스 Upper와 Lower는 클래스에 붙이는 표식으로 사용되었다. Upper는 대문자로 출력하라는 표식이고 Lower는 소문자로 출력하라는 표식이다. 즉 두 인터페이스는 '마커 인터페이스'이다.

■ 추상 클래스: Abstract Class

하나 이상의 추상 메소드를 갖는 클래스를 가리켜 '추상 클래스'라 한다. 예를 들어서 다음 클래스의 정의를 보자.

```
public abstract class House {     // 추상 클래스
    public void methodOne() {
        System.out.println("method one");
    }
```

```
    public abstract void methodTwo();     // 추상 메소드
}
```

이 클래스는 하나의 추상 메소드를 갖고 있으니 추상 클래스이다. 그리고 이러한 추상 클래스에는 위에서 보이듯이 클래스의 선언부에 abstract 선언을 추가해야 한다. 이러한 추상 클래스는 성격이 인터페이스와 유사하다. 추상 클래스를 대상으로 인스턴스 생성도 불가능하며 다른 클래스에 의해서 추상 메소드가 구현이 되어야 한다. 그럼에도 불구하고 이는 클래스이다. 따라서 다음과 같이 구현의 형태가 아닌 상속의 형태를 띤다. (키워드 extends를 사용하였다는 의미)

```
public class MyHouse extends House {
    @Override
    public void methodTwo() {
        System.out.println("method two");
    }
}
```

정리하면, 여느 클래스들과 마찬가지로 인스턴스 변수와 인스턴스 메소드를 갖지만, 이를 상속하는 하위 클래스에 의해서 구현되어야 할 메소드가 하나 이상 있는 경우 이를 '추상 클래스'라 한다.

Chapter 18

예외처리 (Exception Handling)

18-1. 자바 예외처리의 기본

- 자바에서 말하는 예외
- 예외의 처리를 위한 try ~ catch
- try로 감싸야 할 영역의 결정
- 둘 이상의 예외를 처리하기 위한 구성
- Throwable 클래스와 예외처리의 책임 전가
- 예외 상황을 알리기 위해 정의된 클래스의 종류

18-2. 예외처리에 대한 나머지 설명들

- 예외 클래스의 구분
- Exception을 상속하는 예외 클래스의 예외처리
- 프로그래머가 정의하는 예외
- 잘못된 catch 구문의 구성
- finally 구문
- try-with-resources 구문

일반적으로 '오류'라 함은 문법적 실수를 뜻하는 경우가 많다. 따라서 대부분의 오류는 컴파일 과정에서 그 잘못이 드러난다. 그러나 '예외'는 프로그램이 실행 중에 발생하는 정상적이지 않은 상황을 뜻한다.

18-1 자바 예외처리의 기본

먼저 자바에서 말하는 '예외'가 무엇인지 살펴보자. 그리고 '예외'의 처리를 위한 자바의 예외처리 메커니즘을 살펴보자.

■ 자바에서 말하는 예외

프로그램 실행 중에 발생하는 '예외적인 상황'을 줄여서 '예외'라 한다. 즉 예외는 단순한 문법 오류가 아닌 실행 중간에 발생하는 '정상적이지 않은 상황'을 뜻한다. 그럼 이와 관련하여 다음 예제를 보자. 이 예제의 실행 결과에서는 예외 상황이 발생했음을 보이고 있다.

◈ ExceptionCase.java

```
import java.util.Scanner;

class ExceptionCase {
    public static void main(String[] args) {
        Scanner kb = new Scanner(System.in);
        System.out.print("a/b...a? ");
        int n1 = kb.nextInt();     // int형 정수 입력
        System.out.print("a/b...b? ");
        int n2 = kb.nextInt();     // int형 정수 입력
```

```
        System.out.printf("%d / %d = %d \n", n1, n2, n1 / n2);
        System.out.println("Good bye~~!");
    }
}
```

▶ 실행 결과: ExceptionCase.java

```
명령 프롬프트
C:\JavaStudy>java ExceptionCase
a/b... a? 8
a/b... b? 0
Exception in thread "main" java.lang.ArithmeticException: / by zero
        at ExceptionCase.main(ExceptionCase.java:10)

C:\JavaStudy>
```

위 예제 코드는 문법적으로 논리적으로 문제가 없다. 문제는 나누는 수가 0이 될 수 없음에도 불구하고 0을 입력한 프로그램 사용자에게 있다. 그리고 이러한 상황을 가리켜 '예외'라 한다. 예외 발생 순간에 프로그램이 종료된 사실에 주목하자. 그리고 친절한 상황 설명은 아니지만 출력된 문장을 통해서 다음 사실 정도는 알 수 있다.

"0으로 / 연산을 하여 java.lang.ArithmeticException 예외가 발생하였다."

이는 가상머신이 예외 상황을 처리하는 방식이다. 즉 가상머신은 예외가 발생하면 그 내용을 간단히 출력하고 프로그램을 종료해버린다.
그리고 위 예제는 실행 과정에서 다른 예외가 발생할 수도 있다. 이와 관련하여, 예제의 실행 중간에 숫자의 입력을 바라며 다음 내용을 출력하였다.

```
a/b...a?
```

따라서 숫자의 입력을 기대하고 다음과 같이 사용자의 입력을 읽어 들인다.

```
int n1 = kb.nextInt();
```

그런데 이때 숫자가 아닌 문자를 입력하는 행위 역시 '예외'이다. 숫자를 대신하여 문자를 입력한 결과는 다음과 같다.

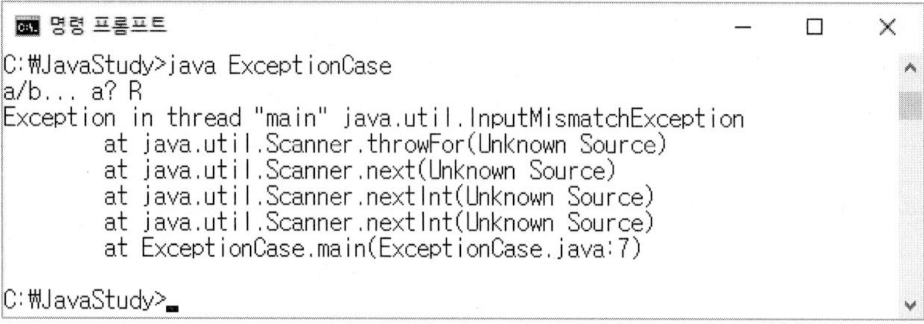

[그림 18-1: 입력에 오류가 있는 예외 상황]

이 경우에도 예외 발생 순간에 프로그램이 종료되었다. 그러나 이는 우리가 원하는 방식의 예외 처리가 아니다. 최소한 다음과 같이 예외의 원인을 설명하고,

"숫자를 입력해야 합니다. 다시 실행해주세요."

예제의 마지막 문장인 다음 문장을 실행하여 인사 정도는 해야 우리가 생각하는 수준의 예외 처리일 것이다.

```
System.out.println("Good bye~~!");
```

그렇다면 예외의 처리를 가상머신이 아닌 우리가 하면 된다. 사실 가상머신은 예외의 원인은 알지만 프로그래머가 원하는 예외의 처리 방식까지는 알지 못한다. 그래서 그냥 프로그램을 종료하는 것이다.

■ 예외의 처리를 위한 try ~ catch

앞서 예외가 발생하는 두 가지 상황을 보였는데, 이때 출력된 메시지에서 다음 클래스의 이름을 확인할 수 있다.

`java.lang.ArithmeticException`

→ 수학 연산에서의 오류 상황을 의미하는 예외 클래스

`java.util.InputMismatchException`

→ 클래스 Scanner를 통한 값의 입력에서의 오류 상황을 의미하는 예외 클래스

이렇듯 자바는 예외 상황별로 그 상황을 알리기 위한 클래스를 정의하고 있다. 그리고 이러한 클래스를 가리켜 '예외 클래스'라 한다. 즉 예제에서 보인 바와 같이 수학 연산 관련 오류가 발생하면 가상머신은

예외 클래스 ArithmeticException의 인스턴스를 생성한다. 그리고 이 인스턴스를 프로그래머가 처리하면 예외는 처리된 것으로 간주하여 프로그램을 종료하지 않는다. 그러나 이 인스턴스를 처리하지 않으면 프로그램은 그냥 종료가 된다.
그럼 이어서 예외의 처리 방법을 소개하겠다. 예외를 처리할 때에는 try ~ catch문을 사용하는데, 이 문장의 기본 구조는 다음과 같다.

```
try {
    ...관찰 영역...
}
catch(Exception name) {
    ...처리 영역...
}
```

이렇듯 try ~ catch문은 try 영역과 catch 영역으로 구분이 되는데, 이 둘은 하나의 문장이므로 항상 연결되어 있어야 한다. 그리고 이 문장이 동작하는 방식은 다음과 같다.

"try 영역에서 발생한 예외 상황을 catch 영역에서 처리한다."

자세히 보면, catch 영역은 그 생김새가 메소드와 유사함을 알 수 있다. 그리고 실제로 메소드처럼 동작한다. 예를 들어서 ArithmeticException 예외를 처리하는 try ~ catch문을 다음과 같이 구성하면,

```
try {
    ...관찰 영역...
}
catch(ArithmeticException e) {
    ...처리 영역...
}
```

try 영역의 실행 중간에 예외 상황이 만들어지고 이로 인해 가상머신이 ArithmeticException 인스턴스를 생성하면, 이 인스턴스는 메소드를 호출하듯이 catch 구문의 매개변수 e에 전달이 된다. 그러면 가상머신은 catch 구문 안에서 무엇을 하든 상관없이 예외가 처리된 것으로 간주하고 실행을 이어나간다. 그럼 앞서 보인 예제에 try ~ catch문을 넣어 보겠다.

◈ ExceptionCase2.java

```
import java.util.Scanner;

```

```
class ExceptionCase2 {
    public static void main(String[] args) {
        Scanner kb = new Scanner(System.in);

        try {
            System.out.print("a/b...a? ");
            int n1 = kb.nextInt();
            System.out.print("a/b...b? ");
            int n2 = kb.nextInt();
            System.out.printf("%d / %d = %d \n", n1, n2, n1 / n2);   // 예외 발생 지점
        }
        catch(ArithmeticException e) {
            System.out.println(e.getMessage());
        }

        System.out.println("Good bye~~!");
    }
}
```

▶ 실행 결과: ExceptionCase2.java

```
명령 프롬프트
C:₩JavaStudy>java ExceptionCase2
a/b... a? 2
a/b... b? 0
/ by zero
Good bye~~!

C:₩JavaStudy>
```

위 예제에서 실제 예외가 발생하는 문장은 다음과 같다. n2가 0인 상태에서 나눗셈을 진행하는 순간에 예외가 발생한다.

```
System.out.printf("%d / %d = %d \n", n1, n2, n1 / n2);    // 예외 발생 지점
```

그러면 이 순간 가상머신은 ArithmeticException 인스턴스를 생성한다. 그리고 예외 발생 지점을 감싸는 try 영역에 이어서 등장하는 catch 영역에서 이 인스턴스를 인자로 받을 수 있는지 확인하고, 받을 수 있으면 catch 영역으로 인스턴스를 전달한다. (catch 영역으로의 인스턴스 전달 과정은 메소드 호출 시의 인자 전달 과정과 동일하다. 즉 예외의 전달 가능 여부는 catch 영역의 매개변수 선언을 통해 결정된다.)

이렇듯 catch 영역으로 예외 인스턴스가 전달이 되면, 가상머신은 예외가 처리된 것으로 판단한다. 따

라서 catch 영역이 실행된 이후에 try ~ catch문의 다음 문장을 이어서 실행해 나간다. 그래서 실행 결과에서는 문자열 "Good bye~~!"의 출력을 확인할 수 있다. 그리고 catch 영역에서 다음과 같이 getMessage 메소드를 호출하여 이때 반환되는 문자열을 출력하고 있는데,

```
System.out.println(e.getMessage());
```

일단 이 메소드는 예외의 원인을 담고 있는 문자열을 반환한다고 알고 있자. 이 메소드에 대해서는 이후에 별도로 설명을 한다.

■ try로 감싸야 할 영역의 결정

다음의 try ~ catch문에서 숫자 2의 위치에서 예외가 발생하고 catch 영역에서 이 예외가 처리가 되면,

```
try {
    1.  ...
    2.  예외 발생 지점
    3.  ...
}
catch(Exception e) {
    ...
}
4. 예외 처리 이후 실행 지점
```

숫자 3의 위치에서 실행을 이어가는 것이 아니라, try ~ catch문 전체를 건너뛰어 숫자 4의 위치에서 실행을 이어가게 되는데, 이러한 예외 처리 이후의 실행 특성은, 관련이 있는 작업들을 하나로 묶는데 도움이 된다. 그럼 지금 설명한 내용을 고려하여 입력 오류에 대한 try ~ catch문을 다음 예제에 적절히 삽입해보자.

◈ ExceptionCase3.java

```
import java.util.Scanner;

class ExceptionCase3 {
    public static void main(String[] args) {
        Scanner kb = new Scanner(System.in);
        System.out.print("a/b...a? ");
        int n1 = kb.nextInt();     // 입력 오류 발생 가능
        System.out.print("a/b...b? ");
        int n2 = kb.nextInt();     // 입력 오류 발생 가능
```

```
        System.out.printf("%d / %d = %d \n", n1, n2, n1 / n2);
        System.out.println("Good bye~~!");
    }
}
```

▶ 실행 결과: ExceptionCase3.java

```
명령 프롬프트
C:\JavaStudy>java ExceptionCase3
a/b... a? R
Exception in thread "main" java.util.InputMismatchException
        at java.util.Scanner.throwFor(Unknown Source)
        at java.util.Scanner.next(Unknown Source)
        at java.util.Scanner.nextInt(Unknown Source)
        at java.util.Scanner.nextInt(Unknown Source)
        at ExceptionCase3.main(ExceptionCase3.java:7)

C:\JavaStudy>
```

예제에서 입력의 오류로 인한 InputMismatchException 예외가 발생할 수 있는 문장은 다음 둘이다.

```
int n1 = kb.nextInt();
int n2 = kb.nextInt();
```

따라서 이들 각각에 대해 try ~ catch문을 구성하는 것도 생각해 볼 수 있다. 그러나 변수 n1의 값이 적절히 들어오지 않는다면, 변수 n2의 값을 입력받는 것도, / 연산을 진행하는 것도 의미가 없다. 즉 다음 문장들은 하나의 작업으로 볼 수 있다.

```
System.out.print("a/b...a? ");      // 이 문장은 '하나의 작업'에서 제외 가능
int n1 = kb.nextInt();
System.out.print("a/b...b? ");
int n2 = kb.nextInt();
System.out.printf("%d / %d = %d \n", n1, n2, n1 / n2);
```

따라서 이를 진행하는 과정에서 어느 한 곳에서 예외가 발생하면 나머지 부분을 건너뛰는 것이 적절하다. 즉 다음과 같이 try ~ catch문을 구성하는 것이 옳다.

◈ ExceptionCase4.java

```
import java.util.Scanner;
import java.util.InputMismatchException;

class ExceptionCase4 {
    public static void main(String[] args) {
        Scanner kb = new Scanner(System.in);

        try {
            System.out.print("a/b...a? ");
            int n1 = kb.nextInt();
            System.out.print("a/b...b? ");
            int n2 = kb.nextInt();
            System.out.printf("%d / %d = %d \n", n1, n2, n1/n2);
        }
        catch(InputMismatchException e) {
            e.getMessage();
        }

        System.out.println("Good bye~~!");
    }
}
```

▶ 실행 결과: ExceptionCase4.java

```
C:\JavaStudy>java ExceptionCase4
a/b... a? E
Good bye~~!

C:\JavaStudy>
```

■ 둘 이상의 예외를 처리하기 위한 구성

앞서 제시한 나눗셈 관련 예제에서는 다음 두 가지 예외의 발생 가능성이 있다.

```
java.lang.ArithmeticException

java.lang.InputMismatchException
```

따라서 이 둘에 대해서 모두 예외 처리를 하고자 한다면, 다음에서 보이는 바와 같이 catch 구문 둘을 이어서 구성하면 된다.

◈ ExceptionCase5.java

```
import java.util.Scanner;
import java.util.InputMismatchException;

class ExceptionCase5 {
    public static void main(String[] args) {
        Scanner kb = new Scanner(System.in);

        try {
            System.out.print("a/b...a? ");
            int n1 = kb.nextInt();
            System.out.print("a/b...b? ");
            int n2 = kb.nextInt();
            System.out.printf("%d / %d = %d \n", n1, n2, n1 / n2);
        }
        catch(ArithmeticException e) {
            e.getMessage();
        }
        catch(InputMismatchException e) {
            e.getMessage();
        }

        System.out.println("Good bye~~!");
    }
}
```

예제에서 보이듯이 catch 구문을 얼마든지 이어서 구성할 수 있다. 그런데 자바 7부터는 다음과 같이 하나의 catch 구문 안에서 둘 이상의 예외를 처리하는 것도 가능하다.

◈ ExceptionCase6.java

```
import java.util.Scanner;
import java.util.InputMismatchException;

class ExceptionCase6 {
    public static void main(String[] args) {
        Scanner kb = new Scanner(System.in);

```

```
        try {
            System.out.print("a/b...a? ");
            int n1 = kb.nextInt();
            System.out.print("a/b...b? ");
            int n2 = kb.nextInt();
            System.out.printf("%d / %d = %d \n", n1, n2, n1/n2);
        }
        catch(ArithmeticException | InputMismatchException e) {
            e.getMessage();
        }

        System.out.println("Good bye~~!");
    }
}
```

따라서 상황 별 예외의 처리 방식이 다르지 않을 경우, 위와 같이 하나의 catch 구문 안에서 모든 예외가 처리될 수 있도록 묶는 것도 유용한 선택이 될 수 있다.

■ Throwable 클래스와 예외처리의 책임 전가

자바의 최상위 클래스인 java.lang.Object를 제외하고 예외 클래스의 최상위 클래스는 다음과 같다.

java.lang.Throwable   예외 클래스의 최상위 클래스

그리고 이 클래스에는 발생한 예외의 정보를 알 수 있는 메소드가 정의되어 있는데, 대표적인 메소드들은 다음과 같다.

public String getMessage()

→ 예외의 원인을 담고 있는 문자열을 반환

public void printStackTrace()

→ 예외가 발생한 위치와 호출된 메소드의 정보를 출력

그럼 printStackTrace 메소드의 기능 확인을 위해 만든 다음 예제를 실행해보자. 참고로 이는 예외가 발생할 수밖에 없는 예제이다.

◈ ExceptionMessage.java

```
class ExceptionMessage {
    public static void md1(int n) {
        md2(n, 0);     // 아래의 메소드 호출
    }
    public static void md2(int n1, int n2) {
        int r = n1 / n2;    // 예외 발생 지점
    }
    public static void main(String[] args) {
        md1(3);
        System.out.println("Good bye~~!");
    }
}
```

▶ 실행 결과: ExceptionMessage.java

```
명령 프롬프트
C:\JavaStudy>java ExceptionMessage
Exception in thread "main" java.lang.ArithmeticException: / by zero
        at ExceptionMessage.md2(ExceptionMessage.java:6)
        at ExceptionMessage.md1(ExceptionMessage.java:3)
        at ExceptionMessage.main(ExceptionMessage.java:9)

C:\JavaStudy>
```

위 예제의 메소드 호출 흐름은 다음과 같다.

```
main → md1 → md2
```

그리고 예외는 md2에서 발생하였다. 그런데 md2에서 해당 예외를 처리하지 않았다. 이러한 경우 가상머신은 md2를 호출한 md1에게 예외처리의 책임을 넘긴다. 그런데 md1도 예외처리를 하지 않았다. 따라서 가상머신은 md1을 호출한 main에게 예외처리의 책임을 넘긴다. (예외처리의 책임이 넘어가면 예외처리의 책임을 넘긴 메소드의 호출은 종료가 된다.)

이렇듯 예외는 처리되지 않으면 그 책임이 넘어간다. 그리고 그 끝은 main이다. 그런데 main 조차 예외처리를 하지 않으면 가상머신이 대신 예외를 처리한다. 물론 그 방법은 앞서 수차례 보았듯이 예외 관련 메시지의 출력과 프로그램의 종료이다. 그럼 실행 결과에서 보이는 내용의 의미를 정리해보겠다.

```
java.lang.ArithmeticException: / by zero
        : 0으로 / 연산을 하여 ArithmeticException 발생하였다.
    at ExceptionMessage.md2(ExceptionMessage.java:6)
        : ExceptionMessage 클래스의 md2에서 예외가 시작되었고
    at ExceptionMessage.md1(ExceptionMessage.java:3)
        : ExceptionMessage 클래스의 md1으로 예외가 넘어갔으며
    at ExceptionMessage.main(ExceptionMessage.java:9)
        : ExceptionMessage 클래스의 main으로까지 예외가 넘어갔다.
```

이렇듯 출력 내용을 확인하면 예외의 발생 및 이동 경로를 확인할 수 있다. 그럼 이번에는 md2에서 발생한 예외를 main 메소드에서 처리하는 방법을 보이겠다.

◈ ExceptionMessage2.java

```
class ExceptionMessage2 {
    public static void md1(int n) {
        md2(n, 0);      // 이 지점으로 md2로부터 예외가 넘어온다.
    }
    public static void md2(int n1, int n2) {
        int r = n1 / n2;    // 이 지점에서 예외가 발생한다.
    }
    public static void main(String[] args) {
        try {
            md1(3);     // 이 지점에서 md1으로부터 예외가 넘어온다.
        }
        catch(Throwable e) {
            e.printStackTrace();
        }

        System.out.println("Good bye~~!");
    }
}
```

▶ 실행 결과: ExceptionMessage2.java

```
명령 프롬프트
C:\JavaStudy>java ExceptionMessage2
java.lang.ArithmeticException: / by zero
        at ExceptionMessage2.md2(ExceptionMessage2.java:6)
        at ExceptionMessage2.md1(ExceptionMessage2.java:3)
        at ExceptionMessage2.main(ExceptionMessage2.java:10)
Good bye~~!

C:\JavaStudy>
```

다음은 md1으로부터 넘어오는 예외를 처기하기 위한 try ~ catch문이다. 이렇듯 md1에서 넘어오는 예외를 처리하기 위해서는 md1의 호출문을 try ~ catch문으로 감싸면 된다.

```
try {
    md1(3);     // md1으로부터 예외가 넘어온다.
}
catch(Throwable e) {
    e.printStackTrace();
}
```

그런데 실제 넘어오는 예외는 Throwable이 아니다. 그러나 모든 예외 클래스는 Throwable을 상속하므로 상속 관계에 의해 md2에서 발생한 예외를 위와 같이 처리할 수도 있다. (이는 좋은 예외처리의 예는 아니다.)

예외가 처리되고 나니 try ~ catch문의 다음에 위치한 문장이 실행됨을 출력 결과를 통해서 확인할 수 있다. 그리고 catch 구문에서 호출한 printStackTrace 메소드가 출력한 내용을 보면, 앞서 가상머신이 예외를 처리할 때 출력한 문장과 유사함을 알 수 있다. 사실 가상머신도 예외의 처리 과정에서 프로그램을 종료하기 전에 예외 인스턴스의 printStackTrace 메소드를 호출한다.

■ 예외 상황을 알리기 위해 정의된 클래스의 종류

자바에서 발생시키는 예외의 종류는 다양하다. 그리고 그 수만큼 예외 클래스도 다양하게 정의되어 있다. 그래서 대표적인 예외 클래스와 해당 예외가 발생하는 상황을 간단히 정리하고자 한다. 먼저 배열 접근에 잘못된 인덱스 값을 사용해서 발생하는 ArrayIndexOutOfBoundsException 예외의 상황을 다음 예제를 통해서 보이겠다.

◈ ArrayIndexOutOfBounds.java

```
class ArrayIndexOutOfBounds {
    public static void main(String[] args) {
        int[] arr = {1, 2, 3};
        for(int i = 0; i < 4; i++)
            System.out.println(arr[i]);    // 인덱스 값 3은 예외를 발생시킴
    }
}
```

▶ 실행 결과: ArrayIndexOutOfBounds.java

```
C:\JavaStudy>java ArrayIndexOutOfBounds
1
2
3
Exception in thread "main" java.lang.ArrayIndexOutOfBoundsException: 3
        at ArrayIndexOutOfBounds.main(ArrayIndexOutOfBounds.java:5)

C:\JavaStudy>
```

다음은 허용할 수 없는 형 변환을 강제로 진행하는 경우에 발생하는 ClassCastException 예외의 상황을 보여준다.

◈ ClassCast.java

```
class Board { }
class PBoard extends Board { }

class ClassCast {
    public static void main(String[] args) {
        Board pbd1 = new PBoard();
        PBoard pbd2 = (PBoard)pbd1;    // OK!

        System.out.println(".. intermediate location .. ");
        Board ebd1 = new Board();
        PBoard ebd2 = (PBoard)ebd1;    // Exception!
    }
}
```

▶ 실행 결과: ClassCast.java

```
C:\JavaStudy>java ClassCast
.. intermediate location ..
Exception in thread "main" java.lang.ClassCastException: Board cannot b
e cast to PBoard
        at ClassCast.main(ClassCast.java:11)

C:\JavaStudy>
```

다음은 null이 저장된 참조변수를 대상으로 메소드를 호출할 때 발생하는 NullPointerException 예외의 상황을 보여준다.

◈ NullPointer.java

```
class NullPointer {
    public static void main(String[] args) {
        String str = null;
        System.out.println(str);   // null 출력
        int len = str.length();    // Exception!
    }
}
```

▶ 실행 결과: NullPointer.java

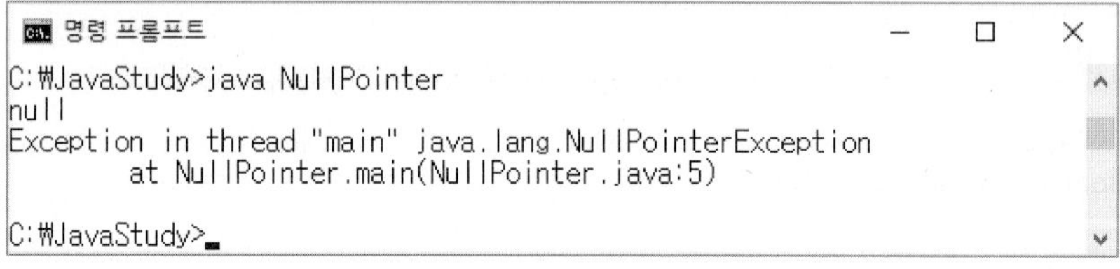

18-2 예외처리에 대한 나머지 설명들

자바의 예외처리 관련 내용이 의외로 적지가 않다. 따라서 예외처리를 하지 않는 상황에서는 불필요한 내용이라 생각하고 이쯤에서 다음 Chapter로 넘기고 싶을 수도 있다. 그러나 자바에서는 예외처리가 차지하는 부분이 크다. 따라서 마지막까지 이해하고 넘어갈 필요가 있다.

■ 예외 클래스의 구분

예외 클래스의 최상위 클래스가 Throwable임은 앞서 설명하였다. 그런데 이를 상속하는 예외 클래스는 다음과 같이 세 부류로 나뉜다.

- Error 클래스를 상속하는 예외 클래스
- Exception 클래스를 상속하는 예외 클래스
- RuntimeException 클래스를 상속하는 예외 클래스
  → RuntimeException 클래스는 Exception 클래스를 상속한다.

이 중에서 'Error 클래스를 상속하는 예외 클래스'의 예와 그 발생 상황을 정리하면 다음과 같다.

- VirtualMachineError　　가상머신에 심각한 오류 발생
- IOError　　입출력 관련해서 코드 수준 복구가 불가능한 오류 발생

구체적인 예를 들면, 자바 프로그램이 임의의 파일에 저장된 데이터를 읽는 중에 갑자기 하드디스크에 물리적 오류가 발생하여 더 이상 파일에 저장된 데이터를 읽을 수 없는 상황이 생길 수 있다. 그리고 이러한 수준의 상황에서 발생하는 것이 IOError 예외이다. 즉 Error 클래스를 상속하는 예외는 처리의 대상이 아니다. 바꾸어 말하면 처리할 수 있는 예외가 아니다. 따라서 이런 유형의 예외가 발생하면 그냥 프로그램이 종료되도록 놔두고 이후에 원인을 파악하는 과정이 이어져야 한다.

참고 VirtualMachineError를 상속하는 OutOfMemoryError

VirtualMachineError 클래스를 상속하는 예외 클래스로 OutOfMemoryError가 있는데, 이는 프로그램의 실행에 필요한 메모리 공간이 부족한 상황에서 발생하는 예외이다. 따라서 이 예외가 발생하면 메모리를 비효율적으로 또는 부적절하게 사용하는 부분의 코드를 수정해야 한다.

이어서 'RuntimeException 클래스를 상속하는 예외 클래스'에 대해 설명하고자 하는데, 앞서 보였던 모든 예외 클래스가 바로 이 예외에 해당한다.

- ArithmeticException
- ClassCastException
- IndexOutOfBoundsException

- NegativeArraySizeException 배열 생성시 길이를 음수로 지정하는 예외의 발생
- NullPointerException
- ArrayStoreException 배열에 적절치 않은 인스턴스를 저장하는 예외의 발생

앞서 예제에서는 예외처리 메커니즘을 설명하기 위해서 RuntimeException을 상속하는 예외 클래스에 대해서도 일일이 try ~ catch문을 구성하였다. 그러나 이들 예외 역시 대부분의 경우 프로그래머가 예외처리를 하지 않는다. 예를 들어서 다음과 같은 문장 구성에서 발생하는 예외를 처리하는 것이 옳겠는가?

```
Object[] ar1 = new Object[-5];
    → NegativeArraySizeException 예외의 발생
```

위의 상황은 코드를 수정해야 할 상황이지 예외처리를 해야 할 상황이 아니다. 물론 상황에 따라서 프로그래머가 예외처리를 해야 하는 경우도 드물지만 있을 수 있다. 프로그램 사용자의 실수로 인해 이들 예외가 발생하는 경우도 있기 때문이다. 그러나 말 그대로 드문 경우이다.

마지막으로 'Exception 클래스를 상속하는 예외 클래스'가 있는데, RuntimeException 클래스를 상속하는 예외 클래스는 이 부류에는 제외한다. 즉 지금부터 설명하는 특성은 RuntimeException 클래스를 직접 혹은 간접적으로 상속하지 않고 Exception 클래스만 상속하는 예외클래스에 해당하는 내용이다.
그 수로만 따지면 Exception 클래스를 상속하는 예외 클래스가 가장 많다. 그리고 이들은 특정 클래스 또는 메소드에 연관되어 있어서 이들을 나열하여 설명하는 것은 의미가 없다. 앞으로 공부하면서 이 부류에 속한 예외 클래스를 하나씩 접하게 된다. 그런데 이 부류에 속한 예외는 앞서 설명한 두 부류에 속한 예외와는 차이를 보이는 부분이 있는데, 이에 대한 내용을 이어서 설명하겠다.

■ Exception을 상속하는 예외 클래스의 예외처리

Exception을 상속하는 예외 클래스 중에서 비교적 빨리 접하게 될 클래스는 다음과 같다.

```
java.io.IOException
```

그래서 이 예외의 발생 가능성이 있는 코드를 가지고 설명을 이어가겠다. 참고로 다음 예제의 코드를 세세히 이해할 필요는 없다. 지금은 어느 지점에서 어느 예외가 발생하는지 정도만 확인하면 된다.

◈ IOExceptionCase.java

```
import java.nio.file.Path;
import java.nio.file.Paths;
import java.nio.file.Files;
import java.io.BufferedWriter;
import java.io.IOException;

class IOExceptionCase {
    public static void main(String[] args) {
        Path file = Paths.get("C:\\javastudy\\Simple.txt");
        BufferedWriter writer = null;

        try {
            writer = Files.newBufferedWriter(file);    // IOException 발생 가능
            writer.write('A');     // IOException 발생 가능
            writer.write('Z');     // IOException 발생 가능

            if(writer != null)
                writer.close();    // IOException 발생 가능
        }
        catch(IOException e) {
            e.printStackTrace();
        }
    }
}
```

위 예제는 다음 경로의 파일을 생성해서, 그 안에 두 개의 문자를 저장하고 끝을 맺는 예제이다.

```
C:\javastudy\Simple.txt
```

단, 파일은 자동으로 생성되지만 경로는 자동으로 생성되지 않기 때문에 C:\javastudy라는 디렉토리가 존재하는 상태에서 위 예제를 실행해야 한다. 그러면 파일이 생성되고 이 파일이 열려서 문자가 저장이 된다. 그럼 실제 예제를 실행해서 파일의 생성 및 문자의 저장을 확인하자. 문자의 저장은 메모장을 열어서 확인하면 된다. 그리고 확인을 마쳤다면 이번에는 try ~ catch문을 지우고 다음의 상태에서 컴파일을 해보자. 그러면 컴파일 오류가 발생하는 것을 확인할 수 있다.

◈ IOExceptionCase2.java

```
import java.nio.file.Path;
import java.nio.file.Paths;
import java.nio.file.Files;
```

```
import java.io.BufferedWriter;
import java.io.IOException;

class IOExceptionCase2 {
    public static void main(String[] args) {
        Path file = Paths.get("C:\\javastudy\\Simple.txt");
        BufferedWriter writer = null;
        writer = Files.newBufferedWriter(file);    // IOException 발생 가능
        writer.write('A');    // IOException 발생 가능
        writer.write('Z');    // IOException 발생 가능

        If(writer != null)
            writer.close();   // IOException 발생 가능
    }
}
```

try ~ catch문을 지워서 예외처리를 생략한 것뿐인데 컴파일 오류가 발생한다. 그것도 IOException 예외 발생이 가능한 문장에서 오류가 발생한다. 정확히는 IOException 예외 발생 가능성이 있는 '메소드 호출문'에서 오류가 발생하였다.

앞서 언급한 Error 클래스를 상속하는 예외나 RuntimeException 클래스를 상속하는 예외의 경우 예외의 처리는 선택이다. 그러나 Exception 클래스를 상속하는(그러나 RuntimeException을 상속하지는 않는) 예외는 try ~ catch문으로 처리하거나 다른 영역으로 넘긴다고 반드시 명시해야 한다. 그럼 이와 관련하여 다음 예제를 보자.

◈ IOExceptionCase3.java

```
import java.nio.file.Path;
import java.nio.file.Paths;
import java.nio.file.Files;
import java.io.BufferedWriter;
import java.io.IOException;

class IOExceptionCase3 {
    public static void main(String[] args) {
        try {
            md1();
        }
        catch(IOException e) {
            e.printStackTrace();
        }
```

```
    }
    public static void md1() throws IOException {    // IOException 예외 넘긴다고 명시!
        md2();
    }
    public static void md2() throws IOException {    // IOException 예외 넘긴다고 명시!
        Path file = Paths.get("C:\\javastudy\\Simple.txt");
        BufferedWriter writer = null;
        writer = Files.newBufferedWriter(file);    // IOException 발생 가능
        writer.write('A');    // IOException 발생 가능
        writer.write('Z');    // IOException 발생 가능

        if(writer != null)
            writer.close();    // IOException 발생 가능
    }
}
```

위 예제의 메소드 호출 과정은 다음과 같다. 참고로 이와 유사한 상황에서 예외처리가 어떻게 진행되는지 앞서 한 차례 설명한 바 있다.

```
main → md1 → md2
```

이 중에서 md2 내에서 IOException 예외가 발생할 수 있다. 그런데 IOException은 Exception을 상속한다. 따라서 이에 대해 다음과 같이 try ~ catch문을 작성하거나,

```
public static void md2() {
    Path file = Paths.get("C:\\javastudy\\Simple.txt");
    try {
        ....
    }
    catch(IOException e) {
        e.printStackTrace();
    }
}
```

아니면 다음과 같이 예외의 처리를, 이 메소드를 호출한 메소드에게 넘긴다는 표시를 해야 한다.

```
public static void md2() throws IOException {  // IOException 예외 발생하면 넘긴다!
    ...
}
```

위의 메소드 정의에서 throws IOException은 IOException 예외가 메소드 내에서 발생할 경우 md2를 호출한 영역으로 예외의 처리를 넘긴다는(예외를 전달한다는) 뜻이다. 그리고 예외를 넘기는 순간 md2 메소드의 호출은 종료가 된다.

이제 md2의 정의는 문제가 없으니 md1을 보자. md2의 정의에는 throws IOException이 선언되어 있으니, md2를 호출하는 md1 메소드에 IOException 예외가 전달될 수 있다. 이렇듯 md1으로 예외가 전달되는 경우에도 md1 메소드에서 해당 예외를 처리해야 한다.

"md2 내에서 발생한 예외가 md1 메소드 영역으로 전달될 수 있다."

"이렇듯 md1으로 전달된 예외도 md1에서 처리해야 한다."

따라서 이 메소드도 다음과 같이 예외를 처리하거나,

```
public static void md1() {
    try {
        md2();    // IOException 예외가 발생할 수 있는(넘어올 수 있는) 메소드 호출
    }
    catch(IOException e) {
        e.printStackTrace();
    }
}
```

아니면 다음과 같이 이 예외의 처리를, 이 메소드를 호출한 메소드에게 넘긴다는 표시를 해야 한다.

```
public static void md1() throws IOException {  // IOException 예외 발생하면 넘긴다!
    md2();
}
```

마지막으로 md1을 호출하는 main 메소드를 보자. 이 메소드에서는 IOException 예외가 전달될 수 있는 md1을 호출하므로, main 메소드의 선택도 다음 둘 중 하나이다.

- try ~ catch문을 통해서 IOException을 직접 처리하거나
- throws IOException 선언을 추가해서 예외의 처리를 넘기거나

main 메소드도 예외를 넘기면, 이 예외는 main을 호출한 가상머신에게 넘어간다. 그러면 우리가 앞서 본 것처럼 프로그램은 종료가 된다.

끝으로 throws 선언을 통해서, 둘 이상의 예외에 대해 그 처리를 넘긴다는 표시를 할 수 있다는 사실도 알아 두자. 예를 들면 다음과 같다.

```
public void simpleWrite() throws IOException, IndexOutofBoundsException {
    ....
}
```

정리하면 이렇다. Error를 상속하거나 RuntimeException을 상속하는 예외의 발생은 코드 작성 과정에서 특별히 무언가를 하지 않아도 된다. 그러나 Exception을 상속하는 예외의 발생에 대해서는 try ~ catch문을 통해서 예외를 처리하거나 throws 선언을 통해서 예외의 처리를 넘긴다는 표시를 꼭 해야 한다. 그리고 앞으로 배우게 될 메소드 중에는 예외를 전달하는 메소드의 수가 적지 않은데, 그 메소드들이 전달하는 예외 대부분은 Exception을 상속한다. 따라서 이러한 메소드의 호출을 위해서는 지금 설명한 것처럼 예외를 던지거나, 처리하는 코드를 넣어주어야 한다. 이것이 자바에서 예외처리가 필수인 이유이다.

■ 프로그래머가 정의하는 예외

지금까지 소개한 예외 클래스는 모두 자바에서 정의한 클래스였다. 그러나 프로그래머가 직접 예외 클래스를 정의하고 이를 기반으로 특정 상황에서 예외가 발생하도록 할 수도 있다. 프로그래머가 정의하는 예외 클래스의 예는 다음과 같은데, 이 클래스의 핵심은 Exception을 상속하는데 있다.

```
class ReadAgeException extends Exception {   // Exception을 상속하는 것이 핵심
    public ReadAgeException() {
        super("유효하지 않은 나이가 입력되었습니다.");
    }
}
```

위의 클래스는 Exception을 상속하는 점을 제외하면 일반 클래스와 차이가 없다. 그리고 생성자에서는 상위 클래스의 생성자를 호출하면서 예외 상황에 대한 설명을 담고 있는 문자열을 전달하는데, 이 문자열은 앞서 보였던 Throwable 클래스에 정의된 다음 메소드 호출 시 반환이 된다.

```
public String getMessage()
```

그럼 우리가 정의한 ReadAgeException 예외 클래스를 대상으로 예외를 발생시키고 이를 처리하는 예제를 보이겠다.

◈ MyExceptionClass.java

```java
import java.util.Scanner;

class ReadAgeException extends Exception {
    public ReadAgeException() {
        super("유효하지 않은 나이가 입력되었습니다.");
    }
}

class MyExceptionClass {
    public static void main(String[] args) {
        System.out.print("나이 입력: ");

        try {
            int age = readAge();
            System.out.printf("입력된 나이: %d \n", age);
        }
        catch(ReadAgeException e) {
            System.out.println(e.getMessage());
        }
    }

    public static int readAge() throws ReadAgeException {
        Scanner kb = new Scanner(System.in);
        int age = kb.nextInt();

        if(age < 0)
            throw new ReadAgeException();    // 예외의 발생

        return age;
    }
}
```

▶ 실행 결과: MyExceptionClass.java

```
명령 프롬프트
C:₩JavaStudy>java MyExceptionClass
나이 입력: 12
입력된 나이: 12

C:₩JavaStudy>java MyExceptionClass
나이 입력: -7
유효하지 않은 나이가 입력되었습니다.

C:₩JavaStudy>_
```

정수를 입력받았는데 그 수가 음수인 것은 문법적으로 오류가 아니다. 그러나 프로그램 내용상으로는 그 수가 사람의 나이이므로 오류가 맞다. 이러한 상황을 예외로 처리하기 위해서 예외 클래스를 직접 정의하였다. 그리고 이 클래스를 대상으로 다음과 같이 예외를 발생시켰다.

```
if(age < 0)
    throw new ReadAgeException();     // 예외의 발생
```

이렇듯 예외 클래스의 인스턴스를 생성하고, 이를 대상으로 throw 선언을 하면 이로써 예외가 발생이 된다. 이 두 과정의 구분을 위해 소괄호를 이용해서 인스턴스의 생성과 예외의 발생을 구분하면 다음과 같다.

```
throw (new ReadAgeException());    // 예외 발생의 두 단계를 구분한 결과
```

물론 이렇게 발생한 예외도 Exception을 상속하는 예외이므로 try ~ catch문으로 처리를 하거나 throws 선언을 통해 넘겨야 한다.

■ 잘못된 catch 구문의 구성

다음과 같이 세 개의 예외 클래스가 정의되었다고 가정해보자.

```
class FirstException extends Exception {...}
class SecondException extends FirstException {...}
class ThirdException extends SecondException {...}
```

그리고 위의 세 종류 예외가 모두 발생 가능한 영역을 다음과 같이 try ~ catch문으로 구성하였다고 가정해보자.

```
try {
    ....
}
catch(FirstException e) {...}
catch(SecondException e) {...}
catch(ThirdException e) {...}
```

예외처리의 내용만 놓고 보면 문제가 없을 듯한데 컴파일 오류가 발생한다. 그리고 그 오류의 내용은 다음과 같다.

"두 번째, 그리고 세 번째 catch 구문은 실행될 일이 절대 없습니다."

무슨 뜻인지 이해가 되는가? 위 코드의 다음 catch 구문은 앞서 정의한 모든 예외의 인스턴스를 처리할 수 있다.

```
catch(FirstException e) {...}
```

예외 클래스 SecondException과 ThirdException이 FirstException을 직접 혹은 간접적으로 상속하고 있기 때문이다. 따라서 두 번째, 세 번째 catch 구문은 실행될 일이 없다. 그리고 컴파일러는 바로 이 부분을 경고한다. 따라서 위와 같이 catch 구문을 구성하고자 한다면 다음과 같이 그 순서를 수정해야 한다.

```
try {
    ....
}
catch(ThirdException e) {...}
catch(SecondException e) {...}
catch(FirstException e) {...}
```

■ finally 구문

try ~ catch문은 하나의 문장이므로 try 구문 홀로 존재할 수 없다. 반드시 catch 구문이 하나 이상 등장해야 한다. 그런데 try에 이어서 다음과 같이 finally 구문을 둘 수도 있다.

```
try {...
}
finally {...      // 코드의 실행이 try 안으로 진입하면, 무조건 실행된다.
}
```

또는 다음과 같이 try ~ catch ~ finally를 하나의 문장으로 묶을 수도 있다.

```
try {...
}
catch(Exception name) {...
}
finally {...      // 코드의 실행이 try 안으로 진입하면, 무조건 실행된다.
}
```

이렇게 등장하는 finally 구문은 코드의 실행이 try 안으로 진입하면 무조건 실행이 된다. try에서 예외가 발생하건 안 하건, catch가 실행되건 안되건, 무조건 실행된다. 그렇다면 finally 구문은 어떻게 유용하게 사용할 수 있을까? 앞서 다음 코드를 제시하였다. 그리고 파일을 생성하고 두 개의 문자를 저장하는 내용의 코드라는 정도만 언급하였다. (이 코드에 대한 자세한 설명은 'IO 스트림'에서 진행한다.)

```
BufferedWriter writer = null;
try {
    // 아래의 문장에 의해 파일이 생성된다.
    writer = Files.newBufferedWriter(file);

    // 아래 두 문장에 의해 문자 A와 Z가 파일에 저장된다.
    writer.write('A');
    writer.write('Z');

    // 아래 문장에 의해서 생성된 파일의 마무리가 이뤄진다.
    if(writer != null)
        writer.close();
}
catch(IOException e) {
    e.printStackTrace();
}
```

위의 코드 중에서 다음 문장이 정상적으로 실행되면(이 문장에 의해 파일이 생성되고 생성된 파일에 데이터를 저장할 수 있는 길이 열린다.)

```
writer = Files.newBufferedWriter(file);
```

다음 문장을 반드시 실행해야 한다. (파일에 데이터를 저장하기 위해 열었던 길을 닫을 목적의 메소드 호출이다.)

```
writer.close();    // 반드시 실행해야 하는 문장
```

그런데 위의 코드에서 write 메소드를 호출하는 다음 두 문장 중 한 곳에서 예외가 발생하면, close 메소드의 호출이 생략되는 상황으로 이어져 문제가 될 수 있다.

```
writer.write('A');
writer.write('Z');
```

그러나 다음과 같이 try ~ catch ~ finally문을 구성하면 이러한 문제를 해결할 수 있다.

◈ FinallyCase.java

```
import java.nio.file.Path;
import java.nio.file.Paths;
import java.nio.file.Files;
import java.io.BufferedWriter;
import java.io.IOException;

class FinallyCase {
    public static void main(String[] args) {
        Path file = Paths.get("C:\\javastudy\\Simple.txt");
        BufferedWriter writer = null;

        try {
            writer = Files.newBufferedWriter(file);   // IOException 발생 가능
            writer.write('A');     // IOException 발생 가능
            writer.write('Z');     // IOException 발생 가능
        }
        catch(IOException e) {
            e.printStackTrace();
        }
        finally {
            if(writer != null)
                writer.close();    // IOException 발생 가능
        }
    }
}
```

실행의 흐름이 try 안으로 들어오면 finally 구분은 반드시 실행되므로 위 예제의 close 메소드 호출은 보장이 된다. 그러나 위의 코드는 컴파일 오류가 발생한다. close의 호출문에서 IOException 예외가 발생할 수 있기 때문이다. 따라서 finally 구문을 다음과 같이 수정해야 한다. (코드가 복잡해지더라도 어쩔 수 없다.)

```
try {...
}
```

```
    catch(IOException e) {
        e.printStackTrace();
    }
    finally {
        try {
            if(writer != null)
                writer.close();    // IOException 발생 가능
        }
        catch(IOException e) {
            e.printStackTrace();
        }
    }
```

이렇듯 finally 내에서도 try ~ catch문을 작성할 수 있으며, 이 상황에서 이는 선택이 아니라 필수이다. 실제로 이러한 코드 구성이 이전에는 최선이었다. 그러나 자바 7에서 try-with-resources문이라는 것이 등장하면서 이 문장의 구성이 한결 단순해졌다.

■ try-with-resources 구문

앞서 다음의 문장이 정상적으로 실행이 되면,

```
writer = Files.newBufferedWriter(file);
```

다음 문장도 반드시 실행되어야 한다고 설명하였는데,

```
writer.close();
```

이러한 스타일의 코드 구성은 빈번하게 등장한다. 그런데 앞서 보였듯이 finally 구문으로 이를 처리할 경우 코드가 복잡해진다. 그러나 자바 7에서 try-with-resources문이라는 것이 추가되어 이러한 코드의 구성이 단순해졌다. try-with-resources문의 기본 구성은 다음과 같다. 다음 문장에서 catch 구문은 선택이다. 즉 필요 없으면 생략할 수 있다. 그러나 대부분 catch 구문을 필요로 하기 때문에 기본 구성에 포함시켰다.

```
    try( resource ) {...
    }
    catch(Exception name) {...
    }
```

위의 try 구문이 메소드처럼 보인다. 그러나 메소드가 아니고 메소드와 유사하게 동작하지도 않는다. 위의 문장에서 try에 이어 등장하는 소괄호 안에서는(resource라고 쓰여 있는 위치에서는) 종료의 과정을 필요로 하는 리소스를 생성할 수 있다. 그러면 이 리소스는 try-with-resources문을 빠져나오면서 자동으로 종료가 된다. 그럼 이와 관련하여 다음 예제를 보자. 이는 앞서 보인 예제와 내용이 완전히 동일하다. 그러나 try-with-resources문의 사용으로 인해 코드가 매우 간결해졌다.

◈ TryWithResource.java

```
import java.nio.file.Path;
import java.nio.file.Paths;
import java.nio.file.Files;
import java.io.BufferedWriter;
import java.io.IOException;

class TryWithResource {
    public static void main(String[] args) {
        Path file = Paths.get("C:\\javastudy\\Simple.txt");

        try(BufferedWriter writer = Files.newBufferedWriter(file)) {
            writer.write('A');
            writer.write('Z');
        }
        catch(IOException e) {
            e.printStackTrace();
        }
    }
}
```

위 예제에 담긴 try-with-resources문은 다음과 같다.

```
try(BufferedWriter writer = Files.newBufferedWriter(file)) {
    writer.write('A');
    writer.write('Z');
}
catch(IOException e) {
    e.printStackTrace();
}
```

이로써 참조변수 writer가 참조하는 인스턴스의 종료는 신경 쓰지 않아도 된다. try 안에서 예외가 발생하건 안 하건 writer를 대상으로 한 다음 메소드의 호출은 보장되기 때문이다. (이 문장을 직접 넣지 않아도 호출이 된다.)

```
writer.close();    // 직접 이 문장을 넣지 않아도 된다.
```

그렇다면 리소스의 종료 관련 메소드가 close인 경우에만 자동으로 호출이 될까? 이에 대한 답을 다음 인터페이스에서 찾을 수 있다.

```
java.lang.AutoCloseable
```

이 인터페이스는 try-with-resources문에 의해 자동으로 종료되어야 할 리소스 관련 클래스가 반드시 구현해야 하는 인터페이스이다. (예제에서 보인 BufferedWriter 클래스도 이 인터페이스를 구현하고 있다.) 그리고 이 인터페이스에는 다음 추상 메소드가 존재한다.

```
void close() throws Exception
```

즉 try-with-resources문에서 호출하는 메소드는 AutoCloseable 인터페이스의 close 메소드이다. 따라서 close 이외의 메소드 호출을 기대하는 것은 곤란하다. 그리고 다음과 같이 둘 이상의 리소스에 대해서도 try-with-resources문을 구성할 수 있다. 세미콜론으로 리소스를 구분하면 된다.

```
try( resource1; resource2 ) {...
}
catch(Exception name) {...
}
```

끝으로 예외처리가 포함된 예제를 앞으로 자주 접하게 될 텐데, try-with-resources문을 쓸 수 있는 상황에서는 이를 적극 사용할 예정이다. 코드가 훨씬 간결해지니 쓰지 않을 수가 없다.

참 고 **예외처리는 성능의 저하로 이어진다.**

try 구문 안에 위치한 코드는 try 구문 밖에 위치한 코드에 비해 실행 속도가 느리다. 따라서 과도한 예외처리는 심각한 성능의 저하로 이어질 수 있다. 따라서 예외처리가 불필요한 코드를 try 구문 안에 두는 일을 자제해야 한다. 참고로 모든 예외를 민감하게 처리하는 프로그램은 생각보다 많지 않다. 규모가 클수록, 성능이 중요시될수록 try ~ catch문 이외의 다양한 방법으로 그리고 선별적으로 예외를 처리한다.

Chapter 19

자바의 메모리 모델과 Object 클래스

19-1. 자바 가상머신의 메모리 모델

- 가상머신은 운영체제 위에서 동작한다는 사실을 잊지 않으셨지요?
- 자바 가상머신의 메모리 살림살이
- 메소드 영역 (Method Area)
- 스택 영역 (Stack Area)
- 힙 영역 (Heap Area)
- 자바 가상머신의 인스턴스 소멸시기

19-2. Object 클래스

- 인스턴스 소멸 시 해야 할 일이 있다면: finalize 메소드
- 인스턴스의 비교: equals 메소드
- 인스턴스 복사(복제): clone 메소드
- 인스턴스 변수가 String인 경우의 깊은 복사
- clone 메소드의 반환형 수정: Covariant Return Type

자바 가상머신의 메모리 관리 방식을 가리켜 '자바 메모리 모델'이라 하는데, 이는 자바의 이해에 있어서 매우 중요한 내용이다. 따라서 본 Chapter에서는 가상머신이 메모리를 관리하는 방식을 설명하고자 한다.

19-1 자바 가상머신의 메모리 모델

자바 프로그램의 메모리 관리를 운영체제가 하는지 아니면 가상머신이 하는지에 대한 질문을 받은 적이 있다. 보통은 이러한 내용에 신경을 쓰지 않지만 이 질문에 관련된 내용을 이해하는 것은 자바의 이해에 큰 도움이 된다.

■ 가상머신은 운영체제 위에서 동작한다는 사실을 잊지 않으셨지요?

앞서 Chapter 01에서 다음 사실을 자세히 설명하였다.

- 자바 가상머신은 운영체제 위에서 실행되는 하나의 프로그램이다.
- 그리고 자바 프로그램은 자바 가상머신 위에서 실행되는 프로그램이다.

그렇다면 가상머신의 실행에 필요한 메모리는 어떻게 제공되는 것일까? 프로그램의 실행에 필요한 메모리 공간을 가리켜 '메인 메모리(Main Memory)'라 하며, 이는 물리적으로 램(RAM)을 의미한다. 그리고 이 메모리의 효율적인 사용을 위해서 윈도우, 리눅스와 같은 운영체제가 메모리를 관리한다. 즉 운영체제가 응용 프로그램에게 메모리를 할당해 주는 것이다. 따라서 운영체제와 응용프로그램 사이에는 다음의 대화가 오고 간다고 가정할 수 있다.

- 응용프로그램 A　　메모리를 할당해 주세요.
- 운영체제　　　　　네 4G 바이트를 할당해 드리겠습니다.

• 응용프로그램 Z　　저도 메모리를 할당해 주세요.
• 운영체제　　네 4G 바이트를 할당해 드리겠습니다.

• 자바 가상머신　　전 좀 특별합니다. 메모리를 좀 특별하게 할당해 주세요.
• 운영체제　　제 눈에는 특별하지 않습니다. 마찬가지로 4G 바이트 드리겠습니다.

위의 대화에서 알 수 있듯이, 자바 가상머신은 운영체제가 할당해 주는 메모리 공간을 기반으로 스스로를 실행하면서 더불어 자바 응용 프로그램의 실행도 돕는다.

■ 자바 가상머신의 메모리 살림살이

가상머신은 운영체제로부터 할당받은 메모리 공간의 효율적인 사용을 고민해야 한다. 그렇다면 효율적인 메모리 공간의 사용방법은 무엇일까? 메모리는 저장공간이다. 따라서 주변에서 쉽게 볼 수 있는 서랍 또는 수납장에서 힌트를 얻을 수 있다. 수납장은 공간이 여러 개로 나뉜다. 그리고 이렇듯 공간을 나눠 놓은 것은 성격이 비슷한 물건끼리 구분하여 저장하는데 목적이 있다. 첫 번째 칸에는 필기구를, 두 번째 칸에는 서류를 넣어두는 경우를 예로 들 수 있다. 그리고 이렇듯 분류해서 저장을 하면 찾을 때 쉽게 그리고 빨리 찾을 수 있다.
가상머신도 프로그램의 실행을 위해서 메모리 관리를 해야 한다. 즉 수납장과 마찬가지로 메모리 공간을 나누고 데이터를 특성에 따라 구분해서 저장해야 한다. 자! 그럼 가상머신이 메모리 공간을 어떻게 나누는지 살펴보자.

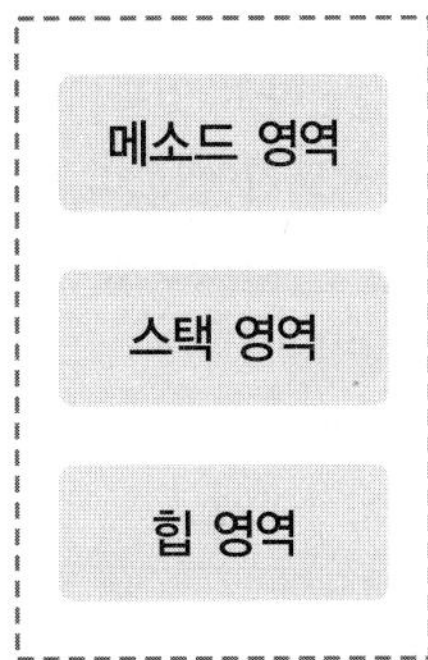

[그림 19-1: 자바 가상머신의 메모리 모델]

위 그림에서 보이듯이 가상머신은 메모리 공간을 크게 세 개의 영역으로 나눈다. 그리고 각각의 메모리 영역에는 다음의 데이터들을 저장한다.

- 메소드 영역 (Method Area) 메소드의 바이트코드, static 변수
- 스택 영역 (Stack Area) 지역변수, 매개변수
- 힙 영역 (Heap Area) 인스턴스

그럼 각 영역에 대한 구체적인 설명을 이어서 진행하겠다. 먼저 메소드 영역에 대한 설명부터 진행하겠다.

■ 메소드 영역 (Method Area)

소스파일을 컴파일할 때 생성되는, 자바 가상머신에 의해 실행이 가능한 코드를 가리켜 '바이트코드 (Bytecode)'라 한다. 그리고 이 바이트코드도 메모리 공간에 존재해야 실행이 가능하다. 이와 관련하여 다음 코드를 보자.

```
class Boy {
    static int average = 0;
    public void Run() {....}
}
class MyMain {
    public static void main(String[] args) {
        Boy b = new Boy();   // 인스턴스 생성
        Boy.average += 5;    // 클래스 변수 접근
        ....
    }
}
```

위의 main 메소드에서는 Boy 인스턴스를 생성하고 또 Boy의 클래스 변수에 접근하고 있다. 이렇듯 인스턴스의 생성 및 클래스 변수의 접근을 위해서는 먼저 해당 클래스의 바이트코드가 메모리 공간에 로딩되어야 하는데(메모리 공간에 올려져야 하는데), 이때 로딩되는 메모리 공간이 '메소드 영역'이다. 즉, 메소드 영역은 특정 클래스의 정보가 메모리 공간에 올려질 때 채워지는 영역이다.

■ 스택 영역 (Stack Area)

스택은 지역변수와 매개변수가 저장되는 공간이다. 그런데 이 둘은 다음의 공통점이 있다.

> "중괄호로 구분되는 지역 내에서만 유효한 변수들이다."

즉 중괄호 내에 할당된 이후에 해당 중괄호를 벗어나면 바로 소멸되는 특성의 데이터 저장을 위한 영역이 '스택'이다. 이러한 스택의 메모리 관리 방식에 대한 이해를 돕기 위해서 다음 코드와 그림을 보자.

```
public static void main(String[ ] args) {
    int num1 = 10;
    int num2 = 20;   ☜ 현재 실행 위치
    adder(num1, num2);
    System.out.println("end of program");
}
public static void adder(int n1, int n2) {
    int result = n1 + n2;
    return result;
}
```

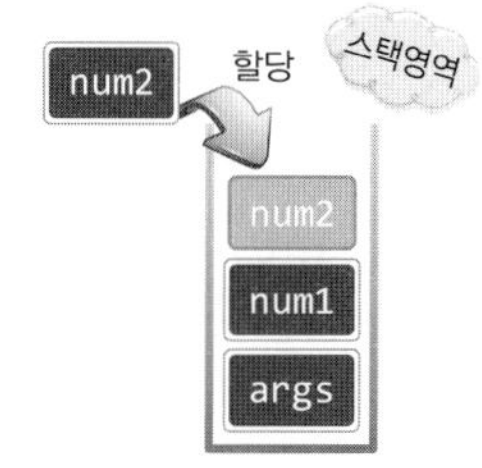

[그림 19-2 : 스택의 할당과 해제1]

위 그림은 main 메소드가 호출되고 나서 변수 num1과 num2가 스택에 할당된 상황을 보여준다. 위의 코드를 실행하면 다음의 순서로 변수가 선언된다.

args → num1 → num2

그래서 맨 아래에서부터 args, num1, num2의 순으로 쌓였다. 이어서 adder 메소드가 호출된 이후의 상황은 다음과 같다.

```
public static void main(String[ ] args) {
    int num1 = 10;
    int num2 = 20;
    adder(num1, num2);   ☜ 메소드가 호출되고
    System.out.println("end of program");
}
public static void adder(int n1, int n2) {
    int result = n1 + n2;   ☜ 현재 실행 위치
    return result;
}
```

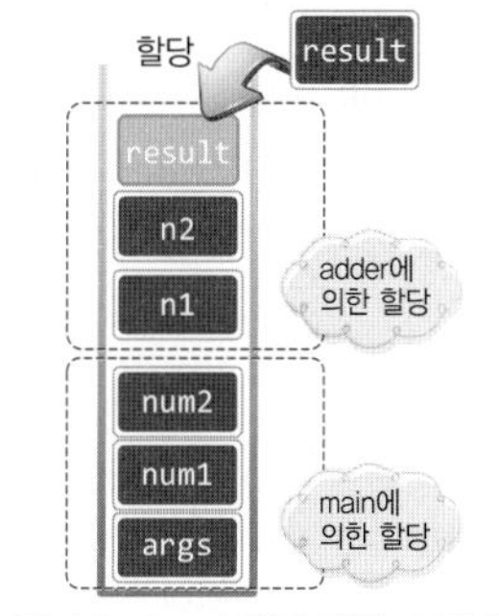

[그림 19-3 : 스택의 할당과 해제2]

adder 메소드가 호출되면서 매개변수 n1과 n2가 스택에 할당되었고, 이어서 변수 result도 할당되었다. 참고로 main 메소드는 아직 종료되지 않은 상태이기 때문에 main 메소드에서 선언된 변수들도 스택에 함께 쌓여 있다. 그럼 이제 변수 result에 저장되어 있는 값을 반환하면서 메소드를 빠져나간 이후의 상황을 관찰하자.

```
public static void main(String[ ] args) {
    int num1 = 10;
    int num2 = 20;
    adder(num1, num2);  ☜ 메소드는 반환되고
    System.out.println("...");  ☜ 현재 실행 위치
}
public static void adder(int n1, int n2) {
    int result = n1 + n2;
    return result;
}
```

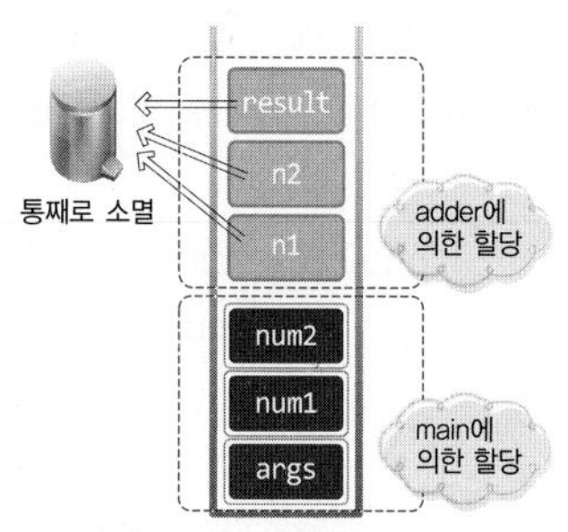

[그림 19-4 : 스택의 할당과 해제3]

메소드 adder를 빠져나오자 그 안에서 할당된 지역변수와 매개변수가 스택에서 전부 소멸되었다. 이렇듯 지역변수와 매개변수는 선언되는 순간에 스택에 할당되었다가 자신이 할당된 영역을 벗어나면 소멸이 된다.

■ 힙 영역 (Heap Area)

인스턴스는 힙 영역에 할당된다. 그렇다면 인스턴스를 스택이 아닌 힙이라는 별도의 영역에 할당하는 이유는 무엇일까? 그것은 인스턴스의 소멸 시점과 소멸 방법이 지역변수와 다르기 때문이다. 앞서 데이터의 성격이 다르면, 메모리 공간을 구분해서 관리해야 함을 서랍장에 비유해서 설명하지 않았는가? 그럼 이와 관련하여 다음 코드를 보자.

```
public staic void simpleMethod() {
    String str1 = new String("My String");
    String str2 = new String("Your String");
    ....
}
```

String 인스턴스의 생성문이 메소드 내에 존재하므로 str1과 str2는 참조변수이자 지역변수이다. 따라서 이 둘은 스택에 할당된다. 그러나 인스턴스는 무조건 힙에 할당되니 메모리 공간에는 다음의 참조 관계가 형성된다.

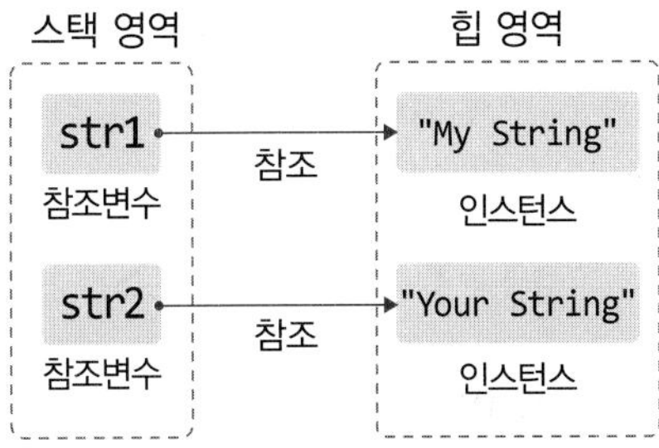

[그림 19-5: 인스턴스와 참조변수의 메모리 할당]

그렇다면 이렇게 힙에 생성된 인스턴스들은 언제 소멸될까? 인스턴스의 소멸시기를 결정하는 것은 가상머신의 역할이다. 즉 가상머신이 다음과 같이 판단을 하면 인스턴스는 자동으로 소멸된다.

"음! 이제 이 인스턴스는 소멸시켜야 되겠군"

그래서 자바는 다른 프로그래밍 언어에 비해 '메모리 관리에 신경을 덜 써도 된다.'는 평가를 받는다. 하지만 이것을 메모리 관리가 어떻게 이뤄지는지 몰라도 된다는 뜻으로 이해하는 것은 곤란하다. 메모리 관리는 가상머신이 하지만 가상머신의 메모리 관리 방식을 어느 정도는 알고 있어야 좋은 코드를(메모리를 효율적으로 사용하는 코드를) 작성할 수 있다.

■ 자바 가상머신의 인스턴스 소멸시기

자바 가상머신은 합리적으로 인스턴스의 소멸시기를 결정한다. 이에 대한 이해를 위해서 다음 코드를 보자.

```
public staic void simpleMethod() {
    String str1 = new String("My String");
    String str2 = new String("Your String");
    ....
    str1 = null;     // 참조 관계 소멸
    str2 = null;     // 참조 관계 소멸
    ....
}
```

위의 코드에서는 str1과 str2에 null을 대입하였다. 이로써 str1과 str2가 참조했던 두 String 인스턴스는 어느 참조변수도 참조하지 않는 상태가 되었다.

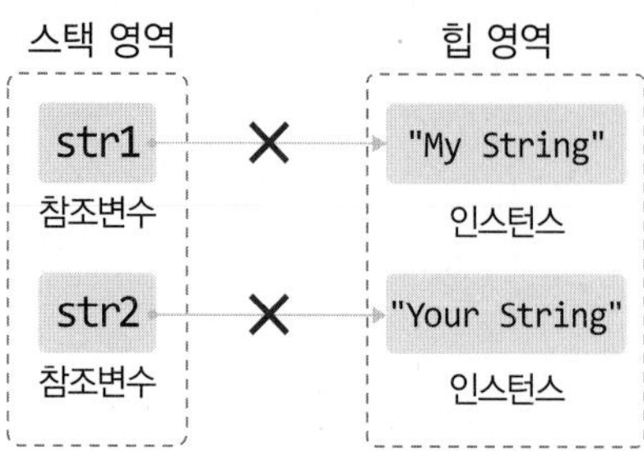

[그림 19-6: 참조되지 않는 두 인스턴스]

이와 같은 상태의 인스턴스는 존재할 이유가 없다. 더 이상 접근할 수 없는 인스턴스이기 때문이다. 때문에 이러한 상태의(아무런 참조변수도 참조하지 않는 상태의) 인스턴스는 '소멸의 대상'이 되어 가상머신에 의해 소멸이 이뤄진다.

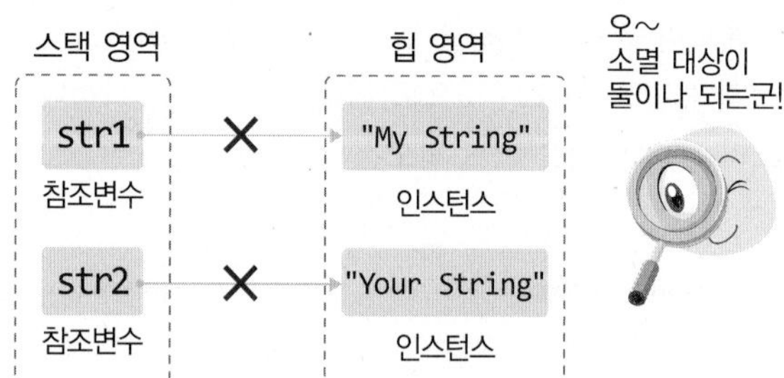

[그림 19-7: Garbage Collection]

지금까지 설명한 자바의 인스턴스 소멸 방식을 가리켜 '가비지 컬렉션(Garbage Collection)'이라 하며, 이는 프로그래밍의 편의를 돕는 자바의 매우 특별한 기능이다. 정리하면, 힙 영역은 가상머신에 의한 가비지 컬렉션이 일어나는 메모리 공간이다.

참 고 **가비지 컬렉션이 발생하는 시점**

인스턴스가 가비지 컬렉션의 대상이 되었다고 해서 바로 소멸이 되는 것은 아니다. 가비지 컬렉션의 빈번한 실행은 시스템에 부담이기 때문에 성능에 영향을 미치지 않도록 가비지 컬렉션의 실행 타이밍은 별도의 알고리즘을 기반으로 계산되며, 이 계산 결과를 기반으로 가비지 컬렉션이 수행된다.

19-2 Object 클래스

Object 클래스가 모든 자바 클래스의 최상위 클래스라는 사실은 앞서 언급하였다. 그러나 그 이상으로 알아야 할 내용들이 있어 이를 소개하고자 한다.

■ 인스턴스 소멸 시 해야 할 일이 있다면: finalize 메소드

Object 클래스에는 다음 메소드가 정의되어 있다. 이는 아무도 참조하지 않는 인스턴스가 가비지 컬렉션에 의해 소멸되기 전에 자동으로 호출되는 메소드이다.

```
protected void finalize() throws Throwable
```

따라서 인스턴스 소멸 시 반드시 실행해야 할 코드가 있다면 이 메소드의 오버라이딩을 고려할 수 있다. 이와 관련하여 다음 예제를 보자.

◈ ObjectFinalize.java

```
class Person {
    String name;

    public Person(String name) {
        this.name = name;
    }

    @Override
    protected void finalize() throws Throwable {
        super.finalize();    // 상위 클래스의 finalize 메소드 호출
        System.out.println("destroyed: " + name);
    }
}

class ObjectFinalize {
    public static void main(String[] args) {
        Person p1 = new Person("Yoon");
        Person p2 = new Person("Park");
        p1 = null;    // 참조대상을 가비지 컬렉션의 대상으로 만듦
        p2 = null;    // 참조대상을 가비지 컬렉션의 대상으로 만듦
```

```

            // System.gc();
            // System.runFinalization();

            System.out.println("end of program");
        }
}
```

▶ 실행 결과: ObjectFinalize.java

```
C:\JavaStudy>java ObjectFinalize
end of program

C:\JavaStudy>_
```

예제에 정의된 finalize 메소드는 다음과 같다.

```
@Override
protected void finalize() throws Throwable {
    super.finalize();     // 상위 클래스의 finalize 메소드 호출
    System.out.println("destroyed: " + name);
}
```

이렇듯 상위 클래스의 메소드를 오버라이딩 하는 경우, 오버라이딩 된 상위 클래스의 메소드를 호출하는 것에는 다음의 의미가 있다.

"상위 클래스의 finalize 메소드에 삽입되어 있는 코드들이 실행되도록 하자."

사실 Object 클래스의 finalize 메소드는 하는 일이 아무것도 없다. 따라서 위의 상황에서는 상위 클래스의 finalize 메소드 호출이 무의미하다. 그러나 예제의 Person 클래스가 다른 클래스를 상속한다면 상황은 달라진다. 정리하면, 오버라이딩 하는 상위 클래스의 메소드가 본인이 정의한 클래스가 아니라면, 특히 Object와 같이 자바에서 제공하는 클래스의 메소드라면 이렇듯 오버라이딩 된 메소드를 호출하는 것이 안전하다.
다시 본론으로 돌아와서, 실행 결과를 보면 두 인스턴스를 가비지 컬렉션의 대상이 되게 하였음에도 불구하고 finalize 메소드가 호출된 흔적은 볼 수가 없는데 그 이유는 다음과 같다.

- 가비지 컬렉션은 빈번히 일어나지 않는다.

• 소멸할 인스턴스가 생겨도 가비지 컬렉션으로 바로 이어지지 않는다.

게다가 실행 중인 자바 프로그램이 종료가 되면 프로그램을 위해 할당된 메모리 전부가 통째로 해제되기 때문에 이렇듯 finalize 메소드의 호출이 생략될 가능성도 있다. 이러한 상황에서 System 클래스에 정의된 다음 두 메소드의 순차적 호출을 통해서 finalize 메소드의 호출을 어느 정도는 보장받을 수 있다.

```
public static void gc()
```

→ 가비지 컬렉션의 수행을 요청 (명령이 아닌 요청)

```
public static void runFinalization()
```

→ 소멸이 보류된 인스턴스의 finalize 메소드 호출을 요청 (명령이 아닌 요청)

위의 첫 번째 메소드 호출을 통해서 가비지 컬렉션의 수행을 요청할 수 있다. 그러나 요청이 있었다고 하여 언제나 가비지 컬렉션을 바로 진행하지는 않는다. 다만 가비지 컬렉션을 진행하도록 가상머신이 노력을 할 뿐이다. 그리고 가비지 컬렉션이 수행된다고 해도 소멸 대상을 그 순간 모두 소멸하지는 않는다. 시스템의 상황에 따라서 일부 인스턴스의 완전한 소멸은 보류될 수도 있다. 따라서 필요하다면 위의 두 번째 메소드 호출을 통해서 보류된 인스턴스의 소멸까지 요청을 해야 한다. 그러나 이 역시 요청일 뿐이므로 가상머신에게 독촉하는 수준으로 메소드의 기능을 이해해야 한다.

참고 가비지 컬렉션을 강제로 진행하지 말자.

가상머신은 매우 합리적인 방법으로 가비지 컬렉션을 수행한다. 따라서 특별한 상황이 아니면 가비지 컬렉션 동작에 영향을 미치는 메소드 호출을 삼가하는 것이 좋다.

■ 인스턴스의 비교: equals 메소드

이전에 언급했듯이 == 연산자는 참조변수의 참조 값을 비교한다. 따라서 서로 다른 두 인스턴스의 내용을 비교하려면 별도의 방법을 사용해야 한다. 이와 관련하여 다음 예제를 보자.

◈ ObjectEquality.java

```
class INum {
    private int num;
```

```java

    public INum(int num) {
        this.num = num;
    }

    @Override
    public boolean equals(Object obj) {
        if(this.num == ((INum)obj).num)
            return true;
        else
            return false;
    }
}

class ObjectEquality {
    public static void main(String[] args) {
        INum num1 = new INum(10);
        INum num2 = new INum(12);
        INum num3 = new INum(10);

        if(num1.equals(num2))
            System.out.println("num1, num2 내용 동일하다.");
        else
            System.out.println("num1, num2 내용 다르다.");

        if(num1.equals(num3))
            System.out.println("num1, num3 내용 동일하다.");
        else
            System.out.println("num1, num3 내용 다르다.");
    }
}
```

▶ 실행 결과: ObjectEquality.java

```
명령 프롬프트
C:₩JavaStudy>java ObjectEquality
num1, num2 내용 다르다.
num1, num3 내용 동일하다.

C:₩JavaStudy>
```

위 예제의 INum 클래스는 Object 클래스의 equals 메소드를 다음과 같이 오버라이딩 하였다. 클래스 내에 선언된 인스턴스 변수의 내용을 비교하여 그 결과에 따라 true 또는 false를 반환하도록 오버라이딩 하였다.

```
@Override
public boolean equals(Object obj) {
    if(this.num == ((INum)obj).num)
        return true;
    else
        return false;
}
```

이렇듯 두 인스턴스의 내용 비교 결과인 true, false의 반환 조건은 해당 클래스를 정의하는 프로그래머가 결정해야 한다. 그리고 그 결정 사항을 equals 메소드의 오버라이딩을 통해서 반영해야 한다. Object 클래스의 equals 메소드는 == 연산자와 마찬가지로 참조변수의 참조 값을 비교하도록 정의되어 있다. 그런데 == 연산을 통해서 참조 값 비교는 가능하다. 때문에 equals 메소드의 호출을 통해 참조 값을 비교할 필요는 없다. 즉 equals 메소드는 내용 비교가 이뤄지도록 오버라이딩 하라고 존재하는 메소드이다. 자바에서 제공하는 표준 클래스의 경우 equals 메소드가 내용 비교를 하도록 이미 오버라이딩 되어 있는 경우가 많다. 대표적인 예가 String 클래스인데 이와 관련하여 다음 예제를 보자.

◈ StringEquality.java

```
class StringEquality {
    public static void main(String[] args) {
        String str1 = new String("So Simple");
        String str2 = new String("So Simple");

        // 참조 대상을 비교하는 if ~ else문
        if(str1 == str2)
            System.out.println("str1, str2 참조 대상 동일하다.");
        else
            System.out.println("str1, str2 참조 대상 다르다.");

        // 두 인스턴스 내용 비교하는 if ~ else문
        if(str1.equals(str2))
            System.out.println("str1, str2 내용 동일하다.");
        else
            System.out.println("str1, str2 내용 다르다.");
    }
}
```

▶ 실행 결과: StringEquality.java

```
명령 프롬프트
C:\JavaStudy>java StringEquality
str1, str2 참조 대상 다르다.
str1, str2 내용 동일하다.

C:\JavaStudy>
```

결론이다. 두 인스턴스의 내용 비교를 원한다면 Object 클래스의 equals 메소드를 오버라이딩 하자. 자바 개발자들은 인스턴스의 내용 비교가 필요한 상황에서 equals 메소드가 적절히 오버라이딩 되어 있을 것을 기대한다. 그리고 단순히 참조변수의 참조 값을 비교하려면 == 연산을 하자.

문제 19-1 [equals 메소드의 정의]

아래의 Point 클래스와 Rectangle 클래스에 내용 비교를 위한 equals 메소드를 각각 삽입하자. 그리고 정의한 equals 메소드의 확인을 위한 main 메소드도 직접 정의하자.

```
class Point {
    private int xPos;
    private int yPos;
    public Point(int x, int y) {
        xPos = x;
        yPos = y;
    }
}
class Rectangle {
    private Point upperLeft;      // 좌측 상단 좌표
    private Point lowerRight;     // 우측 하단 좌표
    public Rectangle(int x1, int y1, int x2, int y2) {
        upperLeft = new Point(x1, y1);
        lowerRight = new Point(x2, y2);
    }
}
```

답안은 출판사 홈페이지를 통해서 제공합니다.

■ 인스턴스 복사(복제): clone 메소드

Object 클래스에는 인스턴스의 복사를 위한 다음 메소드가 정의되어 있다.

```
protected Object clone() throws CloneNotSupportedException
```

이 메소드가 호출되면, 호출된 메소드가 속한 인스턴스의 복사본이 생성되고, 이렇게 만들어진 복사본의 참조 값이 반환된다. 단, 다음 인터페이스를 구현한 인스턴스를 대상으로만 위의 메소드를 호출할 수 있다.

```
interface Cloneable
```

→ 이 인터페이스를 구현한 클래스의 인스턴스만 clone 메소드 호출 가능

만약에 Cloneable 인터페이스를 구현하지 않은 클래스의 인스턴스를 대상으로 clone 메소드를 호출하면 CloneNotSupportedException 예외가 발생한다. 그렇다면 Cloneable 인터페이스의 구현에는 어떠한 의미가 있을까?

"이 클래스의 인스턴스는 복사해도 됩니다. 즉 clone 메소드 호출이 가능합니다."

사실 Cloneable 인터페이스는 '마커 인터페이스(Marker Interface)'이다. 즉 정의해야 할 메소드가 존재하지 않는, 복사를 해도 된다는 표식의 인터페이스이다. 바꾸어 말하면 clone 메소드의 호출이 허용된다는 표식일 뿐이다.

인스턴스의 복사는 클래스에 따라 허용해서는 안되는 작업이 될 수 있다. 따라서 인스턴스 복사의 허용 여부는 클래스를 정의하는 과정에서 고민하고 결정해야 한다. 그리고 복사를 허용해도 된다는 결론이 나오면 Cloneable 인스페이스를 구현해서 clone 메소드의 호출이 가능하도록 하면 된다. 그럼 지금까지 설명한 내용과 관련해서 다음 예제를 보자.

◈ InstanceCloning.java

```
class Point implements Cloneable {
    private int xPos;
    private int yPos;

    public Point(int x, int y) {
        xPos = x;
        yPos = y;
    }

    public void showPosition() {
        System.out.printf("[%d, %d]", xPos, yPos);
```

```
        System.out.println();
    }

    @Override
    public Object clone() throws CloneNotSupportedException {
        return super.clone();
    }
}

class InstanceCloning {
    public static void main(String[] args) {
        Point org = new Point(3, 5);
        Point cpy;

        try {
            cpy = (Point)org.clone();
            org.showPosition();
            cpy.showPosition();
        }
        catch(CloneNotSupportedException e) {
            e.printStackTrace();
        }
    }
}
```

▶ 실행 결과: InstanceCloning.java

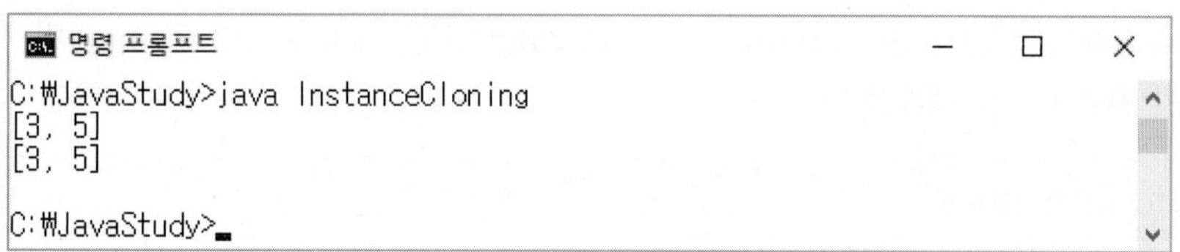
명령 프롬프트
C:₩JavaStudy>java InstanceCloning
[3, 5]
[3, 5]
C:₩JavaStudy>

실행 결과는 인스턴스의 복사가 정상적으로 이뤄졌음을 보여준다. 위 예제의 clone 메소드 호출을 통해서 다음의 형태로 복사가 진행되었다.

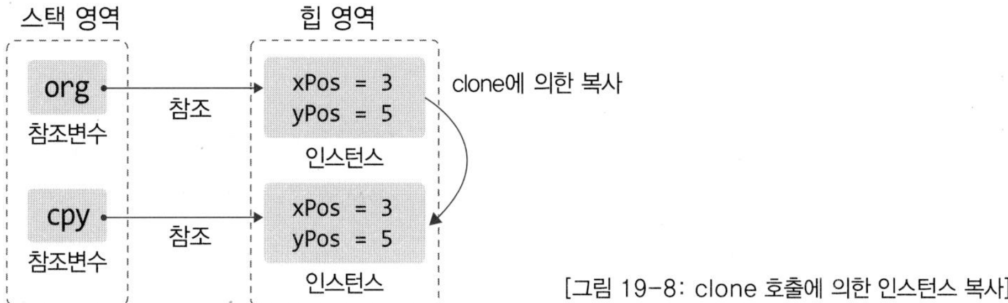

[그림 19-8: clone 호출에 의한 인스턴스 복사]

그리고 위 예제에서는 clone 메소드를 다음과 같이 오버라이딩 하였다. 내용을 보면 상위 클래스, 즉 Object 클래스의 clone 메소드를 호출한 것이 전부이다. 따라서 언뜻 보면 오버라이딩이 무의미해 보인다.

```
@Override
public Object clone() throws CloneNotSupportedException {
    return super.clone();
}
```

그러나 중요한 차이가 있다. 앞서 보였지만 Object 클래스의 clone 메소드는 다음과 같이 정의되어 있다.

```
protected Object clone() throws CloneNotSupportedException
```

즉 protected로 선언되어 있던 clone 메소드를 오버라이딩 하여 public으로 바꿔주었다. 그리고 이것이 오버라이딩을 한 이유이다. 이렇듯 메소드 오버라이딩을 통해서 접근 범위를 넓히는 것이 가능하다. 예를 들어서 protected로 선언된 메소드를 오버라이딩을 통해서 public으로 변경하는 것은 가능하다. 하지만 거꾸로 접근 범위를 제한하는 형태의 오버라이딩은 불가능하다. 즉 public으로 선언된 메소드를 protected로 바꿀 수는 없다.
그럼 예제를 하나 더 살펴보겠다. 이 예제를 통해서 Object 클래스에 정의된 clone 메소드의 인스턴스 복사 방식을 이해하기 바란다.

◈ ShallowCopy.java

```
class Point implements Cloneable {
    private int xPos;
    private int yPos;

    public Point(int x, int y) {
```

```
        xPos = x;
        yPos =y;
    }

    public void showPosition() {
        System.out.printf("[%d, %d]", xPos, yPos);
        System.out.println();
    }

    public void changePos(int x, int y) {
        xPos = x;
        yPos = y;
    }

    @Override
    public Object clone() throws CloneNotSupportedException {
        return super.clone();
    }
}

class Rectangle implements Cloneable {
    private Point upperLeft;    // 좌측 상단 좌표
    private Point lowerRight;   // 우측 하단 좌표

    public Rectangle(int x1, int y1, int x2, int y2) {
        upperLeft = new Point(x1, y1);
        lowerRight = new Point(x2, y2);
    }

    public void changePos(int x1, int y1, int x2, int y2) {   // 좌표 정보 수정
        upperLeft.changePos(x1, y1);
        lowerRight.changePos(x2, y2);
    }

    @Override
    public Object clone() throws CloneNotSupportedException {
        return super.clone();
    }

    public void showPosition() {   // 직사각형 좌표 정보 출력
        System.out.print("좌측 상단: ");
        upperLeft.showPosition();

        System.out.print("우측 하단: ");
```

```
        lowerRight.showPosition();
        System.out.println();
    }
}

class ShallowCopy {
    public static void main(String[] args) {
        Rectangle org = new Rectangle(1, 1, 9, 9);
        Rectangle cpy;

        try {
            cpy = (Rectangle)org.clone();   // 인스턴스 복사
            org.changePos(2, 2, 7, 7);    // 인스턴스의 좌표 정보 수정
            org.showPosition();
            cpy.showPosition();
        }
        catch(CloneNotSupportedException e) {
            e.printStackTrace();
        }
    }
}
```

▶ 실행 결과: ShallowCopy.java

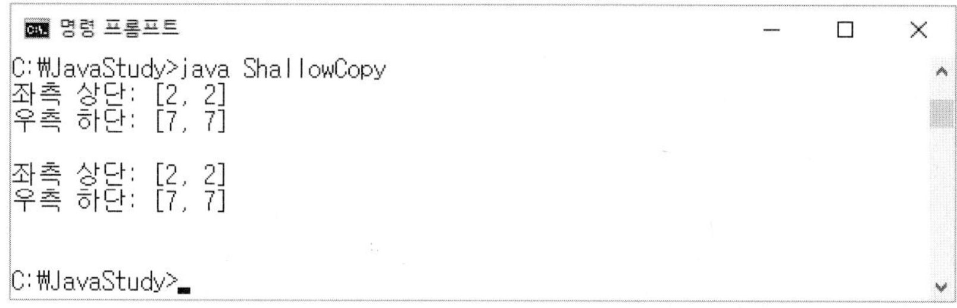

명령 프롬프트
C:₩JavaStudy>java ShallowCopy
좌측 상단: [2, 2]
우측 하단: [7, 7]

좌측 상단: [2, 2]
우측 하단: [7, 7]

C:₩JavaStudy>

위 예제에서 다음과 같이 인스턴스를 복사 한 후에 참조변수 org가 참조하는 인스턴스의 값을 수정하였다.

```
public static void main(String[] args) {
    Rectangle org = new Rectangle(1, 1, 9, 9);
    Rectangle cpy;

    try {
```

```
        cpy = (Rectangle)org.clone();      // 인스턴스 복사
        org.changePos(2, 2, 7, 7);     // 인스턴스의 값을 수정
        ....
}
```

따라서 두 인스턴스에 저장된 값이 다를 것으로 예상할 수 있다. 그런데 실행 결과는 이러한 예상이 잘못되었음을 알려준다. 그렇다면 어디가 잘못된 것일까? 일단 org가 참조하는 인스턴스를 대상으로 clone 메소드를 호출하였고, 그 결과 인스턴스의 복사는 제대로 이뤄졌다. 즉 다음의 구조로 Rectangle 인스턴스가 복사되었음에는 의심의 여지가 없다.

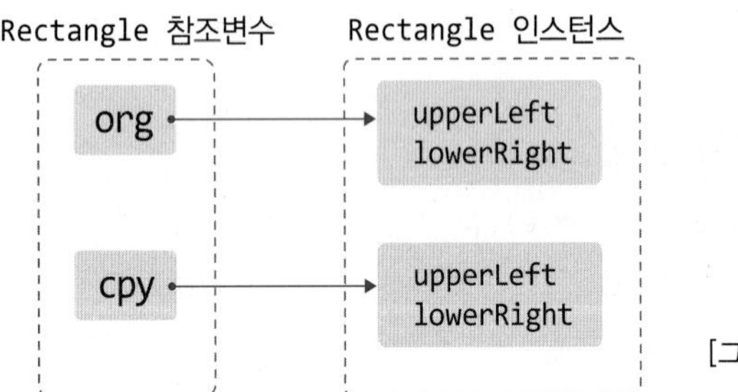

[그림 19-9: 얕은 복사 1]

그런데 Rectangle 인스턴스의 멤버는 다음과 같이 두 개의 참조변수로 이뤄져 있다.

```
class Rectangle implements Cloneable {
    private Point upperLeft;      // 좌측 상단 좌표
    private Point lowerRight;     // 우측 하단 좌표
    ....
}
```

따라서 복사 과정에서 참조변수가 지니는 참조 값이 그대로 새 인스턴스에 복사가 된다. 결국 clone의 호출로 만들어진 원본과 복사본의 관계는 다음과 같다. 그리고 이를 '얕은 복사'라 한다.

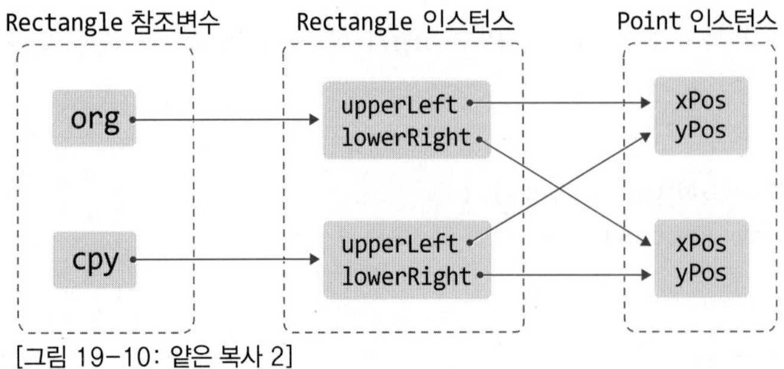

[그림 19-10: 얕은 복사 2]

아마도 upperLeft와 lowerRight가 참조하는 Point 인스턴스까지 복사가 이뤄진 다음 형태의 복사를 기대했을 것이다. 즉 다음과 같이 '깊은 복사'가 이뤄졌을 것으로 기대하였을 것이다.

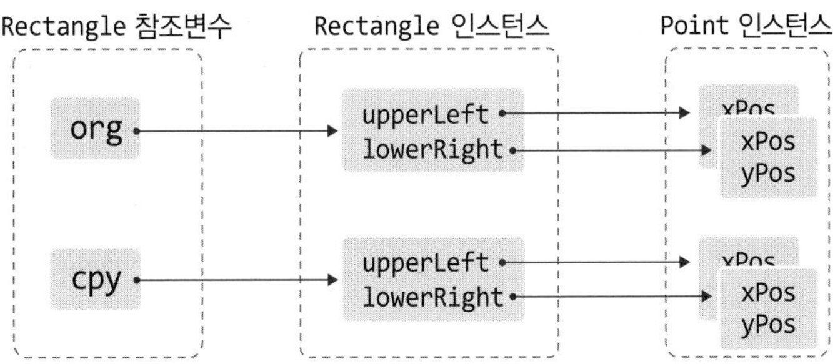

[그림 19-11: 깊은 복사]

그렇다면 위의 형태의 복사가 이뤄지도록 다음과 같이 clone 메소드를 오버라이딩 해야 한다.

```
@Override
public Object clone() throws CloneNotSupportedException {
    // Object 클래스의 clone 메소드 호출을 통한 복사본 생성
    Rectangle copy = (Rectangle)super.clone();

    // 깊은 복사의 형태로 복사본을 완성
    copy.upperLeft = (Point)upperLeft.clone();
    copy.lowerRight = (Point)lowerRight.clone();

    // 완성된 복사본의 참조 값 반환
    return copy;
}
```

앞서 보인 예제 ShallowCopy.java의 clone 메소드를 위와 같이 수정하여 컴파일 및 실행을 하면 다음 결과를 확인할 수 있다. (배포하는 소스파일의 DeepCopy.java를 열어 clone 메소드의 수정 결과를 확인할 수 있다.)

```
C:₩JavaStudy>java DeepCopy
좌측 상단: [2, 2]
우측 하단: [7, 7]

좌측 상단: [1, 1]
우측 하단: [9, 9]


C:₩JavaStudy>
```

[그림 19-12: 깊은 복사의 결과물]

■ 인스턴스 변수가 String인 경우의 깊은 복사

다음 클래스도 인스턴스 변수를 멤버로 지니고 있다. 따라서 이 클래스가 깊은 복사를 하도록 clone 메소드를 오버라이딩 하고자 한다.

```
class Person implements Cloneable {
    private String name;
    private int age;

    public Person(String name, int age) {
        this.name = name;
        this.age = age;
    }
    ....
}
```

그런데 인스턴스 변수 중 하나가 String형이다. 그리고 String은 Cloneable 인터페이스를 구현하지 않기 때문에 이것이 문제가 된다. 따라서 위 클래스의 깊은 복사를 위한 clone 메소드는 다음과 같이 정의해야 한다.

```
class Person implements Cloneable {
    private String name;
    private int age;

    public Person(String name, int age) {
        this.name = name;
        this.age = age;
    }
```

```
    @Override
    public Object clone() throws CloneNotSupportedException {
        Person cpy = (Person)super.clone();    // clone 메소드 호출을 통한 복사본 생성
        cpy.name = new String(name);    // 깊은 복사의 형태로 복사본을 완성
        return cpy;    // 완성된 복사본의 참조 값 반환
    }
    ....
}
```

그런데 String 클래스가 Cloneable 인터페이스를 구현하지 않는 이유는 무엇일까? 그 이유는 매우 간단하다. 그리고 합리적이다.

"String은 문자열의 수정이 불가능하므로, 깊은 복사의 대상에서 제외해도 된다."

String 인스턴스의 내용을 이루는 문자열은 인스턴스 생성 시 결정이 되고, 이렇게 한번 결정이 되면 변경이 불가능하다. 따라서 서로 다른 인스턴스가 하나의 String 인스턴스를 공유해도 문제가 되지 않는다. 즉 위의 clone 메소드는 다음과 같이 오버라이딩을 하는 것이 합리적이다.

```
@Override
public Object clone() throws CloneNotSupportedException {
    return super.clone();
}    // Person 클래스의 합리적인 clone 오버라이딩
```

참고 배열의 clone 메소드 호출

배열도 인스턴스이다. 그리고 clone 메소드의 호출이 가능하도록 public으로 오버라이딩 되어있다. 그러나 깊은 복사가 진행되도록 오버라이딩 되어 있지는 않다. 따라서 배열이 지니는 참조 값의 복사만 이뤄질 뿐 해당 참조 값의 인스턴스까지는 복사되지 않는다.

■ clone 메소드의 반환형 수정: Covariant Return Type

앞서 다음과 같이 clone 메소드의 호출이 가능하도록 Point 클래스를 정의한 바 있다.

```
class Point implements Cloneable {
```

```
    ....
    @Override
    public Object clone() throws CloneNotSupportedException {
        return super.clone();
    }
}
```

이렇듯 clone 메소드는 반환형이 Object이다. 따라서 다음과 같이 clone 메소드를 호출하면서 동시에 형 변환도 진행해야 한다.

```
Point org = new Point(1, 2);
Point cpy = (Point)org.clone();    // 형 변환해야 함
```

그런데 자바 5 이후부터는 오버라이딩 과정에서 반환형의 수정을 허용한다. 예를 들어서 다음 클래스의 method를 오버라이딩 할 때,

```
class AAA {
    public AAA method() {...}    // 반환형이 자신이 속한 AAA 클래스 형이다.
}
```

다음과 같이 반환형을 수정할 수 있다.

```
class ZZZ extends AAA {
    @Override
    public ZZZ method() {...}    // 반환형이 자신이 속한 ZZZ 클래스 형이다.
}
```

단 무엇으로든 수정할 수 있는 것은 아니다. 위에서 보이는 바와 같이 클래스의 이름이 AAA인 경우 반환형이 AAA인 메소드에 대해서만 반환형을 수정하여 오버라이딩 할 수 있다. 그리고 오버라이딩을 할 때에도 하위 클래스의 이름이 ZZZ인 경우 반환형은 ZZZ로만 수정할 수 있다. 따라서 이러한 문법적 특성을 고려하여 Point 클래스의 clone 메소드는 다음과 같이 오버라이딩 할 수 있다.

```
class Point implements Cloneable {
    ....
    @Override
    public Point clone() throws CloneNotSupportedException {
        return (Point)(super.clone());
    }
}
```

그리고 이렇게 오버라이딩을 하면, 다음과 같이 형 변환 없는 clone 메소드의 호출이 가능하다.

```
Point org = new Point(1, 2);
Point cpy = org.clone();     // 형 변환 필요 없음
```

문제 19-2 [깊은 복사를 위한 clone의 오버라이딩]

다음 클래스 정의에서 PersonalInfo의 clone 메소드 호출 시 깊은 복사가 이뤄지도록 clone 메소드를 오버라이딩 하자.

```
class Business implements Cloneable {
    private String company;
    private String work;
    public Business(String company, String work) {
        this.company = company;
        this.work = work;
    }
    public void showBusinessInfo() {
        System.out.println("회사: " + company);
        System.out.println("업무: " + work);
    }
}

class PersonalInfo implements Cloneable {
    private String name;
    private int age;
    private Business bz;
    public PersonalInfo(String name, int age, String company, String work) {
        this.name = name;
        this.age = age;
        bz = new Business(company, work);
    }
    public void showPersonalInfo() {
        System.out.println("이름: " + name);
        System.out.println("나이: " + age);
```

```
        bz.showBusinessInfo();
    }
}
```

답안은 출판사 홈페이지를 통해서 제공합니다.

Chapter 20

자바의 기본 클래스

자바의 이해에는 문법적 측면의 이해가 있고 클래스 측면의 이해가 있다. 본 Chapter에서는 자바의 기본 클래스를 소개하면서 클래스 측면의 이해를 돕는다.

20-1 래퍼 클래스 (Wrapper 클래스)

래퍼 클래스는 이름이 의미하듯이 '감싸는 클래스'이다. 그리고 래퍼 클래스가 감싸는 대상은 정수, 실수, 문자와 같은 기본 자료형의 값들이다.

■ 기본 자료형의 값을 감싸는 래퍼 클래스

int형 정수나 double형 실수와 같은 기본 자료형의 값들도 인스턴스로 표현해야 하는 경우가 있다. 예를 들어서 다음 메소드의 인자로 정수 3과 실수 7.15를 전달해야 하는 상황이라고 가정해보자.

```
public static void showData(Object obj) {
    System.out.println(obj);   // toString 메소드 호출하여 반환되는 문자열 출력
}
```

위 메소드는 인스턴스를 인자로 요구한다. 이렇듯 인스턴스의 참조 값을 요구하는 자리에 기본 자료형의 값을 놓아야 하는 경우가 종종 있다. 그리고 이러한 상황에서 필요한 것이 '래퍼 클래스'이다.

"래퍼 클래스는 기본 자료형의 값을 감싸는 클래스이다."

그럼 다음 예제를 통해서 래퍼 클래스 Integer와 Double의 사용의 예를 보이겠다.

◈ UseWrapperClass.java

```
class UseWrapperClass {
    public static void showData(Object obj) {
        System.out.println(obj);
    }

    public static void main(String[] args) {
        Integer iInst = new Integer(3);    // 정수 3을 감싸는 래퍼 인스턴스 생성
        showData(iInst);
        showData(new Double(7.15));    // 7.15를 감싸는 래퍼 인스턴스 생성 및 전달
    }
}
```

▶ 실행 결과: UseWrapperClass.java

```
명령 프롬프트
C:₩JavaStudy>java UseWrapperClass
3
7.15

C:₩JavaStudy>
```

래퍼 클래스도 toString 메소드를 오버라이딩 하고 있다. 따라서 println 메소드의 인자로 다음과 같이 전달될 수 있으며, 이때 인스턴스가 지니는 값이 출력된다.

```
Integer iw = new Integer(123);
System.out.println(iw);      // 123이 출력된다.
```

그리고 위 예제에서는 Integer와 Double을 보였는데, 아래에 보이는 바와 같이 모든 기본 자료형을 대상으로 래퍼 클래스가 정의되어 있다. (오른 편에 위치한 것은 생성자이다.)

- Boolean public Boolean(boolean value)
- Character public Character(char value)
- Byte public Byte(byte value)
- Short public Short(short value)
- Integer public Integer(int value)

- Long　　　public Long(long value)
- Float　　　public Float(float value), public Float(double value)
- Double　　public Double(double value)

■ 래퍼 클래스의 두 가지 기능

래퍼 클래스의 중요한 기능 두 가지는 다음과 같다. 하나는 값을 인스턴스로 감싸는 것이고, 다른 하나는 인스턴스에서 값을 꺼내는 것이다.

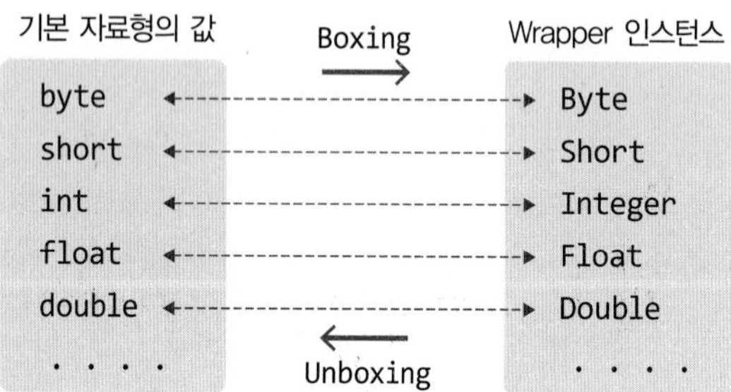

[그림 20-1: Boxing & Unboxing]

값을 인스턴스에 감싸는 행위를 가리켜 '박싱(Boxing)'이라 하고, 반대로 저장된 값을 꺼내는 행위를 가리켜 '언박싱(Unboxing)'이라 한다. 박싱은 인스턴스의 생성을 통해서 이뤄지지만 언박싱은 래퍼 클래스에 정의된 메소드의 호출을 통해서 이뤄진다. 이와 관련하여 다음 예제를 보자.

◈ BoxingUnboxing.java

```
class BoxingUnboxing {
    public static void main(String[] args) {
        Integer iObj = new Integer(10);    // 박싱
        Double dObj = new Double(3.14);    // 박싱
        System.out.println(iObj);
        System.out.println(dObj);
        System.out.println();

        int num1 = iObj.intValue();    // 언박싱
        double num2 = dObj.doubleValue();  // 언박싱
        System.out.println(num1);
        System.out.println(num2);
        System.out.println();

```

```
        // 래퍼 인스턴스 값의 증가 방법
        iObj = new Integer(iObj.intValue() + 10);
        dObj = new Double(dObj.doubleValue() + 1.2);
        System.out.println(iObj);
        System.out.println(dObj);
    }
}
```

▶ 실행 결과: BoxingUnboxing.java

```
명령 프롬프트
C:₩JavaStudy>java BoxingUnboxing
10
3.14

10
3.14

20
4.34

C:₩JavaStudy>
```

래퍼 인스턴스들은 담고 있는 값을 수정하지 못한다. 따라서 값의 수정이 필요하면 위 예제의 다음 문장들과 같이 새로운 래퍼 인스턴스를 생성해야 한다.

```
iObj = new Integer(iObj.intValue() + 10);
dObj = new Double(dObj.doubleValue() + 1.2);
```

그리고 위 예제에서 보인 내용만으로도 각 래퍼 클래스별 언박싱 메소드의 이름은 유추할 수 있다. 그러나 간단히 정리하면 다음과 같다.

- Boolean public boolean booleanValue()
- Character public char charValue()
- Integer public int intValue()
- Long public long longValue()
- Double public double doubleValue()

■ 오토 박싱(Auto Boxing) & 오토 언박싱(Auto Unboxing)

자바 5부터 박싱과 언박싱이 필요한 상황에서 이를 자동으로 처리하기 시작했다. 그리고 이를 가리켜 각각 오토 박싱, 오토 언박싱이라 하는데, 이는 어렵지 않은 내용이므로 예제를 통해서 설명하겠다.

◈ AutoBoxingUnboxing.java

```
class AutoBoxingUnboxing {
    public static void main(String[] args) {
        Integer iObj = 10;      // 오토 박싱 진행
        Double dObj = 3.14;     // 오토 박싱 진행
        System.out.println(iObj);
        System.out.println(dObj);
        System.out.println();

        int num1 = iObj;    // 오토 언박싱 진행
        double num2 = dObj;     // 오토 언박싱 진행
        System.out.println(num1);
        System.out.println(num2);
    }
}
```

▶ 실행 결과: AutoBoxingUnboxing.java

```
명령 프롬프트
C:\JavaStudy>java AutoBoxingUnboxing
10
3.14

10
3.14

C:\JavaStudy>_
```

위 예제의 다음 두 문장에서는 대입 연산자의 오른 편에 각각 Integer 인스턴스와 Double 인스턴스가 와야 하는데, 이를 대신해서 정수와 실수가 위치해 있다.

```
Integer iObj = 10;
Double dObj = 3.14;
```

이러한 상황에서는 다음과 같이 정수와 실수를 기반으로 Integer 인스턴스와 Double 인스턴스가 생

성된다. 즉 이 상황에서 오토 박싱이 이뤄진다.

```
Integer iObj = 10;      →      Integer iObj = new Integer(10);
Double dObj = 3.14;     →      Double dObj = new Double(3.14);
```

반대로 예제의 다음 두 문장에서는 대입 연산자의 오른 편에 정수와 실수가 와야 하는데, 이를 대신해서 Integer 인스턴스와 Double 인스턴스가 위치해 있다.

```
int num1 = iObj;
double num2 = dObj;
```

이러한 상황에서는 다음과 같이 문장이 수정되어 실행된다. 그리고 이를 가리켜 '오토 언박싱'이라 한다.

```
int num1 = iObj;        →      int num1 = iObj.intValue();
double num2 = dObj;     →      double num2 = dObj.doubleValue();
```

그런데 이러한 오토 방식과 오토 언박싱은 다양한 상황과 문장에서 진행이 된다. 이와 관련하여 다음 예제를 보자.

◈ AutoBoxingUnboxing2.java

```
class AutoBoxingUnboxing2 {
    public static void main(String[] args) {
        Integer num = 10;
        num++;    // 오토 박싱, 오토 언박싱 동시 진행
        System.out.println(num);

        num += 3;   // 오토 박싱, 오토 언박싱 동시 진행
        System.out.println(num);

        int r = num + 5;    // 오토 언박싱 진행
        Integer rObj = num - 5;     // 오토 언박싱 진행
        System.out.println(r);
        System.out.println(rObj);
    }
}
```

▶ 실행 결과: AutoBoxingUnboxing2.java

```
명령 프롬프트
C:\JavaStudy>java AutoBoxingUnboxing2
11
14
19
9

C:\JavaStudy>_
```

예제의 다음 두 문장에서는 다음과 같이 오토 박싱과 오토 언박싱이 동시에 진행이 된다.

```
num++;      →    new Integer(num.intValue() + 1);
num += 3;   →    new Integer(num.intValue() + 3);
```

그리고 이렇듯 오토 박싱과 오토 언박싱 덕분에 Integer형 참조변수 num을 int형 변수 num처럼 사용할 수 있게 되었다.

■ Number 클래스와 래퍼 클래스의 static 메소드

앞서 소개한 모든 래퍼 클래스는 다음 클래스를 상속한다.

```
java.lang.Number
```

그리고 이 클래스에는 다음의 추상 메소드들이 존재한다. (즉 Number도 추상 클래스이다.)

```
public abstract int intValue()
public abstract long longValue()
public abstract double doubleValue()
```

따라서 이를 상속하는 Integer, Double과 같은 클래스들은 위의 메소드 모두를 구현하고 있다. 때문에 어떠한 래퍼 인스턴스를 대상으로도 인스턴스에 저장된 값을 다양한 형태로 반환할 수 있다. 이와 관련하여 다음 예제를 보자.

◈ NumberMethod.java

```
class NumberMethod {
    public static void main(String[] args) {
        Integer num1 = new Integer(29);
        System.out.println(num1.intValue());   // int형 값으로 반환
```

```
        System.out.println(num1.doubleValue());    // double형 값으로 반환

        Double num2 = new Double(3.14);
        System.out.println(num2.intValue());   // int형 값으로 반환
        System.out.println(num2.doubleValue());    // double형 값으로 반환
    }
}
```

▶ 실행 결과: NumberMethod.java

```
명령 프롬프트
C:\JavaStudy>java NumberMethod
29
29.0
3
3.14

C:\JavaStudy>
```

출력 결과를 보면 Double형 인스턴스에 저장된 값을 int형으로 반환할 경우 소수점 이하의 값이 삭제되는 것을 알 수 있다. 그리고 래퍼 클래스에는 static으로 선언된 다양한 메소드들이 존재하는데, 그 중 일부를 다음 예제를 통해서 소개하겠다.

◈ WrapperClassMethod.java

```
class WrapperClassMethod {
    public static void main(String[] args) {
        // 클래스 메소드를 통한 인스턴스 생성 방법 두 가지
        Integer n1 = Integer.valueOf(5);   // 숫자 기반 Integer 인스턴스 생성
        Integer n2 = Integer.valueOf("1024");  // 문자열 기반 Integer 인스턴스 생성

        // 대소 비교와 합을 계산하는 클래스 메소드
        System.out.println("큰 수: " + Integer.max(n1, n2));
        System.out.println("작은 수: " + Integer.min(n1, n2));
        System.out.println("합: " + Integer.sum(n1, n2));
        System.out.println();

        // 정수에 대한 2진, 8진, 16진수 표현 결과를 반환하는 클래스 메소드
        System.out.println("12의 2진 표현: " + Integer.toBinaryString(12));
        System.out.println("12의 8진 표현: " + Integer.toOctalString(12));
        System.out.println("12의 16진 표현: " + Integer.toHexString(12));
    }
}
```

▶ 실행 결과: WrapperClassMethod.java

```
명령 프롬프트
C:₩JavaStudy>java WrapperClassMethod
큰 수: 1024
작은 수: 5
합: 1029

12의 2진 표현: 1100
12의 8진 표현: 14
12의 16진 표현: c

C:₩JavaStudy>
```

래퍼 클래스에는 해당 클래스의 성격에 필요한 클래스 메소드가 다양하게 정의되어 있다. 특히 자바 5와 8을 거치면서 많은 수의 메소드가 추가되었는데, 지금 모든 메소드를 알고 있어야 할 필요는 없지만 어떠한 종류의 메소드가 존재하는지 자바 문서를 통해 확인해 볼 필요는 있다. 그리고 예제는 Integer 클래스를 대상으로 작성되었는데, 이에 대응하는 Double 클래스의 메소드를 유추해 볼 수도 있다. 예를 들어서 다음과 같은 코드의 작성이 가능함을 짐작하고 문서를 통해 이를 확인해 볼 수 있겠다.

```
public static void main(String[] args) {
    Double n1 = Double.valueOf(5.5);
    Double n2 = Double.valueOf("7.7");

    System.out.println("큰 수: " + Double.max(n1, n2));
    System.out.println("작은 수: " + Double.min(n1, n2));
    System.out.println("합: " + Double.sum(n1, n2));
    ....
}
```

참고로 Integer와 Double에 정의된 max, min, sum 메소드는 기본 자료형의 값을 인자로 받는다. 즉 위의 예제에서는 이 메소드의 호출 과정에서 오토 언박싱이 발생하게 된다.

20-2 BigInteger 클래스와 BigDecimal 클래스

int와 같은 정수 자료형은 표현할 수 있는 값의 크기에 한계가 있다는 문제점이 있다. 그리고 double과 같은 실수 자료형은 오차 없는 값의 표현이 불가능하다는 문제점이 있다. 그래서 이러한 문제점의 해결을 목적으로 BigInteger 클래스와 BigDecimal 클래스가 정의되었다.

■ 매우 큰 정수의 표현을 위한 java.math.BigInteger 클래스

일반적인 상황이라면 int형으로 원하는 정수를 충분히 표현할 수 있다. 그러나 정수 자료형 중에서 가장 표현 범위가 넓은 long형으로도 표현 불가능한 수를 표현해야 할 때가 있다. 자바는 이러한 경우를 대비하여 BigInteger 클래스를 제공하는데, 다음 예제를 통해서 이 클래스의 사용 방법을 설명하겠다.

◈ SoBigInteger.java

```
import java.math.BigInteger;

class SoBigInteger {
    public static void main(String[] args) {
        // long형으로 표현 가능한 값의 크기 출력
        System.out.println("최대 정수: " + Long.MAX_VALUE);
        System.out.println("최소 정수: " + Long.MIN_VALUE);
        System.out.println();

        // 매우 큰 수를 BigInteger 인스턴스로 표현
        BigInteger big1 = new BigInteger("100000000000000000000");
        BigInteger big2 = new BigInteger("-99999999999999999999");

        // BigInteger 기반 덧셈 연산
        BigInteger r1 = big1.add(big2);
        System.out.println("덧셈 결과: " + r1);

        // BigInteger 기반 곱셈 연산
        BigInteger r2 = big1.multiply(big2);
        System.out.println("곱셈 결과: " + r2);
        System.out.println();

        // 인스턴스에 저장된 값을 int형 정수로 반환
```

```
        int num = r1.intValueExact();
        System.out.println("From BigInteger: " + num);
    }
}
```

▶ 실행 결과: SoBigInteger.java

명령 프롬프트
C:\JavaStudy>java SoBigInteger
최대 정수: 9223372036854775807
최소 정수: -9223372036854775808
덧셈 결과: 1
곱셈 결과: -99999999999999999999000000000000000000000
From BigInteger: 1
C:\JavaStudy>

예제에서는 표현 가능한 최대 정수의 크기를 확인하기 위해 다음 두 값을 출력하였다.

`Long.MAX_VALUE`	Long형으로 표현할 수 있는 최댓값
`Long.MIN_VALUE`	Long형으로 표현할 수 있는 최솟값

그리고 다음과 같이 정수로 표현할 수 없는 수를 BigInteger 인스턴스를 생성해서 표현하였다. 이때 수는 문자열로 표현해야 한다.

```
BigInteger big1 = new BigInteger("100000000000000000000");
BigInteger big2 = new BigInteger("-99999999999999999999");
```

그런데 아무리 큰 수를 표현해도 연산이 불가능하면 활용도는 낮아진다. 따라서 BigInteger 클래스에는 다음 사칙연산을 포함하여 다양한 연산을 위한 메소드가 정의되어 있다.

- 덧셈　public BigInteger add(BigInteger val)
- 뺄셈　public BigInteger subtract(BigInteger val)
- 곱셈　public BigInteger multiply(BigInteger val)
- 나눗셈의 몫　public BigInteger divide(BigInteger val)
- 나눗셈의 나머지　public BigInteger remainder(BigInteger val)

그리고 연산으로 인하여 그 값이 int형 또는 long형으로 표현이 가능한 수준에 이르면, 다음 메소드 호출을 통해서 인스턴스에 저장된 값을 int형 또는 long형으로 얻을 수 있다.

`public long longValueExact()`	BigInteger 인스턴스에 저장된 값을 long형 정수로 반환
`public int intValueExact()`	BigInteger 인스턴스에 저장된 값을 int형 정수로 반환

단 BigInteger 인스턴스에 저장된 값이 long형 또는 int형 정수로 표현이 불가능한 상황에서 위의 메소드를 호출하면 ArithmeticException 예외가 발생하니 이 점에 주의하기 바란다.

■ 오차 없는 실수의 표현을 위한 java.math.BigDecimal 클래스

BigDecimal 클래스는 오차 없는 실수의 표현을 위해 제공되는 클래스이다. 그럼 먼저 double형 데이터에 오차가 존재함을 확인하자.

◈ DoubleError.java

```
class DoubleError {
    public static void main(String[] args) {
        double d1 = 1.6;
        double d2 = 0.1;
        System.out.println("덧셈 결과: " + (d1 + d2));
        System.out.println("곱셈 결과: " + (d1 * d2));
    }
}
```

▶ 실행 결과: DoubleError.java

```
명령 프롬프트
C:\JavaStudy>java DoubleError
덧셈 결과: 1.7000000000000002
곱셈 결과: 0.16000000000000003

C:\JavaStudy>
```

예제의 실행 결과에서 보이듯이 실수의 표현에는 오차가 존재한다. 그럼 이번에는 BigDecimal 클래스를 활용하여 오차가 존재하지 않도록 위 예제를 수정해보겠다.

◈ WowBigDecimal.java

```
import java.math.BigDecimal;

class WowBigDecimal {
    public static void main(String[] args) {
        BigDecimal d1 = new BigDecimal("1.6");
        BigDecimal d2 = new BigDecimal("0.1");
        System.out.println("덧셈 결과: " + d1.add(d2));
        System.out.println("곱셈 결과: " + d1.multiply(d2));
    }
}
```

▶ 실행 결과: WowBigDecimal.java

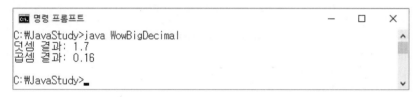

```
C:\JavaStudy>java WowBigDecimal
덧셈 결과: 1.7
곱셈 결과: 0.16

C:\JavaStudy>
```

위 예제에서는 다음과 같이 실수를 문자열로 전달하면서 BigDecimal 인스턴스를 생성하였다.

```
BigDecimal d1 = new BigDecimal("1.6");  // 정상적인 방법
BigDecimal d2 = new BigDecimal("0.1");  // 정상적인 방법
```

이와 달리 다음과 같이 실수 1.6과 0.1을 인자로 전달하면서 BigDecimal 인스턴스를 생성할 수도 있다.

```
BigDecimal d1 = new BigDecimal(1.6);    // 가능은 하지만
BigDecimal d2 = new BigDecimal(0.1);    // 가능은 하지만
```

그러나 이렇게 인스턴스를 생성할 경우 BigDecimal 인스턴스에 저장된 값은 더 이상 1.6과 0.1이 아니다. 실수는 표현되는 순간부터 오차를 지니기 때문이다. 즉 BigDecimal의 생성자에 전달된 값은 오차가 있는 1.6과 0.1이다. 그리고 이러한 사실은 다음과 같이 그 값을 출력해 봄으로써 확인할 수 있다.

```
BigDecimal d = new BigDecimal(1.6);
```

```
System.out.println("오차 있는 1.6 : " + d);
```

따라서 오차 없는 값을 지니는 BigDecimal 인스턴스를 생성하려면, 예제에서 보인 바와 같이 그 값을 문자열로 구성해서 전달해야 한다. 그리고 BigInteger 클래스와 마찬가지로 BigDecimal 클래스에도 다음 사칙연산을 포함하여 다양한 연산을 위한 메소드가 정의되어 있다.

- 덧셈 public BigDecimal add(BigDecimal augend)
- 뺄셈 public BigDecimal subtract(BigDecimal subtrahend)
- 곱셈 public BigDecimal multiply(BigDecimal multiplicand)
- 나눗셈 public BigDecimal divide(BigDecimal divisor)

20-3 Math 클래스와 난수의 생성, 그리고 문자열 토큰(Token)의 구분

이번에는 static으로 선언된 클래스 메소드로 채워져 있는 Math 클래스를 소개하고, 프로그램 개발에 자주 사용되는 '난수의 생성 방법'과 '문자열 토큰의 구분 방법'을 소개하고자 한다.

■ 수학 관련 다양한 연산의 제공을 위한 Math 클래스

Math 클래스에 정의된 메소드는 모두 static으로 선언되어 있다. 즉 Math는 기능의 제공이 목적일 뿐, 인스턴스의 생성을 목적으로 정의된 클래스는 아니다. 그리고 자바 5 이후로도 계속해서 메소드가 추가되어 지금은 그 수가 70개를 넘는다. 따라서 이후에 수학 관련 연산이 필요할 때 자바 문서를 참고하여 필요한 메소드를 활용하기 바란다. 그럼 필자는 다음 예제를 통해서 Math 클래스의 사용의 예를 간단히 보이겠다.

◈ SimpleMathUse.java

```
class SimpleMathUse {
    public static void main(String[] args) {
        System.out.println("원주율: " + Math.PI);
        System.out.println("2의 제곱근: " + Math.sqrt(2));
        System.out.println();
        System.out.println("파이에 대한 Degree: " + Math.toDegrees(Math.PI));
        System.out.println("2 파이에 대한 Degree: " + Math.toDegrees(2.0 * Math.PI));
        System.out.println();

        double radian45 = Math.toRadians(45);  // 라디안으로의 변환!
        System.out.println("싸인 45: " + Math.sin(radian45));
        System.out.println("코싸인 45: " + Math.cos(radian45));
        System.out.println("탄젠트 45: " + Math.tan(radian45));
        System.out.println();
        System.out.println("로그 25: " + Math.log(25));
        System.out.println("2의 16승: "+ Math.pow(2, 16));
    }
}
```

▶ 실행 결과: SimpleMathUse.java

```
명령 프롬프트
C:\JavaStudy>java SimpleMathUse
원주율: 3.141592653589793
2의 제곱근: 1.4142135623730951

파이에 대한 Degree: 180.0
2 파이에 대한 Degree: 360.0

싸인 45: 0.7071067811865475
코싸인 45: 0.7071067811865476
탄젠트 45: 0.9999999999999999

로그 25: 3.2188758248682006
2의 16승: 65536.0

C:\JavaStudy>_
```

위 예제 관련하여 한 가지만 언급하면 사인, 코사인, 탄젠트 값을 얻기 위해서는 sin, cos, tan 메소드를 호출해야 하는데, 이때 전달되는 인자는 라디안 단위의 값이어야 한다. 따라서 이 세 가지 메소드 호출 이전에 다음과 같이 '디그리(Degree)' 단위의 값을 '라디안(Radian)' 단위의 값으로 변환하는 과정을 거쳐야 한다.

```
double radian45 = Math.toRadians(45);
```

참고로 위 예제와 지금 언급한 내용은 지극히 수학적인 내용이므로, 자신의 전공 또는 업무 내용이 이와 관련이 없다면 신경을 덜 써도 괜찮다. 그러나 이어서 설명하는 난수 관련 내용은 전공 및 업무와 상관없이 신경 써야 할 내용이다.

■ 난수(Random Number)의 생성

난수는 예측 불가능한 수를 의미한다. 그리고 자바에서는 이러한 난수의 생성을 위한 클래스를 별도로 제공하고 있다. 참고로 난수의 생성은 매우 다양하게, 그리고 유용하게 사용된다. 그 흔한 복권에 새겨지는 숫자도 컴퓨터에서 생성하는 난수의 조합으로 만들어진다. 자바에서 난수를 생성하는 방법은 의외로 쉽다. 먼저 다음과 같이 java.util.Random 클래스의 인스턴스를 생성한다.

```
Random rand = new Random();
```

그리고 목적에 따라서 다음 메소드 중에서 하나를 선택하여 호출한다. 그러면 난수가 반환된다.

```
public boolean nextBoolean()     boolean형 난수 반환
public int nextInt()             int형 난수 반환
public long nextLong()           long형 난수 반환
public int nextInt(int bound)    0 이상 bound 미만 범위의 int형 난수 반환
public float nextFloat()         0.0 이상 1.0 미만의 float형 난수 반환
public double nextDouble()       0.0 이상 1.0 미만의 double형 난수 반환
```

그럼 예제를 통해서 난수의 생성을 보이도록 하겠다. 다음은 nextInt 메소드를 호출해서 0 이상 1,000 미만 범위의 난수 생성을 보이는 예제이다. 참고로 실행 결과는 매번 달라진다. 난수를 생성해서 출력하는 것이니 당연히 그래야 한다.

◈ RandomNumberGenerator.java

```
import java.util.Random;

class RandomNumberGenerator {
    public static void main(String[] args) {
        Random rand = new Random();

        for(int i = 0; i < 7; i++)
            System.out.println(rand.nextInt(1000));    // 0 이상 1000 미만 난수 생성
```

```
    }
}
```

▶ 실행 결과: RandomNumberGenerator.java

```
명령 프롬프트
C:\JavaStudy>java RandomNumberGenerator
655
949
960
281
203
694
344

C:\JavaStudy>
```

■ 씨드(Seed) 기반의 난수 생성

컴퓨터를 이용한 난수의 생성은 생각보다 어려운 일이다. 컴퓨터는 알고리즘을 기반으로 일을 하기 때문에 난수를 생성하는 데에도 숨겨진 패턴이 존재할 수밖에 없다. 비록 쉽게 파악할 수 없을지라도 분명 패턴은 존재한다. 그래서 컴퓨터가 생성하는 난수를 가리켜 'Pseudo-random number(가짜 난수)'라 한다. 다음 예제는 컴퓨터가 생성하는 난수가 왜 가짜 난수인지를 보여준다.

◈ PseudoRandom.java

```
import java.util.Random;

class PseudoRandom {
    public static void main(String[] args) {
        Random rand = new Random(12);

        for(int i = 0; i < 7; i++)
            System.out.println(rand.nextInt(1000));
    }
}
```

▶ 실행 결과: PseudoRandom.java

```
명령 프롬프트
C:\JavaStudy>java PseudoRandom
866
812
556
133
624
211
750

C:\JavaStudy>
```

위 예제의 Random 인스턴스 생성문은 다음과 같다.

```
Random rand = new Random(12);    // 생성자로 씨드 값(Seed Number) 전달
```

위 문장에서 Random의 생성자에 전달된 숫자 12는 난수의 생성 과정에서 씨앗으로 사용된다. (씨앗으로 사용된 이 값을 '씨드 값(Seed Number)'이라 한다.) 즉 난수 생성 알고리즘이 이 숫자를 기반으로 돌아가기 때문에 이 값이 같으면 생성되는 난수의 패턴은 100% 일치한다. 따라서 위 예제는 몇 번을 실행해도 그 결과가 동일하다. 그렇다면 예제 RandomNumberGenerator.java는 어떻게 매 실행 때마다 생성되는 난수의 패턴이 달랐던 것일까? 이와 관련해서 다음 예제를 보자.

◈ SeedSetRandom.java

```
import java.util.Random;

class SeedSetRandom {
    public static void main(String[] args) {
        Random rand = new Random(System.currentTimeMillis());

        for(int i = 0; i < 7; i++)
            System.out.println(rand.nextInt(1000));
    }
}
```

▶ 실행 결과: SeedSetRandom.java

```
명령 프롬프트
C:\JavaStudy>java SeedSetRandom
779
944
504
968
931
136
16

C:\JavaStudy>
```

위 예제의 Random 인스턴스 생성문은 다음과 같다.

```
Random rand = new Random(System.currentTimeMillis());
```

위 문장에 포함되어 있는 다음 메소드 호출문은, 컴퓨터의 현재 시간을 기준으로 1970년 1월 1일 자정 이후로 지나온 시간을 밀리 초(1/1000초) 단위로 계산하여 반환한다.

```
System.currentTimeMillis();
```

따라서 예제를 실행할 때마다 Random 인스턴스에 심어지는 씨드 값은 달라진다. 위의 메소드 호출문이 반환하는 값이 씨드 값으로 사용되었으니 말이다. 그리고 그 결과로 예측이 훨씬 어려워진 난수가 만들어졌다. 그럼 이제 다음 문장에 대해서 이야기해 보자. 다음 문장에서는 Random 인스턴스 생성 시 씨드 값을 전달하지 않고 있다.

```
Random rand = new Random();
```

그러나 이 문장에서 호출하는 생성자는 내부적으로 다음과 같은 방법으로 씨드 값을 설정한다. 즉 현재 시간을 기준으로 씨드 값을 만들어서, 씨드 값을 인자로 받는 다른 생성자를 호출한다.

```
public Random() {
    this(System.currentTimeMillis());    // Random(long seed) 생성자 호출
}
```

그래서 이전 예제 RandomNumberGenerator.java는 실행할 때마다 다른 패턴의 난수가 만들어졌던 것이다. 그리고 Random 인스턴스의 다음 메소드 호출을 통해서 원하면 언제든지 새로운 씨드 값을 지정할 수 있다.

```
public void setSeed(long seed)
```

따라서 위의 메소드 호출을 통해서 씨드 값을 간혹 수정해 주면 보다 파악하기 어려운 구조의 난수를 생성할 수 있다.

문제 20-1 [난수의 생성]

프로그램 사용자로부터 임의의 정수 A와 Z를 입력받는다. 그리고 A와 Z를 포함하여 그 사이에 있는 난수 10개를 생성하여 출력하는 프로그램을 작성해보자.

답안은 출판사 홈페이지를 통해서 제공합니다.

■ 문자열의 토큰(Token) 구분

특정 기준을 가지고 문자열을 작게 나누어야 할 때 사용할 수 있는 StringTokenizer 클래스를 소개하고자 한다. 예를 들어서 다음 문자열이 존재한다고 가정해 보자.

```
"PM:08:45"
```

이는 오후 8시 45분을 의미하는 문자열 정보이다. 그리고 이 문자열을 이루는 정보는 다음 세 가지이다.

```
PM, 08, 45
```

이 세 가지 정보가 콜론을 기준으로 나뉘어 있다. 즉 위의 문자열에서 콜론은 '구분자(Delimiter)'이다. 그리고 구분자를 기준으로 나뉜 문자열 조각은 '토큰(Token)'이다. 이렇듯 콜론을 기준으로 토큰을 추출하는 코드를 작성하는 일은 생각보다 번거롭다. 그러나 StringTokenizer 클래스를 이용하면 간단한 일이 되어버린다. 이 클래스의 생성자는 다음과 같다.

```
public StringTokenizer(String str, String delim)
```

첫 번째 인자로 토큰을 추출할 문자열을 전달한다. 그리고 두 번째 인자로 구분자 정보를 전달하는데, 문자열의 형태로 전달한다. 예를 들어서 앞서 보인 문자열을 콜론을 기준으로 토큰을 추출하려면 다음과 같이 StringTokenizer 인스턴스를 생성하면 된다.

```
StringTokenizer st = new StringTokenizer("PM:08:45", ":");
```

그리고 구분자는 둘 이상을 둘 수 있다. 예를 들어서 다음 문자열에서 숫자만 뽑아내려 한다면,

```
"12 + 36 - 8 / 2 = 44"
```

다음과 같이 StringTokenizer 인스턴스를 생성하면 된다. 즉 구분자를 모아서 하나의 문자열로 구성하면 된다.

```
StringTokenizer st = new StringTokenizer("12 + 36 - 8 / 2 = 44", "+-/= ");
```

위 문장의 구분자에는 공백 문자가 포함되어 있음에 유의하자. 공백도 다른 문자와 동일하게 구분자로 둘 수 있다. 그럼 다음 예제를 통해서 StringTokenizer 인스턴스 생성 이후에 어떻게 토큰을 얻어야 하는지 그 방법을 보이도록 하겠다.

◈ TokenizeString.java

```
import java.util.StringTokenizer;

class TokenizeString {
    public static void main(String[] args) {
        StringTokenizer st1 = new StringTokenizer("PM:08:45", ":");

        while(st1.hasMoreTokens())
            System.out.print(st1.nextToken() + ' ');
        System.out.println();

        StringTokenizer st2 = new StringTokenizer("12 + 36 - 8 / 2 = 44", "+-/= ");

        while(st2.hasMoreTokens())
            System.out.print(st2.nextToken() + ' ');
        System.out.println();
    }
}
```

▶ 실행 결과: TokenizeString.java

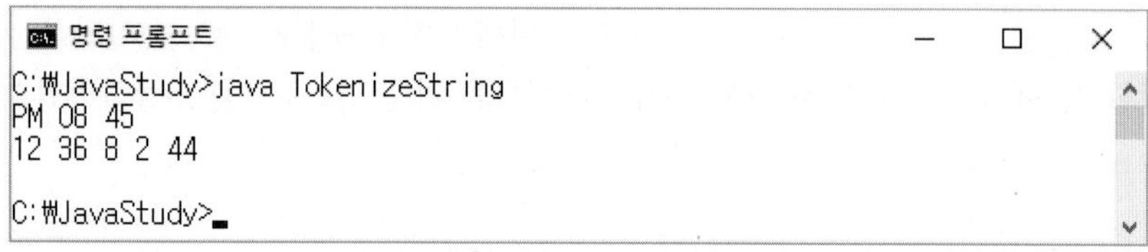
명령 프롬프트
C:\JavaStudy>java TokenizeString
PM 08 45
12 36 8 2 44
C:\JavaStudy>

위 예제에서 보이듯이 다음 두 메소드의 반복적 호출을 통해서 모든 토큰을 얻게 된다.

```
public boolean hasMoreTokens()    반환할 토큰이 남아 있는가?
public String nextToken()         다음 토큰을 반환
```

토큰을 반환하는 메소드는 nextToken이다. 그런데 반환할 토큰이 없는 상태에서 이 메소드가 호출되면 예외가 발생한다. 따라서 hasMoreTokens 메소드 호출을 통해서 토큰이 있는지 확인하고, 토큰이 있는 경우에 한해 nextToken 메소드를 호출하도록 코드를 작성해야 한다. 그리고 예제의 실행 결과에서 보이듯이 구분자는 토큰으로 구분되지 않고 버려진다. 만약에 구분자도 토큰으로 반환을 받고 싶다면 다음과 같이 StringTokenizer 인스턴스를 생성하면 된다.

```
StringTokenizer st1 = new StringTokenizer("PM:08:45", ":", true);
```

→ 마지막 인자 true는 구분자도 토큰으로 반환하라는 의미

그리고 예제에서 토큰을 추출했던 다음 문자열을 다시 보자.

```
"12 + 36 - 8 / 2 = 44"
```

이 문자열의 토큰을 나누는 구분자에 공백 문자를 포함시키지 않는다면 숫자만 토큰으로 추출되는 것이 아니라 숫자의 앞과 뒤에 위치한 공백까지 하나의 토큰으로 묶여서 추출이 된다. 그러나 예제에서는 공백 문자를 구분자에 포함시켰기 때문에, 그리고 구분자는 토큰을 구분하는 목적으로 사용되고 소멸되기 때문에 숫자만을 토큰으로 추출할 수 있었다.

20-4 Arrays 클래스

java.util.Arrays 클래스는 배열 조작에 도움을 주는 메소드들로 채워져 있다. 따라서 이 클래스에 정의된 메소드들을 사용하면 배열의 복사, 비교, 정렬 및 탐색과 관련된 코드를 비교적 쉽게 작성할 수 있다.

■ 배열의 복사

배열 복사에 사용되는 Arrays 클래스의 메소드는 다음과 같다. 모든 기본 자료형 배열에 대해 이 메소드가 오버로딩 되어 있으나 아래에서는 int형 배열에 대해 정의된 메소드만 보였다.

```
public static int[] copyOf(int[] original, int newLength)
```

→ original에 전달된 배열을 첫 번째 요소부터 newLength의 길이만큼 복사

위 메소드는 배열을 복사하여 '새로운 배열을 생성'하는 메소드이다. 첫 번째 인자로 전달된 배열을 두 번째 인자로 전달된 길이만큼 복사하되 '새로운 배열을 생성'하여 복사한다. 그리고 이렇게 생성된 배열의 참조 값을 반환한다. 그럼 다음 예제를 통해 메소드 호출의 예를 보이겠다.

◈ CopyOfArrays.java

```
import java.util.Arrays;

class CopyOfArrays {
    public static void main(String[] args) {
        double[] arOrg = {1.1, 2.2, 3.3, 4.4, 5.5};

        // 배열 전체를 복사
        double[] arCpy1 = Arrays.copyOf(arOrg, arOrg.length);

        // 세번째 요소까지만 복사
        double[] arCpy2 = Arrays.copyOf(arOrg, 3);

        for(double d : arCpy1)
            System.out.print(d + "\t");
        System.out.println();
```

```

        for(double d : arCpy2)
            System.out.print(d + "\t");
        System.out.println();
    }
}
```

▶ 실행 결과: CopyOfArrays.java

```
C:₩JavaStudy>java CopyOfArrays
1.1     2.2     3.3     4.4     5.5
1.1     2.2     3.3

C:₩JavaStudy>
```

배열의 일부만 복사하려면 Arrays 클래스의 다음 메소드를 사용하면 된다. 물론 이 메소드도 기본 자료형 배열 전부에 대해 오버로딩 되어 있다.

```
public static int[] copyOfRange(int[] original, int from, int to)
```

→ original에 전달된 배열을 인덱스 from부터 to 이전 요소까지 복사

예를 들어서 앞서 예제에서 선언한 다음 배열의 2.2가 저장된 요소부터 4.4가 저장된 요소까지 복사하기를 원한다면, 다음과 같이 문장을 구성하면 된다.

```
double[] arOrg = {1.1, 2.2, 3.3, 4.4, 5.5};
double[] arCpy2 = Arrays.copyOfRange(arOrg, 1, 4);
```

위의 문장에서 전달된 숫자 1과 4는 배열의 인덱스 정보이다. 그러나 인덱스 1부터 4까지의 복사가 아니라 4 이전까지의 복사를 의미한다는 점에 주의해야 한다. 그리고 위의 예제와 달리 배열을 새로 생성하지 않고 존재하는 배열에 복사를 하려는 경우에는 java.lang.System 클래스의 다음 메소드를 호출하면 된다.

```
public static void arraycopy(Object src, int srcPos, Object dest, int destPos, int length)
```

→ 배열 src의 srcPos에서 배열 dest의 destPos로 length 길이만큼 복사

그럼 위 메소드와 관련하여 다음 예제를 보자.

◈ CopyOfSystem.java

```
class CopyOfSystem {
    public static void main(String[] args) {
        double[] org = {1.1, 2.2, 3.3, 4.4, 5.5};
        double[] cpy = new double[3];

        // 배열 org의 인덱스 1에서 배열 cpy 인덱스 0으로 세 개의 요소 복사
        System.arraycopy(org, 1, cpy, 0, 3);

        for(double d : cpy)
            System.out.print(d + "\t");
        System.out.println();
    }
}
```

▶ 실행 결과: CopyOfSystem.java

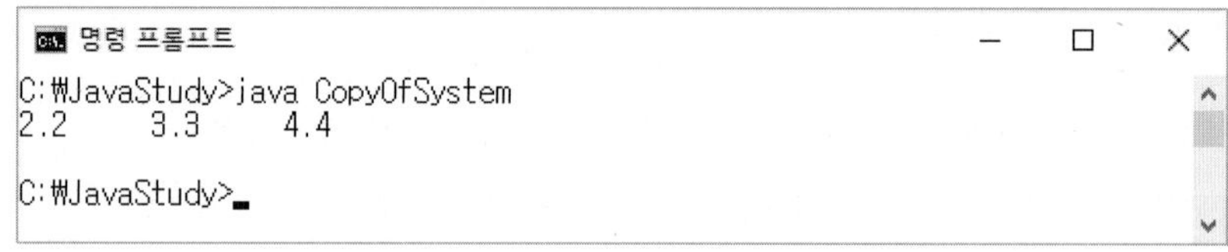
명령 프롬프트
C:₩JavaStudy>java CopyOfSystem
2.2 3.3 4.4
C:₩JavaStudy>

참 고 모든 기본 자료형 배열에 대해서뿐만 아니라

앞서 배열의 복사와 관련된 메소드들이, 모든 기본 자료형 배열을 대상으로 오버로딩 되어 있음을 언급하였는데, 이들 이외에도 특정 클래스의 인스턴스를 저장하고 있는 배열을 대상으로도 복사를 진행할 수 있도록 copyOf 메소드와 copyOfRange 메소드가 오버로딩 되어 있다. 단 이렇게 오버로딩 되어 있는 메소드를 사용하기 위해서는 Chapter 21과 22에서 설명하는 제네릭에 대한 이해가 필요하다.

■ 배열의 비교

배열의 내용 비교에 사용되는 Arrays 클래스의 메소드는 다음과 같다. 기본적으로 모든 기본 자료형의 배열에 대해 이 메소드가 오버로딩 되어 있으나 아래에서는 int형 배열에 대해 정의된 메소드만 보였다.

```
public static boolean equals(int[] a, int[] a2)
```

→ 매개변수 a와 a2로 전달된 배열의 내용을 비교하여 true 또는 false 반환

이 메소드는 두 배열에 저장된 데이터의 수, 순서, 그리고 내용이 같을 때 true를 반환한다. (배열의 길이가 다를 경우에는 false를 반환한다.) 이 메소드의 사용 예는 다음과 같다.

◈ ArrayEquals.java

```
import java.util.Arrays;

class ArrayEquals {
    public static void main(String[] args) {
        int[] ar1 = {1, 2, 3, 4, 5};
        int[] ar2 = Arrays.copyOf(ar1, ar1.length);
        System.out.println(Arrays.equals(ar1, ar2));
    }
}
```

▶ 실행 결과: ArrayEquals.java

명령 프롬프트
C:₩JavaStudy>java ArrayEquals
true
C:₩JavaStudy>

그리고 이 메소드는 다음과 같이 Object형 배열에 대해서도 오버로딩 되어 있다.

```
public static boolean equals(Object[] a, Object[] a2)
```

이는 인스턴스의 참조 값을 저장하고 있는 두 배열에 대해서 비교를 진행한다. 그렇다면 어떤 상황에서 true를 반환할까? 이 메소드는 참조 값이 아닌 참조하는 인스턴스의 내용을 비교한다. 그리고 이때 Object 클래스에 정의된 equals 메소드가 사용된다. 관련하여 다음 예제를 보자.

◈ ArrayObjEquals.java

```
import java.util.Arrays;

```

```
class INum {
    private int num;
    public INum(int num) {
        this.num = num;
    }
}

class ArrayObjEquals {
    public static void main(String[] args) {
        INum[] ar1 = new INum[3];
        INum[] ar2 = new INum[3];
        ar1[0] = new INum(1);  ar2[0] = new INum(1);
        ar1[1] = new INum(2);  ar2[1] = new INum(2);
        ar1[2] = new INum(3);  ar2[2] = new INum(3);
        System.out.println(Arrays.equals(ar1, ar2));
    }
}
```

▶ 실행 결과: ArrayObjEquals.java

```
명령 프롬프트
C:\JavaStudy>java ArrayObjEquals
false

C:\JavaStudy>_
```

위 예제에서는 두 배열에 동일한 값으로 초기화된 서로 다른 인스턴스를 각각 저장하였다. 그러나 배열의 비교 결과는 false이다. 이유는 Object 클래스에 정의되어 있는 equals 메소드가 다음과 같이 정의되어 있기 때문이다.

```
public boolean equals(Object obj) {
    if(this == obj)    // 두 인스턴스가 동일 인스턴스이면
        return true;
    else
        return false;
}   // 이렇듯 Object 클래스에 정의된 equals 메소드는 참조 값 비교를 한다.
```

따라서 배열의 참조 값 비교가 아닌 내용 비교가 목적이라면 다음과 같이 equals 메소드를 목적에 맞게 오버라이딩 해야 한다.

◈ ArrayObjEquals2.java

```
import java.util.Arrays;

class INum {
    private int num;
    public INum(int num) {
        this.num = num;
    }

    @Override
    public boolean equals(Object obj) {
        if(this.num == ((INum)obj).num)    // 두 인스턴스의 내용 비교
            return true;
        else
            return false;
    }
}

class ArrayObjEquals2 {
    public static void main(String[] args) {
        INum[] ar1 = new INum[3];
        INum[] ar2 = new INum[3];
        ar1[0] = new INum(1);  ar2[0] = new INum(1);
        ar1[1] = new INum(2);  ar2[1] = new INum(2);
        ar1[2] = new INum(3);  ar2[2] = new INum(3);
        System.out.println(Arrays.equals(ar1, ar2));
    }
}
```

▶ 실행 결과: ArrayObjEquals2.java

```
명령 프롬프트
C:\JavaStudy>java ArrayObjEquals2
true

C:\JavaStudy>_
```

■ 배열의 정렬

배열의 정렬에 사용되는 Arrays 클래스의 메소드는 다음과 같다. 기본적으로 모든 기본 자료형의 배

열에 대해 이 메소드가 오버로딩 되어 있으나 아래에서는 int형 배열에 대해 정의된 메소드만 보였다.

```
public static void sort(int[] a)
```

→ 매개변수 a로 전달된 배열을 오름차순(Ascending Numerical Order)으로 정렬

이 메소드는 배열에 저장된 데이터를 오름차순으로 정렬한다. 즉 위치상 뒤로 갈수록 큰 값이 저장되도록 정렬을 한다. 이 메소드의 사용 예는 다음과 같다.

◈ ArraySort.java

```java
import java.util.Arrays;

class ArraySort {
    public static void main(String[] args) {
        int[] ar1 = {1, 5, 3, 2, 4};
        double[] ar2 = {3.3, 2.2, 5.5, 1.1, 4.4};
        Arrays.sort(ar1);
        Arrays.sort(ar2);

        for(int n : ar1)
            System.out.print(n + "\t");
        System.out.println();

        for(double d : ar2)
            System.out.print(d + "\t");
        System.out.println();
    }
}
```

▶ 실행 결과: ArraySort.java

```
명령 프롬프트
C:\JavaStudy>java ArraySort
1       2       3       4       5
1.1     2.2     3.3     4.4     5.5

C:\JavaStudy>
```

그리고 이 메소드는 다음과 같이 Object 배열에 대해서도 오버로딩 되어 있다.

```
public static void sort(Object[] a)
```

이는 인스턴스의 참조 값을 저장하고 있는 배열에 대한 정렬을 진행한다. 그렇다면 순서상 인스턴스의 앞서고 뒤섬은 어떻게 판단을 할까? 이는 다음 인터페이스의 구현을 기반으로 프로그래머가 클래스 별로 결정하게 되어 있다.

```
interface Comparable
```

→ int compareTo(Object o) 메소드 구현을 통해 인스턴스의 순서 판단 기준을 결정

위 인터페이스에 존재하는 추상 메소드 compareTo의 구현 방법은 다음과 같다.

- 인자로 전달된 o가 작다면 양의 정수 반환
- 인자로 전달된 o가 크다면 음의 정수 반환
- 인자로 전달된 o와 같다면 0을 반환

인스턴스 대상의 크고 작음의 의미는 오름차순 정렬 이후의 인스턴스 위치를 의미한다. 예를 들어서 인스턴스 A와 Z를 비교하여 A가 작다면 오름차순 정렬 이후에 A는 Z의 앞에 위치해야 한다. 이와 관련하여 다음 클래스의 정의를 보자.

```
class Person {
    private String name;
    private int age;
    public Person(String name, int age) {
        this.name = name;
        this.age = age;
    }
    @Override
    public String toString() {
        return name + ": " + age;
    }
}
```

이 클래스의 인스턴스들을 배열에 저장하고 Arrays.sort 메소드의 호출을 통해서 오름차순 정렬을 하고자 한다. 그렇다면 위의 클래스는 Comparable 인터페이스를 다음과 같이 구현해야 한다.

```
class Person implements Comparable {
    ....
    @Override
    public int compareTo(Object o) {
        ....
    }
}
```

그리고 구현에 앞서 크고 작음에 대한 판단 기준을 결정해야 한다. 예를 들어 다음과 같이 결정했다고 가정해보자.

"나이가 어린 인스턴스의 크기가 작은 것으로 결정한다."

그렇다면 다음 예제에서 보이는 바와 같이 Comparable 인터페이스를 구현해야 한다.

◈ ArrayObjSort.java

```
import java.util.Arrays;

class Person implements Comparable {
    private String name;
    Private int age;

    public Person(String name, int age) {
        this.name = name;
        this.age = age;
    }

    @Override
    public int compareTo(Object o) {
        Person p = (Person)o;
        if(this.age > p.age)
            return 1;   // 인자로 전달된 o가 작다면 양의 정수 반환
        else if(this.age < p.age)
            return -1;  // 인자로 전달된 o가 크다면 음의 정수 반환
        else
            return 0;   // 인자로 전달된 o와 같다면 0을 반환
    }

    @Override
    public String toString() {
        return name + ": " + age;
```

```
    }
}

class ArrayObjSort {
    public static void main(String[] args) {
        Person[] ar = new Person[3];
        ar[0] = new Person("Lee", 29);
        ar[1] = new Person("Goo", 15);
        ar[2] = new Person("Soo", 37);

        Arrays.sort(ar);
        for(Person p : ar)
            System.out.println(p);
    }
}
```

▶ 실행 결과: ArrayObjSort.java

```
명령 프롬프트
C:₩JavaStudy>java ArrayObjSort
Goo: 15
Lee: 29
Soo: 37

C:₩JavaStudy>
```

위 예제에서 보이듯이 Person 클래스 내에서 compareTo 메소드를 구현하였으니, Arrays.sort 메소드 내에서는 이 메소드의 호출 결과로 반환되는 값을 기준으로 정렬을 진행한다. 그리고 예제의 compareTo 메소드는 다음과 같이 간단하게 정의할 수도 있다.

```
@Override
public int compareTo(Object o) {
    Person p = (Person)o;
    return this.age - p.age;
}   // 예제에서 정의한 compareTo 메소드와 사실상 동일
```

이렇게 정의를 해도 앞서 언급한 compareTo 메소드의 다음 정의 기준을 완전히 만족한다.

- 인자로 전달된 o가 작다면 양의 정수 반환

- 인자로 전달된 o가 크다면 음의 정수 반환
- 인자로 전달된 o와 같다면 0을 반환

참 고 Comparable<T> 인터페이스

Comparable 인터페이스는 자바에 '제네릭(Generic)'이 도입되면서 Comparable<T> 인터페이스로 수정되었다. 그러나 지금도 기존 코드와의 호환성 유지를 위해 Comparable 인터페이스를 지원하고 있다. 본서에서는 제네릭 이후에 '컬렉션 프레임워크'를 설명하면서 Comparable<T>를 소개한다.

문제 20-2 [정렬의 기준 수정하기]

• 문제 1

앞서 제시한 예제 ArrayObjSort.java에서는 Person의 인스턴스들을 나이순으로 정렬하였는데, 이를 수정하여 나이의 역순으로 정렬이 되도록 해보자. 다시 말해서, 많은 나이의 인스턴스일수록 배열의 앞쪽에 위치하도록 예제를 수정해보자.

• 문제 2

앞서 제시한 예제 ArrayObjSort.java에서는 Person의 인스턴스들을 나이순으로 정렬하였는데, 이를 이름의 길이 순으로 정렬이 되도록 수정해보자. 즉 이름이 길이가 짧은 인스턴스일수록 배열의 앞쪽에 위치하도록 예제를 수정해야 한다.

답안은 출판사 홈페이지를 통해서 제공합니다.

■ 배열의 탐색

배열의 탐색에 사용되는 Arrays 클래스의 메소드는 다음과 같다. 이 메소드 역시 Arrays 클래스의 다른 메소드들과 마찬가지로 모든 기본 자료형의 배열에 대해 오버로딩 되어 있으나 아래에서는 int형 배열에 대해 정의된 메소드만 보였다.

```
public static int binarySearch(int[] a, int key)
```

→ 배열 a에서 key를 찾아서 있으면 key의 인덱스 값, 없으면 0보다 작은 수 반환

그럼 이 메소드의 사용의 예를 보이겠다.

◈ ArraySearch.java

```
import java.util.Arrays;

class ArraySearch {
    public static void main(String[] args) {
        int[] ar = {33, 55, 11, 44, 22};
        Arrays.sort(ar);    // 탐색 이전에 정렬이 선행되어야 한다.
        for(int n : ar)
            System.out.print(n + "\t");
        System.out.println();

        int idx = Arrays.binarySearch(ar, 33);    // 배열 ar에서 33을 찾아라.
        System.out.println("Index of 33: " + idx);
    }
}
```

▶ 실행 결과: ArraySearch.java

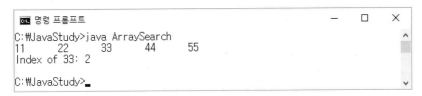

```
명령 프롬프트
C:₩JavaStudy>java ArraySearch
11      22      33      44      55
Index of 33: 2

C:₩JavaStudy>
```

위 예제의 다음 문장을 통해서 33이 저장된 배열의 인덱스 값을 얻고 있다.

```
int idx = Arrays.binarySearch(ar, 33);
```

그런데 이 메소드의 호출에 앞서 다음과 같이 오름차순 정렬을 진행한 사실에 주목할 필요가 있다.

```
Arrays.sort(ar);    // 오름차순 정렬 진행
```

Arrays 클래스의 binarySearch 메소드는 '이진 탐색(Binary Search)'이라는 알고리즘을 기반으로 탐색을 진행한다. 그런데 이는 정렬된 상태의 데이터를 대상으로 하는 탐색 알고리즘이다. 따라서 예제에서 보이듯이, 배열이 정렬된 상태가 아니라면 정렬을 한 이후에 binarySearch 메소드를 호출

해야 한다. 그리고 이 메소드는 다음과 같이 Object형 배열에 대해서도 오버로딩 되어 있다. 물론 이 메소드의 호출을 위해서는 배열이 정렬된 상태이어야 한다.

```
public static int binarySearch(Object[] a, Object key)
```

그렇다면 이 메소드가 key와 동일한 인스턴스를 찾았다고 판단하는 기준은 무엇일까? Comparable 인터페이스의 compareTo 메소드가 그 기준이다. compareTo 메소드의 호출을 통해서 0이 반환되면 key에 해당하는 인스턴스를 찾았다고 판단한다. 그럼 이와 관련하여 다음 예제를 보자.

◈ ArrayObjSearch.java

```
import java.util.Arrays;

class Person implements Comparable {
    private String name;
    private int age;

    public Person(String name, int age) {
        this.name = name;
        this.age = age;
    }

    @Override
    public int compareTo(Object o) {
        Person p = (Person)o;
        return this.age - p.age;    // 나이가 같으면 0을 반환
    }

    @Override
    public String toString() {
        return name + ": " + age;
    }
}

class ArrayObjSearch {
    public static void main(String[] args) {
        Person[] ar = new Person[3];
        ar[0] = new Person("Lee", 29);
        ar[1] = new Person("Goo", 15);
        ar[2] = new Person("Soo", 37);
        Arrays.sort(ar);    // 탐색에 앞서 정렬을 진행

```

```
        int idx = Arrays.binarySearch(ar, new Person("Who are you?", 37));
        System.out.println(ar[idx]);
    }
}
```

▶ 실행 결과: ArrayObjSearch.java

```
명령 프롬프트
C:₩JavaStudy>java ArrayObjSearch
Soo: 37

C:₩JavaStudy>_
```

예제에서는 다음 문장을 통해 탐색을 진행하고 있다.

```
int idx = Arrays.binarySearch(ar, new Person("Who are you?", 37));
```

문장의 내용만 놓고 보면 이름이 "Who are you?" 나이가 37인 Person 인스턴스를 찾는 것으로 보인다. 그러나 탐색의 결과는 이름이 "Soo"이고 나이가 37이다. 이러한 결과의 원인은 다음 메소드 정의에서 찾을 수 있다.

```
public int compareTo(Object o) {
    Person p = (Person)o;
    return this.age - p.age;     // 나이가 같으면 0을 반환
}
```

정리하면, binarySearch 메소드를 통해 인스턴스를 찾고자 하는 경우, 탐색의 대상이 되는 인스턴스들의 클래스는 Comparable 인터페이스를 구현한 상태이어야 한다. 이는 compareTo 메소드의 구현 내용을 토대로 탐색이 진행되기 때문이다.

문제 20-3 [탐색의 기준 변경]

앞서 예제 ArrayObjSearch.java에서 탐색의 기준은 나이였다. 그런데 이 탐색의 기준이 이름이 되도록 예제를 수정해보자.

답안은 출판사 홈페이지를 통해서 제공합니다.

Chapter 21

제네릭(Generics) 1

제네릭은 자바 5에서 처음 소개가 되어 버전 8까지 그 내용이 상당히 추가되었다. 그리고 제네릭은 '자바 컬렉션 프레임워크'의 이해를 위한 필수 개념이기도 하다.

21-1 제네릭의 이해

제네릭이 갖는 의미는 '일반화'이다. 그리고 자바에서 그 일반화의 대상은 자료형이다. 그럼 제네릭이 존재하지 않던 시절의 코드와 제네릭이 존재하는 시절의 코드 비교에서부터 이야기를 시작하겠다.

■ 제네릭 이전의 코드

사과와 오렌지를 담는 상자를 각각 생성하여 그 상자에 사과와 오렌지를 담았다가 꺼내는 과정을 보이는 다음 예제를 관찰하자.

◈ FruitAndBox.java

```
class Apple {   // 사과를 단순히 표현한 클래스
    public String toString() {
        return "I am an apple.";
    }
}

class Orange {    // 오렌지를 단순히 표현한 클래스
    public String toString() {
        return "I am an orange.";
    }
}

```

```
class AppleBox {   // 사과 담는 상자를 표현한 클래스
    private Apple ap;

    public void set(Apple a) {   // 사과를 담는다.
        ap = a;
    }
    public Apple get() {   // 사과를 꺼낸다.
        return ap;
    }
}

class OrangeBox {  // 오렌지 담는 상자를 표현한 클래스
    private Orange or;

    public void set(Orange o) {    // 오렌지를 담는다.
        or = o;
    }
    public Orange get() {  // 오렌지를 꺼낸다.
        return or;
    }
}

class FruitAndBox {
    public static void main(String[] args) {
        AppleBox aBox = new AppleBox();    // 사과 상자 생성
        OrangeBox oBox = new OrangeBox();  // 오렌지 상자 생성

        aBox.set(new Apple());      // 사과를 사과 상자에 담는다.
        oBox.set(new Orange());     // 오렌지를 오렌지 상자에 담는다.

        Apple ap = aBox.get();      // 상자에서 사과를 꺼낸다.
        Orange og = oBox.get();     // 상자에서 오렌지를 꺼낸다.

        System.out.println(ap);
        System.out.println(og);
    }
}
```

▶ 실행 결과: FruitAndBox.java

```
명령 프롬프트
C:₩JavaStudy>java FruitAndBox
I am an apple.
I am an orange.

C:₩JavaStudy>
```

위 예제에서 AppleBox와 OrangeBox가 하는 일은 성격이 같고 내용도 같다. 따라서 이 둘은 다음 클래스 하나로 대체할 수 있다.

```
class Box {
    private Object ob;   // Object를 상속하는 인스턴스면 무엇이든 담는다.
    public void set(Object o) {
        ob = o;
    }
    public Object get() {
        return ob;
    }
}
```

이제 Box는 사과와 오렌지뿐 아니라 무엇이든 담을 수 있는 상자가 되었다. 그럼 이 클래스를 예제에 적용해 보겠다.

◈ FruitAndBox2.java

```
class Apple {
    public String toString() {
        return "I am an apple.";
    }
}

class Orange {
    public String toString() {
        return "I am an orange.";
    }
}

class Box {     // 무엇이든 담을 수 있는 상자
    private Object ob;

```

```
    public void set(Object o) {
        ob = o;
    }
    public Object get() {
        return ob;
    }
}

class FruitAndBox2 {
    public static void main(String[] args) {
        Box aBox = new Box();  // 상자 생성
        Box oBox = new Box();  // 상자 생성

        aBox.set(new Apple());    // 상자에 사과를 담는다.
        oBox.set(new Orange());   // 상자에 오렌지를 담는다.

        Apple ap = (Apple)aBox.get();    // 상자에서 사과를 꺼낸다.
        Orange og = (Orange)oBox.get();    // 상자에서 오렌지를 꺼낸다.

        System.out.println(ap);
        System.out.println(og);
    }
}
```

▶ 실행 결과: FruitAndBox2.java

```
명령 프롬프트
C:\JavaStudy>java FruitAndBox2
I am an apple.
I am an orange.

C:\JavaStudy>_
```

위 예제에서 주목할 사실은 다음과 같다.

"Box 인스턴스에서 내용물을 꺼낼 때 형 변환을 해야 한다."

Box 내에서 인스턴스를 저장하는 참조변수가 Object형이기 때문에, 저장된 인스턴스를 꺼낼 때에는 인스턴스에 맞는 형 변환을 해야만 한다. 그리고 이러한 번거로운 과정으로 인해 다음과 같은 실수가 발생할 수도 있다.

◈ FruitAndBoxFault.java

```
class Apple {
    public String toString() {
        return "I am an apple.";
    }
}

class Orange {
    public String toString() {
        return "I am an orange.";
    }
}

class Box {
    private Object ob;

    public void set(Object o) {
        ob = o;
    }
    public Object get() {
        return ob;
    }
}

class FruitAndBoxFault {
    public static void main(String[] args) {
        Box aBox = new Box();
        Box oBox = new Box();

        // 아래 두 문장에서는 사과와 오렌지가 아닌 '문자열'을 담았다.
        aBox.set("Apple");
        oBox.set("Orange");

        // 상자에 과일이 담기지 않았는데 과일을 꺼내려 한다.
        Apple ap = (Apple)aBox.get();
        Orange og = (Orange)oBox.get();

        System.out.println(ap);
        System.out.println(og);
    }
}
```

▶ 실행 결과: FruitAndBoxFault.java

```
명령 프롬프트
C:\JavaStudy>java FruitAndBoxFault
Exception in thread "main" java.lang.ClassCastException: java.lang.Stri
ng cannot be cast to Apple
        at FruitAndBoxFault.main(FruitAndBoxFault.java:35)

C:\JavaStudy>_
```

위 예제의 다음 두 문장은 Apple 인스턴스와 Orange 인스턴스를 담으려 한 프로그래머의 의도와 달리 실수로 만들어진 문장이다.

```
aBox.set("Apple");     // 문자열 "Apple" 담았는데 실수다.
oBox.set("Orange");     // 문자열 "Orange" 담았는데 실수다.
```

그런데 문제는 이러한 실수가 컴파일 과정에서 발견되지 않았다는데 있다. 대신 다음 문장을 실행하는 순간 예외가 발생하기는 했다.

```
Apple ap = (Apple)aBox.get();     // 형 변환 과정에서 예외 발생
```

모든 실수는 컴파일 단계에서 드러나는 것이 좋다. 컴파일 오류는 원인을 바로 찾을 수 있기 때문이다. 그러나 실행 중에 발생하는 예외는 다르다. 예외의 원인은 쉽게 발견되지 않는 경우도 많다. 뿐만 아니라 위와 같은 실수는 드러나지 않을 수도 있다. 다음 예제에서 보이듯이 말이다.

◈ FruitAndBoxFault2.java

```
class Apple {
    public String toString() {
        return "I am an apple.";
    }
}

class Orange {
    public String toString() {
        return "I am an orange.";
    }
}

class Box {
    private Object ob;

```

```
    public void set(Object o) {
        ob = o;
    }
    public Object get() {
        return ob;
    }
}

class FruitAndBoxFault2 {
    public static void main(String[] args) {
        Box aBox = new Box();
        Box oBox = new Box();

        // 다음 두 문장은 프로그래머의 실수이다!
        aBox.set("Apple");
        oBox.set("Orange");

        System.out.println(aBox.get());
        System.out.println(oBox.get());
    }
}
```

▶ 실행 결과: FruitAndBoxFault2.java

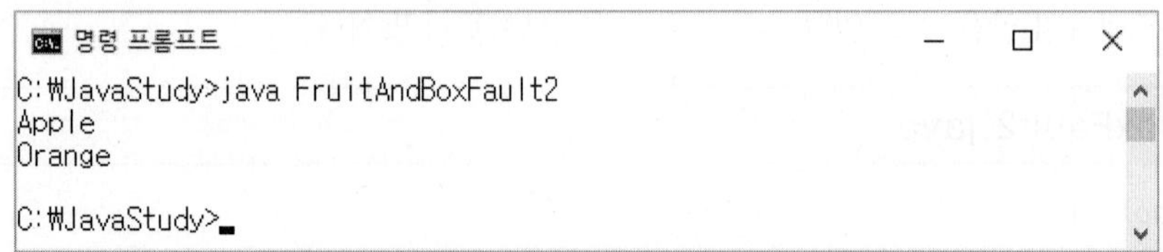
명령 프롬프트
C:\JavaStudy>java FruitAndBoxFault2
Apple
Orange
C:\JavaStudy>

위 예제는 흔히 하는 말로 '대형 사고'로 이어질 수 있다. 사고가 발생했는지 조차 모르고 넘어갈 수 있기 때문이다.

지금까지 제네릭 등장 이전의 자바 코드가 갖는 불편함과 문제점을 설명하였다. 불편함이라 하면 상자에서 물건을 꺼낼 때 형 변환을 해야 한다는 것이고, 문제점이라 하면 프로그래머가 실수를 해도 그 실수가 드러나지 않을 수 있다는 것이다.

■ 제네릭 기반의 클래스 정의하기

제네릭이 등장하면서 자료형에 의존적이지 않은 클래스를 정의할 수 있게 되었다. 그리고 위에서 언급한 불편함과 문제점이 해결되었다. 그럼 이에 대한 이해를 위해 먼저 다음 클래스를 제네릭 기반으로 정의하고, 앞서 소개한 예제들을 제네릭 이후의 코드로 수정해보겠다.

```
class Box {
    private Object ob;
    public void set(Object o) {
        ob = o;
    }
    public Object get() {
        return ob;
    }
}
```

위의 클래스는 Object형 인스턴스를 저장하고 반환한다. 따라서 자료형에 의존적이지 않은 형태로 위의 클래스를 정의하기 위해 Object를 T로 다음과 같이 대체하자.

```
class Box {
    private T ob;
    public void set(T o) {
        ob = o;
    }
    public T get() {
        return ob;
    }
}
```

이제 T는 인스턴스를 생성할 때 결정하면 된다. 사과를 저장할 목적이면 T를 Apple로 결정하면 되고, 오렌지를 저장할 목적이면 T를 Orange로 결정하면 된다. 이렇듯 인스턴스 생성 시 T의 자료형을 결정하는 것이 '제네릭'이다.

그런데 위의 클래스를 컴파일 하면 오류가 발생한다. 컴파일러가 T를 클래스의 이름으로 판단하고 T라는 이름의 클래스가 없다는 오류 메시지를 전달한다. 따라서 'T는 인스턴스 생성 시 자료형을 결정하기 위한 표식'임을 알려야 한다. 방법은 다음과 같이 클래스 이름 뒤에 〈T〉를 붙이는 것이다.

```
class Box<T> {   // 완성된 제네릭 기반의 클래스 정의
    private T ob;
    public void set(T o) {
        ob = o;
    }
```

```
        public T get() {
            return ob;
        }
    }
```

이로써 제네릭 기반의 클래스 정의가 완성되었다. 따라서 T는 인스턴스 생성 순간에 결정할 수 있게 되었다. 그럼 위의 클래스를 대상으로 인스턴스를 생성하는 다음 문장들을 보자.

```
Box<Apple> aBox = new Box<Apple>();
```

→ T를 Apple로 결정하여 인스턴스 생성

→ 따라서 Apple 또는 Apple을 상속하는 하위 클래스의 인스턴스 저장 가능

```
Box<Orange> oBox = new Box<Orange>();
```

→ T를 Orange로 결정하여 인스턴스 생성

→ 따라서 Orange 또는 Orange를 상속하는 하위 클래스의 인스턴스 저장 가능

잠시 용어 정리를 하면, Box〈T〉 클래스에서 사용된 T를 가리켜 '타입 매개변수(Type Parameter)'라 한다. 메소드의 매개변수와 유사하게 자료형 정보를 인자로 전달받는 형태이기 때문이다. 또한 다음 문장에서 사용된 Apple을 가리켜 '타입 인자(Type Argument)'라 한다. Apple을 타입 매개변수 T에 전달되는 인자로 바라보고 그렇게 이름을 지어준 것이다.

```
Box<Apple> aBox = new Box<Apple>();
```

마지막으로 Box〈Apple〉을 가리켜 '매개변수화 타입(Parameterized Type)'이라 한다. 자료형 Apple이 타입 매개변수 T에 전달되어 Box〈Apple〉이라는 새로운 자료형이 완성된 것이기 때문에 '매개변수화 타입'이라 부른다.
사실 이러한 유형의 용어는 혼동하기 쉽다. 그리고 마음에 들지 않을 수도 있다. 그러나 널리 사용되는 표현 방식이니 익숙해지자.

- 타입 매개변수 (Type Parameter)　　Box〈T〉에서 T
- 타입 인자 (Type Argument)　　Box〈Apple〉에서 Apple
- 매개변수화 타입 (Parameterized Type)　　Box〈Apple〉

그리고 '매개변수화 타입'은 '제네릭 타입(Generic Type)'이라고도 하니, 이러한 사실도 기억해 두기 바란다.

■ 제네릭 이후의 코드

제네릭 기반으로 클래스를 정의하였고 또 인스턴스의 생성 방법도 소개하였다. 따라서 이를 기반으로 예제를 작성했을 때 앞서 언급한 다음 불편함과 문제점이 사라짐을 확인할 차례이다.

- 필요시 형 변환을 해야 한다.
- 자료형과 관련된 프로그래머의 실수가 컴파일 과정에서 드러나지 않는다.

먼저 다음 예제를 통해서 형 변환이 불필요해진 부분에 대해 확인하겠다. 이는 FruitAndBox2.java의 제네릭 버전이다.

◈ FruitAndBox2_Generic.java

```
class Apple {
    public String toString() {
        return "I am an apple.";
    }
}

class Orange {
    public String toString() {
        return "I am an orange.";
    }
}

class Box<T> {
    private T ob;

    public void set(T o) {
        ob = o;
    }
    public T get() {
        return ob;
    }
}

class FruitAndBox2_Generic {
    public static void main(String[] args) {
        Box<Apple> aBox = new Box<Apple>();    // T를 Apple로 결정
        Box<Orange> oBox = new Box<Orange>(); // T를 Orange로 결정

        aBox.set(new Apple());    // 사과를 상자에 담는다.
        oBox.set(new Orange());   // 오렌지를 상자에 담는다.

```

```
        Apple ap = aBox.get();    // 사과를 꺼내는데 형 변환 하지 않는다.
        Orange og = oBox.get();   // 오렌지를 꺼내는데 형 변환 하지 않는다.

        System.out.println(ap);
        System.out.println(og);
    }
}
```

▶ 실행 결과: FruitAndBox2_Generic.java

```
명령 프롬프트
C:\JavaStudy>java FruitAndBox2_Generic
I am an apple.
I am an orange.

C:\JavaStudy>_
```

위 예제에서, 다음 두 문장을 통해 인스턴스 생성 시 Box〈T〉의 T가 Apple과 Orange로 각각 결정이 되므로,

```
Box<Apple> aBox = new Box<Apple>();      // T를 Apple로 결정
Box<Orange> oBox = new Box<Orange>();    // T를 Orange로 결정
```

인스턴스 각각의 get 메소드의 반환형도 Apple과 Orange로 결정이 된다. 따라서 get 메소드의 호출문에서 형 변환을 할 필요가 없게 되었다.
이어서 다음 예제를 보자. 이는 앞서 보인 예제 FruitAndBoxFault.java의 제네릭 버전으로, 프로그래머의 자료형 관련 실수가 컴파일 과정에서 드러나는 것을 확인할 수 있다.

◈ FruitAndBoxFault_Generic.java

```
class Apple {
    public String toString() {
        return "I am an apple.";
    }
}

class Orange {
    public String toString() {
        return "I am an orange.";
    }
}
```

```

class Box<T> {
    private T ob;

    public void set(T o) {
        ob = o;
    }
    public T get() {
        return ob;
    }
}

class FruitAndBoxFault_Generic {
    public static void main(String[] args) {
        Box<Apple> aBox = new Box<Apple>();
        Box<Orange> oBox = new Box<Orange>();

        aBox.set("Apple");    // 프로그래머의 실수
        oBox.set("Orange");   // 프로그래머의 실수

        Apple ap = aBox.get();
        Orange og = oBox.get();

        System.out.println(ap);
        System.out.println(og);
    }
}
```

◈ 컴파일 결과: FruitAndBoxFault_Generic.java

```
명령 프롬프트
C:\JavaStudy>javac FruitAndBoxFault_Generic.java
FruitAndBoxFault_Generic.java:29: error: incompatible types: String can
not be converted to Apple
        aBox.set("Apple");
                 ^
FruitAndBoxFault_Generic.java:30: error: incompatible types: String can
not be converted to Orange
        oBox.set("Orange");
                 ^
Note: Some messages have been simplified; recompile with -Xdiags:verbos
e to get full output
2 errors
```

이로써 제네릭에 대한 기본적인 이해를 갖추었다. 이후로 세세한 문법적 내용을 알아가야 하지만 지금 설명한 내용이 본 Chapter에서는 가장 중요하다고 할 수 있다.

21-2 제네릭의 기본 문법

제네릭과 관련된 문법은 내용이 비교적 많은 편이다. 따라서 내용을 둘로 나누어 정리하였다. 먼저 '제네릭의 기본 문법' 편에서는 비교적 기본적인 내용들을 설명한다.

■ 다중 매개변수 기반 제네릭 클래스의 정의

앞서 제네릭 클래스의 정의 방법을 설명하였다. 당시에는 매개변수 T 하나에 대한 제네릭 클래스를 정의하였으나, 둘 이상의 타입 매개변수에 대한 제네릭 클래스도 정의할 수 있다. 이와 관련하여 다음 예제를 보자. 이 예제에서는 칸이 둘로 나뉘어 있는 상자를 표현한 제네릭 클래스를 정의하였다.

◈ MultiTypeParam.java

```
class DBox<L, R> {
    private L left;     // 왼쪽 수납 공간
    private R right;    // 오른쪽 수납 공간

    public void set(L o, R r) {
        left = o;
        right = r;
    }

    @Override
    public String toString() {
        return left + " & " + right;
    }
}

class MultiTypeParam {
    public static void main(String[] args) {
        DBox<String, Integer> box = new DBox<String, Integer>();
        box.set("Apple", 25);
        System.out.println(box);
    }
}
```

▶ 실행 결과: MultiTypeParam.java

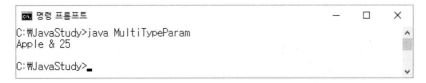

```
명령 프롬프트
C:\JavaStudy>java MultiTypeParam
Apple & 25

C:\JavaStudy>_
```

타입 매개변수의 이름은 짓기 나름이다. 그러나 일반적으로 다음 두 가지 규칙을 지켜서 이름을 짓는다.

- 한 문자로 이름을 짓는다.
- 대문자로 이름을 짓는다.

이렇게 이름을 지으면 다른 종류의 이름들과 구분이 된다. 그리고 위 예제와 같이 한 글자로 이름을 짓더라도 가급적 의미를 두어 이름을 짓는 것이 좋다. 보편적으로 자주 사용하는 타입 매개변수의 이름과 그 의미는 다음과 같으니 이를 주로 사용하는 것도 괜찮은 선택이다.

E	Element
K	Key
N	Number
T	Type
V	Value

■ 기본 자료형에 대한 제한 그리고 래퍼 클래스

제네릭 클래스에 대하여 Box〈Apple〉과 같이 '매개변수화 타입'을 구성할 때 기본 자료형의 이름은 '타입 인자'로 쓸 수 없다. 즉 다음과 같은 문장 구성은 불가능하다.

```
Box<int> box = new Box<int>();
```

→ 타입 인자로 기본 자료형이 올 수 없으므로 컴파일 오류 발생

하지만 기본 자료형에 대한 래퍼 클래스가 존재하고, 또 필요한 상황에서 박싱과 언박싱이 자동으로 이뤄지기 때문에 다음과 같은 수준의 코드를 작성할 수 있다.

◈ PrimitivesAndGeneric.java

```
class Box<T> {
    private T ob;

    public void set(T o) {
        ob = o;
    }
    public T get() {
        return ob;
    }
}

class PrimitivesAndGeneric {
    public static void main(String[] args) {
        Box<Integer> iBox = new Box<Integer>();
        iBox.set(125);    // 오토 박싱 진행
        int num = iBox.get();  // 오토 언박싱 진행
        System.out.println(num);
    }
}
```

▶ 실행 결과: PrimitivesAndGeneric.java

명령 프롬프트
C:₩JavaStudy>java PrimitivesAndGeneric
125
C:₩JavaStudy>

■ 타입 인자의 생략: 다이아몬드(Diamond) 기호

컴파일러는 프로그래머가 작성하는 제네릭 관련 문장에서 자료형의 이름을 추론하는 능력을 갖고 있다. 따라서 다음 문장을 대신하여,

```
Box<Apple> aBox = new Box<Apple>();
```

다음과 같이 쓸 수 있다.

```
Box<Apple> aBox = new Box<>();
```

이 경우 참조변수의 선언을 통해서 <> 안에 Apple이 생략되었다고 컴파일러는 판단한다. 쉽게 말해서 왼쪽을 보고 오른쪽의 빈 공간을 채운다. 그리고 <>을 가리켜 '다이아몬드(Diamond) 기호' 또는 '다이아몬드 표시'라 부른다. 이는 비공식적인 표현이긴 하지만 공식적인 표현으로 인식될 만큼 널리 사용되는 표현이다.

■ '매개변수화 타입'을 '타입 인자'로 전달하기

이번에는 상자를 하나 생성하여 그 안에 문자열을 저장한 다음에 이 상자를 다른 상자에 넣고자 한다. 그리고 이 상자를 한번 더 다른 상자에 넣을 생각이다. 결론적으로 이는 하나의 문자열을 세 개의 상자로 겹겹이 포장하는 셈이다.

◈ BoxInBox.java

```
class Box<T> {
    private T ob;

    public void set(T o) {
        ob = o;
    }
    public T get() {
        return ob;
    }
}

class BoxInBox {
    public static void main(String[] args) {
        Box<String> sBox = new Box<>();
        sBox.set("I am so happy.");

        Box<Box<String>> wBox = new Box<>();
        wBox.set(sBox);

        Box<Box<Box<String>>> zBox = new Box<>();
        zBox.set(wBox);

        System.out.println(zBox.get().get().get());
    }
}
```

▶ 실행 결과: BoxInBox.java

```
명령 프롬프트
C:\JavaStudy>java BoxInBox
I am so happy.

C:\JavaStudy>
```

위 예제를 통해서 Box〈String〉과 같은 '매개변수화 타입'이 다음과 같이 '타입 인자'로 사용이 될 수 있음을 말하고자 하였다.

```
Box<Box<String>> wBox = new Box<>();
```

처음에는 복잡해 보이지만 이 정도 수준의 문장은 이해할 수 있어야 한다. 실제로 자주 등장하고 또 자주 만들어야 하기 때문이다. 그리고 이러한 유형의 문장을 만들다 보면, 다이아몬드 기호를 이용한 타입 정보의 생략 가능함이 정말 다행이라는 생각을 하게 된다.

문제 21-1 [제네릭 클래스 정의하기]

• **문제 1**

다음은 앞서 예제에서 작성한 수납공간이 둘로 나눠져 있는 상자를 표현한 제네릭 클래스이다.

```
class DBox<L, R> {
    private L left;
    private R right;
    public void set(L o, R r) {
        left = o;
        right = r;
    }
    public String toString() { return left + " & " + right; }
}
```

이어서 수납공간이 둘로 나눠져 있는 상자를 표현한 클래스를 DDBox〈U, D〉라는 이름으로 하나 더 정의하여 DBox〈L, R〉 인스턴스 둘을 이 상자에 저장하고자 한다. 그럼 다음 main 메소드를 기반으로 컴파일 및 실행이 가능하도록 DDBox〈U, D〉 제네릭 클래스를 정의해보자.

```
public static void main(String[] args) {
    DBox<String, Integer> box1 = new DBox<>();
    box1.set("Apple", 25);
```

```
        DBox<String, Integer> box2 = new DBox<>();
        box2.set("Orange", 33)
        DDBox<DBox<String, Integer>, DBox<String, Integer>> ddbox = new DDBox<>();
        ddbox.set(box1, box2);    // 두 개의 상자를 하나의 상자에 담음
        System.out.println(ddbox);     // 상자의 내용물 출력
    }
```

그리고 위 main 메소드의 실행 결과로 다음의 출력을 보이게 하자. (출력 형태는 이와 달라도 괜찮다. 내용물만 전부 출력이 되면 된다.)

```
C:\JavaStudy>java DDBoxDemo
Apple & 25
Orange & 33
```

• **문제 2**

문제 1의 내용에 해당하는 프로그램은 사실 별도의 클래스를 정의하지 않고 DBox 하나로 충분히 완성할 수 있다. 따라서 이번에는 문제 1의 내용과 결과를 보이는 프로그램을 작성하되 DBox 클래스 하나만 활용하여 작성해보자. (상자에 담긴 내용물의 출력 형태는 달라도 괜찮다. 내용물만 전부 출력이 되면 된다.)

답안은 출판사 홈페이지를 통해서 제공합니다.

■ 제네릭 클래스의 타입 인자 제한하기

앞서 정의한 Box〈T〉에는 무엇이든 담을 수 있다. String 인스턴스를 담고 싶으면 다음과 같이 상자를 생성하면 되고,

```
Box<String> sBox = new Box<>();
```

Apple 인스턴스를 담고 싶으면 다음과 같이 상자를 생성하면 된다.

```
Box<Apple> sBox = new Box<>();
```

그러나 상자에도 특성과 용도가 있다. 따라서 담고 싶은 것을 제한할 수 있어야 한다. (얇고 작은 상자에 수박을 넣을 수 없듯이) 그리고 이때 사용하는 것이 extends이다. 예를 들어서 Number 클래스를 상속하는 클래스의 인스턴스만 담고 싶다면 다음과 같이 클래스를 정의하면 된다.

```
class Box<T extends Number> {...}
```

→ 인스턴스 생성 시 타입 인자로 Number 또는 이를 상속하는 클래스만 올 수 있음

그럼 이와 관련하여 다음 예제를 보자.

◈ BoundedBox.java

```
class Box<T extends Number> {
    private T ob;

    public void set(T o) {
        ob = o;
    }
    public T get() {
        return ob;
    }
}

class BoundedBox {
    public static void main(String[] args) {
        Box<Integer> iBox = new Box<>();   // Integer는 Number를 상속
        iBox.set(24);

        Box<Double> dBox = new Box<>();    // Double은 Number를 상속
        dBox.set(5.97);

        System.out.println(iBox.get());
        System.out.println(dBox.get());
    }
}
```

▶ 실행 결과: BoundedBox.java

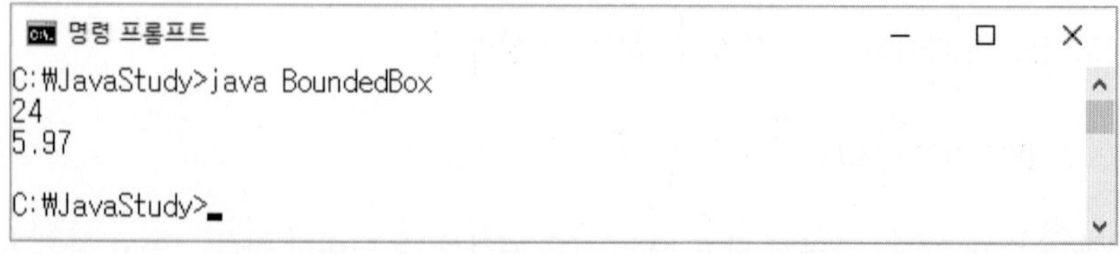
명령 프롬프트
C:\JavaStudy>java BoundedBox
24
5.97
C:\JavaStudy>

위 예제에서는 제네릭 클래스의 타입 인자를 Number 또는 이를 상속하는 하위 클래스로 제한을 하였다. 그리고 이렇게 제한을 하면 또 다른 특성이 생긴다. Box〈T〉 클래스에는 다음과 같은 코드를 넣을 수 없다.

```
class Box<T> {
    private T ob;
    ....
    public int toIntValue() {
        return ob.intValue();    // ERROR!
    }
}
```

참조변수 ob가 참조하게 될 것은 인스턴스이다. 하지만 어떠한 클래스의 인스턴스를 참조하게 될지 알 수 없기 때문에 ob를 통해서 호출할 수 있는 메소드는 Object 클래스의 메소드로 제한이 된다. 반면 다음과 같이 타입 인자를 제한하면 Number 클래스의 intValue 메소드를 호출할 수 있다. ob가 참조하는 인스턴스는 intValue 메소드를 가지고 있음을 100퍼센트 보장할 수 있기 때문이다.

```
class Box<T extends Number> {
    private T ob;
    ....
    public int toIntValue() {
        return ob.intValue();    // OK!
    }
}
```

이렇듯 타입 인자를 제한했을 때 얻게 되는 특성 때문에 타입 인자를 제한하는 경우도 많다.

■ 제네릭 클래스의 타입 인자를 인터페이스로 제한하기

다음과 같이 타입 인자를 제한할 수 있음을 위에서 설명하였다.

```
class Box<T extends Number> {...}
```

이와 유사하게 인터페이스로도 타입 인자를 제한할 수 있다. 이와 관련하여 다음 예제를 보자.

◈ BoundedInterfaceBox.java

```
interface Eatable {
```

```
    public String eat();
}

class Apple implements Eatable {
    public String toString() {
        return "I am an apple.";
    }

    @Override
    public String eat() {
        return "It tastes so good!";
    }
}

class Box<T extends Eatable> {
    T ob;

    public void set(T o) {
        ob = o;
    }
    public T get() {
        System.out.println(ob.eat());    // Eatable로 제한하였기에 eat 호출 가능
        return ob;
    }
}

class BoundedInterfaceBox {
    public static void main(String[] args) {
        Box<Apple> box = new Box<>();
        box.set(new Apple());  // 사과 저장

        Apple ap = box.get();  // 사과 꺼내기
        System.out.println(ap);
    }
}
```

▶ 실행 결과: BoundedInterfaceBox.java

```
명령 프롬프트
C:\JavaStudy>java BoundedInterfaceBox
It tastes so good!
I am an apple.

C:\JavaStudy>
```

예제에서 보이듯이, 제네릭 클래스의 타입 인자를 다음과 같이 인터페이스의 이름으로 제한할 수 있다. 그리고 제한할 때에는 클래스와 마찬가지로 extends를 사용한다.

```
class Box<T extends Eatable> {...}
```

그리고 Eatable 인터페이스를 구현하는 클래스로 타입 인자를 제한했기 때문에 다음과 같이 인터페이스에 선언되어 있는 메소드 eat의 호출이 가능하게 되었다.

```
class Box<T extends Eatable> {
    ....
    public T get() {
        System.out.println(ob.eat()); // Eatable로 제한하였기에 eat 호출 가능
        return ob;
    }
}
```

그리고 타입 인자를 제한할 때에는 하나의 클래스와 하나 이상의 인터페이스에 대해 동시에 제한을 할 수가 있으며 그 방법은 다음과 같다.

```
class Box<T extends Number & Eatable> {...}
```

이 경우 Number를 상속하면서 동시에 Eatable 인터페이스를 구현하는 클래스만이 타입 인자로 올 수 있다.

■ 제네릭 메소드의 정의

지금까지는 클래스를 제네릭으로 정의하였는데, 이렇듯 클래스 전부가 아닌 일부 메소드에 대해서만 제네릭으로 정의하는 것도 가능하며, 이렇게 정의된 메소드를 가리켜 '제네릭 메소드'라 한다. 제네릭 메소드는 인스턴스 메소드 뿐만 아니라 다음과 같이 클래스 메소드에 대해서도 정의가 가능하다. 쉽게 말해서 static 선언의 유무에 상관없이 제네릭 메소드의 정의가 가능하다.

```
public static Box<T> makeBox(T o) {...}
```

위의 메소드 정의에 대해서 다음 내용을 파악할 수 있어야 한다.

"메소드의 이름은 makeBox이고 반환형은 Box〈T〉이다."

그러나 위의 메소드 정의는 완전하지 않다. 이 상태에서 컴파일러는 T가 무엇이냐고 물어보며 컴파일

오류를 일으킨다. 따라서 T가 타입 매개변수의 선언임을 다음과 같이 표시해야 하다.

```
public static <T> Box<T> makeBox(T o) {...}
```

→ static과 Box<T> 사이에 위치한 <T>는 T가 타입 매개변수임을 알리는 표시

이후로도 위와 같은 메소드 정의를 보면 Box<T>가 반환형임을, 그리고 그 앞에 위치한 <T>는 T가 타입 매개변수임을 알리는 표시임을 알 수 있어야 한다. 이제 완전한 제네릭 메소드 하나를 보이겠다. 그리고 이를 기반으로 제네릭 메소드의 호출 방법을 설명하겠다.

```
class BoxFactory {
    public static <T> Box<T> makeBox(T o) {
        Box<T> box = new Box<T>();   // 상자를 생성하고,
        box.set(o);   // 전달된 인스턴스를 상자에 담아서,
        return box;   // 상자를 반환한다.
    }
}
```

제네릭 클래스는 인스턴스 생성 시 자료형이 결정된다. 반면 제네릭 메소드는 '메소드 호출시에 자료형이 결정'된다. 따라서 위 클래스에 정의되어 있는 makeBox 제네릭 메소드는 다음과 같이 호출해야 한다.

```
Box<String> sBox = BoxFactory.<String>makeBox("Sweet");
Box<Double> dBox = BoxFactory.<Double>makeBox(7.59);   // 7.59에 대해 오토 박싱 진행됨
```

위의 두 문장에서 메소드의 이름 앞에 표시한 <String>과 <Double>이 T에 대한 타입 인자이다. 즉 첫 번째 문장에서는 T를 String으로 결정하여 호출하였고, 두 번째 문장에서는 Double로 결정하여 호출하였다. 그런데 위의 두 문장을 다음 두 문장으로 대신할 수도 있다.

```
Box<String> sBox = BoxFactory.makeBox("Sweet");
Box<Double> dBox = BoxFactory.makeBox(7.59);   // 7.59에 대해 오토 박싱 진행됨
```

위의 두 문장에서는 T에 대한 타입 인자 정보가 생략되었다. 그러나 컴파일러는 makeBox에 전달되는 인자를 보고 T를 각각 String과 Double로 유추한다. 그리고 이러한 자료형의 유추는 오토 박싱까지 감안하여 이뤄진다. 그럼 지금까지 설명한 내용을 담고 있는 다음 예제를 보자.

◈ GenericMethodBoxMaker.java

```
class Box<T> {
    private T ob;

    public void set(T o) {
        ob = o;
    }
    public T get() {
        return ob;
    }
}

class BoxFactory {
    public static <T> Box<T> makeBox(T o) {    // 제네릭 메소드의 정의
        Box<T> box = new Box<T>();    // 상자를 생성하고,
        box.set(o);    // 전달된 인스턴스를 상자에 담아서,
        return box;    // 이 상자를 반환한다.
    }
}

class GenericMethodBoxMaker {
    public static void main(String[] args) {
        Box<String> sBox = BoxFactory.makeBox("Sweet");
        System.out.println(sBox.get());

        Box<Double> dBox = BoxFactory.makeBox(7.59);
        System.out.println(dBox.get());
    }
}
```

▶ 실행 결과: GenericMethodBoxMaker.java

```
명령 프롬프트
C:₩JavaStudy>java GenericMethodBoxMaker
Sweet
7.59

C:₩JavaStudy>_
```

이렇게 해서 제네릭 메소드에 대한 기본적인 설명을 마쳤다. 그런데 의외로 제네릭 메소드에 여러 차례 등장하는 T 때문에 분석에 어려움을 겪는 경우를 자주 본다. 그래서 예제를 통해서 사례를 추가로 들어보고자 한다.

◈ GenericMethodBoxMaker2.java

```
class Box<T> {
    private T ob;

    public void set(T o) {
        ob = o;
    }
    public T get() {
        return ob;
    }
}

class Unboxer {
    public static <T> T openBox(Box<T> box) {
        return box.get();
    }
}

class GenericMethodBoxMaker2 {
    public static void main(String[] args) {
        Box<String> box = new Box<>();
        box.set("My Generic Method");

        String str = Unboxer.<String>openBox(box);
        System.out.println(str);
    }
}
```

▶ 실행 결과: GenericMethodBoxMaker2.java

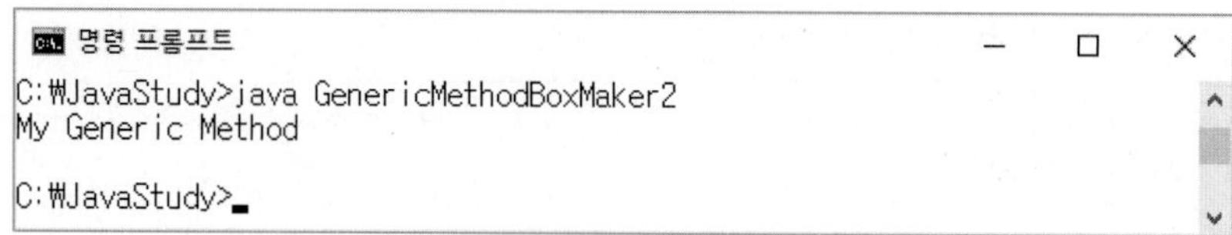
명령 프롬프트
C:₩JavaStudy>java GenericMethodBoxMaker2
My Generic Method
C:₩JavaStudy>

위 예제에 정의된 제네릭 메소드는 다음과 같다. 인자로 전달된 상자에서 내용물을 꺼내 반환하는 메소드이다.

```
class Unboxer {
    public static <T> T openBox(Box<T> box) {
        return box.get();
    }
}
```

위의 메소드는 반환형이 T이고 전달인자의 자료형이 Box〈T〉인 경우이다. 그리고 이 메소드의 호출 방법은 다음과 같다.

```
public static void main(String[] args) {
    Box<String> box = new Box<>();
    box.set("My Generic Method");

    String str = Unboxer.<String>openBox(box);
    ....
}
```

위의 메소드 호출에서는 T가 String이어야 하므로 타입 인자가 〈String〉으로 결정되었다. 물론 다음과 같이 이 정보를 생략할 수 있고 또 이것이 일반적이다.

```
String str = Unboxer.openBox(box);
```

■ 제네릭 메소드의 제한된 타입 매개변수 선언

앞서 제네릭 클래스를 정의할 때 다음과 같이 타입 인자를 제한할 수 있음을 설명하였다.

```
class Box<T extends Eatable> {...}
```

마찬가지로 제네릭 메소드도 호출 시 전달되는 타입 인자를 제한할 수 있다. 그리고 제네릭 클래스의 타입 인자를 제한할 때 생기는 특성이 제네릭 메소드의 타입 인자를 제한할 때에도 생긴다. 그럼 이와 관련하여 다음 예제를 보자.

◈ BoundedGenericMethod.java

```
class Box<T> {
    private T ob;

    public void set(T o) {
```

```
        ob = o;
    }
    public T get() {
        return ob;
    }
}

class BoxFactory {
    public static <T extends Number> Box<T> makeBox(T o) {
        Box<T> box = new Box<T>();
        box.set(o);

        System.out.println("Boxed data: " + o.intValue());
        return box;
    }
}

class Unboxer {
    public static <T extends Number> T openBox(Box<T> box) {
        System.out.println("Unboxed data: " + box.get().intValue());
        return box.get();
    }
}

class BoundedGenericMethod {
    public static void main(String[] args) {
        Box<Integer> sBox = BoxFactory.makeBox(new Integer(5959));
        int n = Unboxer.openBox(sBox);
        System.out.println("Returned data: " + n);
    }
}
```

▶ 실행 결과: BoundedGenericMethod.java

```
명령 프롬프트
C:₩JavaStudy>java BoundedGenericMethod
Boxed data: 5959
Unboxed data: 5959
Returned data: 5959

C:₩JavaStudy>_
```

위 예제에서는 다음과 같이 제네릭 메소드에 전달되는 타입 인자를 제한하였다. Number를 상속하는 클래스로 타입 인자를 제한하였다.

```
// <T extends Number>는 타입 인자를 Number를 상속하는 클래스로 제한함을 의미
public static <T extends Number> Box<T> makeBox(T o) {
    ....
    // 타입 인자 제한으로 intValue 호출 가능
    System.out.println("Boxed data: " + o.intValue());
    return box;
}

// 타입 인자를 Number를 상속하는 클래스로 제한
public static <T extends Number> T openBox(Box<T> box) {
    // 타입 인자 제한으로 intValue 호출 가능
    System.out.println("Unboxed data: " + box.get().intValue());
    return box.get();
}
```

문제 21-2 [제네릭 메소드의 정의와 전달인자의 제한]

다음 코드가 실행되도록 swapBox 메소드를 정의하되, Box〈T〉 인스턴스를 인자로 전달받을 수 있도록 정의하자. 단 이때 Box〈T〉 인스턴스의 T는 Number 또는 이를 상속하는 하위 클래스만 올 수 있도록 제한된 매개변수 선언을 하자.

```
class Box<T> {
    private T ob;
    public void set(T o) { ob = o; }
    public T get() { return ob; }
}
class BoxSwapDemo {
    // 이 위치에 swapBox 메소드 정의하자.
    public static void main(String[] args) {
        Box<Integer> box1 = new Box<>();
        box1.set(99);
        Box<Integer> box2 = new Box<>();
        box2.set(55);
        System.out.println(box1.get() + " & " + box2.get());
        swapBox(box1, box2);      // 정의해야 할 swapBox 메소드
        System.out.println(box1.get() + " & " + box2.get());
    }
}
```

그리고 실행 결과는 다음과 같아야 한다. 즉 swapBox 메소드의 호출 결과로 인자로 전달된 두 상자 안에 저장된 내용물이 서로 바뀌어야 한다.

```
C:\JavaStudy>java BoxSwapDemo
99 & 55
55 & 99
```

답안은 출판사 홈페이지를 통해서 제공합니다.

Chapter 22

제네릭(Generics) 2

제네릭의 두 번째 시간이다. 이번에 설명하는 내용은 이전 내용보다 조금 더 생각을 요한다. 특히 '와일드카드'를 설명하는 부분부터는 많은 집중을 요한다.

22-1 제네릭의 심화 문법

'제네릭 기본 문법' 편에 이어지는 내용이다. 제목에 '심화 문법'이라는 표현을 썼지만, 와일드카드를 설명하기 전까지는 그냥 이어지는 내용으로 생각하자.

■ 제네릭 클래스와 상속

제네릭 클래스도 상속이 가능하다. 이와 관련하여 다음 예제를 보자. 참고로 이 예제에서 처음으로 제네릭 클래스의 생성자를 보이고 있다. 물론 일반적인 생성자와 특별히 다른 것은 없다.

◈ GenericInheritance.java

```
class Box<T> {
    protected T ob;
    public void set(T o) { ob = o; }
    public T get() { return ob; }
}

class SteelBox<T> extends Box<T> {
    public SteelBox(T o) {    // 제네릭 클래스의 생성자
        ob = o;
    }
}

```

```
class GenericInheritance {
    public static void main(String[] args) {
        Box<Integer> iBox = new SteelBox<>(7959);
        Box<String> sBox = new SteelBox<>("Simple");
        System.out.println(iBox.get());
        System.out.println(sBox.get());
    }
}
```

▶ 실행 결과: GenericInheritance.java

```
명령 프롬프트
C:\JavaStudy>java GenericInheritance
7959
Simple

C:\JavaStudy>
```

제네릭 클래스의 상속을 설명하기 위해서, 예제에서는 Box〈T〉를 상속하는 하위 클래스를 다음과 같이 간단히 정의하였다.

```
class SteelBox<T> extends Box<T> {
    public SteelBox(T o) {   // 생성자
        ob = o;
    }
}
```

그리고 이로 인하여 다음과 같이 Box〈T〉의 참조변수로 SteelBox〈T〉 인스턴스를 참조하는 문장을 구성할 수 있게 되었다.

```
Box<Integer> iBox = new SteelBox<>(7959);
    ↔ Box<Integer> iBox = new SteelBox<Integer>(7959);

Box<String> sBox = new SteelBox<>("Simple");
    ↔ Box<String> sBox = new SteelBox<String>("Simple");
```

즉, 두 제네릭 클래스가 다음의 상속 관계를 구성하면,

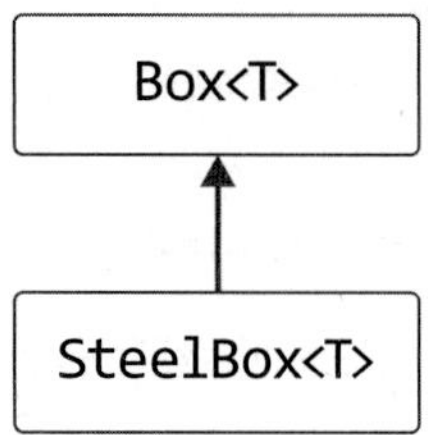

[그림 22-1: 제네릭 클래스의 상속]

다음 관계도 성립한다. 때문에 예제에서 SteelBox〈Integer〉 인스턴스를 Box〈Integer〉형 참조변수로 참조할 수 있었다.

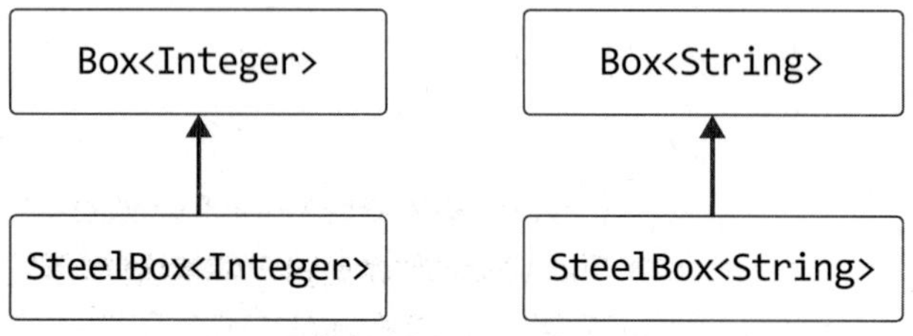

[그림 22-2: 제네릭 클래스의 상속으로 인해 형성되는 관계]

앞 Chapter에서 Box〈Integer〉와 같은 것을 '매개변수화 타입' 또는 '제네릭 타입'이라 함을 설명하였는데, 이렇듯 '타입(Type)'이라는 단어가 포함된 것은 Box〈Integer〉를 일종의 자료형으로, 정확히는 클래스의 이름으로 간주함을 뜻한다. 따라서 위와 같은 상속의 관계가 형성될 수 있고, 이를 다음과 같이 표현할 수 있다.

"SteelBox〈Integer〉 클래스는 Box〈Integer〉 클래스를 상속한다."

물론 다음과 같이 표현하는 것이 보편적이긴 하다.

"SteelBox〈Integer〉 제네릭 타입은 Box〈Integer〉 제네릭 타입을 상속한다."

그렇다면 다음 문장도 컴파일이 가능할까? Number를 Integer가 상속하니 컴파일이 되지 않을까?

```
Box<Number> box = new Box<Integer>();    // 컴파일 가능할까?
```

Number를 Integer가 상속하지만 Box〈Number〉와 Box〈Integer〉는 상속 관계를 형성하지 않는다. 따라서 컴파일 되지 않는다. 참고로 지금 설명한 이 내용은 단순한 지식에 그치는 문법이 아니라,

잠시 후에 설명할 내용의 사전 지식이 되므로 잘 이해하고 기억하기 바란다.

Box〈Number〉와 Box〈Integer〉이 상속 관계를 형성하지 않는 것은 언어를 디자인 한 설계자의 결정이므로 이해보다는 인식이 우선인 부분이다. 그러나 조금만 생각해 보면 이러한 결정이 합리적임을 알 수 있다. 예를 들어서 SteelBox〈Integer〉와 Box〈Integer〉가 상속 관계를 형성하는데, 여기에 더해 Box〈Integer〉와 Box〈Number〉가 상속 관계를 형성한다면? 매우 혼란스러운 상속의 구조가 만들어진다. 그에 따른 이점은 별로 보이지 않는데 말이다.

■ 타겟 타입 (Target Types)

앞서 Chapter 21에서 자바 컴파일러는 생략된 자료형 정보에 대해 유추하는 능력이 있음을 설명하였다. 그런데 컴파일러가 자료형 유추를 진행하는 상황이 생각보다 다양하다. 그럼 이와 관련하여 다음 예제를 보자.

◈ TargetTypes.java

```
class Box<T> {
    private T ob;
    public void set(T o) { ob = o; }
    public T get() { return ob; }
}

class EmptyBoxFactory {
    public static <T> Box<T> makeBox() {   // 제네릭 메소드
        Box<T> box = new Box<T>();    // 상자 생성
        return box;    // 생성한 상자 반환
    }
}

class TargetTypes {
    public static void main(String[] args) {
        Box<Integer> iBox = EmptyBoxFactory.<Integer>makeBox();
        iBox.set(25);
        System.out.println(iBox.get());
    }
}
```

▶ 실행 결과: TargetTypes.java

```
명령 프롬프트
C:₩JavaStudy>java TargetTypes
25

C:₩JavaStudy>
```

위의 예제에서는 다음과 같이 상자를 생성해서 반환하는 '제네릭 메소드'를 정의하였다.

```
public static <T> Box<T> makeBox() {
    Box<T> box = new Box<T>();
    return box;
}
```

그런데 이전에 구현했던 BoxFactory 클래스의 makeBox 메소드와 달리 인자를 전달받지 않는다. 당시에는 인자를 전달받았기 때문에 컴파일러가 이 인자를 통해서 T를 유추할 수 있었다. 그러나 위의 메소드는 인자를 전달받지 않으므로 다음과 같이 T에 대한 타입 인자를 전달해야 한다.

```
Box<Integer> iBox = EmptyBoxFactory.<Integer>makeBox();
```

그런데 자바 7부터 다음과 같이 호출하는 것이 가능하게 되었다. 자바 7부터 컴파일러의 자료형 유추 범위가 넓어졌기 때문이다.

```
Box<Integer> iBox = EmptyBoxFactory.makeBox();    // 자바 7부터 컴파일 되는 문장
```

어떻게 가능한 것일까? 우리는 위의 문장을 보면서 makeBox 메소드는 Box〈Integer〉 인스턴스의 참조 값을 반환해야 한다고 판단할 수 있다. 왼편에 선언된 매개변수의 형을 보고 이러한 판단을 할 수 있다. 따라서 makeBox 메소드 호출 시 T는 Integer가 되어야 함을 알 수 있다. 그런데 이러한 판단을 자바 7부터 컴파일러도 할 수 있게 되었다.
지금 설명한 상황에서 T의 유추에 사용된 정보 Box〈Integer〉를 가리켜 '타겟 타입'이라 한다. 그리고 이러한 유추는 당연한 듯 보이지만, 대입 연산자의 왼편에 있는 정보를 가지고 컴파일러가 이러한 유추를 진행한다는 것은 주목할 만한 일이다.

■ 와일드카드(Wildcard)

드디어 제네릭에서 어렵다고 알려진 와일드카드에 대한 설명을 진행할 차례이다. 최대한 쉽게 그리고 정리해 가며 설명을 진행하겠다. 앞서 Chapter 21에서 다음 클래스를 정의한 바 있다. 이 클래스의

핵심은 제네릭 메소드의 정의에 있다.

```
class Unboxer {
    public static <T> T openBox(Box<T> box) {
        return box.get();    // 상자 안의 내용물 반환
    }
}
```

위 클래스에 상자의 내용물을 반환하지 않고 그저 '무엇이 들었나' 정도만 확인하는 기능의 제네릭 메소드를 하나 추가하여 다음 예제를 작성하였다.

◈ WildcardUnboxer.java

```
class Box<T> {
    private T ob;
    public void set(T o) { ob = o; }
    public T get() { return ob; }

    @Override
    public String toString() {
        return ob.toString();
    }
}

class Unboxer {
    public static <T> T openBox(Box<T> box) {
        return box.get();
    }

    // 상자 안의 내용물을 확인하는(출력하는) 기능의 제네릭 메소드
    public static <T> void peekBox(Box<T> box) {
        System.out.println(box);
    }
}

class WildcardUnboxer {
    public static void main(String[] args) {
        Box<String> box = new Box<>();
        box.set("So Simple String");
        Unboxer.peekBox(box);    // 상자 안의 내용물을 확인해본다.
    }
}
```

▶ 실행 결과: WildcardUnboxer.java

```
명령 프롬프트
C:\JavaStudy>java WildcardUnboxer
So Simple String

C:\JavaStudy>
```

위 예제에서 다음 제네릭 메소드를 추가하였다.

```
public static <T> void peekBox(Box<T> box) {
    System.out.println(box);
}
```

그런데 이 메소드를 제네릭으로 정의한 이유가 Box〈Integer〉, Box〈String〉의 인스턴스를 인자로 전달받도록 하기 위함이니 다음과 같이 정의해도 되지 않겠는가?

```
public static void peekBox(Box<Object> box) {
    System.out.println(box);
}
```

안된다! 이에 대해서는 앞서 제네릭 클래스와 상속에 대해 설명하면서 언급하였는데, 그 내용을 바탕으로 안되는 이유를 정리하면 다음과 같다.

> "Box〈Object〉와 Box〈String〉은 상속 관계를 형성하지 않는다."
>
> "Box〈Object〉와 Box〈Integer〉은 상속 관계를 형성하지 않는다."

즉 Object와 String이 상속 관계에 있더라도 Box〈Object〉와 Box〈String〉은 상속 관계를 형성하지 않는 별개의 자료형이다. 대신 '와일드카드'라는 것을 사용하면 원하는 바를 이룰 수 있는데 이와 관련하여 다음 예제를 보자.

◈ WildcardUnboxer2.java

```
class Box<T> {
    private T ob;
    public void set(T o) { ob = o; }
    public T get() { return ob; }

    @Override
```

```
    public String toString() {
        return ob.toString();
    }
}

class Unboxer {
    public static <T> T openBox(Box<T> box) {
        return box.get();
    }
    public static void peekBox(Box<?> box) {   // 와일드카드 사용
        System.out.println(box);
    }
}

class WildcardUnboxer2 {
    public static void main(String[] args) {
        Box<String> box = new Box<>();
        box.set("So Simple String");
        Unboxer.peekBox(box);
    }
}
```

▶ 실행 결과: WildcardUnboxer2.java

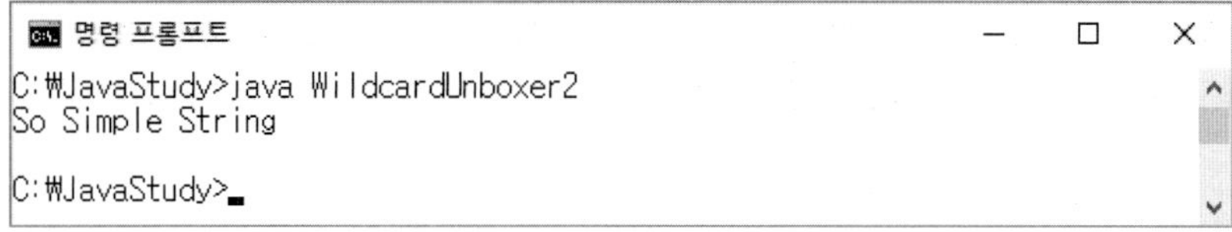

위 예제에서 보이듯이 물음표 기호로 표시되는 와일드카드를 이용해서 메소드의 매개변수를 다음과 같이 선언하면,

```
public static void peekBox(Box<?> box) {
    System.out.println(box);
}
```

Box<T>를 기반으로 생성된, Box<Integer> 인스턴스나 Box<String> 인스턴스들을 인자로 받을 수 있다. 그렇다면 다음 두 메소드에는 어떠한 차이가 있을까? 위에서 제시한 두 예제에서 보인 결과를

보면 아무런 차이가 없는데 말이다.

```
public static <T> void peekBox(Box<T> box) {
    System.out.println(box);
}   // 제네릭 메소드의 정의

public static void peekBox(Box<?> box) {
    System.out.println(box);
}  // 와일드카드 기반 메소드 정의
```

사실 기능적인 측면에서 보면 위의 두 메소드는 완전히 동일하다. 즉 제네릭 메소드와 와일드카드 기반 메소드는 상호 대체 가능한 측면이 있다. 그러나 코드가 조금 더 간결하다는 이유로 와일드카드 기반 메소드의 정의를 선호한다.

참고 **와일드카드 기반 메소드 정의를 보다 간결하다고 한 이유는?**

앞서 제시한 두 메소드를 보면 제네릭 메소드 정의에는 다음과 같이 〈T〉가 두 번 등장한다.

```
public static <T> void peekBox(Box<T> box)
```

반면 와일드카드 기반 메소드 정의에는 〈?〉가 매개변수 선언에서 한 번만 등장한다.

```
public static void peekBox(Box<?> box)
```

지금은 이 차이가 별것 아닌 것 같지만 〈T〉 또는 〈?〉에 추가적인 선언이 들어가면 이러한 차이는 더 커진다. 그리고 개인적인 취향과 상관 없이 이러한 보편적인 선호도를 따라서 코드를 작성하는 것도 중요하다.

■ 와일드카드의 상한과 하한의 제한: Bounded Wildcards

이어서 와일드카드의 '상한 제한'과 '하한 제한'을 문법적 측면에서 일단 설명하겠다. 그리고 나서 와일드카드에 제한을 거는 이유에 대해 설명하겠다. 먼저 다음 메소드를 보자.

```
public static void peekBox(Box<?> box) {
    System.out.println(box);
}
```

위 메소드의 인자로, Box〈T〉에서 T가 Number 또는 Number의 하위 클래스인 제네릭 타입의 인스턴스만 전달되도록 제한할 때 다음과 같이 '상한 제한된 와일드카드(Upper-Bounded Wildcards)'라는 것을 사용한다.

```
Box<? extends Number> box
```

→ box는 Box〈T〉 인스턴스를 참조하는 참조변수이다.

→ 단 이때 Box〈T〉 인스턴스의 T는 Number 또는 이를 상속하는 하위 클래스이어야 함

따라서 메소드 peekBox의 매개변수에 다음과 같이 제한을 걸어서 Box〈Integer〉, Box〈Double〉과 같은 제네릭 타입의 인스턴스만 인자로 전달되도록 할 수 있다.

```
public static void peekBox(Box<? extends Number> box) {
    System.out.println(box);
}
```

그럼 다음 예제를 통해 이 내용을 확인하자.

◈ UpperBoundedWildcard.java

```
class Box<T> {
    private T ob;
    public void set(T o) { ob = o; }
    public T get() { return ob; }

    @Override
    public String toString() {
        return ob.toString();
    }
}

class Unboxer {
    public static void peekBox(Box<? extends Number> box) {
        System.out.println(box);
    }
}

class UpperBoundedWildcard {
    public static void main(String[] args) {
        Box<Integer> iBox = new Box<>();
        iBox.set(1234);

```

```
        Box<Double> dBox = new Box<>();
        dBox.set(10.009);

        Unboxer.peekBox(iBox);
        Unboxer.peekBox(dBox);
    }
}
```

▶ 실행 결과: UpperBoundedWildcard.java

```
명령 프롬프트
C:₩JavaStudy>java UpperBoundedWildcard
1234
10.009

C:₩JavaStudy>
```

그리고 다음과 같이 참조변수에 '하한 제한된 와일드카드(Lower-Bounded Wildcards)' 선언을 할 수도 있다.

```
Box<? super Integer> box
```

→ box는 Box<T> 인스턴스를 참조하는 참조변수이다.

→ 단 이때 Box<T> 인스턴스의 T는 Integer 또는 Integer가 상속하는 클래스이어야 함

예를 들어서 메소드의 매개변수를 다음과 같이 선언하면,

```
public static void peekBox(Box<? super Integer> box) {
    System.out.println(box);
}
```

위 메소드의 인자로 전달될 수 있는 인스턴스의 타입 종류는 다음과 같이 제한된다.

```
Box<Integer>, Box<Number>, Box<Object>
```

그럼 다음 예제를 통해 이를 확인하자.

◈ LowerBoundedWildcard.java

```
class Box<T> {
    private T ob;
    public void set(T o) { ob = o; }
    public T get() { return ob; }

    @Override
    public String toString() {
        return ob.toString();
    }
}

class Unboxer {
    public static void peekBox(Box<? super Integer> box) {
        System.out.println(box);
    }
}

class LowerBoundedWildcard {
    public static void main(String[] args) {
        Box<Integer> iBox = new Box<Integer>();
        iBox.set(5577);

        Box<Number> nBox = new Box<Number>();
        nBox.set(new Integer(9955));

        Box<Object> oBox = new Box<Object>();
        oBox.set("My Simple Instance");

        Unboxer.peekBox(iBox);
        Unboxer.peekBox(nBox);
        Unboxer.peekBox(oBox);
    }
}
```

▶ 실행 결과: LowerBoundedWildcard.java

```
C:\JavaStudy>java LowerBoundedWildcard
5577
9955
My Simple Instance

C:\JavaStudy>_
```

지금까지 와일드카드의 상한 제한과 하한 제한을 문법적으로 설명하였다. 따라서 이 문법이 지니는 중요한 의미를 이어서 설명하고자 하다.

■ 언제 와일드카드에 제한을 걸어야 하는가? : 도입

다음 메소드의 매개변수 선언에 대해서 설명하라고 하면,

```
public static void peekBox(Box<? extends Number> box) {...}
```

인자로 전달할 수 있는 인스턴스의 형과 관련하여 다음 내용으로 설명하고 마무리하는 경우가 대부분이다.

"Box〈T〉의 T를 Number 또는 Number를 직간접적으로 상속하는 클래스로 제한하기 위한 것"

물론 정확한 설명이다. 그리고 인자로 전달되는 대상을 제한하는 것은 그 자체로 프로그램에 안정성을 높여 의미가 있다. 그러나 다른 관점에서 '상한 제한된 와일드카드'의 의미를 설명할 수 있어야 한다. 마찬가지로 다음 메소드의 매개변수 선언에 대해서 설명하라고 하면,

```
public static void peekBox(Box<? super Integer> box) {...}
```

인자로 전달할 수 있는 인스턴스의 형과 관련하여 다음 내용으로 설명하고 마무리하는 경우가 대부분이다.

"Box〈T〉의 T를 Integer 또는 Integer가 직간접적으로 상속하는 클래스로 제한하기 위한 것"

그러나 이 경우에도 다른 관점에서 하한 제한된 와일드카드의 의미를 설명할 수 있어야 한다. 그렇지 않으면 자바에서 제공하는 다음과 같은 메소드의 사용은 부담스러울 수밖에 없다.

```
public static <T> void copy(List<? super T> dest, List<? extends T> src)
```

→ Collections 클래스의 복사 메소드

그러나 '컬렉션 프레임워크'를 공부하면서 우리는 이 메소드를 사용해야 한다. 그래서 이의 이해에 필요한 내용을 지금부터 설명하려고 한다. 참고로 지금부터 설명하는 내용은 본서의 내용 중에 어려운 편에 속한다. 정확히는 자바 문법 중에서 어려운 내용에 속한다.

■ 언제 와일드카드에 제한을 걸어야 하는가? : 상한 제한의 목적

와일드카드의 상한 제한이 어떻게 활용되는지 설명하기에 앞서 다음 예제를 관찰하자. 이는 지금까지 공부한 내용을 바탕으로 쉽게 분석할 수 있는 수준의 예제이다.

◈ BoundedWildcardBase.java

```
class Box<T> {
    private T ob;
    public void set(T o) { ob = o; }
    public T get() { return ob; }
}

class Toy {
    @Override
    public String toString() {
        return "I am a Toy";
    }
}

class BoxHandler {
    public static void outBox(Box<Toy> box) {
        Toy t = box.get();    // 상자에서 꺼내기
        System.out.println(t);
    }
    public static void inBox(Box<Toy> box, Toy n) {
        box.set(n);    // 상자에 넣기
    }
}

class BoundedWildcardBase {
    public static void main(String[] args) {
        Box<Toy> box = new Box<>();
        BoxHandler.inBox(box, new Toy());
        BoxHandler.outBox(box);
    }
```

```
30. }
```

▶ 실행 결과: BoundedWildcardBase.java

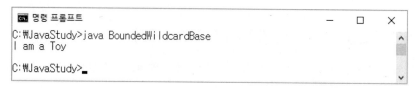

```
C:\JavaStudy>java BoundedWildcardBase
I am a Toy

C:\JavaStudy>_
```

위 예제에서 관심을 두어야 할 부분은 BoxHandler 클래스에 정의된 다음 두 메소드이다.

```
public static void outBox(Box<Toy> box) {
    Toy t = box.get();    // 상자에서 꺼내기
    System.out.println(t);
}

public static void inBox(Box<Toy> box, Toy n) {
    box.set(n);  // 상자에 넣기
}
```

첫 번째 메소드 outBox는 상자에서 물건을 꺼낼 때 사용하는 메소드이다. 반면 inBox는 상자에 물건을 넣을 때 사용하는 메소드이다. 둘 다 잘 정의되었고 잘 동작한다. 그러나 잘 만들어진 코드는 다음의 조건을 추가로 만족해야 하는데, 위의 두 메소드는 이 조건까지 만족하는 형태로 정의되지 않았다.

"필요한 만큼만 기능을 허용하여, 코드의 오류가 컴파일 과정에서 최대한 발견되도록 한다."

먼저 다음 메소드를 보자.

```
public static void outBox(Box<Toy> box) {...}
```

→ 매개변수 box가 참조하는 상자에서 인스턴스를 꺼내는 기능

이 메소드를 정의할 당시 프로그래머의 생각은 다음과 같다.

"상자에서 내용물을 꺼내는 기능의 메소드를 정의하자."

그런데 매개변수 box를 대상으로는 다음과 같이 get은 물론 set의 호출도 가능하다.

```
public static void outBox(Box<Toy> box) {
    box.get();   // 꺼내는 것! OK!
    box.set(new Toy());    // 넣는 것! 이것도 OK!
}
```

따라서 다음과 같은 유형의 오류를 범할 수 있는 상황이다.

"outBox 메소드 내에서 실수로 set 메소드를 호출하여 임의의 인스턴스를 넣었다."

이러한 실수는 누구나 할 수 있다. 그러나 이러한 오류는 컴파일 과정에서 발견되지 않는다. 때문에 outBox 메소드를 정의할 때에는 매개변수 box를 대상으로 get은 가능하지만 set은 불가능하도록 제한을 거는 것이 좋다. 그리고 이러한 일이 '필요한 만큼만 기능을 허용하여, 코드의 오류가 컴파일 과정에서 최대한 발견되도록 하는 일'이다.

그렇다면 어떻게 outBox 메소드를 정의해야 할까? 다음과 같이 정의하면 된다. 다음과 같이 매개변수 선언을 하면 상자에서 꺼내는 것은 가능하지만 넣는 것은 불가능하게 된다. 넣으려고 하면 컴파일 오류가 발생한다.

```
public static void outBox(Box<? extends Toy> box) {
    box.get();   // 꺼내는 것! OK!
    box.set(new Toy());   // 넣는 것! ERROR!
}
```

위의 상황에서 set 메소드의 호출이 불가능한 이유는 무엇일까? 바로 결론을 말하면, 위 메소드의 매개변수로 Toy 인스턴스를 저장할 수 있는 상자만(Box〈T〉 인스턴스만) 전달된다는 사실을 보장할 수 없기 때문이다. (이 문장에서 설명한 내용을 이해하기 위한 시간을 잠시 갖자.)

이에 대해 보충 설명을 하면, Toy 클래스는 다음과 같이 다른 클래스들에 의해 얼마든지 상속이 될 수 있다.

```
class Car extends Toy {...}       // 자동차 장난감
class Robot extends Toy {...}     // 로봇 장난감
```

그리고 이렇게 상속 관계를 맺으면 위의 outBox 메소드에 Box〈Car〉 또는 Box〈Robot〉 인스턴스가 인자로 전달될 수 있다. 이러한 상황에서 다음과 같이 Toy 인스턴스를 상자에 담을 수 있겠는가?

```
public static void outBox(Box<? extends Toy> box) {
    // box로 Box<Car> 또는 Box<Robot> 인스턴스가 전달된다면?
    box.set(new Toy());    // 넣는 것! ERROR!
}
```

바로 이러한 문제점 때문에 다음과 같이 선언된 매개변수를 대상으로는 저장하는(전달하는) 메소드의 호출이 불가능하다.

```
Box<? extends Toy> box
```

지금까지 설명한 내용을 정리하면, 다음과 같은 매개변수 선언을 보았을 때,

```
public static void outBox(Box<? extends Toy> box) {
    /* 이 안에서는 box가 참조하는 인스턴스에
            Toy 인스턴스를 저장하는(전달하는) 메소드 호출은 불가능하다. */
}
```

다음과 같은 판단을 할 수 있어야 한다.

"box가 참조하는 인스턴스를 대상으로 저장하는 기능의 메소드 호출은 불가능하다."

그리고 지금 설명한 내용을 바탕으로 앞서 제시한 예제의 수준을 다음과 같이 높일 수 있게 되었다.

◈ BoundedWildcardUsage.java

```
class Box<T> {
    private T ob;
    public void set(T o) { ob = o; }
    public T get() { return ob; }
}

class Toy {
    @Override
    public String toString() {
        return "I am a Toy";
    }
}

class BoxHandler {
    public static void outBox(Box<? extends Toy> box) {
        Toy t = box.get();    // 상자에서 꺼내기
        System.out.println(t);
    }
    public static void inBox(Box<Toy> box, Toy n) {
        box.set(n);   // 상자에 넣기
```

```
    }
}

class BoundedWildcardUsage {
    public static void main(String[] args) {
        Box<Toy> box = new Box<>();
        BoxHandler.inBox(box, new Toy());
        BoxHandler.outBox(box);
    }
}
```

▶ 실행 결과: BoundedWildcardUsage.java

```
명령 프롬프트
C:\JavaStudy>java BoundedWildcardUsage
I am a Toy

C:\JavaStudy>_
```

■ 언제 와일드카드에 제한을 걸어야 하는가? : 하한 제한의 목적

이번에는 다음 클래스의 두 번째 메소드에 주목하자.

```
class BoxHandler {
    ...
    public static void inBox(Box<Toy> box, Toy n) {
        box.set(n);    // 상자에 넣기
    }
}
```

위의 두 번째 메소드 inBox도 좋은 코드가 되기 위한 다음 조건을 만족하지 못한다.

"필요한 만큼만 기능을 허용하여, 코드의 오류가 컴파일 과정에서 최대한 발견되도록 한다."

이 메소드는 상자에 인스턴스를 저장하는 것이 목적이니, 다음과 같이 get 메소드를 호출하는 코드가 삽입된다면 이는 분명 프로그래머의 실수이다.

```
public static void inBox(Box<Toy> box, Toy n) {
    box.set(n);    // 넣는 것! OK!
    Toy myToy = box.get();    // 꺼내는 것! 이것도 OK!
}
```

그러나 이러한 실수는 컴파일 과정에서 발견되지 않는다. 따라서 이러한 실수가 컴파일 과정에서 발견될 수 있도록 매개변수를 다음과 같이 선언해야 한다.

```
public static void inBox(Box<? super Toy> box, Toy n) {
    box.set(n);    // 넣는 것! OK!
    Toy myToy = box.get();    // 꺼내는 것! Error!
}
```

위와 같이 매개변수를 선언하면 get 메소드의 호출문에서 컴파일 오류가 발생한다. 이유는 반환형을 Toy로 결정할 수 없기 때문이다. 즉 get 메소드 호출 자체는 문제 되지 않으나, 반환되는 값을 저장하기 위해 선언한 참조변수의 형을 Toy로 결정했다는 사실에서 문제가 발생한다. (이 문장에서 설명한 내용을 이해하기 위한 시간을 잠시 갖자.)
이와 관련하여 보충 설명을 하기 위해 Toy 클래스의 상속 관계가 다음과 같다고 가정하자.

```
class Plastic {...}
class Toy extends Plastic {...}
```

그러면 inBox 메소드의 첫 번째 인자로 전달 가능한 두 가지 유형의 Box〈T〉 인스턴스는 다음과 같다.

```
Box<Toy> tBox = new Box<Toy>();
Box<Plastic> pBox = new Box<Plastic>();
```

그리고 위의 inBox 메소드에 인자로 tBox가 전달되면 메소드 내에서 다음 문장을 실행하는데 문제가 없지만,

```
Toy myToy = box.get();    // get이 반환하는 것이 Toy 인스턴스이므로 문제가 없지만,
```

pBox가 전달되면, 메소드 내에서 다음 문장을 실행하는데 있어서 문제가 된다. 그래서 컴파일러는 이 문장 자체를 허용하지 않는다.

```
Toy myToy = box.get();    // get이 반환하는 것이 Plastic 인스턴스이므로 문제가 된다.
```

자! 그럼 지금 설명한 내용을 이렇게 정리하자. 다음과 같은 매개변수 선언을 보았을 때,

```
public static void outBox(Box<? super Toy> box) {
    /* 이 안에서는 box가 참조하는 인스턴스에서
          Toy 인스턴스를 꺼내는(반환하는) 메소드 호출은 불가능하다. */
}
```

다음과 같은 판단을 할 수 있어야 한다.

"box가 참조하는 인스턴스를 대상으로 꺼내는 기능의 메소드 호출은 불가능하다."

실제 문제를 일으키는 부분은 메소드 호출 자체가 아닌, 매개변수의 반환형 선언이지만 이렇게 정리해 두는 것이 여러모로 도움이 된다.

참고 참조변수를 Object형으로 선언한다면?

앞서 설명한 내용과 관련하여 다음과 같이 참조변수 myToy를 Object형으로 선언하면 컴파일이 되지 않으냐고 질문할 수 있다.

```
public static void inBox(Box<? super Toy> box, Toy n) {
    Object myToy = box.get();
}
```

위의 상황에서 get 메소드의 반환형을 결정할 수 없기 때문에 컴파일러는 get의 반환형을 Object로 결정해버린다. 그래서 위의 메소드 정의는 컴파일 된다. 그러나 자바는 Object형 참조변수의 선언이나 Object형으로의 형 변환이 불필요하도록 문법을 개선시켜왔다. Object라는 이름이 코드에 직접 등장하는 것은 컴파일러를 통한 오류의 발견 가능성을 낮추는 행위이기 때문이다. 그러니 지금 설명하는 부분에서 참조변수를 Object형으로 선언하는 것은 논외로 해야 한다. 동시에 당연히 피해야 할 일이기도 하다.

그럼 마지막으로 앞서 보인 예제를 '필요한 만큼만 기능을 허용하여, 코드의 오류가 컴파일 과정에서 최대한 발견되도록' 수준을 높인 결과를 보이겠다.

◈ BoundedWildcardUsage2.java

```
class Box<T> {
    private T ob;
    public void set(T o) { ob = o; }
    public T get() { return ob; }
}

```

```
class Toy {
    @Override
    public String toString() {
        return "I am a Toy";
    }
}

class BoxHandler {
    public static void outBox(Box<? extends Toy> box) {
        Toy t = box.get();    // 상자에서 꺼내기
        System.out.println(t);
    }
    public static void inBox(Box<? super Toy> box, Toy n) {
        box.set(n);     // 상자에 넣기
    }
}

class BoundedWildcardUsage2 {
    public static void main(String[] args) {
        Box<Toy> box = new Box<>();
        BoxHandler.inBox(box, new Toy());
        BoxHandler.outBox(box);
    }
}
```

▶ 실행 결과: BoundedWildcardUsage2.java

명령 프롬프트
C:₩JavaStudy>java BoundedWildcardUsage2
I am a Toy
C:₩JavaStudy>

■ 언제 와일드카드에 제한을 걸어야 하는가? : 정리하기

와일드카드의 상한과 하한 제한이 필요한 이유의 본질은 그 자체로 이해하기 난해한 부분이 있다. 그러니 한번 이해하고 나면 다음과 같이 Box〈T〉를 대상으로 정리를 해 두는 것이 좋다.

매개변수 선언: Box〈? extends Toy〉 box

→ box가 참조하는 인스턴스를 대상으로 꺼내는 작업만 허용하겠다는 의미

매개변수 선언: Box〈? super Toy〉 box

→ box가 참조하는 인스턴스를 대상으로 넣는 작업만 허용하겠다는 의미

그럼 예제를 하나 더 제시하겠다. 이 예제를 통해서 와일드카드의 상한과 하한 제한을 더 확실히 이해할 수 있기를 바라겠다. 다음은 상자에 담긴 내용물을 다른 상자로 옮기는 기능의 메소드를 정의하고 활용하는 예제이다. 단순히 문법 관점에서 본다면 상자의 내용물을 복사하는 예제로도 볼 수 있다.

◈ MoveBoxContents.java

```java
class Box<T> {
    private T ob;
    public void set(T o) { ob = o; }
    public T get() { return ob; }
}

class Toy {
    @Override
    public String toString() {
        return "I am a Toy";
    }
}

class BoxContentsMover {
    // from에 저장된 내용물을 to로 이동
    public static void moveBox(Box<? super Toy> to, Box<? extends Toy> from) {
        to.set(from.get());
    }
}

class MoveBoxContents {
    public static void main(String[] args) {
        Box<Toy> box1 = new Box<>();
        box1.set(new Toy());
        Box<Toy> box2 = new Box<>();

        // box1에 저장된 내용물 box2로 이동
        BoxContentsMover.moveBox(box2, box1);
        System.out.println(box2.get());
    }
}
```

▶ 실행 결과: MoveBoxContents.java

```
명령 프롬프트
C:₩JavaStudy>java MoveBoxContents
I am a Toy

C:₩JavaStudy>_
```

위 예제의 다음 메소드는 from으로 전달된 상자의 내용물을 to로 전달된 상자로 옮긴다.

```
public static void moveBox(Box<? super Toy> to, Box<? extends Toy> from) {
    to.set(from.get());
}
```

그런데 위와 같은 유형의 메소드를 정의하는 경우 프로그래머도 실수할 수 있다. from에서 to로 옮겨야 하는데, 다음과 같이 to에서 from으로 옮기는 코드를 작성할 수 있는 일이다.

```
from.set(to.get());      // 프로그래머의 실수! 그러나 컴파일 오류로 이어진다.
```

그러나 매개변수의 선언에서 와일드카드에 적절히 상한과 하한 제한을 걸어 두었기 때문에 위와 같은 실수는 컴파일 과정에서 드러난다.

문제 22-1 [와일드카드의 상한과 하한 제한]

다음 예제에는 프로그래머의 실수가 존재한다. 그러나 컴파일 과정에서는 이 실수가 드러나지 않는다. 실수가 컴파일 과정에서 발견될 수 있도록 매개변수 선언을 수정하자. 그리고 프로그래머의 실수를 바로잡자.

```
class Box<T> {
    private T ob;
    public void set(T o) { ob = o; }
    public T get() { return ob; }
}
class BoundedWildcardDemo {
    public static void addBox(Box<Integer> b1, Box<Integer> b2, Box<Integer> b3) {
        b3.set(b1.get() + b2.get());     // 프로그래머의 실수가 있는 부분
    }
    public static void main(String[] args) {
        Box<Integer> box1 = new Box<>();
```

```
            box1.set(24);
            Box<Integer> box2 = new Box<>();
            box2.set(37);
            Box<Integer> result = new Box<>();
            result.set(0);
            addBox(result, box1, box2);    // result에 24 + 37의 결과 저장
            System.out.println(result.get()); // 61 출력
        }
    }
```

답안은 출판사 홈페이지를 통해서 제공합니다.

■ 제한된 와일드카드 선언을 갖는 제네릭 메소드

앞서 Toy 클래스를 담은 상자를 기준으로 다음과 같이 inBox와 outBox 메소드를 정의하였다.

```
class BoxHandler {
    public static void outBox(Box<? extends Toy> box) {
        Toy t = box.get();   // 상자에서 꺼내기
        System.out.println(t);
    }
    public static void inBox(Box<? super Toy> box, Toy n) {
        box.set(n);    // 상자에 넣기
    }
}
```

위의 두 메소드는 Box〈Toy〉 인스턴스를 대상으로 정의된 메소드이다. 이 상황에서 다음 클래스를 정의했다고 가정해보자.

```
class Robot {
    @Override
    public String toString() { return "I am a Robot"; }
}
```

그리고 Box〈Robot〉의 인스턴스를 대상으로 outBox와 inBox 메소드를 호출하고 싶다고 가정하자. 그렇다면 다음과 같이 오버로딩을 하여 메소드를 정의하는 방법을 고려할 수 있다.

```
class BoxHandler {
    // 다음 두 메소드는 오버로딩 인정 안됨.
    public static void outBox(Box<? extends Toy> box) {...}
    public static void outBox(Box<? extends Robot> box) {...}

    // 다음 두 메소드는 두 번째 매개변수로 인해 오버로딩 인정 됨.
    public static void inBox(Box<? super Toy> box, Toy n) {...}
    public static void inBox(Box<? super Robot> box, Robot n) {...}
}
```

그런데 위 클래스의 다음 두 메소드 정의는 오버로딩이 성립하지 않는다.

```
public static void outBox(Box<? extends Toy> box) {...}
public static void outBox(Box<? extends Robot> box) {...}
```

→ 컴파일러는 두 메소드의 오버로딩을 인정하지 않는다.

그 이유는 기술적인 문제에 기인하는데 조금만 설명하면, 자바는 제네릭 등장 이전에 정의된 클래스들과의 상호 호환성 유지를 위해 컴파일 시 제네릭과 와일드카드 관련 정보를 지우는 과정을 거친다. 즉 위의 두 매개변수 선언은 컴파일 과정에서 다음과 같이 수정이 되고, 이로 인해 메소드의 오버로딩이 성립 불가능한 상태가 된다.

```
Box<? extends Toy> box      →    Box box
Box<? extends Robot> box    →    Box box
```

위와 같이 컴파일러가 제네릭 정보를 지우는 행위를 가리켜 'Type Erasure'라 한다. 따라서 위와 같이 오버로딩을 하고 컴파일 하면 다음 메시지가 포함된 에러 메시지가 출력된다.

『name clash:

outBox(Box<? extends Robot>) and outBox(Box<? extends Toy>) have the same erasure』

위의 내용을 조금 과장해서(생략 및 축소된 내용을 포함해서) 의역하면 이렇다.

『이름 충돌:

outBox(Box<? extends Robot>)와 outBox(Box<? extends Toy>)은 'Type Erasure'에 의해 매개변수 정보가 같아집니다.』

반면 BoxHandler 클래스에 정의된 다음 두 메소드는 오버로딩이 인정된다. 이유는 제네릭과 관련 없는 두 번째 매개변수의 자료형이 다르기 때문이다.

```
public static void inBox(Box<? super Toy> box, Toy n) {...}
public static void inBox(Box<? super Robot> box, Robot n) {...}
```

→ 두 번째 매개변수의 자료형이 다르므로 오버로딩이 인정된다.

다시 본론으로 돌아와서 Box〈Toy〉 인스턴스와 Box〈Robot〉 인스턴스를 동시에 허용할 수 있도록 inBox와 outBox 메소드를 정의하려면 어떻게 해야 할까? 답은 다음 예제에서 보이듯이 '제네릭 메소드'에 있다.

◈ BoundedWildcardGenericMethod.java

```
class Box<T> {
    private T ob;
    public void set(T o) { ob = o; }
    public T get() { return ob; }
}

class Toy {
    @Override
    public String toString() { return "I am a Toy"; }
}

class Robot {
    @Override
    public String toString() { return "I am a Robot"; }
}

class BoxHandler {
    public static <T> void outBox(Box<? extends T> box) {
        T t = box.get();
        System.out.println(t);
    }

    public static <T> void inBox(Box<? super T> box, T n) {
        box.set(n);
    }
}

class BoundedWildcardGenericMethod {
    public static void main(String[] args) {
        Box<Toy> tBox = new Box<>();
        BoxHandler.inBox(tBox, new Toy());
        BoxHandler.outBox(tBox);
```

```

        Box<Robot> rBox = new Box<>();
        BoxHandler.inBox(rBox, new Robot());
        BoxHandler.outBox(rBox);
    }
}
```

▶ 실행 결과: BoundedWildcardGenericMethod.java

```
명령 프롬프트
C:\JavaStudy>java BoundedWildcardGenericMethod
I am a Toy
I am a Robot

C:\JavaStudy>
```

위 예제의 결론은 이렇다. 다음과 같이 메소드를 오버로딩 해야 하는 상황에서는 'Type Erasure'라는 것 때문에 오버로딩으로 인정이 되지 않으니,

```
public static void outBox(Box<? extends Toy> box) {...}
public static void outBox(Box<? extends Robot> box) {...}
```

다음과 같은 제네릭 메소드의 정의로 이를 대신하자는 것이다.

```
public static <T> void outBox(Box<? extends T> box) {...}
```

그리고 이후에 〈? extends T〉 선언을 볼일이 있을 텐데, 그때는 지금 설명한 위 예제의 상황을 떠올려 이 선언이 의미하는 바를 이해하길 바란다.

문제 22-2 <? extends T>

다음 예제에는 프로그래머의 실수가 존재한다. 그러나 컴파일 과정에서는 이 실수가 드러나지 않는다. 실수가 컴파일 과정에서 발견될 수 있도록 매개변수 선언을 수정하자. 그리고 프로그래머의 실수를 바로잡자.

```
class Box<T> {
    private T ob;
    public void set(T o) { ob = o; }
    public T get() { return ob; }
}

class BoundedWildcardGeneric {
    // box에 con과 동일한 내용물이 들었는지 확인
    public static <T> boolean compBox(Box<T> box, T con) {
        T bc = box.get();
        box.set(con);    // 프로그래머의 실수로 삽입된 문장, 때문에 내용물이 바뀐다.
        return bc.equals(con);
    }
    public static void main(String[] args) {
        Box<Integer> box1 = new Box<>();
        box1.set(24);
        Box<String> box2 = new Box<>();
        box2.set("Poly");

        if(compBox(box1, 25))
            System.out.println("상자 안에 25 저장");
        if(compBox(box2, "Moly"))
            System.out.println("상자 안에 Moly 저장");

        System.out.println(box1.get());
        System.out.println(box2.get());
    }
}
```

답안은 출판사 홈페이지를 통해서 제공합니다.

■ 제네릭 인터페이스의 정의와 구현

지금까지 클래스 또는 메소드만 제네릭으로 정의하였지만 인터페이스 역시 클래스와 마찬가지로 제네릭으로 정의할 수 있다. 즉 다음과 같은 형태의 제네릭 인터페이스를 정의할 수 있다.

◈ GetableGenericInterface.java

```
interface Getable<T> {
    public T get();
}

// 인터페이스 Getable<T>를 구현하는 Box<T> 클래스
class Box<T> implements Getable<T> {
    private T ob;
    public void set(T o) { ob = o; }

    @Override
    public T get() {
        return ob;
    }
}

class Toy {
    @Override
    public String toString() {
        return "I am a Toy";
    }
}

class GetableGenericInterface {
    public static void main(String[] args) {
        Box<Toy> box = new Box<>();
        box.set(new Toy());

        // Box<T>가 Getable<T>를 구현하므로 참조 가능
        Getable<Toy> gt = box;
        System.out.println(gt.get());
    }
}
```

▶ 실행 결과: GetableGenericInterface.java

```
명령 프롬프트
C:₩JavaStudy>java GetableGenericInterface
I am a Toy

C:₩JavaStudy>_
```

위 예제의 Box〈T〉 클래스는 다음과 같이 Getable〈T〉 인터페이스를 구현하는 형태로 정의되었다.

```
class Box<T> implements Getable<T> {...}
```

따라서 Getable〈T〉형 참조변수로 Box〈T〉의 인스턴스를 참조할 수 있다. 단 T를 대신할 자료형이 다음 문장과 같이 동일해야 참조가 가능하다.

```
public static void main(String[] args) {
    Box<Toy> box = new Box<>();
    ....
    Getable<Toy> gt = box;
    ....
}
```

그리고 제네릭 인터페이스를 구현할 때에는 다음과 같이 T를 결정한 상태로 구현할 수도 있다.

```
class Box<T> implements Getable<String> {...}
```

단 이렇듯 제네릭 인터페이스의 T를 String으로 결정하면 Getable〈T〉의 메소드를 구현할 때에도 다음과 같이 T가 아닌 String으로 명시하고 구현해야 한다.

```
@Override
public String get() {....}
```

그럼 이와 관련하여 다음 예제를 보자.

◈ GetableGenericInterface2.java

```
interface Getable<T> {
    public T get();
}
```

```

class Box<T> implements Getable<String> {
    private T ob;
    public void set(T o) { ob = o; }

    @Override
    public String get() {    // 반환형은 T가 아닌 String이어야 한다.
        return ob.toString();
    }
}

class Toy {
    @Override
    public String toString() {
        return "I am a Toy";
    }
}

class GetableGenericInterface2 {
    public static void main(String[] args) {
        Box<Toy> box = new Box<>();
        box.set(new Toy());

        Getable<String> gt = box;
        System.out.println(gt.get());
    }
}
```

▶ 실행 결과: GetableGenericInterface2.java

```
명령 프롬프트
C:\JavaStudy>java GetableGenericInterface2
I am a Toy

C:\JavaStudy>
```

위 예제에서는 다음과 같이 클래스를 정의하였다.

```
class Box<T> implements Getable<String> {...}
```

따라서 Getable〈String〉형 참조변수는 다음과 같이 Box〈T〉 인스턴스를 T의 자료형에 상관없이 참조할 수 있다.

```
public static void main(String[] args) {
    Box<Toy> box = new Box<>();
    ....
    Getable<String> gt = box;
    ....
}
```

이렇게 해서 제네릭에 대한 다소 길었던 설명을 일단 마쳤는데 내용이 비교적 많았다. 그러나 중간에 끊을 수 있는 부분도 없었고 그냥 넘어가도 될 만한 내용도 없었다. 따라서 다음 Chapter로 넘어가기 전에 충분히 복습할 것을 권하고 싶다.

Chapter 23

컬렉션 프레임워크 1

제네릭을 공부하는 이유 중 하나가 컬렉션 프레임워크를 활용하기 위한 것이라고 해도 과언이 아닐 정도로 본 Chapter에서 설명하는 내용은 제네릭과 관련이 깊다. 따라서 컬렉션 프레임워크를 공부하면서 제네릭에 대한 부족한 이해를 완성하기 바란다. 그래야 이후에 접하게 될 '람다'와 '스트림'에 대한 부담도 줄일 수 있다.

23-1 컬렉션 프레임워크의 이해

컬렉션 프레임워크의 활용은 생각보다 어렵지 않다. 사실 좋은 프레임워크일수록 제공하는 기능 대비 활용 방법이 간단해야 한다. 그런 측면에서 자바의 컬렉션 프레임워크는 좋은 평가를 받을 만한다.

■ '프레임워크'라는 표현의 이해

프레임워크(Framework)라는 표현은 여러 분야에서 상이한 개념으로 사용되기 때문에, 이에 대한 정확한 의미 파악이 쉽지 않을 수 있다. 하지만 기본적으로 다음의 의미를 공통적으로 지닌다.

"잘 정의된 구조 또는 골격"

따라서 자바에서 말하는 프레임워크는 다음과 같이 이해할 수 있다.

"잘 정의된 구조의 클래스들"

즉 프레임워크는 프로그래머들이 쓸 수 있도록 잘 정의된 클래스들의 모임이라 할 수 있다. 그런데 이것이 전부라면 이는 '라이브러리'라 불리게 된다. 하지만 '컬렉션 라이브러리'라 하지 않고 '컬렉션 프레임워크'라 한다. 이는 컬렉션 관련된 클래스의 정의에 적용되는 설계 원칙 또는 구조가 존재하기 때문이다.

■ 컬렉션의 의미와 자료구조

컴퓨터 분야에는 '자료구조(Data Structures)'와 '알고리즘(Algorithms)'이라는 학문이 있다. 이 중 자료구조는 '데이터의 저장' 관련 학문으로 데이터의 탐색, 삭제 등 다양한 측면을 고려한 데이터의 효율적인 저장 방법을 연구하는 학문이다. 반면 알고리즘은 저장된 데이터의 일부 또는 전체를 대상으로 하는 각종 가공 및 처리의 방법을 연구하는 학문이다. 따라서 이 둘은 서로 다른 학문임에도 불구하고 긴밀히 연관되어 있다. 자료구조에서 정형화하고 있는 데이터의 저장 방식 중 대표적인 몇 가지를 정리하면 다음과 같다.

리스트(List), 스택(Stack), 큐(Queue), 트리(Tree), 해쉬(Hash)

그리고 위 자료구조들을 대상으로 하는 비교적 간단한 알고리즘 몇 가지를 소개하면 다음과 같다.

버블 정렬(Bubble Sort), 퀵 정렬(Quick Sort), 이진 탐색(Binary Search)

그렇다면 컬렉션 프레임워크는 무엇에 대한 프레임워크일까? 이는 데이터의 저장 방법, 그리고 이와 관련 있는 알고리즘에 대한 프레임워크이다. 더 쉽게 표현하면, 위에서 언급한 자료구조와 알고리즘을 제네릭 기반의 클래스와 메소드로 미리 구현해 놓은 결과물이다. 따라서 컬렉션 프레임워크를 이용하면 자료구조를 몰라도 트리 기반으로 데이터를 저장할 수 있고, 알고리즘을 몰라도 이진 탐색을 수행할 수 있다.

■ 컬렉션 프레임워크의 기본 골격

컬렉션 프레임워크를 공부한다고 생각하면 부담이 될 수 있으니, 데이터의 저장과 관련된 클래스를 공부한다고 생각하자. 그리고 다음 그림에서 보이는 인터페이스의 상속 관계를 관찰하자.

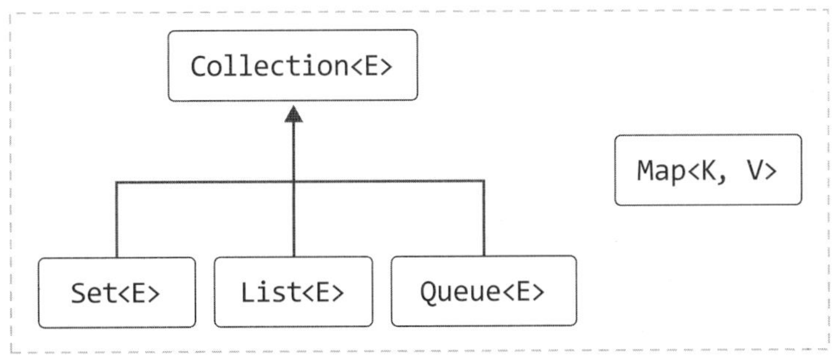

[그림 23-1: 컬렉션 프레임워크의 인터페이스 구조]

위 그림은 지금부터 소개할 '컬렉션 클래스'들이 구현하는 '인터페이스들의 상속 관계'를 보여준다. 그림에서 〈E〉 그리고 〈K, V〉는 모든 인터페이스가 제네릭으로 정의되었음을 의미한다. 그리고 인스턴스를 저장하는 컬렉션 클래스들은 위의 인터페이스 중 하나를 구현하게 되어 있으며, 구현한 인터페이스에 따라서 컬렉션 클래스의 데이터 저장 방식이 결정된다. 따라서 구현한 인터페이스의 종류를 확인하는 일은 매우 중요하다.

23-2 List〈E〉 인터페이스를 구현하는 컬렉션 클래스들

지금부터 소개하는 '컬렉션 클래스'들을 기반으로 생성되는 '컬렉션 인스턴스'들은 인스턴스의 저장을 목적으로 한다. 그리고 컬렉션 관련 클래스들과 인터페이스들은 java.util 패키지로 대부분 묶여 있다

■ ArrayList〈E〉 클래스

List〈E〉 인터페이스를 구현하는 대표적인 컬렉션 클래스 둘은 다음과 같다.

- ArrayList〈E〉 배열 기반 자료구조, 배열을 이용하여 인스턴스 저장
- LinkedList〈E〉 리스트 기반 자료구조, 리스트를 구성하여 인스턴스 저장

이 둘은 기능적 측면에서 보면 완전히 동일하다. 그러나 인스턴스를 저장하는 방식에 차이가 있어 이로 인한 장단점이 각각 존재한다. 그리고 List〈E〉 인터페이스를 구현하는 컬렉션 클래스들이 갖는 공통적인 특성 두 가지가 있는데 이는 다음과 같다.

- 인스턴스의 저장 순서를 유지한다.
- 동일한 인스턴스의 중복 저장을 허용한다.

그럼 간단한 예제를 통해 ArrayList〈E〉 클래스의 사용 방법을 보이겠다.

◈ ArrayListCollection.java

```
import java.util.List;
import java.util.ArrayList;

class ArrayListCollection {
    public static void main(String[] args) {
        List<String> list = new ArrayList<>();    // 컬렉션 인스턴스 생성

        // 컬렉션 인스턴스에 문자열 인스턴스 저장
        list.add("Toy");
        list.add("Box");
        list.add("Robot");

        // 저장된 문자열 인스턴스의 참조
        for(int i = 0; i < list.size(); i++)
            System.out.print(list.get(i) + '\t');
        System.out.println();

        list.remove(0);    // 첫 번째 인스턴스 삭제

        // 첫 번째 인스턴스 삭제 후 나머지 인스턴스들을 참조
        for(int i = 0; i < list.size(); i++)
            System.out.print(list.get(i) + '\t');
        System.out.println();
    }
}
```

▶ 실행 결과: ArrayListCollection.java

```
명령 프롬프트
C:\JavaStudy>java ArrayListCollection
Toy     Box     Robot
Box     Robot

C:\JavaStudy>
```

위 예제의 import문은 다음과 같다. 이렇듯 제네릭 클래스라 하더라도 import문 구성시에는 클래스의 이름만 명시해야 한다.

```
import java.util.List;
import java.util.ArrayList;
```

그리고 예제에서 ArrayList〈E〉 인스턴스의 생성문은 다음과 같다.

```
List<String> list = new ArrayList<>();
```

이 문장에서 ArrayList〈E〉형 참조변수가 아닌 List〈E〉형 참조변수를 선언한 이유는 코드에 유연성을 제공하기 위함이다. 주로 List〈E〉에 선언된 메소드를 호출하기 때문에 굳이 ArrayList〈E〉형 참조변수를 선언할 필요가 없으며, 이렇듯 List〈E〉형 참조변수로 인스턴스를 참조할 경우 다음과 같이 컬렉션 클래스의 교체가 용이해진다.

```
List<String> list = new ArrayList<>();
    → List<String> list = new LinkedList<>();
```

그리고 예제에서 보이는 인스턴스의 저장 방법은 다음과 같다.

```
list.add("Toy");      // 인스턴스의 저장
```

이렇듯 add 메소드의 인자를 통해 저장할 인스턴스를 전달하면 된다. 물론 실제 저장되는 것은 인스턴스의 참조 값이다. 이어서 보이는, 인스턴스의 순차적 참조 방식은 다음과 같다.

```
for(int i = 0; i < list.size(); i++)
    System.out.print(list.get(i) + '\t');
```

메소드 size의 호출을 통해서, 저장된 인스턴스의 수를 알 수 있으며, get 메소드에 인덱스 값을 전달함으로써 원하는 위치의 인스턴스를 참조할 수 있다. 0을 전달하면 첫 번째 인스턴스의 참조 값이 반환되는데, 첫 번째 인스턴스는 제일 먼저 저장된 인스턴스이다.
그리고 마지막으로 인덱스 값을 인자로 하여 다음과 같이 인스턴스를 삭제할 수 있다. 아래 문장에서는 0을 전달하였으므로 첫 번째로 저장된 인스턴스가 삭제된다. (이 문장을 두 번 실행하면 그때는 두 번째로 저장된 인스턴스까지 삭제된다.)

```
list.remove(0);    // 맨 앞에 위치한(첫 번째로 저장된) 인스턴스 삭제
```

지금까지 인스턴스의 저장, 참조, 삭제의 방법을 설명했는데, 실제로 컬렉션 프레임워크의 핵심은 이 세 가지이다. 그리고 예제에서 보였듯이 컬렉션 인스턴스를 사용하면 배열처럼 길이를 신경 쓰지 않아도 된다. ArrayList〈E〉 인스턴스는 내부적으로 배열을 생성해서 인스턴스를 저장하는데, 필요하면 그 배열의 길이를 스스로 늘리기 때문이다. 단 배열의 길이를 늘린다는 것은 더 긴 배열로의 교체를 의미한다. (한번 생성된 배열은 길이를 늘릴 수 없으므로) 따라서 성능에 신경을 써야 한다면 ArrayList〈E〉의 다음 생성자 정도는 알아 둘 필요가 있다.

```
public ArrayList(int initialCapacity)
```

→ 인자로 전달된 수의 인스턴스를 저장할 수 있는 공간을 미리 확보

저장해야 할 인스턴스의 수가 대략 계산이 된다면 위의 생성자를 통해서 적당한 길이의 배열을 미리 만들어 두는 것이 성능 향상에 도움이 된다. 참고로 앞서 예제에서 호출한 생성자는 다음과 같다.

```
public ArrayList()
```

→ 10개의 인스턴스를 저장할 수 있는 공간을 미리 확보

그리고 List〈E〉 인터페이스를 구현한 컬렉션 클래스들은 '저장 순서를 유지한다.'고 했는데, 위 예제에서 그것을 보여주고 있다. 저장 순서대로 출력이 이뤄진 부분이 바로 그것이다.

■ LinkedList〈E〉 클래스

이어서 LinkedList〈E〉 인스턴스의 사용 예를 보일 텐데, 이 예제와 앞서 소개한 예제와의 차이점은 다음 문장의 변화가 전부이다.

```
List<String> list = new ArrayList<>();
    → List<String> list = new LinkedList<>();
```

◈ LinkedListCollection.java

```
import java.util.List;
import java.util.LinkedList;

class LinkedListCollection {
    public static void main(String[] args) {
        List<String> list = new LinkedList<>();    // 유일한 변화
        list.add("Toy");
        list.add("Box");
        list.add("Robot");

        for(int i = 0; i < list.size(); i++)
            System.out.print(list.get(i) + '\t');
        System.out.println();

        list.remove(0);
```

```

        for(int i = 0; i < list.size(); i++)
            System.out.print(list.get(i) + '\t');
        System.out.println();
    }
}
```

▶ 실행 결과: LinkedListCollection.java

```
C:\JavaStudy>java LinkedListCollection
Toy     Box     Robot
Box     Robot

C:\JavaStudy>
```

LinkedList<E>는 '연결 리스트(Linked List)'라는 자료구조를 기반으로 디자인된 클래스이다. 그런데 연결 리스트라는 것은 '칸칸이 연결된 화물 열차'를 생각하면 된다. 따라서 인스턴스의 저장 및 삭제는 다음과 같은 방식으로 진행된다.

- 인스턴스 저장　　열차 칸 하나 추가로 연결하고, 그 열차 칸에 인스턴스를 저장한다.
- 인스턴스 삭제　　해당 인스턴스를 저장하고 있는 열차 칸을 삭제한다.

이렇듯 저장 공간을 열차 칸 추가하듯이 늘릴 수 있기 때문에 ArrayList<E>와 달리 인스턴스의 저장 공간을 미리 마련해 둘 필요가 없다.

■ ArrayList<E> vs. LinkedList<E>

위에서 설명한 내용을 근거로 ArrayList<E>의 단점을 먼저 언급하면 다음과 같다.

- ArrayList<E>의 단점
  - 저장 공간을 늘리는 과정에서 시간이 비교적 많이 소요된다.
  - 인스턴스의 삭제 과정에서 많은 연산이 필요할 수 있다. 따라서 느릴 수 있다.

배열 중간에 위치한 인스턴스를 삭제할 경우, 삭제된 위치를 비워 두지 않기 위해서 그 뒤에 저장되어 있는 인스턴스들을 한 칸씩 앞으로 이동하는 과정을 진행하게 된다. (배열은 중간을 비워 두지 않는 것이 좋으며, ArrayList<E> 역시 배열의 중간을 비워 두지 않는다.) 때문에 삭제 과정에서 많은 연산이 필요할 수 있다. 물론 배열이 갖는 장점도 있다. 즉 ArrayList〈E〉가 갖는 장점도 있으며 이는 다음과 같다.

- ArrayList〈E〉의 장점
  - 저장된 인스턴스의 참조가 빠르다.

배열에 저장된 요소에 접근할 땐 인덱스 값을 통해 원하는 위치에 바로 접근할 수 있다. 따라서 어느 위치에 있는 인스턴스이건 접근에 소요되는 시간은 동일하다. 반면 LinkedList〈E〉는 이러한 접근이 불가능하다. 즉 다음의 단점을 지닌다.

- LinkedList〈E〉의 단점
  - 저장된 인스턴스의 참조 과정이 배열에 비해 복잡하다. 따라서 느릴 수 있다.

연결 리스트라는 자료구조는 중간에 위치한 열차 칸에 바로 접근이 안된다. 열차 중간 칸에 저장된 인스턴스를 참조하려면 열차 맨 앞 칸, 또는 맨 뒤 칸에서부터 한 칸씩 건너가야 하는 구조이다. 따라서 인스턴스의 참조 속도가 느릴 수밖에 없다. 반면 다음과 같은 장점을 지닌다.

- LinkedList〈E〉의 장점
  - 저장 공간을 늘리는 과정이 간단하다.
  - 저장된 인스턴스의 삭제 과정이 단순하다.

화물 열차의 중간 칸을 없앨 때에는 해당 칸을 빼고서 그 칸의 앞과 뒤를 연결하면 된다. 그리고 실제 연결 리스트의 삭제 과정은 이와 동일하다. 때문에 많은 연산이 필요하지 않다.
이렇게 해서 List〈E〉 인터페이스를 구현하는 대표적인 클래스 ArrayList〈E〉, LinkedList〈E〉 각각의 장점과 단점을 설명하였는데, 이러한 특성이 두 클래스 중 하나를 선택하는 기준이 된다.

■ 저장된 인스턴스의 순차적 접근 방법 1: enhanced for문의 사용

컬렉션 클래스를 활용하는데 있어서 보편적이고 중요한 작업 중 하나는 다음과 같다.

"저장된 모든 인스턴스들에 순차적으로 접근"

예를 들어서 특정 인스턴스를 찾아야 할 때, 저장된 인스턴스 전부를 대상으로 탐색을 진행해야 한다. 쉽게 말해서 하나씩 꺼내 보아야 한다. 이 상황에서 물론 for문을 이용할 수 있다. 그러나 보다 나은 방법을 컬렉션 프레임워크에서 제공하고 있는데, 그중 하나는 다음 예제에서 보이듯이 우리에게 익숙한 for-each문(enhanced for문)을 사용하는 것이다.

◈ EnhancedForCollection.java

```
import java.util.List;
import java.util.LinkedList;

class EnhancedForCollection {
    public static void main(String[] args) {
        List<String> list = new LinkedList<>();

        // 인스턴스 저장
        list.add("Toy");
        list.add("Box");
        list.add("Robot");

        // 전체 인스턴스 참조
        for(String s : list)
            System.out.print(s + '\t');
        System.out.println();

        list.remove(0);    // 첫 번째 인스턴스 삭제

        // 전체 인스턴스 참조
        for(String s : list)
            System.out.print(s + '\t');
        System.out.println();
    }
}
```

▶ 실행 결과: EnhancedForCollection.java

```
명령 프롬프트
C:\JavaStudy>java EnhancedForCollection
Toy     Box     Robot
Box     Robot

C:\JavaStudy>_
```

저장된 모든 인스턴스들을 대상으로 하는 연산이 필요한 경우, 다음과 같이 for-each문을 사용할 수 있다.

```
for(String s : list)
    System.out.print(s + '\t');
```

위의 문장은 배열을 대상으로 하는 for-each문과 사실상 차이가 없다. 반복의 대상만 다를 뿐이다. 단, 위와 같이 for-each문을 통한 순차적 접근의 대상이 되려면, 해당 컬렉션 클래스는 다음 인터페이스를 구현해야 한다.

```
public interface Iterable<T>
```

그런데 앞서 소개한 ArrayList〈E〉, LinkedList〈E〉 클래스는 위의 인터페이스를 구현하고 있다. 정확히는 다음과 같이 Collection〈E〉가 Iterable〈T〉를 상속하는데, ArrayList〈E〉, LinkedList〈E〉 클래스는 Collection〈E〉 인터페이스를 구현하고 있다.

```
public interface Collection<E> extends Iterable<E>
```

이렇듯 Iterable〈T〉를 직접 혹은 간접적으로 구현하는 클래스의 인스턴스를 대상으로 for-each문을 구성할 수 있다.

■ 저장된 인스턴스의 순차적 접근 방법 2

앞서 Collection〈E〉가 Iterable〈T〉를 상속한다고 하였다. 따라서 Collection〈E〉를 구현하는 자바의 제네릭 클래스는 Iterable〈T〉의 다음 추상 메소드를 모두 구현한다.

```
Iterator<T> iterator()
```

이 메소드는 '반복자(Iterator)'라는 것을 반환한다. 반복자는 저장된 인스턴스들을 순차적으로 참조할 때 사용하는 인스턴스로, 일종의 '지팡이'에 비유할 수 있다. 그리고 이 지팡이를 얻는 방법은 다음과 같다. (물론 이 지팡이의 역할은 저장된 인스턴스들을 가리키는 것이다.)

```
public static void main(String[] args) {
    List<String> list = new LinkedList<>();
    ....
    Iterator<String> itr = list.iterator();    // 반복자 획득, itr이 지팡이를 참조한다.
    ....
}
```

위에서 얻은 지팡이를(반복자를) 통해 호출할 수 있는, Iterator〈E〉의 메소드들은 다음과 같다.

E next()	다음 인스턴스의 참조 값을 반환
boolean hasNext()	next 메소드 호출 시 참조 값 반환 가능 여부 확인
void remove()	next 메소드 호출을 통해 반환했던 인스턴스 삭제

반복자는 next를 호출할 때마다 첫 번째 인스턴스를 시작으로 다음 인스턴스의 참조 값을 차례로 반환한다. 그리고 더 이상 반환할 대상이 없을 때 NoSuchElementException 예외를 발생시킨다. 따라서 저장된 인스턴스에 차례로 접근할 때에는 다음과 같은 반복문을 구성해야 한다.

```
// 반복자를 이용한 순차적 참조
while(itr.hasNext()) {   // next 메소드가 반환할 대상이 있다면,
    str = itr.next();    // next 메소드를 호출한다.
    ....
}
```

hasNext는 반환할 대상이 있는지 미리 확인하는 메소드이다. 즉 이 메소드는 반환할 인스턴스가 있으면 true, 그렇지 않으면 false를 반환한다. 따라서 위와 같이 next 호출 이전에 hasNext를 호출하여 next 호출의 성공 가능성을 미리 확인해야 한다. 그리고 앞서 소개한 for-each문을 통한 순차적 접근과 달리 반복자를 이용하면 반복 중간에 특정 인스턴스를 삭제하는 것이 가능하다. (이는 for-each문을 통해서는 불가능한 일이다.) 그 예로 다음 코드를 실행하면, 저장된 문자열 중 "Box"를 모두 지울 수 있다.

```
// 반복자를 이용한 참조 과정 중 인스턴스의 삭제
while(itr.hasNext()) {
    str = itr.next();
    if(str.equals("Box"))
        itr.remove();    // 위에서 next 메소드가 반환한 인스턴스 삭제
}
```

이러한 반복자는 생성과 동시에 첫 번째 인스턴스를 가리키고, next가 호출될 때마다 가리키는 대상이 다음 인스턴스로 옮겨진다. 그렇다면 이 반복자를 원하는 때에 다시 첫 번째 인스턴스를 가리키게 하려면 어떻게 해야 할까? 가리키던 위치를 되돌리는 방법은 없으니 다음과 같이 반복자를 다시 얻어야 한다.

```
Iterator<String> itr = list.iterator();
```

그럼 다음 예제를 통해서 지금까지 설명한 내용을 정리해보겠다.

◈ IteratorCollection.java

```
import java.util.List;
import java.util.LinkedList;
import java.util.Iterator;

class IteratorCollection {
    public static void main(String[] args) {
        List<String> list = new LinkedList<>();
        list.add("Toy");
        list.add("Box");
        list.add("Robot");
        list.add("Box");

        Iterator<String> itr = list.iterator();   // 반복자 처음 획득

        // 반복자를 이용한 순차적 참조
        while(itr.hasNext())
            System.out.print(itr.next() + '\t');
        System.out.println();

        itr = list.iterator();   // 반복자 다시 획득

        // 모든 "Box" 삭제
        String str;
        while(itr.hasNext()) {
            str = itr.next();
            if(str.equals("Box"))
                itr.remove();
        }

        itr = list.iterator();    // 반복자 다시 획득

        // 삭제 후 결과 확인
        while(itr.hasNext())
            System.out.print(itr.next() + '\t');
        System.out.println();
    }
}
```

▶ 실행 결과: IteratorCollection.java

```
명령 프롬프트
C:\JavaStudy>java IteratorCollection
Toy     Box     Robot   Box
Toy     Robot

C:\JavaStudy>_
```

참고로 한 가지만 더 언급하면, 앞서 소개한 다음과 같은 for-each문도,

```
for(String s : list)
    System.out.print(s + '\t');
```

컴파일 과정에서 다음과 같이 반복자를 이용하는 코드로 수정된다. 즉 for-each문 역시 반복자에 의한 순차적 접근으로 진행이 된다.

```
for(Iterator<String> itr = list.iterator(); itr.hasNext(); )
    System.out.print(itr.next() + '\t');
```

■ 배열보다는 컬렉션 인스턴스가 좋다. : 컬렉션 변환

배열과 ArrayList<E>는 특성이 유사하다. (ArrayList<E>가 배열을 기반으로 인스턴스를 저장하므로) 그런데 대부분의 경우 배열보다 ArrayList<E>가 더 좋다. 첫 번째 이유로 인스턴스의 저장과 삭제가 편하다. 그리고 두 번째 이유로 '반복자'를 쓸 수 있다. 단 배열처럼 '선언과 동시에 초기화'를 할 수 없어서 초기에 무엇인가를 채워 넣는 일이 조금 번거롭다. 하지만 다음과 같이 컬렉션 인스턴스를 생성할 수 있어서 이것도 문제가 되지 않는다.

```
List<String> list = Arrays.asList("Toy", "Robot", "Box");
```

→ 인자로 전달된 인스턴스들을 저장한 컬렉션 인스턴스의 생성 및 반환

그런데 이렇게 생성된 컬렉션 인스턴스는 새로운 인스턴스의 추가나 삭제가 불가능하다. 물론 반복자의 생성은 가능하나 이를 통해서도 참조만 가능할 뿐이다. 따라서 새로운 인스턴스의 추가나 삭제가 필요한 상황이라면 다음 생성자를 기반으로 ArrayList<E> 인스턴스를 생성해야 한다.

```
class ArrayList<E> {
    public ArrayList(Collection<? extends E> c) {...}      // 생성자
```

```
    ....
}
```

이 생성자의 매개변수 선언에 〈? extends E〉가 등장한다. (Chapter 22에서 힘들게 공부한 보람을 여기서 처음 찾는다.) 처음 등장한 것이니 함께 이 의미를 해석해보겠다. 먼저 매개변수 선언을 다음과 같이 줄여 놓고 그 의미를 판단하자.

```
public ArrayList(Collection<E> c)
```

→ Collection〈E〉를 구현한 컬렉션 인스턴스를 인자로 전달받는다.

→ 그리고 E는 인스턴스 생성 과정에서 결정되므로 무엇이든 될 수 있다.

사실 여기까지는 어렵지 않다. 제네릭의 기본에 해당하기 때문이다. 따라서 이렇게 이해한 후에 다음 내용을 덧붙이자.

```
public ArrayList(Collection<? extends E> c)
```

→ 덧붙여서 매개변수 c로 전달된 컬렉션 인스턴스에서는 참조만(꺼내기만) 가능하다.

결국 위의 두 내용을 정리하면 다음과 같다.

```
public ArrayList(Collection<? extends E> c)
```

→ Collection〈E〉를 구현한 컬렉션 인스턴스를 인자로 전달받는다.

→ 그리고 E는 인스턴스 생성 과정에서 결정되므로 무엇이든 될 수 있다.

→ 덧붙여서 매개변수 c로 전달된 컬렉션 인스턴스에서는 참조만(꺼내기만) 가능하다.

지금 보인 이 두 단계를 거치면 〈? extends E〉의 의미를 언제든지 쉽게 이해할 수 있다. 그럼 다시 본론으로 돌아와서 이 생성자의 사용의 예를 보이겠다.

```
public static void main(String[] args) {
    // List<E>는 collection<E>를 상속한다.
    List<String> list = Arrays.asList("Toy", "Box", "Robot", "Box");

    // 생성자 public ArrayList(Collection<? extends E> c)를 통한 인스턴스 생성
    list = new ArrayList<>(list);
    ....
}
```

위와 같이 ArrayList⟨E⟩ 인스턴스를 생성하면, 생성자로 전달된 컬렉션 인스턴스에 저장된 모든 데이터가, 새로 생성되는 ArrayList⟨E⟩ 인스턴스에 복사된다. 따라서 위와 같은 코드의 구성은 배열을 대신하는 컬렉션 인스턴스의 생성에 주로 사용된다. 그럼 지금까지 설명한 내용을 다음 예제를 통해 확인해보자.

◈ AsListCollection.java

```java
import java.util.List;
import java.util.ArrayList;
import java.util.Iterator;
import java.util.Arrays;

class AsListCollection {
    public static void main(String[] args) {
        List<String> list = Arrays.asList("Toy", "Box", "Robot", "Box");
        list = new ArrayList<>(list);

        // for문 기반의 반복자 획득과 순차적 참조
        for(Iterator<String> itr = list.iterator(); itr.hasNext(); )
            System.out.print(itr.next() + '\t');
        System.out.println();

        // "Box"를 모두 삭제하기 위한 반복문
        for(Iterator<String> itr = list.iterator(); itr.hasNext(); ) {
            if(itr.next().equals("Box"))
                itr.remove();
        }

        for(Iterator<String> itr = list.iterator(); itr.hasNext(); )
            System.out.print(itr.next() + '\t');
        System.out.println();
    }
}
```

▶ 실행 결과: AsListCollection.java

명령 프롬프트

```
C:₩JavaStudy>java AsListCollection
Toy     Box     Robot   Box
Toy     Robot

C:₩JavaStudy>
```

참고로 대다수 컬렉션 클래스들은 다른 컬렉션 인스턴스를 인자로 전달받는 생성자를 가지고 있어서, 다른 컬렉션 인스턴스에 저장된 데이터를 복사해서 새로운 컬렉션 인스턴스를 생성할 수 있다.

```
public ArrayList(Collection<? extends E> c)    // ArrayList<E> 생성자 중 하나
```

→ 인자로 전달된 컬렉션 인스턴스로부터 ArrayList〈E〉 인스턴스 생성

```
public LinkedList(Collection<? extends E> c)    // LinkedList<E> 생성자 중 하나
```

→ 인자로 전달된 인스턴스로부터 LinkedList〈E〉 인스턴스 생성

```
public HashSet(Collection<? extends E> c)    // HashSet<E> 생성자 중 하나
```

→ 인자로 전달된 인스턴스로부터 HashSet〈E〉 인스턴스 생성

따라서 ArraysList〈E〉 인스턴스를 사용하다가 연결 리스트 자료구조의 특성이 필요하면 다음 예제에서 보이는 바와 같이 이를 기반으로 LinkedList〈E〉 인스턴스를 생성하면 된다.

◈ ConversionCollection.java

```
import java.util.List;
import java.util.ArrayList;
import java.util.LinkedList;
import java.util.Iterator;
import java.util.Arrays;

class ConversionCollection {
    public static void main(String[] args) {
        List<String> list = Arrays.asList("Toy", "Box", "Robot", "Box");
        list = new ArrayList<>(list);

        // ArrayList<E> 인스턴스의 순환
        for(Iterator<String> itr = list.iterator(); itr.hasNext(); )
            System.out.print(itr.next() + '\t');
        System.out.println();

        // ArrayList<E> 인스턴스 기반으로 LinkedList<E> 인스턴스 생성
        list = new LinkedList<>(list);

        // LinkedList<E> 인스턴스의 순환
        for(Iterator<String> itr = list.iterator(); itr.hasNext(); )
            System.out.print(itr.next() + '\t');
        System.out.println();
    }
}
```

▶ 실행 결과: ConversionCollection.java

```
명령 프롬프트
C:\JavaStudy>java ConversionCollection
Toy     Box     Robot   Box
Toy     Box     Robot   Box

C:\JavaStudy>
```

■ 기본 자료형 데이터의 저장과 참조

컬렉션 인스턴스도 기본 자료형의 값은 저장하지 못한다. 그러나 래퍼 클래스의 도움으로 이들 값의 저장 및 참조가 가능하며, 이 과정에서 오토 박싱과 오토 언박싱으로 인해 자연스러운 코드의 구성이 가능하다. 다음 예제에서 보여주듯이 말이다.

◈ PrimitiveCollection.java

```
import java.util.Iterator;
import java.util.LinkedList;

class PrimitiveCollection {
    public static void main(String[] args) {
        LinkedList<Integer> list = new LinkedList<>();
        list.add(10); list.add(20); list.add(30);   // 저장 과정에서 오토 박싱 진행

        int n;
        for(Iterator<Integer> itr = list.iterator(); itr.hasNext(); ) {
            n = itr.next();     // 오토 언박싱 진행
            System.out.print(n + "\t");
        }
        System.out.println();
    }
}
```

▶ 실행 결과: PrimitiveCollection.java

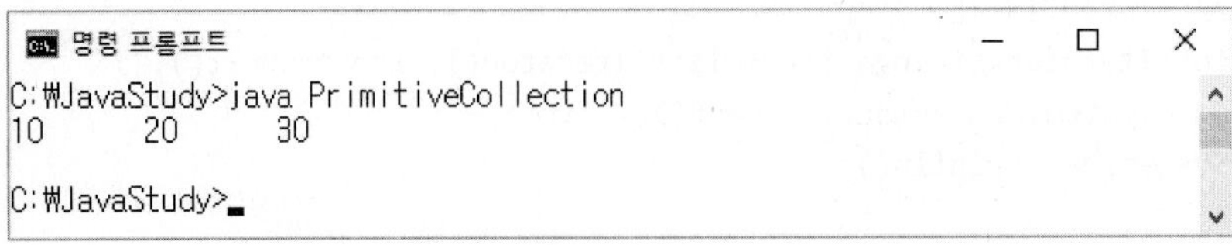
명령 프롬프트
C:\JavaStudy>java PrimitiveCollection
10   20   30

C:\JavaStudy>

■ 연결 리스트만 갖는 양방향 반복자

Collection〈E〉를 구현하는 클래스의 인스턴스는 iterator 메소드의 호출을 통해서 '반복자'를 얻을 수 있다. 그런데 List〈E〉를 구현하는 클래스의 인스턴스들만 얻을 수 있는 '양방향 반복자'라는 것이 있는데, 이는 List〈E〉의 다음 메소드 호출을 통해서 얻을 수 있다.

```
public ListIterator<E> listIterator()
```

→ ListIterator〈E〉는 Iterator〈E〉을 상속한다.

위의 메소드가 반환하는 반복자는 양쪽 방향으로 이동이 가능하다는 특징이 있는데, 이는 배열이나 연결 리스트와 같은 자료구조의 특성상 가능한 일이다. 그리고 위 메소드가 반환하는 반복자를 대상으로 호출할 수 있는 대표 메소드들은 다음과 같다.

E next()	다음 인스턴스의 참조 값을 반환
boolean hasNext()	next 메소드 호출 시 참조 값 반환 가능 여부 확인
void remove()	next 메소드 호출을 통해 반환했던 인스턴스를 삭제
E previous()	next 메소드와 기능은 같고 방향만 반대
boolean hasPrevious()	hasNext 메소드와 기능은 같고 방향만 반대
void add(E e)	인스턴스의 추가
void set(E e)	인스턴스의 변경

ListIterator〈E〉는 Iterator〈E〉를 상속하기 때문에 next, hasNext, remove는 이미 설명한 그 메소드들과 같다. 그럼 다음 예제를 통해서 양방향 반복자의 사용의 예를 보이겠다. 이 예제에서는 왼쪽에서 오른쪽으로, 다시 오른쪽에서 왼쪽으로 이동하면서 중간에 add 메소드를 호출하여 인스턴스를 추가로 저장한다.

◈ ListIteratorCollection.java

```
import java.util.List;
import java.util.ArrayList;
import java.util.Iterator;
import java.util.ListIterator;
import java.util.Arrays;

class ListIteratorCollection {
    public static void main(String[] args) {
```

```
        List<String> list = Arrays.asList("Toy", "Box", "Robot", "Box");
        list = new ArrayList<>(list);

        ListIterator<String> litr = list.listIterator();    // 양방향 반복자 획득

        String str;
        while(litr.hasNext()) {    // 왼쪽에서 오른쪽으로 이동을 위한 반복문
            str = litr.next();
            System.out.print(str + '\t');
            if(str.equals("Toy"))    // "Toy" 만나면 "Toy2" 저장
                litr.add("Toy2");
        }
        System.out.println();

        while(litr.hasPrevious()) {    // 오른쪽에서 왼쪽으로 이동을 위한 반복문
            str = litr.previous();
            System.out.print(str + '\t');
            if(str.equals("Robot"))    // "Robot" 만나면 "Robot2" 저장
                litr.add("Robot2");
        }
        System.out.println();

        // 다시 왼쪽에서 오른쪽으로
        for(Iterator<String> itr = list.iterator(); itr.hasNext(); )
            System.out.print(itr.next() + '\t');
        System.out.println();
    }
}
```

▶ 실행 결과: ListIteratorCollection.java

```
명령 프롬프트
C:\JavaStudy>java ListIteratorCollection
Toy     Box     Robot   Box
Box     Robot   Robot2  Box     Toy2    Toy
Toy     Toy2    Box     Robot2  Robot   Box

C:\JavaStudy>
```

실행 결과를 통해서 add 메소드가 어느 위치에 인스턴스를 추가하는지 확인할 수 있다. 즉 이를 통해 다음 사실을 알 수 있다.

"next 호출 후에 add 호출하면, 앞서 반환된 인스턴스 뒤에 새 인스턴스 삽입된다."

"previous 호출 후에 add 호출하면, 앞서 반환된 인스턴스 앞에 새 인스턴스 삽입된다."

23-3 Set〈E〉 인터페이스를 구현하는 컬렉션 클래스들

List〈E〉를 구현하는 컬렉션 클래스들을 접하면서 컬렉션에 대한 큰 그림이 머릿속에 그려졌을 것이다. 따라서 이제부터는 보다 쉽게 다양한 컬렉션 클래스들을 접하고 이해할 수 있다.

■ Set〈E〉을 구현하는 클래스의 특성과 HashSet〈E〉 클래스

Set〈E〉 인터페이스를 구현하는 제네릭 클래스의 특성 두 가지를 정리하면 다음과 같다.

- 저장 순서가 유지되지 않는다.
- 데이터의 중복 저장을 허용하지 않는다.

List〈E〉를 구현하는 컬렉션 인스턴스에 저장된 데이터를 반복자를 통해 출력해보면 저장된 순서대로 출력됨을 확인할 수 있다. 그리고 앞서 예제에서 "Box"를 두 번 저장하였는데, 두 번 모두 저장됨을 출력 결과에서 확인할 수 있었다. 하지만 Set〈E〉를 구현하는 클래스는 다르다. 순서도 유지되지 않고 중복도 허용하지 않는다. 그리고 이는 Set이라는 이름처럼 수학에서 말하는 '집합'의 특성이다. 그럼 이와 관련하여 다음 예제를 보자. 이 예제에서는 Set〈E〉를 구현하는 대표 클래스 HashSet〈E〉의 사용 예를 보여준다.

◈ SetCollectionFeature.java

```
import java.util.Iterator;
import java.util.HashSet;
import java.util.Set;

class SetCollectionFeature {
    public static void main(String[] args) {
        Set<String> set = new HashSet<>();
        set.add("Toy");
        set.add("Box");
        set.add("Robot");
        set.add("Box");
        System.out.println("인스턴스 수: " + set.size());

        // 반복자를 이용한 전체 출력
        for(Iterator<String> itr = set.iterator(); itr.hasNext(); )
            System.out.print(itr.next() + '\t');
        System.out.println();

        // for-each문을 이용한 전체 출력
        for(String s : set)
            System.out.print(s + '\t');
        System.out.println();
    }
}
```

▶ 실행 결과: SetCollectionFeature.java

```
명령 프롬프트
C:\JavaStudy>java SetCollectionFeature
인스턴스 수: 3
Box     Robot   Toy
Box     Robot   Toy

C:\JavaStudy>
```

위 예제의 출력 결과를 통해서, 저장 순서가 유지되지 않고 데이터의 중복 저장이 허용되지 않는다는 사실을 알 수 있다. 그런데 동일한 데이터로(인스턴스로) 판단하는 기준은 무엇일까? 다음 예제는 이 질문에 대해서 폭넓은 생각을 하게 한다.

◈ HashSetEqualityOne.java

```
import java.util.HashSet;

class Num {
    private int num;
    public Num(int n) { num = n; }

    @Override
    public String toString() {
        return String.valueOf(num);
    }
}

class HashSetEqualityOne {
    public static void main(String[] args) {
        HashSet<Num> set = new HashSet<>();
        set.add(new Num(7799));
        set.add(new Num(9955));
        set.add(new Num(7799));
        System.out.println("인스턴스 수: " + set.size());

        for(Num n : set)
            System.out.print(n.toString() + '\t');
        System.out.println();
    }
}
```

▶ 실행 결과: HashSetEqualityOne.java

```
명령 프롬프트
C:\JavaStudy>java HashSetEqualityOne
인스턴스 수: 3
7799    7799    9955

C:\JavaStudy>
```

우리 관점에서 보면 다음과 같이 저장한 두 개의 Num 인스턴스는 동일한 인스턴스로 생각할 수 있다. 지니고 있는 값이 같으니 말이다.

```
    public static void main(String[] args) {
        HashSet<Num> set = new HashSet<>();
        set.add(new Num(7799));
        set.add(new Num(7799));
        ....
    }
```

그러나 실행 결과는 이 둘이 다른 인스턴스로 간주됨을 보이고 있는데, 이는 HashSet〈E〉이 판단하는 동일 인스턴스의 기준은, Object 클래스에 정의되어 있는 다음 두 메소드의 호출 결과를 근거로 하기 때문이다.

```
public boolean equals(Object obj)
public int hashCode()
```

위의 두 메소드가 어떻게 사용이 되는지 이해하기 위해서는 해쉬 알고리즘에 대한 간단한 이해가 필요하다. 따라서 이에 대한 설명을 먼저 가볍게 진행하고자 한다.

■ 해쉬 알고리즘과 hashCode 메소드

HashSet〈E〉 클래스를 잘 활용하기 위해서는 간단하게 나마 해쉬 알고리즘을 이해하고 있어야 한다. 그럼 먼저 다음 코드를 보자.

```
num % 3
```

별것 아니지만 이것도 멋진 해쉬 알고리즘으로 사용될 수 있다. 그럼 위의 알고리즘을 적용하여 얻게 되는 연산 결과에 따라 다음 수들을 분류해보자.

```
3,   5,   7,   12,   25,   31
```

위의 수들이 하나의 집합을 구성한다고 가정할 때, 나머지 연산의 결과 0과 1 그리고 2를 기준으로 다음과 같이 세 부류로 나눌 수 있다.

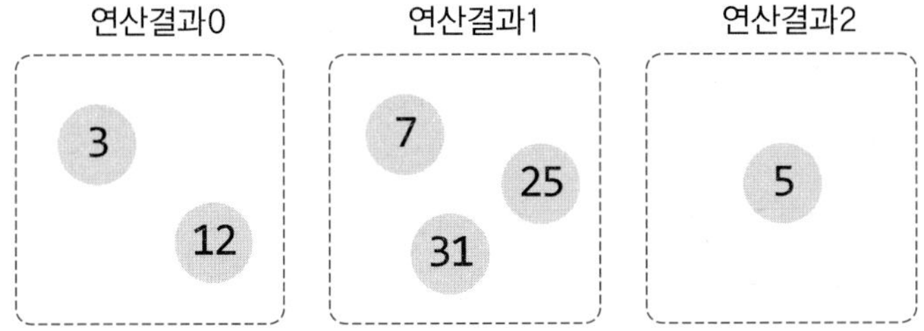

[그림 23-2: 나머지 연산 결과에 따른 분류]

이렇게 세 개의 부류로 나뉜 상태에서, 정수 5의 존재 여부를 확인하는 가장 효율적인 방법을 생각해보자. 모든 정수들이 3으로 나눈 나머지를 기준으로 나뉘어 있으니, 우선 존재 여부의 확인 대상인 정수 5를 3으로 나머지 연산을 하여, 속하는 부류를 찾는 것이 우선이다.

```
5 % 3 = 2
```

이로써 % 연산의 결과가 0과 1인 부류는 탐색 대상에서 제외되었다. 즉 탐색 대상이 줄어버린 것이다. 그리고 이것이 해쉬 알고리즘을 사용하는 이유이다. 참고로 해쉬 알고리즘은 데이터의 종류 및 성격에 따라서 다양하게 설계되어야 한다. 따라서 위에서 보인 % 연산 하나만으로 해쉬 알고리즘을 다 이해했다고 생각하면 곤란하다. 그러나 이 정도의 이해만으로도 HashSet〈E〉을 활용하기에는 충분하다.
그럼 다시 본론으로 돌아와서, 정수 5의 존재 여부를 확인하는 과정을 정리하면 다음과 같다. 다음과 같이 두 단계를 거쳐서 탐색을 진행하기 때문에 탐색 속도는 빠를 수밖에 없다.

- 탐색 1단계 　 정수 5의 해쉬 값을 계산하여 탐색 부류를 결정
- 탐색 2단계 　 선택된 부류 내에 정수 5가 존재하는지 확인

그리고 위의 두 단계를 거쳐서 동일 인스턴스의 존재 여부를 확인하는 클래스가 HashSet〈E〉이다. 즉 이 클래스의 탐색 과정은 다음과 같다.

- 탐색 1단계 　 Object 클래스에 정의된 hashCode 메소드의 반환 값을 기반으로 부류 결정
- 탐색 2단계 　 선택된 부류 내에서 equals 메소드를 호출하여 동등 비교

그럼 이제 앞서 보인 다음 코드에서 7799를 담고 있는 두 인스턴스가 서로 다른 인스턴스로 간주된 이유를 설명하겠다.

```
public static void main(String[] args) {
    HashSet<Num> set = new HashSet<>();
    set.add(new Num(7799));
    set.add(new Num(7799));
    ....
}
```

Object 클래스에 정의되어 있는 hashCode와 equals 메소드는 다음과 같이 정의되어 있다. (참고로 Object 클래스의 hashCode 메소드는 인스턴스가 저장된 주솟값을 기반으로 반환 값이 만들어지도록 정의되어 있다.)

"인스턴스가 다르면 Object 클래스의 hashCode 메소드는 다른 값을 반환한다."

"인스턴스가 다르면 Object 클래스의 equals 메소드는 false를 반환한다.

즉 Object 클래스의 hashCode와 equals는 저장하고 있는 값을 기준으로 인스턴스의 동등 여부를 따지지 않는다. 그래서 위의 코드에서 7799를 담고 있는 두 인스턴스는 서로 다른 인스턴스로 간주가 되었다. 따라서 값을 기준으로 동등 여부를 따지도록 하려면 다음 예제에서 보이듯이 이 두 메소드를 오버라이딩 해야 한다.

◈ HashSetEqualityTwo.java

```
import java.util.HashSet;

class Num {
    private int num;
    public Num(int n) { num = n; }

    @Override
    public String toString() {
        return String.valueOf(num);
    }

    @Override
    public int hashCode() {
        return num % 3;     // num의 값이 같으면 부류도 같다.
    }

    @Override
    public boolean equals(Object obj) {    // num의 값이 같으면 true 반환
```

```
        if(num == ((Num)obj).num)
            return true;
        else
            return false;
    }
}

class HashSetEqualityTwo {
    public static void main(String[] args) {
        HashSet<Num> set = new HashSet<>();
        set.add(new Num(7799));
        set.add(new Num(9955));
        set.add(new Num(7799));
        System.out.println("인스턴스 수: " + set.size());

        for(Num n : set)
            System.out.print(n.toString() + '\t');
        System.out.println();
    }
}
```

▶ 실행 결과: HashSetEqualityTwo.java

```
명령 프롬프트
C:\JavaStudy>java HashSetEqualityTwo
인스턴스 수: 2
9955    7799

C:\JavaStudy>
```

참고로 String 클래스는 문자열의 내용 비교가 이뤄지도록 hashCode와 equals를 적절히 오버라이딩 하고 있다. 따라서 HashSet〈E〉 인스턴스에는 동일한 문자열을 지니는 String 인스턴스가 둘 이상 저장되지 않는다.

■ hashCode 메소드의 다양한 정의

다음과 같이 둘 이상의 값을 지니는 클래스의 경우 내용 비교를 위한 hashCode와 equals 메소드는 어떻게 정의하는 것이 좋겠는가? 인스턴스가 지니는 모든 값이 동일할 때 동일 인스턴스로 간주하도록 정의하려면 말이다.

```
class Car {
    private String model;
    private String color;
    public Car(String m, String c) {
        model = m;
        color = c;
    }
    @Override
    public String toString() { return model + " : " + color; }
}
```

이 클래스는 두 개의 참조변수를 가지고 있으니, 다음과 같은 hashCode 메소드의 정의를 생각해볼 수 있다.

```
@Override
public int hashCode() {
    return (model.hashCode() + color.hashCode()) / 2;
}
```

두 참조변수는 String 인스턴스를 참조한다. 그런데 String 클래스의 hashCode와 equals 메소드는 내용 비교를 하도록 적절히 오버라이딩이 되어 있다. 따라서 위에서 보이는 방법을 고려해볼 수 있다. 그럼 예제를 통해서 위 메소드의 정의 결과를 확인해보겠다.

◈ HowHashCode.java

```
import java.util.HashSet;

class Car {
    private String model;
    private String color;

    public Car(String m, String c) {
        model = m;
        color = c;
    }
    @Override
    public String toString() {
        return model + " : " + color;
```

```
    }
    @Override
    public int hashCode() {
        return (model.hashCode() + color.hashCode()) / 2;
    }

    @Override
    public boolean equals(Object obj) {
        String m = ((Car)obj).model;
        String c = ((Car)obj).color;

        if(model.equals(m) && color.equals(c))
            return true;
        else
            return false;
    }
}

class HowHashCode {
    public static void main(String[] args) {
        HashSet<Car> set = new HashSet<>();
        set.add(new Car("HY_MD_301", "RED"));
        set.add(new Car("HY_MD_301", "BLACK"));
        set.add(new Car("HY_MD_302", "RED"));
        set.add(new Car("HY_MD_302", "WHITE"));
        set.add(new Car("HY_MD_301", "BLACK"));
        System.out.println("인스턴스 수: " + set.size());

        for(Car car : set)
            System.out.println(car.toString() + '\t');
    }
}
```

▶ 실행 결과: HowHashCode.java

```
명령 프롬프트
C:\JavaStudy>java HowHashCode
인스턴스 수: 4
HY_MD_301 : RED
HY_MD_302 : RED
HY_MD_301 : BLACK
HY_MD_302 : WHITE

C:\JavaStudy>
```

그런데 클래스를 정의할 때마다 이렇듯 hashCode 메소드를 정의하는 것은 번거로운 일이다. 특히 해쉬 알고리즘의 성능적 측면까지 고려하면서 모든 클래스를 정의하기란 쉬운 일이 아니다. 그래서 자바에서는 다음 메소드를 제공하고 있다.

```
public static int hash(Object...values)
```

→ java.util.Objects에 정의된 메소드, 전달된 인자 기반의 해쉬 값 반환

위 메소드의 매개변수 선언에는 '가변 인자 선언'이 포함되어 있는데, 이는 전달되는 인자의 수를 메소드 호출 시마다 달리할 수 있는 선언이다. (가변 인자에 대한 자세한 설명은 Chapter 25에서 이뤄진다.) 그리고 이 hash 메소드를 이용하여 위 예제의 hashCode 메소드를 다음과 같이 오버라이딩 할 수 있다.

```
@Override
public int hashCode() {
    return Objects.hash(model, color);    // 전달인자 model, color 기반 해쉬 값 반한
}
```

이렇듯 hash 메소드는 하나 이상의 인자를 조합하여 하나의 해쉬 값을 만들어 반환한다. 따라서 특별한 경우가 아니라면 직접 해쉬 알고리즘을 만들지 않고 이 메소드에 의존해도 된다.

문제 23-1 [hashCode & equals 오버라이딩]

• 문제 1

다음 클래스의 인스턴스가 HashSet<Person> 컬렉션 인스턴스에 저장될 때, 이름과 나이가 같으면 동일 인스턴스로 판단이 되도록 hashCode와 equals 메소드를 오버라이딩 해보자.

```
class Person {
    private String name;
    private int age;
    public Person(String name, int age) {
        this.name = name;
        this.age = age;
    }
    public String toString() {
        return name + "(" + age + "세)";
```

```
        }
    }
```

• 문제 2

위의 문제를 해결 과정에서 Objects.hash 메소드를 사용하지 않았다면, 이 메소드를 호출하는 방식으로 문제를 한 번 더 해결해보자.

답안은 출판사 홈페이지를 통해서 제공합니다.

■ TreeSet〈E〉 클래스의 이해와 활용

이어서 Set〈E〉 인터페이스를 구현하는 TreeSet〈E〉 클래스를 소개하고자 한다. TreeSet〈E〉 클래스는 '트리(Tree)'라는 자료구조를 기반으로 인스턴스를 저장한다. 그리고 이는 정렬된 상태가 유지되면서 인스턴스가 저장됨을 의미한다. (트리라는 자료구조의 특성이 그러하다는 뜻이다.) 그렇다면 정렬의 기준은 무엇일까? 이 질문에 대한 힌트를 얻기 위해 다음 예제를 살펴보자.

◈ SortedTreeSet.java

```
import java.util.TreeSet;
import java.util.Iterator;

class SortedTreeSet {
    public static void main(String[] args) {
        TreeSet<Integer> tree = new TreeSet<Integer>();
        tree.add(3);  tree.add(1);
        tree.add(2);  tree.add(4);
        System.out.println("인스턴스 수: " + tree.size());

        // for-each문에 의한 반복
        for(Integer n : tree)
            System.out.print(n.toString() + '\t');
        System.out.println();

        // Iterator 반복자에 의한 반복
        for(Iterator<Integer> itr = tree.iterator(); itr.hasNext(); )
            System.out.print(itr.next().toString() + '\t');
        System.out.println();
    }
}
```

▶ 실행 결과: SortedTreeSet.java

```
명령 프롬프트
C:\JavaStudy>java SortedTreeSet
인스턴스 수: 4
1       2       3       4
1       2       3       4

C:\JavaStudy>_
```

TreeSet<E> 인스턴스가 정렬 상태를 유지하면서 인스턴스를 저장하기 때문에 TreeSet<E>의 반복자는 다음의 특징을 갖는다.

"인스턴스들의 참조 순서는 오름차순을 기준으로 한다."

그리고 이러한 특징은 위의 실행 결과를 통해서 확인할 수 있다. 그런데 오름차순이란, 순서상 작은 것에서부터 큰 것으로의 나열을 의미한다. 그렇다면 다음 클래스의 인스턴스는 무엇이 작은 것이며 무엇이 큰 것이겠는가?

```
class Person {
    private String name;
    private int age;
    public Person(String name, int age) {
        this.name = name;
        this.age = age;
    }
    @Override
    public String toString() { return name + " : " + age; }
}
```

수의 경우 일반적으로 통용되는 작은 것과 큰 것에 대한 비교 기준이 있지만, 위 클래스의 경우 기준을 어떻게 정하느냐에 따라서 오름차순으로의 나열 결과는 달라지게 된다. 예를 들어서 크고 작음에 대한 기준을 나이로 둘 수 있다. 또는 이름의 가나다 순이 기준이 될 수도 있다. 즉 크고 작음에 대한 기준은 프로그래머가 결정할 일이다. 그래서 위와 같이 클래스를 정의할 때에는 다음 인터페이스의 구현을 통해서 크고 작음에 대한 기준을 정해주어야 한다.

```
public interface Comparable<T>
```

→ 이 인터페이스에 위치한 유일한 추상 메소드 int compareTo(T o)

참 고 Comparable & Comparable〈T〉 인터페이스

앞서 Chapter 20에서 Comparable 인터페이스에 대해 설명한 바 있다. 그리고 이를 제네릭 기반으로 정의한 Comparable〈T〉 인터페이스를 이어서 소개하려는데, 이 두 인터페이스에 위치한 추상 메소드의 정의 방법에는 차이가 없다. 즉 이어서 소개하는 내용은 Chapter 20에서 공부한 내용과 차이가 없다.

■ 인스턴스의 비교 기준을 정의하는 Comparable〈T〉 인터페이스의 구현 기준

Comparable〈T〉 인터페이스를 구현할 때 정의해야 할 추상 메소드는 다음과 같다.

```
int compareTo(T o)
```

그리고 이 메소드의 정의 방법은 다음과 같으며, 이는 자바에서 결정한 일종의 약속이다.

- 인자로 전달된 o가 작다면 양의 정수 반환
- 인자로 전달된 o가 크다면 음의 정수 반환
- 인자로 전달된 o와 같다면 0을 반환

예를 들어서 다음과 같이 compareTo 메소드가 호출되었을 때

```
my.compareTo(your);
```

인스턴스 your가 my보다 작다면 양의 정수를, 반대로 your가 my보다 크다면 음의 정수를 반환하도록 메소드를 구현해야 한다. 그러면 TreeSet〈E〉 인스턴스는 compareTo 메소드의 호출 결과를 바탕으로, 저장된 인스턴스들이 정렬된 상태를 유지하게 한다. 그럼 다음 예제를 통해서 앞서 정의한 Person 클래스가 나이를 기준으로 정렬되도록 compareTo 메소드의 구현 결과를 보이겠다. 정렬 기준은 이렇다. 나이가 적으면 작은 것이고 나이가 많으면 큰 것이다.

◈ ComparablePerson.java

```
import java.util.TreeSet;
import java.util.Iterator;

class Person implements Comparable<Person> {
    private String name;
    private int age;

```

```
    public Person(String name, int age) {
        this.name = name;
        this.age = age;
    }

    @Override
    public String toString() { return name + " : " + age; }

    @Override
    public int compareTo(Person p) {
        return this.age - p.age;
    }
}

class ComparablePerson {
    public static void main(String[] args) {
        TreeSet<Person> tree = new TreeSet<>();
        tree.add(new Person("YOON", 37));
        tree.add(new Person("HONG", 53));
        tree.add(new Person("PARK", 22));

        for(Person p : tree)
            System.out.println(p);
    }
}
```

▶ 실행 결과: ComparablePerson.java

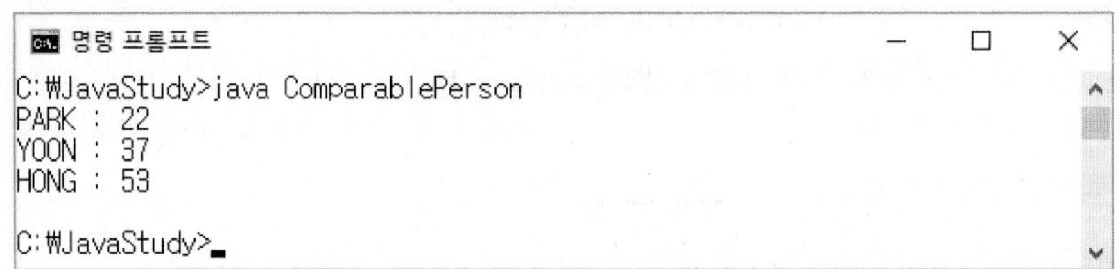
명령 프롬프트
C:₩JavaStudy>java ComparablePerson
PARK : 22
YOON : 37
HONG : 53
C:₩JavaStudy>

예제에서 Person 클래스의 compareTo 메소드를 다음과 같이 구현하였다. 이로 인해 인자로 전달된 인스턴스의 나이가 더 많으면 음수가 반환된다. 즉 나이가 많으면 오름차순 정렬 순서상 뒤쪽에 위치하게 된다.

```
@Override
public int compareTo(Person p) {
    return this.age - p.age;
}
```

이제 원하는 대로 크고 작음에 대한 기준, 다시 말해서 오름차순 정렬 순서상 앞서고 뒤섬에 대한 기준을 직접 결정하고 이를 반영할 수 있게 되었다. 줄을 세울 때 나이 많으신 분들을 우대하여 줄 앞쪽에 위치하도록 하려면 위의 메소드를 다음과 같이 수정하면 된다.

```
@Override
public int compareTo(Person p) {
    return p.age - this.age;
}
```

■ Comparator〈T〉 인터페이스를 기반으로 TreeSet〈E〉의 정렬 기준 제시하기

우리는 Person 클래스를 정의하였다. 이때 나이가 적은 사람이 앞쪽에 위치하도록 compareTo 메소드도 구현해 보았다. 그런데 나이가 많은 사람이 앞쪽에 위치하도록 기준을 바꿔야 한다면? 물론 메소드의 구현 내용을 수정하면 된다. 그러나 일시적인 기준 변경이라면 메소드를 수정하는 일은 적절치 않다. 그리고 다행히 이러한 상황을 고려하여 다음 인터페이스가 제공되고 있다.

```
public interface Comparator<T>
```

→ int compare(T o1, T o2) 의 구현을 통해 정렬 기준을 결정할 수 있다.

이 인터페이스를 구현한 클래스의 인스턴스는 TreeSet〈E〉의 다음 생성자를 통해 전달할 수 있다.

```
public TreeSet(Comparator<? super E> comparator)
```

그러면 이렇게 생성된 TreeSet〈E〉 인스턴스는 생성자로 전달된 인스턴스의 compare 메소드 호출 결과를 기준으로 정렬을 진행한다. 그리고 compare 메소드의 정의 기준은 다음과 같다.

```
int compare(T o1, T o2)
```

- o1이 o2보다 크면 양의 정수 반환
- o1이 o2보다 작으면 음의 정수 반환
- o1과 o2가 같다면 0 반환

그럼 다음 예제를 통해서 위 메소드의 구현 결과를 확인하자.

◈ ComparatorPerson.java

```
import java.util.TreeSet;
import java.util.Iterator;
import java.util.Comparator;

class Person implements Comparable<Person> {
    String name;
    int age;

    public Person(String name, int age) {
        this.name = name;
        this.age = age;
    }

    @Override
    public String toString() { return name + " : " + age; }

    @Override
    public int compareTo(Person p) {
        return this.age - p.age;
    }
}

class PersonComparator implements Comparator<Person> {
    public int compare(Person p1, Person p2) {
        return p2.age - p1.age;
    }
}

class ComparatorPerson {
    public static void main(String[] args) {
        TreeSet<Person> tree = new TreeSet<>(new PersonComparator());
        tree.add(new Person("YOON", 37));
        tree.add(new Person("HONG", 53));
        tree.add(new Person("PARK", 22));

        for(Person p : tree)
            System.out.println(p);
    }
}
```

▶ 실행 결과: ComparatorPerson.java

```
명령 프롬프트
C:₩JavaStudy>java ComparatorPerson
HONG : 53
YOON : 37
PARK : 22

C:₩JavaStudy>_
```

위 예제에서는 다음과 같이 Comparator〈T〉를 구현하였다.

```
class PersonComparator implements Comparator<Person> {
    public int compare(Person p1, Person p2) {
        return p2.age - p1.age;    // 나이가 많으신 분을 앞에 세우는 연산
    }
}
```

그리고 다음과 같이 위의 인스턴스를 인자로 하여 TreeSet〈Person〉 인스턴스를 생성하였다. 따라서 이렇게 생성된 컬렉션 인스턴스는, 인자로 전달된 인스턴스의 compare 메소드 호출 결과를 바탕으로 정렬 상태를 유지하게 된다.

```
TreeSet<Person> tree = new TreeSet<>(new PersonComparator());
```

String 클래스의 경우 사전 편찬 순으로 정렬이 되도록 이미 Comparable〈String〉 인터페이스를 구현하고 있다. 그런데 이 기준을 '문자열의 길이 순'으로 수정하고 싶다면? 지금 설명한 내용을 바탕으로 다음과 같이 코드를 작성하면 된다.

◈ ComparatorString.java

```
import java.util.TreeSet;
import java.util.Iterator;
import java.util.Comparator;

class StringComparator implements Comparator<String> {
    public int compare(String s1, String s2) {
        return s1.length() - s2.length();
    }
}

class ComparatorString {
```

```
    public static void main(String[] args) {
        TreeSet<String> tree = new TreeSet<>(new StringComparator());
        tree.add("Box");
        tree.add("Rabbit");
        tree.add("Robot");

        for(String s : tree)
            System.out.print(s.toString() + '\t');
        System.out.println();
    }
}
```

▶ 실행 결과: ComparatorString.java

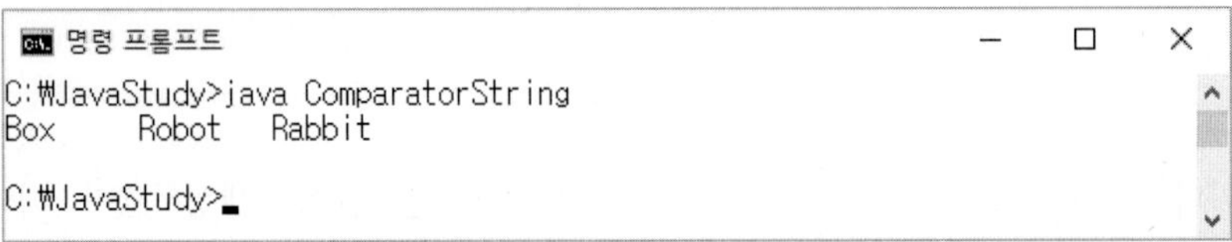
명령 프롬프트
C:₩JavaStudy>java ComparatorString
Box Robot Rabbit
C:₩JavaStudy>

위의 예제에서 보이듯이, 자바에서 제공하는 기본 클래스를 대상으로 정렬 기준을 바꿔야 하는 상황에서는 Comparator〈T〉의 구현이 좋은 해결책이 된다.

문제 23-2 [정렬의 기준 지정하기]

아래의 main 메소드를 실행하면 TreeSet〈Integer〉 인스턴스에는 오름차순으로 정렬된 상태가 유지되면서 정수가 저장된다.

```
public static void main(String[] args) {
    TreeSet<Integer> tr = new TreeSet<>();
    tr.add(30);
    tr.add(10);
    tr.add(20);
    System.out.println(tr);
}
```

따라서 main 메소드의 실행 결과는 다음과 같다.

```
C:\JavaStudy>java ComparatorInteger
[10, 20, 30]
```

이에 크고 작음에 대한 기준을 수정한 예제를 작성해보자. 즉 위의 main 메소드를 기반으로 다음의 실행 결과를 보이도록 코드를 수정 및 추가해보자.

```
C:\JavaStudy>java ComparatorInteger
[30, 20, 10]
```

답안은 출판사 홈페이지를 통해서 제공합니다.

■ 중복된 인스턴스를 삭제하려면

List〈E〉를 구현하는 컬렉션 클래스는 인스턴스의 중복 삽입을 허용한다. 그런데 저장된 인스턴스들 중에서 중복 삽입된 인스턴스들을 하나만 남기고 모두 지워야 한다고 가정해보자. 어떻게 이 일을 처리할 수 있겠는가? 이러한 작업을 위한 코드를 별도로 만들 수는 있지만 번거로운 일이다. 따라서 다음 예제에서 보이는 방법을 기억해 두는 것이 좋다.

◈ ConvertCollection.java

```
import java.util.List;
import java.util.Arrays;
import java.util.ArrayList;
import java.util.HashSet;
```

```java

class ConvertCollection {
    public static void main(String[] args) {
        List<String> lst = Arrays.asList("Box", "Toy", "Box", "Toy");
        ArrayList<String> list = new ArrayList<>(lst);

        for(String s : list)
            System.out.print(s.toString() + '\t');
        System.out.println();

        // 중복된 인스턴스를 걸러 내기 위한 작업
        HashSet<String> set = new HashSet<>(list);

        // 원래대로 ArrayList<String> 인스턴스로 저장물을 옮긴다.
        list = new ArrayList<>(set);

        for(String s : list)
            System.out.print(s.toString() + '\t');
        System.out.println();
    }
}
```

▶ 실행 결과: ConvertCollection.java

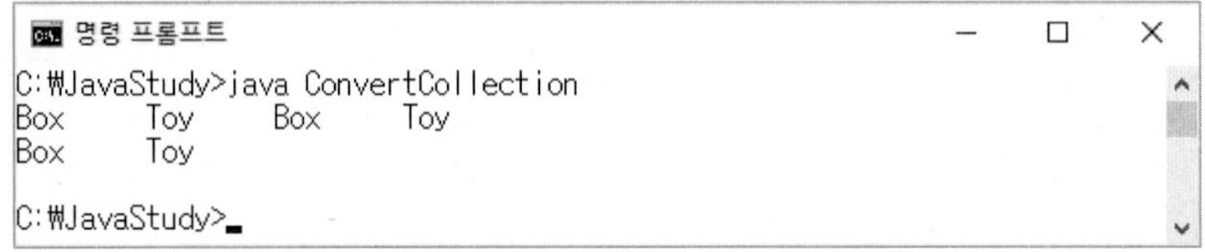
명령 프롬프트
C:₩JavaStudy>java ConvertCollection
Box Toy Box Toy
Box Toy
C:₩JavaStudy>

위 예제의 핵심은 다음 문장에 있다.

```java
HashSet<String> set = new HashSet<>(list);
```

그리고 이는 다음 생성자를 통해서 컬렉션 인스턴스를 생성하는 문장이다.

```java
public HashSet(Collection<? extends E> c)
```

→ 다른 컬렉션 인스턴스로부터 HashSet〈E〉 인스턴스 생성

위와 같이 인스턴스를 생성하면 HashSet<String> 인스턴스에 저장 대상을 복사하는 연산이 내부적으로 진행된다. 그리고 그 과정에서 Set<E> 인터페이스의 성격에 맞게 중복된 인스턴스는 걸러지게 된다.

23-4 Queue<E> 인터페이스를 구현하는 컬렉션 클래스들

이번에는 '스택'과 '큐'라는 자료구조를 소개하고자 한다. 이 둘은 응용 프로그램의 구현뿐 아니라 알고리즘의 구현에도 많이 사용되는 자료구조이다.

■ 스택(Stack)과 큐(Queue)의 이해

스택은 '가장 먼저 저장된 데이터'가 가장 마지막에 빠져나오는 자료구조이다.

LIFO(last-in-first-out)

→ 먼저 저장된 데이터가 마지막에 빠져나간다.

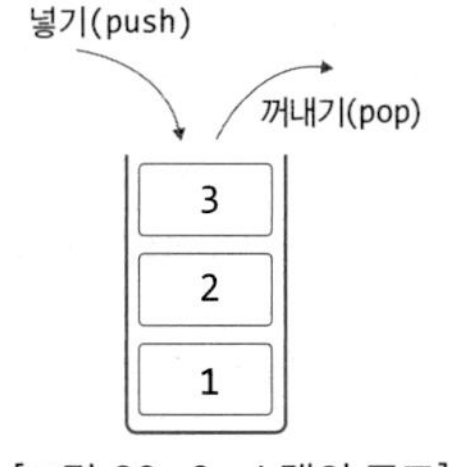

[그림 23-3: 스택의 구조]

즉 스택은 '아래가 막힌 긴 통'에 비유할 수 있다. 이러한 통에 물건을 넣으면, 가장 마지막에 들어간 물건이 먼저 나오고, 가장 먼저 들어간 물건이 마지막에 나온다.
반면 큐는 들어간 순으로 빠져나오는 자료구조이다.

FIFO(first-in-first-out)

→ 먼저 저장된 데이터가 먼저 빠져나간다.

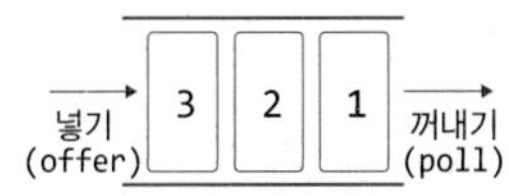

[그림 23-4: 큐의 구조]

즉 큐는 앞과 뒤가 다 뚫려서 한쪽 방향으로는 넣고 다른 한쪽 방향으로는 꺼내는 통에 비유할 수 있다. 따라서 이 통에 물건을 넣으면 들어간 순으로 물건이 빠져나온다.

■ Queue〈E〉 인터페이스와 큐(Queue)의 구현

큐 자료구조를 위한 Queue〈E〉 인터페이스를 대표하는 세 가지 메소드는 다음과 같다.

boolean add(E e)	넣기
E remove()	꺼내기
E element()	확인하기

이 중에서 remove는 인스턴스의 참조 값을 반환하면서 해당 인스턴스를 저장소에서 삭제하는 메소드이다. 반면 element는 인스턴스의 참조 값을 반환하지만 삭제하지 않는다. 그래서 이 메소드는 무엇이 들어 있는지 확인하는 메소드라 한다.

그런데 위의 세 메소드는 꺼낼 인스턴스가 없을 때 혹은 저장 공간이 부족할 때 예외를 발생시킨다. 반면에 Queue〈E〉 인터페이스의 다음 세 메소드는 동일한 상황에서 예외를 발생시키지 않고 해당 상황을 알리기 위한 특정 값(null 또는 false)을 반환한다.

boolean offer(E e)	넣기, 넣을 공간이 부족하면 false 반환
E poll()	꺼내기, 꺼낼 대상 없으면 null 반환
E peek()	확인하기, 확인할 대상이 없으면 null 반환

일반적인 선택은 offer, poll, peek이다. 이유는 비어 있는 상황까지도 예외가 아닌 프로그램의 정상적인 흐름으로 간주하는 경우가 대부분이기 때문이다. 그럼 Queue〈E〉를 구현하는 대표적인 컬렉션 클래스를 다음 예제를 통해 소개하겠다.

◈ LinkedListQueue.java

```
import java.util.Queue;
import java.util.LinkedList;

class LinkedListQueue {
    public static void main(String[] args) {
        Queue<String> que = new LinkedList<>();  // LinkedList<E> 인스턴스 생성!
        que.offer("Box");
        que.offer("Toy");
        que.offer("Robot");

        // 무엇이 다음에 나올지 확인
        System.out.println("next: " + que.peek());

        // 첫 번째, 두 번째 인스턴스 꺼내기
        System.out.println(que.poll());
```

```
        System.out.println(que.poll());

        // 무엇이 다음에 나올지 확인
        System.out.println("next: " + que.peek());

        // 마지막 인스턴스 꺼내기
        System.out.println(que.poll());
    }
}
```

▶ 실행 결과: LinkedListQueue.java

```
명령 프롬프트
C:\JavaStudy>java LinkedListQueue
next: Box
Box
Toy
next: Robot
Robot

C:\JavaStudy>
```

위 예제에서 보이듯이 LinkedList〈E〉는 List〈E〉를 구현하면서 동시에 Queue〈E〉를 구현하는 컬렉션 클래스이다. 따라서 어떠한 타입의 참조변수로 참조하느냐에 따라서 '리스트'로도 동작하고 '큐'로도 동작한다.

■ 스택(Stack)의 구현

자바는 기본 자료구조 대부분을 지원한다. 스택 자료구조도 컬렉션 클래스 Stack〈E〉를 통해 지원하고 있다.

```
public class Stack<E> extends Vector<E>
```

그러나 Stack〈E〉는 (그리고 이 클래스가 상속하는 Vector〈E〉도) 자바 초기에 정의된 클래스로써 지금은 이전 코드와의 호환성 유지를 위해 존재하는 클래스일 뿐이다. Stack〈E〉는 동기화된 클래스로 멀티 쓰레드에 안전하지만, 그만큼 성능의 저하가 발생한다. ('동기화된 클래스'의 의미는 쓰레드를 소개하면서 설명한다.) 때문에 이 클래스의 사용은 권할 만한 일이 아니다. 대신에 자바 6에서 스택을 대신할 수 있는 '덱(Deque)'이라는 자료구조가 포함되었다. 그리고 이를 위해 다음 인터페이스를 정의하였다.

```
public interface Deque<E> extends Queue<E>
```

덱은 외형 구조가 큐와 유사하다. 그러나 한쪽 방향으로만 넣고 꺼내는 큐와 달리 덱은 양쪽 끝에서 넣고 빼는 것이 가능한 자료구조이다. 따라서 덱을 스택처럼 사용하는 것이 가능하다. (뿐만 아니라 덱은 큐처럼 사용하는 것도 가능하다.)

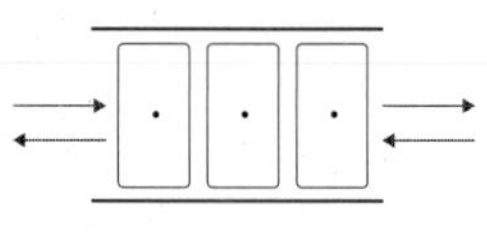
[그림 23-5: 덱의 구조]

Deque〈E〉의 대표 메소드들은 다음과 같다.

- 앞으로 넣고, 꺼내고, 확인하기

void addFirst(E e)	넣기
E removeFirst()	꺼내기
E getFirst()	확인하기

- 뒤로 넣고, 꺼내고, 확인하기

void addLast(E e)	넣기
E removeLast()	꺼내기
E getLast()	확인하기

그런데 이들은 꺼낼 대상이 없을 때, 그리고 공간이 부족해서 넣지 못할 때 예외를 발생시킨다. 반면 Deque〈E〉의 다음 메소드들은 그러한 상황에서 예외를 발생시키지 않고 특정 값을 반환한다.

- 앞으로 넣고, 꺼내고, 확인하기

boolean offerFirst(E e)	넣기, 공간 부족하면 false 반환
E pollFirst()	꺼내기, 꺼낼 대상 없으면 null 반환
E peekFirst()	확인하기, 확인할 대상 없으면 null 반환

- 뒤로 넣고, 꺼내고, 확인하기

boolean offerLast(E e)	넣기, 공간이 부족하면 false 반환
E pollLast()	꺼내기, 꺼낼 대상 없으면 null 반환
E peekLast()	확인하기, 확인할 대상 없으면 null 반환

따라서 스택이 필요하면 Deque〈E〉을 구현한 컬렉션 클래스의 인스턴스를 대상으로 다음과 같이 쌍을 이루어 메소드를 호출하면 된다.

`offerFirst & pollFirst`	앞으로 넣고 앞에서 꺼내기
`offerLast & pollLast`	뒤로 넣고 뒤에서 꺼내기

그럼 다음 예제를 통해서 Deque〈E〉을 구현하는 ArrayDeque〈E〉 클래스의 인스턴스를 스택처럼 활용하는 예를 보이겠다.

◈ ArrayDequeCollection.java

```
import java.util.Deque;
import java.util.ArrayDeque;

class ArrayDequeCollection {
    public static void main(String[] args) {
        Deque<String> deq = new ArrayDeque<>();

        // 앞으로 넣고
        deq.offerFirst("1.Box");
        deq.offerFirst("2.Toy");
        deq.offerFirst("3.Robot");

        // 앞에서 꺼내기
        System.out.println(deq.pollFirst());
        System.out.println(deq.pollFirst());
        System.out.println(deq.pollFirst());
    }
}
```

▶ 실행 결과: ArrayDequeCollection.java

```
명령 프롬프트
C:₩JavaStudy>java ArrayDequeCollection
3.Robot
2.Toy
1.Box

C:₩JavaStudy>_
```

위 예제에서는 넣은 순서의 역순으로 String 인스턴스를 꺼냈다. 즉 스택으로 동작하게끔 메소드를 호출하였다. 그런데 위 예제의 다음 문장은,

```
Deque<String> deq = new ArrayDeque<>();
```

→ 배열을 기반으로 하는 덱의 구성

다음 문장으로 대신할 수 있다.

```
Deque<String> deq = new LinkedList<>();
```

→ 리스트를 기반으로 하는 덱의 구성

이렇듯 LinkedList〈E〉로 대신할 수 있는 이유는 이 클래스가 다음 세 가지 인터페이스를 모두 구현하기 때문이다.

```
Deque<E>, List<E>, Queue<E>
```

따라서 어느 타입의 참조변수로 참조하느냐에 따라서 LinkedList〈E〉는 그 성격이 결정된다. 그리고 스택에 대한 이야기를 조금 더하면, 스택의 두 기능인 넣고 꺼내기 연산에 대해 전통적으로 다음과 같이 이름을 붙인다.

- 스택에 넣기 push
- 스택에서 꺼내기 pop

그런데 앞서 보인 예제에서는 덱을 스택처럼 사용했기 때문에 코드상에서 이것이 덱인지 스택인지 구분하기 어렵다. 뿐만 아니라, 스택으로 사용하려 했는데 앞으로 넣고 뒤로 꺼내는 실수를 할 수도 있는 상황이다. 따라서 스택이 필요한 경우에는 다음과 같이 별도의 클래스를 정의하여 사용할 것을 권한다.

◈ DefinedStack.java

```
import java.util.Deque;
import java.util.ArrayDeque;

interface DIStack<E> {
    public boolean push(E item);
    public E pop();
}

class DCStack<E> implements DIStack<E> {
    private Deque<E> deq;

    public DCStack(Deque<E> d) {
        deq = d;
```

```
    }
    public boolean push(E item) {
        return deq.offerFirst(item);
    }
    public E pop() {
        return deq.pollFirst();
    }
}

class DefinedStack {
    public static void main(String[] args) {
        DIStack<String> stk = new DCStack<>(new ArrayDeque<String>());

        // PUSH 연산
        stk.push("1.Box");
        stk.push("2.Toy");
        stk.push("3.Robot");

        // POP 연산
        System.out.println(stk.pop());
        System.out.println(stk.pop());
        System.out.println(stk.pop());
    }
}
```

▶ 실행 결과: DefinedStack.java

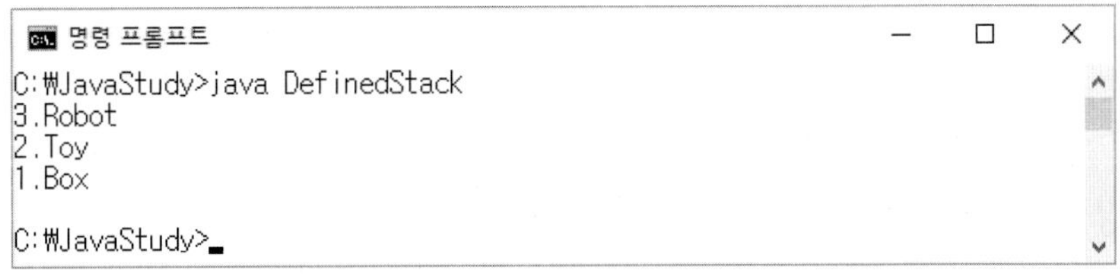
명령 프롬프트
C:₩JavaStudy>java DefinedStack
3.Robot
2.Toy
1.Box
C:₩JavaStudy>

위 예제에서 필자가 정의한 인터페이스와 클래스는 다음과 같다.

```
interface DIStack<E>
class DCStack<E> implements DIStack<E>
```

이 인터페이스와 클래스를 기반으로 다음과 같이 문장을 구성하면 배열 기반의 스택이 생성된다.

```
DIStack<String> stk = new DCStack<>(new ArrayDeque<String>());
```

그리고 다음과 같이 문장을 구성하면 리스트 기반의 스택이 생성된다.

```
DIStack<String> stk = new DCStack<>(new LinkedList<String>());
```

비록 필자가 정의한 인터페이스와 클래스지만 이 둘을 분석하고 이해하는 것은 많은 도움이 되리라 생각한다.

23-5 Map〈K, V〉 인터페이스를 구현하는 컬렉션 클래스들

Map〈K, V〉를 구현하는 컬렉션 클래스의 인스턴스들은 Key와 Value가 한 쌍을 이루는 형태로 데이터를 저장한다.

■ Key-Value 방식의 데이터 저장과 HashMap〈K, V〉 클래스

캐비닛에 서류철을 보관할 때 해당 서류철을 쉽게 찾을 수 있도록 서류철의 특정 위치에 서류의 정보나 이름을 써넣는다. 그리고 이것이 Key와 Value가 하나의 쌍을 이루는 데이터 저장 방식이다. Key는 실질적 데이터가 아니다. 대신 데이터 Value를 찾는 지표가 된다.
Collection〈E〉를 구현하는 클래스가 Value를 저장하는 구조였다면, Map〈K, V〉를 구현하는 클래스는 Value를 저장할 때, 이를 찾을 때 사용하는 Key를 함께 저장하는 구조이다. 때문에 Key는 중복될 수 없다. 반면 Key만 다르다면 Value는 중복이 되어도 상관없다.

"Key는 지표이므로 중복될 수 없다. 반면 Key만 다르면 Value는 중복되어도 상관없다."

Map<K, V>를 구현하는 대표 클래스로 HashMap<K, V>와 TreeMap<K, V>가 있다. 둘의 가장 큰 차이점은, 트리 자료구조를 기반으로 구현된 TreeMap<K, V>은 정렬 상태를 유지한다는데 있다. 물론 정렬의 대상은 Value가 아니라 Key이다. 그럼 먼저 HashMap<K, V>의 사용의 예를 보이겠다.

◈ HashMapCollection.java

```
import java.util.HashMap;

class HashMapCollection {
    public static void main(String[] args) {
        HashMap<Integer, String> map = new HashMap<>();

        // Key-Value 기반 데이터 저장
        map.put(45, "Brown");
        map.put(37, "James");
        map.put(23, "Martin");

        // 데이터 탐색
        System.out.println("23번: " + map.get(23));
        System.out.println("37번: " + map.get(37));
        System.out.println("45번: " + map.get(45));
        System.out.println();

        // 데이터 삭제
        map.remove(37);

        // 데이터 삭제 확인
        System.out.println("37번: " + map.get(37));
    }
}
```

▶ 실행 결과: HashMapCollection.java

```
명령 프롬프트
C:\JavaStudy>java HashMapCollection
23번: Martin
37번: James
45번: Brown

37번: null

C:\JavaStudy>
```

예제의 다음 문장에서 보이듯이 Key도 Value도 인스턴스이어야 한다.

```
HashMap<Integer, String> map = new HashMap<>();
```

다만 예제에서는 Key가 Integer이므로 저장, 참조 그리고 삭제의 과정에서 Key에 대한 오토 박싱과 오토 언박싱이 진행되어서 int형 정수가 key인 것처럼 보였을 뿐이다.

■ HashMap〈K, V〉의 순차적 접근 방법

HashMap〈K, V〉 클래스는 Iterable〈T〉 인터페이스를 구현하지 않으니 for-each문을 통해서, 혹은 '반복자'를 얻어서 순차적 접근을 진행할 수 없다. 대신에 Map〈K, V〉에는 다음 메소드가 존재한다.

```
public Set<K> keySet()
```

이 메소드는 Set〈E〉을 구현하는 컬렉션 인스턴스를 생성하고, 여기에 모든 Key를 담아서 반환한다. 따라서 이 메소드를 통해서 다음 예제와 같이 모든 Key를 따로 모으고, 이를 통한 순차적 접근을 진행할 수 있다.

◈ HashMapIteration.java

```
import java.util.HashMap;
import java.util.Iterator;
import java.util.Set;

class HashMapIteration {
    public static void main(String[] args) {
        HashMap<Integer, String> map = new HashMap<>();
        map.put(45, "Brown");
        map.put(37, "James");
        map.put(23, "Martin");

        // Key만 담고 있는 컬렉션 인스턴스 생성
        Set<Integer> ks = map.keySet();

        // 전체 Key 출력 (for-each문 기반)
        for(Integer n : ks)
            System.out.print(n.toString() + '\t');
        System.out.println();

        // 전체 Value 출력 (for-each문 기반)
        for(Integer n : ks)
```

```
                System.out.print(map.get(n).toString() + '\t');
            System.out.println();

            // 전체 Value 출력 (반복자 기반)
            for(Iterator<Integer> itr = ks.iterator(); itr.hasNext(); )
                System.out.print(map.get(itr.next()) + '\t');
            System.out.println();
        }
    }
```

▶ 실행 결과: HashMapIteration.java

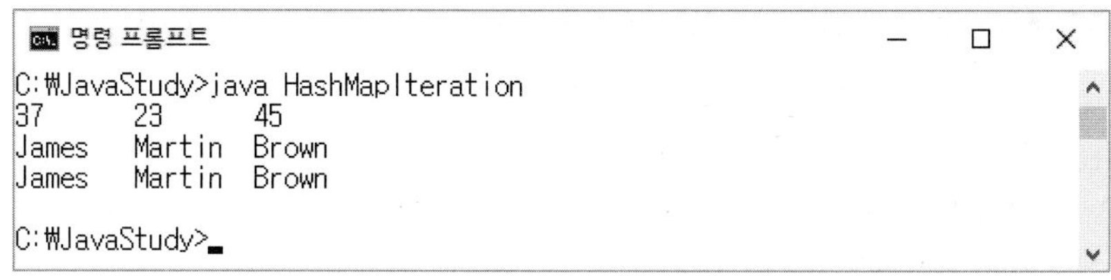

위 예제의 핵심은 다음 문장에 있다.

```
Set<Integer> ks = map.keySet();
```

Set<E>은 Iterable<E>을 상속하므로 예제에서 보이듯이 위의 문장 실행 이후에 for-each문을 통해서, 또는 반복자를 얻어서 순차적 접근을 진행할 수 있다.

■ TreeMap<K, V>의 순차적 접근 방법

HashSet<E>이 해쉬 알고리즘을 기반으로 구현되어 있듯이, HashMap<K, V> 역시 해쉬 알고리즘을 기반으로 구현되어 있다. 그리고 TreeSet<E>이 트리 자료구조를 기반으로 구현되어 있어서 정렬 상태를 유지하듯이 TreeMap<K, V> 역시 트리 자료구조를 기반으로 구현되어 있어서 정렬 상태를 유지한다. 그럼 조금 전에 보인 예제에서 컬렉션 클래스만 TreeMap<K, V>으로 바꿔서 실행해보자. 그랬을 때 실행 결과가 어떻게 차이가 나는지 확인해보자.

◈ TreeMapIteration.java

```
import java.util.TreeMap;
import java.util.Iterator;
import java.util.Set;

class TreeMapIteration {
    public static void main(String[] args) {
        TreeMap<Integer, String> map = new TreeMap<>();
        map.put(45, "Brown");
        map.put(37, "James");
        map.put(23, "Martin");

        // Key만 담고 있는 컬렉션 인스턴스 생성
        Set<Integer> ks = map.keySet();

        // 전체 Key 출력 (for-each문 기반)
        for(Integer n : ks)
            System.out.print(n.toString() + '\t');
        System.out.println();

        // 전체 Value 출력 (for-each문 기반)
        for(Integer n : ks)
            System.out.print(map.get(n).toString() + '\t');
        System.out.println();

        // 전체 Value 출력 (반복자 기반)
        for(Iterator<Integer> itr = ks.iterator(); itr.hasNext(); )
            System.out.print(map.get(itr.next()) + '\t');
        System.out.println();
    }
}
```

▶ 실행 결과: TreeMapIteration.java

```
명령 프롬프트
C:\JavaStudy>java TreeMapIteration
23      37      45
Martin  James   Brown
Martin  James   Brown

C:\JavaStudy>
```

위의 실행 결과에서는 Key에 해당하는 나이 정보가 오름차순으로 출력되었다. 이렇듯 대상 컬렉션 인스턴스에 따라서 반환되는 반복자의 성격은 달라진다. TreeMap〈K, V〉 인스턴스에서 반환된 반복자는 오름차순으로 Key에 접근한다.

이번에는 내림차순으로 나이 정보가 출력되도록 예제를 수정해보자. Comparator〈T〉 인터페이스를 기반으로 TreeSet〈E〉의 정렬 기준을 결정했던 예제를 떠올리면 방법을 쉽게 찾을 수 있다.

◈ ComparatorTreeMap.java

```
import java.util.TreeMap;
import java.util.Iterator;
import java.util.Set;
import java.util.Comparator;

class AgeComparator implements Comparator<Integer> {
    public int compare(Integer n1, Integer n2) {
        return n2.intValue() - n1.intValue();
    }
}

class ComparatorTreeMap {
    public static void main(String[] args) {
        TreeMap<Integer, String> map = new TreeMap<>(new AgeComparator());
        map.put(45, "Brown");
        map.put(37, "James");
        map.put(23, "Martin");

        // Key만 담고 있는 컬렉션 인스턴스 생성
        Set<Integer> ks = map.keySet();

        // 전체 Key 출력 (for-each문 기반)
        for(Integer n : ks)
            System.out.print(n.toString() + '\t');
        System.out.println();

        // 전체 Value 출력 (for-each문 기반)
        for(Integer n : ks)
            System.out.print(map.get(n).toString() + '\t');
        System.out.println();

        // 전체 Value 출력 (반복자 기반)
        for(Iterator<Integer> itr = ks.iterator(); itr.hasNext(); )
            System.out.print(map.get(itr.next()) + '\t');
        System.out.println();
```

```
    }
}
```

▶ 실행 결과: ComparatorTreeMap.java

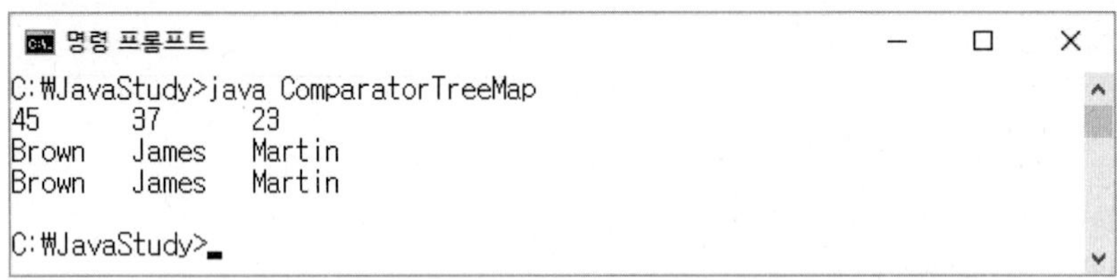

Comparator〈T〉를 구현하는 AgeComparator 클래스를 정의하고, 다음과 같이 TreeMap〈K, V〉 인스턴스를 생성한 것이 수정 내용 전부이다.

```
TreeMap<Integer, String> map = new TreeMap<>(new AgeComparator());
```

그리고 AgeComparator 클래스가 Comparator〈T〉을 구현하면서 T를 Integer로 결정한 이유는 정렬 대상인 Key가 Integer이기 때문이다.

Chapter 24

컬렉션 프레임워크 2

24-1. 컬렉션 기반 알고리즘

- 정렬
- 〈T extends Comparable〈T〉〉 아니고 〈T extends Comparable〈? super T〉〉
- 정렬: Comparator〈T〉 기반
- 찾기
- 찾기: Comparator〈T〉 기반
- 복사하기

본 Chapter의 내용을 무리 없이 이해하기 위해서는 제네릭 관련 내용을 잘 이해하고 있어야 한다. 따라서 본 Chapter를 진행하기에 앞서 제네릭을 한 번 더 복습하는 것도 좋을 듯하다. 참고로 제목과 달리 실제 공부하는 내용은 제네릭에 더 가깝다.

24-1 컬렉션 기반 알고리즘

Collections 클래스에는 다양한 알고리즘을 구현한 메소드들이 존재한다. 따라서 이 중 일부를 소개하고자 한다.

■ 정렬

List<E>를 구현한 컬렉션 클래스들은 저장된 인스턴스를 정렬된 상태로 유지하지 않는다. 대신에 정렬을 해야 한다면 다음 메소드를 사용할 수 있다.

```
public static <T extends Comparable<T>> void sort(List<T> list)
```

위의 메소드는 Collections 클래스에 정의되어 있는 제네릭 메소드이다. 처음 보면 복잡해 보이지만 이어서 보이는 분석의 과정을 거치면 쉽게 이해할 수 있다. 그럼 먼저 다음과 같이 위의 메소드를 줄여 놓고 시작하자.

```
public static <T> void sort(List<T> list)
```

→ 메소드 호출 시점에 T가 결정되므로 List<T>의 인스턴스는 모두 전달 가능

그리고 위의 내용에 다음 내용을 추가한다.

```
public static <T extends Comparable<T>> void sort(List<T> list)
```

→ 그런데 그 T는 Comparable〈T〉 인터페이스를 구현한 상태이어야 한다.

마지막으로 이렇게 두 단계를 거쳐서 이해한 내용을 다음과 같이 하나로 정리하자.

```
public static <T extends Comparable<T>> void sort(List<T> list)
```

→ 인자로 List〈T〉의 인스턴스는 모두 전달 가능

→ 단, T는 Comparable〈T〉 인터페이스를 구현한 상태이어야 한다.

이렇게 이해하고 나면 다음과 같이 sort 메소드의 호출이 가능함을 쉽게 이해할 수 있다.

```
public static void main(String[] args) {
    List<String> list = ....;
    Collections.sort(list);    // List<T>의 인스턴스가 인자로 전달
    ....
}
```

String은 다음과 같이 Comparable〈String〉을 구현한다. 따라서 위에서 보이듯이 List〈String〉 인스턴스는 sort 메소드의 인자로 전달이 될 수 있다.

```
public final class String extends Object implements Comparable<String>
```

그럼 sort 메소드의 호출 결과를 다음 예제를 통해서 확인해보자.

◈ SortCollections.java

```
import java.util.List;
import java.util.Arrays;
import java.util.ArrayList;
import java.util.Iterator;
import java.util.Collections;

class SortCollections {
    public static void main(String[] args) {
        List<String> list = Arrays.asList("Toy", "Box", "Robot", "Weapon");
        list = new ArrayList<>(list);

        // 정렬 이전 출력
        for(Iterator<String> itr = list.iterator(); itr.hasNext(); )
```

```
            System.out.print(itr.next() + '\t');
        System.out.println();

        // 정렬
        Collections.sort(list);

        // 정렬 이후 출력
        for(Iterator<String> itr = list.iterator(); itr.hasNext(); )
            System.out.print(itr.next() + '\t');
        System.out.println();
    }
}
```

▶ 실행 결과: SortCollections.java

```
명령 프롬프트
C:\JavaStudy>java SortCollections
Toy     Box     Robot   Weapon
Box     Robot   Toy     Weapon

C:\JavaStudy>
```

String 클래스의 compareTo 메소드는 사전 편찬 순으로(lexicographically) 정렬되도록 구현되어 있다. 따라서 위의 실행 결과에서는 사전 편찬 순을 기준으로 오름차순 정렬된 결과를 확인할 수 있다.

■ 〈T extends Comparable〈T〉〉 아니고 〈T extends Comparable〈? super T〉〉

위에서 다음과 같이 Collections 클래스의 sort 메소드를 소개하였다.

```
public static <T extends Comparable<T>> void sort(List<T> list)
```

→ 인자로 List〈T〉의 인스턴스는 모두 전달 가능

→ 단, T는 Comparable〈T〉 인터페이스를 구현한 상태이어야 한다.

그런데 이 메소드의 실제 모습은 다음과 같다. 처음부터 이렇게 생겼음을 보였다면 부담을 크게 느낄 수 있어서 한 단계 줄여서 메소드를 소개하였다.

```
public static <T extends Comparable<? super T>> void sort(List<T> list)
```

지금껏 본서에서는 이 위치에 〈? super T〉를 넣은 사례를 소개하지 않았다. 그리고 이는 매개변수 선언에 등장하는 〈? super T〉와 문법적인 해석은 같지만 목적에서 차이가 있다. 따라서 이에 대한 설명을 하려 하는데, 간단히 설명할 수 있는 내용이 아니기에 조금 길게 설명을 하려 한다. 일단 sort 메소드가 다음과 같다고 가정하고 아래 예제를 분석하자.

```
public static <T extends Comparable<T>> void sort(List<T> list)
```

◈ CarSortCollections.java

```
import java.util.List;
import java.util.ArrayList;
import java.util.Iterator;
import java.util.Collections;

class Car implements Comparable<Car> {
    private int disp;    // 배기량

    public Car(int d) { disp = d; }

    @Override
    public String toString() {
        return "cc: " + disp;
    }
    @Override
    public int compareTo(Car o) {
        return disp - o.disp;
    }
}

class CarSortCollections {
    public static void main(String[] args) {
        List<Car> list = new ArrayList<>();
        list.add(new Car(1200));
        list.add(new Car(3000));
        list.add(new Car(1800));
        Collections.sort(list);    // 정렬

        for(Iterator<Car> itr = list.iterator(); itr.hasNext(); )   // 출력
            System.out.println(itr.next().toString() + '\t');
    }
}
```

▶ 실행 결과: CarSortCollections.java

```
명령 프롬프트
C:\JavaStudy>java CarSortCollections
cc: 1200
cc: 1800
cc: 3000

C:\JavaStudy>
```

여전히 sort 메소드가 다음과 같이 정의되어 있다고 가정하고 이야기를 이어 나가겠다.

```
public static <T extends Comparable<T>> void sort(List<T> list)
```

그러면 예제에서 List<Car> 인스턴스를 인자로 전달하며 sort 메소드를 호출할 때, T는 Car로 결정되어 다음 형태의 메소드 호출이 진행된다.

```
public static void sort(List<Car> list)
```

단 Car는 다음 조건을 만족해야 하는데, 예제에서 정의한 Car는 이 조건을 만족한다. 따라서 위 예제는 정상적으로 컴파일 및 실행을 완료할 수 있다.

```
Car는 Comparable<Car>를 구현해야 한다.
```

그런데 다음과 같이 Car를 상속하는 ECar를 정의했다고 가정해보자. (ECar는 전기 자동차를 표현한 클래스이다.)

```
class Car implements Comparable<Car> {...}
class ECar extends Car {...}      // ECar는 Comparable<Car>를 간접 구현
```

그러면 ECar는 Comparable<Car>을 구현하는(간접 구현하는) 상태가 되는데, 이를 대상으로 다음과 같은 코드를 작성하면 컴파일이 되겠는가?

```
public static void main(String[] args) {
    List<ECar> list = new ArrayList<>();
    ....
    Collections.sort(list);    // 이 메소드 호출이 성공할 수 있을까?
    ....
}
```

위와 같이 sort 메소드를 호출하면 'T는 ECar로 결정되어' 다음 형태의 sort 메소드 호출이 진행된다.

```
public static void sort(List<ECar> list)
```

그리고 sort 메소드가 다음과 같다고 가정하였으니, ECar는 Comparable〈ECar〉를 구현하고 있어야 위의 sort 메소드 호출에 문제가 없다.

```
public static <T extends Comparable<T>> void sort(List<T> list)
```

→ T가 ECar인 경우 ECar는 Comparable〈ECar〉를 구현해야 함

그러나 클래스의 구현 및 상속의 구조가 다음과 같으므로 ECar는 Comparable〈Car〉는 구현하는 상태이지만 Comparable〈ECar〉는 구현하지 않는 상태이다.

```
class Car implements Comparable<Car> {...}
class ECar extends Car {...}     // Comparable<Car>를 간접 구현한다.
```

따라서 위에서 보인 sort 메소드의 호출은 성공하지 못한다. 그러나 Collections 클래스의 sort 메소드는 이러한 상황을 고려하여 다음과 같이 정의되어 있다.

```
public static <T extends Comparable<? super T>> void sort(List<T> list)
```

→ T가 ECar인 경우 ECar는 Comparable〈? super ECar〉를 구현해야 함

따라서 List〈ECar〉 인스턴스를 전달하면서 sort 메소드를 호출하는 순간 T는 ECar가 되어 위의 메소드는 다음 형태로 호출이 되고,

```
public static void sort(List<ECar> list)
```

메소드의 선언에서 T가 구현해야 할 인터페이스를 Comparable〈? super T〉로 명시했으므로 ECar 클래스는 다음 인터페이스 중 하나만 구현해도 위의 sort 메소드 호출은 성공한다.

```
Comparable<Object>, Comparable<Car>, Comparable<ECar>
```

조금 어렵지만 중요한 설명을 진행했으니, 이 설명의 흐름과 내용을 완전히 이해하고 외우는 수준에 이르기를 바란다. 그럼 다음 예제를 통해서 설명한 내용을 확인하고 정리하자.

◈ ECarSortCollections.java

```
import java.util.List;
```

```
import java.util.ArrayList;
import java.util.Iterator;
import java.util.Collections;

class Car implements Comparable<Car> {
    protected int disp;    // 배기량

    public Car(int d) { disp = d; }

    @Override
    public String toString() {
        return "cc: " + disp;
    }
    @Override
    public int compareTo(Car o) {
        return disp - o.disp;
    }
}

class ECar extends Car {   // 전기 자동차를 표현한 클래스
    private int battery;   // 배터리

    public ECar(int d, int b) {
        super(d);
        battery = b;
    }

    @Override
    public String toString() {
        return "cc: " + disp + ", ba: " + battery;
    }
}

class ECarSortCollections {
    public static void main(String[] args) {
        List<ECar> list = new ArrayList<>();
        list.add(new ECar(1200, 99));
        list.add(new ECar(3000, 55));
        list.add(new ECar(1800, 87));
        Collections.sort(list);    // 정렬

        for(Iterator<ECar> itr = list.iterator(); itr.hasNext(); )   // 출력
            System.out.println(itr.next().toString() + '\t');
    }
}
```

▶ 실행 결과: ECarSortCollections.java

```
명령 프롬프트
C:₩JavaStudy>java ECarSortCollections
cc: 1200, ba: 99
cc: 1800, ba: 87
cc: 3000, ba: 55

C:₩JavaStudy>
```

이제 이후로 다음과 같은 유형의 메소드 선언을 본다면,

```
public static <T extends Comparable<? super T>> void sort(List<T> list)
```

그리고 위 메소드에 대한 다음 질문의 답을 타인에게 혹은 본인 스스로에게 해야 한다면,

```
"Comparable<T>가 아닌 Comparable<? super T>인 이유는?"
```

필자가 언급한 다음 클래스 구조를 바탕으로 설명을 하고 이해를 하자.

```
class Car implements Comparable<Car> {...}
class ECar extends Car {...}
```

■ 정렬: Comparator〈T〉 기반

Collections 클래스에는 다음 sort 메소드도 정의되어 있다. 이는 호출 시 정렬의 기준을 결정할 수 있는 형태로 정의된 메소드이다.

```
public static <T> void sort(List<T> list, Comparator<? super T> c)
```

그리고 이번에는 매개변수 선언에 〈? super T〉가 있으므로 다음과 같이 판단할 수 있다. (이는 제네릭을 설명하면서 강조한 내용이다.)

"매개변수 c를 대상으로는 T형 인스턴스를 넣는(전달하는) 메소드 호출만 OK"

실제로 위 메소드의 두 번째 인자로 전달되는 컬렉션 인스턴스를 통해서는 인스턴스를 전달하는 행위만 하는 것이 정상이다. 그런데 이 매개변수 선언의 의미에는 앞서 다음 클래스 구조를 기반으로 설명한 내용도 함께 포함된다. (이후로는 이를 〈? super T〉 선언이 주는 두 번째 의미라 하자.)

```
class Car implements Comparable<Car> {...}
```

```
class ECar extends Car {...}
```

그럼 다음 예제를 통해서 〈? super T〉 선언이 주는 두 번째 의미를 보이도록 하겠다.

◈ CarComparator.java

```
import java.util.List;
import java.util.ArrayList;
import java.util.Iterator;
import java.util.Comparator;
import java.util.Collections;

class Car {
    protected int disp;
    public Car(int d) { disp = d; }

    @Override
    public String toString() { return "cc: " + disp; }
}

// Car의 정렬을 위한 클래스
class CarComp implements Comparator<Car> {
    @Override
    public int compare(Car o1, Car o2) { return o1.disp - o2.disp; }
}

class ECar extends Car {
    private int battery;

    public ECar(int d, int b) {
        super(d);
        battery = b;
    }

    @Override
    public String toString() { return "cc: " + disp + ", ba: " + battery; }
}

class CarComparator {
    public static void main(String[] args) {
        List<Car> clist = new ArrayList<>();
        clist.add(new Car(1800));
        clist.add(new Car(1200));
        clist.add(new Car(3000));
```

```

        List<ECar> elist = new ArrayList<>();
        elist.add(new ECar(3000, 55));
        elist.add(new ECar(1800, 87));
        elist.add(new ECar(1200, 99));

        CarComp comp = new CarComp();

        // 각각 정렬
        Collections.sort(clist, comp);
        Collections.sort(elist, comp);    // 이 문장이 이 예제의 핵심!

        for(Iterator<Car> itr = clist.iterator(); itr.hasNext(); )
            System.out.println(itr.next().toString() + '\t');
        System.out.println();

        for(Iterator<ECar> itr = elist.iterator(); itr.hasNext(); )
            System.out.println(itr.next().toString() + '\t');
    }
}
```

▶ 실행 결과: CarComparator.java

```
명령 프롬프트
C:₩JavaStudy>java CarComparator
cc: 1200
cc: 1800
cc: 3000

cc: 1200, ba: 99
cc: 1800, ba: 87
cc: 3000, ba: 55

C:₩JavaStudy>_
```

예제에서는 Car의 정렬을 위해 정의한 다음 클래스의 인스턴스를 대상으로 ECar도 정렬할 수 있음을 보였다.

```
class CarComp implements Comparator<Car> {
    @Override
    public int compare(Car o1, Car o2) { return o1.disp - o2.disp; }
}
```

즉 다음 문장이 실행될 수 있음을 보였다.

```
Collections.sort(elist, comp);
```

이는 sort 메소드의 두 번째 매개변수 타입이 Comparator〈T〉가 아닌 Comparator〈? super T〉이기에 가능한 일이다.

■ 찾기

리스트 자료구조를 기반으로 특정 인스턴스를 찾을 때 사용할 수 있는 메소드가 Collections 클래스에 다음과 같이 정의되어 있다.

```
public static <T> int binarySearch(List<? extends Comparable<? super T>> list, T key)
```

→ list에서 key를 찾아 그 인덱스 값 반환, 못 찾으면 음의 정수 반환

마지막으로 한 번 더 위의 매개변수 선언이 의미하는 바를 천천히 풀어서 설명을 하겠다. 먼저 위의 메소드를 다음과 같이 단순화하자. 골치 아픈 부분을 통째로 지우고 시작하자.

```
public static <T> int binarySearch(List<?> list, T key)
```

그리고 위의 메소드 정의를 보면서 다음 내용을 파악한다.

"첫 번째 인자로 List〈E〉 인스턴스는 무엇이든 올 수 있다."

이어서 골치 아픈 부분을 붙이되 조금 단순화해서 붙이자.

```
public static <T> int binarySearch(List<? extends Comparable<T>> list, T key)
```

그리고 단순화해서 붙인 부분에 대한 해석을 다음과 같이 포함시킨다.

"첫 번째 인자로 List〈E〉 인스턴스는 무엇이든 올 수 있다."
"단, 이때 E는 Comparable〈T〉를 구현해야 한다."

여기까지 이해가 되었다면 마지막으로 메소드를 원래 모습으로 되돌리고,

```
public static <T> int binarySearch(List<? extends Comparable<? super T>> list, T key)
```

이때 Comparable〈T〉를 대신해서 Comparable〈? super T〉이 온 이유를 앞서 소개한 다음 클래

스의 관계를 통해서 이해하고 끝낸다.

```
class Car implements Comparable<Car> {...}
class ECar extends Car {...}
```

하나의 매개변수 선언에 포함된 내용이 너무 많기 때문에 이렇듯 나누어서 그 의미를 이해해야 한다.

참 고 **해석의 과정도 중요합니다.**

본 Chapter에서 다음 메소드들의 와일드카드와 제네릭 선언이 갖는 의미를 단계를 나누어 설명하였다.

```
public static <T extends Comparable<? super T>> void sort(List<T> list)
public static <T> void sort(List<T> list, Comparator<? super T> c)
public static <T> int binarySearch(List<? extends Comparable<? super T>> list, T key)
```

이 정도 수준의 선언을 이해하고 있다는 것은 자바의 제네릭을 누구보다 잘 이해하고 있다는 뜻이며, 이 정도 수준의 선언을 이해하고 있다면 제네릭은 더 이상 걸림돌이 되지 않을 것이다.

그럼 이어서 binarySearch 메소드의 기능과 활용에 대한 설명을 이어가겠다. 이 메소드는 이진 탐색이라는 알고리즘을 기반으로 탐색을 진행한다. 그런데 이 알고리즘을 적용하기 위해서는 해당 컬렉션 인스턴스가 정렬된 상태이어야 한다. 이진 탐색은 정렬된 리스트 자료구조를 대상으로 적용하는 알고리즘이기 때문이다. 따라서 다음 예제에서 보이듯이 binarySearch의 호출에 앞서 정렬의 과정이 선행되어야 한다.

◈ StringBinarySearch.java

```
import java.util.List;
import java.util.ArrayList;
import java.util.Collections;

class StringBinarySearch {
    public static void main(String[] args) {
        List<String> list = new ArrayList<>();
        list.add("Box");
        list.add("Robot");
        list.add("Apple");

```

```
        Collections.sort(list);    // 정렬
        int idx = Collections.binarySearch(list, "Robot");    // 탐색
        System.out.println(list.get(idx));    // 탐색의 결과 출력
    }
}
```

▶ 실행 결과: StringBinarySearch.java

```
명령 프롬프트
C:\JavaStudy>java StringBinarySearch
Robot

C:\JavaStudy>
```

List〈String〉 인스턴스는 정렬된 상태를 유지하지 않으므로 위와 같이 정렬을 먼저 진행해야 한다. 만약에 정렬되지 않은 상태에서 binarySearch 메소드를 호출하면 정상적인 결과를 얻지 못한다. 혹 정상적인 결과를 얻는다 해도 이는 우연의 일치일 뿐이다.

■ 찾기: Comparator〈T〉 기반

Collections 클래스에는 Comparator〈T〉를 구현하는 클래스를 정의하여 탐색의 기준을 마련할 수 있는 다음 메소드도 존재한다.

```
public static <T> int binarySearch(List<? extends T> list, T key, Comparator<? super T> c)
```

→ list에서 key를 찾는데 c의 기준을 적용하여 찾는다.

이 메소드도 한눈에 들어오지 않는다면 다음과 같이 줄여 놓고 이해하자.

```
public static <T> int binarySearch(List<T> list, T key, Comparator<T> c)
```

그리고 나서 다음과 같이 〈? extends T〉와 〈? super T〉의 의미를 덧붙이자.

"List〈T〉 아니고 List〈? extends T〉인 이유는 list에서 T형 인스턴스를 꺼내는 것만 허용하기 위해"

"Comparator〈T〉 아니고 Comparator〈? super T〉인 이유는 ECar 클래스를 통해 설명한 그것"

그러면 다음 메소드 전체가 눈에 들어온다.

```
public static <T> int binarySearch(List<? extends T> list, T key, Comparator<? super T> c)
```

그럼 다음 예제를 통해서 위 메소드의 사용의 예를 보이겠다. 이 예제에서는 동일 문자열을 찾을 때 대소 구분 없이 찾도록 Comparator〈T〉를 구현하였다.

◈ StringComparator.java

```
import java.util.List;
import java.util.ArrayList;
import java.util.Comparator;
import java.util.Collections;

class StrComp implements Comparator<String> {
    @Override
    public int compare(String s1, String s2) {
        return s1.compareToIgnoreCase(s2);    // 대문자, 소문자 구분 없이 비교
    }
}

class StringComparator {
    public static void main(String[] args) {
        List<String> list = new ArrayList<>();
        list.add("ROBOT");
        list.add("APPLE");
        list.add("BOX");

        StrComp cmp = new StrComp();    // 정렬과 탐색의 기준
        Collections.sort(list, cmp);    // 정렬
        int idx = Collections.binarySearch(list, "Robot", cmp);    // 탐색
        System.out.println(list.get(idx)); // 탐색 결과 출력
    }
}
```

▶ 실행 결과: StringComparator.java

명령 프롬프트
C:₩JavaStudy>java StringComparator
ROBOT
C:₩JavaStudy>

위 예제에서 호출한 String 클래스의 다음 메소드는 문자열을 비교하되 대문자와 소문자를 구분하지 않고 비교를 진행한다.

```
public int compareToIgnoreCase(String str)
```

→ 두 문자열이 같을 때 0을 반환한다.

그리고 실제로 대문자와 소문자의 구분 없이 탐색이 진행되었음을 실행 결과를 통해서 확인할 수 있다.

■ 복사하기

다음은 리스트 구조의 컬렉션 인스턴스에 저장된 내용을 복사하는 기능의 메소드이다. 물론 이 메소드도 Collections 클래스에 정의되어 있다.

```
public static <T> void copy(List<? super T> dest, List<? extends T> src)
```

→ src의 내용을 dest로 복사

위 메소드의 매개변수 선언이 갖는 의미는 다음과 같다. (여러 차례 설명한 내용이니 이번에는 이 정도로 마무리하겠다.)

List<T> dest 아닌 List<? super T> dest 인 이유는?

→ dest에 T형 인스턴스를 넣는 것만 허용하겠다. 꺼내면 컴파일 에러!

List<T> src 아닌 List<? extends T> src 인 이유는?

→ src로부터 T형 인스턴스 꺼내는 것만 허용하겠다. 넣으면 컴파일 에러!

위 메소드 호출 시 한가지 주의할 점은 매개변수 dest에 전달되는 컬렉션 인스턴스의 저장 공간이 src에 전달되는 컬렉션 인스턴스의 저장 공간보다 크거나 최소한 같아야 한다는 점이다. 만약에 dest로 전달된 인스턴스의 저장 공간이 작다면 복사의 과정에서 공간이 자동으로 늘지 않고 예외가 발생한다. 그럼 다음 예제를 통해 copy 메소드의 사용의 예를 보이겠다.

◈ CopyList.java

```
import java.util.List;
import java.util.Arrays;
import java.util.ArrayList;
import java.util.Collections;

class CopyList {
```

```
    public static void main(String[] args) {
        List<String> src = Arrays.asList("Box", "Apple", "Toy", "Robot");

        // 복사본을 만든다.
        List<String> dest = new ArrayList<>(src);

        // 정렬하여 그 결과를 출력
        Collections.sort(dest);
        System.out.println(dest);

        // dest에 저장된 내용을 src에 저장된 내용으로 덮어씀
        Collections.copy(dest, src);

        // 되돌림 확인
        System.out.println(dest);  // 컬렉션 인스턴스에 저장된 내용 전부 출력
    }
}
```

▶ 실행 결과: CopyList.java

```
명령 프롬프트
C:\JavaStudy>java CopyList
[Apple, Box, Robot, Toy]
[Box, Apple, Toy, Robot]

C:\JavaStudy>
```

위 예제에서 보이듯이 컬렉션 인스턴스를 생성하지 않은 상태에서 복사본을 만들려면 다음 방법을 사용하면 된다.

```
List<String> dest = new ArrayList<>(src);
```

즉 copy 메소드는 위의 문장을 대신하지 않는다. 그러나 이미 생성된 컬렉션 인스턴스의 내용을 통째로 바꾸려는 경우에 copy 메소드는 유용하게 사용된다. 위 예제에서 보이듯이 말이다.
그리고 지금까지는 저장된 데이터의 순차적 접근 방법을 보이느라 다음과 같이 출력할 수 있음을 보이지 않았는데, 이와 같이 System.out.println 메소드 호출을 통해서 컬렉션 인스턴스에 저장된 데이터의 내용 전부를 출력할 수도 있다.

```
System.out.println(dest);     // 컬렉션 인스턴스에 저장된 내용 전부 출력
```

Chapter 25

열거형, 가변 인자 그리고 어노테이션

본 Chapter에서는 세 가지 주제에 대해 설명한다. 열거형, 매개변수의 가변 인자 선언, 그리고 어노테이션이 그 세 가지이다. 이들은 비교적 내용이 적어서 한 Chapter로 묶었을 뿐 서로 연관된 내용들은 아니다.

25-1 열거형

'열거형'은 자바 5에서 추가된 자료형으로 '의미가 부여된 이름'을 갖는 '상수'의 선언에 그 목적이 있다.

■ 인터페이스 기반의 상수 정의

열거형을 공부하기에 앞서, 자바 5 이전에는 '의미가 부여된 이름'을 갖는 '상수'의 선언을 어떤 식으로 했는지 살펴보겠다. 그럼 이와 관련하여 다음 예제를 보자.

◈ InterfaceBaseConst.java

```
interface Scale {
    int DO = 0;  int RE = 1;  int MI = 2;  int FA = 3;
    int SO = 4;  int RA = 5;  int TI = 6;
}

class InterfaceBaseConst {
    public static void main(String[] args) {
        int sc = Scale.DO;

        switch(sc) {
        case Scale.DO:
            System.out.println("도~ ");
```

```
                break;
            case Scale.RE:
                System.out.println("레~ ");
                break;
            case Scale.MI:
                System.out.println("미~ ");
                break;
            case Scale.FA:
                System.out.println("파~ ");
                break;
            default:
                System.out.println("솔~ 라~ 시~ ");
            }
        }
}
```

▶ 실행 결과: InterfaceBaseConst.java

```
명령 프롬프트
C:\JavaStudy>java InterfaceBaseConst
도~

C:\JavaStudy>
```

인터페이스 내에 선언된 변수는 public, static, final이 선언된 것으로 간주한다. 따라서 다음 인터페이스의 정의를 통해서 총 7개의 상수가 선언되었다.

```
interface Scale {
    int DO = 0;  int RE = 1;  int MI = 2;  int FA = 3;
    int SO = 4;  int RA = 5;  int TI = 6;
}
```

인터페이스 Scale은 '음계'를 표현한 상수들을 담고 있다. 이 경우 중요한 것은 '상수의 값'이 아니라 '상수의 이름'이다. 즉 상수의 값이 바뀌어도 이름이 바뀌지 않으면 코드에 아무런 영향을 주지 않는다. 그리고 이렇듯 연관된 상수들을 하나의 인터페이스로 묶어서 선언하는 것이 자바 5 이전에 사용하던 방법이다. 그러나 이 방법에는 문제가 하나 있는데, 그 문제점을 다음 예제를 통해서 보이겠다.

◈ NonSafeConst.java

```
interface Animal {
    int DOG = 1;
    int CAT = 2;
}

interface Person {
    int MAN = 1;
    int WOMAN = 2;
}

class NonSafeConst {
    public static void main(String[] args) {
        who(Person.MAN);    // 정상적인 메소드 호출
        who(Animal.DOG);    // 비정상적 메소드 호출
    }

    public static void who(int man) {
        switch(man) {
        case Person.MAN:
            System.out.println("남성 손님입니다.");
            break;
        case Person.WOMAN:
            System.out.println("여성 손님입니다.");
            break;
        }
    }
}
```

▶ 실행 결과: NonSafeConst.java

```
명령 프롬프트
C:\JavaStudy>java NonSafeConst
남성 손님입니다.
남성 손님입니다.

C:\JavaStudy>
```

위 예제에서는 동물을 표현한 다음 상수들의 선언과,

```
interface Animal {
    int DOG = 1;
    int CAT = 2;
}
```

인간의 성을 표현한 다음 상수들의 선언이 존재한다.

```
interface Person {
    int MAN = 1;
    int WOMAN = 2;
}
```

그런데 위와 같이 상수를 선언할 경우 예제의 다음 문장에서 보이는 형태의 문제가 발생할 수 있다.

```
who(Animal.DOG);    // 비정상적 메소드 호출
```

Person.MAN도 값이 1이고 Animal.DOG도 값이 1이기 때문에, 위와 같은 실수를 범해도 컴파일 오류는 물론 실행 오류도 발생하지 않는다.

■ 자료형의 부여를 돕는 열거형

앞서 보인 문제점의 해결을 위해서 자바 5에서 열거형이 소개되었다. 열거형은 다음과 같이 정의한다.

```
enum Scale {    // 열거 자료형 Scale의 정의
    DO, RE, MI, FA, SO, RA, TI
}
```

이는 열거형 Scale의 정의이다. 그리고 그 안에 위치한 이름들을 가리켜 '열거형 값'이라 한다. (정확한 명칭은 'Enumerated Values'이다.)
열거형은 클래스와 성격이 유사하다. 따라서 다음과 같이 참조변수의 선언도 가능하다. 단 이렇게 선언된 참조변수는 해당 열거형 내에 선언된 '열거형 값'만 대입이 가능하다.

```
Scale sc = Scale.DO;
```

그리고 다음과 같이 swtich문을 구성할 수도 있다.

```
switch(sc) {
case DO:
        ...
case RE:
        ...
case MI:
        ...
}
```

기본적으로 '열거형 값'은 Scale.DO와 같이 표현하지만, case문에서는 표현의 간결함을 위해 Do와 같이 '열거형 값'의 이름만 명시하기로 약속되어 있다. 그럼 지금까지 설명한 내용을 근거로 예제를 작성해보겠다.

◈ SimpleEnum.java

```
enum Scale {
    DO, RE, MI, FA, SO, RA, TI
}

class SimpleEnum {
    public static void main(String[] args) {
        Scale sc = Scale.DO;
        System.out.println(sc);

        switch(sc) {
        case DO:
            System.out.println("도~ ");
            break;
        case RE:
            System.out.println("레~ ");
            break;
        case MI:
            System.out.println("미~ ");
            break;
        case FA:
            System.out.println("파~ ");
            break;
        default:
            System.out.println("솔~ 라~ 시~ ");
        }
    }
}
```

▶ 실행 결과: SimpleEnum.java

```
명령 프롬프트
C:\JavaStudy>java SimpleEnum
DO
도~

C:\JavaStudy>
```

실행 결과에서는 열거형 값의 출력 결과도 보이고 있다. 그럼 이어서 다음 두 열거형의 정의를 보자.

```
enum Animal {
    DOG, CAT
}
enum Person {
    MAN, WOMAN
}
```

열거형 Animal과 Person이 정의되었다. Animal의 열거형 값은 DOG, CAT이고 Person의 열거형 값은 MAN, WOMAN이다. 따라서 다음과 같은 대입 연산은 당연히 성립하지 않는다.

```
Animal ni = Person.MAN;
```

→ 자료형 불일치로 인한 컴파일 오류 발생

따라서 앞서 소개한 자바 5 이전의 문제점이 열거형을 사용할 경우 발생하지 않는다. 다음 예제에서 보이듯이 말이다.

◈ SafeEnum.java

```
enum Animal {
    DOG, CAT
}
enum Person {
    MAN, WOMAN
}

class SafeEnum {
    public static void main(String[] args) {
        who(Person.MAN);    // 정상적인 메소드 호출
        who(Animal.DOG);    // 비정상적 메소드 호출
    }
```

```

    public static void who(Person man) {
        switch(man) {
        case MAN:
            System.out.println("남성 손님입니다.");
            break;
        case WOMAN:
            System.out.println("여성 손님입니다.");
            break;
        }
    }
}
```

▶ 실행 결과: SafeEnum.java

```
명령 프롬프트
C:₩JavaStudy>java SafeEnum
남성 손님입니다.

C:₩JavaStudy>
```

위의 예제를 그대로 컴파일 하면 다음 메소드 호출문에서 오류가 발생한다. (위의 실행 결과는 이 문장을 주석 처리한 결과이다.)

```
who(Animal.DOG);
```

Person형 값을 전달해야 하는 상황에서 Animal형 값이 전달되어 컴파일 오류가 발생을 한다. 그리고 이는 앞서 문제라고 지적했던 부분이 해결되었음을 의미한다.

■ 클래스 내에 정의가 가능한 열거형의 정의

다음 Chapter에서는 클래스 내에 클래스를 정의할 수 있음에 대해 설명한다. 이와 마찬가지로 다음과 같이 클래스 내에 열거형을 정의할 수 있다.

```
class Customer {
    enum Gender {
        MALE, FEMALE
    }
```

```
    ....
    Gender gen;
    ....
}
```

특정 클래스 내에서만 사용하고자 하는 열거형 값이 있다면, 위와 같이 해당 클래스 내에 열거형을 정의하면 된다. 예를 들면 다음과 같다.

```
class Shape {
    enum Type {
        Rectangle, Circle, Triangle
    }
    ....
    Type t = Type.Circle;
}
```

그럼 다음 예제를 통해서 '클래스 내에 열거형의 정의가 가능함'을 확인하자.

◈ InnerEnum.java

```
class Customer {
    enum Gender {  // 클래스 내에 정의된 열거형 Gender
        MALE, FEMALE
    }

    private String name;
    private Gender gen;

    Customer(String n, String g) {
        name = n;

        if(g.equals("man"))
            gen = Gender.MALE;
        else
            gen = Gender.FEMALE;
    }

    @Override
    public String toString() {
        if(gen == Gender.MALE)
            return "Thank you, Mr " + name;
        else
```

```
            return "Thank you, Mrs " + name;
    }
}

class InnerEnum {
    public static void main(String[] args) {
        Customer cus1 = new Customer("Brown", "man");
        Customer cus2 = new Customer("Susan Hill", "woman");

        System.out.println(cus1);
        System.out.println(cus2);
    }
}
```

▶ 실행 결과: InnerEnum.java

```
명령 프롬프트
C:\JavaStudy>java InnerEnum
Thank you, Mr Brown
Thank you, Mrs Susan Hill

C:\JavaStudy>
```

이로써 열거형의 사용에 필요한 기본적인 내용을 모두 설명하였다. 실제로 프로그램 개발 과정에서도 열거형을 사용하는 수준은 이를 벗어나지 않는다. 그러나 자바의 열거형은 보다 많은 것을 제공한다. 따라서 이에 대한 내용을 추가로 설명하려고 한다.

■ 열거형 값의 정체

지금까지 설명할 기회가 없었는데, 먼저 다음과 같이 클래스 정의가 가능함을 소개하고자 한다.

◈ InClassInst.java

```
class Person {
    public static final Person MAN = new Person();
    public static final Person WOMAN = new Person();

    @Override
    public String toString() {
        return "I am a dog person";    // "나는 개를 사랑하는 사람입니다."
```

```
        }
}

class InClassInst {
    public static void main(String[] args) {
        System.out.println(Person.MAN);
        System.out.println(Person.WOMAN);
    }
}
```

▶ 실행 결과: InClassInst.java

```
명령 프롬프트
C:₩JavaStudy>java InClassInst
I am a dog person
I am a dog person

C:₩JavaStudy>_
```

위 예제에서 보이듯이 Person 클래스 내에서 Person형 참조변수를 선언하는 것도, Person 인스턴스를 생성하는 것도 가능하다. 일반적으로는 이러한 클래스 정의를 할 이유가 없지만 특정 자료구조를 직접 정의해야 하는 경우에는 이러한 특성을 활용하게 된다. 그럼 다음 예제를 보자. 이 예제에는 '열거형 값'이 해당 자료형의 인스턴스라는 사실을 알려준다.

◈ EnumConst.java

```
enum Person {
    MAN, WOMAN;

    @Override
    public String toString() { return "I am a dog person"; }
}

class EnumConst {
    public static void main(String[] args) {
        System.out.println(Person.MAN);    // toString 메소드의 반환 값 출력
        System.out.println(Person.WOMAN);  // toString 메소드의 반환 값 출력
    }
}
```

▶ 실행 결과: EnumConst.java

```
C:₩JavaStudy>java EnumConst
I am a dog person
I am a dog person

C:₩JavaStudy>
```

위의 예제에서 정의한 열거형은 다음과 같다.

```
enum Person {
    MAN, WOMAN;

    @Override
    public String toString() { return "I am a dog person"; }
}
```

모든 열거형은 java.lang.Enum〈E〉 클래스를 상속한다. 그리고 Enum〈E〉는 Object 클래스를 상속한다. (이런 측면에서 볼 때 열거형은 클래스이다.) 그리고 두 열거형 값은 Person 인스턴스를 참조하는 참조변수이다. 이에 대한 증거로 예제에서는 다음 문장을 통해 toString 메소드가 호출되었음을 보이고 있다.

```
System.out.println(Person.MAN);
```

열거형의 정의에도 생성자가 없으면 디폴트 생성자가 삽입된다. 다만 이 생성자는 private으로 선언이 되어 직접 인스턴스를 생성하는 것이 불가능할 뿐이다. 그럼 이번에는 열거형에 생성자를 정의해 보겠다. 그러면 '열거형 값'의 정체를 보다 확실히 알 수 있을 것이다.

◈ EnumConstructor.java

```
enum Person {
    MAN, WOMAN;

    private Person() {
        System.out.println("Person constructor called");
    }

    @Override
    public String toString() { return "I am a dog person"; }
}
```

```

class EnumConstructor {
    public static void main(String[] args) {
        System.out.println(Person.MAN);
        System.out.println(Person.WOMAN);
    }
}
```

▶ 실행 결과: EnumConstructor.java

```
명령 프롬프트
C:\JavaStudy>java EnumConstructor
Person constructor called
Person constructor called
I am a dog person
I am a dog person

C:\JavaStudy>
```

위 예제에는 두 개의 '열거형 값'이 존재하기에 두 번의 생성자 호출이 이뤄졌다. 따라서 '열거형 값'의 정체는 다음과 같이 표현할 수 있다.

```
public static final Person MAN = new Person();
public static final Person WOMAN = new Person();
```

→ 열거형 값의 실체를 설명하는 문장, 생성자가 private이라 실제 컴파일은 안됨

그럼 마지막으로, 인자를 전달받는 열거형의 생성자 정의 방법과 이를 호출하는 방법을 다음 예제를 통해서 소개하겠다.

◈ EnumParamConstructor.java

```
enum Person {
    MAN(29), WOMAN(25);

    int age;
    private Person(int age) {
        this.age = age;
    }

    @Override
```

```
    public String toString() {
        return "I am " + age + " years old";
    }
}

class EnumParamConstructor {
    public static void main(String[] args) {
        System.out.println(Person.MAN);
        System.out.println(Person.WOMAN);
    }
}
```

▶ 실행 결과: EnumParamConstructor.java

```
C:\JavaStudy>java EnumParamConstructor
I am 29 years old
I am 25 years old

C:\JavaStudy>
```

열거형의 생성자는 다음과 같이 무조건 private으로 선언해야 한다.

```
private Person(int age) {...}
```

그리고 열거형 값의 선언에서 다음과 같이 소괄호를 통해서 생성자에 인자를 전달할 수 있다.

```
enum Person {
    MAN(29), WOMAN(25);
    ....
}
```

결론은 간단하다. 열거형도 Object 클래스를 상속하는 일종의 클래스이다. 따라서 생성자는 물론, 인스턴스 변수와 메소드 둘 다 가질 수 있다. 다만 모든 생성자를 private으로 선언해야 하기 때문에 '열거형 값'이 유일한 인스턴스 생성 방법이라는 차이가 있을 뿐이다.

25-2 매개변수의 가변 인자 선언

앞서 Chapter 23에서 다음 메소드를 소개하고 호출한 바 있다.

```
public static int hash(Object...values)
```

이렇듯 … 이 삽입된 이 메소드의 매개변수 선언을 가리켜 '가변 인자 선언'이라 한다.

■ 매개변수의 가변 인자 선언과 호출

메소드의 매개변수를 선언할 때 '가변 인자 선언'을 하면, 전달되는 인자의 수에 제한을 두지 않을 수 있다. 이와 관련하여 다음 예제를 보자.

◈ Varargs.java

```
class Varargs {
    public static void showAll(String...vargs) {
        System.out.println("LEN: " + vargs.length);

        for(String s : vargs)
            System.out.print(s + '\t');
        System.out.println();
    }

    public static void main(String[] args) {
        showAll("Box");
        showAll("Box", "Toy");
        showAll("Box", "Toy", "Apple");
    }
}
```

▶ 실행 결과: Varargs.java

```
명령 프롬프트
C:\JavaStudy>java Varargs
LEN: 1
Box
LEN: 2
Box	Toy
LEN: 3
Box	Toy	Apple

C:\JavaStudy>
```

자바의 가변 인자 선언은 단순하고 명료하다. 따라서 위 예제 하나로 모든 특성을 파악할 수 있다. 먼저 예제의 다음 부분을 보자. 이를 통해서 알 수 있는 사실은 무엇인가?

```
public static void showAll(String...vargs) {
    System.out.println("LEN: " + vargs.length);
    ....
}
```

그것은 vargs가 배열을 참조한다는 것이다. 때문에 length에 접근하여 그 길이를 확인할 수 있다. 실제로 다음과 같이 메소드 호출이 이뤄지면,

```
showAll("Box", "Toy", "Apple");
```

배열을 생성하여 전달되는 인자들을 모두 담는다. 그리고 그 배열이 매개변수 vargs에 전달된다. 따라서 메소드 내에서는 매개변수 vargs를 배열의 이름으로 이해하고 코드를 작성할 수 있다.

■ 가변 인자 선언에 대한 컴파일러의 처리

매개변수의 가변 인자 선언은 자바 5에서 추가된 문법이다. 따라서 그 이전에는 다음과 같이 코드를 작성해야만 했다. (다음 예제는 앞서 보인 예제와 동일한 내용의 예제이다. 다만 가변 인자 선언을 사용하지 않았을 뿐이다.)

◈ VarargsBefore.java

```
class VarargsBefore {
    public static void showAll(String[] vargs) {
        System.out.println("LEN: " + vargs.length);

```

```
        for(String s : vargs)
            System.out.print(s + '\t');

        System.out.println('\n');
    }

    public static void main(String[] args) {
        showAll(new String[]{"Box"});
        showAll(new String[]{"Box", "Toy"});
        showAll(new String[]{"Box", "Toy", "Apple"});
    }
}
```

▶ 실행 결과: VarargsBefore.java

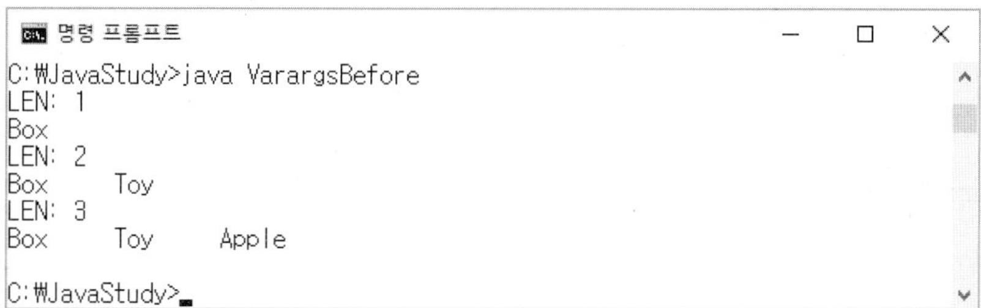

위 예제에서 보이듯이 가변 인자 선언을 기반으로 작성된 다음 메소드 정의와 호출문은,

```
public static void showAll(String...vargs) {...}

public static void main(String[] args) {
    showAll("Box");
    showAll("Box", "Toy");
    showAll("Box", "Toy", "Apple");
}
```

다음과 같이 작성할 수도 있다.

```
public static void showAll(String[] vargs) {...}

public static void main(String[] args) {
    showAll(new String[]{"Box"});
```

```
        showAll(new String[]{"Box", "Toy"});
        showAll(new String[]{"Box", "Toy", "Apple"});
    }
```

그리고 이것이 자바 컴파일러가 가변 인자 선언 및 메소드 호출문을 처리하는 방식이기도 하다. 즉 컴파일러는 다음 메소드 정의를,

```
public static void showAll(String...vargs) {...}
```

다음과 같이 수정하여 컴파일을 완료한다.

```
public static void showAll(String[] vargs) {...}
```

그리고 위의 메소드를 호출하는 다음 문장은,

```
showAll("Box", "Toy", "Apple");
```

다음과 같이 수정하여 컴파일을 완료한다.

```
showAll(new String[]{"Box", "Toy", "Apple"});
```

25-3 어노테이션 (Annotations)

상속과 메소드 오버라이딩에 대한 설명 말미에 어노테이션 @Override를 소개하였다. 그리고 어노테이션이 '자바 컴파일러에게 메시지를 전달하는 목적의 메모'임을 설명하였다.

어노테이션의 설명 범위

어노테이션은 자바 5에서 소개되었다. 그리고 당시 소개된 '어노테이션 타입(Annotation Types)' 세 가지는 다음과 같다. (이들을 '어노테이션 타입'이라 한다.)

```
@Override
@Deprecated
@SuppressWarnings
```

이후로도 어노테이션 관련 내용이 다수 추가되었다. 그런데 대부분의 경우 기본 '어노테이션 타입'들에 대한 이해만으로도 충분하다. 따라서 본서에서는 위의 어노테이션 타입들에 대한 소개로 이 내용을 마무리하려고 한다. 본인이 직접 API를 디자인하거나 특정 엔터프라이즈 관련 개발을 진행하는 경우에는 어노테이션에 대한 넓은 이해가 필요할 수 있는데, 그런 경우에는 www.jcp.org에서 다음 두 문서를 참고하자.

```
JSR 175 "A Metadata Facility for the Java Programming Language."
JSR 250 "Common Annotations for the Java Platform"
```

@Override

지금까지 코드에 많이 삽입했던 어노테이션 타입이다. 따라서 이와 관련된 예제 하나를 소개하고 설명을 마무리하겠다.

◈ AtOverride.java

```
interface Viewable {
    public void showIt(String str);
}

class Viewer implements Viewable {
    @Override
    public void showIt(String str) {
        System.out.println(str);
    }
};

class AtOverride {
    public static void main(String[] args) {
        Viewable view = new Viewer();
        view.showIt("Hello Annotations");
    }
}
```

▶ 실행 결과: AtOverride.java

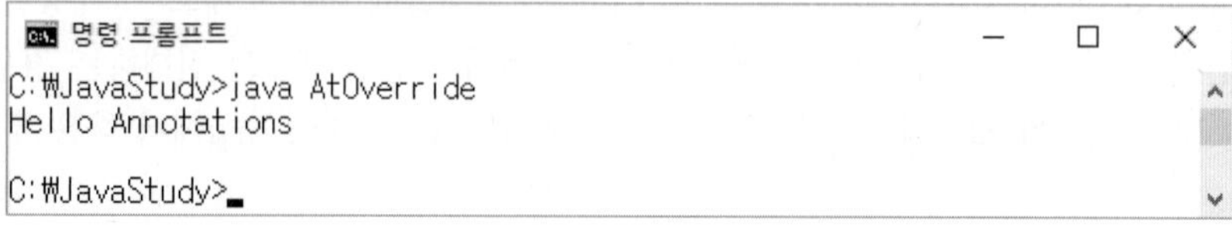
명령 프롬프트
C:₩JavaStudy>java AtOverride
Hello Annotations
C:₩JavaStudy>

위 예제에서 보이듯이 상속 관계에서의 메소드 오버라이딩 뿐만 아니라, 인터페이스의 구현을 위한 메소드의 정의에도 @Override을 붙일 수 있다. 그리고 이는 다음의 의미를 지닌다.

"상위 클래스의 메소드 오버라이딩 또는 인터페이스에 선언된 추상 메소드의 구현입니다."

따라서 이에 어긋난 메소드 정의가 이뤄지면 컴파일 오류로 이어져서 우리로 하여금 잘못된 부분을 확인할 수 있게 해준다.

■ @Deprecated

문제의 발생 소지가 있거나 개선된 기능의 다른 것으로 대체되어서 더 이상 필요 없게 되었음을 뜻하는 단어가 Deprecated이다. 따라서 아직은 호환성 유지를 위해 존재하지만 이후에 사라질 수 있는 클래스 또는 메소드를 가리켜 Deprecated 되었다고 한다. 그리고 @Deprecated 선언을 통해서 우리가 작성한 코드의 일부에도 Deprecated 선언을 할 수 있다. 그럼 이와 관련하여 다음 예제를 보자.

◈ AtDeprecated.java

```
interface Viewable {
    @Deprecated
    public void showIt(String str);    // Deprecated 된 메소드

    public void brShowIt(String str);
}

class Viewer implements Viewable {
    @Override
    public void showIt(String str) {
        System.out.println(str);
    }

    @Override
    public void brShowIt(String str) {
        System.out.println('[' + str + ']');
    }
}

class AtDeprecated {
    public static void main(String[] args) {
        Viewable view = new Viewer();
        view.showIt("Hello Annotations");
        view.brShowIt("Hello Annotations");
    }
}
```

▶ 실행 결과: AtDeprecated.java

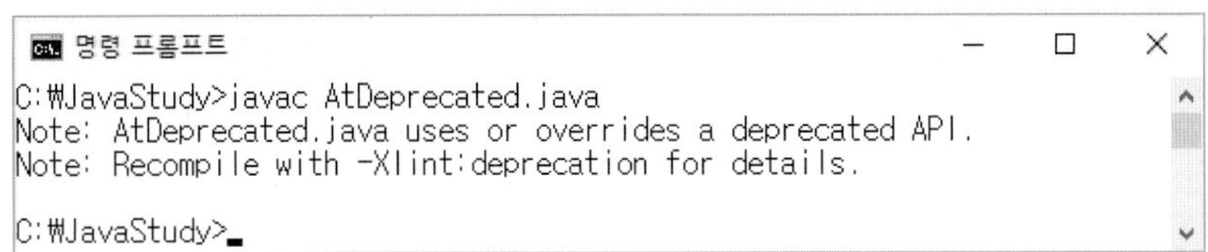

명령 프롬프트
C:₩JavaStudy>javac AtDeprecated.java
Note: AtDeprecated.java uses or overrides a deprecated API.
Note: Recompile with -Xlint:deprecation for details.
C:₩JavaStudy>

위의 컴파일 결과를 보자. 컴파일은 잘 되었으나 컴파일러는 다음 메시지를 전달하였다.

```
Note: AtDeprecated.java uses or overrides a deprecated API.
```

이는 컴파일 된 코드에 deprecated 된 무언가를 사용했음을 알리는 메시지이다. 구체적으로 어느 부분에서 이러한 일이 발생했는지 확인하려면 위의 컴파일 결과에 나와 있듯이 다음과 같이 옵션을 추가하여 컴파일 하면 된다. (간단히 -Xlint만 추가해도 확인할 수 있다.)

```
C:\JavaStudy>javac -Xlint:deprecation AtDeprecated.java
```

그럼 먼저 다음 인터페이스 정의를 보자.

```
interface Viewable {
    @Deprecated
    public void showIt(String str);     // Deprecated 된 메소드 선언
    public void brShowIt(String str);
}
```

위의 인터페이스에 선언된 showIt 메소드가 Deprecated 되었다. 따라서 컴파일러는 이 메소드를 호출하는 다음 문장을 경고한다.

```
public static void main(String[] args) {
    Viewable view = new Viewer();
    view.showIt("Hello Annotations");     // 컴파일러가 경고하는 문장
    ....
}
```

뿐만 아니라 컴파일러는 Deprecated 된 메소드를 구현하는 다음 부분에 대해서도 경고한다.

```
class Viewer implements Viewable {
    @Override
    public void showIt(String str) {     // 컴파일러가 경고하는 부분
        System.out.println(str);
    }
    ....
}
```

이렇듯 우리가 작성한 코드에서도 일부 내용에 대해 Deprecated 선언을 할 수 있다.

■ @SuppressWarnings

앞서 예제에서는 인터페이스에 선언된 메소드 하나가 Deprecated 되어서 컴파일 경고가 발생하는 상황을 연출하였다. 그런데 해당 메소드를 대체할 수 있는 상황이 아니어서 당분간 그 메소드를 구현하고 호출해야 하는 상황이라면 @SuppressWarnings 선언을 통해 컴파일러의 경고를 지울 수 있다.
컴파일러가 경고 메시지를 전달하는 특정 상황에 대해서, 경고 메시지를 전달하지 말라고 요청할 때 어노테이션 타입 @SuppressWarnings를 사용한다. 예를 들어서 Deprecated 된 메소드의 사용에 대한 경고를 보내지 말라고 요청하려면 다음 선언을 추가하면 된다.

```
@SuppressWarnings("deprecation")
```

그러면 @Deprecated 선언이 존재하는 이전 예제에 위의 선언을 추가하여 컴파일러가 경고를 보내지 않도록 해보겠다.

◈ AtSuppressWarnings.java

```
interface Viewable {
    @Deprecated
    public void showIt(String str);

    public void brShowIt(String str);
}

class Viewer implements Viewable {
    @Override
    @SuppressWarnings("deprecation")
    public void showIt(String str) { System.out.println(str); }

    @Override
    public void brShowIt(String str) { System.out.println('[' + str + ']'); }
};

class AtSuppressWarnings {
    @SuppressWarnings("deprecation")
    public static void main(String[] args) {
        Viewable view = new Viewer();
        view.showIt("Hello Annotations");
        view.brShowIt("Hello Annotations");
    }
}
```

▶ 실행 결과: AtSuppressWarnings.java

```
명령 프롬프트
C:\JavaStudy>javac AtSuppressWarnings.java

C:\JavaStudy>_
```

위의 컴파일 결과에서 이전에 보였던 경고 메시지가 사려졌음을 알 수 있다. 그럼 어노테이션 선언이 추가된 첫 번째 부분을 보자.

```
class Viewer implements Viewable {
    @Override
    @SuppressWarnings("deprecation")
    public void showIt(String str) { System.out.println(str); }
    ....
}
```

메소드 showIt의 정의 앞에 @SuppressWarnings("deprecation") 선언이 추가되었다. 따라서 이 메소드의 정의는 경고 대상에서 제외된다. (이 부분에서 보여주듯이 둘 이상의 어노테이션 선언을 동시에 할 수 있다.) 그리고 어노테이션 선언이 추가된 두 번째 부분은 다음과 같다.

```
@SuppressWarnings("deprecation")
public static void main(String[] args) {...}
```

main 메소드에 어노테이션 선언이 추가되었다. 따라서 main 메소드 내에서는 Deprecated 관련 경고가 발생하지 않는다. 이외에도 다양한 경고 유형이 있고, 이들에 대해서도 @SuppressWarnings 선언이 가능하다. 관련하여 예제를 하나만 더 보이겠다.

◈ FallThroughWarnings.java

```
class FallThroughWarnings {
    public static void main(String[] args) {
        int n = 3;

        switch(n) {
        case 1:
            System.out.println(n);
        case 2:
```

```
                System.out.println(n);
            case 3:
                System.out.println(n);
            }
        }
}
```

▶ 실행 결과: FallThroughWarnings.java

```
명령 프롬프트
C:\JavaStudy>javac  -Xlint FallThroughWarnings.java
FallThroughWarnings.java:9: warning: [fallthrough] possible fall-throug
h into case
        case 2:
        ^
FallThroughWarnings.java:11: warning: [fallthrough] possible fall-throu
gh into case
        case 3:
        ^
2 warnings

C:\JavaStudy>
```

위 예제의 경우 각 case 레이블 영역의 끝부분에 break문이 존재하지 않는다. 물론 프로그램의 논리상 고의로 break문을 생략했을 수도 있다. 그러나 컴파일러는 이 부분을 경고한다. 그런데 위의 실행 결과에서 보이듯이 옵션 -Xlint을 추가하여 컴파일 해야 이에 대한 경고를 확인할 수 있다. 참고로 옵션 -Xlint의 의미는 'enable recommended warnings'이다.
위의 경고 메시지의 다음 부분을 관찰하자. 여기서 [ ] 안에 위치한 것이 경고 유형이다. 즉 위의 컴파일 결과에서 컴파일러는 fallthrough라는 유형의 경고를 전달한 것이다.

```
warning: [fallthrough] possible fall-through into case
```

따라서 이 경고의 전달을 원치 않으면 다음과 같이 어노테이션 타입을 선언하면 된다.

```
@SuppressWarnings("fallthrough")
public static void main(String[] args) {...}
```

그리고 둘 이상의 경고 유형에 대해 동시에 @SuppressWarnings 선언을 하고자 한다면 다음과 같이 문장을 구성하면 된다.

```
@SuppressWarnings({"fallthrough", "deprecation"})
```

현재 정의되어 있는 경고 유형만 스무 가지가 넘는다. 그리고 앞으로도 그 수가 늘어날 수 있다. 따라서 위에서 보여준 방법으로 해당 경고의 이름을 확인하고 그에 대응할 수 있어야 한다.

Chapter 26

네스티드 클래스와 람다(Lambda)의 소개

람다는 자바 8에서 처음 소개되었음에도 불구하고 자바 문법에서 매우 중요한 위치를 차지한다. 그래서 네스티드 클래스를 람다의 공부를 위한 사전 지식 정도로 오해하는 경우가 있다. 그러나 네스티드 클래스는 그 자체로 중요한 의미를 갖는다.

26-1 네스티드(Nested) 클래스와 이너(Inner) 클래스

다음과 같이 클래스 안에 또 다른 클래스를 정의할 수 있다.

```
class Outer {
    class Nested {...}    // 네스티드 클래스
}
```

이렇게 클래스 내에 정의된 클래스를 가리켜 '네스티드 클래스(Nested Class)'라 하고, 이를 감싸는 클래스를 가리켜 '외부 클래스(Outer Class)'라 한다.

■ 네스티드 클래스의 구분

기본적으로 클래스 내에 정의되는 모든 클래스를 가리켜 '네스티드 클래스'라 하는데, 네스티드 클래스는 static의 선언 여부를 기준으로 다음과 같이 나뉜다.

- Static 네스티드 클래스
- Non-static 네스티드 클래스

그리고 이 중에서 Non-static 네스티드 클래스를 가리켜 '이너(Inner) 클래스'라 한다. 즉 이 둘을 코드로 정리하면 다음과 같다.

```
class OuterClass {
    static class StaticNestedClass {...}   // Static 네스티드 클래스
}

class OuterClass {
    class InnerClass {...}   // Non-static 네스티드 클래스, 이너 클래스
}
```

그리고 이너 클래스는 정의되는 위치나 특성에 따라 다시 세 종류로 나뉜다.

- 멤버 이너 클래스 (Member Inner Class)
- 로컬 이너 클래스 (Local Inner Class)
- 익명 이너 클래스 (Anonymous Inner Class)

이들은 중간에 위치한 '이너'를 생략하고 각각 다음과 같이 부르는 것이 일반적이다.

멤버 클래스, 로컬 클래스, 익명 클래스

■ Static 네스티드 클래스 (Static Nested Class)

Static 네스티드 클래스는 static 선언이 갖는 특성이 반영된 클래스이다. 따라서 자신을 감싸는 외부 클래스의 인스턴스와 상관없이 Static 네스티드 클래스의 인스턴스 생성이 가능하다. 이와 관련하여 다음 예제를 보자.

◈ StaticNested.java

```
class Outer {
    private static int num = 0;
    static class Nested1 {   // Static 네스티드 클래스
        void add(int n) { num += n; }
    }
    static class Nested2 {   // Static 네스티드 클래스
        int get() { return num; }
    }
}

class StaticNested {
    public static void main(String[] args) {
        Outer.Nested1 nst1 = new Outer.Nested1();
        nst1.add(5);

```

```
        Outer.Nested2 nst2 = new Outer.Nested2();
        System.out.println(nst2.get());
    }
}
```

▶ 실행 결과: StaticNested.java

```
명령 프롬프트
C:₩JavaStudy>java StaticNested
5

C:₩JavaStudy>_
```

위 예제에 정의된 클래스는 다음과 같다. Outer 클래스 내에 두 개의 Static 네스티드 클래스가 정의되었다.

```
class Outer {
    private static int num = 0;
    static class Nested1 {    // Static 네스티드 클래스
        void add(int n) { num += n; }
    }
    static class Nested2 {    // Static 네스티드 클래스
        int get() { return num; }
    }
}
```

위의 Nested1, Nested2 클래스 내에서는 Outer의 static 멤버 num에 접근하고 있다. private으로 선언되어 있어도 접근이 가능하다. 따라서 Outer의 static 멤버 num은 Nested1과 Nested2의 모든 인스턴스가 공유하게 된다. 그리고 이것이 'Static 네스티드 클래스'가 갖는 주요 특징이다. Static 네스티드 클래스의 인스턴스 생성문은 다음과 같다. 이렇듯 외부 클래스의 이름을 포함하는 형태로 인스턴스의 생성이 이뤄져야 한다.

```
Outer.Nested1 nst1 = new Outer.Nested1();
Outer.Nested2 nst2 = new Outer.Nested2();
```

그리고 예제에서 보였듯이 Static 네스티드 클래스의 인스턴스 생성은 외부 클래스의 인스턴스 생성과 무관하다. (외부 클래스의 인스턴스 생성 않고도 Static 네스티드 클래스의 인스턴스 생성이 가능하다

는 뜻) 때문에 이를 근거로 다음 사실을 유추할 수 있다.

"Static 네스티드 클래스 내에서 외부 클래스의 인스턴스 변수와 메소드에 접근 불가능하다."

즉 Static 네스티드 클래스 내에서는 외부 클래스에 static으로 선언된 변수와 메소드에만 접근이 가능하다.

■ 이너(Inner) 클래스의 구분

네스티드 클래스 중에서 static 선언이 붙지 않은 클래스를 가리켜 '이너 클래스'라 한다. 그리고 이너 클래스는 다음과 같이 셋으로 나뉜다.

- 멤버 클래스 (Member Class)
- 로컬 클래스 (Local Class)
- 익명 클래스 (Anonymous Class)

이 중에서 다음 둘은 정의된 위치에 따라서 구분이 된다.

- 멤버 클래스 (Member Class)
  → 인스턴스 변수, 인스턴스 메소드와 동일한 위치에 정의
- 로컬 클래스 (Local Class)
  → 중괄호 내에, 특히 메소드 내에 정의

이 두 클래스의 예를 간단히 들면 다음과 같다.

```
class Outer {
    class MemberInner {...}    // 멤버 클래스

    void method() {
        class LocalInner {...}   // 로컬 클래스
    }
}
```

반면 '익명 클래스'는 클래스의 이름이 존재하지 않는, 이름 그대로 익명의 클래스이다. 따라서 위의 두 클래스와 혼동할 일이 없는 클래스이다.

■ 멤버 클래스 (Member Class)

먼저 예제를 보이겠다. 이 예제를 자세히 관찰하면 '멤버 클래스'의 주요 특징을 파악할 수 있다.

◈ MemberInner.java

```
class Outer {
    private int num = 0;

    class Member {    // 멤버 클래스의 정의
        void add(int n) { num += n; }
        int get() { return num; }
    }
}

class MemberInner {
    public static void main(String[] args) {
        Outer o1 = new Outer();
        Outer o2 = new Outer();

        // o1 기반으로 두 인스턴스 생성
        Outer.Member o1m1 = o1.new Member();
        Outer.Member o1m2 = o1.new Member();

        // o2 기반으로 두 인스턴스 생성
        Outer.Member o2m1 = o2.new Member();
        Outer.Member o2m2 = o2.new Member();

        // o1 기반으로 생성된 두 인스턴스의 메소드 호출
        o1m1.add(5);
        System.out.println(o1m2.get());

        // o2 기반으로 생성된 두 인스턴스의 메소드 호출
        o2m1.add(7);
        System.out.println(o2m2.get());
    }
}
```

▶ 실행 결과: MemberInner.java

```
명령 프롬프트
C:\JavaStudy>java MemberInner
5
7

C:\JavaStudy>_
```

위 예제에서 정의하는 '멤버 클래스'는 다음과 같다.

```
class Outer {
    private int num = 0;

    class Member {    // 멤버 클래스의 정의
        void add(int n) { num += n; }
        int get() { return num; }
    }
}
```

위의 코드에서 보이듯이 Member 클래스 내에서는 Outer 클래스의 인스턴스 변수에 접근이 가능하다. 인스턴스 변수가 private으로 선언되어 있어도 가능하다. 그리고 이러한 멤버 클래스의 가장 큰 특징은 다음과 같다.

"멤버 클래스의 인스턴스는 외부 클래스의 인스턴스에 종속적이다."

이 문장이 말하는 바를 이해하기 위해, 멤버 클래스의 인스턴스 생성 과정을 보자. main 메소드에서는 다음과 같이 Outer 인스턴스를 먼저 생성하고,

```
Outer o1 = new Outer();
```

이를 기반으로 다음과 같이 Member 인스턴스를 생성하였다. (Outer 인스턴스 없이 Member 인스턴스 생성 불가능하다.)

```
Outer.Member o1m1 = o1.new Member();
Outer.Member o1m2 = o1.new Member();
```

그러면 위의 두 인스턴스는 o1이 참조하는 인스턴스의 멤버에 접근할 수 있다. 즉 위의 두 인스턴스는 o1이 참조하는 인스턴스의 멤버를 공유하게 되는데, 이러한 내용을 위 예제의 실행 결과를 통해 확인할 수 있다.

■ '멤버 클래스'를 언제 사용하는가?

이쯤 되면 다음과 같은 내용이 궁금해진다.

"멤버 클래스를 언제 유용하게 사용할 수 있을까?"

결론부터 말하면 다음과 같다.

"클래스의 정의를 감추어야 할 때 유용하게 사용이 된다."

이와 관련하여 예제를 제시하겠으니 스스로 분석하여 위의 결론이 의미하는 바를 파악해보자.

◈ UseMemberInner.java

```
interface Printable {
    void print();
}

class Papers {
    private String con;
    public Papers(String s) { con = s; }
    public Printable getPrinter() {
        return new Printer();    // 멤버 클래스 인스턴스 생성 및 반환
    }

    private class Printer implements Printable {    // 멤버 클래스의 정의
        public void print() {
            System.out.println(con);
        }
    }
}

class UseMemberInner {
    public static void main(String[] args) {
        Papers p = new Papers("서류 내용: 행복합니다.");
        Printable prn = p.getPrinter();
        prn.print();
    }
}
```

▶ 실행 결과: UseMemberInner.java

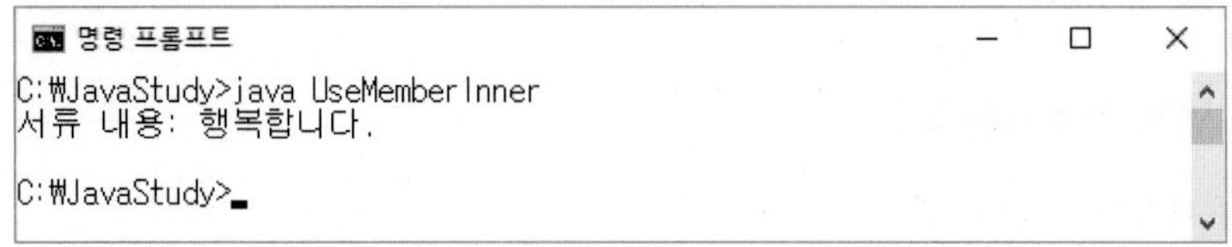
명령 프롬프트
C:₩JavaStudy>java UseMemberInner
서류 내용: 행복합니다.
C:₩JavaStudy>

위의 예제에서 다음 인터페이스가 정의되었고,

```
interface Printable {
    void print();
}
```

이 인터페이스를 구현하는 Printer 클래스를 다음과 같이 Papers 클래스 내에 정의하였다.

```
class Papers {
    ....
    public Printable getPrinter() {
        return new Printer();   // 멤버 클래스 인스턴스 생성 및 반환
    }

    private class Printer implements Printable {  // 멤버 클래스의 정의
        public void print() {
            System.out.println(con);
        }
    }
}
```

그런데 Printer 클래스는 private으로 선언되었다. 이렇듯 멤버 클래스가 private으로 선언되면, 이 클래스 정의를 감싸는 클래스 내에서만 인스턴스 생성이 가능하다. 때문에 이 Printer 인스턴스는 다음과 같은 방법으로만 참조가 가능하다.

```
public static void main(String[] args) {
    Papers p = new Papers("서류 내용: 행복합니다.");
    Printable prn = p.getPrinter();
    ....
}
```

이제 Papers 클래스의 외부에서는 getPrinter 메소드가 어떠한 인스턴스의 참조 값을 반환하는지 알지 못한다. 다만 반환되는 참조 값의 인스턴스가 Printable을 구현하고 있어서 Printable의 참조 변수로 참조할 수 있다는 사실만 알뿐이다. 그리고 이러한 상황을 가리켜 '클래스의 정의가 감추어진 상황'이라 한다.

이렇게 클래스의 정의를 감추면, getPrinter 메소드가 반환하는 인스턴스가 다른 클래스의 인스턴스로 변경되어도 Papers 클래스 외부의 코드는 조금도 수정할 필요가 없게 된다. (즉 코드에 유연성이 부여되었다. 그리고 이는 엄청난 장점이다.)

사실 우리는 이러한 방식으로 정의된 클래스의 예를 알고 있다. 컬렉션 프레임워크의 '반복자'가 바로

그것이다.

```
public static void main(String[] args) {
    List<String> list = new ArrayList<>();
    ....
    Iterator<String> itr = list.iterator();   // 반복자 획득!
    ....
}
```

위의 코드에서 iterator 메소드가 반환하는 인스턴스의 클래스를 우리는 알지 못한다. 알려고 노력할 필요도 없으며 알아도 별 의미가 없다. 다만 우리에게는 그 클래스가 Iterator〈E〉 인터페이스를 구현하고 있다는 정보만 필요할 뿐이다. 실제로 iterator 메소드가 반환하는 자바의 반복자는 다음과 같이 '멤버 클래스'의 형태로 정의되어 있다.

```
public class ArrayList<E> implements List<E> {
    ....
    public Iterator<E> iterator() {
        return new Itr();    // 멤버 클래스의 인스턴스 생성 및 반환
    }

    private class Itr implements Iterator<E> {    // 멤버 클래스의 정의
        ....
    }
}
```

위의 iterator 메소드는 실제 자바의 iterator 메소드와 동일하다. 그리고 ArrayList〈E〉 인스턴스가 반환하는 반복자는 Itr 클래스의 인스턴스임을 위의 코드를 통해서 알 수 있다. 그러나 이러한 정보는 우리에게 의미가 없다. Itr 클래스는 그 정의가 감춰져 있으므로 이 클래스의 수정 및 변경은 우리가 작성하는 코드에 아무런 영향을 미치지 않는다는 사실이 중요할 뿐이다.

■ 로컬 클래스 (Local Class)

'로컬 클래스'는 바로 위에서 소개한 '멤버 클래스'와 상당 부분 유사하다. 단 클래스의 정의 위치가 if문이나 while문 또는 메소드 몸체와 같은 블록 안에 정의된다는 점에서 '멤버 클래스'와 구분될 뿐이다. 앞서 예제에서 Papers 클래스 안에 Printer 클래스를 정의하였다. 이번에는 이 Printer 클래스를 '로컬 클래스'로 정의해 보겠다.

◈ UseLocalInner.java

```
interface Printable {
    void print();
}

class Papers {
    private String con;
    public Papers(String s) { con = s; }

    public Printable getPrinter() {
        class Printer implements Printable {   // 로컬 클래스의 정의
            public void print() {
                System.out.println(con);
            }
        }

        return new Printer();   // 로컬 클래스의 인스턴스 생성 및 반환
    }
}

class UseLocalInner {
    public static void main(String[] args) {
        Papers p = new Papers("서류 내용: 행복합니다.");
        Printable prn = p.getPrinter();
        prn.print();
    }
}
```

▶ 실행 결과: UseLocalInner.java

```
명령 프롬프트
C:\JavaStudy>java UseLocalInner
서류 내용: 행복합니다.

C:\JavaStudy>_
```

이전 예제와의 유일한 차이점은 다음 메소드 안에 클래스 Printer의 정의가 위치한다는 것이다. 그리고 이렇게 수정을 하였지만 예제의 내용은 동일하다.

```
public Printable getPrinter() {
    class Printer implements Printable {
        public void print() {
            System.out.println(con);
        }
    }
    return new Printer();
}
```

이렇듯 메소드 내에 클래스를 정의하면 해당 메소드 내에서만 인스턴스 생성이 가능하다. (따라서 클래스에 대한 private 선언은 의미가 없다. 어차피 메소드 내에서만 인스턴스 생성이 가능하므로) 즉 멤버 클래스보다도 클래스를 더 깊이, 특정 블록 안으로 감추는 효과가 있다.

■ 익명 클래스 (Anonymous Class)

이제 마지막으로 '익명 클래스'에 대해 소개할 텐데, 이는 잠시 후 소개하는 '람다'와도 관련이 있다. 따라서 지금부터 람다에 대한 소개에 한 발 들여놓았다고 보아도 된다. 앞서 보인 다음 메소드를 다시 관찰하자. 이 메소드 내에서는 클래스 Printer의 정의와 Printer 인스턴스의 생성이 분리되어 있다.

```
public Printable getPrinter() {
    class Printer implements Printable {     // Printer의 정의
        public void print() {
            System.out.println(con);
        }
    }
    return new Printer();    // Printer 인스턴스의 생성
}
```

그런데 다음과 같이 '익명 클래스'의 형태로 정의하면, 클래스의 정의와 인스턴스의 생성을 하나로 묶을 수 있다.

```
public Printable getPrinter() {
    return new Printable() {      // 익명 클래스의 정의와 인스턴스 생성
        public void print() {
            System.out.println(con);
        }
    };
}
```

위의 코드를 이해하기 위해 먼저 다음 문장을 보자. 이 문장에서는 인터페이스 Printable을 대상으로 인스턴스를 생성하고 있으니 문제가 있는 문장이다.

```
new Printable();
```

그런데 다음과 같이 해당 인터페이스를 구현하는 클래스의 정의를(클래스의 몸체를) 덧붙이면 인스턴스 생성이 가능하다.

```
new Printable() {
    public void print() {
        System.out.println(con);
    }
};
```

그리고 위의 문장에서 new Printable()에 이어 등장하는 이름 없는 클래스의 정의를 가리켜 '익명 클래스'라 한다. 그럼 이를 기반으로 하는 다음 예제를 보자. (이 예제도 앞서 보인 예제와 내용은 완전히 동일하다.)

◈ UseAnonymousInner.java

```
interface Printable {
    void print();
}

class Papers {
    private String con;
    public Papers(String s) { con = s; }

    public Printable getPrinter() {
        return new Printable() {   // 익명 클래스의 정의와 인스턴스 생성
            public void print() {
                System.out.println(con);
            }
        };
    }
}

class UseAnonymousInner {
    public static void main(String[] args) {
        Papers p = new Papers("서류 내용: 행복합니다.");
        Printable prn = p.getPrinter();
```

```
        prn.print();
    }
}
```

▶ 실행 결과: UseAnonymousInner.java

```
명령 프롬프트
C:\JavaStudy>java UseAnonymousInner
서류 내용: 행복합니다.

C:\JavaStudy>
```

위의 예제만 잘 이해해도 익명 클래스에 대해서는 충분하다. 그러나 예를 하나 더 들겠다. 다음은 컬렉션 프레임워크 관련 예제이다.

◈ SortComparator.java

```
import java.util.List;
import java.util.ArrayList;
import java.util.Comparator;
import java.util.Collections;

class StrComp implements Comparator<String> {
    @Override
    public int compare(String s1, String s2) {
        return s1.length() - s2.length();
    }
}

class SortComparator {
    public static void main(String[] args) {
        List<String> list = new ArrayList<>();
        list.add("ROBOT");
        list.add("APPLE");
        list.add("BOX");

        StrComp cmp = new StrComp();    // 정렬 기준
        Collections.sort(list, cmp);    // 정렬 기준 변경해서 정렬 진행
        System.out.println(list);
    }
}
```

▶ 실행 결과: SortComparator.java

```
명령 프롬프트
C:\JavaStudy>java SortComparator
[BOX, ROBOT, APPLE]

C:\JavaStudy>_
```

위의 예제를 익명 클래스 기반으로 수정하면 다음과 같다. 그리고 이것이 자바에 람다가 등장하기 이전에 주로 사용하던 코드 스타일이다.

◈ AnonymousComparator.java

```java
import java.util.List;
import java.util.ArrayList;
import java.util.Comparator;
import java.util.Collections;

class AnonymousComparator {
    public static void main(String[] args) {
        List<String> list = new ArrayList<>();
        list.add("ROBOT");
        list.add("APPLE");
        list.add("BOX");

        Comparator<String> cmp = new Comparator<String>() {
            @Override
            public int compare(String s1, String s2) {
                return s1.length() - s2.length();
            }
        };

        Collections.sort(list, cmp);
        System.out.println(list);
    }
}
```

▶ 실행 결과: AnonymousComparator.java

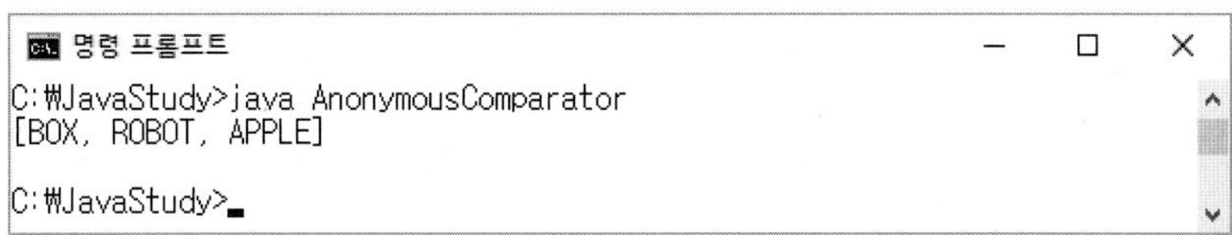
명령 프롬프트
C:\JavaStudy>java AnonymousComparator
[BOX, ROBOT, APPLE]
C:\JavaStudy>_

26-2 람다(Lambda)의 소개

자바 8이 소개되면서 가장 주목받은 주제가 '람다'이다. 람다가 포함되면서 자바가 완전해졌다고 말하는 이가 있을 정도로 람다는 중요한 위치를 차지한다.

■ 람다의 이해

람다를 사용하면 코드를 줄일 수 있다. 그리고 그렇게 만들어진 코드는 가독성도 뛰어나다. 그러나 이러한 장점을 누리려면 먼저 람다에 익숙해져야 한다. 그럼 다음 예제를 보자.

◈ Lambda1.java

```
interface Printable {
    void print(String s);
}

class Printer implements Printable {
    public void print(String s) {
        System.out.println(s);
    }
}

class Lambda1 {
    public static void main(String[] args) {
        Printable prn = new Printer();
        prn.print("What is Lambda?");
    }
}
```

▶ 실행 결과: Lambda1.java

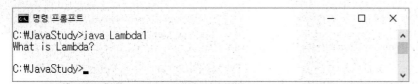

위 예제는 인터페이스 Printable과 이를 구현하는 클래스 Printer의 정의가 핵심이다. 그런데 위의 예제에 '익명 클래스'를 적용하면 다음과 같이 클래스의 정의가 하나 줄어든다.

◈ Lambda2.java

```
interface Printable {
    void print(String s);
}

class Lambda2 {
    public static void main(String[] args) {
        Printable prn = new Printable() {   // 익명 클래스
            public void print(String s) {
                System.out.println(s);
            }
        };

        prn.print("What is Lambda?");
    }
}
```

▶ 실행 결과: Lambda2.java

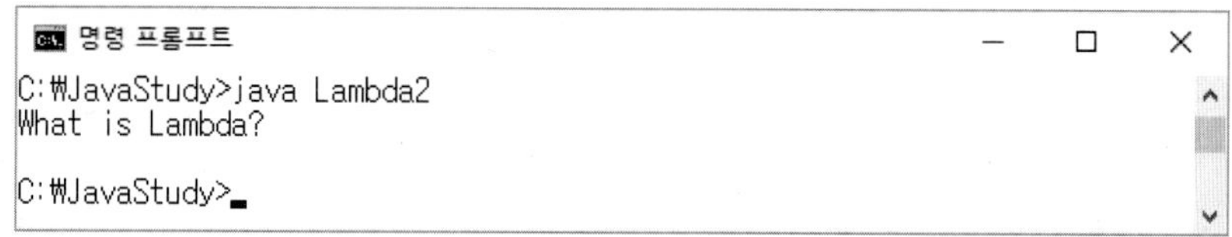
명령 프롬프트
C:\JavaStudy>java Lambda2
What is Lambda?
C:\JavaStudy>_

위의 예제에서는 다음의 방식으로 인스턴스를 생성하였다.

```
Printable prn = new Printable() {     // 익명 클래스
    public void print(String s) {
        System.out.println(s);
    }
};
```

그런데 이를 람다를 기반으로 수정한 결과는 다음과 같다. 즉 위의 인스턴스 생성문을 다음과 같이 줄여 놓은 것이 람다식이다. (람다와 익명 클래스의 내부적인 동작 원리는 다르다. 따라서 이 둘이 완전

히 같다는 의미는 아니다.)

```
Printable prn = (s) -> { System.out.println(s); };
```

많이 간결해졌다. 그런데 아직은 이 표현에 익숙하지 않아서 암호처럼 느낄 수 있다. 일단 위의 문장으로 바꾼 예제를 보이고 나서 이에 대한 설명을 진행하겠다.

◈ Lambda3.java

```
interface Printable {    // 추상 메소드가 하나인 인터페이스
    void print(String s);
}

class Lambda3 {
    public static void main(String[] args) {
        Printable prn = (s) -> { System.out.println(s); };
        prn.print("What is Lambda?");
    }
}
```

▶ 실행 결과: Lambda3.java

명령 프롬프트
C:\JavaStudy>java Lambda3
What is Lambda?
C:\JavaStudy>

위 예제의 다음 문장에서 대입 연산자의 오른편에 위치한 것이 '람다식(Lambda Expression)'이다.

```
Printable prn = (s) -> { System.out.println(s); };
```

'람다'와 '익명 클래스'는 분명 다르다. 그러나 둘 다 인스턴스의 생성으로 이어지고, 람다식이 익명 클래스의 정의를 일부 대체하기 때문에 익명 클래스의 정의를 기반으로 람다식을 이해하는 것도 좋은 방법이다. 그럼 다음 익명 클래스의 정의를 보자.

```
Printable prn = new Printable() {    // 익명 클래스
    public void print(String s) {
        System.out.println(s);
    }
};
```

위의 문장에서 없어도 괜찮을 것 같은, 다시 말해서 없어도 유추가 가능할 것 같은 부분을 찾아보자. 먼저 아래의 문장에 흐리게 표시된 부분은 없어도 유추가 가능하다.

```
Printable prn = new Printable() {
    public void print(String s) {
        System.out.println(s);
    }
};
```

대입 연산자의 왼편에 위치한 것이 Printable형 참조변수이니, 그 오른편에는 이를 구현한 인스턴스의 생성문이 오는 것이 당연하기 때문이다. 즉 다음과 같이 메소드의 정의만 남겨 둬도 나머지 부분은 유추가 가능하다.

```
Printable prn =
    public void print(String s) {
        System.out.println(s);
    } ;
```

그런데 Printable 인터페이스에는 추상 메소드가 하나만 존재하므로, 위에 이어 다음과 같이 메소드의 몸체를 제외한 나머지도 유추가 가능하다.

```
Printable prn =
    public void print(String s) {
        System.out.println(s);
    } ;
```

Printable 인터페이스에 둘 이상의 추상 메소드가 존재한다면 메소드의 이름과 관련된 정보를 생략할 수 없겠지만 추상 메소드가 하나뿐이니, 위의 메소드 몸체가 어떤 이름의 메소드를 구현한 결과인지 뻔히 알 수 있다. 따라서 다음과 같이 간단히 할 수 있다.

```
Printable prn = { System.out.println(s); };
```

이렇게 과감히 지우고 보니 너무 과했다는 생각이 든다. 위의 문장에서 s가 매개변수라는 사실까지는 컴파일러가 유추하지 못하기 때문이다. 따라서 이에 대한 정보를 남기며, 더불어 람다식의 구분을 위해 '람다 연산자'라 불리는 ->을 추가하여 다음과 같이 람다식을 표현하기로 정리가 되었다.

```
Printable prn = (String s) -> { System.out.println(s); };      // 완성된 람다식
```

위의 문장은 컴파일이 가능한 문장이다. 그런데 람다식은 그 표현을 최대한 간단히 하는 것이 미덕(?)이다. 따라서 매개변수 선언에서 String도 생략하여(Printable 인터페이스의 추상 메소드를 관찰하면 매개변수 s가 String형 임을 알 수 있으니까) 다음과 같이 줄이는 것도 허용된다.

```
Printable prn = (s) -> { System.out.println(s); };     // 조금 더 줄인 람다식
```

위의 문장에서 더 줄일 수도 있지만, 이는 다음 Chapter에서 하기로 하고 여기서는 이 정도로 마무리를 하겠다.

■ 람다식의 인자 전달

다음과 같이 변수를 선언하고 초기화할 수 있다.

```
int n = 10;
```

이와 동일한 원리로 다음과 같이 인자를 전달하여 매개변수를 초기화할 수 있다.

```
method(10);      // void method(int n) {...}
```

마찬가지로 다음과 같이 참조변수를 초기화할 수 있으니,

```
Printable prn = (s) -> { System.out.println(s); };
```

다음과 같이 람다식을 메소드의 인자로 전달할 수도 있다.

```
method((s) -> System.out.println(s));    // void method(Printable prn) {...}
```

그럼 이와 관련하여 다음 예제를 보자.

◈ Lambda4.java

```
interface Printable {
    void print(String s);
}

class Lambda4 {
    public static void ShowString(Printable p, String s) {
        p.print(s);
```

```
    }

    public static void main(String[] args) {
        ShowString((s) -> { System.out.println(s); }, "What is Lambda?");
    }
}
```

▶ 실행 결과: Lambda4.java

명령 프롬프트
C:\JavaStudy>java Lambda4
What is Lambda?
C:\JavaStudy>_

위 예제의 다음 문장에서 첫 번째 인자로 전달하는 람다식은 ShowString 메소드의 첫 번째 매개변수를 초기화한다.

```
ShowString((s) -> { System.out.println(s); }, "What is Lambda?");
```

즉 람다식의 인자 전달을 통한 매개변수의 초기화는 다음 문장에서 보이는 초기화와 다르지 않다.

```
Printable p = (s) -> { System.out.println(s); }
```

이로써 람다에 대한 기본적인 설명을 마친다. 비록 기본적인 설명이지만 가장 중요한 내용을 설명하였으니 완전히 이해하고(이해했다면 암기하는 수준까지 반복하고) 다음 Chapter로 넘어가기 바란다.

Chapter 27

람다 표현식

27-1. 람다와 함수형 인터페이스

- 인스턴스보다 기능 하나가 필요한 상황을 위한 람다
- 매개변수가 있고 반환하지 않는 람다식
- 매개변수가 있고 반환하는 람다식
- 매개변수가 없는 람다식
- 함수형 인터페이스(Functional Interfaces)와 어노테이션
- 람다식과 제네릭

27-2. 정의되어 있는 함수형 인터페이스

- 미리 정의되어 있는 함수형 인터페이스
- Predicate〈T〉
- Predicate〈T〉를 구체화하고 다양화 한 인터페이스들
- Supplier〈T〉
- Supplier〈T〉를 구체화 한 인터페이스들
- Consumer〈T〉
- Consumer〈T〉를 구체화하고 다양화 한 인터페이스들
- Function〈T, R〉
- Function〈T, R〉을 구체화하고 다양화 한 인터페이스들
- removeIf 메소드를 사용해 보자.

자바로 작성된 코드에서 람다식을 흔히 접할 수 있는 시대가 되었다. 따라서 람다에 익숙해져야 한다. 좋던 싫던 자바에 있어서 람다는 선택이 아닌 필수가 되었다.

27-1 람다와 함수형 인터페이스

Chapter 26의 마지막 부분에서 람다를 이미 소개하였다. 따라서 그 뒤를 이어 람다에 대한 설명을 계속 이어가겠다.

■ 인스턴스보다 기능 하나가 필요한 상황을 위한 람다

자바는 객체지향 언어이다. 그리고 코드 흐름의 대부분에 클래스와 인스턴스가 존재한다. 그런데 프로그램을 작성하다 보면 다음의 상황을 자주 접하게 된다.

"기능 하나를 정의해서 전달해야 하는 상황"

Comparator<T> 인터페이스의 구현이 필요한 상황을 그 예로 들 수 있는데, 이와 관련하여 다음 예제를 보자.

◈ SLenComparator.java

```
import java.util.List;
import java.util.ArrayList;
import java.util.Comparator;
import java.util.Collections;

class SLenComp implements Comparator<String> {
    @Override
```

```
    public int compare(String s1, String s2) {
        return s1.length() - s2.length()
    }
}

class SLenComparator {
    public static void main(String[] args) {
        List<String> list = new ArrayList<>();
        list.add("Robot");
        list.add("Lambda");
        list.add("Box");

        Collections.sort(list, new SLenComp());    // 정렬

        for(String s : list)
            System.out.println(s);
    }
}
```

▶ 실행 결과: SLenComparator.java

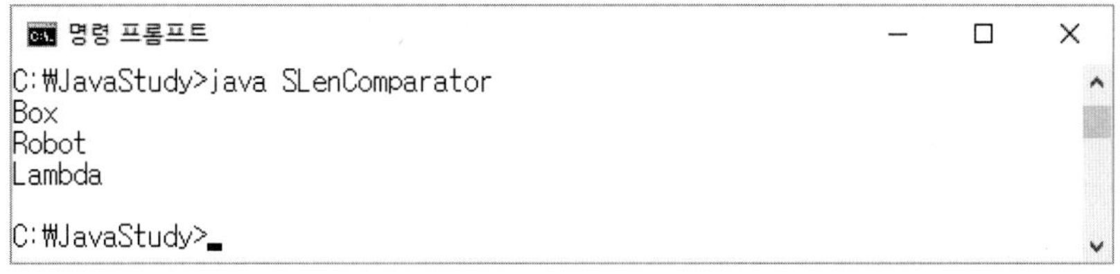
명령 프롬프트
C:₩JavaStudy>java SLenComparator
Box
Robot
Lambda
C:₩JavaStudy>

위 예제에서 Collections.sort 메소드를 호출하면서 두 번째 인자로 정렬의 기준을 갖고 있는 인스턴스를 생성해서 전달하고 있다. 인스턴스를 전달하는 형태이지만 내용을 보면 메소드, 즉 기능을 전달하는 것에 해당한다. 잠시 후에는 위 예제를 람다식 기반으로 바꿀 것이다. 그러나 그전에 람다에 대해 알아야 할 내용이 조금 더 남아 있다.

■ 매개변수가 있고 반환하지 않는 람다식

다양한 람다식에 익숙해질 수 있도록 매개변수와 반환형의 유무에 따른 람다식의 표현을 보이고자 한다. 먼저 '매개변수가 하나이고 반환하지 않는 람다식'을 소개하겠다.

◈ OneParamNoReturn.java

```
interface Printable {
    void print(String s);   // 매개변수 하나, 반환형 void
}

class OneParamNoReturn {
    public static void main(String[] args) {
        Printable p;
        p = (String s) -> { System.out.println(s); };   // 줄임 없는 표현
        p.print("Lambda exp one.");

        p = (String s) -> System.out.println(s);   // 중괄호 생략
        p.print("Lambda exp two.");

        p = (s) -> System.out.println(s);   // 매개변수 형 생략
        p.print("Lambda exp three.");

        p = s -> System.out.println(s);   // 매개변수 소괄호 생략
        p.print("Lambda exp four.");
    }
}
```

▶ 실행 결과: OneParamNoReturn.java

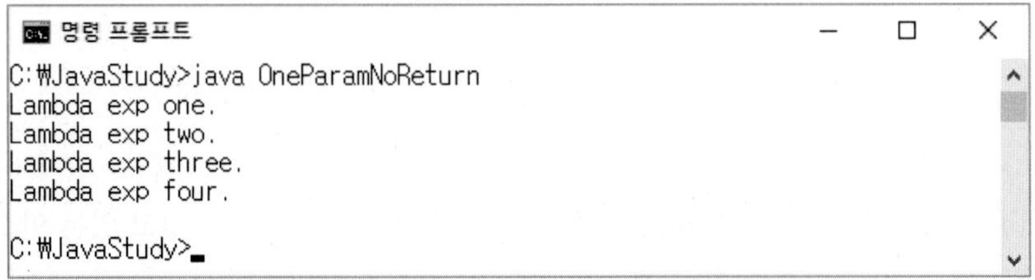
명령 프롬프트
C:₩JavaStudy>java OneParamNoReturn
Lambda exp one.
Lambda exp two.
Lambda exp three.
Lambda exp four.
C:₩JavaStudy>

예제에서 보이듯이 줄임이 없는 람다식은 다음과 같다. 매개변수 정보에 소괄호를 하고 메소드 몸체에 중괄호를 한다.

```
(String s) -> { System.out.println(s); }
```

그러나 메소드의 몸체가 하나의 문장으로 이뤄져 있다면 다음과 같이 중괄호의 생략이 가능하다.

```
(String s) -> System.out.println(s)
```

단 중괄호를 생략할 때 해당 문장의 끝에 위치한 세미콜론도 함께 지워야 한다. (메소드의 몸체를 이루는 하나의 문장이 return문이라면 중괄호의 생략은 불가능한데, 이에 대해서는 잠시 후에 별도로 예를 보이겠다.)
그리고 매개변수 정보에 있어서 s가 String형 임은 컴파일러 입장에서 유추가 가능하다. (해당 람다식이 채우게 될 메소드 정보를 통해서 유추가 가능하다.) 따라서 다음과 같이 매개변수의 자료형 정보도 생략 가능하다.

```
(s) -> System.out.println(s)
```

그리고 매개변수가 위와 같이 하나일 경우에는 다음과 같이 소괄호도 생략할 수 있다.

```
s -> System.out.println(s)
```

물론 메소드 몸체가 둘 이상의 문장으로 이뤄져 있거나, 매개변수의 수가 둘 이상인 경우에는 각각 중괄호와 소괄호의 생략이 불가능하다. 그럼 이어서 다음 예제를 통해 '매개변수가 둘이고 반환하지 않는 람다식'을 보이겠다.

◈ TwoParamNoReturn.java

```
interface Calculate {
    void cal(int a, int b);    // 매개변수 둘, 반환형 void
}

class TwoParamNoReturn {
    public static void main(String[] args) {
        Calculate c;
        c = (a, b) -> System.out.println(a + b);
        c.cal(4, 3);    // 이번엔 덧셈이 진행

        c = (a, b) -> System.out.println(a - b);
        c.cal(4, 3);    // 이번엔 뺄셈이 진행

        c = (a, b) -> System.out.println(a * b);
        c.cal(4, 3);    // 이번엔 곱셈이 진행
    }
}
```

▶ 실행 결과: TwoParamNoReturn.java

```
명령 프롬프트
C:\JavaStudy>java TwoParamNoReturn
7
1
12

C:\JavaStudy>
```

■ 매개변수가 있고 반환하는 람다식

다음 예제를 통해서 값을 반환하는 메소드를 구현하는 람다식의 예를 보이겠다.

◈ TwoParamAndReturn.java

```
interface Calculate {
    int cal(int a, int b);    // 값을 반환하는 추상 메소드
}

class TwoParamAndReturn {
    public static void main(String[] args) {
        Calculate c;
        c = (a, b) -> { return a + b; };
        System.out.println(c.cal(4, 3));

        c = (a, b) -> a + b;
        System.out.println(c.cal(4, 3));
    }
}
```

▶ 실행 결과: TwoParamAndReturn.java

```
명령 프롬프트
C:\JavaStudy>java TwoParamAndReturn
7
7

C:\JavaStudy>
```

위 예제에서 등장한 람다식은 다음과 같다.

```
(a, b) -> { return a + b; }
```

이렇듯 메소드 몸체에 해당하는 내용이 return문이면 그 문장이 하나이더라도 중괄호의 생략이 불가능하다. 그러나 위의 람다식은 다음 람다식으로 대신할 수 있다.

```
(a, b) -> a + b
```

이 경우 메소드 몸체에 연산이 등장하는데, 이 연산이 진행되면 그 결과로 값이 남게 된다. 그러면 이 값은 별도로 명시하지 않아도 반환의 대상이 된다. 따라서 return문이 메소드 몸체를 이루는 유일한 문장이면 위와 같이 작성할 수 있다. 그리고 이것이 보편적인 방식이다. 그럼 이와 관련하여 예를 하나 더 들겠다.

◈ OneParamAndReturn.java

```
interface HowLong {
    int len(String s);     // 값을 반환하는 메소드
}

class OneParamAndReturn {
    public static void main(String[] args) {
        HowLong hl = s -> s.length();
        System.out.println(hl.len("I am so happy"));
    }
}
```

▶ 실행 결과: OneParamAndReturn.java

```
명령 프롬프트
C:\JavaStudy>java OneParamAndReturn
13

C:\JavaStudy>
```

위 예제에 등장한 람다식은 다음과 같다.

```
s -> s.length()
```

메소드 몸체를 이루는 유일한 문장이 메소드 호출문인데, 이 문장에서 호출하는 length는 값을 반환한다. 따라서 메소드의 호출 결과로 반환된 값이 남는다. 그리고 이렇게 반환된 값 역시 별도로 명시하

지 않아도 반환의 대상이 된다. 따라서 다음과 같이 람다식을 작성할 필요가 없다.

```
s -> { return s.length(); }
```

이와 같이 작성하면 복잡해 보이기만 할 뿐이다.

■ 매개변수가 없는 람다식

매개변수가 없는 람다식은 매개변수를 표현하는 소괄호 안을 비우면 된다. 이와 관련하여 다음 예제를 보자.

◈ NoParamAndReturn.java

```
import java.util.Random;

interface Generator {
    int rand();     // 매개변수 없는 메소드
}

class NoParamAndReturn {
    public static void main(String[] args) {
        Generator gen = () -> {
            Random rand = new Random();
            return rand.nextInt(50);
        };

        System.out.println(gen.rand());
    }
}
```

▶ 실행 결과: NoParamAndReturn.java

```
명령 프롬프트
C:₩JavaStudy>java NoParamAndReturn
49

C:₩JavaStudy>
```

이 예제에서 등장한 람다식은 다음과 같다.

```
Generator gen = () -> {
    Random rand = new Random();
    return rand.nextInt(50);
};
```

매개변수 선언이 없는 관계로 매개변수 정보를 담는 소괄호가 비어 있다. 그리고 이렇듯 둘 이상의 문장으로 이뤄진 람다식은 중괄호로 반드시 감싸야 하며, 값을 반환할 때에도 return문을 반드시 사용해야 한다.

■ 함수형 인터페이스(Functional Interfaces)와 어노테이션

앞서 보인 람다식 관련 예제에는 다음의 공통점이 하나 있다.

"예제에 정의되어 있는 인터페이스에는 추상 메소드가 딱 하나만 존재한다."

이러한 인터페이스를 가리켜 '함수형 인터페이스(Functional Interfaces)'라 한다. 그리고 람다식은 이러한 함수형 인터페이스를 기반으로만 작성이 될 수 있다. 다음은 함수형 인터페이스와 그와 관련된 어노테이션 선언이 붙어 있는 인터페이스의 예이다.

```
@FunctionalInterface
interface Calculate {
    int cal(int a, int b);
}
```

@FunctionalInterface은 함수형 인터페이스에 부합하는지를 확인하기 위한 어노테이션 타입이다. 위의 인터페이스에 둘 이상의 추상 메소드가 존재하면, 이는 함수형 인터페이스가 아니기 때문에 컴파일 오류로 이어진다. 그러나 static, default 선언이 붙은 메소드의 정의는 함수형 인터페이스의 정의에 아무런 영향을 미치지 않는다. 따라서 다음 인터페이스도 함수형 인터페이스이다.

```
@FunctionalInterface
interface Calculate {
    int cal(int a, int b);
    default int add(int a, int b) { return a + b; }
    static int sub(int a, int b) { return a - b; }
}
```

위의 인터페이스를 대상으로도 람다식을 구성할 수 있다. 어차피 채워야 할 메소드는 하나이기 때문이다.

■ 람다식과 제네릭

인터페이스는 제네릭으로 정의하는 것이 가능하다. 그리고 이는 자바 8에 들어와서 매우 흔한 일이 되었다. 따라서 제네릭으로 정의된 함수형 인터페이스를 대상으로 하는 람다식의 예를 보이겠다.

◈ LambdaGeneric.java

```
@FunctionalInterface
interface Calculate <T> {     // 제네릭 기반의 함수형 인터페이스
    T cal(T a, T b);
}

class LambdaGeneric {
    public static void main(String[] args) {
        Calculate<Integer> ci = (a, b) -> a + b;
        System.out.println(ci.cal(4, 3));

        Calculate<Double> cd = (a, b) -> a + b;
        System.out.println(cd.cal(4.32, 3.45));
    }
}
```

▶ 실행 결과: LambdaGeneric.java

```
명령 프롬프트
C:₩JavaStudy>java LambdaGeneric
7
7.7700000000000005

C:₩JavaStudy>
```

위 예제에서 인터페이스가 제네릭으로 정의되었으므로, 다음과 같이 참조변수의 형을 지정해서 문장을 구성해야 한다.

```
Calculate<Integer> ci = (a, b) -> a + b;
Calculate<Double> cd = (a, b) -> a + b;
```

위의 두 문장에 있는 람다식은 동일하다. 그러나 참조변수의 자료형이 다른 관계로 이 둘은 전혀 다른 인스턴스의 생성으로 이어진다. 하나는 정수형 덧셈을 하는 인스턴스의 생성으로, 다른 하나는 실수형 덧셈을 하는 인스턴스의 생성으로 이어진다.

문제 27-1 [람다식 작성하기]

• **문제 1**

아래 코드에서 주석에 명시된 연산의 결과를 출력하기 위한 calAndShow 메소드의 호출문을 람다식을 기반으로 작성해보자.

```
interface Calculate<T> {
    T cal(T a, T b);
}
class CalculatorDemo {
    public static <T> void calAndShow(Calculate<T> op, T n1, T n2) {
        T r = op.cal(n1, n2);
        System.out.println(r);
    }
    public static void main(String[] args) {
        // 3 + 4
        // 2.5 + 7.1
        // 4 - 2
        // 4.9 - 3.2
    }
}
```

• **문제 2**

본 Chapter의 첫 번째 예제인 SLenComparator.java를 람다식 기반으로 수정해보자. 수정 결과에서는 클래스 SLenComp의 정의가 지워져야 한다.

답안은 출판사 홈페이지를 통해서 제공합니다.

27-2 정의되어 있는 함수형 인터페이스

자바에서 표준으로 정의하고 있는, 달리 말하면 '미리 정의해 놓은' 함수형 인터페이스들이 있어서 이들을 소개하고자 한다.

■ 미리 정의되어 있는 함수형 인터페이스

다음은 Collection〈E〉 인터페이스에 정의되어 있는 디폴트 메소드 중 하나인 removeIf 메소드이다. (디폴트 메소드에 대해서는 Chapter 17에서 소개하였다.)

```
default boolean removeIf(Predicate<? super E> filter)
```

물론 본서에서 이 메소드를 소개한 적은 없다. 그러나 필요하다면 문서를 참조하여 사용할 수 있어야 한다. 그런데 이 메소드를 사용하기 위해서는 다음 매개변수 선언이 의미하는 바를 알아야 한다.

```
Predicate<? super E> filter
```

보다 정확히는 Predicate가 무엇인지 알아야 한다. Predicate는 다음과 같이 정의되어 있는 '제네릭 인터페이스'이자 '함수형 인터페이스'이다. (아래의 인터페이스 정의에서 static, default 선언이 붙은 메소드의 정의는 생략하였다.)

```
@FunctionalInterface
public interface Predicate<T> {
    boolean test(T t);
}
```

이렇듯 자바에서는 메소드의 반환형과 매개변수 선언에 차이를 둔 다양한 함수형 인터페이스들을 표준으로 정의하고 있다. 따라서 이들 표준 인터페이스들을 알아야 위에서 보인 removeIf와 같은 메소드도 사용할 수 있다.

표준으로 정의된 대표적인 함수형 인터페이스 네 개와 그 안에 위치한 추상 메소드는 다음과 같다. 그리고 이들은 모두 java.util.function 패키지로 묶여 있다.

```
Predicate<T>          boolean test(T t)
Supplier<T>           T get()
Consumer<T>           void accept(T t)
Function<T, R>        R apply(T t)
```

이제 하나씩 소개를 할 텐데, 소개를 마치고 나면 조금 전에 언급한 removeIf 메소드도 사용해 보겠다.

■ Predicate〈T〉

Predicate〈T〉 인터페이스에는 다음 추상 메소드가 존재한다.

```
boolean test(T t);     // 전달된 인자를 대상으로 true, false 판단할 때
```

따라서 Predicate〈T〉 인터페이스는 전달된 인자를 판단하여 true 또는 false를 반환해야 하는 상황에서 유용하게 사용할 수 있다. 이와 관련하여 다음 예제를 보자.

◈ PredicateDemo.java

```
import java.util.List;
import java.util.Arrays;
import java.util.function.Predicate;

class PredicateDemo {
    public static int sum(Predicate<Integer> p, List<Integer> lst) {
        int s = 0;
        for(int n : lst) {
            if(p.test(n))
                s += n;
        }
        return s;
    }

    public static void main(String[] args) {
        List<Integer> list = Arrays.asList(1, 5, 7, 9, 11, 12);
        int s;
        s = sum(n -> n%2 == 0, list);
        System.out.println("짝수 합: " + s);

        s = sum(n -> n%2 != 0, list);
        System.out.println("홀수 합: " + s);
    }
}
```

▶ 실행 결과: PredicateDemo.java

```
명령 프롬프트
C:₩JavaStudy>java PredicateDemo
짝수 합: 12
홀수 합: 33

C:₩JavaStudy>
```

위의 예제에 다음 인터페이스 정의만 추가해서 관찰하면, 앞서 람다식을 공부하면서 작성했던 예제 수준에서 벗어나는 내용은 없다.

```
public interface Predicate<T> {
    boolean test(T t);
}
```

예제의 다음 메소드 정의를 보자.

```
public static int sum(Predicate<Integer> p, List<Integer> lst) {...}
```

위 메소드의 매개변수 선언을 볼 때, Predicate가 어떤 인터페이스인지 알고 있다면 바로 다음과 같이 판단할 수 있다.

"boolean test(Integer t) 메소드 정의에 해당하는 람다식을 작성해서 전달해야 한다."

그리고 이것이 다양한 함수형 인터페이스를 표준화해서 자바 라이브러리에 포함시킨 이유이다.

문제 27-2 [Predicate<T>]

아래의 코드에서 주석으로 표시된 내용의 출력을 보이도록 show 메소드의 몸체를 채워 보자.

```
import java.util.List;
import java.util.Arrays;
import java.util.function.Predicate;

class PredicateShow {
    public static <T> void show(Predicate<T> p, List<T> lst) {
        // 채워 넣을 부분
```

```
    }
    public static void main(String[] args) {
        List<Integer> lst1 = Arrays.asList(1, 3, 8, 10, 11);
        show(n -> n%2 != 0, lst1);    // 홀수만 출력

        List<Double> lst2 = Arrays.asList(-1.2, 3.5, -2.4, 9.5);
        show(n -> n > 0.0, lst2);     // 0.0 보다 큰 수 출력
    }
}
```

답안은 출판사 홈페이지를 통해서 제공합니다.

■ Predicate〈T〉를 구체화하고 다양화 한 인터페이스들

Predicate〈T〉에서 T를 다음과 같이 기본 자료형으로 결정하여 정의한 인터페이스들도 존재한다. 이들은 함수형 인터페이스이지만 제네릭은 아니다. 그리고 마찬가지로 패키지 java.util.function으로 묶여 있다.

```
IntPredicate          boolean test(int value)
LongPredicate         boolean test(long value)
DoublePredicate       boolean test(double value)
```

그리고 Predicate〈T〉와 달리 두 개의 인자를 받아서 true 또는 false를 결정할 수 있는 다음 제네릭 인터페이스도 정의되어 있다.

```
BiPredicate<T, U>     boolean test(T t, U u)
```

이어서 다음 예제를 보자. 이 예제에서는 IntPredicate의 사용의 예를 보이고 있다.

◈ IntPredicateDemo.java

```
import java.util.List;
import java.util.Arrays;
import java.util.function.IntPredicate;

class IntPredicateDemo {
    public static int sum(IntPredicate ip, List<Integer> lst) {
```

```
        int s = 0;
        for(int n : lst) {
            if(ip.test(n))
                s += n;
        }
        return s;
    }

    public static void main(String[] args) {
        List<Integer> list = Arrays.asList(1, 5, 7, 9, 11, 12);
        int s;
        s = sum(n -> n%2 == 0, list);
        System.out.println("짝수 합: " + s);

        s = sum(n -> n%2 != 0, list);
        System.out.println("홀수 합: " + s);
    }
}
```

▶ 실행 결과: IntPredicateDemo.java

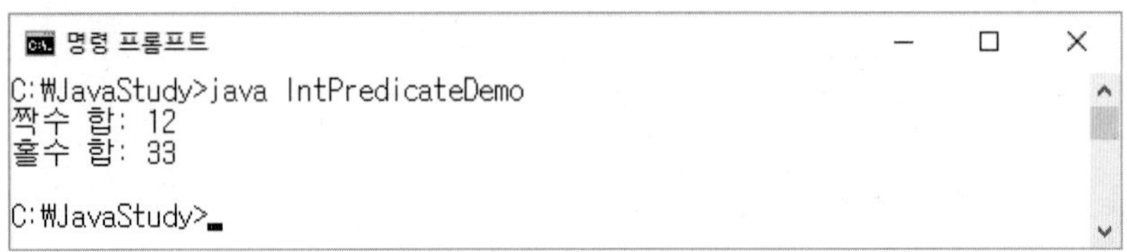
명령 프롬프트
C:₩JavaStudy>java IntPredicateDemo
짝수 합: 12
홀수 합: 33
C:₩JavaStudy>

지금까지 Predicate〈T〉 인터페이스와 Predicate〈T〉의 형제들을 소개하였다. 이렇듯 잠시 후에 소개하는, 표준으로 정의된 함수형 인터페이스들도 그들의 형제들이 각각 존재한다. 그것도 제법 많이 존재한다. 그런데 이들 모두를 아는 것보다 중요한 것이 다음 네 가지 대표적인 함수형 인터페이스를 잘 아는 것이다.

```
Predicate<T>, Supplier<T>, Consumer<T>, Function<T, R>
```

이들 네 가지 함수형 인터페이스에 익숙해지면 이들의 형제들은 필요할 때 얼마든지 쉽게 활용할 수 있다.

문제 27-3 [BiPredicate<T, U>]

아래 코드가 정상적으로 동작하도록 '완성되지 않은 문장'을 완성해보자. 어떠한 내용을 담아야 할지는 주석의 내용을 참조하여 판단하자.

```
import java.util.function.BiPredicate;

class BiPredicateDemo {
    public static void main(String[] args) {
        BiPredicate<String, Integer> conv =    // 완성되지 않은 문장

        // test 호출 결과 문자열 "Robot"의 길이가 3을 넘으면 true 반환
        if(conv.test("Robot", 3))
            System.out.println("문자열 길이 3 초과");
        else
            System.out.println("문자열 길아 3 이하");

        // test 호출 결과 문자열 "Box"의 길이가 5를 넘으면 true 반환
        if(conv.test("Box", 5))
            System.out.println("문자열 길이 5 초과");
        else
            System.out.println("문자열 길아 5 이하");
    }
}
```

답안은 출판사 홈페이지를 통해서 제공합니다.

■ Supplier<T>

Supplier<T> 인터페이스에는 다음 추상 메소드가 존재한다.

```
T get();    // 단순히 무엇인가 반환할 때
```

따라서 Supplier<T> 인터페이스는 단순히 무언가를 반환해야 할 때 유용하게 사용할 수 있다. 이와 관련하여 다음 예제를 보자.

◈ SupplierDemo.java

```
import java.util.Random;
import java.util.List;
import java.util.ArrayList;
import java.util.function.Supplier;

class SupplierDemo {
    public static List<Integer> makeIntList(Supplier<Integer> s, int n) {
        List<Integer> list = new ArrayList<>();    // 컬렉션 인스턴스 생성

        for(int i = 0; i < n; i++)
            list.add(s.get());     // 난수를 생성해 담는다.

        return list;
    }

    public static void main(String[] args) {
        Supplier<Integer> spr = () -> {
            Random rand = new Random();
            return rand.nextInt(50);
        };

        List<Integer> list = makeIntList(spr, 5);
        System.out.println(list);

        list = makeIntList(spr, 10);
        System.out.println(list);
    }
}
```

▶ 실행 결과: SupplierDemo.java

```
명령 프롬프트
C:\JavaStudy>java SupplierDemo
[19, 31, 12, 40, 15]
[47, 25, 20, 35, 37, 5, 11, 35, 47, 27]

C:\JavaStudy>
```

위 예제에서 정의한 다음 메소드는 정수를 담고 있는 컬렉션 인스턴스를 반환한다.

```
public static List<Integer> makeIntList(Supplier<Integer> s, int n) {...}
```

그리고 첫 번째 인자를 통해서 컬렉션 인스턴스에 담을 정수의 생성 방법을 결정할 수 있다. 위 예제에서는 난수의 생성을 택했지만, 람다식의 작성을 달리하여 동일한 특정 값을 담을 수도 있고, 1씩 증가하는 정수들을 담을 수도 있다.

■ Supplier〈T〉를 구체화 한 인터페이스들

Supplier〈T〉에서 T를 기본 자료형으로 결정하여 정의한 인터페이스들은 다음과 같다.

```
IntSupplier             int getAsInt()
LongSupplier            long getAsLong()
DoubleSupplier          double getAsDouble()
BooleanSupplier         boolean getAsBoolean()
```

그리고 앞서 보인 예제를 IntSupplier 기반으로 수정한 결과는 다음과 같다.

◈ IntSupplierDemo.java

```
import java.util.Random;
import java.util.List;
import java.util.ArrayList;
import java.util.function.IntSupplier;

class IntSupplierDemo {
    public static List<Integer> makeIntList(IntSupplier is, int n) {
        List<Integer> list = new ArrayList<>();

        for(int i = 0; i < n; i++)
            list.add(is.getAsInt());

        return list;
    }

    public static void main(String[] args) {
        IntSupplier ispr = () -> {
            Random rand = new Random();
            return rand.nextInt(50);
```

```
        };

        List<Integer> list = makeIntList(ispr, 5);
        System.out.println(list);

        list = makeIntList(ispr, 10);
        System.out.println(list);
    }
}
```

▶ 실행 결과: IntSupplierDemo.java

```
명령 프롬프트
C:\JavaStudy>java IntSupplierDemo
[18, 39, 36, 4, 0]
[31, 1, 36, 28, 8, 2, 43, 37, 31, 29]

C:\JavaStudy>
```

■ Consumer〈T〉

Consumer〈T〉 인터페이스에는 다음 추상 메소드가 존재한다. Consumer라는 이름처럼 전달 인자를 소비하는 형태로 매개변수와 반환형이 선언되어 있다. (인자는 전달받지만 반환은 하지 않는다는 뜻이다.)

```
void accept(T t);    // 전달된 인자 기반으로 '반환' 이외의 다른 결과를 보일 때
```

따라서 Consumer〈T〉 인터페이스는 전달된 인자를 가지고 어떤 결과를 보여야 할 때 유용하게 사용할 수 있다. 이와 관련하여 다음 예제를 보자.

◈ ConsumerDemo.java

```
import java.util.function.Consumer;

class ConsumerDemo {
    public static void main(String[] args) {
        Consumer<String> c = s -> System.out.println(s);
        c.accept("Pineapple");    // 출력이라는 결과를 보임
        c.accept("Strawberry");
    }
}
```

▶ 실행 결과: ConsumerDemo.java

```
명령 프롬프트
C:\JavaStudy>java ConsumerDemo
Pineapple
Strawberry

C:\JavaStudy>_
```

■ Consumer〈T〉를 구체화하고 다양화 한 인터페이스들

Consumer〈T〉에서 T를 기본 자료형으로 결정하여 정의한 인터페이스들과, 매개변수의 선언을 다양화 한 인터페이스들은 다음과 같다. (인터페이스의 종류와 이름에 대한 규칙을 파악하면 쉽게 눈에 들어온다.)

```
IntConsumer                 void accept(int value)
ObjIntConsumer<T>           void accept(T t, int value)

LongConsumer                void accept(long value)
ObjLongConsumer<T>          void accept(T t, long value)

DoubleConsumer              void accept(double value)
ObjDoubleConsumer<T>        void accept(T t, double value)

BiConsumer<T, U>            void accept(T t, U u)
```

이들은 추상 메소드를 중심으로 이해하고, 필요할 때 참조할 수 있으면 된다. 위의 인터페이스와 관련하여 하나의 예를 들면 다음과 같다.

◈ ObjIntConsumerDemo.java

```
import java.util.function.ObjIntConsumer;

class ObjIntConsumerDemo {
    public static void main(String[] args) {
        ObjIntConsumer<String> c = (s, i) -> System.out.println(i + ". " + s);

        int n = 1;
        c.accept("Toy", n++);
        c.accept("Book", n++);
        c.accept("Candy", n);
```

```
    }
}
```

▶ 실행 결과: ObjIntConsumerDemo.java

```
명령 프롬프트
C:\JavaStudy>java ObjIntConsumerDemo
1. Toy
2. Book
3. Candy

C:\JavaStudy>_
```

인터페이스 ObjIntConsumer〈T〉의 추상 메소드는 Consumer〈T〉의 추상 메소드보다 int형 인자를 하나 더 받는다. 따라서 번호가 매겨진 문자열을 출력하는 예제를 작성해보았다.

문제 27-4 [BiConsumer<T, U>]

다음은 제네릭을 공부할 때 정의했던 클래스이다.

```
class Box<T> {
    private T ob;
    public void set(T o) { ob = o; }
    public T get() { return ob; }
}
```

인터페이스 BiConsumer〈T, U〉를 기반으로 위 클래스의 인스턴스에 int형, double형 데이터를 저장하는 기능의 람다식을 각각 작성하고, 이를 확인하기 위한 예제를 작성해보자.

답안은 출판사 홈페이지를 통해서 제공합니다.

■ Function〈T, R〉

Function〈T, R〉 인터페이스에는 다음 추상 메소드가 존재한다.

```
R apply(T t);     // 전달 인자와 반환 값이 모두 존재할 때
```

이렇듯 Function〈T, R〉의 추상 메소드는 전달 인자와 반환 값이 있는 가장 보편적인 형태이다. 따라서 프로그래머가 흔히 사용할 수 있는 인터페이스라 할 수 있다. 이와 관련하여 다음 예제를 보자.

◈ FunctionDemo.java

```java
import java.util.function.Function;

class FunctionDemo {
    public static void main(String[] args) {
        Function<String, Integer> f = s -> s.length();
        System.out.println(f.apply("Robot"));
        System.out.println(f.apply("System"));
    }
}
```

▶ 실행 결과: FunctionDemo.java

```
명령 프롬프트
C:₩JavaStudy>java FunctionDemo
5
6

C:₩JavaStudy>_
```

예제를 하나 더 보이겠다. 이는 다양한 예제의 제공을 목적으로 제시하는 것일 뿐 설명할 다른 내용이 있어서 소개하는 것은 아니다.

◈ FunctionDemo2.java

```java
import java.util.function.Function;

class FunctionDemo2 {
    public static void main(String[] args) {
        Function<Double, Double> cti = d -> d * 0.393701;
        Function<Double, Double> itc = d -> d * 2.54;
        System.out.println("1cm = " + cti.apply(1.0) + "inch");  // cm를 inch로
        System.out.println("1inch = " + itc.apply(1.0) + "cm");  // inch를 cm로
    }
}
```

▶ 실행 결과: FunctionDemo2.java

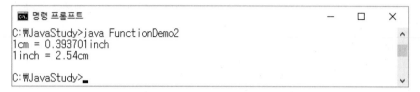

```
C:\JavaStudy>java FunctionDemo2
1cm = 0.393701inch
1inch = 2.54cm

C:\JavaStudy>_
```

■ Function〈T, R〉을 구체화하고 다양화 한 인터페이스들

Function〈T, R〉에서 T와 R을 모두 기본 자료형으로 결정하여 정의한 인터페이스들은 다음과 같다.

```
IntToDoubleFunction        double applyAsDouble(int value)
DoubleToIntFunction        int applyAsInt(double value)
```

이외에도 T와 R을 모두 기본 자료형으로 결정한 인터페이스의 종류는 많다. 하지만 해당 인터페이스의 이름 규칙이 있어 찾기에 어렵지 않다. 예를 들어서 int형 값을 인자로 받아서 long형 값으로 반환해야 한다면 IntToLongFunction 인터페이스를 찾으면 된다. 그리고 Function〈T, R〉에서 T와 R의 자료형이 일치해야 한다면, 다음 인터페이스들을 활용하면 된다.

```
IntUnaryOperator           int applyAsInt(int operand)
DoubleUnaryOperator        double applyAsDouble(double operand)
```

이렇듯 반환형과 매개변수형이 동일한 인터페이스의 이름은 Operator로 끝나는 규칙이 있다. 더불어 매개변수가 하나이면 그 앞에 Unary가 붙는다. 따라서 반환형과 매개변수형이 long인 추상 메소드를 갖는 인터페이스는 LongUnaryOperator라는 이름으로 찾으면 된다.
이어서 소개하는 인터페이스들은 Function〈T, R〉에 위치한 추상 메소드의 매개변수 선언과 반환형을 다양화 한 것들이다.

```
BiFunction<T, U, R>        R apply(T t, U u)
IntFunction<R>             R apply(int value)

DoubleFunction<R>          R apply(double value)
ToIntFunction<T>           int applyAsInt(T value)

ToDoubleFunction<T>        double applyAsDouble(T value)
ToIntBiFunction<T, U>      int applyAsInt(T t, U u)
```

```
ToDoubleBiFunction<T, U>    double applyAsDouble(T t, U u)
```

그럼 앞서 소개한 FunctionDemo.java를 지금 소개한 인터페이스를 활용하는 형태로 수정해보겠다.

◈ ToIntFunctionDemo.java

```
import java.util.function.ToIntFunction;

class ToIntFunctionDemo {
    public static void main(String[] args) {
        ToIntFunction<String> f = s -> s.length();
        System.out.println(f.applyAsInt("Robot"));
        System.out.println(f.applyAsInt("System"));
    }
}
```

▶ 실행 결과: ToIntFunctionDemo.java

```
명령 프롬프트
C:₩JavaStudy>java ToIntFunctionDemo
5
6

C:₩JavaStudy>
```

그리고 앞서 소개한 FunctionDemo2.java에서 사용한 인터페이스를 DoubleUnaryOperator로 수정한 결과는 다음과 같다.

◈ DoubleUnaryOperatorDemo.java

```
import java.util.function.DoubleUnaryOperator;

class DoubleUnaryOperatorDemo {
    public static void main(String[] args) {
        DoubleUnaryOperator cti = d -> d * 0.393701;
        DoubleUnaryOperator itc = d -> d * 2.54;
        System.out.println("1cm = " + cti.applyAsDouble(1.0) + "inch");
        System.out.println("1inch = " + itc.applyAsDouble(1.0) + "cm");
    }
}
```

▶ 실행 결과: DoubleUnaryOperatorDemo.java

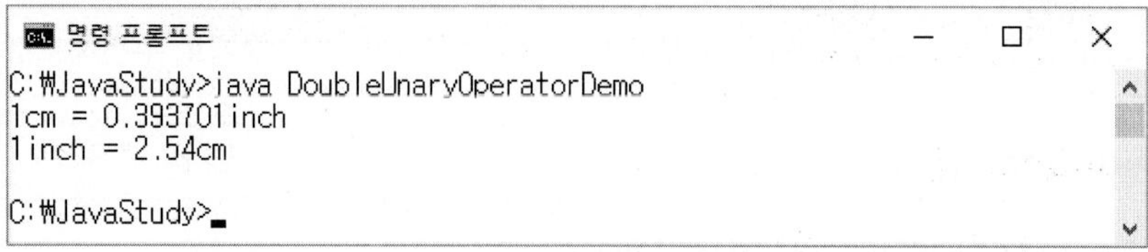
```
C:\JavaStudy>java DoubleUnaryOperatorDemo
1cm = 0.393701inch
1inch = 2.54cm

C:\JavaStudy>_
```

끝으로 두 가지 인터페이스만 더 소개하고자 한다. 앞서 소개한 다음 두 인터페이스를 사용하는 경우에서,

```
Function<T, R>            R apply(T t)
BiFunction<T, U, R>       R apply(T t, U u)
```

T, R 또는 T, U, R의 자료형이 일치하는 경우도 있을 수 있다. 이러한 상황을 고려하여 정의된 인터페이스는 다음과 같다.

```
UnaryOperator<T>          T apply(T t)
BinaryOperator<T>         T apply(T t1, T t2)
```

참고로 UnaryOperator〈T〉는 Function〈T, R〉을, 그리고 BinaryOperator〈T〉은 BiFunction〈T, U, R〉을 상속하여 정의한 인터페이스이다.

■ removeIf 메소드를 사용해 보자.

앞서 함수형 인터페이스를 설명하면서 Collection〈E〉 인터페이스에 정의되어 있는 다음 디폴트 메소드를 소개한 바 있다.

```
default boolean removeIf(Predicate<? super E> filter)
```

위의 메소드 removeIf의 매개변수 선언은 다음과 같다.

```
Predicate<? super E> filter
```

따라서 ArrayList〈Integer〉 인스턴스를 생성하면, 그 안에 존재하는 removeIf 메소드의 E는 다음과 같이 Integer로 결정된다.

```
public boolean removeIf(Predicate<? super Integer> filter) {...}
```

매개변수 선언에 〈? super Integer〉가 존재하므로, 다음 참조변수를 대상으로 람다식을 작성하여 위 메소드의 인자로 전달할 수 있다. (잠시 후 예제에서 이에 대한 부분을 확인하겠다.)

```
Predicate<Integer> f =...
Predicate<Number> f =...
Predicate<Object> f =...
```

그렇다면 removeIf 메소드의 기능은 무엇일까? 이에 대한 자바 문서의 설명은 다음과 같다.

"Removes all of the elements of this collection that satisfy the given predicate"

보충을 해서 의역을 하면, 컬렉션 인스턴스에 저장된 인스턴스를 다음 test 메소드의 인자로 전달했을 때, true가 반환되는 인스턴스는 모두 삭제하겠다는 뜻이다.

```
public interface Predicate<T> {
    boolean test(T t);
}
```

그럼 이어서 예제를 보자. 다음 예제를 보면서 지금 설명한 내용을 확인하고 이해하자.

◈ RemoveIfDemo.java

```
import java.util.List;
import java.util.Arrays;
import java.util.ArrayList;
import java.util.function.Predicate;

class RemoveIfDemo {
    public static void main(String[] args) {
        List<Integer> ls1 = Arrays.asList(1, -2, 3, -4, 5);
        ls1 = new ArrayList<>(ls1);

        List<Double> ls2 = Arrays.asList(-1.1, 2.2, 3.3, -4.4, 5.5);
        ls2 = new ArrayList<>(ls2);

        Predicate<Number> p = n -> n.doubleValue() < 0.0;  // 삭제의 조건
        ls1.removeIf(p);   // List<Integer> 인스턴스에 전달
        ls2.removeIf(p);   // List<Double> 인스턴스에 전달

        System.out.println(ls1);
        System.out.println(ls2);
```

```
    }
}
```

▶ 실행 결과: RemoveIfDemo.java

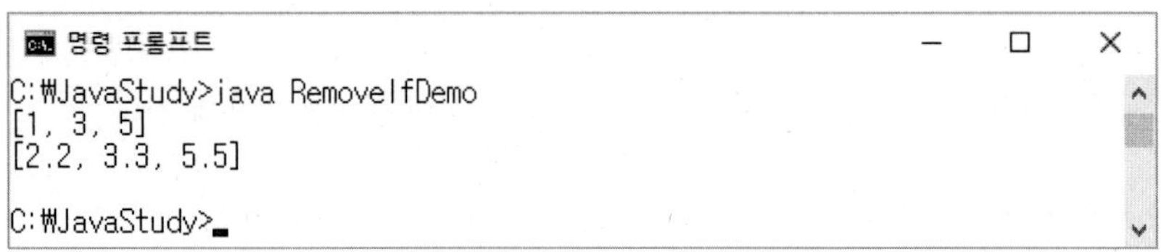

위 예제에서는 다음 람다식을 구성하여,

```
Predicate<Number> p = n -> n.doubleValue() < 0.0;
```

이를 List<Integer> 인스턴스, 그리고 List<Double> 인스턴스의 removeIf 메소드에 인자로 전달을 하였다. 이것이 가능한 이유는 removeIf 메소드의 매개변수 선언이 다음과 같이 때문이다.

```
Predicate<? super E> filter
```

Chapter 28

메소드 참조와 Optional

28-1. 메소드 참조 (Method References)
- 메소드 참조의 4가지 유형과 메소드 참조의 장점
- static 메소드의 참조
- 인스턴스 메소드의 참조1: 인스턴스가 존재하는 상황에서 참조
- 인스턴스 메소드의 참조2: 인스턴스 없이 인스턴스 메소드 참조
- 생성자 참조

28-2. Optional 클래스
- NullPointerException 예외의 발생 상황
- Optional 클래스의 기본적인 사용 방법
- Optional 클래스를 사용하면 if ~ else문을 대신할 수 있다: map 메소드의 소개
- Optional 클래스를 사용하면 if ~ else문을 대신할 수 있다: orElse 메소드의 소개
- Optional 클래스의 map과 orElse를 사용하여 if ~ else문을 대신한 결과
- 예제 NullPointerCaseStudy.java의 개선 결과
- Optional 클래스의 flatMap 메소드

28-3. OptionalInt, OptionalLong, OptionalDouble 클래스
- Optional과 OptionalXXX와의 차이점

람다와 람다식에 대한 설명은 앞서 Chapter 27에서 끝이 났으나 이와 연관 있는 내용들의 설명이 아직 남아 있다. 본 Chapter에서 설명하는 '메소드 참조'와 Optional 클래스를 잘 활용하는 수준은 아니더라도, 이에 대한 코드를 보았을 때 이해할 수 있는 수준은 되어야 한다.

28-1 메소드 참조 (Method References)

람다식은 결국 메소드의 정의이다. 따라서 다음과 같이 생각해 볼 수 있다.

"이미 정의되어 있는 메소드가 있다면, 이 메소드의 정의가 람다식을 대신할 수 있지 않을까?"

실제로 메소드 정의는 람다식을 대신할 수 있다. 자바 8에서 소개된 '메소드 참조'라는 방법을 통해서 이러한 일이 가능하다.

■ 메소드 참조의 4가지 유형과 메소드 참조의 장점

메소드 참조의 유형은 총 4가지로 이를 정리하면 다음과 같다.

- static 메소드의 참조
- 참조변수를 통한 인스턴스 메소드 참조
- 클래스 이름을 통한 인스턴스 메소드 참조
- 생성자 참조

과거에는 코드 자체에 대한 가독성을 중시하는 분위기였다. 따라서 읽기 쉬운 코드라면 양이 조금 늘어나도 괜찮다는 분위기였다. 그러나 근래에는 코드의 양을 줄이는데 초점이 맞춰지고 있다. 코드의 양을 줄이면 코드의 생산성도 향상되고, 이는 결국 코드의 가독성 개선으로 이어진다는 논리이다. 이러한 흐름에 어울리게 '메소드 참조'는 람다식으로 줄어든 코드의 양을 조금 더 줄일 수 있게 한다. 따라서 메소드 참조가 유용한 상황이 연출되면 프로그래머들은 이를 람다식이 아닌 메소드 참조를 통해 해결할 것이다. 따라서 우리도 메소드 참조에 대한 이해가 필요하다.

■ static 메소드의 참조

먼저 람다식을 기반으로 작성된 다음 예제를 보자. 이 예제에는 컬렉션 인스턴스에 저장된 인스턴스의 저장 순서를 뒤집는 람다식이 작성되어 있다.

◈ ArrangeList.java

```
import java.util.List;
import java.util.Arrays;
import java.util.ArrayList;
import java.util.Collections;
import java.util.function.Consumer;

class ArrangeList {
    public static void main(String[] args) {
        List<Integer> ls = Arrays.asList(1, 3, 5, 7, 9);
        ls = new ArrayList<>(ls);

        Consumer<List<Integer>> c = l -> Collections.reverse(l);   // 람다식
        c.accept(ls);  // 순서 뒤집기 진행
        System.out.println(ls);    // 출력
    }
}
// Consumer<T>    void accept(T t)
```

▶ 실행 결과: ArrangeList.java

```
명령 프롬프트
C:₩JavaStudy>java ArrangeList
[9, 7, 5, 3, 1]

C:₩JavaStudy>
```

위 예제의 핵심 문장은 다음과 같다.

```
Consumer<List<Integer>> c = l -> Collections.reverse(l);
```

그리고 만약에 Collections 클래스의 다음 메소드를 몰랐다면, 위와 같이 간단한 람다식의 작성은 불가능했을 것이다.

```
public static void reverse(List<?> list)      // 저장 순서를 뒤집는다.
```

이렇듯 람다식을 작성할 때, 이미 정의되어 있는 메소드를 사용하는 것에는 큰 의미가 있다. 그리고 이러한 경우를 고려하여 자바 8에서부터는 람다식을 작성할 필요 없이 다음과 같이 메소드 정보만 전달할 수 있도록 하고 있다.

```
Consumer<List<Integer>> c = Collections::reverse;
```

즉 static 메소드의 참조 방법은 다음과 같다. 그리고 아래에서 :: 은 자바 8에서 추가된, 메소드 참조를 의미하는 연산자이다.

```
ClassName::staticMethodName
```

정리하면, 다음과 같이 '메소드 참조'를 기반으로 람다식을 대신할 수 있다.

```
Consumer<List<Integer>> c = l -> Collections.reverse(l);
     → Consumer<List<Integer>> c = Collections::reverse;
```

위의 '메소드 참조'에서 람다식에는 있는 인자 전달에 대한 정보를 생략할 수 있는 이유는 다음 약속에 근거한다.

"accept 메소드 호출 시 전달되는 인자를 reverse 메소드를 호출하면서 그대로 전달한다."

이러한 약속이 없었다면 메소드 참조라는 것이 존재할 수 없다. 참고로 '메소드 참조'에 익숙해질 때까지는 람다식을 작성한 후에 이를 '메소드 참조' 방식으로 바꾸는 과정을 거치는 것이 도움이 된다. 그럼 위 예제의 수정 결과를 보이겠다.

◈ ArrangeList2.java

```
import java.util.List;
import java.util.Arrays;
import java.util.ArrayList;
import java.util.Collections;
import java.util.function.Consumer;

```

```
class ArrangeList2 {
    public static void main(String[] args) {
        List<Integer> ls = Arrays.asList(1, 3, 5, 7, 9);
        ls = new ArrayList<>(ls);

        Consumer<List<Integer>> c = Collections::reverse;   // 메소드 참조
        c.accept(ls);   // 전달 인자 ls를 reverse에 그대로 전달하게 된다.
        System.out.println(ls);
    }
}
// Consumer<T>    void accept(T t)
```

▶ 실행 결과: ArrangeList2.java

```
명령 프롬프트
C:\JavaStudy>java ArrangeList2
[9, 7, 5, 3, 1]

C:\JavaStudy>
```

■ 인스턴스 메소드의 참조 1: 인스턴스가 존재하는 상황에서 참조

앞서 static 메소드를 참조하였듯이 인스턴스 메소드도 참조할 수 있다. 이와 관련하여 다음 예제를 보자.

◈ ArrangeList3.java

```
import java.util.List;
import java.util.Arrays;
import java.util.ArrayList;
import java.util.Collections;
import java.util.function.Consumer;

class JustSort {
    public void sort(List<?> lst) {     // 인스턴스 메소드
        Collections.reverse(lst);
    }
}

class ArrangeList3 {
    public static void main(String[] args) {
```

```
        List<Integer> ls = Arrays.asList(1, 3, 5, 7, 9);
        ls = new ArrayList<>(ls);
        JustSort js = new JustSort();

        Consumer<List<Integer>> c = e -> js.sort(e);  // 람다식 기반
        c.accept(ls);
        System.out.println(ls);
    }
}
```

▶ 실행 결과: ArrangeList3.java

```
C:\JavaStudy>java ArrangeList3
[9, 7, 5, 3, 1]

C:\JavaStudy>
```

예제에서 먼저 보아야 할 것은 다음 람다식이다.

```
public static void main(String[] args) {
    ....
    JustSort js = new JustSort();
    Consumer<List<Integer>> c = e -> js.sort(e);
    ....
}
```

위의 람다식에서는 다음 내용의 독특한 점을 확인할 수 있다. (굳이 필자가 말하지 않았으면 그냥 넘어갈 수 있는 내용이다.)

"람다식에서 같은 지역 내에 선언된 참조변수 js에 접근하고 있다."

코드만 보면 문제가 없어 보인다. 그러나 람다식이 인스턴스의 생성으로 이어진다는 사실을 고려하면 이는 다소 특이한 일이 될 수 있다. 어찌 되었든 결론을 말하면, 위의 코드에서 보이듯이 람다식에서 같은 지역에 선언된 참조변수에 접근하는 것은 가능하다. 단 다음 조건을 만족해야 가능하다.

"람다식에서 접근 가능한 참조변수는 final로 선언되었거나 effectively final이어야 한다."

변수가 effectively final이라는 것은 '사실상 final 선언이 된 것과 다름없음'을 뜻한다. 위 예제에서 참조변수 js는 effectively final이다. si가 참조하는 대상을 수정하지 않기 때문이다. 그렇다면 위 예제의 main 메소드를 다음과 같이 수정하면 어떻게 될까? 컴파일 오류가 발생한다. 왜냐하면 이 경우 참조변수 js가 effectively final이 아니기 때문이다.

```
public static void main(String[] args) {
    ....
    JustSort js = new JustSort();
    js = new JustSort();      // 다른 인스턴스를 참조하게 했다.
    Consumer<List<Integer>> c = l -> js.sort(l);
    ....
}
```

다음과 같이 main 메소드의 마지막 문장에서 js에 null을 대입해도 컴파일 오류로 이어진다. 이유는 마찬가지로 js가 effectively final이 아니기 때문이다.

```
public static void main(String[] args) {
    ....
    JustSort js = new JustSort();
    js = new JustSort();
    Consumer<List<Integer>> c = l -> js.sort(l);
    ....
    js = null;  // 이로 인해 js는 effectively final이 아니다.
}
```

람다식으로 생성된 인스턴스 내에서 final로 선언되지 않았거나 effectively final이 아닌 참조변수를 참조하게 하는 것은 논리적 혼란을 일으키거나 예측 불가능한 상황으로 이어질 수 있어서 이러한 제한을 두고 있는 것이다. 그럼 다시 본론으로 돌아와서 위 예제에서 등장한 람다식은 다음과 같이 '메소드 참조'로 대신할 수 있다.

```
Consumer<List<Integer>> c = e -> js.sort(e);
    → Consumer<List<Integer>> c = js::sort;
```

이렇듯 인스턴스 메소드는 다음과 같이 참조한다.

```
ReferenceName::instanceMethodName
```

그럼 앞서 보인 예제를 메소드 참조 방식으로 수정한 결과를 보이겠다.

◈ ArrangeList4.java

```java
import java.util.List;
import java.util.Arrays;
import java.util.ArrayList;
import java.util.Collections;
import java.util.function.Consumer;

class JustSort {
    public void sort(List<?> lst) {    // 인스턴스 메소드
        Collections.reverse(lst);
    }
}

class ArrangeList4 {
    public static void main(String[] args) {
        List<Integer> ls = Arrays.asList(1, 3, 5, 7, 9);
        ls = new ArrayList<>(ls);
        JustSort js = new JustSort();

        Consumer<List<Integer>> c = js::sort;    // 메소드 참조 기반
        c.accept(ls);
        System.out.println(ls);
    }
}
```

▶ 실행 결과: ArrangeList4.java

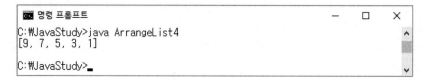

```
명령 프롬프트
C:\JavaStudy>java ArrangeList4
[9, 7, 5, 3, 1]

C:\JavaStudy>
```

추가로 예제를 하나 더 소개하겠다. 이 예제는 인스턴스 메소드의 참조가 사용되는 실질적인 상황을 보여준다. 더불어 forEach 메소드도 소개한다.

◈ ForEachDemo.java

```java
import java.util.List;
import java.util.Arrays;
```

```
class ForEachDemo {
    public static void main(String[] args) {
        List<String> ls = Arrays.asList("Box", "Robot");
        ls.forEach(s -> System.out.println(s));    // 람다식 기반
        ls.forEach(System.out::println);   // 메소드 참조 기반
    }
}
```

▶ 실행 결과: ForEachDemo.java

```
명령 프롬프트
C:\JavaStudy>java ForEachDemo
Box
Robot
Box
Robot

C:\JavaStudy>
```

Collection〈E〉 인터페이스는 Iterable〈T〉를 상속한다. 따라서 컬렉션 클래스들은 Iterable〈T〉를 대부분 구현하게 되는데, 이 인터페이스에는 다음 디폴트 메소드가 정의되어 있다.

```
default void forEach(Consumer<? super T> action) {
    for (T t : this)      // this는 이 메소드가 속한 컬렉션 인스턴스를 의미함
        action.accept(t);    // 모든 저장된 데이터들에 대해 이 문장 반복
}
```

즉 위의 메소드가 호출되면 컬렉션 인스턴스에 저장되어 있는 모든 인스턴스들을 대상으로 다음 문장을 실행하게 된다.

```
action.accept(t);    // 이때 t는 저장되어 있는 인스턴스 각각을 의미함
```

따라서 우리는 forEach 메소드 호출을 위해서 Consumer〈T〉 인터페이스에 대한 람다식 또는 메소드 참조를 전달해야 한다. 그런데 Consumer〈T〉의 추상 메소드는 다음과 같다.

```
void accept(T t);    // 반환하지 않고, 전달된 인자를 대상으로 어떤 결과를 보임
```

그리고 이에 딱 맞는 메소드 중 하나가 System.out.println이다. 이는 아래에서 보이듯이 accept

와 반환형 및 매개변수 선언이 동일하다. (물론 accept의 T가 String일 경우에 매개변수 선언이 동일하다. 위 예제처럼 말이다.)

```
public void println(String x)
```

그리고 앞서 Chapter 10에서 System.out이 PrintStream 인스턴스를 참조하는 참조변수임을 설명하였다. 따라서 다음과 같이 람다식 또는 메소드 참조를 통한 forEach문의 호출을 진행할 수 있다.

```
ls.forEach(s -> System.out.println(s));
    → ls.forEach(System.out::println);
```

■ 인스턴스 메소드의 참조 2: 인스턴스 없이 인스턴스 메소드 참조

이번에 소개하는 내용은 앞서 소개한 두 가지 '메소드 참조'와 차이가 있다. 그리고 내용이 조금 난해한다. 그러나 이러한 내용일수록 단순하게 받아들일 필요가 있다. 그럼 다음 예제를 보자. 이는 람다식을 기반으로 한 예제이기 때문에 어려운 부분이 없다.

◈ NoObjectMethodRef.java

```
import java.util.function.ToIntBiFunction;

class IBox {
    private int n;
    public IBox(int i) { n = i; }
    public int larger(IBox b) {
        if(n > b.n)
            return n;
        else
            return b.n;
    }
}

class NoObjectMethodRef {
    public static void main(String[] args) {
        IBox ib1 = new IBox(5);
        IBox ib2 = new IBox(7);

        // 두 상자에 저장된 값 비교하여 더 큰 값 반환
        ToIntBiFunction<IBox, IBox> bf = (b1, b2) -> b1.larger(b2);
        int bigNum = bf.applyAsInt(ib1, ib2);
        System.out.println(bigNum);
```

```
    }
}
// ToIntBiFunction<T, U>   int applyAsInt(T t, U u)
```

▶ 실행 결과: NoObjectMethodRef.java

```
명령 프롬프트
C:\JavaStudy>java NoObjectMethodRef
7

C:\JavaStudy>_
```

위 예제에서 등장한 람다식은 다음과 같다.

```
ToIntBiFunction<IBox, IBox> bf = (b1, b2) -> b1.larger(b2);
```

위 람다식에서 호출하는 메소드 larger가 '첫 번째 인자로 전달된 인스턴스의 메소드'라는 사실에 주목하자. 이러한 경우 다음과 같이 메소드 참조가 이를 대신할 수 있다. (이는 일종의 약속이다.)

```
ToIntBiFunction<IBox, IBox> bf = (b1, b2) -> b1.larger(b2);
    → ToIntBiFunction<IBox, IBox> bf = IBox::larger;   // 메소드 참조 방식
```

메소드 참조를 위한 IBox::larger만 보면 static 메소드 참조처럼 보인다. 그러나 이는 인스턴스 메소드의 참조이다.

```
ClassName::instanceMethodName
```

여기까지 설명을 하고 끝을 내면 다음과 같이 묻는 경우가 대부분이다.

"이렇게 막 줄여도 돼요? 어떻게 이런 생략이 가능하죠?"

그럼 역으로 생각해보자. 다음 문장 이후에,

```
ToIntBiFunction<IBox, IBox> bf = IBox::larger;
```

다음과 같이 메소드 호출이 진행이 되었다고 가정해보자.

```
bf.applyAsInt(ib1, ib2);
```

이때 bf가 참조하는 메소드는 IBox::larger이다. 그리고 이는 ib1도 ib2도 갖는 인스턴스 메소드이다. 그런데 '첫 번째 전달인자를 대상으로 이 메소드를 호출하기로 약속하였으므로' 다음과 같이 위의 문장이 실행된다. (아래의 코드는 메소드 정의가 아니다. applyAsInt 메소드가 호출될 때 실행되는 내용을 표현한 것이다.)

```
bf.applyAsInt(ib1, ib2) {
    ib1.larger(ib2);      // 이렇게 문장을 구성하기로 약속하였음
}
```

즉 모든 생략은 약속에 근거한다. 그리고 익숙해지면 이러한 생략이 매우 편하게 다가온다. 그러나 모든 약속이 그러하듯이 익숙하지 않으면 조금 불편하다. 사실이 그렇다. 그럼 위 예제를 메소드 참조 기반으로 수정한 결과를 보일 차례인데, 차이가 나는 것은 다음 문장이 전부이니 위 예제를 직접 수정하여 그 결과를 확인하도록 하자.

```
ToIntBiFunction<IBox, IBox> bf = (b1, b2) -> b1.larger(b2);
    → ToIntBiFunction<IBox, IBox> bf = IBox::larger;    // 메소드 참조 방식
```

문제 28-1 [메소드 참조]

다음 예제를 메소드 참조 방식으로 수정해보자.

```
import java.util.List;
import java.util.ArrayList;
import java.util.Collections;

class StrIgnoreCaseComp {
    public static void main(String[] args) {
        List<String> list = new ArrayList<>();
        list.add("robot");
        list.add("Lambda");
        list.add("box");
        Collections.sort(list, (s1, s2) -> s1.compareToIgnoreCase(s2));
        System.out.println(list);
    }
}
```

참고로 Collections.sort 메소드가 다음과 같으니,

```
public static <T> void sort(List<T> list, Comparator<? super T> c)
```

다음 문장을 메소드 참조 기반으로 수정한다고 생각하면 편하다.

```
Comparator<? super T> c = (s1, s2) -> s1.compareToIgnoreCase(s2)
```

답안은 출판사 홈페이지를 통해서 제공합니다.

■ 생성자 참조

람다식을 작성하다 보면 인스턴스를 생성하고 이의 참조 값을 반환해야 하는 경우가 있다. 그리고 이러한 경우에도 '메소드 참조' 방식을 쓸 수 있는데, 이와 관련하여 먼저 다음 예제를 보자.

◈ StringMaker.java

```
import java.util.function.Function;

class StringMaker {
    public static void main(String[] args) {
        Function<char[], String> f = ar -> {
            return new String(ar);
        };
        char[] src = {'R', 'o', 'b', 'o', 't'};
        String str = f.apply(src);
        System.out.println(str);
    }
}
// Function<T, R>    R apply(T t)
```

▶ 실행 결과: StringMaker.java

```
명령 프롬프트
C:₩JavaStudy>java StringMaker
Robot

C:₩JavaStudy>_
```

위 예제에서는 String 클래스의 다음 생성자를 이용한 String 인스턴스의 생성을 보이고 있다.

```
public String(char[] value)
```

물론 이 예제에서 중요한 것은 위의 생성자가 아닌 다음 람다식이다.

```
Function<char[], String> f = ar -> {
    return new String(ar);
};
```

우선 이 람다식은 다음과 같이 줄일 수 있다.

```
Function<char[], String> f = ar -> new String(ar);
```

그리고 위의 문장은 다음과 같이 메소드 참조 방식으로 바꿀 수 있다. (예제를 아래 문장으로 수정하여 실행 결과를 확인하는 일은 각자의 몫으로 남겨두겠다.)

```
Function<char[], String> f = ar -> new String(ar);
   → Function<char[], String> f = String::new;    // 생성자 참조 방식
```

정리하면, 람다식을 이루는 문장이 '단순히 인스턴스의 생성 및 참조 값의 반환'일 경우, 이를 다음 형태의 메소드 참조로 바꿀 수 있다.

```
ClassName::new
```

이번에도 이러한 줄임이 가능한 이유를 역으로 생각해보기 위해 다음 코드를 보자.

```
public static void main(String[] args) {
    Function<char[], String> f = String::new;
    ....
    String str = f.apply(src);
    ....
}
```

위의 코드에서 f의 참조 대상이 String::new이므로, f는 String의 생성자를 참조하게 되는데, 참조 변수 f의 자료형이 Function<char[], String>이므로 매개변수 형이 char[]인 다음 생성자를 참조하게 된다.

```
public String(char[] value)
```

따라서 이후에 다음 문장을 실행하게 되면,

```
String str = f.apply(src);
```

다음 내용으로 apply 메소드가 호출된다. (아래 코드는 메소드 정의가 아니다. apply가 호출될 때 실행되는 내용을 표현한 것이다.) 그리고 다시 한번 말하지만 이는 어디까지나 약속이다.

```
apply(src) {
    new String(src);
}
```

문제 28-2 [람다와 생성자 참조]

• **문제 1**

아래 예제가 잘 동작하도록 빈 문장 하나를 채워 넣자. 단 채워 넣을 문장은 BiFunction<T, U, R> 인터페이스를 기반으로 작성된 '람다식'을 포함해야 한다.

```
import java.util.function.BiFunction;

class Box<T, U> {
    private T id;
    private U con;
    public Box(T i, U c) {
        id = i;
        con = c;
    }
    public void showIt() {
        System.out.println("ID: " + id + ", " + "Contents: " + con);
    }
}
class BoxMaker {
    public static void main(String[] args) {
        // 채워 넣어야 할 문장, 참조변수 bf의 선언
```

```
            Box<Integer, String> b1 = bf.apply(1, "Toy");  // 1과 "Toy" 저장된 상자 반환
            Box<Integer, String> b2 = bf.apply(2, "Robot");  // 2와 "Robot" 저장된 상자 반환
            b1.showIt();
            b2.showIt();
        }
    } // BiFunction<T, U, R>    R apply(T t, U u)
```

• **문제 2**

위 문제 1에서 요구한 내용의 구현 결과를 '메소드 참조' 기반으로 수정해보자.

답안은 출판사 홈페이지를 통해서 제공합니다.

28-2 Optional 클래스

코드를 작성하고 실행하다 보면 NullPointerException 예외를 접할 수 있다. 따라서 이에 대한 처리를 고려하고 코드를 작성해야 하는데, 이는 어렵지는 않지만 매우 번거로운 일이다. 그래서 이러한 일을 단순히 처리할 수 있도록 자바 8에서 Optional 클래스가 소개되었다.

■ NullPointerException 예외의 발생 상황

클래스를 정의할 때 모든 인스턴스 변수를 항상 유효한 값으로 채우지는 않는다. 이와 관련하여 다음 예제를 보자. 예제가 조금 길지만 기본적인 코드로만 구성된 예제이다. (코드의 가독성을 조금이라도 높이기 위해 인스턴스 멤버의 private 선언을 당분간 생략한다.)

◈ NullPointerCaseStudy.java

```
class Friend {    // 친구 정보
    String name;
    Company cmp;    // null 일 수 있음

    public Friend(String n, Company c) {
        name = n;
        cmp = c;
    }
    public String getName() { return name; }
    public Company getCmp() { return cmp; }
}

class Company {    // '친구 정보'에 속하는 '회사 정보'
    String cName;
    ContInfo cInfo;    // null 일 수 있음

    public Company(String cn, ContInfo ci) {
        cName = cn;
        cInfo = ci;
    }
    public String getCName() { return cName; }
    public ContInfo getCInfo() { return cInfo; }
}

class ContInfo {    // '회사 정보'에 속하는 '회사 연락처'
    String phone;   // null 일 수 있음
    String adrs;    // null 일 수 있음

    public ContInfo(String ph, String ad) {
        phone = ph;
        adrs = ad;
    }
    public String getPhone() { return phone; }
    public String getAdrs() { return adrs; }
}

class NullPointerCaseStudy {
    public static void showCompAddr(Friend f) {    // 친구가 다니는 회사 주소 출력
        String addr = null;

        if(f != null) {
            Company com = f.getCmp();
```

```
            if(com != null) {
                ContInfo info = com.getCInfo();
                if(info != null)
                    addr = info.getAdrs();
            }
        }

        if(addr != null)
            System.out.println(addr);
        else
            System.out.println("There's no address information.");
    }

    public static void main(String[] args) {
        ContInfo ci = new ContInfo("321-444-577", "Republic of Korea");
        Company cp = new Company("YaHo Co., Ltd.", ci);
        Friend frn = new Friend("LEE SU", cp);
        showCompAddr(frn);    // 친구가 다니는 회사의 주소 출력
    }
}
```

▶ 실행 결과: NullPointerCaseStudy.java

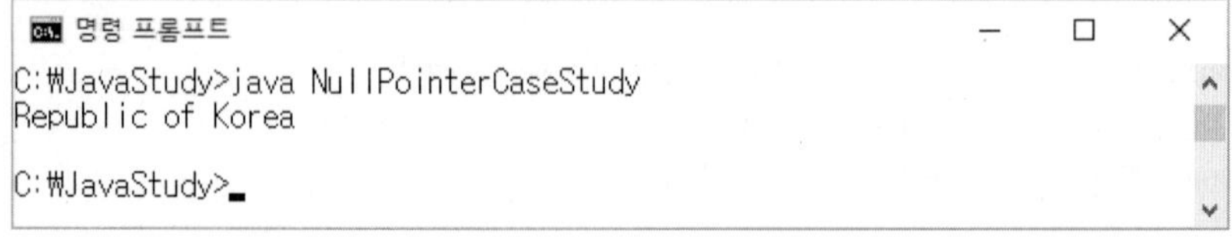
명령 프롬프트
C:₩JavaStudy>java NullPointerCaseStudy
Republic of Korea
C:₩JavaStudy>

예제에서 정의한 클래스의 멤버 중 일부에는 다음과 같이 null이 저장될 수 있다.

```
class ContInfo {
    String phone;    // 전화번호 정보가 없을 수 있다.
    String adrs;     // 주소 정보가 없을 수 있다.
    ....
}
```

실제로 친구가 휴직 상태이거나 회사에 재직 중임에도 불구하고 개인에게 할당된 업무용 전화번호가 없다면 해당 멤버는 null 일 수 있다. 그러나 이로 인해 친구가 재직 중인 회사의 주소를 출력하는 일

이 다음과 같이 복잡해졌다.

```
public static void showCompAddr(Friend f) {
    String addr = null;
    if(f != null) {    // 인자로 전달된 것이 null 일 수도 있으니
        Company com = f.getCmp();
        if(com != null) {    // 회사 정보가 없을 수도 있으니
            ContInfo info = com.getCInfo();
            if(info != null)     // 회사의 연락처 정보가 없을 수도 있으니
                addr = info.getAdrs();
        }
    }

    if(addr != null)     // 위의 코드에서 주소 정보를 얻지 못했을 수 있으니
        System.out.println(addr);
    else
        System.out.println("There's no address information.");
}
```

이상한 코드 같지만 실제 개발 과정에서 이러한 코드는 의외로 자주 등장한다. 그리고 이는 어려운 코드는 아니지만 작성하기 번거롭고 보기에도 혼란스럽다. 하지만 NullPointerException 예외가 발생하는 것을 막으려면 이 방법이 가장 무난하다. 그런데 반갑게도 이러한 상황을 개선할 수 있도록 자바 8에서 Optional 클래스가 소개되었다. 따라서 이 클래스의 사용 방법을 설명하고 난 다음에 위 예제를 개선해 보겠다.

참고 Optional 클래스를 공부한다는 것은

Optional 클래스를 공부하면 세련된 코드를 즐겁게 작성할 수 있다. 그러나 늘 그렇듯 세련된 코드를 작성하려면 그만큼 더 알아야 한다.

■ Optional 클래스의 기본적인 사용 방법

Optional 클래스는 java.util 패키지로 묶여 있으며, 다음과 같이 정의되어 있다.

```
public final class Optional<T> extends Object {
    private final T value;    // 이 참조변수를 통해 저장을 한다.
    ....
}
```

Optional은 멤버 value에 인스턴스를 저장하는 일종의 래퍼(Wrapper) 클래스이다. 그럼 지금부터 작은 예제들을 소개하면서 Optional 클래스에 익숙해지도록 돕겠다. 먼저 다음 예제를 보자.

◈ StringOptional1.java

```
import java.util.Optional;

class StringOptional1 {
    public static void main(String[] args) {
        Optional<String> os1 = Optional.of(new String("Toy1"));
        Optional<String> os2 = Optional.ofNullable(new String("Toy2"));

        if(os1.isPresent())
            System.out.println(os1.get());

        if(os2.isPresent())
            System.out.println(os2.get());
    }
}
```

▶ 실행 결과: StringOptional1.java

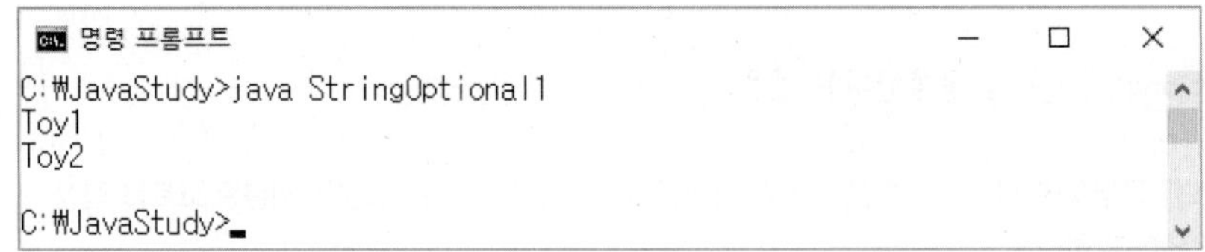
명령 프롬프트
C:₩JavaStudy>java StringOptional1
Toy1
Toy2
C:₩JavaStudy>

다음 두 문장은 Optional 인스턴스의 생성 방법 두 가지를 보여준다.

```
Optional<String> os1 = Optional.of(new String("Toy1"));
```

→ String 인스턴스를 저장한 Optional 인스턴스 생성, of 메소드 호출

```
Optional<String> os2 = Optional.ofNullable(new String("Toy2"));
```

→ String 인스턴스를 저장한 Optional 인스턴스 생성, ofNullable 메소드 호출

두 메소드 of와 ofNullable의 차이점은 null의 허용 여부에 있다. ofNullable의 인자로는 null을 전달할 수 있다. 즉 비어 있는 Optional 인스턴스를 생성할 수 있다. 반면 of 메소드에는 null을 인자로 전달할 수 없다. null을 전달할 경우 NullPointerException이 발생한다. 그리고 Optional 인스턴스를 대상으로 다음과 같이 내용물의 존재 여부를 확인할 수 있고, 또 해당 내용물을 꺼낼 수도 있다.

```
if(os1.isPresent())    // 내용물 존재하면 isPresent는 true 반환
    System.out.println(os1.get());    // get을 통한 내용물 반환
```

그런데 위의 예제에서는 Optional의 매력을 찾을 수 없다. 그러나 다음 예제에서는 Optional의 매력을 조금 보여준다.

◈ StringOptional2.java

```
import java.util.Optional;

class StringOptional2 {
    public static void main(String[] args) {
        Optional<String> os1 = Optional.of(new String("Toy1"));
        Optional<String> os2 = Optional.ofNullable(new String("Toy2"));
        os1.ifPresent(s -> System.out.println(s));    // 람다식 버전
        os2.ifPresent(System.out::println);    // 메소드 참조 버전
    }
}
```

▶ 실행 결과: StringOptional2.java

```
명령 프롬프트
C:\JavaStudy>java StringOptional2
Toy1
Toy2

C:\JavaStudy>
```

위 예제에서 호출하고 있는 메소드 ifPresent의 매개변수 형은 Consumer이다.

```
public void ifPresent(Consumer<? super T> consumer)
```

따라서 다음 메소드 accept의 구현에 해당하는 람다식을(또는 메소드 참조를) ifPresent 호출 시 인자로 전달해야 한다.

```
Consumer<T>    void accept(T t)
     → Optional<String>의 T가 String이므로 void accept(String t)
```

그러면 ifPresent가 호출되었을 때, Optional 인스턴스가 저장하고 있는 내용물이 있으면, 이 내용물이 인자로 전달되면서 accept 메소드가 호출된다. (다시 말해서 전달된 람다식이 실행된다.) 반면 내용물이 없으면 아무 일도 일어나지 않는다. 따라서 다음의 if문을,

```
if(os1.isPresent())
    System.out.println(os1.get());
```

다음과 같이 줄일 수 있다. 그리고 이렇듯 if문이 사라졌다는 것에는 큰 의미가 있다.

```
os1.ifPresent(s -> System.out.println(s));
```

■ Optional 클래스를 사용하면 if ~ else문을 대신할 수 있다: map 메소드의 소개

앞서 Optional 클래스를 사용하여 if문을 사용하지 않을 수 있음을 보였다. 그런데 if문뿐만 아니라 if ~ else문도 사용하지 않을 수 있다. 이와 관련하여 다음 예제를 보자.

◈ IfElseOptional.java

```
class ContInfo {
    String phone;   // null 일 수 있음
    String adrs;    // null 일 수 있음

    public ContInfo(String ph, String ad) {
        phone = ph;
        adrs = ad;
    }
    public String getPhone() { return phone; }
    public String getAdrs() { return adrs; }
}
```

```

class IfElseOptional {
    public static void main(String[] args) {
        ContInfo ci = new ContInfo(null, "Republic of Korea");
        String phone;
        String addr;

        if(ci.phone != null)
            phone = ci.getPhone();
        else
            phone = "There is no phone number.";

        if(ci.adrs != null)
            addr = ci.getAdrs();
        else
            addr = "There is no address.";

        System.out.println(phone);
        System.out.println(addr);
    }
}
```

▶ 실행 결과: IfElseOptional.java

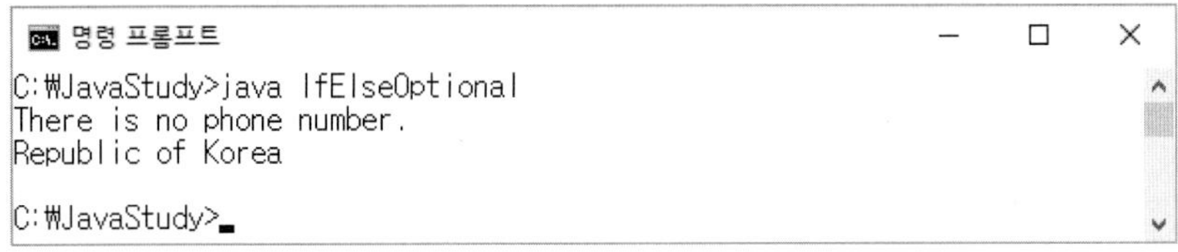
명령 프롬프트
C:₩JavaStudy>java IfElseOptional
There is no phone number.
Republic of Korea
C:₩JavaStudy>

위 예제에서 정의한 다음 클래스의 멤버 둘은 null이 될 수 있다고 가정하였다.

```
class ContInfo {
    String phone;    // 전화정보 정보가 없을 수 있음
    String adrs;     // 주소 정보가 없을 수 있음
    ....
}
```

따라서 멤버가 null인 경우와 null이 아닌 경우의 실행 코드를 구분하려면, 위 예제와 같이 if ~ else

문을 활용해야 한다. 그러나 Optional 클래스를 활용하면 if ~ else 없이도 이러한 코드를 작성할 수 있다. 그럼 예제의 if ~ else를 없애기에 앞서 이에 필요한 메소드 둘을 소개하겠다. 먼저 다음 예제를 통해 map 메소드를 소개하겠다.

◈ OptionalMap.java

```
import java.util.Optional;

class OptionalMap {
    public static void main(String[] args) {
        Optional<String> os1 = Optional.of("Optional String");
        Optional<String> os2 = os1.map(s -> s.toUpperCase());
        System.out.println(os2.get());

        Optional<String> os3 = os1.map(s -> s.replace(' ', '_'))
                                  .map(s -> s.toLowerCase());
        System.out.println(os3.get());
    }
}
```

▶ 실행 결과: OptionalMap.java

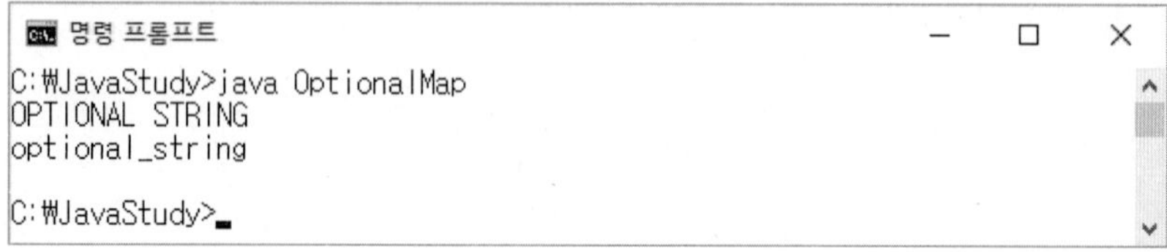
명령 프롬프트
C:₩JavaStudy>java OptionalMap
OPTIONAL STRING
optional_string
C:₩JavaStudy>

위 예제에서 호출한 map 메소드의 매개변수 형은 다음과 같이 Function이다. 그리고 자세히 보면 map은 제네릭 클래스에 정의된 제네릭 메소드임을 알 수 있다. (T는 제네릭 클래스의 멤버임을 알려주고, U는 제네릭 메소드임을 알려준다.)

```
public <U> Optional<U> map(Function<? super T, ? extends U> mapper)
```

따라서 다음 메소드 apply의 구현에 해당하는 람다식을 map 호출 시 인자로 전달해야 한다.

```
Function<T, U>     U apply(T t)
```

그런데 예제에서는 Optional〈String〉의 인스턴스를 대상으로 map 메소드를 호출하므로, 다음 메소드의 구현에 대한 람다식을 작성하면 된다. 즉 T는 Optional〈String〉 인스턴스 생성 시 String으로 이미 결정이 난 상태이다.

```
U apply(String t)
```

그리고 map 메소드는 〈U〉에 대한 제네릭 메소드이므로, 이 U는 메소드를 호출하는 시점에서 결정이 된다. 그렇다면 map 메소드가 하는 일은 무엇일까? (사실 이 내용이 제일 중요하다.)

"apply 메소드가 반환하는 대상을 Optional 인스턴스에 담아서 반환한다."

예를 들어서 위 예제의 다음 문장을 보자.

```
Optional<String> os2 = os1.map(s -> s.toUpperCase());
```

위 문장의 람다식은 String 인스턴스의 참조 값을 반환한다. 따라서 위 문장의 map이 호출되는 순간 반환형 U가 String으로 결정되어 위의 람다식은 다음 apply 메소드의 몸체를 구성하게 된다. 그리고 위 문장의 map이 호출되면 아래의 apply 메소드의 인자로는 참조변수 os1이 지니는 인스턴스가 전달이 된다.

```
String apply(String s) {
    return s.toUpperCase();    // 문자열의 모든 문자를 대문자로 바꿔서 반환
}
```

그리고 위 메소드가 호출되었을 때 반환하는 값을 map은 그냥 반환하지 않고 Optional 인스턴스로 감싸서 반환한다.

참 고 **제네릭 클래스에 정의된 제네릭 메소드**

Optional<T>는 제네릭 클래스이다. 따라서 Optional<String>의 인스턴스 메소드인 map은 다음과 같은 상황이다.

```
public <U> Optional<U> map(Function<? super String, ? extends U> mapper)
```

그리고 이는 제네릭 메소드이므로 U는 메소드 호출 시 결정된다. 예를 들면 다음과 같다.

```
Optional<String> os2 = os1.<String>map(s -> s.toUpperCase());
```

위 문장에서는 map 호출 시 U를 String으로 지정하였다. 그러나 String 인스턴스의 참조 값이 반환된다는 사실이 이미 람다식에 반영되어 있으므로 위 문장에서 U에 대한 정보를 생략하여 다음과 같이 문장을 구성할 수 있다. 그러면 컴파일러가 문장을 분석하여 U를 String으로 결정해준다.

```
Optional<String> os2 = os1.map(s -> s.toUpperCase());
```

지금까지 설명한 Optional 클래스의 map을 잘 이해했다면, 다음 문장이 어떻게 동작하는지 이해할 수 있다. (예제에서는 이 문장을 두 줄에 걸쳐서 담았다.)

```
Optional<String> os3 = os1.map(s -> s.replace(' ', '_')).map(s -> s.toLowerCase());
```

위 문장에서 다음 메소드 호출이 먼저 진행된다. (String 클래스의 replace 메소드는 문자열의 특정 문자를 대체한다. 아래의 replace 메소드는 공백 문자를 _ 문자로 바꾼 문자열을 반환한다.)

```
os1.map(s -> s.replace(' ', '_'))
```

따라서 위의 map 메소드가 반환하는 것은 문자열 "Optional_String"을 감싼 Optional 인스턴스의 참조 값이다. 따라서 이 반환 값을 대상으로, 이어서 다음 메소드를 호출할 수 있다.

```
map(s -> s.toLowerCase())
```

결국 위의 문장에서 toLowerCase의 호출로 인해, 문자열 "optional_string"을 감싼 Optional 인스턴스의 참조 값이 반환되어 참조변수 os3을 초기화하게 된다.

■ Optional 클래스를 사용하면 if ~ else문을 대신할 수 있다: orElse 메소드의 소개

Optional 클래스에는 Optional 인스턴스에 저장된 내용물을 반환하는 get 메소드가 존재한다. 그리고 이와 유사한 기능의 orElse 메소드도 존재한다. 즉 orElse 메소드도 Optional 인스턴스에 저장된 내용물을 반환한다. 단 저장된 내용물이 없을 때, 대신해서 반환할 대상을 지정할 수 있다는 점에서 get 메소드와 차이가 있다. 이와 관련하여 다음 예제를 보자.

◈ OptionalOrElse.java

```java
import java.util.Optional;

class OptionalOrElse {
    public static void main(String[] args) {
        Optional<String> os1 = Optional.empty();
        Optional<String> os2 = Optional.of("So Basic");

        String s1 = os1.map(s -> s.toString())
                        .orElse("Empty");

        String s2 = os2.map(s -> s.toString())
                        .orElse("Empty");

        System.out.println(s1);
        System.out.println(s2);
    }
}
```

▶ 실행 결과: OptionalOrElse.java

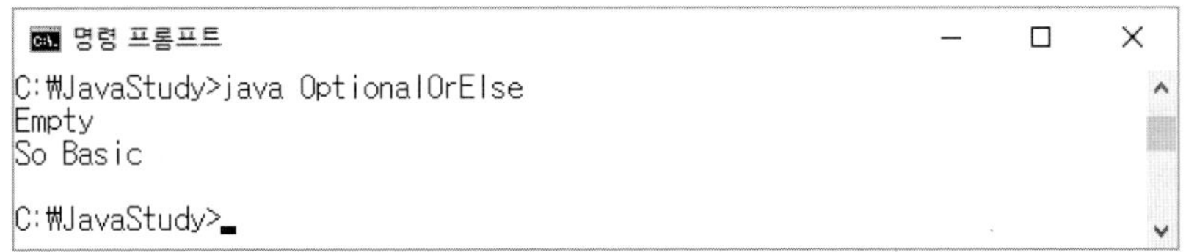
명령 프롬프트
C:₩JavaStudy>java OptionalOrElse
Empty
So Basic
C:₩JavaStudy>

다음과 같이 empty 메소드를 호출하면 저장하고 있는 내용물이 없는, 빈 Optional 인스턴스가 생성되어 반환된다. (그 아래의 ofNullable 메소드의 호출 문장과 동일한 문장이다.)

```java
Optional<String> os1 = Optional.empty();
    → Optional<String> os1 = Optional.ofNullable(null);
```

그리고 이 참조변수를 대상으로 다음 문장을 실행하면 map 메소드가 호출되고, 이어서 orElse 메소드가 호출되어 그 반환 값이 s1에 저장된다.

```
String s1 = os1.map(s -> s.toString()).orElse("Empty");
```

그런데 os1이 참조하는 Optional 인스턴스는 비어 있다. 이러한 경우 map은 빈 Optional 인스턴스를 생성하여 반환한다. 결국 위의 문장은 map이 반환한 빈 Optional 인스턴스를 대상으로 orElse 메소드를 호출하게 된다. 그리고 이렇듯 빈 Optional 인스턴스를 대상으로 orElse 메소드를 호출하면, orElse를 호출하면서 전달된 인스턴스가 대신 반환된다. 즉 위의 문장이 실행되면 s1은 문자열 "Empty"를 참조하게 된다.

■ Optional 클래스의 map과 orElse를 사용하여 if ~ else문을 대신한 결과

Optional 클래스의 map과 orElse의 사용 방법을 설명하였는데, Optional 클래스를 사용하는 수준은 사실 이 정도이다. 그럼 앞서 소개한 예제 IfElseOptional.java를 Optional 클래스 기반으로 개선해보겠다. (시간이 걸리더라도 직접 수정해 볼 것을 권한다.)

◈ MapElseOptional.java

```
import java.util.Optional;

class ContInfo {
    String phone;   // null 일 수 있음
    String adrs;   // null 일 수 있음

    public ContInfo(String ph, String ad) {
        phone = ph;
        adrs = ad;
    }
    public String getPhone() { return phone; }
    public String getAdrs() { return adrs; }
}

class MapElseOptional {
    public static void main(String[] args) {
        Optional<ContInfo> ci = Optional.of(new ContInfo(null, "Republic of Korea"));

        String phone = ci.map(c -> c.getPhone())
                            .orElse("There is no phone number.");
        String addr = ci.map(c -> c.getAdrs())
                           .orElse("There is no address.");
```

```

            System.out.println(phone);
            System.out.println(addr);
        }
}
```

▶ 실행 결과: MapElseOptional.java

```
명령 프롬프트
C:₩JavaStudy>java MapElseOptional
There is no phone number.
Republic of Korea

C:₩JavaStudy>
```

이전 예제에 있던 if ~ else문이 사라졌지만 내용은 동일하다. 특히 코드의 양이 많이 줄었고 이로 인해 코드의 가독성도 높아졌다.

■ 예제 NullPointerCaseStudy.java의 개선 결과

지금까지 설명한 내용을 바탕으로 앞서 보였던 예제 NullPointerCaseStudy.java의 개선 결과를 이어서 보이겠다. 메소드 showCompAddr가 얼마가 간단해졌는지 확인하기 바란다.

◈ NullPointerCaseStudy2.java

```
import java.util.Optional;

class Friend {
    String name;
    Company cmp;    // null 일 수 있음

    public Friend(String n, Company c) {
        name = n;
        cmp = c;
    }
    public String getName() { return name; }
    public Company getCmp() { return cmp; }
}
```

```

class Company {
    String cName;
    ContInfo cInfo;    // null 일 수 있음

    public Company(String cn, ContInfo ci) {
        cName = cn;
        cInfo = ci;
    }
    public String getCName() { return cName; }
    public ContInfo getCInfo() { return cInfo; }
}

class ContInfo {
    String phone;   // null 일 수 있음
    String adrs;   // null 일 수 있음

    public ContInfo(String ph, String ad) {
        phone = ph;
        adrs = ad;
    }
    public String getPhone() { return phone; }
    public String getAdrs() { return adrs; }
}

class NullPointerCaseStudy2 {
    public static void showCompAddr(Optional<Friend> f) {
        String addr = f.map(Friend::getCmp)
                       .map(Company::getCInfo)
                       .map(ContInfo::getAdrs)
                       .orElse("There's no address information.");

        System.out.println(addr);
    }

    public static void main(String[] args) {
        ContInfo ci = new ContInfo("321-444-577", "Republic of Korea");
        Company cp = new Company("YaHo Co., Ltd.", ci);
        Friend frn = new Friend("LEE SU", cp);
        showCompAddr(Optional.of(frn));
    }
}
```

▶ 실행 결과: NullPointerCaseStudy2.java

```
명령 프롬프트
C:₩JavaStudy>java NullPointerCaseStudy2
Republic of Korea

C:₩JavaStudy>_
```

■ Optional 클래스의 flatMap 메소드

위의 예제 NullPointerCaseStudy2.java에서는 Optional의 사용 범위를 showCompAddr로 제한하였다. 즉 이 메소드의 정의와 이를 호출하는 문장을 제외하고는 Optional 관련 코드를 볼 수 없었다. 그러나 경우에 따라서(혹은 프로그래머에 따라서) Optional 클래스를 코드 전반에 걸쳐 사용하기도 한다.

Optional 클래스를 코드 전반에 사용하기 위해서는 map 메소드와 성격이 유사한 flatMap 메소드를 알아야 한다. 따라서 다음 예제를 통해 이 메소드를 먼저 소개하겠다.

◈ OptionalFlatMap.java

```java
import java.util.Optional;

class OptionalFlatMap {
    public static void main(String[] args) {
        Optional<String> os1 = Optional.of("Optional String");
        Optional<String> os2 = os1.map(s -> s.toUpperCase());
        System.out.println(os2.get());

        Optional<String> os3 = os1.flatMap(s -> Optional.of(s.toLowerCase()));
        System.out.println(os3.get());
    }
}
```

▶ 실행 결과: OptionalFlatMap.java

```
명령 프롬프트
C:₩JavaStudy>java OptionalFlatMap
OPTIONAL STRING
optional string

C:₩JavaStudy>_
```

위 예제에서 보이는 다음 두 문장을 비교하자. 이 두 문장의 비교를 통해 flatMap을 이해할 수 있다.

```
Optional<String> os2 = os1.map(s -> s.toUpperCase());
Optional<String> os3 = os1.flatMap(s -> Optional.of(s.toLowerCase()));
```

위의 두 문장에서 호출하는 map과 flatMap 모두 Optional 인스턴스를 반환한다. 다만 map은 람다식이 반환하는 내용물을 Optional 인스턴스로 감싸는 일을 알아서 해주지만, flatMap은 알아서 해 주지 않기 때문에 이 과정을 람다식이 포함하고 있어야 한다. 이것이 두 메소드의 차이점이다.
그렇다면 flatMap은 언제 유용하게 사용할 수 있을까? 다음 예제에서 보이듯이 Optional 인스턴스를 클래스의 멤버로 두는 경우에 유용하게 사용할 수 있다.

◈ FlatMapElseOptional.java

```
import java.util.Optional;

class ContInfo {
    Optional<String> phone;   // null 일 수 있음
    Optional<String> adrs;   // null 일 수 있음

    public ContInfo(Optional<String> ph, Optional<String> ad) {
        phone = ph;
        adrs = ad;
    }
    public Optional<String> getPhone() { return phone; }
    public Optional<String> getAdrs() { return adrs; }
}

class FlatMapElseOptional {
    public static void main(String[] args) {
        Optional<ContInfo> ci = Optional.of(
            new ContInfo(Optional.ofNullable(null), Optional.of("Republic of Korea"))
        );

        String phone = ci.flatMap(c -> c.getPhone())
                         .orElse("There is no phone number.");
        String addr = ci.flatMap(c -> c.getAdrs())
                        .orElse("There is no address.");
        System.out.println(phone);
        System.out.println(addr);
    }
}
```

▶ 실행 결과: FlatMapElseOptional.java

```
명령 프롬프트
C:₩JavaStudy>java FlatMapElseOptional
There is no phone number.
Republic of Korea

C:₩JavaStudy>_
```

위 예제는 MapElseOptional.java를 flatMap 메소드를 사용하는 형태로 수정한 결과이다. 먼저 다음 클래스 정의를 보자.

```
class ContInfo {
    Optional<String> phone;   // null 일 수 있음
    Optional<String> adrs;   // null 일 수 있음
    ....
}
```

위의 클래스와 같이 멤버를 Optional로 두면 이 멤버와 관련된 코드 전반에 걸쳐서 코드의 개선을 기대할 수 있다. 그런데 이렇게 멤버를 Optional로 두는 경우에는 map보다 flatMap이 더 어울린다. 만약에 예제의 다음 문장을 map 메소드를 호출하는 형태로 작성한다면,

```
String phone = ci.flatMap(c -> c.getPhone())
                 .orElse("There is no phone number.");
```

Optional로 감싸서 반환하는 map 메소드의 특성상 다음과 같이 get 메소드 호출을 통해서 꺼내는 과정을 거쳐야 하기 때문이다.

```
String phone = ci.map(c -> c.getPhone()).get()
                 .orElse("There is no phone number.");
```

그럼 전반에 걸쳐서 Optional 클래스를 적용한 다음 예제를 보이며 Optional에 대한 설명을 마무리하고자 한다. 이 결과는 Optional 클래스의 사용에 대한 가이드 역할을 할 것으로 믿는다.

◈ NullPointerCaseStudy3.java

```
import java.util.Optional;

class Friend {
    String name;
    Optional<Company> cmp;   // null 일 수 있음

    public Friend(String n, Optional<Company> c) {
        name = n;
        cmp = c;
    }
    public String getName() { return name; }
    public Optional<Company> getCmp() { return cmp; }
}

class Company {
    String cName;
    Optional<ContInfo> cInfo;  // null 일 수 있음

    public Company(String cn, Optional<ContInfo> ci) {
        cName = cn;
        cInfo = ci;
    }
    public String getCName() { return cName; }
    public Optional<ContInfo> getCInfo() { return cInfo; }
}

class ContInfo {
    Optional<String> phone;  // null 일 수 있음
    Optional<String> adrs;  // null 일 수 있음

    public ContInfo(Optional<String> ph, Optional<String> ad) {
        phone = ph;
        adrs = ad;
    }
    public Optional<String> getPhone() { return phone; }
    public Optional<String> getAdrs() { return adrs; }
}

class NullPointerCaseStudy3 {
    public static void showCompAddr(Optional<Friend> f) {
        String addr = f.flatMap(Friend::getCmp)
                       .flatMap(Company::getCInfo)
```

```
                    .flatMap(ContInfo::getAdrs)
                    .orElse("There's no address information.");

        System.out.println(addr);
    }

    public static void main(String[] args) {
        Optional<ContInfo> ci = Optional.of(
            new ContInfo(Optional.ofNullable(null), Optional.of("Republic of Korea"))
        );
        Optional<Company> cp = Optional.of(new Company("YaHo Co., Ltd.", ci));
        Optional<Friend> frn = Optional.of(new Friend("LEE SU", cp));
        showCompAddr(frn);
    }
}
```

▶ 실행 결과: NullPointerCaseStudy3.java

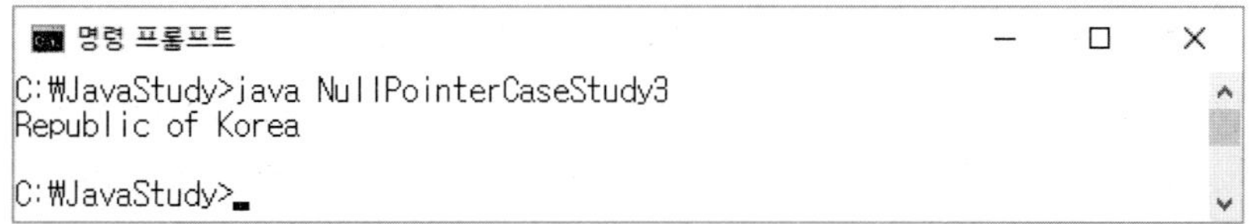
명령 프롬프트
C:\JavaStudy>java NullPointerCaseStudy3
Republic of Korea
C:\JavaStudy>

28-3 OptionalInt, OptionalLong, OptionalDouble 클래스

앞서 Optional 클래스에 대한 많은 설명을 진행하였다. 따라서 이번에는 Optional 클래스와 성격 및 내용이 유사하여 Optional의 친구들로 소개할 수 있는 다음 클래스들을 소개하고자 한다.

```
OptionalInt, OptionalLong, OptionalDouble
```

이미 Optional 클래스를 알고 있으니 이들과 Optional 클래스와의 차이점만 확인해도 충분하리라 생각한다. 그리고 이하 위의 클래스들을 묶어서 지칭할 때는 OptionalXXX 클래스라 하겠다.

■ Optional과 OptionalXXX와의 차이점

OptionalXXX 클래스들은 Optional 클래스보다 그 기능이 제한적이다. 그래서 Optional을 대신하는 경우는 많지 않다. 하지만 다음 Chapter에서 소개하는 '스트림(Stream)'을 공부하다 보면, 이 클래스들을 조금 접하게 된다. 따라서 알아 두는 것이 학습에 도움이 된다. Optional을 기반으로 작성한 예제와 이를 OptionalInt 기반으로 수정한 예제를 제시하여 이들의 차이점을 확인해 보겠다. 먼저 Optional 기반으로 작성된 다음 예제를 보자.

◈ OptionalBase.java

```
import java.util.Optional;

class OptionalBase {
    public static void main(String[] args) {
        Optional<Integer> oi1 = Optional.of(3);
        Optional<Integer> oi2 = Optional.empty();

        System.out.print("[Step 1.] : ");
        oi1.ifPresent(i -> System.out.print(i + "\t"));
        oi2.ifPresent(i -> System.out.print(i));
        System.out.println();

        System.out.print("[Step 2.] : ");
        System.out.print(oi1.orElse(100) + "\t");
        System.out.print(oi2.orElse(100) + "\t");
        System.out.println();
```

```
    }
}
```

▶ 실행 결과: OptionalBase.java

```
명령 프롬프트
C:\JavaStudy>java OptionalBase
[Step 1.] : 3
[Step 2.] : 3   100

C:\JavaStudy>
```

이어서 다음 예제를 보자. 이는 위의 예제를 OptionalInt 기반으로 수정한 결과이다.

◈ OptionalIntBase.java

```java
import java.util.OptionalInt;

class OptionalIntBase {
    public static void main(String[] args) {
        OptionalInt oi1 = OptionalInt.of(3);
        OptionalInt oi2 = OptionalInt.empty();

        System.out.print("[Step 1.] : ");
        oi1.ifPresent(i -> System.out.print(i + "\t"));
        oi2.ifPresent(i -> System.out.print(i));
        System.out.println();

        System.out.print("[Step 2.] : ");
        System.out.print(oi1.orElse(100) + "\t");
        System.out.print(oi2.orElse(100) + "\t");
        System.out.println();
    }
}
```

▶ 실행 결과: OptionalIntBase.java

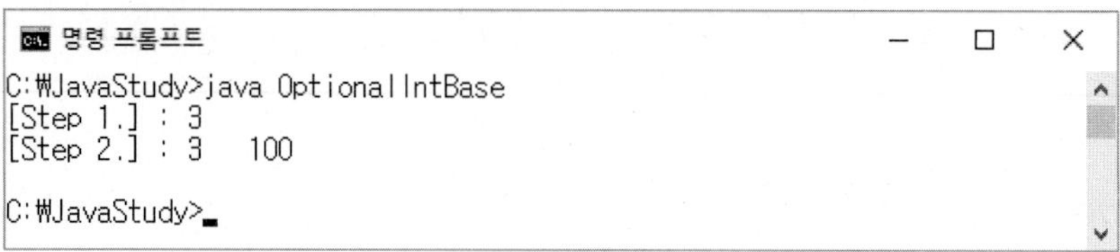

```
C:\JavaStudy>java OptionalIntBase
[Step 1.] : 3
[Step 2.] : 3   100

C:\JavaStudy>
```

두 예제를 통해서 Optional<T>에서 T를 Integer로 구체화한 것이 OptionalInt 임을 짐작할 수 있을 것이다. 이로써 OptionalXXX 클래스들에 대한 설명을 마치고자 한다. Optional<T>에서 T를 int로 구체화한 것을 OptionalInt인 것처럼 OptionalLong과 OptionalDouble을 이해하고 활용하면 된다. (단 OptionalXXX 클래스들에는 map과 flatMap 메소드가 정의되어 있지 않다.)

Chapter 29

스트림 1

본서에서는 스트림을 두 Chapter에 걸쳐 설명한다. 이번 Chapter에서는 스트림에 대한 전반적인 이해를 돕고 다음 Chapter에서는 그 이해를 바탕으로 활용을 위한 다양한 메소드를 소개한다.

29-1 스트림의 이해와 스트림의 생성

지금 설명하는 스트림은 자바 8에서 소개된 개념으로 처음에는 생소하게 느낄 수 있다. 그러나 '람다식'과 '함수형 인터페이스'에 익숙하다면 쉽게 이해하고 활용할 수 있다.

■ 스트림(Stream)의 이해

내부가 비어 있는 긴 파이프의 한 쪽 끝으로 물을 흘려보내면, 그 물이 다른 한 쪽으로 흘러나온다. 이때 이러한 물의 흐름을 가리켜 '스트림'이라 한다. 이와 유사하게 자바에서도 '데이터의 흐름'을 생성할 수 있으며, 이러한 데이터의 흐름을 가리켜 '스트림'이라 한다.

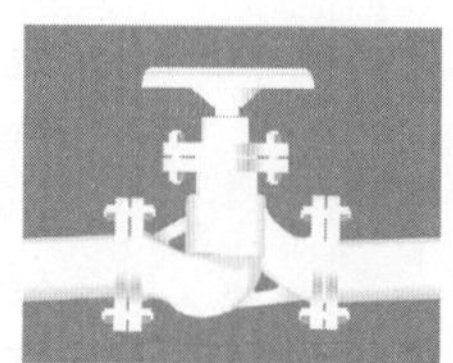

필자가 다음 세 가지 종류의 파이프를 개발했다고 가정해보자. 이 파이프들의 개발 목적은 수족관의 다양한 바다 물고기들이 살기에 적합한 물을 만들어내는데 있다.

- 정화 파이프 A형　　24종의 유기 화합물을 걸러낸다.
- 정화 파이프 C형　　일반 세균과 대장균 그리고 입자상의 불순물을 제거한다.
- 플랑크 파이프　　물고기가 살도록 적정량의 플랑크톤을 공급하는 파이프이다.

위의 세 파이프를 하나로 연결하여 차례로 통과하도록 물을 흘려보내면 마지막 파이프의 끝에서는 물고기가 살기에 적합한 물이 흘러나온다. 그런데 파이프의 연결 순서는 다음과 같다. 순서상 플랑크 파이프를 마지막에 두어야 한다. (정화 파이프 A형과 C형의 연결 순서는 바꿀 수 있다고 가정한다.)

정화 파이프 A형 ⇨ 정화 파이프 C형 ⇨ 플랑크 파이프

만약에 '플랑크 파이프'를 앞에 두면 정화 파이프들을 거치면서 플랑크톤이 걸러져 버린다. 따라서 플랑크 파이프는 항상 마지막에 위치해야 한다. 그래서 플랑크 파이프를 가리켜 '최종 파이프'라 이름을 붙이고, 반대로 정화 파이프는 끝이 아닌 앞 또는 중간에 위치해야 하므로 '중간 파이프'라 이름을 붙였다. 지금 언급한 내용의 개념이 자바의 '스트림'에도 그대로 적용된다. 우리는 다음과 같은 일을 할 수 있다.

"배열 또는 컬렉션 인스턴스에 저장된 데이터를 꺼내서 파이프에 흘려보낸다."

이렇듯 파이프에 흘려보내는 데이터의 흐름을 가리켜 '스트림'이라 한다. 그리고 데이터를 흘려보낼 파이프의 종류는(연산의 종류는) 앞서 비유를 든 것처럼 실제로 다음 두 가지로 나뉜다.

- 중간 연산(Intermediate Operation) 마지막이 아닌 위치에서 진행이 되어야 하는 연산
- 최종 연산(Terminal Operation) 마지막에 진행이 되어야 하는 연산

스트림을 생성하고 이를 대상으로 '중간 연산'과 '최종 연산'을 진행하면, 원하는 기준으로 데이터를 필터링하고 필터링 된 데이터의 가공된 결과를 얻을 수 있다. 그것도 매우 적은 양의 코드로 말이다.

■ 스트림(Stream)의 첫 번째 예제

이번에는 예제를 통해서 자바의 스트림을 설명하겠다. 다음 예제에서는 배열에 저장된 데이터를 대상으로 스트림을 생성하고, 이렇게 생성된 스트림을 두 개의 파이프를(연산을) 통과시켜 얻은 결과를 보여준다.

◈ MyFirstStream.java

```
import java.util.Arrays;
import java.util.stream.IntStream;

class MyFirstStream {
    public static void main(String[] args) {
        int[] ar = {1, 2, 3, 4, 5};
        IntStream stm1 = Arrays.stream(ar);    // 배열 ar로부터 스트림 생성
        IntStream stm2 = stm1.filter(n -> n%2 == 1);  // 중간 연산 진행
        int sum = stm2.sum();  // 최종 연산 진행
        System.out.println(sum);
    }
}
```

▶ 실행 결과: MyFirstStream.java

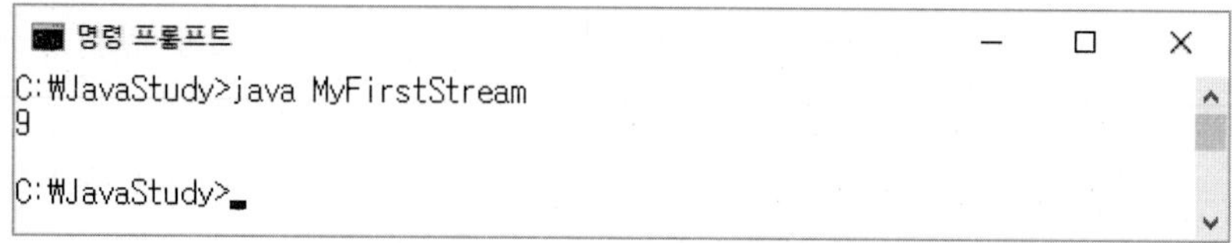
```
C:\JavaStudy>java MyFirstStream
9

C:\JavaStudy>
```

코드에 대한 세세한 설명은 이후에 별도로 진행을 하니, 위의 코드를 통해서는 '스트림의 생성'과 이를 대상으로 하는 '중간 연산'과 '최종 연산'이 어떻게 진행되는지 정도만 확인을 하자. 그럼 먼저 다음 문장을 보자.

```
IntStream stm1 = Arrays.stream(ar);
```

→ ar에 저장된 데이터를 대상으로 스트림 생성, 그리고 그 스트림을 stm1이 참조

Arrays 클래스에는 stream이라는 이름의 메소드가 다수 정의되어 있다. 그리고 이 메소드는 배열을 대상으로 스트림을 생성할 때 호출하는 메소드이다. 즉 위의 문장을 통해서 배열 ar에 저장된 데이터를 대상으로 스트림이 생성된다. 그리고 그 스트림을 참조변수 stm1이 참조하는 상황이다. 참고로 스트림은 데이터의 복사본이라 생각하면 된다. 그것도 중간 연산과 최종 연산을 진행하기 좋은 구조로 배치된 복사본이라 생각하면 된다.
이어서 다음 문장을 보자. 이 문장은 stm1이 참조하는 스트림을 filter라는 파이프에 통과시키는 방법을 보여준다. (사실 stm1을 대상으로 'filter라는 연산을 진행한다.'는 것이 정확한 표현이다.)

```
IntStream stm2 = stm1.filter(n -> n%2 == 1);
```

→ stm1이 참조하는 스트림을 대상으로 filter 연산 진행

위의 문장을 실행하고 나면, filter 연산을 통과하면서 걸러진 스트림을 stm2가 참조하게 된다. 그런데 위의 파이프는(연산은) 홀수 데이터만 통과하도록 설계되었다. 즉 짝수는 걸러지고 홀수만 통과하여 이들로 다시 스트림이 형성된다. (이 부분에 대한 자세한 설명은 뒤에서 진행한다.)
끝으로 다음 문장을 보자. 이 문장에서는 홀수로만 이뤄진 stm2가 참조하는 스트림을 대상으로 최종 연산인(마지막에 연결하는 파이프인) sum을 진행하고 있다.

```
int sum = stm2.sum();
```

최종 연산인 sum은 스트림의 데이터를 모두 더하고 그 결과를 반환하는 연산이다. 정리하면, 위의 예제에서는 배열에 저장된 데이터로 스트림을 생성하여 짝수를 걸러내는 파이프와 스트림의 모든 데이터를 더하는 파이프를 통과시켜 '홀수의 합'을 계산하였다.

참 고 **파이프는 연산입니다.**

'스트림'이라는 개념의 관점에서 '최종 연산'은 마지막에 연결하는 파이프를 의미하고, '중간 연산'은 끝이 아닌 처음 또는 중간에 연결하는 파이프를 의미한다.

■ 스트림(Stream)의 특성

앞서 예제에서 '스트림의 생성'과 '생성된 스트림을 대상으로 하는 연산'을 보였는데, 이는 이해를 돕기 위해 작성한 코드이고, 실제로는 다음 예제에서 보이는 방식으로 스트림 관련 코드를 작성하게 된다.

◈ MyFirstStream2.java

```
import java.util.Arrays;

class MyFirstStream2 {
    public static void main(String[] args) {
        int[] ar = {1, 2, 3, 4, 5};

        int sum = Arrays.stream(ar)    // 스트림 생성하고,
                        .filter(n -> n%2 == 1)    // filter 통과시키고,
                        .sum();    // sum을 통과시켜 그 결과 반환
        System.out.println(sum);
    }
}
```

▶ 실행 결과: MyFirstStream2.java

```
명령 프롬프트
C:\JavaStudy>java MyFirstStream2
9

C:\JavaStudy>_
```

위 예제에서 호출하는 stream과 filter 메소드는 다음과 같다. MyFirstStream.java의 코드를 통해서도 알 수 있듯이 이 두 메소드의 반환형은 IntStream이다.

```
public static IntStream stream(int[] array)
IntStream filter(IntPredicate predicate)
```

그리고 예제에서 호출한 filter와 sum은 IntStream의 인스턴스 메소드이다. 따라서 다음과 같이 스트림의 생성과 그에 따른 연산의 과정을 하나의 문장으로 완성할 수 있다.

```
int sum = Arrays.stream(ar)       // 스트림 생성하고,
                .filter(n -> n%2 == 1)  // filter 통과시키고,
                .sum();   // sum을 통과시켜 그 결과 반환
```

그리고 스트림의 연산은 효율과 성능을 고려하여 '지연(Lazy) 처리' 방식으로 동작한다. 위의 문장에서는 메소드 호출이 filter에서 sum으로 이어지지만, 정작 sum이 호출될 때까지 filter의 호출 결과는 스트림에 반영되지 않는다. 즉 최종 연산인 sum이 호출되어야 filter의 호출 결과가 스트림에 반영되고, 이어서 sum의 호출 결과가 스트림에 반영된다. 따라서 '최종 연산'은 파이프에 물을 흘려보내기 위한 '잠금 밸브를 여는 행위'를 수반한다고 볼 수 있다.

"만약에 중간 연산은 진행하고, 최종 연산은 진행하지 않는다면?"

최종 연산이 생략되면 그전에 아무리 많은 중간 연산을 진행했다 하더라도 의미가 없다. 쉽게 말해서 아무런 결과도 보이지 않는데, 이러한 사실은 후에 예제를 통해서 확인하는 기회를 갖겠다.

■ 본서에서 스트림을 설명하는 방향

이제 본격적으로 스트림에 대한 소개를 진행할 텐데, 스트림과 관련해서 공부할 내용은 크게 다음 세 가지로 구분할 수 있다.

- 스트림의 생성 방법
- 중간 연산의 종류와 내용
- 최종 연산의 종류와 내용

그런데 '중간 연산' 및 '최종 연산' 관련 내용이 비교적 많은 편이어서 한 번에 이 모두를 설명하면 혼란스러울 수 있다. 그래서 본 Chapter에서는 스트림 전반을 훑어보는 것을 목적으로 다음 내용만 설명하고자 한다. 그리고 나머지는 다음 Chapter에서 설명하고자 한다.

- 스트림의 생성 방법

    배열 및 컬렉션 인스턴스 대상으로 스트림을 생성하는 방법

- 중간 연산의 종류와 내용

  필터링(Filtering) 및 맵핑(Mapping) 관련 연산

- 최종 연산의 종류와 내용

  리덕션(Reduction) 관련 연산

■ 스트림 생성하기: 배열

배열에 저장된 데이터를 대상으로 스트림을 생성할 때 호출하는 대표 메소드는 다음과 같다.

```
public static <T> Stream<T> stream(T[] array)  // Arrays 클래스에 정의
```

그럼 이와 관련하여 다음 예제를 보자.

◈ StringStream.java

```
import java.util.Arrays;
import java.util.stream.Stream;

class StringStream {
    public static void main(String[] args) {
        String[] names = {"YOON", "LEE", "PARK"};
        Stream<String> stm = Arrays.stream(names);    // 스트림 생성
        stm.forEach(s -> System.out.println(s));   // 최종 연산 진행
    }
}
```

▶ 실행 결과: StringStream.java

```
명령 프롬프트
C:₩JavaStudy>java StringStream
YOON
LEE
PARK

C:₩JavaStudy>
```

Chapter 28에서 forEach 메소드를 소개한 바 있다. 당시에 소개한 forEach는 Iterable〈T〉 인터페이스에 정의되어 있는 다음 디폴트 메소드였다.

```
default void forEach(Consumer<? super T> action) {
    for (T t : this)
        action.accept(t);
}
```

그러나 위 예제에서 호출한 forEach는 인스턴스 메소드이다. 즉 이 두 메소드는 이름과 매개변수 선언이 같지만 존재하는 위치가 다르다. 그러나 두 메소드의 기능은 동일하니 존재하는 위치 때문에 혼란스러워 하지 않았으면 좋겠다. 어쨌든 forEach의 매개변수 형이 Consumer〈T〉이니 다음 추상 메소드의 구현에 해당하는 람다식을 인자로 전달해야 한다. 그러면 forEach는 내부적으로 스트림의 데이터를 하나씩 인자로 전달하면서 accept 메소드를 호출한다.

```
Consumer<T>        void accept(T t)
```

그리고 forEach는 '최종 연산'이기도 하다. 그래서 예제에서는 스트림 생성 이후에 이 메소드를 통해서 스트림을 이루고 있는 문자열들을 출력하였다. (이렇듯 '중간 연산' 없이 바로 '최종 연산'을 진행할 수도 있다.) 그리고 지금은 스트림의 생성 방법을 소개하는 시간이지만, 최종 연산에 해당하는 forEach에 대해서는 알고 있어야 한다. 그래야 스트림의 내용 정도는 확인할 수 있으니 말이다. 그럼 위 예제의 보편적인 작성 형태를 보이고 다음 이야기로 넘어가겠다.

◈ StringStream2.java

```
import java.util.Arrays;

class StringStream2 {
    public static void main(String[] args) {
        String[] names = {"YOON", "LEE", "PARK"};
        Arrays.stream(names)
                .forEach(s -> System.out.println(s));
    }
}
```

▶ 실행 결과: StringStream2.java

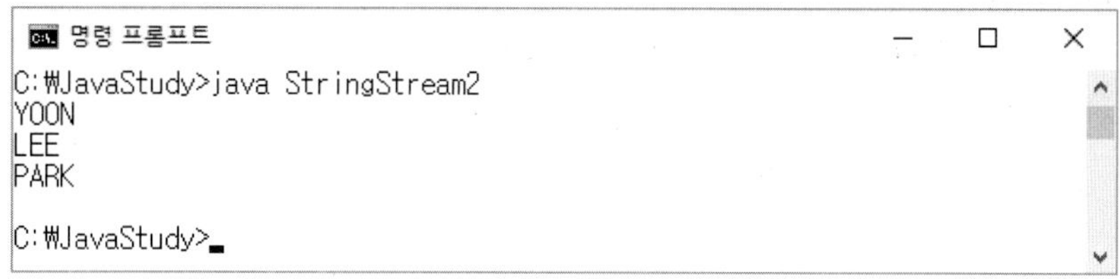

기본 자료형의 값을 담고 있는 배열을 대상으로 스트림을 생성하는 방법도 앞서 보인 방법과 동일하다. 다만 호출하는 메소드에 차이가 있을 뿐이다. 그럼 Arrays 클래스에 정의되어 있는 다음 두 메소드를 보자.

```
public static IntStream stream(int[] array)
public static IntStream stream(int[] array, int startInclusive, int endExclusive)
```

위의 두 메소드는 int형 배열을 대상으로 스트림을 생성한다. 특히 두 번째 메소드는 배열의 일부분을 대상으로 스트림을 생성한다. 그리고 위의 두 메소드에 대한 double형 버전과 long형 버전은 다음과 같다. 마찬가지로 이들 모두 Arrays 클래스에 정의되어 있다.

```
public static DoubleStream stream(double[] array)
public static DoubleStream stream(double[] array, int startInclusive, int endExclusive)

public static LongStream stream(double[] array)
public static LongStream stream(double[] array, int startInclusive, int endExclusive)
```

그럼 예제를 통해서 위의 메소드의 호출의 예를 보이겠다.

◈ DoubleStream.java

```
import java.util.Arrays;

class DoubleStream {
    public static void main(String[] args) {
        double[] ds = {1.1, 2.2, 3.3, 4.4, 5.5};

        Arrays.stream(ds)
              .forEach(d -> System.out.print(d + "\t"));
        System.out.println();
```

```
        Arrays.stream(ds, 1, 4)    // 인덱스 1부터 인덱스 4 이전까지
            .forEach(d -> System.out.print(d + "\t"));
        System.out.println();
    }
}
```

▶ 실행 결과: DoubleStream.java

```
명령 프롬프트
C:\JavaStudy>java DoubleStream
1.1     2.2     3.3     4.4     5.5
2.2     3.3     4.4

C:\JavaStudy>
```

■ 스트림 생성하기: 컬렉션 인스턴스

컬렉션 인스턴스를 대상으로 스트림을 생성하고 싶다면, 마찬가지로 stream 메소드를 찾으면 된다. 그리고 이를 목적으로 정의된 stream 메소드는 java.util.Collection〈E〉에 디폴트 메소드로 다음과 같이 정의되어 있다.

```
default Stream<E> stream()
```

즉 컬렉션 인스턴스를 대상으로도 stream 메소드를 호출하여 스트림을 생성할 수 있다. 이와 관련하여 다음 예제를 보자.

◈ ListStream.java

```
import java.util.List;
import java.util.Arrays;

class ListStream {
    public static void main(String[] args) {
        List<String> list = Arrays.asList("Toy", "Robot", "Box");
        list.stream()
            .forEach(s -> System.out.print(s + "\t"));
        System.out.println();
    }
}
```

▶ 실행 결과: ListStream.java

```
C:\JavaStudy>java ListStream
Toy     Robot   Box

C:\JavaStudy>
```

이렇듯 스트림의 생성은 어렵지 않다. 호출해야 하는 메소드만 알면 된다. 따라서 이 정도로 스트림의 생성에 대한 설명을 마무리하겠다.

29-2 필터링(Filtering)과 맵핑(Mapping)

스트림이 배열을 대상으로 생성되었건 컬렉션 인스턴스를 대상으로 생성되었건, 이에 상관없이 동일한 방법으로 '중간 연산'과 '최종 연산'을 진행할 수 있다. (적용 가능한 연산의 종류에 약간의 차이는 있다.) 즉 지금부터 설명하는 중간 연산인 '필터링'과 '맵핑'은 모든 스트림에 적용 가능하다.

■ 필터링(Filtering)

필터링은 그 이름처럼 스트림을 구성하는 데이터 중 일부를 조건에 따라 걸러내는 행위를 의미하는데, 필터링에 사용되는 메소드는 다음과 같다.

```
Stream<T> filter(Predicate<? super T> predicate)      // Stream<T>에 존재
```

위 메소드의 매개변수 선언에서 보이듯이 매개변수 형이 Predicate이다. 따라서 Predicate의 다음 추상 메소드의 구현에 해당하는 람다식을 인자로 전달해야 한다.

```
Predicate<T>        boolean test(T t)
```

그러면 filter 메소드는 내부적으로 스트림의 데이터를 하나씩 인자로 전달하면서 test를 호출한다. 그리고 그 결과 true가 반환되면 해당 데이터는 스트림에 남긴다. 반면 false가 반환되면 해당 데이터는 거른다(버린다). 그럼 이와 관련하여 다음 예제를 보자.

◈ FilterStream.java

```java
import java.util.List;
import java.util.Arrays;

class FilterStream {
    public static void main(String[] args) {
        int[] ar = {1, 2, 3, 4, 5};
        Arrays.stream(ar)  // 배열 기반 스트림 생성
              .filter(n -> n%2 == 1)   // 홀수만 통과시킨다.
              .forEach(n -> System.out.print(n + "\t"));
        System.out.println();

        List<String> sl = Arrays.asList("Toy", "Robot", "Box");
        sl.stream()   // 컬렉션 인스턴스 기반 스트림 생성
          .filter(s -> s.length() == 3)    // 길이가 3이면 통과시킨다.
          .forEach(s -> System.out.print(s + "\t"));
        System.out.println();
    }
}
```

▶ 실행 결과: FilterStream.java

```
명령 프롬프트
C:\JavaStudy>java FilterStream
1       3       5
Toy     Box

C:\JavaStudy>
```

위 예제에서는 배열과 컬렉션 인스턴스로부터 각각 스트림을 생성하였다. 이렇듯 스트림을 생성한 대상의 유형은 다르나 이후로 이어진 중간 연산과 최종 연산의 진행 방식에는 차이가 없다. 먼저 다음 중간 연산을 보자.

```
.filter(n -> n%2 == 1)
```

데이터가 홀수인 경우에 true를 반환하도록 필터링하였다. 반면 다음 중간 연산에서는 length 메소드의 호출 결과로 3이 반환되는 경우에 true가 반환되도록 필터링을 하였다.

```
.filter(s -> s.length() == 3)
```

이러한 필터링의 결과는 실행 결과를 통해서 확인할 수 있다.

■ 맵핑(Mapping) 1

맵핑도 필터링과 마찬가지로 중간 연산이다. 그리고 맵핑의 개념을 설명하면 이렇다. 예를 들어서 다음 문자열을 담고 있는 배열이 있다.

```
String[] as = {"Box", "Robot", "Simple"};
```

그리고 이 배열에 저장된 데이터를 대상으로 다음과 같이 스트림을 생성하였다. (스트림이 눈으로 보이는 실체가 아니기에 그냥 문자열을 나열하고 이를 스트림이라 하였다.)

```
"Box", "Robot", "Simple"
```

이 스트림을 기반으로 다음 스트림을 생성한다면 이것이 바로 맵핑이다. (아래의 숫자는 문자열의 길이다.)

```
3, 5, 6
```

즉 문자열 스트림을 숫자 스트림으로 맵핑하였고, 이때 사용된 맵핑의 기준은 문자열의 길이이다. 이렇듯 맵핑을 진행하면 스트림의 데이터 형이 달라지는 특징이 있다. 그럼 지금 언급한 내용의 맵핑을 다음 예제를 통해 확인하자.

◈ MapToInt.java

```
import java.util.List;
import java.util.Arrays;

class MapToInt {
    public static void main(String[] args) {
        List<String> ls = Arrays.asList("Box", "Robot", "Simple");

        ls.stream()
```

```
                .map(s -> s.length())
                .forEach(n -> System.out.print(n + "\t"));
            System.out.println();
        }
}
```

▶ 실행 결과: MapToInt.java

```
명령 프롬프트
C:₩JavaStudy>java MapToInt
3       5       6

C:₩JavaStudy>_
```

맵핑에 사용되는 대표적인 메소드는 다음과 같으며, 이는 보이는 바와 같이 제네릭 메소드이다. (맨 앞의 〈R〉은 제네릭 메소드임을 알린다. 그리고 편의상 화살표가 가리키는 수준으로 이해해도 괜찮다.)

```
<R> Stream<R> map(Function<? super T, ? extends R> mapper)    // Stream<T>에 존재
    → <R> Stream<R> map(Function<T, R> mapper)     // 편의상
```

위 메소드의 매개변수 형이 Function이다. 따라서 다음 메소드의 구현에 해당하는 람다식을 인자로 전달해야 한다.

```
Function<T, R>      R apply(T t)
```

그러면 map은 내부적으로 스트림의 데이터를 하나씩 인자로 전달하며 apply 메소드를 호출한다. 그리고 그 결과로 반환되는 값을 모아 새로운 스트림을 생성한다. 위 예제의 경우 apply 메소드에 문자열이 전달되고, 그 문자열의 길이가 반환되도록 하는 것이 목적이니 다음 메소드의 구현에 해당하는 람다식을 인자로 전달하면 된다.

```
Integer apply(String t)
```

문법의 이해 정도에 따라 위에서 보인 map 메소드의 매개변수 선언이 복잡해 보일 수도 있다. 그러나 apply 메소드에 무엇이 전달되고, 또 무엇이 반환되어야 하는지를 알면 map에 전달할 람다식을 쉽게 작성할 수 있다.

문제 29-1 [map]

• **문제 1**

아래의 코드에서 '문자열이 담긴 상자'를 담고 있는 컬렉션 인스턴스를 생성하였다. 이를 대상으로 스트림을 생성하고, 이 스트림을 기반으로 문자열 스트림을 생성하는 맵핑 연산을 진행해보자. 그리고 그 결과를 forEach 연산을 통해 출력해보자.

```
import java.util.List;
import java.util.Arrays;

class Box<T> {
    private T ob;
    public Box(T o) { ob = o; }
    public T get() { return ob; }
}
class BoxToString {
    public static void main(String[] args) {
        List<Box<String>> ls = Arrays.asList(new Box<>("Robot"), new Box<>("Simple"));
        // 이 위치에서 스트림의 생성 및 맵핑 연산을 진행하는 문장 구성
    }
}
```

• **문제 2**

위 문제 1에서는 Box〈String〉을 String으로 맵핑하였다. 이번에는 Box〈String〉을 Integer로 맵핑하도록 문제 1의 답안을 수정해보자. 이때 Integer는 상자에 담긴 문자열의 길이이다.

답안은 출판사 홈페이지를 통해서 제공합니다.

앞서 보인 예제 MapToInt.java는 잘 동작하지만 map의 인자로 다음 메소드에 대한 람다식을 전달하기 때문에 정수의 반환 과정에서 오토 박싱이 진행된다.

```
R apply(T t)
```

그래서 자바에서는 기본 자료형의 값을 반환하는 경우를 고려하여 다음 맵핑 관련 메소드들도 제공하고 있다. (편의상 화살표가 가리키는 수준으로 이해해도 괜찮다.)

```
IntStream mapToInt(ToIntFunction<? super T> mapper)
    → IntStream mapToInt(ToIntFunction<T> mapper)

LongStream mapToLong(ToLongFunction<? super T> mapper)
    → LongStream mapToLong(ToLongFunction<T> mapper)

DoubleStream mapToDouble(ToDoubleFunction<? super T> mapper)
    → DoubleStream mapToDouble(ToDoubleFunction<T> mapper)
```

그럼 앞서 보인 예제를 mapToInt 기반으로 수정해 보겠다.

◈ MapToInt2.java

```java
import java.util.List;
import java.util.Arrays;

class MapToInt2 {
    public static void main(String[] args) {
        List<String> ls = Arrays.asList("Box", "Robot", "Simple");

        ls.stream()
          .mapToInt(s -> s.length())
          .forEach(n -> System.out.print(n + "\t"));
        System.out.println();
    }
}
```

▶ 실행 결과: MapToInt2.java

```
명령 프롬프트
C:₩JavaStudy>java MapToInt2
3       5       6

C:₩JavaStudy>
```

이전 예제와의 유일한 차이점은 map을 대신하여 mapToInt를 호출한 것이다. 그리고 이로 인해 이전 예제와 달리 오토 박싱이 진행되지 않았다.

■ 맵핑(Mapping) 2

맵핑 관련 예제를 하나 더 보일 텐데, 이 예제에서는 필터링 후 맵핑을 한다. 즉 중간 연산을 두 번 진행한다.

◈ ToyStream.java

```
import java.util.List;
import java.util.ArrayList;

class ToyPriceInfo {   // 장난감 모델 별 가격 정보
    private String model;  // 모델 명
    private int price;   // 가격

    public ToyPriceInfo(String m, int p) {
        model = m;
        price = p;
    }
    public int getPrice() {
        return price;
    }
}

class ToyStream {
    public static void main(String[] args) {
        List<ToyPriceInfo> ls = new ArrayList<>();
        ls.add(new ToyPriceInfo("GUN_LR_45", 200));
        ls.add(new ToyPriceInfo("TEDDY_BEAR_S_014", 350));
        ls.add(new ToyPriceInfo("CAR_TRANSFORM_VER_7719", 550));

        int sum = ls.stream()
                    .filter(p -> p.getPrice() < 500)
                    .mapToInt(t -> t.getPrice())
                    .sum();
        System.out.println("sum = " + sum);
    }
}
```

▶ 실행 결과: ToyStream.java

```
C:\JavaStudy>java ToyStream
sum = 550

C:\JavaStudy>
```

위 예제의 다음 문장을 통해 얻은 결과는 '정가 500원 미만인 장난감 가격의 총합'이다.

```
int sum = ls.stream()
            .filter(p -> p.getPrice() < 500)
            .mapToInt(t -> t.getPrice())
            .sum();
```

먼저 다음 연산을 통해 가격이 500원 미만인 장난감의 가격 정보만을 모아서 스트림을 생성하였다.

```
.filter(p -> p.getPrice() < 500)
```

이렇게 얻은 스트림은 가격이 500원 미만인 ToyPriceInfo 인스턴스의 스트림인데, 다음 연산을 통해서 인스턴스에 저장되어 있는 가격 정보를 꺼내서 int형 스트림을 생성하였다.

```
.mapToInt(t -> t.getPrice())
```

끝으로 최종 연산 sum을 통해서 int형 스트림에 저장된 값의 총합을 계산하여 반환하였다.

문제 29-2 [두 번의 중간 연산]

예제 ToyStream.java의 ToyPriceInfo 클래스에 다음 메소드를 추가하자.

```
public String getModel() { return model; }
```

그리고 예제의 내용대로 스트림을 생성한 이후에 다음의 내용대로 필터링, 맵핑을 하고 마지막에 결과로 남은 스트림의 내용을 forEach 연산을 통해 전부 출력하자.

필터링 조건	model이 참조하는 문자열의 길이가 10을 넘으면 해당 인스턴스 통과
맵핑 방법	ToyPriceInfo 인스턴스 ⇨ String 인스턴스(모델명)

답안은 출판사 홈페이지를 통해서 제공합니다.

29-3 리덕션(Reduction), 병렬 스트림(Parallel Streams)

앞서 최종 연산 sum과 forEch를 사용해 보았다. 이에 이어서 최종 연산을 대표하는 reduce 메소드를 소개하고자 한다.

■ 리덕션과 reduce 메소드

'리덕션(Reduction)'은 '데이터를 축소하는 연산'을 뜻한다. 앞서 보인 sum도 리덕션 연산에 해당한다. 다수의 데이터를 더하여 '합'이라는 하나의 데이터만 남겼으니 sum도 리덕션 연산이다. 이렇듯 대부분의 리덕션 연산은 사용하기 쉬운 편이다. 그러나 여기 조금 다른 리덕션을 진행하는 메소드가 있어 소개하고자 한다.

```
T reduce(T identity, BinaryOperator<T> accumulator)   // Stream<T>에 존재
```

이 메소드는 다른 리덕션 연산에 비해 활용도가 높다. 다른 리덕션 연산의 경우 연산의 내용이 이미 정해진 상태이지만 reduce는 전달하는 람다식에 의해 연산의 내용이 결정되기 때문이다. 이 메소드의 동작 원리를 설명하기 위해 두 번째 매개변수의 형인 BinaryOperator〈T〉의 추상 메소드를 보이겠다.

```
BinaryOperator<T>         T apply(T t1, T t2)
```

reduce 호출 시 위의 메소드 apply에 대한 람다식을 인자로 전달해야 한다. 그러면 reduce는 내부적으로 apply를 호출하면서 스트림에 저장된 데이터를 다음과 같은 방식으로 줄여 나간다.

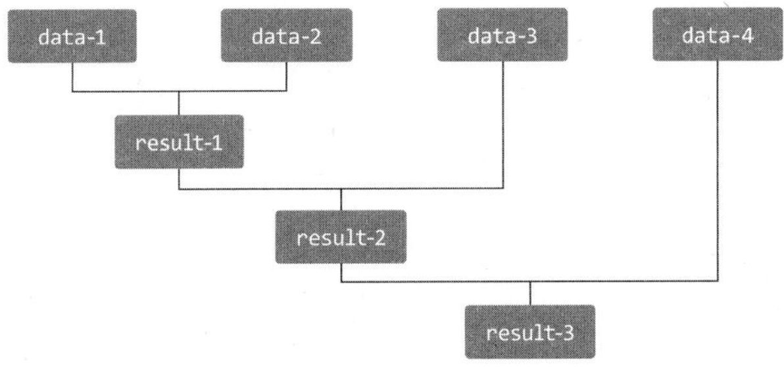

[그림 29-1: 리덕션 연산의 진행 방식]

위 그림은 스트림에 총 4개의 데이터가 존재하는 상황을 표현하였다. 이 상황에서 reduce는 내부적으로 apply를 호출하면서 data-1과 data-2를 인자로 전달하고 그 결과로 result-1을 얻는다. 그리고 이어서 result-1과 data-3을 apply에 전달하고 결과로 result-2를 얻는다. 마지막으로 result-2와 data-4를 apply에 전달하고 그 결과로 result-3을 얻는데, 이것이 최종 결과이다. 따라서 result-3은 reduce가 반환하는 최종 값이 된다. 그럼 이와 관련하여 다음 예제를 보자.

◈ ReduceStream.java

```
import java.util.List;
import java.util.Arrays;
import java.util.function.BinaryOperator;

class ReduceStream {
    public static void main(String[] args) {
        List<String> ls = Arrays.asList("Box", "Simple", "Complex", "Robot");

        BinaryOperator<String> lc = (s1, s2) -> {
            if(s1.length() > s2.length())
                return s1;
            else
                return s2;
            };

        String str = ls.stream()
                        .reduce("", lc);
        System.out.println(str);
    }
}
```

▶ 실행 결과: ReduceStream.java

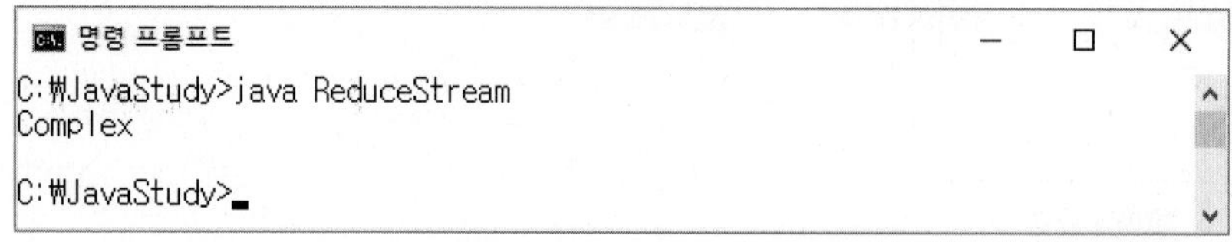
명령 프롬프트
C:₩JavaStudy>java ReduceStream
Complex
C:₩JavaStudy>

다음은 위 예제에서 작성한 람다식이다. 이 람다식이 reduce 메소드가 호출하는 apply 메소드의 몸체가 된다.

```
BinaryOperator<String> lc = (s1, s2) -> {
            if(s1.length() > s2.length())
                return s1;
            else
                return s2;
        };
```

인자로 두 개의 문자열을 전달받아서 그 길이를 비교하여 긴 문자열을 반환하는 람다식이다. (두 문자열의 길이가 동일할 때는 두 번째 문자열을 반환하도록 작성하였다.) 그리고 이 람다식을 다음과 같이 reduce 메소드를 호출하면서 인자로 전달하였다.

```
String str = ls.stream()
                .reduce("", lc);    // 스트림이 빈 경우 빈 문자열 반환
```

따라서 reduce는 내부적으로 스트림을 구성하는 문자열의 길이를 비교해 나간다. 그리고 마지막에는 가장 긴 문자열을 반환하게 된다.
한가지 더 살펴볼 내용은 reduce 메소드의 첫 번째 인자이다. 첫 번째 인자로 전달되는 값은 스트림을 구성하는 데이터가 하나도 없을 때 반환이 된다. 즉 위 예제의 경우 ls가 참조하는 컬렉션 인스턴스에 저장된 문자열이 없을 경우 빈 문자열이 반환된다. 그런데 이 정도만 알고 있으면 위의 문장을 다음과 같이 구성하는 오류를 범할 수 있다.

```
String str = ls.stream()
                .reduce("Empty Stream", lc);    // 스트림이 빈 경우 "Empty Stream" 반환
```

의도는 좋다. 스트림이 비어 있을 경우 이를 알리기 위한 문자열이 반환되도록 문장을 작성한 것이다. 그런데 이 문장으로 대체하고 예제를 실행할 경우 reduce 메소드는 "Empty Stream"을 반환한다. 스트림이 비어 있지 않아도 말이다.
reduce 메소드는 '첫 번째 인자로 전달된 값'을 스트림이 빈 경우에 반환을 한다. 뿐만 아니라 스트림이 비어 있지 않은 경우에는 이를 스트림의 첫 번째 데이터로 간주하고 리덕션을 진행한다. 때문에 "Empty Stream"이 가장 긴 문자열이 되어 reduce 메소드의 반환 값이 될 수 있다. 참고로 이러한 reduce 메소드의 특성은 의외로 유용하다. 예를 들어서 조건을 충족하는 데이터가 스트림에 없을 때, 이를 대신할 데이터를 지정할 수 있다.

■ 병렬 스트림 (Parallel Streams)

하나의 작업을 둘 이상의 작업으로 나누어서 동시에 진행하는 것을 가리켜 '병렬 처리'라 하는데, 이는

속도 측면에서의 장점은 있지만, 작업 구성이 어려워 과거에는 프로그래머들이 쉽게 적용하지 못하는 기술이었다. 그러나 멀티 코어 CPU가 대중화된 이 시점에서 자바는 언어 차원에서 '병렬 처리'를 지원한다. 따라서 프로그래머들은 작업 구성을 신경 쓰지 않고 병렬 처리를 진행할 수 있게 되었다. 그럼 앞서 보인 예제를 '병렬 처리' 기반으로 수정해보겠다.

◈ ReduceParallelStream.java

```
import java.util.List;
import java.util.Arrays;
import java.util.function.BinaryOperator;

class ReduceParallelStream {
    public static void main(String[] args) {
        List<String> ls = Arrays.asList("Box", "Simple", "Complex", "Robot");

        BinaryOperator<String> lc = (s1, s2) -> {
            if(s1.length() > s2.length())
                return s1;
            else
                return s2;
            };

        String str = ls.parallelStream()   // 병렬 처리를 위한 스트림 생성
                        .reduce("", lc);
        System.out.println(str);
    }
}
```

▶ 실행 결과: ReduceParallelStream.java

```
C:\JavaStudy>java ReduceParallelStream
Complex

C:\JavaStudy>
```

위 예제와 이전 예제의 유일한 차이점은 다음 문장에서 stream이 아닌 parallelStream 메소드를 호출했다는 것이다.

```
String str = ls.parallelStream()      // 병렬 처리를 위한 '병렬 스트림' 생성
             .reduce("", lc);
```

이렇듯 병렬 스트림을 생성하면 이어지는 연산들은 CPU의 코어 수를 고려하여 적절하게 병렬로 처리가 된다. 따라서 [그림 29-1]도 병렬 스트림을 기반으로 하면 다음과 같이 달라진다.

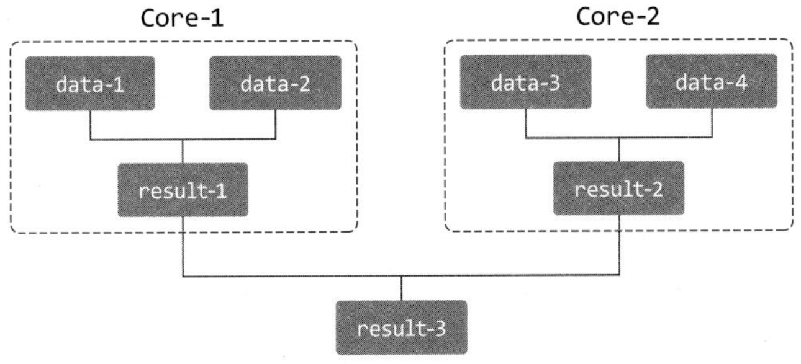

[그림 29-2: 병렬 스트림의 병렬 처리의 예]

위 그림에서는 각각 다른 코어를 기반으로 data-1과 data-2, 그리고 data-3과 data-4를 대상으로 연산이 진행되는 상황을 표현하였다. 결과적으로 둘 이상의 연산을 동시에 진행하기 때문에 '연산의 단계'를 줄일 수 있고, 이로 인해 속도 측면에서 이점을 얻을 수 있다. 참고로 (지금부터 설명하는 내용은 것은 지적인 즐거움을 위한 참고 내용이다) 앞서 보인 예제의 경우 스트림을 구성하는 문자열은 다음과 같았는데,

```
"Box", "Simple", "Complex", "Robot"
```

reduce 메소드의 첫 번째 인자로 빈 문자열이 전달되었으니, CPU의 코어가 넷 이상이라면 가상머신은 네 개의 코어를 활용하여 다음과 같은 방법으로 첫 번째 연산을 동시에 진행한다.

```
"빈 문자열" vs. "Box"
"빈 문자열" vs. "Simple"
"빈 문자열" vs. "Complex"
"빈 문자열" vs. "Robot"
```

그리고 나서 얻은 네 개의 결과물을 가지고 두 개의 코어를 활용하여 다음 연산을 동시에 진행한다.

```
"Box" vs. "Simple"
"Complex" vs. "Robot"
```

그리고 마지막으로 하나의 코어를 활용하여 다음 연산을 진행하고 최종 결과를 얻게 된다. 이렇듯 병렬 처리의 핵심은 연산의 횟수를 줄이는데 있지 않고 연산의 단계를 줄이는데 있다.

```
"Simple" vs. "Complex"
```

Chapter 30

스트림 2

30-1. 스트림의 생성과 연결
- 스트림의 생성: 스트림 생성에 필요한 데이터를 직접 전달
- DoubleStream, IntStream, LongStream
- 병렬 스트림으로 변경
- 스트림의 연결

30-2. 스트림의 중간 연산
- 맵핑(Mapping)에 대한 추가 정리
- 정렬
- 루핑(Looping)

30-3. 스트림의 최종 연산
- sum(), count(), average(), min(), max()
- forEach
- allMatch, anyMatch, noneMatch
- collect
- 병렬 스트림에서의 collect

앞서 Chapter 29를 통해 스트림에 대한 전반적인 설명을 진행하였다. 따라서 이번에는 당시에 설명하지 않은 부분들을 설명하고자 한다. 그리고 본 Chapter는 레퍼런스의 성격도 어느 정도 포함하고 있다.

30-1 스트림의 생성과 연결

Chapter 29의 내용을 학습했다는 가정하에 이야기를 진행하겠다. 즉 Chapter 29에서 언급한 내용을 중복해서 설명하지는 않는다.

■ 스트림의 생성: 스트림 생성에 필요한 데이터를 직접 전달

스트림의 생성과 관련하여 Stream<T> 인터페이스에 정의되어 있는 static 메소드가 둘이 있다.

```
static <T> Stream<T> of(T t)
static <T> Stream<T> of(T...values)
```

이 두 메소드에는 스트림 생성에 필요한 데이터를 인자로 직접 전달할 수 있다. 단 사용에 있어서 주의할 부분도 있는데 다음 예제를 통해서 이를 보이겠다.

◈ StreamOfStream.java

```
import java.util.List;
import java.util.Arrays;
import java.util.stream.Stream;

class StreamOfStream {
```

```
    public static void main(String[] args) {
        Stream.of(11, 22, 33, 44)    // ex 1
              .forEach(n -> System.out.print(n + "\t"));
        System.out.println();

        Stream.of("So Simple")    // ex 2
              .forEach(s -> System.out.print(s + "\t"));
        System.out.println();

        List<String> sl = Arrays.asList("Toy", "Robot", "Box");
        Stream.of(sl)    // ex 3
              .forEach(w -> System.out.print(w + "\t"));
        System.out.println();
    }
}
```

▶ 실행 결과: StreamOfStream.java

```
명령 프롬프트
C:₩JavaStudy>java StreamOfStream
11      22      33      44
So Simple
[Toy, Robot, Box]

C:₩JavaStudy>
```

위 예제에서는 다음 메소드 호출을 통해서 네 개의 정수로 이루어진 스트림을 생성하였다. 물론 스트림의 생성 과정에서 Integer형으로 오토 박싱이 진행된다.

```
Stream.of(11, 22, 33, 44)
```

그리고 다음 메소드 호출을 통해서 하나의 문자열 "So Simple"로 이루어진 스트림도 생성하였다.

```
Stream.of("So Simple")
```

그렇다면 다음 메소드 호출을 통해서 만들어진 스트림은 어떠한 데이터로 이뤄져 있겠는가?

```
List<String> sl = Arrays.asList("Toy", "Robot", "Box");
Stream.of(sl)      // 어떤 데이터로 이뤄진 스트림이 생성되는가?
```

이 경우 세 개의 문자열로 이뤄진 스트림이 생성되는 것으로 오해할 수 있다. 그러나 위 문장을 통해서 생성된 스트림에는 하나의 인스턴스만 존재한다. 그리고 그 인스턴스는 참조변수 sl이 참조하는 컬렉션 인스턴스이다.
이렇듯 컬렉션 인스턴스도 그 자체로 스트림을 이루는 데이터가 되게 할 수 있다. 이는 언뜻 불필요할 것 같지만 복잡한 데이터를 관리하고 처리할 경우 유용하게 사용되기도 한다.

참 고 Stream.of 메소드에 배열을 전달하는 경우

Stream.of 메소드에 컬렉션 인스턴스를 전달하면 해당 인스턴스 하나로 이뤄진 스트림이 생성됨을 예제를 통해 보였다. 그런데 Stream.of 메소드에 배열을 전달하면 그때는 하나의 배열로 이뤄진 스트림이 생성되는 것이 아니라, 배열에 저장된 요소로 이뤄진 스트림이 생성된다.

■ DoubleStream, IntStream, LongStream

인터페이스 Stream⟨T⟩의 타입 매개변수 T에 int와 같은 기본 자료형의 이름이 올 수 없으므로 다음 인터페이스들이 정의되어 있다.

```
DoubleStream, IntStream, LongStream
```

그리고 앞서 소개한 of 메소드가 위의 인터페이스에 다음과 같이 정의되어 있다.

```
static DoubleStream of(double...values)    // DoubleStream의 메소드
static DoubleStream of(double t)    // DoubleStream의 메소드

static IntStream of(int...values)    // IntStream의 메소드
static IntStream of(int t)    // IntStream의 메소드

static LongStream of(long...values)    // LongStream의 메소드
static LongStream of(long t)    // LongStream의 메소드
```

따라서 위의 메소드를 통해서 기본 자료형 데이터로 이뤄진 스트림을 생성하면, 불필요한 오토 박싱과 오토 언박싱을 피할 수 있다. 그리고 다음 메소드들을 통해서 범위 내에 있는 값들로 스트림을 구성할 수도 있다.

```
static IntStream range(int startInclusive, int endExclusive)    // IntStream의 메소드
static IntStream rangeClosed(int startInclusive, int endInclusive)    // IntStream의 메소드

static LongStream range(Long startInclusive, Long endExclusive)    // LongStream의 메소드
static LongStream rangeClosed(Long startInclusive, Long endInclusive)    // LongStream의 메소드
```

위 유형의 메소드가 double형에 대해서는 존재하지 않는데, 이유는 두 실수 사이에 존재하는 값의 수는 셀 수 없기 때문이다. 그럼 다음 예제를 통해서 지금까지 설명한 메소드들 중 몇몇을 호출해 보겠다.

◈ CreateIntStream.java

```
import java.util.Arrays;
import java.util.stream.IntStream;

class CreateIntStream {
    public static void showIntStream(IntStream is) {
        is.forEach(n -> System.out.print(n + "\t"));
        System.out.println();
    }

    public static void main(String[] args) {
        IntStream is3 = IntStream.of(7, 5, 3);    // 인자로 전달한 값을 스트림으로
        showIntStream(is3);

        IntStream is4 = IntStream.range(5, 8);    // 숫자 5부터 8 이전까지 스트림으로
        showIntStream(is4);

        IntStream is5 = IntStream.rangeClosed(5, 8);    // 숫자 5부터 8까지 스트림으로
        showIntStream(is5);
    }
}
```

▶ 실행 결과: CreateIntStream.java

명령 프롬프트

```
C:\JavaStudy>java CreateIntStream
7       5       3
5       6       7
5       6       7       8

C:\JavaStudy>_
```

■ 병렬 스트림으로 변경

이미 스트림을 생성한 상태에서 이를 기반으로 병렬 스트림을 생성하기를 원한다면 다음 메소드를 호출하면 된다.

```
Stream<T> parallel()      // Stream<T>의 메소드
```

마찬가지로 다음 메소드들도 병렬 스트림으로의 변경을 목적으로 호출하는 메소드들이다.

```
DoubleStream parallel()  // DoubleStream의 메소드
IntStream parallel()     // IntStream의 메소드
LongStream parallel()    // LongStream의 메소드
```

참고로 parallel 메소드는 Stream〈T〉, DoubleStream과 같이 스트림을 참조할 수 있는 형의 인터페이스들이 상속하는 BaseStream 인터페이스의 추상 메소드이다.
그럼 다음 예제를 보자. 이 예제는 Chapter 29의 마지막 예제와 내용이 동일하다. 다만 일반 스트림 생성 이후에 이를 기반으로 병렬 스트림을 생성하는 부분에서만 차이가 난다.

◈ ToParallelStream.java

```
import java.util.List;
import java.util.Arrays;
import java.util.stream.Stream;
import java.util.function.BinaryOperator;

class ToParallelStream {
    public static void main(String[] args) {
        List<String> ls = Arrays.asList("Box", "Simple", "Complex", "Robot");
        Stream<String> ss = ls.stream();   // 스트림 생성

        BinaryOperator<String> lc = (s1, s2) -> {
            if(s1.length() > s2.length())
                return s1;
            else
                return s2;
            };

        String str = ss.parallel()   // 병렬 스트림 생성
                       .reduce("", lc);
        System.out.println(str);
    }
}
```

▶ 실행 결과: ToParallelStream.java

```
명령 프롬프트
C:\JavaStudy>java ToParallelStream
Complex

C:\JavaStudy>_
```

■ 스트림의 연결

두 개의 스트림을 연결하여 하나의 스트림을 생성할 수도 있는데, 이를 위해 호출하는 메소드는 다음과 같다. (편의상 화살표가 가리키는 수준으로 기억하고 있어도 괜찮다.)

```
static <T> Stream<T> concat(Stream<? extends T> a, Stream<? extends T> b)
    → static <T> Stream<T> concat(Stream<T> a, Stream<T> b)
```

위의 메소드는 Stream<T>에 정의된 메소드인데, DoubleStream, IntStream, LongStream에도 이에 해당하는 메소드들이 각각 다음과 같이 정의되어 있다.

```
static DoubleStream concat(DoubleStream a, DoubleStream b)
static IntStream concat(IntStream a, IntStream b)
static LongStream concat(LongStream a, LongStream b)
```

다음 예제에서는 두 문자열 스트림을 하나의 스트림으로 묶는 방법을 보인다.

◈ ConcateStringStream.java

```
import java.util.Arrays;
import java.util.stream.Stream;

class ConcateStringStream {
    public static void main(String[] args) {
        Stream<String> ss1 = Stream.of("Cake", "Milk");
        Stream<String> ss2 = Stream.of("Lemon", "Jelly");

        // 스트림을 하나로 묶은 후 출력
        Stream.concat(ss1, ss2)
              .forEach(s -> System.out.println(s));
    }
}
```

▶ 실행 결과: ConcateStringStream.java

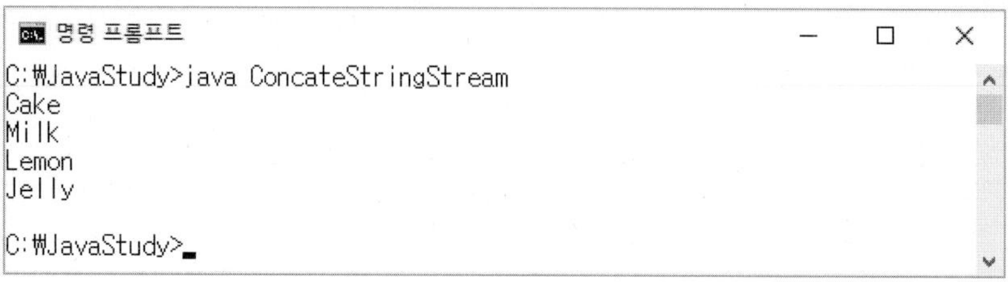
```
C:\JavaStudy>java ConcateStringStream
Cake
Milk
Lemon
Jelly

C:\JavaStudy>_
```

30-2 스트림의 중간 연산

Chapter 29에서는 중간 연산인 맵핑과 필터링을 소개하였는데, 이외에도 다른 중간 연산들이 있어 이들을 소개하고 정리하고자 한다.

■ 맵핑(Mapping)에 대한 추가 정리

Chapter 29에서 맵핑을 소개하면서 Stream〈T〉에 존재하는 다음 map 시리즈의 메소드들을 소개하였다.

```
[Stream<T>의 map 시리즈 메소드들]
<R> Stream<R> map(Function<T, R> mapper)
IntStream mapToInt(ToIntFunction<T> mapper)
LongStream mapToLong(ToLongFunction<T> mapper)
DoubleStream mapToDouble(ToDoubleFunction<T> mapper)
```

그러나 맵핑 관련 메소드의 종류는 더 다양하다. 다음과 같이 Stream〈T〉에 위치한 flatMap 시리즈의 메소드들도 있다. (편의상 화살표가 가리키는 수준으로 기억하고 있어도 괜찮다.)

```
[Stream<T>의 flatMap 시리즈 메소드들]
<R> Stream<R> flatMap(Function<? super T, ? extends Stream<? extends R>> mapper)
    → <R> Stream<R> flatMap(Function<T, Stream<R>> mapper)

IntStream flatMapToInt(Function<? super T, ? extends IntStream> mapper)
    → IntStream flatMapToInt(Function<T, IntStream> mapper)

LongStream flatMapToLong(Function<? super T, ? extends LongStream> mapper)
    → LongStream flatMapToLong(Function<T, LongStream> mapper)

DoubleStream flatMapToDouble(Function<? super T, ? extends DoubleStream> mapper)
    → DoubleStream flatMapToDouble(Function<T, DoubleStream> mapper)
```

map 시리즈 메소드와 flatMap 시리즈 메소드의 차이점은 매개변수 선언을 보면 알 수 있다. 다음 매개변수 선언에서,

```
<R> Stream<R> flatMap(Function<T, Stream<R>> mapper)
```

Function〈T, R〉의 추상 메소드는 R apply(T t)이므로, 위 메소드 호출 시 전달해야 할 람다식이 구현해야 할 메소드는 다음과 같다.

```
Stream<R> apply(T t)
```

즉 flatMap에 전달할 람다식에서는 '스트림을 생성하고 이를 반환'해야 한다. 반면 map에 전달할 람다식에서는 스트림을 구성할 데이터만 반환하면 된다. 그럼 이와 관련하여 다음 예제를 보자.

◈ FlatMapStream.java

```java
import java.util.Arrays;
import java.util.stream.Stream;

class FlatMapStream {
    public static void main(String[] args) {
        Stream<String> ss1 = Stream.of("MY_AGE", "YOUR_LIFE");

```

```
        // 아래 람다식에서 스트림을 생성
        Stream<String> ss2 = ss1.flatMap(s -> Arrays.stream(s.split("_")));
        ss2.forEach(s -> System.out.print(s + "\t"));
        System.out.println();
    }
}
```

▶ 실행 결과: FlatMapStream.java

```
명령 프롬프트
C:\JavaStudy>java FlatMapStream
MY      AGE     YOUR    LIFE

C:\JavaStudy>
```

위 예제에서 호출한 String 클래스의 다음 메소드는 인자로 전달된 '기준'을 근거로 문자열을 나누고, 나뉜 문자열을 배열에 담아서 반환한다.

```
public String[] split(String regex)
```

→ 인자로 전달된 구분자 정보를 기준으로 문자열 나누고, 이를 배열에 담아서 반환

따라서 예제에서는 문자열 "MY_AGE"와 "YOUR_LIFE"에 대해 각각 다음 람다식이 실행되고, 이때 생성된 두 개의 스트림을 하나로 묶은 스트림이 flatMap의 연산 결과로 반환이 된다.

```
s -> Arrays.stream(s.split("_"))
```

Chapter 29에서 보인 map은 일대 일로 매핑을 진행하였다. 그러나 위 예제에서 보이듯이 flatMap은 일대 다의 매핑을 진행한다. (두 개의 긴 문자열을 대상으로 매핑을 진행해서 네 개의 작은 문자열이 되게 하였다.)

그럼 예제를 하나 더 보이겠다. 다음은 어떤 한 학급의 학생들 평균 점수를 구하는 예제이다. 이는 앞서 보인 예제들에 비해 현실적으로 의미가 있는 예제이다.

◈ GradeAverage.java

```
import java.util.Arrays;
import java.util.stream.Stream;
import java.util.stream.IntStream;

```

```java
class ReportCard {
    private int kor;   // 국어 점수
    private int eng;   // 영어 점수
    private int math;  // 수학 점수

    public ReportCard(int k, int e, int m) {
        kor = k;
        eng = e;
        math = m;
    }
    public int getKor() { return kor; }
    public int getEng() { return eng; }
    public int getMath() { return math; }
}

class GradeAverage {
    public static void main(String[] args) {
        ReportCard[] cards = {
            new ReportCard(70, 80, 90),
            new ReportCard(90, 80, 70),
            new ReportCard(80, 80, 80)
        };

        // ReportCard 인스턴스로 이뤄진 스트림 생성
        Stream<ReportCard> sr = Arrays.stream(cards);

        // 학생들의 점수 정보로 이뤄진 스트림 생성
        IntStream si = sr.flatMapToInt(
            r -> IntStream.of(r.getKor(), r.getEng(), r.getMath()));

        // 평균을 구하기 위한 최종 연산 average 진행
        double avg = si.average().getAsDouble();
        System.out.println("avg. " + avg);
    }
}
```

▶ 실행 결과: GradeAverage.java

```
명령 프롬프트
C:\JavaStudy>java GradeAverage
avg. 80.0

C:\JavaStudy>
```

위 예제의 다음 문장을 보자.

```
IntStream si = sr.flatMapToInt(
        r -> IntStream.of(r.getKor(), r.getEng(), r.getMath()));
```

위 문장의 람다식에서는 국어, 영어, 수학 점수로 이루어진 스트림을 생성해서 반환한다. 따라서 위의 flatMapToInt 연산을 통해서 생성된 스트림에는 모든 학생들의 국, 영, 수에 대한 점수가 담긴다. 그리고 이렇게 얻은 스트림을 대상으로 다음 문장을 통해 평균을 구하였다.

```
double avg = si.average().getAsDouble();
```

참고로 스트림의 종류에 따라서 호출할 수 있는 최종 연산의 종류가 나뉜다. IntStream형 참조변수로 참조하는 스트림을 대상으로는 다음 메소드를 호출할 수 있지만, Stream<T>형 참조변수로 참조하는 스트림을 대상으로는 다음 메소드를 호출할 수 없다. (이후에 다시 언급하고 정리한다.)

```
OptionalDouble average()
    → 인터페이스 IntStream, LongStream, DoubleStream에 존재하는 메소드
```

그런데 위 메소드의 반환형이 OptionalDouble이다. 따라서 그 안에 저장된 값은 getAsDouble 메소드 호출을 통해 얻을 수 있다. 그리고 Chapter 28을 공부하였으니 위의 예제를 다음과 같이 작성할 수 있어야 한다.

◈ GradeAverage2.java

```
import java.util.Arrays;
import java.util.stream.IntStream;

class ReportCard {
    // 이전 예제의 ReportCard와 동일하니 내용을 생략합니다.
}

class GradeAverage2 {
    public static void main(String[] args) {
        ReportCard[] cards = {
            new ReportCard(70, 80, 90),
            new ReportCard(90, 80, 70),
            new ReportCard(80, 80, 80)
        };

        Arrays.stream(cards)
              .flatMapToInt(r -> IntStream.of(r.getKor(), r.getEng(), r.getMath()))
```

```
                .average()
                .ifPresent(avg -> System.out.println("avg. " + avg));
    }
}
```

▶ 실행 결과: GradeAverage2.java

```
명령 프롬프트
C:\JavaStudy>java GradeAverage2
avg. 80.0

C:\JavaStudy>
```

■ 정렬

정렬 기능을 제공하는 중간 연산 메소드들은 다음과 같다.

```
Stream<T> sorted(Comparator<? super T> comparator)    // Stream<T>의 메소드
Stream<T> sorted()         // Stream<T>의 메소드
IntStream sorted()         // IntStream의 메소드
LongStream sorted()        // LongStream의 메소드
DoubleStream sorted()      // DoubleStream의 메소드
```

그럼 다음 예제를 통해서 Stream〈T〉의 sorted 메소드의 호출의 예를 보이겠다.

◈ InstSortedStream.java

```
import java.util.stream.Stream;

class InstSortedStream {
    public static void main(String[] args) {
        Stream.of("Box", "Apple", "Robot")
              .sorted()
              .forEach(s -> System.out.print(s + '\t'));
        System.out.println();

        Stream.of("Box", "Apple", "Rabbit")
              .sorted((s1, s2) -> s1.length() - s2.length())
```

```
                .forEach(s -> System.out.print(s + '\t'));
        System.out.println();
    }
}
```

▶ 실행 결과: InstSortedStream.java

```
명령 프롬프트
C:\JavaStudy>java InstSortedStream
Apple   Box     Robot
Box     Apple   Rabbit

C:\JavaStudy>_
```

정렬의 진행 방법이나 결과는 이전에 설명한 컬렉션 인스턴스의 정렬과 같다. 예를 들어 다음 메소드를 통한 정렬을 위해서는 스트림을 구성하는 인스턴스가 Comparable〈T〉 인터페이스를 구현하고 있어야 한다.

```
Stream<T> sorted()
```

즉 스트림을 구성하는 인스턴스는 Comparable〈T〉의 compareTo를 구현하고 있어야 한다. 그리고 이 조건은 Collections 클래스의 sort 메소드 호출을 위한 조건과 동일하다. 그렇다면 compareTo는 어떤 값을 반환하도록 정의해야 할까? 이 역시 Chapter 23에서 다음과 같이 설명하였는데, 이 내용이 그대로 적용된다.

```
int compareTo(T o)
```

- 인자로 전달된 o가 작다면 양의 정수 반환
- 인자로 전달된 o가 크다면 음의 정수 반환
- 인자로 전달된 o와 같다면 0을 반환

그리고 예제에서 두 번째 스트림을 대상으로 다음 sorted 메소드를 호출하였다.

```
Stream<T> sorted(Comparator<? super T> comparator)
```

위의 메소드를 호출할 때에는 Comparator〈T〉의 compare 메소드 구현에 해당하는 람다식을 전달해야 한다. 그리고 이 메소드의 구현이 어떤 값을 반환해야 하는지에 대해서도 Chapter 23에서 다음과 같이 설명하였고 이 내용이 그대로 적용된다.

```
int compare(T o1, T o2)
```

- o1이 o2보다 크면 양의 정수 반환
- o1이 o2보다 작으면 음의 정수 반환
- o1과 o2가 같다면 0 반환

마지막으로 IntStream, LongStream, DoubleStream의 sorted 메소드에 대해서는 예제의 실행 결과를 통해서 이해하는 것이 좋을 듯하니, 다음 예제로 이에 대한 설명을 대신하고자 한다.

◈ PrimitiveSortedStream.java

```
import java.util.stream.IntStream;
import java.util.stream.DoubleStream;

class PrimitiveSortedStream {
    public static void main(String[] args) {
        IntStream.of(3, 9, 4, 2)
                 .sorted()
                 .forEach(d -> System.out.print(d + "\t"));
        System.out.println();

        DoubleStream.of(3.3, 6.2, 1.5, 8.3)
                    .sorted()
                    .forEach(d -> System.out.print(d + "\t"));
        System.out.println();
    }
}
```

▶ 실행 결과: PrimitiveSortedStream.java

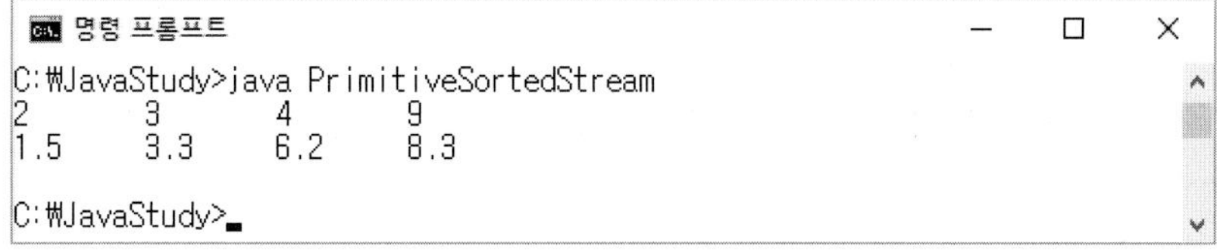
명령 프롬프트
C:₩JavaStudy>java PrimitiveSortedStream
2 3 4 9
1.5 3.3 6.2 8.3
C:₩JavaStudy>

■ 루핑(Looping)

스트림을 이루는 모든 데이터 각각을 대상으로 특정 연산을 진행하는 행위를 가리켜 '루핑'이라 한다. 그리고 대표적인 루핑 연산으로 forEach가 있다. 그러나 이는 '최종 연산'이다. 반면 '중간 연산'에도 루핑을 위한 다음 메소드들이 존재한다.

```
Stream<T> peek(Consumer<? super T> action)     // Stream<T>의 메소드
IntStream peek(IntConsumer action)      // IntStream의 메소드
LongStream peek(LongConsumer action)    // LongStream의 메소드
DoubleStream peek(DoubleConsumer action)       // DoubleStream의 메소드
```

즉 위의 메소드들은 '최종 연산'이냐 '중간 연산'이냐 하는 부분에서만 forEach와 차이가 있다. 그럼 다음 예제를 통해서는 스트림의 '지연(Lazy) 처리'를 확인해보겠다.

◈ LazyOpStream.java

```java
import java.util.stream.IntStream;

class LazyOpStream {
    public static void main(String[] args) {
        // 최종 연산이 생략된 스트림의 파이프라인
        IntStream.of(1, 3, 5)
                 .peek(d -> System.out.print(d + "\t"));
        System.out.println();

        // 최종 연산이 존재하는 스트림의 파이프라인
        IntStream.of(5, 3, 1)
                 .peek(d -> System.out.print(d + "\t"))
                 .sum();
        System.out.println();
    }
}
```

▶ 실행 결과: LazyOpStream.java

```
명령 프롬프트
C:\JavaStudy>java LazyOpStream
5       3       1
C:\JavaStudy>
```

다음 스트림의 파이프라인에는(연산들에는) 최종 연산이 존재하지 않는다. 따라서 중간 연산은 진행되지 않는다.

```
IntStream.of(1, 3, 5)
        .peek(d -> System.out.print(d + "\t"));
```

반면 다음 파이프라인에는 최종 연산이 존재한다. 이 최종 연산 sum은 스트림에 저장된 값을 모두 더하여 그 결과를 반환한다.

```
IntStream.of(5, 3, 1)
        .peek(d -> System.out.print(d + "\t"))
        .sum();
```

그런데 위의 문장에서 sum이 반환하는 값을 저장하거나 출력하지 않는다. 따라서 sum은 프로그램의 실행 결과에 아무런 영향을 주지 않는다. 그럼에도 불구하고 이 연산으로 인해 파이프라인에 데이터가 흐른다. 따라서 중간 연산이 실행된다.

30-3 스트림의 최종 연산

앞서 Chapter 29에서 reduce 메소드를 학습하였다. 이미 대표적인 최종 연산을 이해하였으니 지금부터 설명하는 내용은 한번 이해하고 필요할 때 참고할 수 있으면 된다. 따라서 참고가 용이하도록 메소드의 이름을 소제목으로 하였다.

■ sum(), count(), average(), min(), max()

최종 연산에는 sum, count, average, min, max가 존재한다. 그런데 메소드의 이름이 의미하듯이 이는 수에 의미 있는 연산이다. 따라서 IntStream, LongStream, DoubleStream형 참조변수가 참조하는 스트림을 대상으로만 이 연산들이 가능하다.

```
[IntStream의 메소드들]
int sum()
long count()
OptionalDouble average()
OptionalInt min()
OptionalInt max()

[DoubleStream의 메소드들]
double sum()
long count()
OptionalDouble average()
OptionalDouble min()
OptionalDouble max()
```

LongStream에도 동일한 이름의 메소드들이 존재하나 위에서는 보이지 않았다. 그럼 다음 예제를 통해서 위 메소드들의 호출의 예를 보이겠다.

◈ OpIntStream.java

```
import java.util.stream.IntStream;

class OpIntStream {
    public static void main(String[] args) {
        // 합
        int sum = IntStream.of(1, 3, 5, 7, 9)
                           .sum();
        System.out.println("sum = " + sum);

        // 개수
        long cnt = IntStream.of(1, 3, 5, 7, 9)
                            .count();
        System.out.println("count = " + cnt);
```

```

        // 평균
        IntStream.of(1, 3, 5, 7, 9)
                .average()
                .ifPresent(av -> System.out.println("avg = " + av));

        // 최소
        IntStream.of(1, 3, 5, 7, 9)
                .min()
                .ifPresent(mn -> System.out.println("min = " + mn));

        // 최대
        IntStream.of(1, 3, 5, 7, 9)
                .max()
                .ifPresent(mx -> System.out.println("max = " + mx));
    }
}
```

▶ 실행 결과: OpIntStream.java

```
명령 프롬프트
C:₩JavaStudy>java OpIntStream
sum = 25
count = 5
avg = 5.0
min = 1
max = 9

C:₩JavaStudy>
```

위 예제를 보면서 다음과 같은 스타일로 예제를 작성하면 어떨까 하는 생각을 해볼 수 있다. 하나의 스트림을 생성해서 이를 기반으로 합도 계산하고 개수도 하는 등 필요한 모든 것을 계산하는 것이다.

```
public static void main(String[] args) {
    IntStream is = IntStream.of(1, 3, 5, 7, 9);
    System.out.println("sum = " + is.sum());
    System.out.println("count = " + is.count());
    ....
}
```

그러나 스트림은 최종 연산을 하는 순간 '파이프라인'의 마지막을 통과해버린다. 따라서 이미 흘러가버린 스트림을 대상으로는 그 어떤 연산도 추가로 진행할 수 없다. 때문에 위 예제에서 보이듯이 얻고자 하는 것이 있다면 그때마다 매번 스트림을 생성해야 한다. 그리고 이러한 스트림의 특성 때문에 실제 코드에서 Stream〈T〉형 참조변수나 IntStream형 참조변수를 선언할 일이 거의 없다. 다만 본서에서는 이해를 돕기 위해 초반에 그리고 일부 예제에서 선언하였을 뿐이다.

■ forEach

이미 자주 사용해본 forEach 연산이다. 따라서 어디에 존재하는 메소드인지 한 차례 정리만 하고자 한다.

```
void forEach(Consumer<? super T> action)       // Stream<T>의 메소드
void forEach(IntConsumer action)        // IntStream의 메소드
void forEach(LongConsumer action)       // LongStream의 메소드
void forEach(DoubleConsumer action)     // DoubleStream의 메소드
```

앞서 언급했듯이 forEach와 peek은 각각 최종 연산과 중간 연산이라는 부분에서만 차이가 있다. 즉 forEach는 최종 연산이기 때문에 반환형이 void이다. 반면 peek은 중간 연산이기 때문에 반환형이 void가 아니다. peek이 반환한 결과를 대상으로 최종 연산을 진행해야 하기 때문이다.

■ allMatch, anyMatch, noneMatch

중간 연산을 통해 생성된 스트림에 대해 다음과 같은 유형의 질문을 할 수 있다.

"스트림 안에 저장된 데이터가 모두 0보다 큰 수인가?"
"스트림 안에 저장된 데이터 중에서 0보다 큰 수가 하나라도 있는가?"
"스트림 안에 저장된 데이터는 모두 0보다 크지 않은가?"

그리고 이러한 유형의 질문을 위해 다음 메소드들이 존재한다.

```
[Stream<T>의 메소드들]
boolean allMatch(Predicate<? super T> predicate)
        → 스트림의 데이터가 조건을 모두 만족하는가?

boolean anyMatch(Predicate<? super T> predicate)
```

→ 스트림의 데이터가 조건을 하나라도 만족하는가?

```
boolean noneMatch(Predicate<? super T> predicate)
```

→ 스트림의 데이터가 조건을 하나도 만족하지 않는가?

```
[IntStream의 메소드들]

boolean allMatch(IntPredicate predicate)
boolean anyMatch(IntPredicate predicate)
boolean noneMatch(IntPredicate predicate)

[DoubleStream의 메소드들]

boolean allMatch(DoublePredicate predicate)
boolean anyMatch(DoublePredicate predicate)
boolean noneMatch(DoublePredicate predicate)
```

그리고 위에서 보이지는 않았지만 LongStream에도 이에 해당하는 메소드들이 존재한다. 그럼 다음 예제를 통해서 위 메소드들의 호출의 예를 보이겠다.

◈ MatchStream.java

```
import java.util.stream.IntStream;

class MatchStream {
    public static void main(String[] args) {
        boolean b = IntStream.of(1, 2, 3, 4, 5)
                             .allMatch(n -> n%2 == 0);
        System.out.println("모두 짝수이다. " + b);

        b = IntStream.of(1, 2, 3, 4, 5)
                     .anyMatch(n -> n%2 == 0);
        System.out.println("짝수가 하나는 있다. " + b);

        b = IntStream.of(1, 2, 3, 4, 5)
                     .noneMatch(n -> n%2 == 0);
        System.out.println("짝수가 하나도 없다. " + b);
    }
}
```

▶ 실행 결과: MatchStream.java

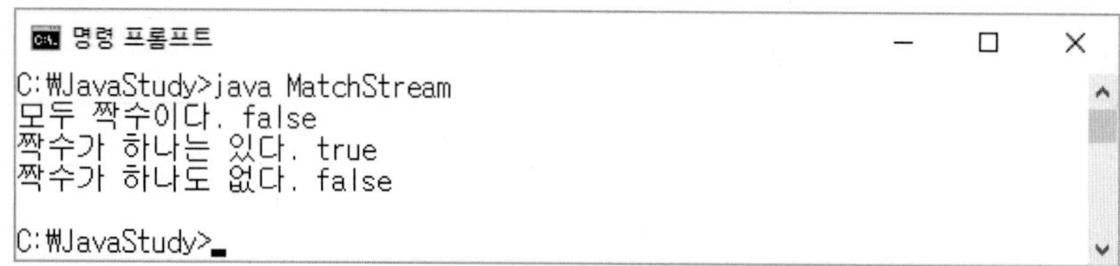
명령 프롬프트
C:\JavaStudy>java MatchStream
모두 짝수이다. false
짝수가 하나는 있다. true
짝수가 하나도 없다. false
C:\JavaStudy>

예제에서 등장한 allMatch 연산은 다음과 같다. 스트림의 모든 데이터가 전달된 람다식의 조건을 만족하는 경우 true를 반환한다.

```
.allMatch(n -> n%2 == 0)
```

이어서 등장한 anyMatch 연산은 다음과 같다. 스트림의 데이터 중 하나라도 전달된 람다식의 조건을 만족하는 경우 true를 반환한다.

```
.anyMatch(n -> n%2 == 0)
```

마지막으로 등장한 noneMatch 연산은 다음과 같다. 스트림의 데이터 모두 전달된 람다식의 조건을 만족하지 않는 경우 true를 반환한다.

```
.noneMatch(n -> n%2 == 0)
```

예를 하나 더 들겠다. 이는 평균 점수가 90점 이상인 학생이 있는지를 묻고, 있다면 모든 학생의 평균이 90점 이상인지 재차 묻는 예제이다.

◈ GradeAverage90.java

```
import java.util.Arrays;
import java.util.stream.Stream;
import java.util.stream.DoubleStream;

class ReportCard {
    private int kor;    // 국어 점수
    private int eng;    // 영어 점수
    private int math;   // 수학 점수

    public ReportCard(int k, int e, int m) {
        kor = k;
        eng = e;
        math = m;
```

```
    }
    public int getKor() { return kor; }
    public int getEng() { return eng; }
    public int getMath() { return math; }
}

class GradeAverage90 {
    public static void main(String[] args) {
        ReportCard[] cards = {
            new ReportCard(98, 84, 90),
            new ReportCard(92, 87, 95),
            new ReportCard(85, 99, 93)
        };

        boolean b1 = Arrays.stream(cards)
            .mapToDouble(r -> (r.getKor() + r.getEng() + r.getMath()) / 3.0)
            .anyMatch(avg -> avg >= 90.0);
        System.out.println("평균 90 이상이 한 명 이상 존재합니다. " + b1);

        if(b1 == true) {
            boolean b2 = Arrays.stream(cards)
                .mapToDouble(r -> (r.getKor() + r.getEng() + r.getMath()) / 3.0)
                .allMatch(avg -> avg >= 90.0);
            System.out.println("모두 평균 90 이상입니다. " + b2);
        }
    }
}
```

▶ 실행 결과: GradeAverage90.java

```
명령 프롬프트
C:\JavaStudy>java GradeAverage90
평균 90 이상이 한 명 이상 존재합니다. true
모두 평균 90 이상입니다. true

C:\JavaStudy>_
```

■ collect

앞서 언급했듯이 한번 파이프라인에 흘려보낸 스트림은 되돌리거나 다른 파이프라인에 다시 흘려보낼 수 없다. 때문에 필요하다면 파이프라인을 통해서 가공되고 걸러진 데이터를 최종 연산 과정에서 별도로 저장해야 한다. 그리고 이때 다음 메소드를 호출하게 된다.

```
[Stream<T>의 메소드]
<R> R collect(Supplier<R> supplier,
              BiConsumer<R, ? super T> accumulator,
              BiConsumer<R, R> combiner)

[IntStream의 메소드]
<R> R collect(Supplier<R> supplier,
              ObjIntConsumer<R> accumulator,
              BiConsumer<R, R> combiner)

[LongStream의 메소드]
<R> R collect(Supplier<R> supplier,
              ObjLongConsumer<R> accumulator,
              BiConsumer<R, R> combiner)

[DoubleStream의 메소드]
<R> R collect(Supplier<R> supplier,
              ObjDoubleConsumer<R> accumulator,
              BiConsumer<R, R> combiner)
```

매개변수 선언을 보면 복잡해 보이지만 사용하기는 어렵지 않다. 그럼 예제를 통해서 collect 메소드의 사용 방법을 보이겠다. 다음은 문자열로 구성된 스트림에서 길이가 5 미만인 문자열을 걸러내어 컬렉션 인스턴스에 저장하는 예이다.

◈ CollectStringStream.java

```
import java.util.List;
import java.util.Arrays;
import java.util.ArrayList;
import java.util.stream.Stream;

```

```
class CollectStringStream {
    public static void main(String[] args) {
        String[] words = {"Hello", "Box", "Robot", "Toy"};
        Stream<String> ss = Arrays.stream(words);

        List<String> ls = ss.filter(s -> s.length() < 5)
                            .collect(() -> new ArrayList<>(),
                                     (c, s) -> c.add(s),
                                     (lst1, lst2) -> lst1.addAll(lst2));
        System.out.println(ls);
    }
}
```

▶ 실행 결과: CollectStringStream.java

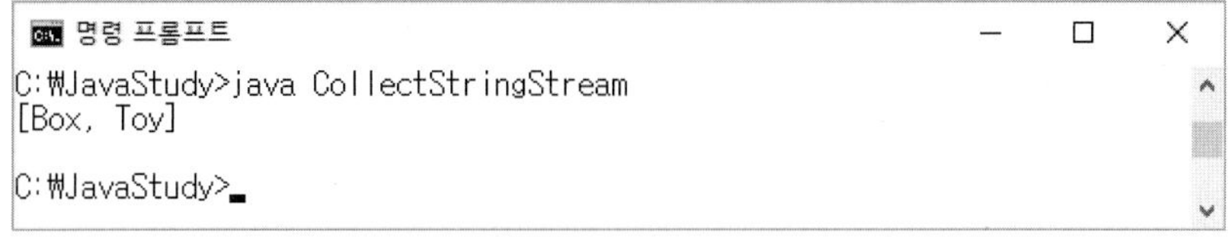
명령 프롬프트
C:₩JavaStudy>java CollectStringStream
[Box, Toy]
C:₩JavaStudy>

위 예제에서는 다음 중간 연산을 통해서 길이가 5 미만인 문자열만 걸러내어 스트림을 생성하였다.

```
ss.filter(s -> s.length() < 5)
```

그리고 이어서 다음 최종 연산을 진행하였다.

```
.collect(() -> new ArrayList<>(),
         (c, s) -> c.add(s),
         (lst1, lst2) -> lst1.addAll(lst2));
```

위의 문장에서 첫 번째 매개변수로 전달된 람다식은 다음과 같다. Collect 메소드는 이 람다식을 기반으로 데이터를 저장할 저장소를 생성한다.

```
() -> new ArrayList<>()
```

이어서 두 번째 매개변수로 전달된 다음 람다식을 관찰하자.

```
(c, s) -> c.add(s)
```

위의 람다식에서 c는 collect의 첫 번째 인자를 통해서 생성된 컬렉션 인스턴스이고, s는 스트림을 이루는 데이터들이다. 즉 이 문장을 통해서 컬렉션 인스턴스에 스트림의 데이터가 저장된다. 그리고 데이터의 저장이 끝나면 이 컬렉션 인스턴스의 참조 값이 반환되면서 collect 연산은 마무리된다. 그렇다면 세 번째 인자로 전달된 다음 람다식에는 어떤 의미가 있을까?

```
(lst1, lst2) -> lst1.addAll(lst2))       // 위 예제에서는 의미 없는 람다식
```

위 예제와 같이 병렬 스트림이 아닌 '순차 스트림(Sequential Stream)'의 경우 세 번째 인자는 사용되지 않는다. 그렇다고 해서 null을 전달하면 NullPointerException 예외가 발생하니 이어서 설명하는 병렬 스트림을 고려한 람다식을 작성해서 전달해야 한다.

■ 병렬 스트림에서의 collect

앞서 예제에서 보인 collect 메소드의 호출문은 다음과 같다.

```
.collect(() -> new ArrayList<>(),
         (c, s) -> c.add(s),
         (lst1, lst2) -> lst1.addAll(lst2));
```

만약에 병렬 스트림을 대상으로 위의 메소드가 호출이 되면, 첫 번째 인자로 전달된 람다식을 기반으로 다수의 저장소가 생성되어, 두 번째 람다식을 기반으로 이 다수의 저장소에 데이터가 나뉘어 저장된다. 따라서 저장이 끝난 다음에는 이 저장소에 담긴 데이터들을 하나로 묶는 과정을 거쳐야 하는데 이 때 사용되는 것이 세 번째 전달인자인 다음 람다식이다.

```
(lst1, lst2) -> lst1.addAll(lst2)
```

위의 addAll 메소드는 첫 번째 람다식에서 생성한 컬렉션 인스턴스의 메소드로써, 메소드의 호출 결과로 lst2가 저장하고 있는 모든 데이터가 lst1에 담기게 된다. 그럼 마지막으로 다음 예제를 소개하면서 스트림에 대한 설명을 마치고자 한다.

◈ CollectParallelStringStream.java

```
import java.util.List;
import java.util.Arrays;
import java.util.ArrayList;
import java.util.stream.Stream;

class CollectParallelStringStream {
```

```
    public static void main(String[] args) {
        String[] words = {"Hello", "Box", "Robot", "Toy"};
        Stream<String> ss = Arrays.stream(words);

        List<String> ls = ss.parallel()
                            .filter(s -> s.length() < 5)
                            .collect(() -> new ArrayList<>(),
                                     (c, s) -> c.add(s),
                                     (lst1, lst2) -> lst1.addAll(lst2));
        System.out.println(ls);
    }
}
```

▶ 실행 결과: CollectParallelStringStream.java

```
명령 프롬프트
C:₩JavaStudy>java CollectParallelStringStream
[Box, Toy]

C:₩JavaStudy>
```

참고로 병렬 처리가 능사는 아니다. 병렬 처리를 했을 때 오히려 속도가 느려지는 경우도 의외로 많다. 처리해야 할 일에 비해 병렬 처리를 위한 전후 과정이 더 소모적인 경우에는 병렬 처리가 방해가 되기 때문이다. 따라서 병렬 처리를 결정했을 때는 테스트를 통해서 병렬 처리의 적합성을 판단해야 한다. 그리고 이러한 적합성 판단을 간단히 할 수 있는 방법을 다음 Chapter에서 소개한다.

Chapter 31

시각과 날짜의 처리

과거에는 java.util.Date와 java.util.Calendar 클래스를 이용해서 시각, 날짜 관련 코드를 작성하였다. 그러나 사용하는데 불편이 따르고 빈약하게 설계되었다는 평이 끊이질 않았다. 그래서 자바 8에서 시각과 날짜의 처리를 위한 새로운 클래스들을 제공기에 이르렀다. 그리고 본 Chapter에서는 바로 그 새로운 클래스들을 소개한다.

31-1 ■ 시각과 날짜 관련 코드의 작성

과거 일부 프로그래머들은 Joda 프로젝트에서 설계한 Joda-Time 라이브러리를 이용해서 시각, 날짜 관련 코드를 작성하였다. (http://www.joda.org에서 이 라이브러리를 확인할 수 있다.) 그러나 이제는 새로운 클래스들이 제공이 되니 이 라이브러리를 사용할 이유도 그만큼 줄었다고 생각한다. 참고로 새로 정의된 시각, 날짜 관련 클래스들의 구성과 사용 방법이 Joda-Time 라이브러리와 매우 유사하다.

■ 시간이 얼마나 걸렸지? : Instant 클래스

본 내용의 시작에 앞서 그 의미를 자주 혼동하여 사용하는 '시간'과 '시각'의 의미를 정리하고자 한다.

- 시각(時刻) 시간의 어느 한 시점

  ex) 지금 시각은 오후 2시 30분입니다.

- 시간(時間) 어떤 시각에서 어떤 시각까지의 사이

  ex) 당신에게 주어진 시간은 이제 30분밖에 남지 않았습니다.

먼저 소개할 클래스는 java.time.Instant이다. 이는 '흐르는 시간 속'에서의 '특정 시점'을 표현하기 위한 클래스이다. 이 클래스의 인스턴스 생성 방법은 다음과 같다.

```
Instant now = Instant.now();
```

→ now 메소드 호출을 통한 Instant 인스턴스의 생성

위의 문장을 실행하면 now가 참조하는 인스턴스에는 now 메소드가 호출된 시점의 시각 정보가 담긴다. 이와 관련하여 다음 예제를 보자.

◈ InstantDemo.java

```
import java.time.Instant;
import java.time.Duration;

class InstantDemo {
    public static void main(String[] args) {
        Instant start = Instant.now();   // 현재 시각 정보를 담음
        System.out.println("시작: " + start.getEpochSecond());

        System.out.println("Time flies like an arrow.");

        Instant end = Instant.now();   // 현재 시각 정보를 담음
        System.out.println("끝: " + end.getEpochSecond());

        Duration between = Duration.between(start, end);   // 두 시각의 차 계산
        System.out.println("밀리 초 단위 차: " + between.toMillis());
    }
}
```

▶ 실행 결과: InstantDemo.java

```
명령 프롬프트
C:₩JavaStudy>java InstantDemo
시작: 1482296670
Time flies like an arrow.
끝: 1482296670
밀리 초 단위 차: 6

C:₩JavaStudy>
```

위 예제에서는 다음 문장을 실행하여 현재 시각 정보를 담은 Instant 인스턴스를 생성하였다.

```
Instant start = Instant.now();
```

그리고 다음 메소드 호출을 통해 저장된 시각 정보를 반환하였다.

```
start.getEpochSecond()
```

이때 반환되는 값은 '1970-01-01 00:00:00'을 기준으로(이 기준을 '표준 자바 epoch'라 한다) 지나온 시간을 초 단위로 계산한 결과이다. 즉 실행 결과에서 1482296670이 출력되었는데, 이는 표준 자바 epoch를 기준으로 1482296670초가 지난 시점에 now 메소드가 호출되었음을 의미한다. 따라서 다음과 같은 패턴의 코드를 적용하면 초 단위 정밀도를 가진 스톱워치 효과를 얻을 수 있다.

```
Instant start = Instant.now();
    // 시간 측정 대상 문장들은 이 사이에 온다.
Instant end = Instant.now();
System.out.println(end.getEpochSecond() - start.getEpochSecond());
```

그러나 보다 높은 정밀도로 측정해야 한다면, 예를 들어서 밀리 초 단위의 정밀도를 요구한다면 다음과 같은 패턴의 코드를 적용해야 한다. Instant 클래스는 나노 초까지의 정밀도를 지원하므로 다음과 같이 시간차를 구하는 방법만 달리하면, 밀리 초 단위(1/1000초 단위) 정밀도를 가진 스톱워치 효과를 낼 수 있다.

```
Instant start = Instant.now();
    // 시간 측정 대상 문장들은 이 사이에 온다.
Instant end = Instant.now();
Duration between = Duration.between(start, end);   // 시각 차 정보를 담은 인스턴스 생성
System.out.println("밀리 초 단위 차: " + between.toMillis());
```

java.time.Duration은 시간을(시각의 차를) 표현하는 클래스이다. 따라서 Duration 인스턴스를 다음과 같이 생성하면 이 인스턴스 내에는 start와 end의 시각 차 정보가 담긴다.

```
Duration between = Duration.between(start, end);
```

그리고 여기에 담긴 시간 정보는 다음 문장을 통해서 1/1000초 단위의 정밀도로 확인할 수 있다.

```
System.out.println("밀리 초 단위 차: " + between.toMillis());
```

그럼 지금 설명한 방법으로 이전 Chapter에서 확인하지 못했던, 병렬 스트림의 속도 향상 효과를 확인해보겠다. 먼저 순차 스트림을 기반으로 작성된 다음 예제의 실행 속도를 확인하자.

◈ HowLongSequential.java

```java
import java.util.List;
import java.util.Arrays;
import java.time.Instant;
import java.time.Duration;

class HowLongSequential {
    public static long fibonacci(long n) {
        if(n == 1 || n == 2)
            return 1;
        return fibonacci(n - 1) + fibonacci(n - 2);
    }

    public static void main(String[] args) {
        List<Integer> nums = Arrays.asList(40, 41, 42, 43, 44, 45);

        Instant start = Instant.now();   // 스톱워치 시작
        nums.stream()  // 순차 스트림 생성
            .map(n -> fibonacci(n))
            .forEach(r -> System.out.println(r));

        Instant end = Instant.now();   // 스톱워치 멈춤
        System.out.println("Sequential Processing: " +
            Duration.between(start, end).toMillis());
    }
}
```

▶ 실행 결과: HowLongSequential.java

```
명령 프롬프트
C:\JavaStudy>java HowLongSequential
165580141
267914296
433494437
701408733
1134903170
1836311903
Sequential Processing Time: 50999

C:\JavaStudy>
```

위 예제에서는 피보나치 수열의 마지막 값을 반환하는 메소드를 다음과 같이 정의하고,

```
public static long fibonacci(long n) {
    if(n == 1 || n == 2)
        return 1;
    return fibonacci(n - 1) + fibonacci(n - 2);
}
```

다음 컬렉션 인스턴스를 대상으로 스트림을 생성하여, 위 메소드를 호출하는 파이프라인을 구성하였다.

```
List<Integer> nums = Arrays.asList(40, 41, 42, 43, 44, 45);
```

결과적으로 위의 컬렉션 인스턴스에 저장된 정수들을 인자로 하나씩 전달하여 fibonacci 메소드 호출을 완료하기까지 걸린 시간은 다음과 같다.

```
Sequential Processing Time: 50999
```

그럼 이어서 병렬 스트림을 구성했을 때 어느 정도의 시간적 이득이 발생하는지 다음 예제를 통해서 확인해보자.

◈ HowLongParallel.java

```
import java.util.List;
import java.util.Arrays;
import java.time.Instant;
import java.time.Duration;

class HowLongParallel {
    public static long fibonacci(long n) {
        if(n == 1 || n == 2)
            return 1;
        return fibonacci(n - 1) + fibonacci(n - 2);
    }

    public static void main(String[] args) {
        List<Integer> nums = Arrays.asList(41, 42, 43, 44, 45, 46);

        Instant start = Instant.now();   // 스톱워치 시작
        nums.parallelStream()  // 병렬 스트림 생성
            .map(n -> fibonacci(n))
            .forEach(r -> System.out.println(r));
```

```
20.
21.         Instant end = Instant.now();   // 스톱워치 멈춤
22.         System.out.println("Parallel Processing Time: " +
23.            Duration.between(start, end).toMillis());
24.     }
25. }
```

▶ 실행 결과: HowLongParallel.java

```
C:\JavaStudy>java HowLongParallel
165580141
267914296
433494437
701408733
1134903170
1836311903
Parallel Processing Time: 25825

C:\JavaStudy>
```

확실히 빨라졌다. 약 두 배 정도 빨라진 것을 숫자를 통해 확인할 수 있다. 그러나 이것이 병렬 스트림이 언제나 유리하다는 의미는 아니다. fibonacci 메소드에 전달할 인자들을 다음과 같이 수정했을 때에는 오히려 순차 스트림의 실행 속도가 더 빨랐다. (필자의 시스템 기준으로)

```
List<Integer> nums = Arrays.asList(5, 6, 7, 8, 9);
```

따라서 병렬 스트림을 적용할 때에는 테스트를 통해서 순차 스트림보다 좋은 성능을 보이는지 확인할 필요가 있다.

■ 오늘이 며칠이죠? : LocalDate 클래스

LocalDate는 시각 정보가 생략된 '날짜 정보'를 표현하기 위한 클래스이다. 예제를 통한 이해가 빠르므로 바로 예제를 소개하겠다.

◈ LocalDateDemo1.java

```
import java.time.LocalDate;

class LocalDateDemo1 {
```

```
    public static void main(String[] args) {
        // 오늘
        LocalDate today = LocalDate.now();
        System.out.println("Today: " + today);

        // 올 해의 크리스마스
        LocalDate xmas = LocalDate.of(today.getYear(), 12, 25);
        System.out.println("Xmas: " + xmas);

        // 올 해의 크리스마스 이브
        LocalDate eve = xmas.minusDays(1);
        System.out.println("Xmas Eve: " + eve);
    }
}
```

▶ 실행 결과: LocalDateDemo1.java

```
명령 프롬프트
C:\JavaStudy>java LocalDateDemo1
Today: 2016-12-21
Xmas: 2016-12-25
Xmas Eve: 2016-12-24

C:\JavaStudy>
```

위 예제의 첫 문장은 다음과 같다. 이 문장을 통해서 오늘의 날짜 정보를 담은 LocalDate 인스턴스를 생성할 수 있다.

```
LocalDate today = LocalDate.now();
```

그리고 LocalDate의 toString 메소드는 날짜 정보를 2017-09-09와 같은 형태의 문자열로 반환하니 다음과 같이 그 내용을 출력할 수 있다.

```
System.out.println("Today: " + today);
```

이어서 다음 문장을 보자. 이 문장에서는 인자로 지정한 날짜 정보를 담은 LocalDate 인스턴스를 생성하기 위해 of 메소드를 호출하였다.

```
LocalDate xmas = LocalDate.of(today.getYear(), 12, 25);
    → public static LocalDate of(int year, int month, int dayOfMonth)
```

LocalDate의 getYear는 연도 정보를 반환한다. 따라서 위의 문장으로 인해 올해의 크리스마스 날짜 정보가 담긴 LocalDate 인스턴스가 생성된다. 이어서 다음 문장을 보자. 이 문장은 LocalDate 인스턴스가 변경 불가능한(immutable) 인스턴스임을 보인다.

```
LocalDate eve = xmas.minusDays(1);    // 일 정보를 1 감소
```

위의 문장에서 보이듯이 메소드 호출을 통해 저장된 날짜 값을 변경할 수 있다. 단 기존에 저장된 날짜 정보를 수정하는 것이 아니라, 변경된 날짜 정보를 갖는 LocalDate 인스턴스를 새로 생성해서 이를 반환하는 형태로 진행이 된다.
참고로 LocalDate 인스턴스의 날짜 정보를 변경할 수 있도록 다음 메소드들이 정의되어 있다. 그리고 이들 각각에 상응하는 plusXXX 메소드들도 정의되어 있다.

```
public LocalDate minusYears(long yearsToSubtract)      // LocalDate의 메소드

public LocalDate minusMonths(long monthsToSubtract)   // LocalDate의 메소드

public LocalDate minusDays(long daysToSubtract)       // LocalDate의 메소드
```

앞서 Instant 클래스를 소개하면서 시각의 차를 표현하기 위한 Duration 클래스를 소개하였다. 이와 유사하게 날짜의 차를 표현하기 위한 Period 클래스도 존재하다. 그럼 다음 예제를 통해 이 클래스의 사용의 예를 보이겠다.

◈ LocalDateDemo2.java

```
import java.time.LocalDate;
import java.time.Period;

class LocalDateDemo2 {
    public static void main(String[] args) {
        // 오늘
        LocalDate today = LocalDate.now();
        System.out.println("Today: " + today);

        // 올 해의 크리스마스
        LocalDate xmas = LocalDate.of(today.getYear(), 12, 25);
        System.out.println("Xmas: " + xmas);

        // 크리스마스까지 앞으로 며칠?
        Period left = Period.between(today, xmas);
        System.out.println("Xmas까지 앞으로 " +
```

```
                    left.getMonths() + "월 " + left.getDays() + "일");
    }
}
```

▶ 실행 결과: LocalDateDemo2.java

```
명령 프롬프트
C:₩JavaStudy>java LocalDateDemo2
Today: 2016-12-21
Xmas: 2016-12-25
Xmas까지 앞으로 0월 4일

C:₩JavaStudy>
```

예제에서 보이듯이 between 메소드 호출을 통해서, 인자로 전달된 두 날짜의 차를 담은 Period 인스턴스를 생성할 수 있다.

```
Period left = Period.between(today, xmas);
```

그리고 다음 메소드 호출을 통해 Period 인스턴스에 저장된 년, 월, 일 정보를 각각 얻을 수 있다.

```
public int getYears()     // Period의 메소드
public int getMonths()    // Period의 메소드
public int getDays()      // Period의 메소드
```

■ 3시간 10분 뒤에 어때? : LocalTime 클래스

LocalDate가 날짜 정보를 나타내는 클래스라면 이번에 소개하는 LocalTime은 시각 정보를 나타내는 클래스이다. 그럼 이와 관련하여 다음 예제를 보자.

◈ LocalTimeDemo1.java

```
import java.time.LocalTime;

class LocalTimeDemo1 {
    public static void main(String[] args) {
        // 현재 시각
        LocalTime now = LocalTime.now();
```

```
        System.out.println("지금 시각: " + now);

        // 2시간 10분 뒤 화상 미팅 예정
        LocalTime mt = now.plusHours(2);
        mt = mt.plusMinutes(10);

        // 화상 미팅 시각
        System.out.println("화상 미팅 시각: " + mt);
    }
}
```

▶ 실행 결과: LocalTimeDemo1.java

```
명령 프롬프트
C:\JavaStudy>java LocalTimeDemo1
지금 시각: 15:02:13.363
화상 미팅 시각: 17:12:13.363

C:\JavaStudy>
```

위 예제의 첫 문장은 다음과 같다. 이 문장을 통해서 현재의 시각 정보를 담은 LocalTime 인스턴스를 생성하였다.

```
LocalTime now = LocalTime.now();
```

그리고 LocalTime의 toString 메소드는 시각 정보를 시:분:초 형태의 문자열로 반환하니, 다음 문장을 통해 시각 정보를 출력할 수 있다. (실행 결과에서는 1/1000초 단위까지 출력이 이뤄졌다.)

```
System.out.println("Today: " + today);
```

이어서 다음 두 문장을 보자. 이 두 문장은 LocalTime 인스턴스도 변경 불가능한(immutable) 인스턴스임을 보인다.

```
LocalTime mt = now.plusHours(2);    // 시 정보를 2 증가
mt = mt.plusMinutes(10);    // 분 정보를 10 증가
```

위의 문장에서 보이듯이 메소드 호출을 통해 저장된 시각 정보를 바꿀 수 있다. 단 기존에 저장된 시각 정보를 수정하는 것이 아니라 변경된 시각 정보를 갖는 LocalTime 인스턴스를 새로 생성해서 이를

반환하는 형태로 진행이 된다.

참고로 LocalTime 인스턴스의 시각 정보를 바꿀 수 있도록 다음 메소드들이 정의되어 있다. 그리고 이들 각각에 상응하는 minusXXX 메소드들도 정의되어 있다.

```
public LocalTime plusHours(long hoursToAdd)     // LocalTime의 메소드
public LocalTime plusMinutes(long minutesToAdd)     // LocalTime의 메소드
public LocalTime plusSeconds(long secondstoAdd)     // LocalTime의 메소드
```

앞서 Instant 클래스를 소개하면서 시간 정보는(시각 차 정보는) Duration 인스턴스로 표현함을 설명하였다. 마찬가지로 두 LocalTime 인스턴스 사이의 시간 정보도 Duration 인스턴스로 표현한다. 이와 관련하여 다음 예제를 보자.

◈ LocalTimeDemo2.java

```java
import java.time.LocalTime;
import java.time.Duration;

class LocalTimeDemo2 {
    public static void main(String[] args) {
        // PC방의 PC 이용 시작 시각
        LocalTime start = LocalTime.of(14, 24, 35);
        System.out.println("PC 이용 시작 시각: " + start);

        // PC방의 PC 이용 종료 시각
        LocalTime end = LocalTime.of(17, 31, 19);
        System.out.println("PC 이용 종료 시각: " + end);

        // PC 이용 시간 계산
        Duration between = Duration.between(start, end);
        System.out.println("총 PC 이용 시간: " + between);
    }
}
```

▶ 실행 결과: LocalTimeDemo2.java

```
명령 프롬프트
C:₩JavaStudy>java LocalTimeDemo2
PC 이용 시작 시각: 14:24:35
PC 이용 종료 시각: 17:31:19
총 PC 이용 시간: PT3H6M44S

C:₩JavaStudy>
```

위 예제에서는 LocalTime 클래스의 of 메소드 호출을 통해서 특정 시각 정보를 담은 LocalTime 인스턴스를 생성하였다. 그리고 다음과 같이 두 시각 차를 담은 Duration 인스턴스를 생성하였다.

```
Duration between = Duration.between(start, end);
```

그리고 Duration의 toString 메소드가 반환하는 시간 정보는 다음과 같으며, 이는 3시간 6분 44초를 의미한다.

```
PT3H6M44S
```

위의 출력 내용은 ISO-8601의 시각을 나타내는 포맷을 기반으로 작성되었다. 물론 원하는 형태가 다르면 바꾸어서 출력할 수 있다. 그리고 그 방법을 본 Chapter 마지막 부분에서 설명한다.

■ 지금으로부터 22시간 35분 뒤의 시각과 날짜는? : LocalDateTime 클래스

LocalDate는 날짜 정보를 LocalTime은 시각 정보를 나타내지만, 이어서 소개하는 LocalDateTime 클래스는 시각 정보와 날짜 정보를 동시에 나타낸다. 이와 관련하여 다음 예제를 보자.

◈ LocalDateTimeDemo1.java

```
import java.time.LocalDateTime;

class LocalDateTimeDemo1 {
    public static void main(String[] args) {
        // 현재 날짜와 시각
        LocalDateTime dt = LocalDateTime.now();
        System.out.println(dt);

        // 영국 바이어와 22시간 35분 뒤 화상 미팅 예정
        LocalDateTime mt = dt.plusHours(22);
        mt = mt.plusMinutes(35);

        // 영국 바이어와 화상 미팅 날짜와 시각
        System.out.println(mt);
    }
}
```

▶ 실행 결과: LocalDateTimeDemo1.java

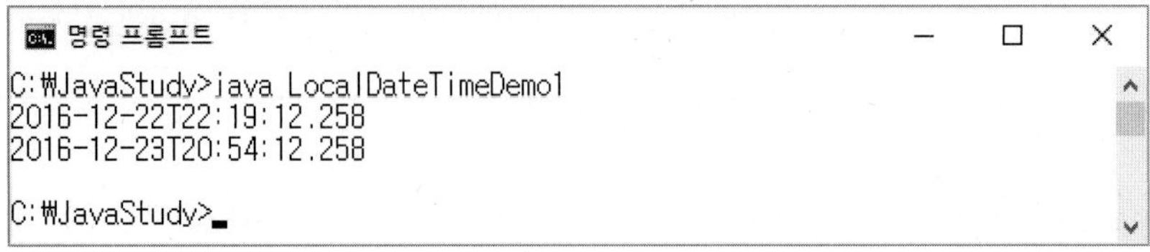
```
C:\JavaStudy>java LocalDateTimeDemo1
2016-12-22T22:19:12.258
2016-12-23T20:54:12.258

C:\JavaStudy>
```

위 예제에서는 다음 문장을 통해 now 메소드가 호출된 시점의 날짜와 시각 정보를 함께 담은 인스턴스를 생성하였다.

```
LocalDateTime dt = LocalDateTime.now();
```

그리고 이어서 다음 문장을 통해서 toString 메소드가 반환하는 날짜와 시각 정보를 출력하였다.

```
System.out.println(dt);
```

이때의 출력 결과는 다음과 같다. 이는 날짜가 2016년 12월 22일이고 시각이 22시 19분 12.258초임을 나타낸다.

```
2016-12-22T22:19:12.258
```

이어서 다음 두 문장을 보자. 이는 LocalDateTime 인스턴스도 변경 불가능한(immutable) 인스턴스임을 보여준다.

```
LocalDateTime mt = dt.plusHours(22);
mt = mt.plusMinutes(35);
```

그리고 LocalDateTime에 저장된 년, 월, 일 그리고 시, 분, 초 정보는 다음 메소드 호출을 통해서 얼마든지 수정할 수 있다. 물론 이들 각각에 상응하는 minusXXX 메소드도 정의되어 있다.

```
public LocalDateTime plusYears(long years)
public LocalDateTime plusMonths(long months)
public LocalDateTime plusDays(long days)

public LocalDateTime plusHours(long hours)
public LocalDateTime plusMinutes(long minutes)
public LocalDateTime plusSeconds(long seconds)
```

예제를 하나 더 보이겠다. 이 예제에서는 시각 비교에 사용하는 LocalDateTime의 isBefore 메소드를 소개한다. 그리고 두 LocalDateTime 인스턴스 간의 시각과 날짜의 차를 구하는 방법도 소개한다.

◈ LocalDateTimeDemo2.java

```
import java.time.LocalDateTime;
import java.time.Period;
import java.time.Duration;

class LocalDateTimeDemo2 {
    public static void main(String[] args) {
        // 현재 시각
        LocalDateTime today = LocalDateTime.of(2020, 4, 25, 11, 20);

        // 항공편1의 출발 시간
        LocalDateTime flight1 = LocalDateTime.of(2020, 5, 14, 11, 15);

        // 항공편2의 출발 시간
        LocalDateTime flight2 = LocalDateTime.of(2020, 5, 13, 15, 30);

        // 빠른 항공편을 선택하는 과정
        LocalDateTime myFlight;
        if(flight1.isBefore(flight2))
            myFlight = flight1;
        else
            myFlight = flight2;

        // 빠른 항공편의 비행 탑승까지 남은 날짜 계산
        Period day = Period.between(today.toLocalDate(), myFlight.toLocalDate());

        // 빠른 항공편의 비행 탑승까지 남은 시간 계산
        Duration time = Duration.between(today.toLocalTime(), myFlight.toLocalTime());

        // 비행 탑승까지 남은 날짜와 시간 출력
        System.out.println(day);
        System.out.println(time);
    }
}
```

▶ 실행 결과: LocalDateTimeDemo2.java

```
명령 프롬프트
C:₩JavaStudy>java LocalDateTimeDemo2
P18D
PT4H10M

C:₩JavaStudy>
```

위 예제에서 호출한 LocalDateTime의 of 메소드는 다음과 같다. 그러나 초 정보까지 인자로 전달받는 of 메소드를 비롯하여 of 메소드는 다양하게 오버로딩 되어 있다.

```
public static LocalDateTime of (
            int year, int month, int dayOfMonth, int hour, int minute)
```

그리고 예제에서 LocalDateTime 인스턴스 생성 이후에, 이를 대상으로 다음과 같이 isBefore 메소드를 호출하였다.

```
flight1.isBefore(flight2)    // flight1이 flight2보다 이전인가?
```

위 메소드의 호출 결과 flight1의 날짜와 시각이 flight2의 날짜와 시각보다 앞서면 true가 반환되고 그렇지 않으면 false가 반환된다. 그리고 이와 성격이 유사한 isAfter 메소드도 정의되어 있어서 위의 메소드 호출을 다음과 같이 바꿀 수 있다.

```
flight2.isAfter(flight1)    // flight2가 flight1보다 이후인가?
```

이러한 isBefore, isAfter 메소드는 앞서 소개한 Instant, LocalDate, LocalTime 클래스에도 정의되어 있어서 날짜 또는 시각의 전후 관계를 쉽게 따질 수 있다.
이어서 위 예제의 다음 두 문장을 보자. 첫 번째 문장은 날짜의 차를, 두 번째 문장은 시각의 차를 구하는 문장이다.

```
Period day = Period.between(today.toLocalDate(), myFlight.toLocalDate());
Duration time = Duration.between(today.toLocalTime(), myFlight.toLocalTime());
```

LocalDateTime은 날짜와 시각 정보를 동시에 표현한다. 반면 Period는 날짜의 차를, Duration은 시각의 차를 표현한다. 따라서 두 LocalDateTime 인스턴스의 날짜와 시각의 차를 구하려면 위에서 보이듯이, 날짜의 차와 시각의 차를 각각 구해야 한다. 그리고 이를 위해 LocalDateTime 클래스는 다음 두 메소드를 정의하고 있다.

```
public LocalDate toLocalDate()
```

→ 날짜에 대한 정보를 LocalDate 인스턴스에 담아서 반환

```
public LocalTime toLocalTime()
```

→ 시각에 대한 정보를 LocalTime 인스턴스에 담아서 반환

그리고 만약에 두 LocalDateTime 인스턴스의 '날짜와 시각의 차'를 '시각의 관점'에서만 계산하기 원한다면(하루를 24시간으로 환산하여 계산하기 원한다면) 다음 예제와 같이 코드를 작성하면 된다.

◈ DurationDemo.java

```
import java.time.Duration;
import java.time.LocalDateTime;
import java.time.Month;

class DurationDemo {
    public static void main(String[] args) {
        LocalDateTime dt1 = LocalDateTime.of(2020, Month.JANUARY, 12, 15, 30);
        LocalDateTime dt2 = LocalDateTime.of(2020, Month.FEBRUARY, 12, 15, 30);

        LocalDateTime dt3 = LocalDateTime.of(2020, Month.JANUARY, 12, 15, 30);
        LocalDateTime dt4 = LocalDateTime.of(2020, Month.FEBRUARY, 13, 14, 29);

        Duration drDate1 = Duration.between(dt1, dt2);
        System.out.println(drDate1);

        Duration drDate2 = Duration.between(dt3, dt4);
        System.out.println(drDate2);
    }
}
```

▶ 실행 결과: DurationDemo.java

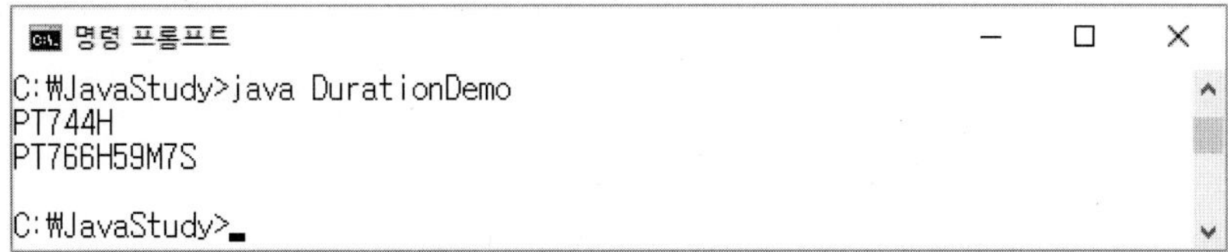

명령 프롬프트
C:\JavaStudy>java DurationDemo
PT744H
PT766H59M7S
C:\JavaStudy>

위 예제에서 호출한 LocalDateTime의 of 메소드는 다음과 같다.

```
public static LocalDateTime of (
            int year, Month month, int dayOfMonth, int hour, int minute)
```

위의 메소드를 호출하면 1월을 의미하는 숫자 1을 대신해서 열거형 값 Month.JANUARY를, 2월을 의미하는 숫자 2를 대신해서 열거형 값 Month.FEBRUARY를 전달하여 가독성을 개선할 수 있다. (나머지 달에 대한 열거형 값의 이름은 자바 문서를 참고하자. 열거형 Month를 찾으면 된다.) 그리고 다음과 같이 Duration.between 메소드의 인자로 LocalDateTime 인스턴스 둘을 전달하면 날짜가 시각 정보로 환산되어 시각의 차가 계산된다.

```
Duration drDate1 = Duration.between(dt1, dt2);
```

예제의 첫 번째 출력 내용은 다음과 같다. 이는 744시간의 차가 있음을 의미한다. 그리고 이는 날짜의 차가 시각의 차로 전부 환산된 결과이다.

```
PT744H
```

그리고 두 번째 출력 내용은 다음과 같다. 이는 766시간 59분의 차를 의미한다.

```
PT766H59M
```

31-2 시간대를 적용한 코드 작성 그리고 출력 포맷의 지정

두 나라 사이에는 상대적인 시차가 존재한다. 예를 들어서 한국과 프랑스 사이에는 8시간의 시차가 있다. 정확히 8시간 한국이 빠르다. 때문에 둘 이상의 국가에 대한 시각과 날짜 관련 코드를 작성할 때에는 시차를 고려해야 한다.

■ 세계의 시간대

시차는 1972년 1월 1일부로 시행된 세계적인 약속이다. 그리고 그 약속의 기준이 되는 시각을 가리켜 '협정 세계시(Universal Time Coordinated)' 또는 간단히 UTC라 한다. UTC는 경도가 0인 영국 그리니치 천문대의 시각이다. 따라서 그리니치 천문대를 기준으로 경도상 거리를 감안하여 다음과 같이 세계의 시간대를 구성하였다.

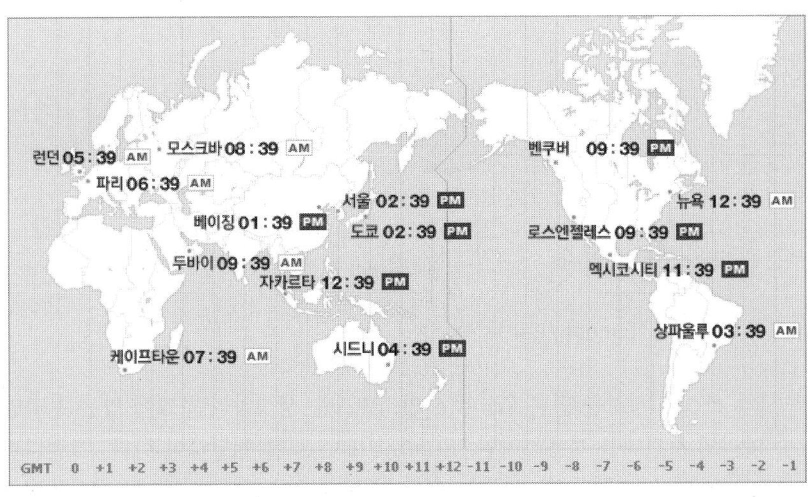

[그림 31-1: 네이버에서 제공하는 세계 시간대 정보]

한국의 시간대는 UTC+9 이다. 그리고 이는 협정 세계시보다 9시간이 빠름을 의미한다. 반면 아일랜드는 영국과 동일한 경도 범위에 속해 있기 때문에 시간대가 그냥 UTC이다.

■ 시간대를 표현하는 ZoneId 클래스

시간대를 고려하여 코드를 작성하려면 특정 시간대 정보를 담고 있는 ZoneId 인스턴스를 생성해야 한다. 예를 들어서 파리의 시간대를 반영한 코드를 작성하려면 다음과 같이 ZoneId 인스턴스를 생성해야 한다.

◈ ZoneIdDemo1.java

```
import java.time.ZoneId;

class ZoneIdDemo1 {
    public static void main(String[] args) {
        ZoneId paris = ZoneId.of("Europe/Paris");
        System.out.println(paris);
    }
}
```

▶ 실행 결과: ZoneIdDemo1.java

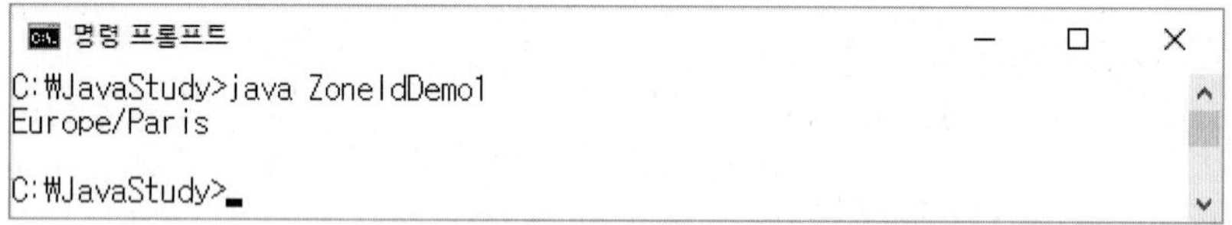
명령 프롬프트
C:\JavaStudy>java ZoneIdDemo1
Europe/Paris
C:\JavaStudy>

위 예제에서 주목할 부분은 다음 문장에 있다.

```
ZoneId paris = ZoneId.of("Europe/Paris");
```

이렇듯 특정 나라나 도시의 시간대 정보를 담은 ZoneId 인스턴스를 생성하려면 그에 맞는 문자열 정보를 전달해야 한다. 즉 파리의 시간대를 적용하려면 "Europe/Paris"를 전달해야 한다. 그렇다면 이러한 문자열 정보는 어디서 확인할 수 있을까? 개인적으로는 다음과 같이 간단한 코드를 만들어서 확인하는 방법을 추천하고 싶다.

◈ ZoneIdDemo2.java

```
import java.time.ZoneId;

class ZoneIdDemo2 {
```

```
    public static void main(String[] args) {
        ZoneId.getAvailableZoneIds()
              .stream()
              .filter(s -> s.startsWith("Asia"))
              .sorted()
              .forEach(s -> System.out.println(s));
    }
}
```

ZoneId의 getAvailableZoneIds 메소드를 호출하면, "Europe/Paris"와 같은 유효한 시간대별 ID를 저장한 컬렉션 인스턴스의 참조 값이 반환된다. 따라서 다음과 같이 코드를 작성하면 유효한 모든 시간대별 ID를 정렬된 상태로 볼 수 있다. (이는 위 예제의 코드에서 filter 연산이 생략된 형태이다.)

```
ZoneId.getAvailableZoneIds()
      .stream()
      .sorted()
      .forEach(s -> System.out.println(s));
```

그러나 그 수가 너무 많다. 따라서 예제에서 보이듯이 중간에 필터링을 해서 원하는 부분만 볼 필요도 있다.

■ 시간대를 반영한 ZonedDateTime 클래스

LocalDateTime 클래스는 시간대 정보를 갖지 않는다. 반면 이번에 소개하는 ZonedDateTime 클래스는 인스턴스 별로 시간대 정보를 지정할 수 있다. 그럼 이와 관련하여 다음 예제를 보자.

◈ ZonedDateTimeDemo1.java

```
import java.time.Duration;
import java.time.ZoneId;
import java.time.ZonedDateTime;

class ZonedDateTimeDemo1 {
    public static void main(String[] args) {
        // 이곳의 현재 날짜와 시각
        ZonedDateTime here = ZonedDateTime.now();
```

```
        System.out.println(here);

        // 동일한 날짜와 시각의 파리
        ZonedDateTime paris = ZonedDateTime.of(
                        here.toLocalDateTime(), ZoneId.of("Europe/Paris"));
        System.out.println(paris);

        // 이곳과 파리의 시차
        Duration diff = Duration.between(here, paris);
        System.out.println(diff);
    }
}
```

▶ 실행 결과: ZonedDateTimeDemo1.java

```
명령 프롬프트
C:\JavaStudy>java ZonedDateTimeDemo1
2016-12-24T15:32:02.973+09:00[Asia/Seoul]
2016-12-24T15:32:02.973+01:00[Europe/Paris]
PT8H

C:\JavaStudy>
```

우선 ZonedDateTime 인스턴스를 생성할 때 호출하는 대표적인 메소드 셋은 다음과 같다.

```
public static ZonedDateTime now()

public static ZonedDateTime of(LocalDateTime localDateTime, ZoneId zone)

public static ZonedDateTime of(int year, int month, int dayOfMonth,
            int hour, int minute, int second, int nanoOfSecond, ZoneId zone)
```

위 예제에서는 먼저 now 메소드 호출을 통해서 다음과 같이 ZonedDateTime 인스턴스를 생성하였다.

```
ZonedDateTime here = ZonedDateTime.now();
```

이 경우 현재 시스템의 날짜, 시각, 시간대 정보를 갖는 인스턴스가 생성되어 반환된다. 그리고 이를 다음과 같이 출력하면 이에 대한 정보를 확인할 수 있다.

```
System.out.println(here);
```

출력 결과는 다음과 같다.

```
2016-12-24T15:32:02.973+09:00[Asia/Seoul]
```

이는 날짜는 2016-12-24, 시각은 15:32:02.973, 시간대는 Asia/Seoul라는 뜻이다. 그리고 중간에 위치한 +09:00은 이 시간대가 UTC보다 9시간이 빠름을 의미한다. 그럼 이어서 다음 문장을 보자.

```
ZonedDateTime paris = ZonedDateTime.of(
                    here.toLocalDateTime(), ZoneId.of("Europe/Paris"));
```

ZonedDateTime의 toLocalDateTime 메소드가 호출되면 시간대 정보가 생략된, 그러니까 날짜와 시각 정보만 LocalDateTime 인스턴스에 담아서 반환이 된다. 즉 위의 문장은 앞서 생성한 인스턴스와, 날짜와 시간은 같고 시간대만 Europe/Paris으로 바꾼 ZonedDateTime 인스턴스를 생성하는 문장이다. 그럼 이 인스턴스를 대상으로 출력한 결과물을 보자.

```
2016-12-24T15:32:02.973+01:00[Europe/Paris]
```

보다시피 앞서 생성한 인스턴스와 시간대를 제외한 모든 것이 동일하다. 따라서 이 둘을 대상으로 다음과 같이 시각의 차를 계산하여 출력하면,

```
Duration diff = Duration.between(here, paris);
System.out.println(diff);
```

그 결과로 PT8H가 출력된다. 이는 8시간의 차가 있음을 의미한다. 분명 숫자 상의 시각은 일치하지만 시간대를 고려하면 같은 숫자의 시각이라도 한국이 8시간 빠르다. 이렇듯 ZonedDateTime 인스턴스를 대상으로 시각의 차를 계산하면 시간대까지 고려가 된다. 그럼 이번에는 다음 비행시간과 관련이 있는 질문에 답을 하는 예제를 작성해보겠다.

[From 한국 to 프랑스]

- 한국 출발 현지 시간 2017년 12월 9일 14시 30분
- 파리 도착 현지 시간 2017년 12월 9일 17시 25분
- 비행에 걸린 시간은?

◈ ZonedDateTimeDemo2.java

```
import java.time.Duration;
import java.time.ZoneId;
import java.time.LocalDateTime;
```

```java
import java.time.ZonedDateTime;

class ZonedDateTimeDemo2 {
    public static void main(String[] args) {
        // 한국 출발 2017-12-09 14:30
        ZonedDateTime departure = ZonedDateTime.of(
                LocalDateTime.of(2017, 12, 9, 14, 30), ZoneId.of("Asia/Seoul"));
        System.out.println("Departure : " + departure);

        // 파리 도착 2017-12-09 17:25
        ZonedDateTime arrival = ZonedDateTime.of(
                LocalDateTime.of(2017, 12, 9, 17, 25), ZoneId.of("Europe/Paris"));
        System.out.println("Arrival : " + arrival);

        // 비행 시간
        System.out.println(Duration.between(departure, arrival));
    }
}
```

▶ 실행 결과: ZonedDateTimeDemo2.java

```
명령 프롬프트
C:₩JavaStudy>java ZonedDateTimeDemo2
Departure : 2017-12-09T14:30+09:00[Asia/Seoul]
Arrival : 2017-12-09T17:25+01:00[Europe/Paris]
Flight Time : PT10H55M

C:₩JavaStudy>
```

위 예제에서는 다음 of 메소드 호출을 통해서 두 개의 ZonedDateTime 인스턴스를 생성하였다.

```java
public static ZonedDateTime of(LocalDateTime localDateTime, ZoneId zone)
```

그리고 Duration의 between 메소드 호출을 통해서 비행시간이 10시간 55분임을 확인하였다.

■ 날짜와 시각 정보의 출력 포맷 지정

날짜와 시각 정보는 보이는 부분도 중요하다. 따라서 프로그램의 내용과 상황에 맞게 날짜와 시각 정보를 출력할 수 있어야 한다. 출력의 포맷 정보는 java.time.format.DateTimeFormatter 인스턴스에 담는다. 그리고 다음 메소드를 호출하면서 이 인스턴스를 인자로 전달하면, 전달된 포맷에 맞게 날짜와 시각 정보가 문자열로 구성되어 반환이 된다.

```
public String format(DateTimeFormatter formatter)
```

위의 format 메소드는 LocalDate, LocalTime, LocalDateTime, ZonedDateTime 클래스에 모두 정의되어 있다. 그럼 다음 예제를 보자. 이 예제는 ZonedDateTime을 대상으로 출력 포맷의 지정 방법을 보이지만, format 메소드를 갖는 다른 세 클래스에도 이 방법이 동일하게 적용된다.

◈ DateTimeFormatterDemo.java

```
import java.time.ZoneId;
import java.time.LocalDateTime;
import java.time.ZonedDateTime;
import java.time.format.DateTimeFormatter;

class DateTimeFormatterDemo {
    public static void main(String[] args) {
        ZonedDateTime date = ZonedDateTime.of(
            LocalDateTime.of(2019, 4, 25, 11, 20), ZoneId.of("Asia/Seoul"));

        DateTimeFormatter fm1 =
                DateTimeFormatter.ofPattern("yy-M-d");
        DateTimeFormatter fm2 =
                DateTimeFormatter.ofPattern("yyyy-MM-d, H:m:s");
        DateTimeFormatter fm3 =
                DateTimeFormatter.ofPattern("yyyy-MM-d, HH:mm:ss VV");

        System.out.println(date.format(fm1));
        System.out.println(date.format(fm2));
        System.out.println(date.format(fm3));
    }
}
```

▶ 실행 결과: DateTimeFormatterDemo.java

```
명령 프롬프트
C:\JavaStudy>java DateTimeFormatterDemo
19-4-25
2019-04-25, 11:20:0
2019-04-25, 11:20:00  Asia/Seoul

C:\JavaStudy>
```

위 예제의 다음 문장을 보자. 이 문장에서 보이듯이 ofPattern 메소드 호출을 통해서 포맷 정보를 갖는 인스턴스를 생성한다.

```
DateTimeFormatter fm1 = DateTimeFormatter.ofPattern("yy-M-d");
```

위의 포맷에서 y, M, d는 각각 년, 월, 일의 출력을 의미한다. 그런데 y가 둘이다. 이는 끝의 두 자리만 출력하라는 의미이다. 이어서 다음 문장을 보자.

```
DateTimeFormatter fm2 = DateTimeFormatter.ofPattern("yyyy-MM-d, H:m:s");
```

위의 포맷에는 y가 네 개이므로 연도 전체의 출력을 의미한다. 그리고 M이 두 개이다. 이는 앞에 0을 붙여서 항상 두 자리 출력이 되도록 유지하라는 의미이다. 그리고 H, m, s는 각각 시, 분, 초의 출력을 의미한다. 마지막으로 다음 문장을 보자.

```
DateTimeFormatter fm3 = DateTimeFormatter.ofPattern("yyyy-MM-dd, HH:mm:ss VV");
```

위의 포맷에서는 M, d, H, m, s가 모두 둘 씩 이어져 있다. 따라서 숫자가 하나인 경우 0을 붙여서 두 자리 출력이 유지된다. 그리고 마지막에 있는 VV는 시간대 ID의 출력을 의미하는 것으로 반드시 V 둘을 붙여야 한다.
지금까지 설명한 내용이면 우리에게 익숙한 웬만한 출력은 다 만들어 낼 수 있다. 그러나 보다 다양한 형태의 출력이 필요하다면 자바 문서의 DateTimeFormatter 클래스 부분을 참고하기 바란다. 필자 개인적으로는 필요할 때 참고해도 괜찮다고 생각한다.

Chapter 32

I/O 스트림

'I/O 스트림'에서의 I/O는 Input/Output을 줄인 표현으로 데이터의 입출력을 의미한다. 자바는 I/O 스트림이라는 입출력 모델을 통해서 대상에 상관없이 동일하게 적용할 수 있는 입출력 방식을 정의하고 있다.

32-1 I/O 스트림에 대한 이해

이미 Chapter 29와 30을 통해서 스트림을 공부한 상태이다. 그러나 본 Chapter에서 설명하는 I/O 스트림은 개념적으로는 이전에 설명한 스트림과 유사하지만 전혀 다른 성격의 스트림이다. 따라서 이 둘의 구분을 시작으로 이야기를 진행하고자 한다.

■ 그냥 '스트림'과 'I/O 스트림'의 차이는?

Chapter 29와 30에서는 배열과 컬렉션 인스턴스에 저장된 데이터를 기반으로 스트림을 생성한 바 있다. 그런데 당시에 생성한 스트림의 목적은 필터링과 리덕션, 그러니까 데이터를 목적에 맞게 걸러내거나 가공하는데 있었다.

- 스트림의 주제: 데이터를 어떻게 원하는 형태로 걸러내고 가공할 것인가?

당시 스트림을 공부하면서 데이터를 꺼내는 방법에 대해서는 고민하지 않았다. 반면에 'I/O 스트림'에서는 이 부분을 고민한다. 즉 I/O 스트림의 주 목적은 '데이터의 입력과 출력'이다.

- I/O 스트림의 주제: 어떻게 데이터를 입력하고 출력할 것인가?

따라서 이러한 시나리오로 정리가 가능하다. 다수의 문자열을 저장하고 있는 파일이 하나 있다. 그래서 이 파일에 저장된 문자열을 꺼내서 컬렉션 인스턴스에 저장하고, 이렇게 저장된 문자열 중에서 길이가 5 이상인 문자열만 출력을 하고자 한다. 이때 해야 할 일은 다음과 같이 두 가지로 나뉜다.

- 파일에 저장된 문자열을 꺼내어 컬렉션 인스턴스에 저장
  → 'I/O 스트림'으로 해결해야 할 부분

- 컬렉션 인스턴스에 저장된 문자열 중 길이가 5 이상인 문자열만 출력
  → '스트림'으로 해결해야 할 부분

정리하면, 데이터를 넣고 꺼내는 일도 스트림을(데이터의 흐름을) 형성해야 할 수 있는 일이고, 데이터의 가공도 스트림을 형성해야 할 수 있는 일이다. 따라서 스트림이라는 이름이 중복으로 사용이 되었지만 적용되는 영역은 다르다.

■ I/O 스트림 모델의 소개

프로그램의 상당 부분은 입출력과 관련이 있다. 그리고 다음은 우리가 쉽게 접할 수 있는 입출력의 대상들이다.

- 파일
- 키보드와 모니터
- 그래픽카드, 사운드카드
- 프린터, 팩스와 같은 출력장치
- 인터넷으로 연결되어 있는 서버 또는 클라이언트

이렇듯 데이터의 입출력 대상은 다양한데, 입출력 대상이 달라지면 코드상에서의 입출력 방법도 달라지는 것이 일반적이다. 그런데 자바에서는 입출력 대상에 상관없이 동일한 방법으로 입출력을 진행할 수 있도록 'I/O 스트림 모델'이라는 것을 정의하였다. ('I/O 스트림 모델'은 줄여서 'I/O 모델'이라 한다.)
즉 자바의 I/O 모델을 기반으로 데이터를 입출력할 경우, 그 대상에 상관없이 동일한 방법으로(동일한 방법으로 간주해도 될 만큼 유사한 방법으로) 데이터를 입출력할 수 있다.

■ I/O 모델과 스트림(Stream)의 이해, 그리고 파일 대상의 입력 스트림 생성

I/O 모델의 스트림은 다음과 같이 크게 두 가지로 나뉜다.

- 입력 스트림 (Input Stream)

  → 실행 중인 자바 프로그램으로 데이터를 읽어 들이는 스트림

- 출력 스트림 (Output Stream)

  → 실행 중인 자바 프로그램으로부터 데이터를 내보내는 스트림

스트림이란 '데이터의 흐름'을 의미한다. 그런데 이를 '데이터의 이동 통로'로 의역을 하면 표현이 부드러워진다. 즉 '입력 스트림'은 데이터의 입력 통로를 의미하고, '출력 스트림'은 데이터의 출력 통로를 의미한다. 그리고 여기서 말하는 입력, 출력의 주체는 '실행 중인 자바 프로그램'이다. 따라서 자바 프로그램으로 데이터를 읽어 들이는 경우를 가리켜 '입력'이라 하고, 자바 프로그램에서 데이터를 내보내는 경우를 '출력'이라 한다.
그럼 파일을 대상으로 입력 스트림의 생성의 예를 보이겠다. 다음은 data.dat라는 파일에 저장된 데이터를 읽기 위해 입력 스트림을 생성하는 문장이다.

```
InputStream in = new FileInputStream("data.dat");
```

→ FileInputStream 클래스는 InputStream 클래스를 상속한다.

위의 문장이 보이듯이, 입력 스트림의 생성도(물론 출력 스트림의 생성도) 인스턴스의 생성을 통해서 이뤄진다. 즉 위의 문장이 실행되면 다음 그림에서 보이듯이 data.dat로부터 데이터를 읽어 들일 수 있는 길이 만들어진다.

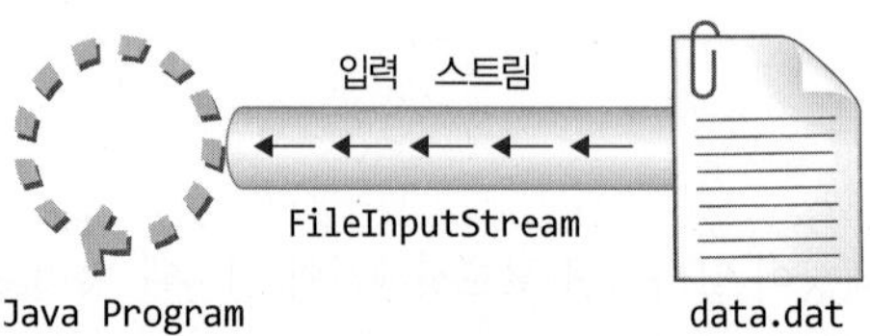

[그림 32-1: 입력 스트림의 생성]

그리고 이렇게 길이 만들어지면 다음 메소드 호출을 통해서 데이터를 읽어 들일 수 있다.

```
public abstract int read() throws IOException   // java.io.InputStream의 메소드
```

정리하면, 다음 두 문장을 통해서 data.dat로부터 데이터를 읽을 수 있는 입력 스트림이 생성되고 또 첫 번째 데이터를 읽어 들이게 된다.

```
InputStream in = new FileInputStream("date.dat");    // 입력 스트림 생성
int data = in.read();     // 데이터 읽어 들임
```

이와 유사하게 다음 두 문장을 통해서 data.dat로 데이터를 전달할 수 있는 출력 스트림이 생성되고, 데이터 7을 저장하게 된다.

```
OutputStream out = new FileOutputStream("date.dat");    // 출력 스트림 생성
out.write(7);      // 데이터 7을 파일에 전달
```

참고로 위의 첫 문장을 통해서 생성되는 출력 스트림을 그림으로 표현하면 다음과 같다. (입력 스트림과의 유일한 차이점은 데이터가 흐르는 방향이다.)

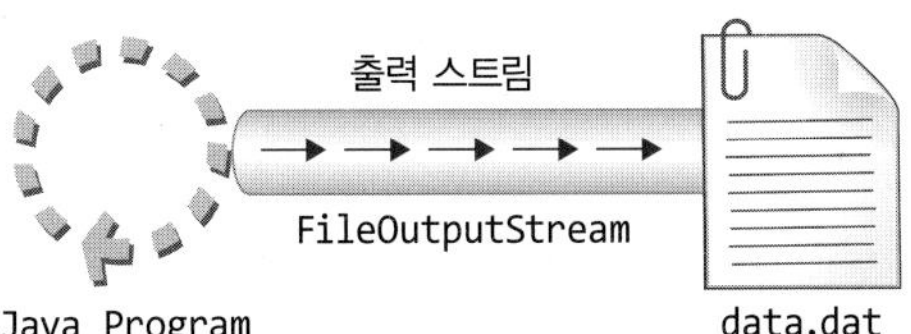

[그림 32-2: 출력 스트림의 생성]

그럼 예제를 통해서 출력 스트림을 생성하고 데이터를 저장하는 예를 보이겠다.

◈ Write7ToFile.java

```
import java.io.OutputStream;
import java.io.FileOutputStream;
import java.io.IOException;

class Write7ToFile {
    public static void main(String[] args) throws IOException {
        OutputStream out = new FileOutputStream("data.dat"); // 출력 스트림 생성
        out.write(7);  // 7을 저장
        out.close();  // 스트림 종료
    }
}
```

위 예제의 다음 문장을 보자. 이 문장이 실행되면 data.dat라는 파일이 생성되고, 이 파일에 데이터를 저장할 수 있는 출력 스트림이 생성된다.

```
OutputStream out = new FileOutputStream("data.dat");
```

→ FileOutputStream 클래스는 OutputStream 클래스를 상속한다.

만약에 스트림을 생성할 대상이 파일이 아니라면, 위 문장의 오른편에서 생성하는 인스턴스의 종류가 그에 따라 달라진다. 그러나 이렇듯 스트림을 생성하고 나면, 이후로는 그 대상에 상관없이 다음의 방법으로 데이터를 저장할 수 있게 된다. (이것이 바로 입출력 대상에 상관없이 동일한 방법으로 입출력을 진행할 수 있도록 정의된 'I/O 스트림 모델'의 핵심이다.)

```
out.write(7);
```

위의 문장에서 호출한 OutputStream의 write 메소드는 다음과 같다.

```
public abstract void write(int b) throws IOException
```

즉 추상 메소드이다. 실제 파일로 데이터를 저장하도록 구현된 write 메소드는 FileOutputStream에 정의되어 있다.

끝으로 데이터의 저장이 끝나면 다음 메소드 호출을 통해서, 생성했던 출력 스트림을 소멸해야 한다. 스트림이 소멸되면 열려 있던 파일은 닫히고 할당되었던 메모리 자원은 다시 사용할 수 있도록 반환이 된다.

```
out.close();    // 출력 스트림의 종료 및 소멸
```

이렇게 해서 위 예제의 실행이 끝이 나면 data.dat가 생성된 것을 확인할 수 있다. 그럼 이어서 다음 예제를 통해서 data.dat에 저장된 데이터를 꺼내 보자.

◈ Read7FromFile.java

```
import java.io.InputStream;
import java.io.FileInputStream;
import java.io.IOException;

class Read7FromFile {
    public static void main(String[] args) throws IOException {
        InputStream in = new FileInputStream("data.dat");   // 입력 스트림 생성
        int dat = in.read();   // 데이터 읽음
        in.close();   // 입력 스트림 종료

        System.out.println(dat);
    }
}
```

▶ 실행 결과: Read7FromFile.java

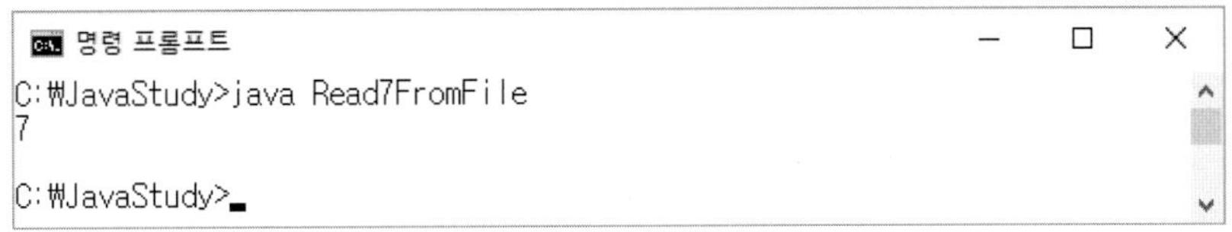

위 예제에서는 다음과 같이 입력 스트림을 생성하였다.

```
InputStream in = new FileInputStream("data.dat");
```

→ FileInputStream 클래스는 InputStream 클래스를 상속한다.

출력 스트림과 마찬가지로, 스트림 생성의 대상이 달라지면 위 문장에서 생성하는 인스턴스의 종류만 달라진다. 그리고 데이터를 읽어 들이는 방법은 대상에 상관없이 다음과 같다.

```
int dat = in.read();
```

이렇게 해서 데이터를 읽어 들이고 나면 다음과 같이 입력 스트림을 종료해서 할당된 자원을 반환해야 한다.

```
in.close();
```

■ 입출력 스트림 관련 코드의 개선

앞서 보인 두 예제의 경우 입력 및 출력 스트림의 생성 과정에서 예외가 발생하여 스트림의 생성에 실패할 수도 있다. 그런데 이러한 경우에는 스트림을 종료하는 close 메소드의 호출을 생략해야 한다. 그렇지 않으면 이로 인해 또다른 예외가 발생할 수 있다. 따라서 앞서 제시한 두 예제를 다음과 같이 작성하는 것이 보다 안정적이다.

◈ Write7ToFile2.java

```
import java.io.OutputStream;
import java.io.FileOutputStream;
import java.io.IOException;

class Write7ToFile2 {
    public static void main(String[] args) throws IOException {
```

```
        OutputStream out = null;

        try {
            out = new FileOutputStream("data.dat");
            out.write(7);
        }
        finally {
            if(out != null)    // 출력 스트림 생성에 성공했다면,
                out.close();
        }
    }
}
```

◈ Read7FromFile2.java

```
import java.io.InputStream;
import java.io.FileInputStream;
import java.io.IOException;

class Read7FromFile2 {
    public static void main(String[] args) throws IOException {
        InputStream in = null;

        try{
            in = new FileInputStream("data.dat");
            int dat = in.read();
            System.out.println(dat);
        }
        finally {
            if(in != null)    // 입력 스트림 생성에 성공했다면,
                in.close();
        }
    }
}
```

이전 예제와 내용상으로는 차이가 없다. 다만 안정적인 close 메소드의 호출을 보장하기 위한 코드가 추가되었을 뿐이다. 그런데 이 예제에 try-with-resources문을 적용하면 다음과 같이 보다 간결한 구조가 되게 할 수 있다.

◈ Write7ToFile3.java

```
import java.io.OutputStream;
import java.io.FileOutputStream;
import java.io.IOException;

class Write7ToFile3 {
    public static void main(String[] args) {
        try(OutputStream out = new FileOutputStream("data.dat")) {
            out.write(7);
        }
        catch(IOException e) {
            e.printStackTrace();
        }
    }
}
```

◈ Read7FromFile3.java

```
import java.io.InputStream;
import java.io.FileInputStream;
import java.io.IOException;

class Read7FromFile3 {
    public static void main(String[] args) {
        try(InputStream in = new FileInputStream("data.dat")) {
            int dat = in.read();
            System.out.println(dat);
        }
        catch(IOException e) {
            e.printStackTrace();
        }
    }
}
```

위의 두 예제에서 보이듯이 try-with-resources문을 기반으로 코드를 작성하면 안정적인 close 메소드의 호출이 보장되므로 코드가 훨씬 간결해진다.

■ 바이트 단위 입출 및 출력 스트림

가장 기본적인 데이터의 입출력 단위는 바이트이고, 바이트 단위로 데이터를 입력 및 출력하는 스트림을 가리켜 '바이트 스트림'이라 한다. 그리고 파일을 대상으로 하는 바이트 스트림의 생성 방법은 다음과 같다. (이미 설명한 내용이지만 한번 더 정리하였다.)

```
InputStream in = new FileInputStream("data.dat")
```

→ 파일을 대상으로 하는 바이트 단위의 입력 스트림 생성

```
OutputStream out = new FileOutputStream("data.dat");
```

→ 파일을 대상으로 하는 바이트 단위의 출력 스트림 생성

그럼 다음 예제를 통해서 바이트 스트림을 생성해서 파일을 복사하는 코드의 예를 보이겠다.

◈ BytesFileCopier.java

```
import java.util.Scanner;
import java.io.InputStream;
import java.io.OutputStream;
import java.io.FileInputStream;
import java.io.FileOutputStream;
import java.io.IOException;

class BytesFileCopier {
    public static void main(String[] args) {
        Scanner sc = new Scanner(System.in);
        System.out.print("대상 파일: ");
        String src = sc.nextLine();

        System.out.print("사본 이름: ");
        String dst = sc.nextLine();

        try(InputStream in = new FileInputStream(src) ;
            OutputStream out = new FileOutputStream(dst)) {
            int data;
            while(true) {
                data = in.read();    // 파일로부터 1 바이트를 읽는다.
                if(data == -1)    // 더 이상 읽어 들일 데이터가 없다면,
                    break;
                out.write(data);    // 파일에 1바이트를 쓴다.
            }
        }
```

```
        catch(IOException e) {
            e.printStackTrace();
        }
    }
}
```

▶ 실행 결과: BytesFileCopier.java

```
명령 프롬프트
C:\JavaStudy>java BytesFileCopier
대상 파일: BytesFileCopier.java
사본 이름: BytesFileCopier2.java

C:\JavaStudy>
```

파일을 복사하기 위해서는 입력 스트림과 출력 스트림을 함께 생성해야 한다. 따라서 위 예제에서는 하나의 try-with-resources문을 통해서 두 개의 스트림을 생성하였다. 그리고 파일 복사를 실제 진행하는 코드는 다음과 같다.

```
while(true) {
    data = in.read();
    if(data == -1)   // 더 이상 읽어 들일 데이터가 없다면
        break;   // 반복문 탈출
    out.write(data);
}
```

위의 while문에서 호출하는 read 메소드는 다음과 같다.

```
public int read() throws IOException
```

이 메소드는 파일로부터 읽어 들인 1바이트의 유효한 데이터에 3바이트의 0을 채워서 4바이트 int형 데이터로 반환한다. (그래서 이 메소드가 반환하는 정상적인 값의 범위는 0~255이다.) 반면 스트림의 끝에 도달해서 더 이상 읽어 들을 데이터가 없는 경우 -1을 반환한다.
그리고 위의 while문에서 호출하는 write 메소드는 다음과 같다. 이 메소드도 read 메소드와 유사하게 인자로 전달되는 int형 데이터의 첫 번째 바이트만을 파일에 저장한다.

```
public void write(int b) throws IOException
```

즉 위의 예제는 파일의 크기에 상관없이 1바이트씩 읽고 쓰는 복사 프로그램이다. 따라서 크기가 어느 정도 되는 파일을 복사할 경우 제법 오랜 시간이 걸린다.

■ 보다 빠른 속도의 파일 복사 프로그램

바이트 스트림이라 하여 1바이트씩만 읽고 써야 하는 것은 아니다. 다음 예제에서 보이듯이 byte 배열을 생성해서 이를 기반으로 많은 양의 데이터를 한 번에 읽고 쓰는 것도 가능하다.

◈ BufferedFileCopier.java

```
import java.util.Scanner;
import java.io.InputStream;
import java.io.OutputStream;
import java.io.FileInputStream;
import java.io.FileOutputStream;
import java.io.IOException;

class BufferedFileCopier {
    public static void main(String[] args) {
        Scanner sc = new Scanner(System.in);
        System.out.print("대상 파일: ");
        String src = sc.nextLine();

        System.out.print("사본 이름: ");
        String dst = sc.nextLine();

        try(InputStream in = new FileInputStream(src) ;
            OutputStream out = new FileOutputStream(dst)) {
            byte buf[] = new byte[1024];
            int len;

            while(true) {
                len = in.read(buf);     // 배열 buf로 데이터를 읽어 들이고,
                if(len == -1)
                    break;
                out.write(buf, 0, len);     // len 바이트만큼 데이터를 저장한다.
            }
        }
        catch(IOException e) {
            e.printStackTrace();
        }
    }
}
```

▶ 실행 결과: BufferedFileCopier.java

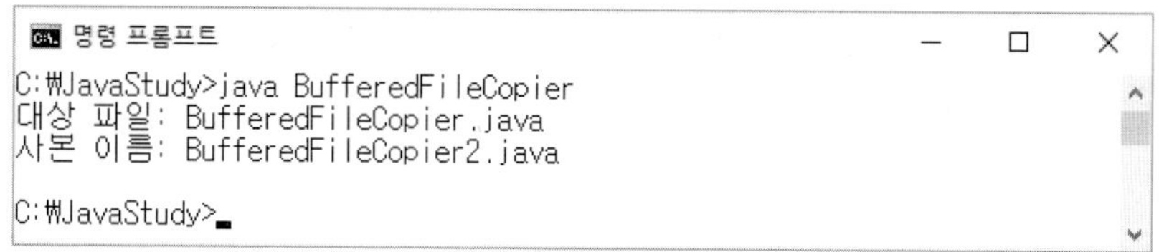
```
C:\JavaStudy>java BufferedFileCopier
대상 파일: BufferedFileCopier.java
사본 이름: BufferedFileCopier2.java

C:\JavaStudy>
```

위 예제에서 호출한 read와 write 메소드는 각각 다음과 같다. read는 읽어 들인 바이트의 수를 반환하는데, 스트림의 끝에 도달해서 더 이상 읽어 들일 데이터가 없는 경우 -1을 반환한다.

```
public int read(byte[] b) throws IOException
```

→ 파일에 저장된 데이터를 b로 전달된 배열에 저장

```
public void write(byte[] b, int off, int len) throws IOException
```

→ b로 전달된 배열의 데이터를 인덱스 off에서부터 len 바이트만큼 파일에 저장

그리고 위의 메소드 호출에 사용된 배열은 다음과 같다.

```
byte buf[] = new byte[1024];
```

따라서 1킬로바이트 단위로 데이터를 읽고 쓰게 되어 그만큼 복사의 속도가 빨라지게 된다. 실제로 이전 예제에서는 복사에 2~3분이 걸리던 파일도 위의 예제를 통해서 복사를 진행하면 몇 초도 걸리지 않는다.

32-2 필터 스트림의 이해와 활용

FileInputStream과 FileOutputStream은 입출력 대상과의 연결을 위한 클래스이다. 그러나 이들과 달리 기능을 보조하는 성격의 스트림을 생성하는 클래스도 존재하기에 이를 소개하고자 한다.

■ 바이트 단위로 데이터를 읽고 쓸 줄은 알지만

우리는 다음 요구 사항을 만족하는 프로그램을 작성할 수 있다.

"파일로부터 4바이트의 데이터를 읽어 들인다."

그러나 다음 요구 사항을 만족하는 프로그램은 아직 작성할 줄 모른다.

"파일로부터 int형 데이터 하나를 읽어 들인다."

내용만 놓고 보면 둘 다 4바이트의 데이터를 읽어 들이는 형태이지만 결과는 다르다. 필자가 앞서 설명한 방식대로 4바이트의 데이터를 읽어 들이는 방법은 다음과 같다.

```
InputStream in = new FileInputStream("data.dat");
byte buf[] = new byte[4];     // 4바이트의 공간을 마련하여
in.read(buf);     // 4바이트를 읽어 들인다.
```

이는 1바이트 데이터 4개를 읽어 들이는 형태이다. (비록 한 번의 read 메소드 호출로 4바이트를 읽어 들이더라도) 그리고 이렇게 읽어 들인 결과는 코드상에서 int형 데이터로 활용하지 못한다. int형 데이터 하나를 읽어 들이려면 다음의 단계를 거쳐야 한다.

- 단계 1: 파일로부터 1바이트 데이터 4개를 읽어 들인다.
- 단계 2: 읽어 들인 1바이트 데이터 4개를 하나의 int형 데이터로 조합한다.

이 중 두 번째 단계의 일을 하는 스트림을 가리켜 '필터 스트림'이라 한다. 이러한 필터 스트림은 입력 또는 출력 스트림에 덧붙여서 데이터를 조합, 가공 및 분리하는 역할을 한다.

- 필터 입력 스트림 　　입력 스트림에 연결되는 필터 스트림
- 필터 출력 스트림 　　출력 스트림에 연결되는 필터 스트림

예를 들어 파일로부터 int형 데이터 370 하나를 읽어 들이기 위해서는 다음 그림의 형태로 스트림을 구성해야 한다. 이와 같이 스트림을 구성하면 입력 스트림은 파일로부터 4개의 1바이트 데이터를 읽어서 필터 입력 스트림에 전달한다. 그러면 필터 입력 스트림은 이를 하나의 int형 데이터로 조합해서 반환한다.

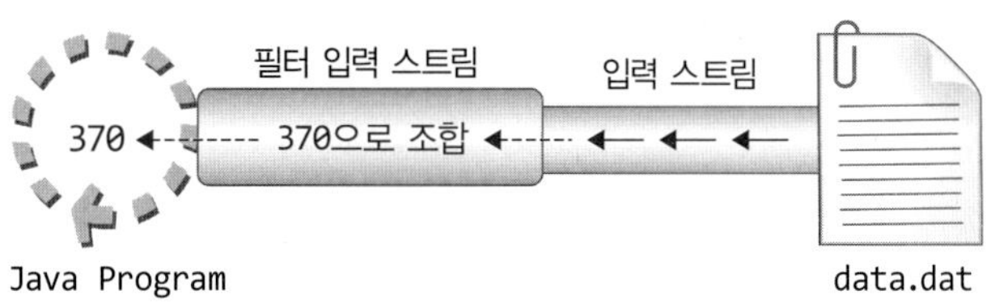

[그림 32-3: 필터 입력 스트림의 생성]

위의 그림과 같이 스트림을 구성하는 코드는 다음과 같다.

```
InputStream in = new FileInputStream("data.dat");     // 입력 스트림 생성
DataInputStream fIn = new DataInputStream(in);     // 필터 스트림 생성 및 연결
```

역으로 파일에 int형 데이터 370 하나를 저장하는 경우도 마찬가지이다. 다음 그림과 같이 스트림을 연결한다. 그리고는 필터 출력 스트림에 int형 정수 370을 전달한다. 그러면 필터 출력 스트림은 이를 4개의 1바이트 데이터로 구분해서 출력 스트림에 전달을 한다.

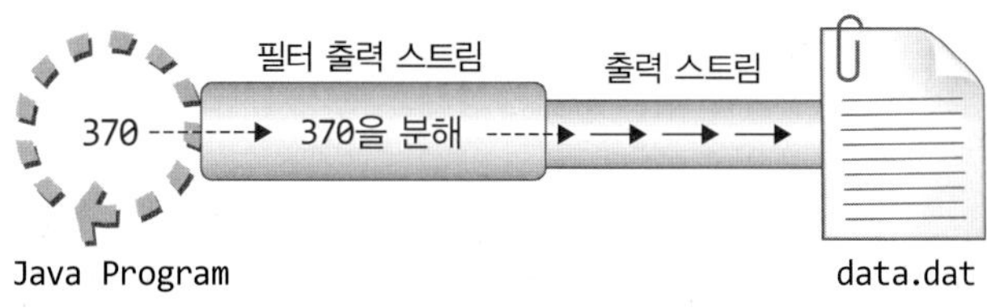

[그림 32-4: 필터 출력 스트림의 생성]

위의 그림과 같이 스트림을 구성하는 코드는 다음과 같다.

```
OutputStream out = new FileOutputStream("data.dat");     // 출력 스트림 생성
DataOutputStream fOut = new DataOutputStream(out);     // 필터 스트림 생성 및 연결
```

필터 스트림의 종류에는 여러 가지가 있지만 지금은 기본 자료형 데이터의 입력 및 출력에 필요한 다음 두 필터 스트림을 대상으로 필터 스트림에 대한 개념 소개를 진행하였다.

- DataInputStream 기본 자료형 데이터의 입력을 위한 필터 스트림
- DataOutputStream 기본 자료형 데이터의 출력을 위한 필터 스트림

그럼 이어서 기본 자료형 데이터를 파일에 저장하는 다음 예제를 보자.

◈ DataFilterOutputStream.java

```
import java.io.IOException;
import java.io.FileOutputStream;
import java.io.DataOutputStream;

class DataFilterOutputStream {
    public static void main(String[] args) {
        try(DataOutputStream out =
                new DataOutputStream(new FileOutputStream("data.dat"))) {
            out.writeInt(370);    // int형 데이터 저장
            out.writeDouble(3.14);    // double형 데이터 저장
        }
        catch(IOException e) {
            e.printStackTrace();
        }
    }
}
```

위 예제에서는 다음과 같이 하나의 문장에서 파일 출력 스트림을 생성하고 여기에 필터 스트림을 연결하였다.

```
DataOutputStream out = new DataOutputStream(new FileOutputStream("data.dat"))
```

그리고 다음 두 메소드 호출을 통해서 기본 자료형 데이터를 파일에 저장하였다. (물론 이 두 메소드 이외에도 모든 기본 자료형 데이터를 대상으로 그 값을 저장할 수 있는 메소드들이 각각 정의되어 있다.)

```
public final void writeInt(int v) throws IOException
public final void writeDouble(double v) throws IOException
```

위의 예제를 실행하면 파일 data.dat가 생성되고 이 파일에 두 개의 값이 저장되는데, 다음 예제에서

는 이렇게 저장된 두 개의 값을 꺼내어 출력을 한다.

◈ DataFilterInputStream.java

```
import java.io.IOException;
import java.io.FileInputStream;
import java.io.DataInputStream;

class DataFilterInputStream {
    public static void main(String[] args) {
        try(DataInputStream in =
                new DataInputStream(new FileInputStream("data.dat"))) {
            int num1 = in.readInt();     // int형 데이터 꺼냄
            double num2 = in.readDouble();    // double형 데이터 꺼냄

            System.out.println(num1);
            System.out.println(num2);
        }
        catch(IOException e) {
            e.printStackTrace();
        }
    }
}
```

▶ 실행 결과: DataFilterInputStream.java

```
명령 프롬프트
C:\JavaStudy>java DataFilterInputStream
370
3.14

C:\JavaStudy>
```

위 예제에서는 앞서 파일에 데이터를 저장한 순서대로 자료형을 일치시켜 꺼내고 있다. 그리고 이때 호출한 메소드는 다음과 같다.

```
public final int readInt() throws IOException
public final double readDouble() throws IOException
```

이렇듯 자료형을 결정해서 데이터를 입력 및 출력하는 경우에는 그 순서를 지키는 것이 중요하다.

■ 버퍼링 기능을 제공하는 필터 스트림

필터 스트림 중에서 상대적으로 사용 빈도수가 높은 두 필터 스트림을 소개하고자 한다.

- BufferedInputStream　　버퍼링 기능을 제공하는 버퍼 입력 스트림
- BufferedOutputStream　　버퍼링 기능을 제공하는 버퍼 출력 스트림

필터 스트림을 구성하는 방법은 이미 설명하였으니, 위의 두 필터 스트림을 기반으로 앞서 보인 다음 예제를 다시 구현해 보겠다.

`BytesFileCopier.java`　　파일 복사를 진행하되 1바이트 단위로 읽고 쓴다.

다음 예제에서도 1바이트 단위로 데이터를 읽고 쓴다. 그러나 이번에는 입력 및 출력 스트림에 버퍼링 기능을 제공하는 필터 스트림을 연결하였다.

◈ BufferedStreamFileCopier.java

```
import java.util.Scanner;
import java.io.IOException;
import java.io.FileInputStream;
import java.io.FileOutputStream;
import java.io.BufferedInputStream;
import java.io.BufferedOutputStream;

class BufferedStreamFileCopier {
    public static void main(String[] args) {
        Scanner sc = new Scanner(System.in);
        System.out.print("대상 파일: ");
        String src = sc.nextLine();

        System.out.print("사본 이름: ");
        String dst = sc.nextLine();

        try(BufferedInputStream in =
                new BufferedInputStream(new FileInputStream(src)) ;
            BufferedOutputStream out =
                new BufferedOutputStream(new FileOutputStream(dst))) {
            int data;
            while(true) {
```

```
                data = in.read();
                if(data == -1)
                    break;
                out.write(data);
            }
        }
        catch(IOException e) {
            e.printStackTrace();
        }
    }
}
```

▶ 실행 결과: BufferedStreamFileCopier.java

```
명령 프롬프트
C:\JavaStudy>java BufferedStreamFileCopier
대상 파일: BufferedStreamFileCopier.java
사본 이름: BufferedStreamFileCopier2.java

C:\JavaStudy>
```

위의 예제에서는 다음과 같이 입력 및 출력 스트림을 생성하고 이들 각각을 버퍼 스트림에 연결하였다.

```
BufferedInputStream in = new BufferedInputStream(new FileInputStream(src))
BufferedOutputStream out = new BufferedOutputStream(new FileOutputStream(dst))
```

위의 예제는 이 두 문장을 제외하면 BytesFileCopier.java와 차이가 없다. 즉 위 예제도 1바이트 단위로 데이터를 읽고 쓴다. 그러나 용량이 큰 파일을 대상으로 복사를 진행해보면 위 예제의 복사 속도가 1024바이트 단위로 복사를 진행했던 예제 BufferedFileCopier.java에 뒤지지 않음을 알 수 있다. 그렇다면 버퍼 스트림을 연결했을 때 어떠한 일이 일어나는 것일까? 이와 관련하여 다음 그림을 보자.

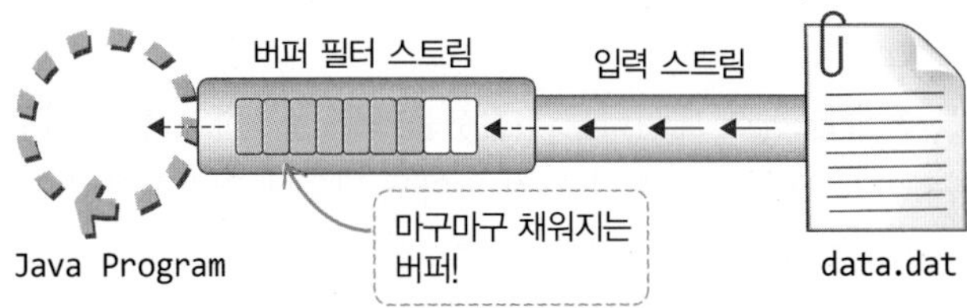

[그림 32-5: 버퍼 입력 스트림의 효과]

위 그림에서 보이듯이 버퍼 입력 스트림은 내부에 '버퍼(메모리 공간)'을 갖는다. 그리고 입력 스트림으로부터 많은 양의 데이터를 가져다 해당 버퍼를 채운다. 때문에 프로그래머가 read 메소드를 호출할 때 파일에 저장된 데이터를 반환하는 것이 아니라, 버퍼 스트림의 버퍼에 저장된 데이터를 반환한다. 그리고 이것이 성능 향상의 핵심이다. 파일 복사에서 메소드 호출의 빈도수보다 더 문제가 되는 것은 파일에 빈번히 접근하는 행위이다. 파일은 물리적으로 떨어져 있다. 때문에 파일에서 1바이트를 읽는 것은 메인 메모리에서 1바이트를 읽는 것보다 훨씬 오랜 시간이 걸린다. 따라서 파일에서 데이터를 읽어 들일 때는 한 번에 많은 양을 읽어 들여야 파일 접근에 따른 성능의 저하를 최소화할 수 있다. 그리고 이것이 버퍼 입력 스트림이 성능 향상에 도움이 되는 이유이다. 그리고 이러한 '버퍼링(메모리를 어느 정도 채운 다음에 데이터를 이동시키는)'의 효과는 다음 그림에서 보이듯이 '버퍼 출력 스트림'에서도 나타난다.

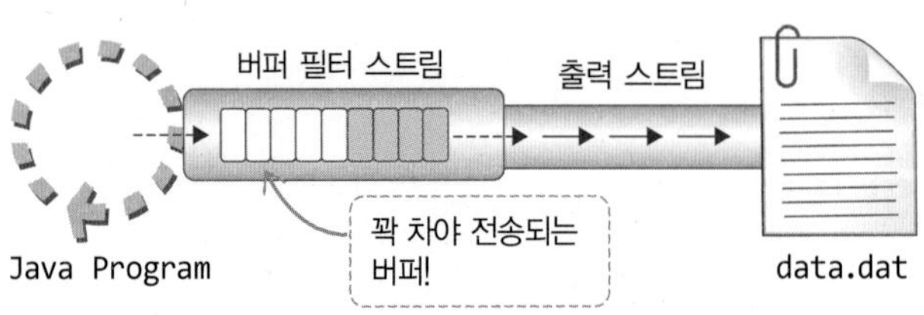

[그림 32-6: 버퍼 출력 스트림의 효과]

파일에서 데이터를 읽을 때만 속도가 저하되는 것은 아니다. 쓸 때도 마찬가지로 속도가 저하된다. 따라서 버퍼 출력 스트림 내부에 데이터를 저장해 두었다가 한 번에 파일에 쓰면 그만큼 속도 저하를 줄일 수 있다.

■ 버퍼링 기능에 대한 대책, flush 메소드의 호출

기본적으로 버퍼링은 성능 향상에 도움을 주지만 다음과 같은 상황이 발생할 수 있어서 주의가 필요하다. (버퍼 출력 스트림에만 해당하는 내용이다.)

"버퍼 스트림에 저장된 데이터가 파일에 저장되지 않은 상태에서 컴퓨터 다운!"

이때 프로그램상에서는 write 메소드 호출을 통해 데이터를 저장했음에도 불구하고 실제 파일에는 데이터가 저장되지 않는 일이 발생할 수 있다. 때문에 버퍼가 차지 않아도 파일에 저장해야 할 중요한 데이터가 있다면, 다음 메소드 호출을 통해서 명시적으로 버퍼를 비우라고(파일로 데이터를 보내라고) 명령할 수 있다.

```
public void flush() throws IOException   // java.io.OutputStream의 메소드
```

그러나 이 메소드를 빈번히 호출하는 것은 버퍼링을 통한 성능 향상에 방해가 되는 일이기 때문에 제한적으로 호출하는 것이 좋다. 그리고 스트림이 종료되면 버퍼는 자동으로 비워진다(데이터가 목적지로 이동한다). 따라서 스트림을 종료하기 직전에 굳이 이 메소드를 호출할 필요는 없다.

■ 파일에 기본 자료형 데이터를 저장하고 싶은데, 버퍼링 기능도 추가하면 좋겠다!

파일에 기본 자료형 데이터를 저장하고자 한다면 다음 형태로 스트림을 생성하면 된다. (알고 있는 내용을 다시 한번 정리하였다.)

```
OutputStream out = new FileOutputStream("data.dat");
DataOutputStream fOut = new DataOutputStream(out);
```

반면 버퍼링 기능이 있는 출력 스트림을 생성하려면 다음 형태로 스트림을 생성하면 된다. (역시 이미 알고 있는 내용이다.)

```
OutputStream out = new FileOutputStream("data.dat");
BufferedOutputStream fOut = new BufferedOutputStream(out);
```

그렇다면 파일을 대상으로 버퍼링 기능을 갖는 스트림을 생성하여 기본 자료형 데이터를 저장하려면 어떻게 스트림을 생성해야 할까? 이러한 경우 '버퍼링 기능의 필터 스트림'과 '기본 자료형 데이터의 저장을 위한 필터 스트림'이 동시에 필요하다. 따라서 다음과 같이 스트림을 생성해야 한다.

```
OutputStream out=new FileOutputStream("data.dat");
BufferedOutputStream bfOut=new BufferedOutputStream(out);
DataOutputStream dfOut=new DataOutputStream(bfOut);
```

위의 세 문장을 통해 생성되는 스트림의 모습을 그림으로 표현하면 다음과 같다.

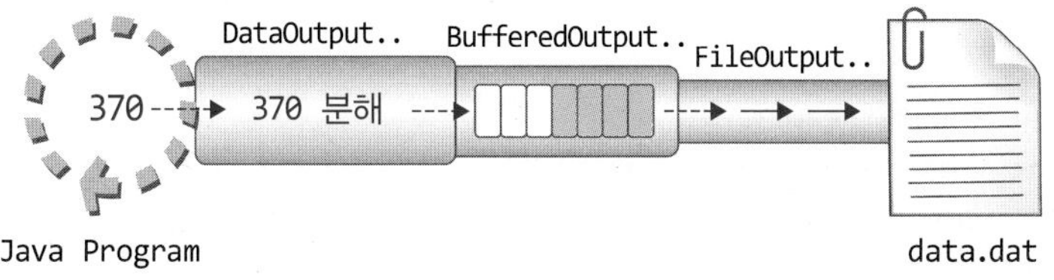

[그림 32-7: 두 개의 필터를 연결한 스트림]

버퍼 스트림은 기본 입출력 스트림에 연결되어 입출력의 효율을 향상시키는 필터 스트림이다. 따라서 위의 그림과 같은 구조로 스트림을 연결해야 한다. (연결 순서를 바꾸면 컴파일이 되더라도 예외가 발생한다.) 그럼 다음 예제에서 위 그림에 해당하는 스트림을 생성하여 기본 자료형의 값을 저장해보겠다.

◈ BufferedDataOutputStream.java

```
import java.io.IOException;
import java.io.FileOutputStream;
import java.io.DataOutputStream;
import java.io.BufferedOutputStream;

class BufferedDataOutputStream {
    public static void main(String[] args) {
        try(DataOutputStream out =
                new DataOutputStream(
                    new BufferedOutputStream(
                        new FileOutputStream("data.dat")))) {
            out.writeInt(370);
            out.writeDouble(3.14);
        }
        catch(IOException e) {
            e.printStackTrace();
        }
    }
}
```

다음 예제에서는 위 예제에서 저장한 값을 꺼내되, 마찬가지로 버퍼링 기능이 존재하는 스트림을 생성해서 값을 꺼낸다.

◈ BufferedDataInputStream.java

```
import java.io.IOException;
import java.io.FileInputStream;
import java.io.DataInputStream;
import java.io.BufferedInputStream;

class BufferedDataInputStream {
    public static void main(String[] args) {
        try(DataInputStream in =
                new DataInputStream(
                    new BufferedInputStream(
```

```
                           new FileInputStream("data.dat")))) {
            int num1 = in.readInt();
            double num2 = in.readDouble();

            System.out.println(num1);
            System.out.println(num2);
        }
        catch(IOException e) {
            e.printStackTrace();
        }
    }
}
```

▶ 실행 결과: BufferedDataInputStream.java

```
명령 프롬프트
C:\JavaStudy>java BufferedDataInputStream
370
3.14

C:\JavaStudy>
```

32-3 문자 스트림의 이해와 활용

앞서 설명한 입출력 스트림은 바이트 단위로 입출력이 이뤄졌다. 그래서 이를 가리켜 '바이트 스트림'이라 한다. 반면 문자가 갖는 특성을 고려하여 입출력이 진행되는 '문자 스트림'이라는 것이 있다.

■ 바이트 스트림과 문자 스트림의 차이

입출력 과정에서 '데이터의 변화 없이' 바이트 단위로 데이터를 입력 및 출력하는 것이 입출력의 기본이다. 그러나 문자를 입출력할 때에는 약간의 데이터 수정이 필요하다. 그래서 자바에서는 '문자 스트림'이라는 것을 별도로 지원한다. 그렇다면 문자를 입출력할 때에는 데이터의 수정이 왜 필요할까? 이와 관련하여 다음 두 변수에 저장된 문자를 파일에 저장한다고 가정해보자.

```
char ch1 = 'A';
char ch2 = '한';
```

자바는 모든 문자를 유니코드를 기준으로 표현한다. 이는 위의 두 변수에 각각 문자 'A'와 문자 '한'의 유니코드 값이 저장된다는 뜻이다. 그렇다면 이 두 문자를(두 변수에 저장되어 있는 문자를) 파일에 저장하는 경우 파일에 유니코드 값이 그대로 저장이 되겠는가?
유니코드 값이 그대로 저장된다고 해서 잘못은 아니다. 그러나 그렇게 저장된 두 문자는 운영체제상에서 확인할 수 없다. 예를 들어서 윈도우의 메모장 프로그램으로 해당 파일을 열어 보았을 때 제대로 된 두 문자를 확인할 수 없다. 이유는 운영체제의 문자 표현방식이(인코딩 방식이) 자바의 문자 표현방식과 다르기 때문이다.
운영체제의 문자 표현방식은 운영체제별로 다르다. 예를 들어서 한글 윈도우의 경우 '코드 페이지 949(CP949)'라는 인코딩 방식을 기준으로 문자를 표현하는데, 이 인코딩 방식의 특징은 다음과 같다. (윈도우의 메모장도 이렇게 인코딩 된 문자만 제대로 보여준다.)

- 영문과 특수문자 1바이트로 표현(인코딩)
- 한글 2바이트로 표현(인코딩)

결론은 한글 윈도우의 문자 표현 방식이 자바의 문자 표현방식과 다르다는 것이다. 따라서 자바 프로그램에서 파일에 문자를 저장하고, 해당 파일을 메모장과 같은 프로그램으로 확인을 하려면 다음과 같은 방식으로 문자를 저장해야 한다.

"유니코드로 표현된 문자를 해당 운영체제의 문자 표현 방식으로 바꾸어서 저장한다."

예를 들어서 한글 윈도우에서 확인할 수 있는 형태로 파일에 문자를 저장하려면, 자바에서 표현한 문자를 다음과 같이 저장해야 한다.

"유니코드로 표현된 문자를 코드 페이지 949 기반으로 바꿔서 저장한다."

그런데 이러한 작업을 프로그래머가 직접 하기엔 많이 번거롭다. 운영체제별로 문자 표현 방식이 다르므로 더 번거롭다. 따라서 자바에서 이를 알아서 해주면 좋겠다. 운영체제의 문자 표현방식에 맞춰서 유니코드로 표현된 문자를 알아서 변환해주면 좋겠다. 그렇다면 다음 예제에서 보이듯이' 문자 출력 스트림'을 생성해서 문자를 저장하면 된다.

◈ SimpleWriter.java

```
import java.io.Writer;
import java.io.FileWriter;
import java.io.IOException;

class SimpleWriter {
    public static void main(String[] args) {
        try(Writer out = new FileWriter("data.txt")) {   // 문자 출력 스트림 생성
            out.write('A');    // 문자 'A' 저장
            out.write('한');    // 문자 '한' 저장
        }
        catch(IOException e) {
            e.printStackTrace();
        }
    }
}
```

위 예제에서는 data.txt라는 파일을 생성해서 문자 'A'와 '한'을 저장하였다. 따라서 두 문자는 유니코드로 표현되어 write에 전달되지만, 스트림이 문자 스트림인 관계로 해당 운영체제의 문자 표현방식에 근거하여 각 문자가 인코딩 되어 저장된다. 따라서 한글 윈도우의 경우 다음과 같이 메모장을 통해서 파일의 내용을 확인할 수 있다.

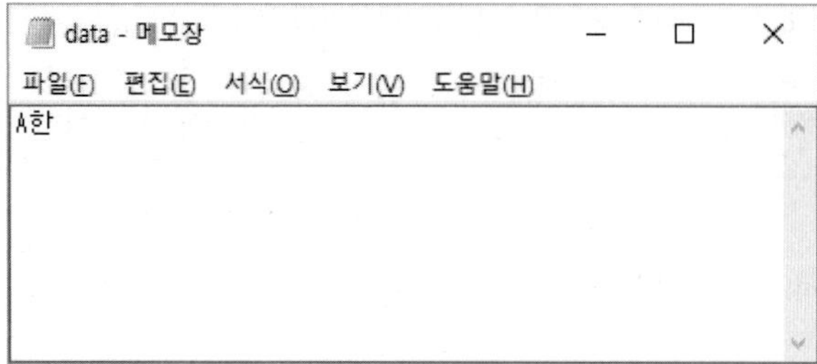

[그림 32-8: 문자 스트림이 저장한 내용]

그리고 다음과 같이 해당 파일의 정보를 열어서, 저장된 내용이 4바이트가 아닌 3바이트 임도 확인할 수 있다. (영문자 1바이트 + 한글 문자 2바이트)

[그림 32-9: 파일의 크기 확인]

지금까지 문자 출력 스트림에 대해서 설명했지만 '문자 입력 스트림'도 동일한 개념에서 이해하면 된다. 즉 문자 입력 스트림은 파일에 저장된 데이터를 읽어 들일 때 자바의 문자 표현 방식인 유니코드를 기반으로 해당 문자의 인코딩을 변경하는 스트림이다.

■ FileReader & FileWriter

앞서 설명한 바이트 스트림의 생성과 관련된 클래스가 상속하는 클래스는 각각 다음과 같다.

- InputStream　　　바이트 입력 스트림의 상위 클래스
- OutputStream　　바이트 출력 스트림의 상위 클래스

이에 대응하여 문자 스트림의 생성과 관련된 클래스가 상속하는 클래스는 각각 다음과 같다.

- Reader　　　　　문자 입력 스트림의 상위 클래스
- Writer　　　　　문자 출력 스트림의 상위 클래스

그리고 앞서 소개한, 파일을 대상으로 하는 바이트 입출력 스트림을 생성하는 클래스가 다음과 같은데,

- FileInputStream　　　　파일 대상 바이트 입력 스트림 생성
- FileOutputStream　　　파일 대상 바이트 출력 스트림 생성

이에 대응하여 파일을 대상으로 하는 문자 입출력 스트림을 생성하는 클래스는 다음과 같다.

- FileReader　　　　파일 대상 문자 입력 스트림 생성
- FileWriter　　　　파일 대상 문자 출력 스트림 생성

이어서 관련 예제를 제시할 텐데, 이에 앞서 어떠한 유형의 스트림을 생성해야 하는지 묻는 다음 질문에 답을 해보자.

Q1. 문자만 저장되어 있는 파일을 복사하려고 한다. 이때 필요한 스트림은?

물론 문자 스트림을 통해서도 복사를 진행할 수 있다. 그러나 기본적으로 파일 복사는 파일의 내용에 상관없이 있는 그대로의 바이트 정보가 저장된 파일을 하나 더 만드는 일이다. 따라서 바이트 스트림을 생성해서 복사를 진행하는 것이 원칙이다.

Q2. 자바 프로그램에서 문자 하나를 파일에 저장했다가 다시 읽어 들이려 한다.
이때 필요한 스트림은?

이 경우 파일에 문자를 저장하는 주체도, 저장된 문자를 읽는 주체도 자바 프로그램이다. 따라서 문자를 유니코드로 저장하고 읽어 들이면 충분하므로 바이트 스트림을 생성하는 것이 옳다. 물론 문자 스트림을 생성해서 이 일을 처리할 수도 있다. 그러나 그 과정에서 불필요하게 문자의 인코딩을 변경하는 일만 생기게 된다.

Q3. 운영체제상에서 만든 텍스트 파일의 내용을 자바 프로그램에서 읽어서 출력하려 한다
이때 필요한 스트림은?

운영체제상에서 만든 텍스트 파일은 메모장과 같은 프로그램을 실행해서 원하는 내용을 담은 파일을 의미한다. 그리고 이렇게 만들어진 파일에 저장된 문자들은 해당 운영체제의 기본 문자 인코딩 방식을 따른다. 따라서 이 문자들을 실행 중인 자바 프로그램에서 읽어 들이려면 유니코드로의 인코딩 변화가 필요하다. 그러므로 이 경우에는 문자 스트림을 생성해야 한다.
그럼 예제를 소개하겠다. 다음은 운영체제상에서 만든 텍스트 파일의 내용을 읽어서 출력하는 예제이다. 따라서 실행에 앞서 메모장과 같은 프로그램으로 읽어 들일 문자들을 담고 있는 파일을 만들어야 한다.

◈ TextReader.java

```
import java.io.Reader;
import java.io.FileReader;
import java.io.IOException;
import java.util.Scanner;

class TextReader {
    public static void main(String[] args) {
        Scanner sc = new Scanner(System.in);
        System.out.print("읽을 파일: ");
        String src = sc.nextLine();

        try(Reader in = new FileReader(src)) {    // 문자 입력 스트림 생성
            int ch;

            while(true) {
                ch = in.read();    // 문자를 하나씩 읽는다.
                if(ch == -1)    // 더 이상 읽을 문자가 없다면,
                    break;
                System.out.print((char)ch);    // 문자를 하나씩 출력한다.
            }
        }
        catch(IOException e) {
            e.printStackTrace();
        }
    }
}
```

▶ 실행 결과: TextReader.java

```
명령 프롬프트
C:\JavaStudy>java TextReader
읽을 파일: simple.txt
메모장으로 작성된 내용입니다.
Java는 문자 스트림을 제공합니다.
내용이 English이거나 한글이거나 상관하지 않습니다.
줄 바꿈과 &$@와 같은 특수 문자도 문제없이 읽을 수 있습니다.

C:\JavaStudy>_
```

위 예제에서는 다음 메소드 호출을 통해서 문자를 읽어 들였다.

```
public int read() throws IOException
```

→ 하나의 문자를 반환, 반환할 문자 없으면 -1 반환

그런데 이 메소드의 반환형이 int이다. 이렇듯 반환형이 char가 아닌 int인 이유는 반환할 문자가 없을 때 -1을 반환하기 위함이다. 따라서 문자를 출력할 때에는 다음과 같이 char형으로의 형 변환이 필요하다. 형 변환을 하지 않으면 int형 데이터로 인식되어 정수가 출력된다.

```
System.out.print((char)ch);
```

이어서 소개하는 예제는 운영체제상에서 확인할 수 있는 형태로 알파벳을 파일에 저장하는 예제이다.

◈ TextWriter.java

```
import java.io.Writer;
import java.io.FileWriter;
import java.io.IOException;

class TextWriter {
    public static void main(String[] args) {
        try(Writer out = new FileWriter("data.txt")) {   // 문자 출력 스트림 생성
            for(int ch = (int)'A'; ch < (int)('Z'+1); ch++)
                out.write(ch);
        }
        catch(IOException e) {
            e.printStackTrace();
        }
    }
}
```

위 예제를 실행해서 생성된 data.txt 파일을 윈도우의 메모장으로 열어보면, 다음과 같이 알파벳 대문자가 저장된 것을 확인할 수 있다.

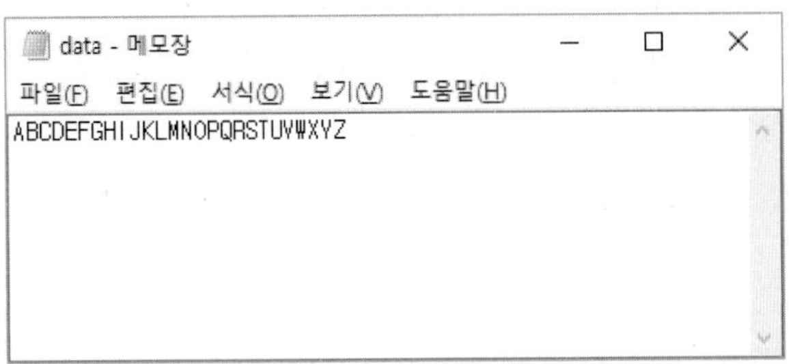

[그림 32-10: 문자 출력 스트림을 통해 저장한 알파벳]

알파벳의 유니코드 값은 A부터 Z까지 1씩 증가한다. 따라서 다음과 같이 그 값을 1씩 증가시켜서 저장을 하면 출력 스트림을 통해서 알파벳 A부터 Z까지 저장이 된다.

```
for(int ch = (int)'A'; ch < (int)('Z'+1); ch++)
    out.write(ch);
```

물론 문자 출력 스트림을 통해서 저장했으니, 문자들은 해당 운영체제의 인코딩 방식으로 바뀌어 저장이 된다.

■ BufferedReader & BufferedWriter

바이트 스트림에는 필터 스트림을 연결할 수 있었다. 그리고 앞서 소개한 대표적인 필터 스트림 둘은 다음과 같다.

- BufferedInputStream 바이트 기반 버퍼 입력 스트림
- BufferedOutputStream 바이트 기반 버퍼 출력 스트림

마찬가지로 문자 스트림에도 필터 스트림을 연결할 수 있다. 그리고 위의 두 클래스에 대응하여 문자 스트림에 버퍼링 기능을 제공하는 필터 스트림 둘은 다음과 같다.

- BufferedReader 문자 기반 버퍼 입력 스트림
- BufferedWriter 문자 기반 버퍼 출력 스트림

특히 위의 두 클래스에는 다음과 같이 문자열 단위로 입력 및 출력을 진행할 수 있는 메소드가 정의되어 있다. (문자열을 한 번에 쓰고 읽는 일은 버퍼를 필요로 한다.)

```
public String readLine() throws IOException    // BufferedReader의 메소드
```

→ 문자열 반환, 반환할 문자열 없으면 null 반환

```
public void write(String s, int off, int len) throws IOException   // BufferedWriter의 메소드
```

→ 문자열 s를 인덱스 off에서부터 len개의 문자까지 저장

그럼 이어서 예제 둘을 제시하는데, 첫 번째 예제는 파일을 생성해서 두 개의 문자열을 저장하는 예제이고, 두 번째 예제는 이 파일로부터 문자열을 읽어서 출력하는 예제이다.

◈ StringWriter.java

```
import java.io.IOException;
import java.io.FileWriter;
import java.io.BufferedWriter;

class StringWriter {
    public static void main(String[] args) {
        String ks = "공부에 있어서 돈이 꼭 필요한 것은 아니다.";
        String es = "Life is long if you know how to use it.";

        try(BufferedWriter bw =
                new BufferedWriter(new FileWriter("String.txt"))) {
            bw.write(ks, 0, ks.length());
            bw.newLine();    // 줄 바꿈 문자를 삽입
            bw.write(es, 0, es.length());
        }
        catch(IOException e) {
            e.printStackTrace();
        }
    }
}
```

위 예제의 다음 문장을 보자.

```
bw.newLine();      // 줄 바꿈 문자를 삽입
```

운영체제별로 줄 바꿈을 표시하는 방법에는(문자에는) 차이가 있다. 그런데 위의 메소드를 호출하면 해당 운영체제에서 정의하고 있는 줄 바꿈 표시 문자를 삽입해 준다. 따라서 위 예제의 실행을 통해 생성된 파일을 메모장과 같은 프로그램으로 열어보면 다음과 같이 두 개의 문자열이 행을 달리하여 저장된 것을 확인할 수 있다.

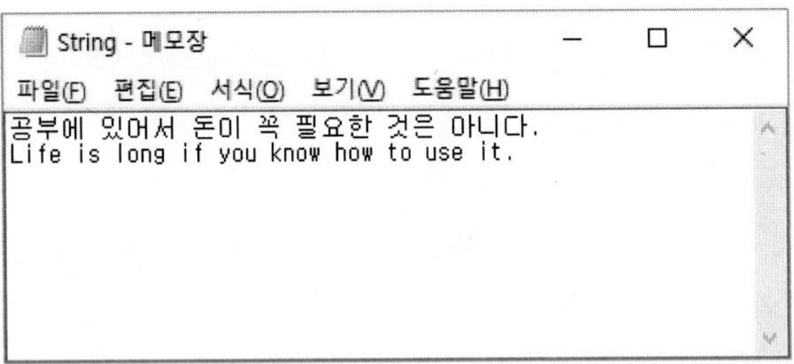

[그림 32-11: 문자 스트림이 저장한 두 개의 문자열]

이어서 다음 예제를 보자. 이는 위에서 생성한 파일에 저장된 문자열을 읽어서 출력하는 예제이다.

◈ StringReader.java

```
import java.io.IOException;
import java.io.FileReader;
import java.io.BufferedReader;

class StringReader {
    public static void main(String[] args) {
        try(BufferedReader br = new BufferedReader(new FileReader("String.txt"))) {
            String str;
            while(true) {
                str = br.readLine();    // 한 문장 읽어 들이기
                if(str == null)
                    break;
                System.out.println(str);
            }
        }
        catch(IOException e) {
            e.printStackTrace();
        }
    }
}
```

▶ 실행 결과: StringReader.java

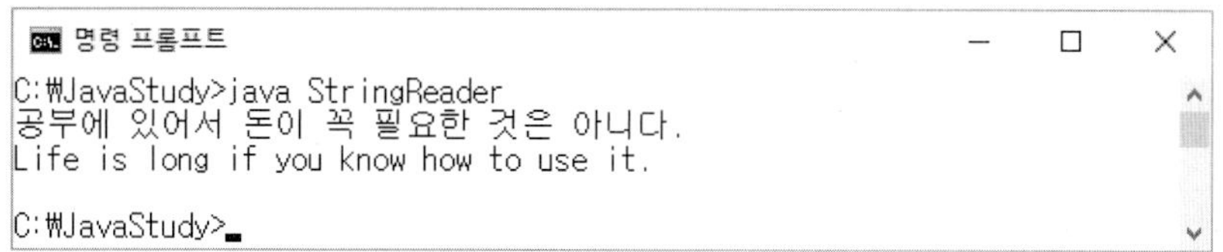

32-4 IO 스트림 기반의 인스턴스 저장

바이트 스트림을 통해서 인스턴스를 통째로 저장하고 꺼내는 것도 가능하다. 이렇듯 인스턴스를 통째로 저장하는 것을 가리켜 '객체 직렬화(Object Serialization)'라 하고, 역으로 저장된 인스턴스를 꺼내는 것을 가리켜 '객체 역 직렬화(Object Deserialization)'이라 한다.

ObjectInputStream & ObjectOutputStream

인스턴스의 저장은 당연히 바이트 스트림을 통해서 이뤄진다. 바이트 기반의 기본 입출력 스트림에 다음 스트림을 연결하면 인스턴스를 통째로 입력하고 출력할 수 있다.

- ObjectInputStream 인스턴스를 입력하는 스트림
- ObjectOutputStream 인스턴스를 출력하는 스트림

위의 두 스트림은 사용방법이 필터 스트림과 유사하다. 그러나 이들은 필터 스트림으로 구분하지 않는다. 이유는 필터 스트림이 상속하는 다음 두 클래스를 상속하지 않기 때문이다.

- FilterInputStream 필터 입력 스트림이 상속하는 클래스
- FilterOutputStream 필터 출력 스트림이 상속하는 클래스

그러나 코드의 작성 방법은 필터 스트림을 생성해서 연결할 때와 같으니 어렵지 않게 사용할 수 있다. 그러나 다음 사실은 별도로 기억을 해야 한다.

"입출력의 대상이 되는 인스턴스의 클래스는 java.io.Serializable을 구현해야 한다."

Serializable은 마커 인터페이스(Marker Interface)로 직렬화 가능함을 표시하는 인터페이스이다. 따라서 구현해야 할 메소드는 없다. 그럼 먼저 파일에 인스턴스를 저장하는 예를 보이겠다.

◈ SBox.java

```
public class SBox implements java.io.Serializable {
    String s;
    public SBox(String s) { this.s = s; }
    public String get() { return s; }
}
```

위의 클래스 정의에서 관찰할 부분은 Serializable 인터페이스의 구현이다. 즉 위 클래스의 인스턴스는 바이트 스트림을 통한 입출력이 가능하다. 그럼 위의 클래스를 컴파일 한 상태에서 다음 예제를 실행해보자.

◈ ObjectOutput.java

```
import java.io.IOException;
import java.io.FileOutputStream;
import java.io.ObjectOutputStream;

class ObjectOutput {
    public static void main(String[] args) {
        SBox box1 = new SBox("Robot");
        SBox box2 = new SBox("Strawberry");

        try(ObjectOutputStream oo =
                new ObjectOutputStream(new FileOutputStream("Object.bin"))) {
            oo.writeObject(box1);  // box1이 참조하는 인스턴스 저장
            oo.writeObject(box2);  // box2가 참조하는 인스턴스 저장
        }
        catch(IOException e) {
            e.printStackTrace();
        }
```

```
    }
}
```

위 예제를 실행하면 Object.bin이라는 파일이 생성되고, 이 파일에 두 개의 SBox 인스턴스가 저장된다. 이렇듯 인스턴스의 저장을 위해 호출한 메소드는 다음과 같다.

```
public final void writeObject(Object obj) throws IOException
```

이외에도 ObjectOutputStream에는 다양한 writeXXX 메소드가 정의되어 있어서 문자열 및 기본 자료형 데이터도 하나의 파일에 함께 담을 수 있다. 이어서 다음 예제에서는 파일에 저장한 인스턴스의 복원의 예를 보여준다. 물론 이 예제의 실행에도 앞서 생성한 Sbox.class 파일이 필요하다.

◈ ObjectInput.java

```
import java.io.IOException;
import java.io.FileInputStream;
import java.io.ObjectInputStream;

class ObjectInput {
    public static void main(String[] args) {
        try(ObjectInputStream oi =
                new ObjectInputStream(new FileInputStream("Object.bin"))) {
            SBox box1 = (SBox) oi.readObject();    // 인스턴스 복원
            System.out.println(box1.get());
            SBox box2 = (SBox) oi.readObject();    // 인스턴스 복원
            System.out.println(box2.get());
        }
        catch(ClassNotFoundException e) {
            e.printStackTrace();
        }
        catch(IOException e) {
            e.printStackTrace();
        }
    }
}
```

▶ 실행 결과: ObjectInput.java

```
C:\JavaStudy>java ObjectInput
Robot
Strawberry

C:\JavaStudy>_
```

출력 내용을 통해서 저장했던 인스턴스가 정상적으로 복원되었음을 알 수 있다. 그리고 인스턴스를 읽어 들일 때 호출한 메소드는 다음과 같다.

```
public final Object readObject() throws IOException, ClassNotFoundException
```

이 메소드는 반환형이 Object이다. 따라서 저장된 인스턴스의 형에 맞게 명시적으로 형 변환을 진행할 필요가 있다.

■ 줄줄이 사탕으로 엮여 들어갑니다. 그리고 transient

앞서 파일에 저장했던 인스턴스의 클래스 정의를 다시 관찰하자.

```
public class SBox implements java.io.Serializable {
    String s;    // s가 참조하는 인스턴스까지 함께 저장
    public SBox(String s) { this.s = s; }
    public String get() { return s; }
}
```

위 클래스의 인스턴스 변수 s는 다른 인스턴스를 참조하는 참조변수이다. 그리고 이전 예제의 실행 결과를 통해서 다음 사실을 알 수 있다.

"인스턴스를 저장하면 인스턴스 변수가 참조하는 인스턴스까지 함께 저장이 된다."

즉 위 클래스의 인스턴스를 저장하면, s가 참조하는 인스턴스까지 함께 저장이 이뤄진다. 단, 이렇듯 함께 저장이 되려면 해당 인스턴스의 클래스도 Serializable을 구현하고 있어야 한다. 그런데 String 클래스는 다음과 같이 Serializable을 구현하고 있다. (String 클래스는 다른 인터페이스도 구현하고 있으나 아래에서는 생략하였다.)

```
public final class String extends Object implements Serializable
```

그래서 이전 예제에서 SBox 인스턴스를 저장하고 복원할 때, 참조변수 s가 참조하는 인스턴스까지 함께 저장되고 또 복원되었던 것이다. 그런데 만약에 참조변수 s가 참조하는 인스턴스의 저장을 원치 않는다면 다음과 같이 transient 선언을 추가하면 된다.

```
public class SBox implements java.io.Serializable {
    transient String s;   // 이 참조변수가 참조하는 대상은 저장하지 않겠다는 선언
    public SBox(String s) { this.s = s; }
    public String get() { return s; }
}
```

이렇듯 인스턴스 변수 앞에 transient 선언을 추가하면 이 변수가 참조하는 인스턴스는 저장되지 않는다. 그리고 복원했을 때 이 참조변수는 null로 초기화된다.
이러한 transient 선언은 다음과 같이 기본 자료형 변수에도 할 수 있다. 그러면 인스턴스 저장 시 해당 변수가 갖고 있는 값은 저장되지 않는다. 그리고 복원을 하면 이 변수는 0으로 초기화된다.

```
public class IBox implements java.io.Serializable {
    transient int n;    // 이 변수의 값은 저장 대상에서 제외한다.
    public IBox(int n) { this.n = n; }
    public int get() { return n; }
}
```

Chapter 33

NIO 그리고 NIO.2

본 Chapter의 내용은 Chapter 32와 관련이 깊다. Chapter 32에서 설명한 I/O 스트림을 기능 및 성능적으로 보강하기 위해 자바 4와 자바 7에서 추가된 패키지를 설명하기 때문이다.

33-1 파일 시스템

Chapter 32에서는 java.io 패키지를 설명하였다. 그런데 이 패키지의 성능 보강을 위해 자바 4에서 NIO라 불리는 API가 java.nio 패키지로 묶여서 추가되었다. (NIO의 N은 New의 약자이다.) 그리고 그 뒤를 이어서 자바 7에서 NIO.2라 불리는 API가 java.nio.file 패키지로 묶여서 추가되었다.

■ 기본적인 파일 시스템

'파일 시스템'이라는 용어는 어려운 내용만 담고 있는 것 같지만 다음과 같이 쉬운 내용도 파일 시스템에 대한 설명에 포함이 된다.

- 윈도우의 파일 경로를 나타내는 방식은 다음과 같다.

```
C:\javastudy\simpe.java
```

- 리눅스의 파일 경로를 나타내는 방식은 다음과 같다.

```
/javastudy/simple.java
```

컴퓨터의 활용에 익숙하다면 이러한 내용은 이미 알고 있을 것이다. 그러나 그렇지 않은 경우를 위해 몇 가지 내용을 정리하면 다음과 같다.

- 윈도우는 C:\, D:\, E:\와 같이 여러 개의 루트 디렉토리를(최상위 디렉토리를) 가질 수 있다.
- 리눅스의 루트 디렉토리는 하나이며 /로 표시한다.

- 경로에는 '절대 경로'와 '상대 경로'가 있다.
- 절대 경로는 다음과 같이 루트 디렉토리부터 시작하는 파일의(디렉토리의) 위치 정보이다.

  윈도우 절대 경로　　C:\javastudy\simpe.java

  리눅스 절대 경로　　/javastudy/simple.java

- 상대 경로는 '현재 디렉토리'를 기준으로 다음과 같이 파일의(디렉토리의) 위치를 표현한다.

  윈도우 상대 경로　　javastudy\simpe.java

  리눅스 상대 경로　　javastudy/simple.java

프로그램이 실행되면 그 프로그램의 작업 디렉토리가 하나 정해진다. 그리고 그 작업 디렉토리를 가리켜 '현재 디렉토리'라 한다. 예를 들어서, 실행 중인 프로그램에서 경로 정보 없이 파일을 생성하면 파일이 생성되는 디렉토리가 있는데 그곳이 바로 '현재 디렉토리'이다.
그리고 '절대 경로'는 그 이름처럼 파일 또는 디렉토리의 위치를 루트 디렉토리를 기준으로 표현한 경로이다. 따라서 절대 경로로 가리키는 파일은 그 대상이 변하지 않는다. 하지만 '상대 경로'는 현재 디렉토리가 어디냐에 따라서 가리키는 파일이 달라진다. 예를 들어 다음 상대 경로로 표시한 파일은,

```
Javastudy\simple.java
```

현재 디렉토리가 C:\MyHome이면 다음 경로의 파일을 의미하게 된다.

```
C:\MyHome\Javastudy\simple.java
```

반면 현재 디렉토리가 D:\YourHome이면 다음 경로의 파일을 의미하게 된다.

```
D:\YourHome\Javastudy\simple.java
```

그럼 이어서 자바 7에서 추가된 java.nio.file 패키지를 설명하겠다. 참고로 자바 4와 자바 7에서 추가된 두 패키지 모두 java.io 패키지를 보완하지만 보완하는 영역은 다르다.

■ Paths와 Path 클래스

자바 7에서는 다음 인터페이스가 추가되었다. 그리고 이는 결함이 있던 java.io 패키지의 File 클래스를 대체하기 위해 정의된 인터페이스이다.

```
java.nio.file.Path
```

이는 경로를 표현하기 위한 인터페이스인데, 다음 문장과 같이 Paths.get 메소드가 반환하는 '경로 정보를 담은 인스턴스'를 참조하는 참조변수 선언에 사용된다. (\는 이스케이프 시퀀스 문자이므로 \\으로 표시)

```
Path path = Paths.get("C:\\JavaStudy\\PathDemo.java");
```

위 문장을 실행하면 path가 참조하는 인스턴스에는 절대 경로 정보 C:\JavaStudy\PathDemo.java가 담긴다. 물론 이는 해당 파일의 존재 유무와 상관이 없으며 이 문장을 실행한다고 해서 해당 경로에 파일이 생성되는 것도 아니다. 그럼 이와 관련하여 다음 예제를 보자.

◈ PathDemo.java

```
import java.nio.file.Path;
import java.nio.file.Paths;

class PathDemo {
    public static void main(String[] args) {
        Path pt1 = Paths.get("C:\\JavaStudy\\PathDemo.java");
        Path pt2 = pt1.getRoot();
        Path pt3 = pt1.getParent();
        Path pt4 = pt1.getFileName();

        System.out.println("Absolute: " + pt1);
        System.out.println("Root: " + pt2);
        System.out.println("Parent: " + pt3);
        System.out.println("File: " + pt4);
    }
}
```

▶ 실행 결과: PathDemo.java

```
명령 프롬프트
C:₩JavaStudy>java PathDemo
Absolute: C:₩JavaStudy₩PathDemo.java
Root: C:₩
Parent: C:₩JavaStudy
File: PathDemo.java

C:₩JavaStudy>
```

위 예제에서는 다음 메소드들을 호출하여 먼저 생성한 경로 정보를 기반으로 해당 경로의 루트, 부모, 파일 정보를 담은 인스턴스를 생성하였다. (이들 메소드의 반환형이 Path임에 주목하자.)

```
Path getRoot()          // 루트 디렉토리 반환
Path getParent()        // 부모 디렉토리 반환
Path getFileName()      // 파일 이름 반환
```

메소드 getFileName은 이름 그대로 파일 이름을 담고 있는 인스턴스를 반환한다. 그러나 경로 정보가 다음과 같이 파일이 아닌 특정 디렉토리를 지정하게 되면, 해당 디렉토리의 이름 정보를 담고 있는 인스턴스가 생성되고 반환이 된다.

```
Path path = Paths.get("C:\\JavaStudy");
```

따라서 위 예제에서 지정한 다음 경로를 달리해 가며 실행을 해보자.

```
"C:\\JavaStudy\\PathDemo.java"
```

그러면 getParent가 반환하는 부모 디렉토리가 무엇을 의미하는지도 파악할 수 있다. 그리고 위 예제에서는 절대 경로를 가지고 Paths.get 메소드를 호출했지만, 상대 경로를 가지고도 메소드 호출이 가능하다. 그럼 이어서 다음 예제를 보자. 이 예제에서는 '현재 디렉토리'의 정보를 출력한다.

◈ CurrentDir.java

```
import java.nio.file.Path;
import java.nio.file.Paths;

class CurrentDir {
    public static void main(String[] args) {
        Path cur = Paths.get("");  // 현재 디렉토리 정보 담긴 인스턴스 생성
        String cdir;

        if(cur.isAbsolute())
            cdir = cur.toString();
        else
            cdir = cur.toAbsolutePath().toString();

        System.out.println("Current dir: " + cdir);
    }
}
```

▶ 실행 결과: CurrentDir.java

```
명령 프롬프트
C:\JavaStudy>java CurrentDir
Current dir: C:\JavaStudy

C:\JavaStudy>_
```

위 예제의 다음 문장을 보자. 이렇듯 Paths.get 메소드에 빈 문자열을 전달하면 현재 디렉토리 정보가 담긴 인스턴스가 생성된다.

```
Path cur = Paths.get("");
```

단 '현재 디렉토리' 정보를 상대 경로의 형태로 담은 인스턴스가 반환된다. 따라서 담겨 있는 정보가 절대 경로 정보인지 묻는 다음 메소드의 호출 결과는 false이다.

```
boolean isAbsolute()      // 정보가 절대 경로인가?
```

따라서 '현재 디렉토리'의 위치를 절대 경로 기준으로 출력하려면, 절대 경로로 수정하는 과정을 거쳐야 하는데, 이때 호출하는 메소드는 다음과 같다.

```
Path toAbsolutePath()     // 절대 경로 정보로 수정된 인스턴스 생성 및 반환
```

이렇게 해서 디렉토리 또는 파일의 경로 정보를 표현하는 방법을 설명하였다. 그런데 표현만 해서는 의미가 없다. 해당 경로의 디렉토리나 파일을 생성도 하고 소멸도 할 수 있어야 한다. 따라서 그 방법을 이어서 소개하고자 한다.

■ 파일 및 디렉토리의 생성과 소멸

파일 또는 디렉토리 정보를 담은 인스턴스를 생성했다면, 다음 메소드 호출을 통해서 해당 파일 또는 디렉토리의 생성을 명령할 수 있다.

```
public static Path createFile(Path path, FileAttribute<?>...attrs) throws IOException
```

→ 지정한 경로에 빈 파일 생성, 경로가 유효하지 않거나 파일이 존재하면 예외 발생

```
public static Path createDirectory(Path dir, FileAttribute<?>...attrs) throws IOException
```

→ 지정한 경로에 디렉토리 생성, 경로가 유효하지 않으면 예외 발생

```
public static Path createDirectories(Path dir, FileAttribute<?>...attrs) throws IOException
```

→ 지정한 경로의 모든 디렉토리 생성

위의 메소드를 통해 파일 또는 디렉토리를 생성할 때 이들 각각에 대해 속성과 권한을 부여할 수 있는데, 이 속성과 권한의 유형은 운영체제에 따라 차이가 있다. 따라서 다음 예제에서는 이 부분을 명시하지 않고 기본 속성을 갖는 파일과 디렉토리를 생성하였다.

◈ MakeFileAndDir.java

```
import java.nio.file.Path;
import java.nio.file.Paths;
import java.nio.file.Files;
import java.io.IOException;

class MakeFileAndDir {
    public static void main(String[] args) throws IOException {
        Path fp = Paths.get("C:\\JavaStudy\\empty.txt");
        fp = Files.createFile(fp);    // 파일 생성

        Path dp1 = Paths.get("C:\\JavaStudy\\Empty");
        dp1 = Files.createDirectory(dp1);    // 디렉토리 생성

        Path dp2 = Paths.get("C:\\JavaStudy2\\Empty");
        dp2 = Files.createDirectories(dp2);    // 경로의 모든 디렉토리 생성

        System.out.println("File: " + fp);
        System.out.println("Dir1: " + dp1);
        System.out.println("Dir2: " + dp2);
    }
}
```

▶ 실행 결과: MakeFileAndDir.java

```
명령 프롬프트
C:₩JavaStudy>java MakeFileAndDir
File: C:₩JavaStudy₩empty.txt
Dir1: C:₩JavaStudy₩Empty
Dir2: C:₩JavaStudy2₩Empty

C:₩JavaStudy>_
```

위 예제의 실행 결과는 다음 두 가지 상황을 만족하여 정상적으로 실행이 된 상황이다.

C:\JavaStudy 디렉토리가 존재한다.

C:\JavaStudy\empty.txt 파일이 존재하지 않았다.

만약에 C:\JavaStudy 디렉토리가 존재하지 않았다면 createFile, createDirectory 메소드 호출은 예외의 발생으로 이어진다. 그리고 해당 경로에 empty.txt 파일이 존재하는 경우에도 createFile 메소드 호출은 예외로 이어진다. 반면 createDirectories 메소드는 전달된 경로의 디렉토리를 모두 생성하기 때문에 위의 이유로 예외가 발생하지 않는다.

■ 파일을 대상으로 하는 간단한 입력 및 출력

바로 위에서 빈 파일의 생성 방법을 소개하였다. 따라서 이 파일에 데이터를 쓰고 읽는 방법을 소개하고자 한다. 물론 I/O 스트림을 기반으로 입출력을 진행하는 방법도 있다. 그러나 지금 설명하는 방법은 이에 비해 매우 단순하고 간단한 방법이다. 따라서 입출력할 데이터의 양이 적고 성능이 문제 되지 않는 경우에 한해 이 방법을 사용해야 한다.
다음은 java.nio.file.Files에 정의된 입출력 메소드들이다.

```
public static byte[] readAllBytes(Path path) throws IOException
public static Path write(Path path, byte[] bytes, OpenOption...options) throws IOException
```

이들에 대한 사용 방법을 다음 예제를 통해 보이겠다.

◈ SimpleBinWriteRead.java

```
import java.nio.file.Path;
import java.nio.file.Paths;
import java.nio.file.Files;
import java.nio.file.StandardOpenOption;
import java.io.IOException;

class SimpleBinWriteRead {
    public static void main(String[] args) throws IOException {
        Path fp = Paths.get("C:\\JavaStudy\\simple.bin");

        // 파일 생성, 파일이 존재하면 예외 발생
        fp = Files.createFile(fp);

        byte buf1[] = {0x13, 0x14, 0x15};     // 파일에 쓸 데이터
```

```
        for(byte b : buf1)    // 저장할 데이터의 출력을 위한 반복문
            System.out.print(b + "\t");
        System.out.println();

        // 파일에 데이터 쓰기
        Files.write(fp, buf1, StandardOpenOption.APPEND);

        // 파일로부터 데이터 읽기
        byte buf2[] = Files.readAllBytes(fp);

        for(byte b : buf2)    // 읽어 들인 데이터의 출력을 위한 반복문
            System.out.print(b + "\t");
        System.out.println();
    }
}
```

▶ 실행 결과: SimpleBinWriteRead.java

```
명령 프롬프트
C:\JavaStudy>java SimpleBinWriteRead
19      20      21
19      20      21

C:\JavaStudy>
```

위 예제에서 파일에 데이터를 저장하는 문장은 다음과 같다. 이 문장이 실행되면 fp가 지시하는 파일에 배열 buf1의 데이터 전부가 저장된다. (일부가 아닌 전부를 저장하게 된다.)

```
Files.write(fp, buf1, StandardOpenOption.APPEND);
```

위 메소드를 호출하면, 자동으로 파일이 열리고 닫힌다. 따라서 이 두 과정이 필요가 없다. 그리고 위 문장에서 전달한 옵션과 추가로 알아 두어야 할 옵션들의 내용은 다음과 같다. (옵션을 전달받는 매개변수가 가변 인자로 선언되어 있어 여러 개를 전달할 수 있다.)

- APPEND　　파일의 끝에 데이터를 추가한다.
- CREATE　　파일이 존재하지 않으면 생성한다.
- CREATE_NEW　　새 파일을 생성한다. 이미 파일이 존재하면 예외 발생
- TRUNCATE_EXISTING　　쓰기 위해 파일을 여는데 파일이 존재하면 파일의 내용을 덮어쓴다.

위의 옵션들은 java.nio.file.StandardOpenOption에 선언되어 있다. 그리고 write 메소드를 호출하면서 옵션을 하나도 전달하지 않으면 다음 두 옵션이 기본으로 지정된다.

```
CREATE, TRUNCATE_EXISTING
```

즉 옵션을 전달하지 않으면 새 파일이 생성된다. 그리고 같은 이름의 파일이 있으면 그 파일의 내용을 덮어써버린다. 반면 위 예제에서는 다음 옵션만 전달하였다. 따라서 write 메소드 호출 이전에 해당 파일이 존재하지 않으면 예외가 발생한다.

```
APPEND
```

그리고 위 예제를 한 번 실행한 다음에, 빈 파일을 생성하는 12행을 주석 처리하고 다시 실행을 하면, 전달된 옵션의 내용대로 파일에 내용이 추가되는 것을 확인할 수 있다.
이렇게 해서 파일에 저장한 데이터를 위 예제에서는 다음 문장을 통해 읽어 들였다. 물론 write 메소드를 호출할 때와 마찬가지로 파일을 열고 닫을 필요가 없다.

```
byte buf2[] = Files.readAllBytes(fp);
```

그리고 데이터를 읽어 들일 배열을 마련할 필요도 없다. 배열을 생성해서 파일의 모든 내용을 저장하고 그 배열의 참조 값을 반환하기 때문이다.

참고 WRITE 옵션

StandardOpenOption의 옵션 중에는 WRITE가 있어서, 데이터를 쓰기 위해 파일을 열어야 함을 지시할 수 있다. 실제로 write 메소드 호출 시 아무 옵션도 전달하지 않으면 필자가 언급한 두 가지 옵션과 더불어 WRITE 옵션이 지정된다고, 정확히는 지정된 것과 같이 동작한다고 자바 문서에서 언급하고 있다.

이어서 문자 데이터를 입력 및 출력하는 메소드를 소개한다. 이들도 java.nio.file.Files에 정의되어 있다. 그리고 위에서 설명한 옵션의 종류와 내용은 아래의 write 메소드에도 그대로 적용이 된다.

```
public static List<String> readAllLines(Path path) throws IOException
public static Path write(Path path, Iterable<? extends CharSequence> lines,
                                        OpenOption...options) throws IOException
```

위의 write 메소드의 경우 두 번째 매개변수 선언이 조금 생소하지만 다음 사실을 알면 매개변수의 선언이 의미하는 바를 이해할 수 있다.

```
Iterable<E> 인터페이스를 Collection<E> 인터페이스가 상속한다.
CharSequence 인터페이스를 String 클래스가 구현한다.
```

즉 다음과 같이 '문자열을 저장한(String 인스턴스를 저장한) 컬렉션 인스턴스'가 두 번째 매개변수의 인자로 올 수 있다는 의미이다.

```
String st1 = "One Simple String";
String st2 = "Two Simple String";
List<String> lst = Arrays.asList(st1, st2);    // write 메소드의 두 번째 인자로 전달 가능
```

그럼 다음 예제를 통해서 write와 readAllLines 메소드의 사용 방법을 보이겠다. 참고로 이 두 메소드의 성격은, 저장하는 데이터의 종류를 제외하면 앞서 설명한 두 메소드와 유사하다.

◈ SimpleTxtWriteRead.java

```
import java.nio.file.Path;
import java.nio.file.Paths;
import java.nio.file.Files;
import java.util.List;
import java.util.Arrays;
import java.io.IOException;

class SimpleTxtWriteRead {
    public static void main(String[] args) throws IOException {
        Path fp = Paths.get("C:\\JavaStudy\\simple.txt");
        String st1 = "One Simple String";
        String st2 = "Two Simple String";
        List<String> lst1 = Arrays.asList(st1, st2);

        Files.write(fp, lst1);    // 파일에 문자열 저장하기
        List<String> lst2 = Files.readAllLines(fp);   // 파일로부터 문자열 읽기
        System.out.println(lst2);
    }
}
```

▶ 실행 결과: SimpleTxtWriteRead.java

```
명령 프롬프트
C:\JavaStudy>java SimpleTxtWriteRead
[One Simple String, Two Simple String]

C:\JavaStudy>_
```

위의 예제에서는 write 메소드 호출 시 옵션을 전달하지 않았기 때문에 다음 두 옵션이 기본으로 설정이 된다.

```
CREATE, TRUNCATE_EXISTING
```

따라서 파일이 없으면 생성하고, 있어도 그 내용을 모두 지우고 문자열 데이터를 저장한다.

■ 파일 및 디렉토리의 복사와 이동

파일 및 디렉토리의 복사와 이동은 자주 사용하는 기능이다. 따라서 Files 클래스에서는 다음 두 메소드를 정의하고 있다. (두 메소드 모두 파일뿐만 아니라 디렉토리를 대상으로도 복사 또는 이동을 진행할 수 있다.)

```
public static Path copy(
            Path source, Path target, CopyOption...options) throws IOException

public static Path move(
            Path source, Path target, CopyOption...options) throws IOException
```

우선 복사를 진행하는 copy 메소드에 전달할 수 있는 옵션 두 가지를 소개하면 다음과 같다.

- REPLACE_EXISTING 이미 파일이 존재한다면 해당 파일을 대체한다.
- COPY_ATTRIBUTES 파일의 속성까지 복사를 한다.

이 두 옵션은 java.nio.file.StandardCopyOption에 선언되어 있으며 REPLACE_EXISTING은 move 메소드의 옵션으로도 전달이 가능하다. 그럼 다음 예제를 통해 copy 메소드의 호출의 예를 보이겠다.

◈ CopyFileFromFiles.java

```
import java.nio.file.Path;
import java.nio.file.Paths;
import java.nio.file.Files;
import java.nio.file.StandardCopyOption;
import java.io.IOException;

class CopyFileFromFiles {
    public static void main(String[] args) throws IOException {
        Path src = Paths.get("C:\\JavaStudy\\CopyFileFromFiles.java");
        Path dst = Paths.get("C:\\JavaStudy\\CopyFileFromFiles2.java");

        // src가 지시하는 파일을 dst가 지시하는 위치와 이름으로 복사
        Files.copy(src, dst, StandardCopyOption.REPLACE_EXISTING);
    }
}
```

위의 예제를 컴파일 및 실행하면 C:\JavaStudy\CopyFileFromFiles.java를 같은 경로에 CopyFileFromFiles2.java라는 이름으로 복사한다. CopyFileFromFiles2.java가 존재하는 상황에서 예제를 실행하면 이 파일을 대체하면서까지 복사가 진행된다. 옵션으로 REPLACE_EXISTING을 전달했기 때문이다. 이어서 다음 예제를 보자. 이 예제에서는 move 메소드의 호출의 예를 보인다.

◈ MoveFileFromFiles.java

```
import java.nio.file.Path;
import java.nio.file.Paths;
import java.nio.file.Files;
import java.nio.file.StandardCopyOption;
import java.io.IOException;

class MoveFileFromFiles {
    public static void main(String[] args) throws IOException {
        Path src = Paths.get("C:\\JavaStudy\\Dir1");
        Path dst = Paths.get("C:\\JavaStudy\\Dir2");

        // src가 지시하는 디렉토리를 dst가 지시하는 디렉토리로 이동
        Files.move(src, dst, StandardCopyOption.REPLACE_EXISTING);
    }
}
```

위 예제의 move 메소드 호출 결과로 다음 경로의 디렉토리가,

```
C:\JavaStudy\Dir1
```

다음 경로의 디렉토리로 이동을 한다. (Dir1에 있는 모든 파일과 디렉토리가 함께 이동한다.)

```
C:\JavaStudy\Dir2
```

그런데 여기서 말하는 이동의 의미를 보충하면, Dir1의 모든 파일과 디렉토리를 Dir2로 옮기라는 뜻이 아니라, Dir1을 통째로 옮긴 다음 이름을 Dir2로 수정하라는 뜻이다. 따라서 위 예제의 move 메소드 호출이 완료되면, Dir1은 사라진다. 그리고 Dir1의 모든 내용은 Dir2에 존재하게 된다.

33-2 NIO.2 기반의 I/O 스트림 생성

우리는 이미 I/O 스트림의 생성 방법을 학습하였다. 당시에는 new를 통한 인스턴스의 생성으로 스트림을 생성하였다. 그런데 NIO.2의 Files 클래스에서는 스트림의 생성을 위한 메소드를 별도로 제공하고 있어 보다 간단하게 스트림을 생성할 수 있다.

■ 바이트 스트림의 생성

이전에 보인 바이트 입력 스트림의 생성 방법은 다음과 같았다.

```
InputStream in = new FileInputStream("data.dat");
```

그런데 NIO.2에서는 다음과 같은 방법으로의 스트림 생성을 제안한다. 물론 바이트 출력 스트림에도 이에 대응하는 newOutputStream 메소드가 존재한다.

```
Path fp = Paths.get("data.dat");
InputStream in = Files.newInputStream(fp);
```

이렇듯 스트림의 생성 방법에는 차이가 있지만 생성된 스트림에는 차이가 없다. 그럼 Chapter 32에서 작성했던 다음 두 예제를 NIO.2에서 제안하는 방법으로 재 구현해 보겠다.

- DataFilterOutputStream.java
- DataFilterInputStream.java

◈ DataFilterOutputStreamNewVer.java

```
import java.nio.file.Path;
import java.nio.file.Paths;
import java.nio.file.Files;
import java.io.IOException;
import java.io.FileOutputStream;
import java.io.DataOutputStream;

class DataFilterOutputStreamNewVer {
    public static void main(String[] args) {
        Path fp = Paths.get("data.dat");

        try(DataOutputStream out =
                new DataOutputStream(Files.newOutputStream(fp))) {
            out.writeInt(370);
            out.writeDouble(3.14);
        }
        catch(IOException e) {
            e.printStackTrace();
        }
    }
}
```

이어서 다음은 위 예제를 실행했을 때 생성되는 파일로부터 데이터를 읽어 들이는 예제이다.

◈ DataFilterInputStreamNewVer.java

```
import java.nio.file.Path;
import java.nio.file.Paths;
import java.nio.file.Files;
import java.io.IOException;
import java.io.FileInputStream;
import java.io.DataInputStream;

class DataFilterInputStreamNewVer {
    public static void main(String[] args) {
        Path fp = Paths.get("data.dat");

        try(DataInputStream in =
                new DataInputStream(Files.newInputStream(fp))) {
            int num1 = in.readInt();
            double num2 = in.readDouble();

            System.out.println(num1);
            System.out.println(num2);
        }
        catch(IOException e) {
            e.printStackTrace();
        }
    }
}
```

▶ 실행 결과: DataFilterInputStreamNewVer.java

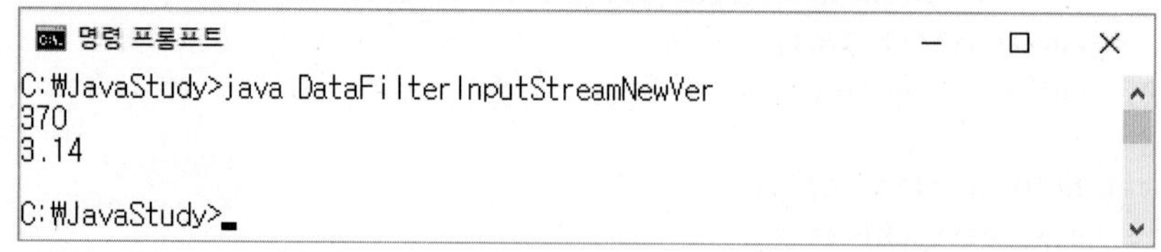
명령 프롬프트
C:₩JavaStudy>java DataFilterInputStreamNewVer
370
3.14
C:₩JavaStudy>

■ 문자 스트림의 생성

NIO.2에서 제안하는 문자 스트림의 생성 방법은 NIO.2의 바이트 스트림 생성 방법과 유사하지만 차이점도 있다. 이전에 설명한, 버퍼 스트림이 연결된 문자 스트림의 생성 방법은 다음과 같았다.

```
BufferedWriter bw = new BufferedWriter(new FileWriter("String.txt"));
```

그러나 Files 클래스는 위 문장을 통째로 대신하는 newBufferedWriter 메소드를 제공하기 때문에 다음과 같이 버퍼링 기능이 있는 문자 스트림을 바로 생성할 수 있다. 물론 newBufferedReader 메소드도 존재하니 문자 입력 스트림의 경우도 마찬가지이다.

```
Path fp = Paths.get("String.txt");
BufferedWriter bw = Files.newBufferedWriter(fp);    // 버퍼링 하는 문자 출력 스트림 생성
```

그럼 Chapter 32에서 작성했던 다음 두 예제를 NIO.2에서 제안하는 방법으로 재 구현해 보겠다.

- StringWriter.java
- StringReader.java

◈ StringWriterNewVer.java

```
import java.nio.file.Path;
import java.nio.file.Paths;
import java.nio.file.Files;
import java.io.IOException;
import java.io.FileWriter;
import java.io.BufferedWriter;

class StringWriterNewVer {
    public static void main(String[] args) {
        String ks = "공부에 있어서 돈이 꼭 필요한 것은 아니다.";
        String es = "Life is long if you know how to use it.";
        Path fp = Paths.get("String.txt");

        try(BufferedWriter bw = Files.newBufferedWriter(fp)) {
            bw.write(ks, 0, ks.length());
            bw.newLine();
            bw.write(es, 0, es.length());
        }
        catch(IOException e) {
            e.printStackTrace();
        }
    }
}
```

이어서 다음은 위 예제를 실행했을 때 생성되는 파일로부터 데이터를 읽어서 출력하는 예제이다.

◈ StringReaderNewVer.java

```
import java.nio.file.Path;
import java.nio.file.Paths;
import java.nio.file.Files;
import java.io.IOException;
import java.io.BufferedReader;

class StringReaderNewVer {
    public static void main(String[] args) {
        Path fp = Paths.get("String.txt");

        try(BufferedReader br = Files.newBufferedReader(fp)) {
            String str;
            while(true) {
                str = br.readLine();
                if(str == null)
                    break;
                System.out.println(str);
            }
        }
        catch(IOException e) {
            e.printStackTrace();
        }
    }
}
```

▶ 실행 결과: StringReaderNewVer.java

```
명령 프롬프트
C:\JavaStudy>java StringReaderNewVer
공부에 있어서 돈이 꼭 필요한 것은 아니다.
Life is long if you know how to use it.

C:\JavaStudy>_
```

33-3 NIO 기반의 입출력

자바의 입출력은 조금 느릴 수밖에 없는 구조이다. 그래서 입출력의 성능을 개선한 NIO 패키지가 자바 4에서 추가되었다. NIO에서 제안하는 입출력 방법은 이전에 보인 방법과 많은 차이를 보인다. 따라서 다른 입출력 모델로 생각하고 접근할 필요가 있다.

■ NIO의 채널(Channel)과 버퍼(Buffer)

Chapter 32에서 소개한 모델에서는 스트림을 생성하여 입력 및 출력을 진행하였다. 그런데 NIO에서는 스트림을 대신해서 '채널'이라는 것을 생성한다. 그리고 다음 관점에서 스트림과 채널은 유사하다.

"스트림도 채널도 데이터의 입력 및 출력을 위한 통로가 된다."

그러나 채널에는 다음 특징이 있다.

"스트림은 한 방향으로만 데이터가 이동하지만 채널은 양방향으로 데이터 이동이 가능하다."

부연하면, 스트림은 입력 스트림과 출력 스트림이 구분된다. 따라서 쓰면서 동시에 읽는 것도 가능한 스트림을 생성할 수 없다. 그러나 채널은 하나의 채널을 대상으로 읽고 쓰는 것이 가능하다. 반면 채널은 다음과 같은 제약사항이 존재한다.

"채널은 반드시 버퍼에 연결해서 사용해야 한다."

우리는 스트림 생성 후 성능 향상을 위해 필터 스트림인 버퍼 스트림을 연결한 바 있다. 그리고 이때 버퍼 스트림의 연결은 선택이었다. 그러나 NIO에서는 채널에 직접 데이터를 쓰고 읽는 것을 허용하지 않는다. 반드시 채널에 버퍼를 연결해서 버퍼를 대상으로 쓰고 읽을 것을 요구한다. 따라서 파일을 대상으로 하는 채널의 데이터 출력 경로는 다음과 같다. (기호 ⇨은 데이터 흐름의 방향을 의미함)

데이터 ⇨ 버퍼 ⇨ 채널 ⇨ 파일

반대로 파일을 대상으로 하는 채널의 데이터 입력 경로는 다음과 같다.

데이터 ⇦ 버퍼 ⇦ 채널 ⇦ 파일

채널과 연결되는 버퍼의 특성을 포함하여 아직 설명할 내용이 많이 남아있다. 그러나 예제를 통해서 NIO 관련 코드를 먼저 보이겠다. 다음은 NIO 기반의 파일 복사 프로그램이다.

◈ FileCopierVerNIO.java

```java
import java.util.Scanner;
import java.nio.file.Path;
import java.nio.file.Paths;
import java.nio.ByteBuffer;
import java.nio.channels.FileChannel;
import java.nio.file.StandardOpenOption;
import java.io.IOException;

class FileCopierVerNIO {
    public static void main(String[] args) {
        Scanner sc = new Scanner(System.in);
        System.out.print("대상 파일: ");
        Path src = Paths.get(sc.nextLine());

        System.out.print("사본 이름: ");
        Path dst = Paths.get(sc.nextLine());

        // 하나의 버퍼 생성
        ByteBuffer buf = ByteBuffer.allocate(1024);

        // try에서 두 개의 채널 생성
        try(FileChannel ifc = FileChannel.open(src, StandardOpenOption.READ);
        FileChannel ofc = FileChannel.open(dst, StandardOpenOption.WRITE,
                                                StandardOpenOption.CREATE)) {
            int num;
            while(true) {
                num = ifc.read(buf);   // 채널 ifc에서 버퍼로 읽어 들임
                if(num == -1)  // 읽어 들인 데이터가 없다면
                    break;

                buf.flip();    // 모드 변환!
                ofc.write(buf);    // 버퍼에서 채널 ofc로 데이터 전송
                buf.clear();   // 버퍼 비우기
            }
        }
        catch(IOException e) {
            e.printStackTrace();
        }
    }
}
```

▶ 실행 결과: FileCopierVerNIO.java

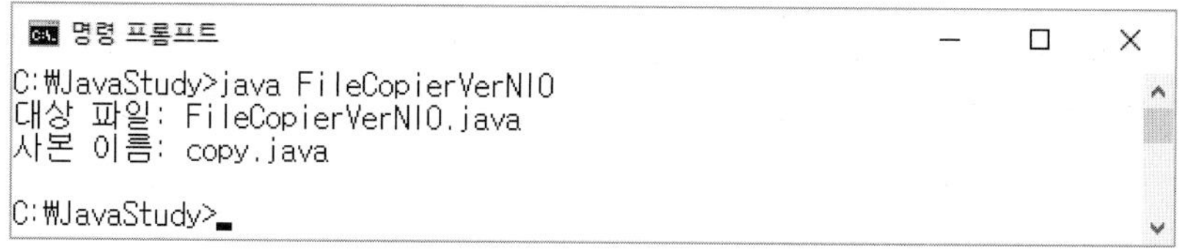

예제에서는 다음 문장을 통해 버퍼를 생성하였다. 그리고 이것이 NIO의 버퍼를 생성하는 방법이다. (인자로 전달된 크기의 버퍼가 생성된다.)

```
ByteBuffer buf = ByteBuffer.allocate(1024);    // 1024 바이트 버퍼 생성
```

이어서 두 개의 채널을 생성한다. 이때 전달된 옵션 READ, WRITE, CREATE는 이름 그대로 이해하면 된다. (옵션 CREATE이 전달되면 해당 파일이 존재하지 않을 경우 해당 파일을 생성한다.)

```
// 'src가 지시하는 파일'의 내용을 읽기 위한 입력용 채널 생성
FileChannel ifc = FileChannel.open(src, StandardOpenOption.READ);

// 'dst가 지시하는 파일'에 내용을 쓰기 위한 출력용 채널 생성
FileChannel ofc = FileChannel.open(dst, StandardOpenOption.WRITE,
                                        StandardOpenOption.CREATE);
```

이렇게 해서 버퍼와 채널을 생성하였다. 그리고 이로써 데이터를 입출력할 준비가 모두 되었다. 이렇듯 IO 스트림과 달리 NIO에서는 버퍼와 채널의 연결 과정을 거치지 않으며, 이 둘은 각각 독립적으로 존재한다. 그리고 예제에서는 채널 둘, 버퍼 하나를 생성했는데 이는 파일 복사 프로그램이기 때문에 그렇다.

예제에서는 파일 복사를 위해 다음 메소드 호출을 통해서 복사할 내용을 버퍼로 읽어 들인다.

```
num = ifc.read(buf);    // 채널 ifc로부터 데이터를 버퍼 buf로 읽어 들임
```

이어서 다음 메소드 호출을 통해서 버퍼를, 데이터를 저장할 수 있는 상태에서 읽을 수 있는 상태로 변경한다.

```
buf.flip();    // 버퍼에 저장된 데이터를 읽을 수 있는 상태로 변경
```

그리고 다음과 같이 버퍼에 저장된 데이터를 읽어서 채널 ofc에 전송한다.

```
ofc.write(buf);    // 버퍼에 저장된 데이터를 채널 ofc로 전송
```

이렇게 해서 한차례의 복사 과정을 설명했는데, 모든 데이터를 복사할 때까지 이 과정을 반복하게 된다. 그런데 버퍼에 저장된 데이터를 읽어 들였다고 해서 버퍼가 비워지는 것은 아니다. 때문에 지금 설명한 한차례의 복사 과정을 거치고 나면, 다음 두 문장 중 하나를 실행해서 버퍼를 비우는 과정을 거쳐야 한다.

```
buf.clear();       // 버퍼를 완전히 비운다.
buf.compact();     // 버퍼에 저장된 내용 중에서 읽은 데이터만 지운다.
```

참고로 버퍼를 비우는 과정을 생략해도 컴파일과 실행은 되지만, 버퍼에 데이터가 누적이 되어 정상적인 복사의 결과를 확인할 수 없게 된다.

■ 성능 향상 포인트는 어디에?

하나의 예제를 통해서 NIO의 입출력 모델을 설명하였다. 그렇다면 성능 향상의 포인트는 어디에서 찾을 수 있을까? 일단 효율적인 버퍼링에서 찾을 수 있다. 기존 IO 모델을 기반으로 파일 복사 프로그램을 작성하려면 입력 스트림과 출력 스트림 각각에 버퍼 스트림을 연결해야만 했다. 즉 두 개의 버퍼가 필요했다. 그리고 입력 버퍼에 저장된 데이터를 출력 버퍼로 이동하는 '버퍼 사이의 데이터 이동 과정'을 반드시 거쳐야 했다. 그러나 이러한 작업을 NIO 모델에서는 생략할 수 있다. 위 예제에서 보이듯이 말이다. 그리고 하나 더! 다음과 같이 Non-direct 버퍼를 생성하지 않고,

```
ByteBuffer buf = ByteBuffer.allocate(1024);    // Non-direct 버퍼
```

다음과 같이 Direct 버퍼를 생성하여 성능의 향상을 기대할 수 있다. (호출하는 메소드의 이름만 바꾸면 Direct 버퍼를 생성할 수 있다.)

```
ByteBuffer buf = ByteBuffer.allocateDirect(1024);    // Direct 버퍼 생성
```

Direct 버퍼에 대해서 최대한 간단히 설명하면 이렇다. Non-direct 버퍼로 분류할 수 있는 지금까지 소개된 모든 버퍼는 가상머신이 생성하고 유지하는 버퍼이다. 따라서 파일에 저장된 데이터를 읽어 들일 때 다음의 흐름을 거쳐서, 실행 중인 프로그램으로 데이터가 전달된다. (운영체제도 입출력의 효율을 높이기 위해 나름의 버퍼를 유지한다.)

파일 ⇨ 운영체제 버퍼 ⇨ 가상머신 버퍼 ⇨ 실행 중인 자바 프로그램

반면 Direct 버퍼를 활용하면 이 과정이 다음과 같이 줄어든다.

파일 ⇨ 운영체제 버퍼 ⇨ 실행 중인 자바 프로그램

이렇듯 중간 과정 하나가 생략되므로 성능 향상을 기대할 수 있다. 그러나 Direct 버퍼의 할당과 해제에 드는 시간적 비용이 Non-direct 버퍼에 비해 다소 높기 때문에 입출력할 파일의 크기가 크지 않거나 버퍼를 빈번히 할당하고 해제해야 하는 상황이라면, 오히려 Non-direct 버퍼를 이용해서 입출력을 진행하는 것이 빠를 수 있다.
그리고 다양한 데이터의 입출력을 위해 ByteBuffer 이외에도 다음과 같이 기본 자료형 별로 버퍼 클래스가 정의되어 있다. (아래에는 일부만 나열하였다.) 그러나 Direct 버퍼는 ByteBuffer 또는 그 하위 클래스를 대상으로만 생성이 된다.

```
CharBuffer, IntBuffer, DoubleBuffer
```

잠시 후에 보이겠지만, 바이트 버퍼를(ByteBuffer의 allocate 메소드 호출을 통해 생성한 버퍼를) 대상으로도 기본 자료형 데이터의 입출력이 가능하다. 다만 위의 클래스들은 '기본 자료형 배열'을 대상으로 입출력을 진행할 수 있도록 메소드가 정의되어 있다는 점에서 차이가 있다.

■ 파일 랜덤 접근(File Random Access)

파일 랜덤 접근이란, 파일에 데이터를 쓰거나 읽을 때 원하는 위치에 쓰거나 읽는 것을 의미한다. 예를 들어서 파일에 다음 순으로(왼쪽에서 오른쪽 순으로) 기본 자료형 데이터가 저장되어 있다고 가정해보자.

```
120   240   0.94   0.75
```

이 상황에서 데이터를 읽을 때 위의 나열 순서대로 읽는 것이 일반적이다. 그러나 파일 랜덤 접근을 하면 120을 읽고 0.94와 0.75를 읽고 마지막에 240을 읽는 것이 가능하다. 즉 원하는 순으로 읽는 것이 가능하다.
이어서 소개하는 NIO의 파일 랜덤 접근은 버퍼를 기반으로 한다. 즉 버퍼에 파일의 데이터를 옮겨 놓은 다음에, 버퍼에 저장된 데이터를 순서에 상관없이 원하는 순으로 읽어 들이는 방식이다. 그럼 예제를 소개하겠다. 버퍼에서 데이터를 읽어 들이는 방법을 제외하면 앞서 보인 예제와 큰 차이가 없으므로 어느 정도는 직접 코드를 분석할 수 있을 것이다. 이 예제에서는 조금 전에 언급한 내용을 구현한다. 즉 다음 순으로 파일에 데이터를 저장한다.

```
120   240   0.94   0.75
```

그리고 이들 모두를 버퍼로 옮기고 나서 120, 0.94, 0.75, 240의 순으로 읽어서 출력한다. 앞서 채넌블로킹 IO 스트림과 달리 양방향으로 데이터 이동이 가능하다고 했는데, 이를 보이기 위해서 하나의 파일을 연 상태에서 데이터를 저장하고 읽도록 하겠다.

◈ FileRandomAccess.java

```
import java.nio.file.Path;
import java.nio.file.Paths;
import java.nio.ByteBuffer;
import java.nio.channels.FileChannel;
import java.nio.file.StandardOpenOption;
import java.io.IOException;

class FileRandomAccess {
    public static void main(String[] args) {
        Path fp = Paths.get("data.dat");

        // 버퍼 생성
        ByteBuffer wb = ByteBuffer.allocate(1024);

        // 버퍼에 데이터 저장
        wb.putInt(120);    // int형 데이터 저장
        wb.putInt(240);
        wb.putDouble(0.94);    // double형 데이터 저장
        wb.putDouble(0.75);

        // 하나의 채널 생성
        try(FileChannel fc = FileChannel.open(fp,
                                StandardOpenOption.CREATE,
                                StandardOpenOption.READ,
                                StandardOpenOption.WRITE)) {
            // 파일에 쓰기
            wb.flip();
            fc.write(wb);

            // 파일로부터 읽기
            ByteBuffer rb = ByteBuffer.allocate(1024);    // 버퍼 생성
            fc.position(0);    // 채널의 포지션을 맨 앞으로 이동
            fc.read(rb);

            // 이하 버퍼로부터 데이터 읽기
            rb.flip();
            System.out.println(rb.getInt());
            rb.position(Integer.BYTES * 2);    // 버퍼의 포지션 이동

```

```
            System.out.println(rb.getDouble());
            System.out.println(rb.getDouble());

            rb.position(Integer.BYTES);    // 버퍼의 포지션 이동
            System.out.println(rb.getInt());
        } catch(IOException e) {
            e.printStackTrace();
        }
    }
}
```

▶ 실행 결과: FileRandomAccess.java

```
명령 프롬프트
C:\JavaStudy>java FileRandomAccess
120
0.94
0.75
240

C:\JavaStudy>_
```

위 예제에서는 두 개의 버퍼와 하나의 채널을 생성하였다. 두 개의 버퍼 중 하나는 다음의 목적을 갖는다. (기호 ⇨은 데이터 흐름의 방향을 의미함)

데이터 ⇨ 버퍼1 ⇨ 채널 ⇨ 파일

즉 버퍼에 데이터를 담은 후 그 내용을 파일에 전달하기 위한 것이다. 반면 다른 하나는 다음의 목적을 갖는다.

파일 ⇨ 채널 ⇨ 버퍼2 ⇨ 출력

즉 파일에 저장된 데이터를 출력하는 목적을 갖는다. 이렇듯 목적은 다르지만 둘 다 데이터를 담았다가 내보내는 과정을 거치기 때문에 중간에 각 버퍼를 대상으로 flip 메소드를 호출해야 한다. 그리고 위 예제에서는 다음 메소드 호출을 통해서 기본 자료형 데이터를 입력 및 출력하고 있다.

```
wb.putInt(120);    // int형 데이터 저장
wb.putDouble(0.94);    // double형 데이터 저장
```

```
rb.getInt();        // int형 데이터 꺼내기
rb.getDouble();     // double형 데이터 꺼내기
```

이어서 다음 메소드 호출문을 보자. 이는 하나의 채널을 생성하는 문장인데 READ, WRITE 옵션이 모두 전달되었다. 따라서 이 채널을 대상으로는 데이터의 입출력이 모두 가능하다.

```
FileChannel fc = FileChannel.open(fp, StandardOpenOption.CREATE,
                    StandardOpenOption.READ, READ,StandardOpenOption.WRITE)
```

자! 그럼 이제부터 파일 랜덤 접근의 핵심인 '포지션(Position)'에 대해 설명하겠다. 그 대상이 채널이건 버퍼 건 어느 위치까지 데이터를 썼는지, 그리고 어느 위치까지 데이터를 읽었는지를 표시하기 위해서 '포지션'이라는 위치 정보가 유지된다. 먼저 버퍼를 대상으로 포지션에 대한 설명을 진행하겠다. 위 예제에서 다음과 같이 버퍼를 생성하는 순간 포지션은 0이다.

```
ByteBuffer wb = ByteBuffer.allocate(1024);     // 포지션 0
```

그리고 다음과 같이 4바이트 데이터를 저장할 때마다 포지션은 4씩 증가한다.

```
wb.putInt(120);    // 메소드 호출 후 포지션 4
wb.putInt(240);    // 메소드 호출 후 포지션 8
```

그럼 이어서 버퍼에서 데이터를 읽기 위해 다음과 같이 flip 메소드를 호출하면 포지션은 어떻게 될까? 데이터를 앞에서부터 읽어야 하기 때문에 포지션은 다시 0이 된다. (그래야 먼저 저장된 데이터부터 읽을 수 있다.)

```
wb.flip();    // 메소드 호출 후 포지션 0
```

그리고 버퍼에서 데이터를 읽기 시작하면 읽은 바이트 수만큼 포지션은 증가한다. 그럼 지금 설명한 내용을 다음 예제를 통해서 확인해 보겠다.

◈ BufferPositionCheck.java

```
import java.nio.ByteBuffer;

class BufferPositionCheck {
    public static void main(String[] args) {
        ByteBuffer bb = ByteBuffer.allocate(1024);
        System.out.println("Position: " + bb.position());
        bb.putInt(120);
```

```
        System.out.println("Position: " + bb.position());
        bb.putDouble(0.94);
        System.out.println("Position: " + bb.position());
        bb.flip();
        System.out.println("Position: " + bb.position());
        int n = bb.getInt();
        System.out.println("Position: " + bb.position());
        double d = bb.getDouble();
        System.out.println("Position: " + bb.position());
    }
}
```

▶ 실행 결과: BufferPositionCheck.java

```
명령 프롬프트
C:\JavaStudy>java BufferPositionCheck
Position: 0
Position: 4
Position: 12
Position: 0
Position: 4
Position: 12

C:\JavaStudy>
```

위 예제에서 호출한 position 메소드는 현재 버퍼의 포지션 정보를 반환한다. 그리고 다음 문장과 같이 이 메소드를 호출하면서 정수를 전달하면 그 정수에 해당하는 위치로 포지션이 이동한다.

```
rb.position(Integer.BYTES * 2);
```

위 문장의 Integer.BYTES는 int형 정수의 크기에 대한 상수이다. 따라서 위 문장을 실행하면 포지션 0에서부터 두 개의 정수를 건너뛴 위치로 포지션이 이동한다.
지금 설명한 버퍼의 포지션과 마찬가지로 채널도 포지션 정보를 유지한다. 따라서 채널을 통해서 파일에 데이터를 전송하면 포지션 값이 전송한 바이트 수만큼 증가한다. 그래서 랜덤 파일 접근 예제에서는 채널을 통해 파일에 데이터를 전송한 이후에, 파일에 저장된 데이터를 앞에서부터 읽기 위해 다음과 같이 채널의 포지션을 0으로 초기화하였다.

```
fc.position(0);
```

이로써 앞서 제시한 랜덤 파일 접근 예제를 이해하고 활용하는데 필요한 내용을 모두 설명하였으니 예제를 다시 한번 관찰하기 바란다.

Chapter 34

쓰레드 그리고 동기화

과거에는 멀티 쓰레드가 경험 있는 프로그래머들이 구사하는 고급 기술이었다. 그러나 자바의 쓰레드 지원은 그런 경계를 허무는 계기가 되었다. 자바가 처음 등장하던 당시만 해도 언어 차원에서 쓰레드를 지원한다는 것은 놀라운 일이었다.

34-1 쓰레드의 이해와 쓰레드의 생성

이제는 쓰레드 기반 프로그래밍이 비교적 쉬워졌다. 특히 자바 5부터 자바 8에 이르기까지 계속된 쓰레드 관련 라이브러리의 개선으로 쓰레드를 쉽게 공부하고 쉽게 활용할 수 있게 되었다.

■ 쓰레드의 이해와 쓰레드의 생성 방법

쓰레드는 실행 중인 프로그램 내에서 '또 다른 실행의 흐름을 형성하는 주체'를 의미한다. 예를 들어서 다음과 같이 프로그램을 실행하면 가상머신은 하나의 쓰레드를 생성해서 main 메소드의 실행을 담당하게 한다.

◈ CurrentThreadName.java

```
class CurrentThreadName {
    public static void main(String[] args) {
        Thread ct = Thread.currentThread();
        String name = ct.getName();    // 쓰레드의 이름을 반환
        System.out.println(name);
    }
}
```

▶ 실행 결과: CurrentThreadName.java

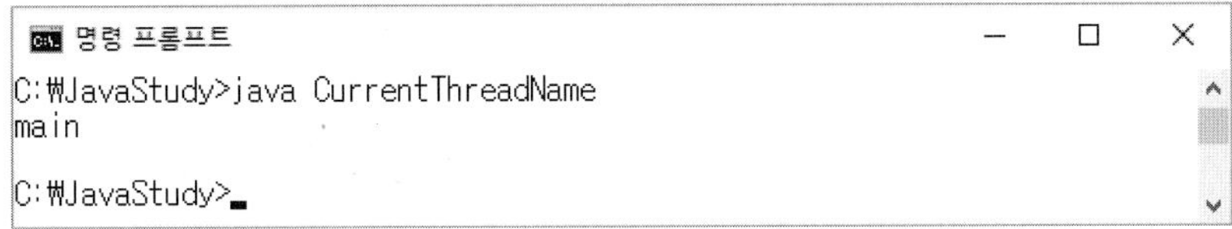

위 예제의 다음 문장을 통해서 main 메소드를 실행하는 쓰레드를 지칭하는(main 메소드를 실행하는 쓰레드의 정보를 담고 있는) 인스턴스의 참조를 얻을 수 있다.

```
Thread ct = Thread.currentThread();
```

그리고 쓰레드도 이름이 있는데, 다음 문장을 통해서 참조하는 쓰레드의 이름을 얻을 수 있다.

```
String name = ct.getName();
```

출력 결과를 보면 쓰레드의 이름이 main 임을 알 수 있다. 그래서 main 메소드를 실행하는 쓰레드를 가리켜 'main 쓰레드'라 한다. 이렇듯 지금까지 우리가 작성한 예제에서도 하나의 쓰레드를 생성해서 main 메소드를 실행해 온 것이다.

■ 쓰레드를 생성하는 방법

이번에는 main 쓰레드 이외의 쓰레드를 생성해 보겠다. 이렇듯 쓰레드를 추가하면 추가한 수만큼 프로그램 내에서 다른 실행의 흐름이 만들어지는데 이를 다음 예제를 통해서 확인해보자.

◈ MakeThreadDemo.java

```
class MakeThreadDemo {
    public static void main(String[] args) {
        Runnable task = () -> {    // 쓰레드가 실행하게 할 내용
            int n1 = 10;
            int n2 = 20;
            String name = Thread.currentThread().getName();
            System.out.println(name + ": " + (n1 + n2));
        };

        Thread t = new Thread(task);
        t.start();    // 쓰레드 생성 및 실행
        System.out.println("End " + Thread.currentThread().getName());
```

```
    }
}
```

▶ 실행 결과: MakeThreadDemo.java

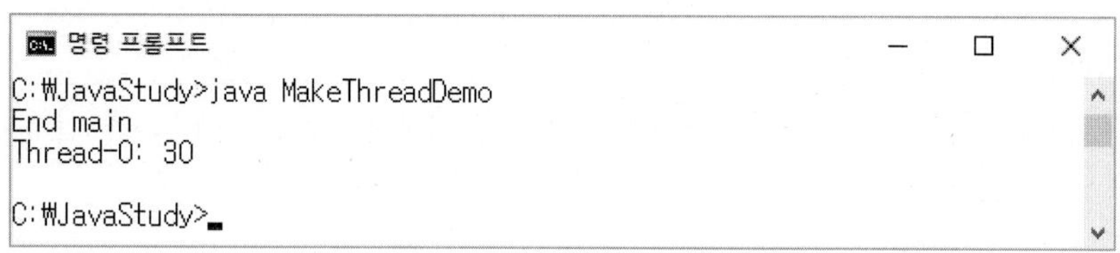

쓰레드의 생성을 위해 제일 먼저 할 일은 java.lang.Runnable 인터페이스를 구현하는 클래스의 인스턴스를 생성하는 일이다. 그런데 Runnable은 다음 추상 메소드 하나만 존재하는 함수형 인터페이스이다.

```
void run()
```

따라서 예제에서는 다음과 같이 람다식을 기반으로, 메소드의 구현과 인스턴스의 생성을 동시에 진행하였다. 그리고 이렇게 구현된 메소드는 새로 생성되는 쓰레드에 의해 실행되는 메소드이다.

```
Runnable task = () -> {
    int n1 = 10;
    int n2 = 20;
    String name = Thread.currentThread().getName();
    System.out.println(name + ": " + (n1 + n2));
};
```

이렇듯 Runnable을 구현하였다면, 이를 전달하며 다음과 같이 Thread 인스턴스를 생성해야 한다. 그리고 여기까지 마쳤다면 새로운 쓰레드의 생성을 위한 준비는 끝난 셈이다.

```
Thread t = new Thread(task);    // 인스턴스 생성 시 run 메소드의 구현 내용 전달
```

이어서 마지막으로 할 일은 다음과 같이 Thread 인스턴스를 대상으로 start 메소드를 호출하는 것이다.

```
t.start();    // 쓰레드의 생성 및 실행
```

그러면 가상머신은 쓰레드를 생성해서 Thread 인스턴스 생성 시 전달된 run 메소드를 실행하게 한다. 실행 결과를 보면 이렇게 생성된 쓰레드의 이름이 Thread-0으로 출력되었는데 이는 기본적으로 주어진 이름이다. 따라서 별도의 이름을 붙여주고 싶다면 다음 생성자를 통해 Thread 인스턴스를 생성하면 된다.

```
public Thread(Runnable target, String name)
```

또한 위의 실행 결과에서는 main 쓰레드가 먼저 일을 마친 상황을 보이고 있다. 쓰레드의 생성에는 시간이 걸리므로 이러한 상황은 쉽게 연출이 된다. 그러나 main 쓰레드가 일을 마쳤다고 해서 프로그램이 종료되지는 않는다. 모든 쓰레드가 일을 마치고 소멸되어야 프로그램이 종료된다. 따라서 위 예제에서 생성된 쓰레드는 자신의 일을 마칠 충분한 시간을 갖는다. 참고로 위와 같이 생성된 쓰레드는 자신의 일을 마치면 자동으로 소멸된다는 사실도 기억해 두자. (여기서 말하는 쓰레드의 소멸은 쓰레드의 생성을 위해 할당했던 모든 자원의 해제를 의미한다.)

"쓰레드는 자신의 일을 마치면(run 메소드의 실행을 완료하면) 자동으로 소멸된다."

이어서 예제를 하나 더 보이겠다. 이 예제에서는 두 개의 쓰레드를 생성한다. 그리고 쓰레드가 동시에 실행되는 상황을 조금 더 자세히 관찰하기 위해 Thread 클래스의 다음 메소드 호출을 통해 쓰레드의 실행 속도를 조금 늦춰 놓았다.

```
public static void sleep(long millis) throws InterruptedException
```

위 메소드를 호출하는 쓰레드는, 인자로 전달된 값의 millisecond 만큼 (1/1000초 만큼) 실행을 멈추고 잠을 자게 된다.

◈ MakeThreadMultiDemo.java

```
class MakeThreadMultiDemo {
    public static void main(String[] args) {
        Runnable task1 = () -> {   // 20 미만 짝수 출력
            try {
                for(int i = 0; i < 20; i++) {
                    if(i % 2 == 0)
                        System.out.print(i + " ");
                    Thread.sleep(100);    // 0.1초간 잠을 잔다.
                }
            } catch(InterruptedException e) {
                e.printStackTrace();
            }
        };
```

```

        Runnable task2 = () -> {   // 20 미만 홀수 출력
            try {
                for(int i = 0; i < 20; i++) {
                    if(i % 2 == 1)
                        System.out.print(i + " ");
                    Thread.sleep(100);    // 0.1초간 잠을 잔다.
                }
            } catch(InterruptedException e) {
                e.printStackTrace();
            }
        };

        Thread t1 = new Thread(task1);
        Thread t2 = new Thread(task2);
        t1.start();
        t2.start();
    }
}
```

▶ 실행 결과: MakeThreadMultiDemo.java

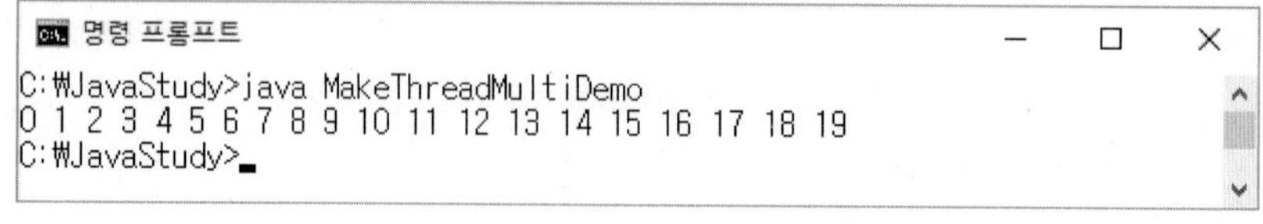

한 쓰레드는 20 미만의 짝수를, 다른 한 쓰레드는 20 미만의 홀수를 출력한다. 그리고 값을 하나 출력할 때마다 0.1초씩 잠이 든다. 따라서 위의 실행 결과와 같이 0부터 19까지 1씩 증가하여 출력이 되는 모습을 볼 수 있다.

보통은 쓰레드 하나에 CPU의 코어 하나가 할당되어 동시에 실행이 이뤄진다. 보급형 스마트폰의 CPU에도 코어가 8개 들어가는 시대이므로 쓰레드 별로 코어가 하나씩 할당되는 상황은 이제 일반적인 경우가 되었다. 따라서 동시에 실행이 이뤄지는 쓰레드를 대상으로 위 예제에서 보이는 수준으로 실행 흐름을 조절하거나 예측하는 것은 잘못된 결과로 이어지기 쉽다. 즉 수백 번 실행을 해서 동일한 결과를 얻더라도 그 결과를 항상 보장할 수는 없다. 쓰레드가 처한 상황에 따라서, 또는 운영체제가 코어를 쓰레드에 할당하는 방식에 따라서 두 쓰레드의 실행 속도에는 차이가 있을 수 있기 때문이다. 그럼 이러한 상황의 확인을 위해서, 위 예제에서 sleep 메소드의 호출을 생략한 다음 예제를 실행해보자.

◈ ThreadMultiNoSleepDemo.java

```
class ThreadMultiNoSleepDemo {
    public static void main(String[] args) {
        Runnable task1 = () -> {   // 20 미만 짝수 출력
            for(int i = 0; i < 20; i++) {
                if(i % 2 == 0)
                    System.out.print(i + " ");
            }
        };
        Runnable task2 = () -> {   // 20 미만 홀수 출력
            for(int i = 0; i < 20; i++) {
                if(i % 2 == 1)
                    System.out.print(i + " ");
            }
        };

        Thread t1 = new Thread(task1);
        Thread t2 = new Thread(task2);
        t1.start();
        t2.start();
    }
}
```

▶ 실행 결과: ThreadMultiNoSleepDemo.java

```
명령 프롬프트
C:₩JavaStudy>java ThreadMultiNoSleepDemo
0 1 2 3 4 5 6 7 8 9 10 11 12 13 14 15 16 17 18 19
C:₩JavaStudy>java ThreadMultiNoSleepDemo
1 0 3 2 5 4 7 6 9 8 11 10 12 13 14 15 16 18 17 19
C:₩JavaStudy>java ThreadMultiNoSleepDemo
0 1 2 3 4 5 6 8 10 7 12 9 11 13 14 15 17 19 16 18
C:₩JavaStudy>_
```

세 번의 실행 결과를 보였는데 세 번 모두 실행 결과가 다르다. 하지만 이것이 쓰레드의 실행 특성이다. 각각의 쓰레드는 이렇듯 독립적으로 자신의 일을 실행해 나간다.

참 고 **쓰레드가 코어의 수보다 많이 생성된다면,**

CPU의 코어가 하나이던 시절의 멀티 쓰레드 프로그래밍에는 다음과 같은 장점이 있었다.

- CPU의 코어가 둘 이상인 것과 같은 효과를 보였다.
- 하나의 코어가 둘 이상의 쓰레드를 담당하므로 코어의 활용도가 높았다.

코어가 하나이고 쓰레드가 둘 이상이면 이들은 코어를 나누어 차지하며 실행을 이어 나간다. 그런데 그 나누는 시간의 조각이 매우 작기 때문에 동시에 실행되는 효과를 충분히 누릴 수 있었다. (그만큼 코어가 쉬는 시간을 최소화할 수 있어서 코어의 활용도도 높았다.) 마찬가지로 멀티 코어 CPU 기반에서도 코어의 수보다 많은 수의 쓰레드가 생성되면 쓰레드들은 코어를 나누어 차지하게 된다. 물론 나누는 시간의 조각이 매우 작기 때문에 프로그램 사용자는 이러한 사실을 눈치채지 못한다.

■ 쓰레드를 생성하는 두 번째 방법

앞서 설명한 쓰레드의 생성 과정을 세 단계로 정리하면 다음과 같다.

- 1단계 Runnable을 구현한 인스턴스 생성
- 2단계 Thread 인스턴스 생성
- 3단계 start 메소드 호출

그러나 다음 두 단계를 거쳐서 쓰레드를 생성하는 방법도 있다.

- 1단계 Thread를 상속하는 클래스의 정의와 인스턴스 생성
- 2단계 start 메소드 호출

즉 'Runnable을 구현한 인스턴스 생성'과 'Thread 인스턴스 생성'을 'Thread를 상속하는 클래스의 인스턴스의 생성'으로 대체할 수 있다. 그럼 이와 관련하여 다음 예제를 보자.

◈ MakeThreadDemo2.java

```
class Task extends Thread {
    public void run() {     // Thread의 run 메소드 오버라이딩
        int n1 = 10;
        int n2 = 20;
        String name = Thread.currentThread().getName();
```

```
            System.out.println(name + ": " + (n1 + n2));
        }
    }

    class MakeThreadDemo2 {
        public static void main(String[] args) {
            Task t1 = new Task();
            Task t2 = new Task();
            t1.start();
            t2.start();
            System.out.println("End " + Thread.currentThread().getName());
        }
    }
```

▶ 실행 결과: MakeThreadDemo2.java

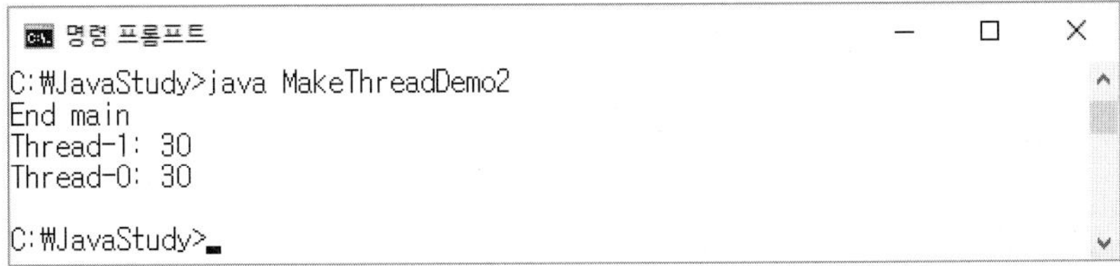

위 예제에서 보이듯이 Thread를 상속하는 클래스는 다음 메소드를 오버라이딩 해야 한다.

```
public void run()
```

그러면 start 메소드 호출을 통해 쓰레드가 생성되었을 때, 이 쓰레드는 오버라이딩 된 run 메소드를 실행하게 된다.

34-2 쓰레드의 동기화

쓰레드의 생성 방법 두 가지를 설명했는데, 그중에서 Runnable 인터페이스를 구현하는 방식을 기반으로 설명을 이어가겠다. (람다식을 기반으로 하는 이 방식이 보다 보편적으로 사용되는 추세이다.)

■ 쓰레드의 메모리 접근 방식과 그에 따른 문제점

다음 예제에서는 둘 이상의 쓰레드가 하나의 메모리 공간에(하나의 변수에) 접근했을 때 발생하는 문제점을 보여준다.

◈ MutualAccess.java

```
class Counter {
    int count = 0;    // 두 쓰레드에 의해 공유되는 변수

    public void increment() {
        count++;    // 첫 번째 쓰레드에 의해 실행되는 문장
    }
    public void decrement() {
        count--;    // 또 다른 쓰레드에 의해 실행되는 문장
    }
    public int getCount() { return count; }
}

class MutualAccess {
    public static Counter cnt = new Counter();

    public static void main(String[] args) throws InterruptedException {
        Runnable task1 = () -> {
            for(int i = 0; i < 1000; i++)
                cnt.increment();    // 값을 1 증가
        };

        Runnable task2 = () -> {
            for(int i = 0; i < 1000; i++)
                cnt.decrement();    // 값을 1 감소
        };
```

```

        Thread t1 = new Thread(task1);
        Thread t2 = new Thread(task2);
        t1.start();
        t2.start();
        t1.join();    // t1이 참조하는 쓰레드의 종료를 기다림
        t2.join();    // t2가 참조하는 쓰레드의 종료를 기다림
        System.out.println(cnt.getCount());
    }
}
```

▶ 실행 결과: MutualAccess.java

```
명령 프롬프트
C:\JavaStudy>java MutualAccess
-12

C:\JavaStudy>java MutualAccess
36

C:\JavaStudy>
```

위 예제에서 호출하는 다음 join 메소드는 특정 쓰레드의 실행이 완료되기를 기다릴 때 호출하는 메소드이다.

```
public final void join() throws InterruptedException
```

즉 위 예제에서는 main 쓰레드가 두 쓰레드의 실행이 완료되기를 기다리기 위해서 join 메소드를 호출하였다. 그런데 실행 결과를 보면 예상과 다르다. 첫 번째 쓰레드는 increment를 천 번 호출하였고, 두 번째 쓰레드는 decrement를 천 번 호출하였으므로 출력 결과는 0이어야 하는데, 실행할 때마다 출력되는 값이 다르다. 그리고 이를 통해 다음 사실을 유추할 수 있다.

"둘 이상의 쓰레드가 동일한 변수에 접근하는 것은 문제를 일으킬 수 있다."

따라서 위 예제와 같은 상황에서는 둘 이상의 쓰레드가 동일한 메모리 공간에 접근해도 문제가 발생하지 않도록 '동기화(synchronization)'라는 것을 해야 한다.

■ 동일한 메모리 공간에 접근하는 것이 왜 문제가 되는가?

동기화 방법의 소개에 앞서, 둘 이상의 쓰레드가 하나의 변수 또는 메모리 공간에 함께 접근을 하면 문제가 발생하는 이유를 설명하고자 한다. 예를 들어 변수에 저장된 값을 1씩 증가시키는 연산을 두 쓰레드가 동시에 진행한다고 가정해보자.

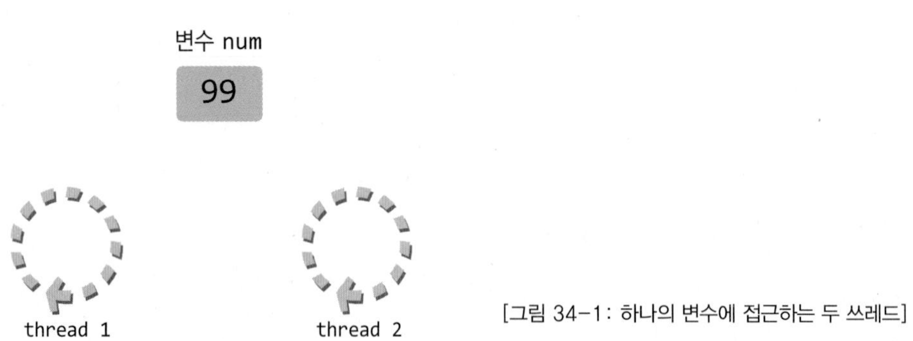

[그림 34-1: 하나의 변수에 접근하는 두 쓰레드]

위 그림의 상황에서 thread1이 변수 num의 값을 1 증가시키면 다음 그림에서 보이듯이 그 값은 100이 된다.

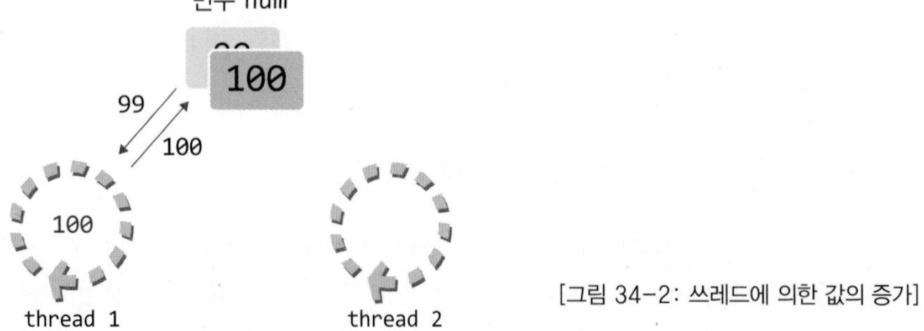

[그림 34-2: 쓰레드에 의한 값의 증가]

그런데 위 그림에서 주목할 사실이 있다. 그것은 값의 증가 방식이다. 값의 증가는 코어를 통한 연산이 필요한 작업이다. 따라서 쓰레드는 변수 num에 저장된 값 99를 가져다 코어의 도움을 받아서 이를 100으로 만드는 과정을 거친다. 그리고 나서 이 값을 변수 num에 가져다 놓는다. 그래야 비로소 num의 값이 증가하게 되고, 이것이 변수에 저장된 값이 변경되는 방식이다.

자! 그럼 이러한 상황을 생각해보자. thread1도 thread2도 값을 증가시키기 위해 변수 num에 저장된 값 99를 가져갔다. 시차를 두고 가져갈 수도 있지만 코어가 여러 개니 거의 동시에 가져가는 것도 가능한 상황이다. 그리고 각각 이 값을 증가시켜 100으로 만들었다. 이제 마지막으로, 증가시킨 값을 다시 변수 num에 각각 가져다 놓았다. 그렇다면 변수 num의 값은 얼마가 되는가?
두 쓰레드가 값을 1씩 증가시켰지만 변수 num에는 101이 아닌 100이 저장된다. 두 쓰레드 모두 100을 가져다 놓았기 때문이다. 그리고 지금 설명한 이 상황이 실제 위 예제에서 수십 번 발생하였다. 그렇다면 이 문제를 어떻게 해결해야 할까? 이는 둘 이상의 쓰레드가 동일한 변수에 동시에 접근해서 생긴 문제이니, 한순간에 한 쓰레드만 변수에 접근하도록 제한하면 문제는 해결된다.

■ 동기화(Synchronization) 메소드

첫 번째 소개할 동기화 방법은 '동기화 메소드'이다. 앞서 정의한 Counter 클래스의 메소드에 다음과 같이 synchronized 선언을 추가하면 동기화가 이뤄진다.

```
synchronized public void increment() {
    count++;
}
```

이와 같이 synchronized 선언이 추가되면, 이 메소드는 한순간에 한 쓰레드의 접근만을 허용하게 된다. 예를 들어서 이 메소드를 두 쓰레드가 동시에 호출하면, 조금이라도 빨리 호출한 쓰레드가 메소드를 실행하게 되고, 다른 한 쓰레드는 대기하고 있다가 먼저 호출한 쓰레드가 실행을 마쳐야 비로소 메소드를 실행하게 된다. 따라서 앞서 보인 예제의 Counter 클래스는 다음과 같이 동기화를 해야 한다.

```
class Counter {
    int count = 0;
    synchronized public void increment() {
        count++;
    }
    synchronized public void decrement() {
        count--;
    }
    public int getCount() { return count; }
}
```

위와 같이 '한 클래스의 두 메소드'에 synchronized 선언이 되면, 두 메소드는 둘 이상의 쓰레드에 의해 동시에 실행될 수 없도록 동기화된다. 예를 들어서 한 쓰레드가 increment 메소드를 실행하는 중간에 다른 쓰레드가 decrement 메소드를 호출하면, 이 쓰레드는 increment의 호출이 완료될 때까지 대기하게 된다. 그럼 동기화가 적용된 다음 예제의 실행 결과를 관찰하자.

◈ MutualAccessSyncMethod.java

```
class Counter {
    int count = 0;
    synchronized public void increment() {
        count++;
    }
    synchronized public void decrement() {
        count--;
    }
    public int getCount() { return count; }
}

class MutualAccessSyncMethod {
    public static Counter cnt = new Counter();

    public static void main(String[] args) throws InterruptedException {
        // 이전 예제 MutualAccess.java와 동일하므로 생략합니다.
    }
}
```

▶ 실행 결과: MutualAccessSyncMethod.java

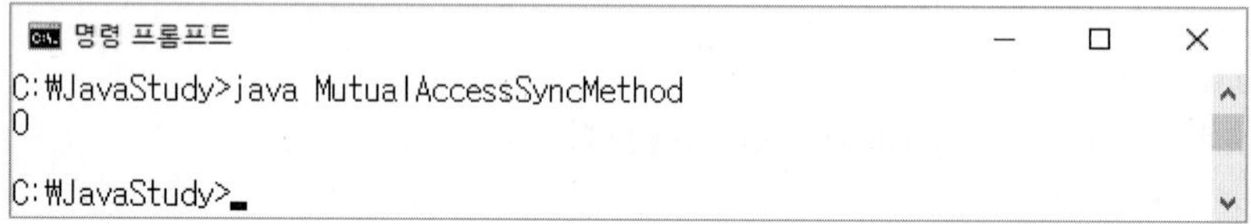
명령 프롬프트
C:₩JavaStudy>java MutualAccessSyncMethod
0
C:₩JavaStudy>

■ 동기화(Synchronization) 블록

앞서 소개한 '동기화 메소드' 기반의 동기화는 사용하기는 편하지만 메소드 전체에 동기화를 걸어야 한다는 단점이 있다. 예를 들어서 increment 메소드의 내용이 다음과 같다면,

```
synchronized public void increment() {
    count++;    // 동기화 필요한 문장
    System.out.println("카운터의 값이 1 증가하였습니다.");  // 동기화 불필요한 문장
}
```

동기화가 불필요한 부분을 실행하는 동안에도 다른 쓰레드의 접근을 막는 일이 발생하게 된다. 따라서 이러한 경우에는 다음과 같이 '동기화 블록'이라는 것을 통해 문장 단위로 동기화 선언을 하는 것이 효율적이다.

```
public void increment() {
    synchronized(this) {     // 동기화 블록
        count++;     // 동기화 필요한 문장
    }
    System.out.println("카운터의 값이 1 증가하였습니다.");  // 동기화 불필요한 문장
}
```

동기화 블록의 선언에 포함된 this의 의미는 다음과 같다.

"이 인스턴스의 다른 동기화 블록과 더불어 동기화하겠다."

예를 들어서 다음과 같이 한 클래스 내에 동기화 블록이 두 군데 선언이 되었다고 가정하자.

```
class Counter {
    int count = 0;
    public void increment() {
        synchronized(this) {     // 동기화 블록
            count++;
        }
    }
    public void decrement() {
        synchronized(this) {     // 동기화 블록
            count--;
        }
    }
    public int getCount() { return count; }
}
```

그러면 위 클래스의 인스턴스 내에 위치한 두 동기화 블록은 둘 이상의 쓰레드의 의해 동시에 실행될 수 없도록 함께 동기화된다. (동기화 메소드에서 설명한 내용과 동일하다.) 그럼 다음 예제의 실행 결과를 확인하자.

◈ MutualAccessSyncBlock.java

```
class Counter {
    int count = 0;
    public void increment() {
        synchronized(this) {
            count++;
        }
    }
    public void decrement() {
        synchronized(this) {
            count--;
        }
    }
    public int getCount() { return count; }
}

class MutualAccessSyncBlock {
    public static Counter cnt = new Counter();

    public static void main(String[] args) throws InterruptedException {
        // 이전 예제 MutualAccess.java와 동일하므로 생략합니다.
    }
}
```

▶ 실행 결과: MutualAccessSyncBlock.java

명령 프롬프트
C:₩JavaStudy>java MutualAccessSyncBlock
0
C:₩JavaStudy>

참고 Thread-safe합니까?

Chapter 11에서 StringBuffer는 '쓰레드에 안전'하다고 설명한 바 있는데, 이는 StringBuffer가 동기화되어 있어서, 이 인스턴스를 대상으로 둘 이상의 쓰레드가 동시에 접근해도 문제가 되지 않음을 의미한다. 그리고 이러한 클래스별 쓰레드의 안전 여부는 자바 문서에서 쉽게 확인할 수 있다. 예를 들어 자바 문서의 ArrayList<E> 페이지를 보면 굵은 글씨로 다음과 같이 쓰여 있다.

```
Note that this implementation is not synchronized
```

이는 동기화되어 있지 않았다는 뜻이다. 따라서 ArrayList<E> 인스턴스를 대상으로는 둘 이상의 쓰레드가 동시에 접근하는 코드를 만들면 안 된다.

34-3 쓰레드를 생성하는 더 좋은 방법

자바 5에서 쓰레드 관련 java.util.concurrent 패키지를 추가하고, 이후로 자바 8에 이르기까지 쓰레드의 생성과 활용에 대한 기능을 발전시켜왔다. 따라서 더 간단히 쓰레드를 생성할 수 있고 더 강력하게 쓰레드를 활용할 수 있게 되었다.

■ 지금 소개하는 이 방법으로 쓰레드를 생성하고 활용하자.

쓰레드의 생성과 소멸은 그 자체로 시스템에 부담을 주는 일이다. 따라서 처리해야 할 일이 있을 때마다 쓰레드를 생성하는 것은 성능의 저하로 이어질 수 있다. 그래서 '쓰레드 풀(Thread Pool)'이라는 것을 만들고 그 안에 미리 제한된 수의 쓰레드를 생성해 두고 이를 재활용하는 기술을 프로그래머들은 사용해 왔다.

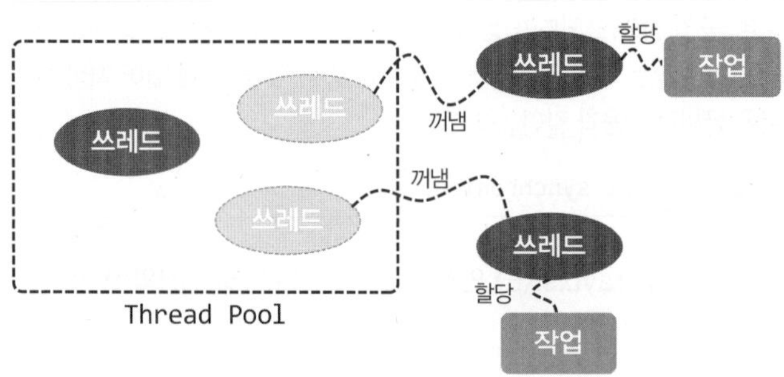

[그림 34-3: 쓰레드 풀 모델]

위 그림의 쓰레드 풀에는 세 개의 쓰레드가 존재한다. 그리고 처리해야 할 작업이 있을 때 풀에서 쓰레드를 꺼내 그 작업을 처리하게 만든다. 그리고 작업을 끝낸 쓰레드는 다시 풀로 돌아가 다음 작업을 대기하게 된다. 그런데 앞서 작성한 예제에서는 다음과 같이 두 개의 작업이 존재할 때,

```
Runnable task1 = () -> {....}
Runnable task2 = () -> {....}
```

이들 각각에 대해 다음과 같이 쓰레드를 생성하였고, 이렇게 생성된 쓰레드는 작업이 끝나면 자동으로 소멸되어 리소스 소모가 많았다.

```
Thread t1 = new Thread(task1);
t1.start();    // 이렇게 생성된 쓰레드는 일 끝나면 자동 소멸

Thread t2 = new Thread(task2);
t2.start();    // 이렇게 생성된 쓰레드는 일 끝나면 자동 소멸
```

따라서 멀티 쓰레드 프로그래밍에서 쓰레드 풀의 활용은 매우 중요하다. 단, 쓰레드 풀의 구현이 간단하지 않다는 문제가 있다. 하지만 다음 예제에서 보이듯이 concurrent 패키지를 활용하면 간단히 쓰레드 풀을 생성할 수 있다. (쓰레드 풀을 직접 구현하지 않고 생성할 수 있다.)

◈ ExecutorsDemo.java

```
import java.util.concurrent.Executors;
```

```
import java.util.concurrent.ExecutorService;

class ExecutorsDemo {
    public static void main(String[] args) {
        Runnable task = () -> {    // 쓰레드에게 시킬 작업
            int n1 = 10;
            int n2 = 20;
            String name = Thread.currentThread().getName();
            System.out.println(name + ": " + (n1 + n2));
        };

        ExecutorService exr = Executors.newSingleThreadExecutor();
        exr.submit(task);  // 쓰레드 풀에 작업을 전달

        System.out.println("End " + Thread.currentThread().getName());
        exr.shutdown();    // 쓰레드 풀과 그 안에 있는 쓰레드의 소멸
    }
}
```

▶ 실행 결과: ExecutorsDemo.java

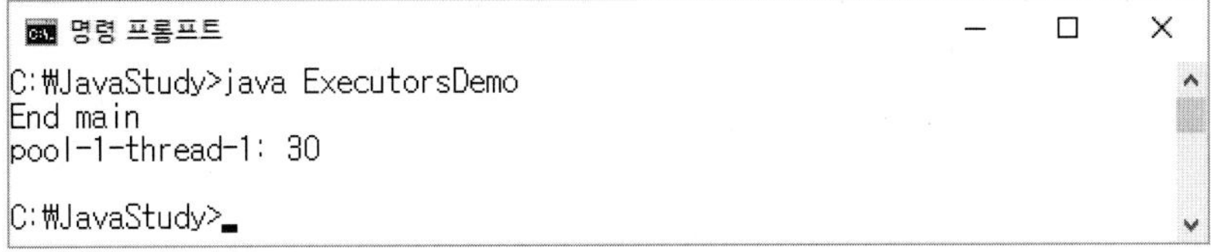

쓰레드에게 시킬 작업의 마련 방법은 앞서 소개한 방법과 다르지 않다. 다음과 같이 Runnable 인터페이스를 구현하는 인스턴스를 마련하면 된다.

```
Runnable task = () -> {....}
```

그런데 이어서 쓰레드를 생성하지 않고 다음 메소드 호출을 통해서 쓰레드 풀을 생성한다.

```
ExecutorService exr = Executors.newSingleThreadExecutor();    // 쓰레드 풀 생성
```

그리고 이렇게 생성된 쓰레드 풀에 다음과 같이 submit 메소드 호출을 통해 작업을 전달하면, 풀에서 대기하고 있던 쓰레드가 이 일을 실행하게 된다. 그리고 작업이 끝나면 해당 쓰레드는 다시 쓰레드 풀

로 돌아가서 다음 작업이 전달되기를 기다리게 된다.

```
exr.submit(task);     // 쓰레드 풀에 작업 전달
```

위에서는 newSingleThreadExecutor 메소드의 호출을 통해 쓰레드 풀을 생성했지만 Executors 클래스의 다음 메소드들을 통해서 다양한 유형의 쓰레드 풀을 생성할 수 있다.

- newSingleThreadExecutor 풀 안에 하나의 쓰레드만 생성하고 유지한다.
- newFixedThreadPool 풀 안에 인자로 전달된 수의 쓰레드를 생성하고 유지한다.
- newCachedThreadPool 풀 안의 쓰레드의 수를 작업의 수에 맞게 유동적으로 관리한다.

newSingleThreadExecutor가 생성하는 쓰레드 풀 안에는 하나의 쓰레드만 생성해 두고 이 쓰레드가 모든 작업을 처리하게 한다. 따라서 하나의 코어를 기준으로 코어의 활용도를 매우 높인 풀이라 할 수 있다. 그러나 이는 마지막에 전달된 작업은 가장 늦게 처리된다는 단점이 있는 풀이다.
반면 newCachedThreadPool이 생성하는 풀은 전달된 작업의 수에 근거하여 쓰레드의 수를 늘리기도 하고 줄이기도 한다. 따라서 가장 효율적으로 쓰레드를 관리하는 것처럼 보이지만 전달된 작업의 수에 비례하여 쓰레드가 생성될 수 있는 관계로 앞서 언급한, 빈번한 쓰레드의 생성과 소멸로 이어질 수 있어 주의가 필요하다.
마지막으로, 생성된 쓰레드 풀과 그 안에 존재하는 쓰레드를 소멸하기 위해서는 다음 메소드를 호출해야 한다.

```
void shutdown()
```

위 메소드가 호출되어도 이미 전달된 작업은 진행이 된다. (추가로 작업을 전달받지는 않는다.) 그러나 전달된 모든 작업이 처리가 되면 해당 풀은 종료가 된다. 그럼 이어서 다음 예제를 보자. 이 예제는 하나의 쓰레드 풀에 다수의 작업을 전달하는 예를 보여준다.

◈ ExecutorsDemo2.java

```
import java.util.concurrent.Executors;
import java.util.concurrent.ExecutorService;

class ExecutorsDemo2 {
    public static void main(String[] args) {
        Runnable task1 = () -> {
            String name = Thread.currentThread().getName();
            System.out.println(name + ": " + (5 + 7));
        };

```

```
        Runnable task2 = () -> {
            String name = Thread.currentThread().getName();
            System.out.println(name + ": " + (7 - 5));
        };

        ExecutorService exr = Executors.newFixedThreadPool(2);
        exr.submit(task1);
        exr.submit(task2);
        exr.submit(() -> {
            String name = Thread.currentThread().getName();
            System.out.println(name + ": " + (5 * 7));
        });

        exr.shutdown();
    }
}
```

▶ 실행 결과: ExecutorsDemo2.java

```
명령 프롬프트
C:\JavaStudy>java ExecutorsDemo2
pool-1-thread-1: 12
pool-1-thread-2: 2
pool-1-thread-1: 35

C:\JavaStudy>
```

위 예제에서 다음 문장을 통해 두 개의 쓰레드가 존재하는 쓰레드 풀을 생성하였다. (전달인자가 2이므로 두 개의 쓰레드가 존재하게 된다.)

```
ExecutorService exr = Executors.newFixedThreadPool(2);
```

그리고 이 풀을 대상으로 세 개의 작업을 전달했는데, 세 번째 작업의 전달 방식은 다음과 같다.

```
exr.submit(() -> {
    String name = Thread.currentThread().getName();
    System.out.println(name + ": " + (5 * 7));
});
```

반복해서 시킬 일이 아니라면 이렇듯 submit 메소드의 인자 전달 위치에 람다식을 작성하는 것도 괜찮은 선택이다.

■ Callable & Future

앞서 작성했던 작업의 형태는 다음과 같이 Runnable 인터페이스를 기반으로 한다.

```
Runnable task1 = () -> {
        ....
};
```

이 경우 Runnable에 위치한 추상 메소드 run의 반환형이 void이기 때문에 작업의 결과를 return 문을 통해 반환하는 것은 불가능하다. 그러나 다음 인터페이스를 기반으로 작업을 구성하면 작업의 끝에서 값을 반환하는 것이 가능하다. 특히 반환형도 결정할 수 있다.

```
@FunctionalInterface
public interface Callable<V> {
    V call() throws Exception;
}
```

그럼 다음 예제를 통해서 Callable을 대상으로 하는 작업의 구성과 값의 반환의 예를 보이겠다.

◈ CallableDemo.java

```
import java.util.concurrent.Future;
import java.util.concurrent.Callable;
import java.util.concurrent.Executors;
import java.util.concurrent.ExecutorService;
import java.util.concurrent.ExecutionException;

class CallableDemo {
    public static void main(String[] args)
            throws InterruptedException, ExecutionException {
        Callable<Integer> task = () -> {
            int sum = 0;
            for(int i = 0; i < 10; i++)
                sum += i;
            return sum;
        };
```

```

        ExecutorService exr = Executors.newSingleThreadExecutor();
        Future<Integer> fur = exr.submit(task);

        Integer r = fur.get();    // 쓰레드의 반환 값 획득
        System.out.println("result: " + r);
        exr.shutdown();
    }
}
```

▶ 실행 결과: CallableDemo.java

```
명령 프롬프트
C:\JavaStudy>java CallableDemo
result: 45

C:\JavaStudy>
```

위 예제에서 값의 반환을 위한 작업을 다음과 같이 마련하였다. 반환하는 값이 int형 값이므로 타입 인자로 Integer를 전달하였다.

```
Callable<Integer> task = () -> {
    int sum = 0;
    for(int i = 0; i < 10; i++)
        sum += i;
    return sum;    // 반환 값은 int형
};
```

그리고 이 작업을 쓰레드 풀에 다음과 같이 전달하였다. 그런데 이 경우에는 메소드의 반환 값을 다음과 같이 Future〈V〉형 참조변수에 저장해야 한다. (Future의 타입 인자는 Callable의 타입 인자와 일치시켜야 한다.)

```
Future<Integer> fur = exr.submit(task);
```

이제 위의 참조변수를 통해 다음과 같이 쓰레드가 실행한 메소드의 반환 값을 얻는다.

```
Integer r = fur.get();    // 쓰레드의 반환 값 획득
```

만약에 위의 메소드를 호출한 시점에 쓰레드가 작업을 끝내지 않은 상태라면 해당 쓰레드가 값을 반환하고 작업을 끝낼 때까지 대기하게 된다.

■ synchronized를 대신하는 ReentrantLock

자바 5에서는 동기화 블록과 동기화 메소드를 대신할 수 있는 ReentrantLock 클래스를 제공하였다. 이 클래스를 기반으로 하는 동기화 구조는 다음과 같다.

```
class MyClass {
    ReentrantLock criticObj = new ReentrantLock();
    void myMethod(int arg) {
        criticObj.lock() ;   // 문을 잠근다.
        ....    // 한 쓰레드에 의해서만 실행되는 영역
        criticObj.unlock(); // 문을 연다.
    }
}
```

위의 코드에서 한 쓰레드가 lock 메소드를 호출하고, 이어서 다음 문장을 실행하기 시작한 상태에서, 다른 쓰레드가 lock 메소드를 호출하면 이 쓰레드는 lock 메소드 호출을 반환하지 않고 그 자리에서 대기하게 된다. 먼저 lock 메소드를 호출한 쓰레드가 unlock 메소드를 호출할 때까지 대기하게 된다. 따라서 lock 메소드의 호출 문장과 unlock 메소드의 호출 문장 사이는 하나의 쓰레드만이 실행할 수 있는 영역이 된다. 그런데 lock 메소드를 호출한 쓰레드가 unlock 메소드를 호출하지 않는 코드 상의 실수가 발생할 수 있다. 때문에 위의 코드는 다음과 같이 작성하는 것이 안정적이다.

```
class MyClass {
    ReentrantLock criticObj = new ReentrantLock();
    void myMethod(int arg) {
        criticObj.lock() ;   // 문을 잠근다.
        try {
        ....    // 한 쓰레드에 의해서만 실행되는 영역
        } finally {
            criticObj.unlock(); // 문을 연다.
        }
    }
}
```

그럼 다음 예제를 보자. 이는 앞서 보인 MutualAccessSyncBlock.java를 ReentrantLock 기반

으로, 더불어 쓰레드 풀 기반으로 수정한 예제이다.

◈ MutualAccessReentrantLock.java

```
import java.util.concurrent.Executors;
import java.util.concurrent.ExecutorService;
import java.util.concurrent.locks.ReentrantLock;
import java.util.concurrent.TimeUnit;

class Counter {
    int count = 0;
    ReentrantLock criticObj = new ReentrantLock();

    public void increment() {
        criticObj.lock();

        try {
            count++;
        } finally {
            criticObj.unlock();
        }
    }

    public void decrement() {
        criticObj.lock();

        try {
            count--;
        } finally {
            criticObj.unlock();
        }
    }

    public int getCount() { return count; }
}

class MutualAccessReentrantLock {
    public static Counter cnt = new Counter();

    public static void main(String[] args) throws InterruptedException {
        Runnable task1 = () -> {
            for(int i = 0; i < 1000; i++)
                cnt.increment();
        };
```

```
        Runnable task2 = () -> {
            for(int i = 0; i < 1000; i++)
                cnt.decrement();
        };

        ExecutorService exr = Executors.newFixedThreadPool(2);
        exr.submit(task1);
        exr.submit(task2);

        exr.shutdown();
        exr.awaitTermination(100, TimeUnit.SECONDS);
        System.out.println(cnt.getCount());
    }
}
```

▶ 실행 결과: MutualAccessReentrantLock.java

```
명령 프롬프트
C:\JavaStudy>java MutualAccessReentrantLock
0

C:\JavaStudy>
```

위 예제에서는 increment 메소드와 decrement 메소드에 진입해서 lock 메소드를 호출하고, 또 두 메소드를 빠져나갈 때 unlock 메소드를 호출하도록 코드를 작성하였다. 따라서 두 쓰레드가 동시에 두 메소드를 실행하는 일은 발생하지 않는다. 그런데 앞서 소개하지 않았던 다음 문장이 끝에 추가되었다.

```
exr.awaitTermination(100, TimeUnit.SECONDS);
```

→ 쓰레드 풀에 전달된 작업이 끝나기를 100초간 기다린다.

생각과 달리 shutdown 메소드는 바로 반환이 된다. 즉 쓰레드 풀에 전달된 작업이 마무리되면 풀을 폐쇄하라고 명령을 할 뿐 기다려 주지는 않는다. 그래서 쓰레드 풀에 전달된 작업의 최종 결과를 확인하기 위해서는 위 문장이 필요하다. 위 문장이 실행되면 일단 awaitTermination 메소드의 호출은 블로킹 상태에(반환하지 않은) 놓이게 되어, 다음 두 가지 중 한가지 상황에 이르러야 메소드를 빠져나오게 된다.

- 쓰레드 풀에 전달된 모든 작업이 완료되었다.
- 작업이 완료되지는 않았지만 초를 기준으로 100을 세었다.

물론 대기 시간은 얼마든지 수정할 수 있다. 첫 번째 인자를 통해서는 몇을 셀 것인지에 대한 정보를 전달하고 두 번째 인자를 통해서는 세는 기준을 전달한다. TimeUnit.DAYS를 전달하여 100일을 기다리게 할 수도 있다.

■ 컬렉션 인스턴스 동기화

동기화는 그 특성상 어쩔 수 없이 성능의 저하를 수반한다. 따라서 불필요하게 동기화를 진행하지 않도록 주의해야 한다. 이런 이유로 컬렉션 프레임워크의 클래스 대부분도 동기화 처리가 되어 있지 않다. 따라서 쓰레드의 동시 접근에 안전하지 않다. 대신에 Collections의 다음 메소드들을 통한 동기화 방법을 제공하고 있다.

public static 〈T〉 Set〈T〉 synchronizedSet(Set〈T〉 s)

public static 〈T〉 List〈T〉 synchronizedList(List〈T〉 list)

public static 〈K, V〉 Map〈K, V〉 synchronizedMap(Map〈K, V〉 m)

public static 〈T〉 Collection〈T〉 synchronizedCollection(Collection〈T〉 c)

동기화 방법은 간단하다. ArrayList〈String〉 인스턴스를 쓰레드의 동시 접근에 안전한 상태가 되게 하려면 다음과 같이 문장을 구성하면 된다.

```
List<String> lst = Collections.synchronizedList(new ArrayList<String>());
```

위에서 보이듯이 컬렉션 인스턴스의 참조 값을 Collections.synchronizedXXX의 인자로 전달하면 동기화 처리된 인스턴스의 참조 값이 반환된다. 그럼 관련하여 다음 예제를 보자.

◈ SyncArrayList.java

```
import java.util.List;
import java.util.ArrayList;
import java.util.Collections;
import java.util.ListIterator;
import java.util.concurrent.Executors;
import java.util.concurrent.ExecutorService;
import java.util.concurrent.TimeUnit;

class SyncArrayList {
    public static List<Integer> lst =
            Collections.synchronizedList(new ArrayList<Integer>());

```

```
    public static void main(String[] args) throws InterruptedException {
        for(int i = 0; i < 16; i++)
            lst.add(i);
        System.out.println(lst);

        Runnable task = () -> {
            ListIterator<Integer> itr = lst.listIterator();
            while(itr.hasNext())
                itr.set(itr.next() + 1);
        };

        ExecutorService exr = Executors.newFixedThreadPool(3);
        exr.submit(task);
        exr.submit(task);
        exr.submit(task);

        exr.shutdown();
        exr.awaitTermination(100, TimeUnit.SECONDS);
        System.out.println(lst);
    }
}
```

▶ 실행 결과: SyncArrayList.java

명령 프롬프트

```
C:\JavaStudy>java SyncArrayList
[0, 1, 2, 3, 4, 5, 6, 7, 8, 9, 10, 11, 12, 13, 14, 15]
[1, 3, 4, 5, 6, 7, 8, 9, 10, 11, 12, 13, 14, 15, 16, 17]

C:\JavaStudy>
```

예제의 내용은 단순하다. 동기화 처리된 컬렉션 인스턴스에 다음과 같이 0부터 15까지 차례로 저장을 하였다.

```
public static List<Integer> lst = Collections.synchronizedList(new ArrayList<Integer>());
....
for(int i = 0; i < 16; i++)
    lst.add(i);
```

그리고 다음과 같이 컬렉션 인스턴스에 저장된 값을 1씩 증가시키는 작업을 마련하였다.

```
Runnable task = () -> {
    ListIterator<Integer> itr = lst.listIterator();
    while(itr.hasNext())
        itr.set(itr.next() + 1);
};
```

이렇게 마련된 작업을 쓰레드 풀에 총 3회 전달했으니, 컬렉션 인스턴스에 저장된 값은 모두 3씩 증가한 상태여야 한다. 그런데 실행 결과를 보면 이와 다름을 알 수 있다. 무엇이 문제였을까? 우선 컬렉션 인스턴스 자체에 대한 동기화에는 문제가 없다. 문제는 반복자이다. 컬렉션 인스턴스가 동기화되었다고 해도 이를 기반으로 생성된 반복자까지 동기화가 이뤄지는 것은 아니다. 따라서 반복자를 통해 접근할 때에는, 다음과 같이 이에 대한 동기화도 추가해야 한다.

```
Runnable task = () -> {
    synchronized(lst) {    // 이 영역 실행 시 lst에 다른 쓰레드 접근 불가!
        ListIterator<Integer> itr = lst.listIterator();
        while(itr.hasNext())
            itr.set(itr.next() + 1);
    }
};
```

위의 코드에서 동기화 블록이 갖는 의미는 다음과 같다.

"동기화 블록의 내부를 실행할 때 lst에 다른 쓰레드의 접근을 허용하지 않는다."

앞서 synchronized를 대신할 수 있는 ReentrantLock 기반의 동기화 방법을 소개했는데, 그렇다고 해서 키워드 synchronized가 불필요해진 것은 아니다. 그리고 지금까지 ArrayList〈E〉를 기반으로 동기화를 설명했지만, 다른 컬렉션 인스턴스의 동기화 방법도 이와 동일하다.

참고 **동기화 처리가 된 Vector 클래스**

컬렉션 프레임워크의 Vector 클래스는 기본적으로 동기화가 되어있다. 따라서 동기화가 불필요한 상황에서 사용하면 아무런 의미 없이 성능만 저하가 된다. 그래서 이를 대신하기 위해 자바 2에서는 동기화 처리가 되어 있지 않은 ArrayList와 LinkedList를 추가하였다.